中國古代史學叢書

［清］顧炎武 撰

譚其驤 王文楚 朱惠榮 等 校點

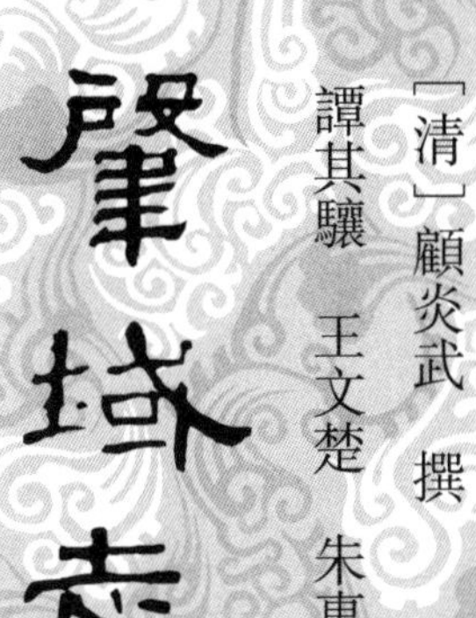

貳

上海古籍出版社

肇域志（二）

譚其驤　王文楚　朱惠榮等校點

山東

濟南府

古名齊郡。　城周十二里有奇。　漢武帝封齊悼惠王子辟光爲濟南王。　禹貢青、兖二州地。　歷城、章丘、鄒平、淄川、長山、新城、齊東、濟陽屬青州，餘屬兖州。　南包泰岱，北跨清、濟，西盡平原，山東一都會。　譚城馬驛，西關北五里鋪。　西關遞運所。　濼口批驗所，城西北十三里。　州四，縣二十六。　屬濟南道。　德王封，英宗第三子。　濟南守巡道駐劄。　二判。　有鹽運司。　濟南衛，左、右、前、後五所。　府治譚城驛。　七十里至長清縣東北置驛，七十里至肥城縣五道嶺驛，六十里至安寧驛，九十里至寧陽縣青川驛〔一〕，六十里至兖州府，七十里至龍山鎮驛，四十里至章丘縣，七十里至鄒平縣，二十里至長山縣，七十里至金鎖鎮，二十五里至淄河村〔二〕，三十里至青州府。　至北京九百里，至南京一千八百五十里。　山東要害之地凡五：臨清，南、北之咽喉；武定，燕、薊之門庭；曹、濮，魯、衛之藩籬；沂州，徐、淮之鎖鑰；登、萊，邊衛海東之保障。南有泰山，北有渤海。戰國策。介山東兩路之間，最爲衝要。金史蒙古綱傳。元濟南路，本朝改爲府。

大清河，自兖州府東北，流經本府長清、齊河、歷城、濟陽、齊東、武定、青城、濱、蒲臺、利津界入海，即濟水之故道。自寧陽界西南流至汶上縣北泗汶村，至東平州南，西北流至東阿縣界，又東北歷長清，經齊河，蜿蜒北注，又東北入海。小清河，一名濼水。出府城西趵突泉，東北經章丘、鄒平、新城，入青州高苑縣界，即濟之南源。春秋：公會齊侯于濼。是也。

【校勘記】

〔一〕青川驛　底本作「清川縣」，川本同，滬本作「青川驛」。紀要卷三二兖州府寧陽縣：「青川村，縣北三十里，置驛於此，曰青川村驛。」又，圖書集成職方典卷二三五兖州府驛遞考寧陽縣下亦作青川驛和青川村驛，則此「清川縣」當是「青川驛」之誤，據改。

〔二〕二十五里　川本作「三十里」，滬本作「三十五里」。

歷城縣　治。　編户四十二里，一作九十八里。　衝，煩，民疲。　龍山鎮，在縣東七十里。馬驛。　舊有龍山鎮遞運所，革。

鮑山，在縣東三十里。下有鮑城，蓋叔牙食邑。　鵲山湖，在府城北二十里。　濼水自大明湖東北流至華不注山下，匯爲湖，又東北流，入大清河。　僞齊劉豫乃自城北導之東行，爲小清河，而水不及鵲山湖矣。　濯纓湖〔一〕，在府内都司西北。　本名灰泉，合北珍珠泉、散水、濯纓、硃砂、劉氏、溪亭諸泉皆匯此〔二〕，周廣數畝。　巨合水，在府城東七十里。　東源曰榆科，西源曰江水泉，北流各五里〔三〕，合小清河。

全設。　堰頭鎮。　龍山鎮巡檢司。　東接臨淄之饒，西阻濟河之限。　衆泉競出而匯流於南北，五郡分列而達道於東西。　古齊之名區，東藩之首郡也。通志。　元史五行志：至正二年六月癸丑夜，濟南山水暴漲，衝東西二關，流入小清河，黑山、天麻、石固等寨及卧龍山水，通流入大清河，漂没上下居民千餘家。

華不注山，在東北一十五里。下有華泉，今竭。　左傳成二年：魯季孫行父帥師會晉郤克及齊侯戰于鞌，齊師敗績。　逐之，三周華不注。　又云：從齊師至于靡笄之下，逢丑父與公易位，使公下，如華泉取飲。　則此山亦名靡笄。　山前道院中有石刻太白諸賢詩，院前即華泉，與小清合流。　黃山，在西南六十里。　趵突泉之所出，源自山西王屋山下，伏流至於河南濟源縣，湧出道黃河，溢爲滎水；西北至黃山渴馬崖，伏流五十里，至城西爲此泉。　或以糠驗之，信然。會諸泉入城，匯爲大明湖，流爲小清河。　山勢周圍如城，岱陰諸泉之水，奔流至山西渴馬崖，匯爲池，圍數畝〔四〕，不溢而伏，流至城西，伏出，爲趵突泉。　趵突泉，在府城西。平地泉湧，高或至數尺。蓋濟水伏流至此，發爲濼水之源也〔五〕。由東北注小清河，入海。　歷山，在南五里。一名舜耕山，古有舜祠。南屬泰山，東連琅邪，崇岡疊嶂〔六〕，脊脈不斷。　函山，在南二十里，泰山之北麓。　大明湖，在城西北隅。源出歷下諸泉〔七〕，一名西湖，其大占府城三之一。由北水門出，注大小清河入海，與濟水合。瀰漫無際，遥望華不注峯，若在水中，歷下城絶勝處也。　金線泉，在城西。石甃方池，泉湧亂發，其下注城濠，澄澈見底，波心南北有金線一道，隱起水面。□西南，趵突泉東北〔八〕，流經來鶴橋，入趵突泉。　珍珠泉，在府城内。有二，南泉已淤，北泉在都司西北白雲樓前。濟南名泉七十二，趵突爲上，金線、珍珠次之，其餘皆不能與三泉侔矣。□乚乚觀入德府城中矣〔九〕。泉爆起，粒粒如珍珠，匯爲大明湖。

古歷下城，在西，俗呼子城。晏謨三齊記云：古歷下城對歷山之下〔一〇〕。　漢譚城縣，在東七十里。古譚子國。　東平陵縣，在東六十餘里。濟南郡治此。　元史李泂傳〔一一〕：僑居濟南，有湖山花竹之勝，作亭曰天心水面。　曾鞏記曰：泰山之北，與齊之東南諸谷之水，西北匯於黑水之灣，又西北匯於柏崖之灣〔一二〕，而至於渴馬之崖。蓋水之來也衆，其北折而西也，悍疾尤甚，及至於崖下，則泊然而止。而自崖以北，至於歷城西，蓋五十里，而有泉湧出，高或至數尺，名之曰趵突泉。齊人皆謂嘗有棄糠於黑水之灣者〔一三〕，而見之於此。蓋泉自渴馬之崖，潛行地中，而至此復出也。趵突之泉冬温，泉旁之蔬甲經冬常榮，又謂之温泉。其注而北，則謂之濼水，達於清河以入海。史記：晉平公伐齊，戰於歷下[一四]。又韓信襲破齊歷下軍。

【校勘記】

〔一〕濯纓湖　「湖」，底本作「河」，川本同，據滬本及紀要卷三一、圖書集成職方典卷一九〇改。

〔二〕溪亭　底本作「漢亭」，川本同，據滬本及齊乘卷二改。

〔三〕北流各五里　底本「流」下衍「合」字，據川本、滬本及紀要卷三一刪。

〔四〕圍數畝　底本脱「畝」字，川本同，據滬本及齊乘卷一補。

〔五〕發爲濼水之源也　「發爲」，底本作「爲發」，川本同，據滬本及圖書集成職方典卷一九〇乙正。

〔六〕崇岡疊嶂　「岡」，底本作「高」，據川本、滬本及齊乘卷一改。

〔七〕源出歷下諸泉　「泉」，底本作「水」，川本、滬本作「泉」。廣志繹卷三、紀要卷三一亦作「泉」，則此「水」爲「泉」字之誤，據改。

〔八〕□西南趵突泉東北　川本同，滬本作「□趵突西南諸泉」。圖書集成職方典卷一九〇歷城縣金線泉：「城西南，趵突泉東北」，「流經來鶴橋，入趵突泉。」齊乘卷二大明湖下亦載金線泉在趵突東，則此脱「城」字。

〔九〕□乚乚觀入德府城中矣　川本同，滬本作「乙□觀入德府城中矣」。紀要卷三一：「珍珠泉在城中有二，南珍珠近東偏，今塞。北珍珠泉在城東迤北，今入德府中。」

〔一〇〕古歷下城對歷山之下　川本、滬本同。紀要卷三一引三齊記：「歷下城南對歷山，城在山下。」此疑有脱誤。

〔一一〕李洞 「洞」，底本作「洞」，川本、滬本同，據元史李洞傳改。

〔一二〕柏崖 「柏」，底本作「白」，據川本、滬本及曾鞏齊州二堂記改。

〔一三〕齊人皆謂嘗有棄糠於黑水之灣者 「謂」，底本作「未」，據川本、滬本及曾鞏齊州二堂記改。

〔一四〕戰於歷下 「歷下」，川本、滬本同。按史記晉世家作「靡下」，集解引徐廣曰：「靡，一作歷。」

章丘縣 府東一百一十里。編户一百里，一作一百三里。繁，疲，多豪富，難治。城周六里。

亭山，在縣西南五、六十里。隋置亭山縣以此，相傳桀死處。按湯放桀於南巢，書、傳皆謂廬江巢縣，獨尸子云放之歷山。古有巢氏治琅邪之石婁山〔一〕，豈齊地亦有南巢耶？樂盤山，在縣南二十一里。三齊記云：下有樂盤城，即平陵王與陽丘侯餞送之地。

陽丘城，在東南三十里。陽丘侯封。寧戚城，在東北三十里。漢武帝封魯共王子恬爲寧陽侯邑〔二〕。朝陽城，在北五里。漢高帝封華寄爲朝陽侯。菅城〔三〕，在濟城北〔四〕。已上漢城。亭山城，在西南四十里。臨濟城，在西北六十里。已上隋城。朝陽橋，在漯河。昔韓信破田横，耿弇擒張步，皆於此濟河。耿弇傳：弇自平原進討張步，從朝陽橋濟河。

黌山，在東二十五里。一名黌堂嶺。連淄川、鄒平二縣界，與長白山相連。元史張榮傳：金季，山東羣盜蜂起，榮率鄉民據濟南黌堂嶺〔五〕。東陵山，在縣西南三十八里。寰宇記：盜跖死處，山南有盜跖墓。

淯河，在縣東一里。源出縣之會仙山，合百脈泉及東西二麻灣泉，西北匯爲白雲湖，流入小清河〔六〕。　漯河，在東北七里〔七〕。源出長白山之王村峪，西北流至柳塘口，入小清河。　百脈泉，在縣南三十里明水鎮。方員半畝許，其源上湧，百脈俱發。左曰東麻灣泉，類百脈，右曰西麻灣泉，自石罊中湧出，俱會百脈泉。東西二麻灣泉，俱在百脈泉西北。　白雲湖，在縣西北七里。周圍六十里，俗名劉郎中泊。

崔城，在縣西北二十五里，俗呼古城。左傳襄二十七年〔八〕：崔成請老于崔。杜預注：濟南東朝陽縣西北有崔氏城〔九〕。　漢樂安城〔一〇〕，在臨濟鎮東北八十里〔一一〕。

【校勘記】

〔一〕石婁山　底本作「婁山」，川本同，據滬本及齊乘卷一改。

〔二〕魯共王子恬爲寧陽侯邑　底本「王」作「五」、「恬」作「怡」、「寧」作「宣」，川本同，據滬本及漢書王子侯表改。

〔三〕菅城　「菅」，底本作「管」，川本同，據滬本及紀要卷三一改。

〔四〕在濟城北　川本同，滬本作「在西北二十五里，今名水寨」。紀要卷三一章邱縣菅城：縣西北三十里，「通志，故菅城在章邱臨濟鎮北。志云，菅城今名水寨」。圖書集成職方典卷二〇三章丘縣菅城：「在縣臨濟鎮北。」則此志文有脱誤，又「濟城」蓋「臨濟鎮」之誤。

〔五〕元史張榮傳至濟南釁堂嶺　此文底本錯簡於下文「源出縣之會仙山，合百脈泉及東西二麻灣泉」之後，川本同，據滬本及紀要卷三一乙正。

〔六〕西北匯爲白雲湖流入小清河　此文底本錯簡於「金季，山東羣盜蜂起，榮率鄉民據濟南釁堂嶺」之後，川本同，據滬本及紀要卷三一乙正。

〔七〕七里　底本作「七十里」，川本同，滬本作「七里」。紀要卷三一、圖書集成職方典卷一九〇俱作「七里」，則此「十」乃衍文，據刪。

〔八〕二十七年　「七」，底本作「五」，川本同，據滬本及左傳襄公二十七年改。

〔九〕濟南　「南」，底本作「府」，川本缺，據滬本及左傳襄公二十七年杜預注改。

〔一〇〕樂安城　底本「安」下衍「郡」字，川本同，據滬本及齊乘卷四刪。

〔一一〕東北八十里　底本脱「北」字，川本同，滬本有，齊乘卷四樂安城：「章邱臨濟鎮東北八十里。」據補。

鄒平縣　府東一百八十里。　編户五十七里。　繁，衝，民疲。　舊有青陽店馬驛，縣西三十里。隆慶四年革。　城周四里。

沙河，在縣西三百步。源出大峪山〔一〕，西北流入小清河。　小清河，在縣北十三里。　滸山泊，在縣西十五里，長白山下。　醴泉，在縣西南三十一里。泉深丈許，冬夏不竭，旁有醴泉寺與范文正公祠〔二〕。

漢、唐舊治，在西南二十五里趙臺城。宋徙今治。　漢濟南郡城，在北十八里。　隋濟南縣城，在東北十五里。開皇中置，大業中廢入長山。　漢平原縣城，在縣東一十二里平原莊。　梁鄒縣城，在縣北四十里孫家鎮。乘：東南三十五里〔三〕。

長白山，在縣西南十里。　黌堂嶺，在縣西南三十三里。宋范文正公讀書之所。　漢伏生墓，在縣東北十八里。　鄒平故城，在鄒平西南二十里，俗曰趙臺城。唐武德初，置縣於此，後移理今縣，城遂廢。　無簿。　舊有青陽店遞運所，革。　大峪山，在縣西南十五里。　梁鄒城，在鄒平東南三十五里。漢梁鄒縣，高齊天保間，自長山界内濟南故城移平原縣於此城〔四〕。隋開皇初，自此移縣入鄒平。　後帶川澤，前控羣山。縣舊志〔五〕。　東陵山，在縣南二十八里〔六〕。寰宇記云：盗跖死處。山南有盗跖冢。　女郎山，在縣東南七里，又號小田山。齊記云：章亥有三女溺死葬此，舊志或云齊匡章子墓。有三陽洞〔七〕。俗云有子張墓，即張女冢，所謂章丘者耳。　雞山，在縣西南四十里。巨合水出此山下。

逢陵城，在般陽東北四十里〔八〕。逢伯陵，商之諸侯，封於齊，逢蒙、逢丑父皆其後。或曰此即丑父之邑也〔九〕。　反蹤城，在般陽北〔一〇〕。輿地記云：魏明帝景初三年〔一一〕，以遼東新沓民渡海來歸〔一二〕，於此置新沓縣以居之。　萊蕪城，在般陽縣東南六十里。齊靈公滅萊，萊人播遷於此。邑落荒蕪，故稱萊蕪。邑西有韶山，出鐵，代置鐵官。

【校勘記】

〔一〕大峪山　「大」，底本作「天」，川本同，滬本作「大」。紀要卷三一、圖書集成職方典卷一九一作「大」，則此「天」乃「大」字之誤，據改。

〔二〕醴泉寺　底本脱「寺」字，川本同，據滬本及清統志卷一六二補。

〔三〕乘東南三十五里　川本同，滬本作「去齊東縣東南三十五里」。按齊乘卷四：梁鄒城，「鄒平東南三十五里」。滬本誤。

〔四〕移平原縣於此城　底本「縣」下有「北」字，川本同，滬本無。寰宇記卷一九鄒平縣：「高齊天保七年，自今長山縣界濟南故城移平原縣於今理。」則此「北」字衍，據删。

〔五〕縣舊志　川本同，滬本無「縣」字。

〔六〕縣南二十八里　川本同，滬本作「縣西南三十八里」。

〔七〕有三陽洞　「有」，底本作「與」，川本同，滬本及齊乘卷一作「有」，據改。

〔八〕在般陽東北四十里　「東」，川本同，滬本作「西」。寰宇記卷一九淄川縣：逢陵故城，「在縣西北四十里」。據清統志卷一六三載，般陽城，「今淄川縣治」，則逢陵城在般陽西北四十里，此「東」蓋爲「西」字之誤。

〔九〕丑父　底本作「父母」，川本同，滬本及寰宇記卷一九俱作「丑父」，據改。

〔一〇〕般陽北　川本同，滬本「北」字作「南」。

〔一一〕三年　「三」，底本作「二」，川本同，據滬本及三國志魏書齊王芳紀改。

〔一二〕新沓民　川本同，滬本作「沓氏吏民」，同紀要卷三一。

淄川縣　府東南二百三十里。編户八十里。山僻，冗悍，多盜。城周七百三十步。元爲般陽路倚郭縣。本朝省般陽路，改屬濟南府。通典：漢萊蕪縣故城，在東南。漢淄川國亦在此。古齊長城。漢般陽縣，劉宋改貝丘，隋改今名。淄水，在縣東南七十里。源出原山之陰。萊蕪故城，在縣東南六十里。齊滅萊，萊遷於此。漢土鼓縣，在西五十里。

梓桐山，在府東十餘里。後有石疊圜洞，相傳鬼谷子隱居，名鬼谷洞。原山，在府東南七十里。地志：原山，淄水所出。今名岳陽山，淄水出其陰，汶水出其陽[一]，非止一水也。山亦跨淄川、益都兩縣界。甲山，在府西南三十里。水經注：萌水出般陽西南甲山，東北入瀧水。今訛作夾谷山，謂是齊、魯會盟之地，非也。黌山，在府北十里，縣東北十二里。三齊略云：鄭玄刻注詩、書[二]，棲遲於此。山上有古井，獨生細草，葉似薤，俗謂鄭公書帶。即今黌堂嶺，與長白山相連。夾谷山，在西南三十里。舊名祝其山，萌水出其下，東流入瀧水。左傳：公會齊侯于祝其，實夾谷。

孝婦河，一名孝水，一名瀧水，在西門外。源出益都縣顔神鎮南三里孝感泉，謂之籠溪水[三]，合瀧、萌二水，北流經長山、新城縣界，入小清河。般水，出縣東南一十五里龍泉鄉。北流分爲二派，俱入孝婦河。後漢書注。

萊蕪故城，在今淄川縣東南。

【校勘記】

〔一〕汶水出其陽　底本無「出」字，川本同，滬本有。紀要卷三一原山下云：「淄水出其陰，汶水出其陽。」據補。

〔二〕鄭玄刻注詩書　「刻」，川本作「刊」，滬本無，寰宇記卷一九引三齊略記作「刊」。

〔三〕源出益都縣顔神鎮南三里孝感泉謂之籠溪水　底本「顔神鎮南三里孝感泉」九字錯簡於「合瀧、萌二水」之後，又脱「謂之」二字，川本同，並據滬本及紀要卷三一改補。

長山縣　府東北二百里。　編户六十五里。　冗，疲。　舊有白山馬驛〔一〕，隆慶四年革〔二〕。

白山遞運所，革。　土城周四里。　劉宋改武彊縣，隋改今名。元屬般陽路。本朝改屬。

小清河，在縣西北三十里〔三〕。　舊曰莊源出府西趵突泉，流經章丘、鄒平縣界，至本縣陶唐口西北五十里，東北與孝婦合流，入於海。　孝婦河，源出益都縣顔神鎮孝感泉，自南而北，繞縣東南而西折北流，入小清河。　長白山，在縣界東北，取道西南，而上抵仙翁祠、五龍堂。有天井泉，在山之半，視上峯尚峻。　若道出周村十八里許，自山南面北而上〔四〕，直至絶頂。三陽觀在其下，所謂山地有形若雙掌者，乃張仙翁修煉處，有祠，有碑。　隋煬帝大業六年，鄒平人王薄擁衆據長白山；十二年，王世充擊破之〔五〕。　長白山，在縣西南三十里。　跨鄒平縣西南，周六十里。西跨鄒平縣，南跨淄川縣，東南屬長山縣界。

漢於陵縣〔六〕，在縣西南二十里，長白山北，陳仲子所居。高苑故城，在縣北二十里。苑城店因此名。漢濟南郡城，在縣西北。後漢書章帝紀注：濟南縣故城，在今淄川長山縣西北。

乾溝河，在縣西南三十里。源出長白山，至周村受水漸大，抵城南，流入孝婦河。系河，在縣北二十里苑城店〔七〕，西與孝婦河接。有形無水，須水潦，孝婦不能容，東溢而入此河。東北流入新城界，合烏河。

【校勘記】

〔一〕白山馬驛　底本作「白馬山驛」，川本同，據滬本及紀要卷三一、清統志卷一六三改。

〔二〕隆慶　底本脱「慶」字，據川本、滬本補。

〔三〕縣西北三十里　「縣西北」，底本作「州西南」，川本同；滬本作「縣西北」，紀要卷三一同。清統志卷一六二濟南府小清河：「今章丘小清河故道，在縣北三十里，在鄒平北十三里，長山西北三十里。」則此「州西南」爲「縣西北」之誤，據改。

〔四〕自山南面北而上　「面北」，底本作「北面」，據川本、滬本乙正。

〔五〕王世充　「充」，底本作「統」，據川本、滬本改。

〔六〕於陵縣　底本空缺「於」字，川本同，據滬本及紀要卷三一補。

〔七〕在縣北二十里苑城店　「縣」，底本作「東」，據川本、滬本及紀要卷三一、圖書集成職方典卷一九一改。

新城縣　府東北二百二十里。　編户四十五里。　本長山縣之驛臺鎮，元置城五里，元屬般陽路。本朝改屬。

烏河，在縣東三十里。源出益都矮槐樹北〔一〕。即時水也，亦作耏水，流入小清河。　鐵山，在縣東南五十里。前代設官采鐵，以充國用，後以利少罷之。其村名冶里〔二〕。新志：南燕建平三年，立鐵冶局。　孝婦河，在縣西北二十五里。源出益都顔神鎮西山麓，經淄川西門，至北會明水，經長山，至縣西北岔河，與小清合。　吳河，在南郭外，一名系河。兩岸遺迹，或深或淺，舊傳爲齊之運河。　會城泊，即紅蓮泊，在烏河東。　麻大泊，在縣東北五十里，烏河西，新城、高苑、博興三縣之間。俗名官湖，又名錦秋湖。　龐家泊，在麻大泊西。　青沙泊，在縣西北二十五里。小清之委，溢而成湖。中有界石〔三〕，北爲高苑，南爲新城。　索城，在縣東三十里，即西安城。　張店，在縣東南四十里。

【校勘記】

〔一〕益都　「益」，底本作「溢」，川本同，據滬本及紀要卷三一改。

〔二〕治里　「治」，底本作「治」，據川本、滬本改。

〔三〕中有界石　底本無「中」字，「界石」作「石界」，川本同，滬本及圖書集成職方典卷一九一、清統志卷一六二作「中有界石」，據補改。

德州。本朝改屬〔二〕。城周五里三十步。

齊河縣　府西五十里。編户二十七里。煩，衝。本漢祝阿縣地，金置縣〔一〕。元屬

大清河，在縣東半里。徒河，在縣北八十里。即禹貢徒駭河故道，東北流入海。

晏城，在縣北二十五里。齊晏嬰食邑。高唐城，在縣西六十里。即齊西邑，緜駒所居之處。春秋襄十九年〔三〕：齊夙沙衛以高唐叛。齊慶封圍高唐，弗克。冬十一月，高唐人殖綽夜縋納師，醢衛于軍。哀十年〔四〕：晉趙鞅帥師伐齊〔五〕，毀高唐之郭〔六〕。野井，在縣東，舊祝阿縣。漢書：祝阿有野井亭〔七〕。春秋昭二十五年：齊侯唁公于野井。晏城驛，本濟南之耿齊鎮。漢耿弇討張步，自朝陽濟河，即此地。金劉豫家此鎮，僭位後，置爲縣。

【校勘記】

〔一〕金置縣　「金」，底本作「今」，據川本、滬本及紀要卷三一改。

〔二〕元屬德州本朝改屬　底本此文錯簡於下文「大清河，在縣東半里」之後，川本同，據滬本及紀要卷三一、清統志

卷一六二乙正。

〔三〕春秋襄十九年　底本空缺「襄十九」三字，川本同，據滬本及左傳襄公十九年補。「春秋」爲「左傳」之誤。

〔四〕哀十年　底本空缺「哀十」二字，川本同，據滬本及左傳哀公十年補。

〔五〕趙鞅帥師伐齊　底本「鞅」作「⿱艹鞅」、「伐」作「代」，川本同，據滬本及左傳哀公十年改。

〔六〕毁高唐之郭　「郭」，底本作「丘」，川本同，據滬本及左傳哀公十年改。

〔七〕漢書祝阿有野井亭　川本、滬本同。按漢書地理志祝阿縣無野井亭記載。續漢書郡國志：「阿，春秋時曰祝柯。有野井亭。」此云「漢書」爲「續漢書」之誤。

齊東縣　府東北一百八十里。　編户五十七里。　地沃，民悍。　城周五里二百十四步。　舊城在縣東大清河東岸。　元置縣，屬河間路〔一〕。本朝改屬。

大清河，在縣北一里〔二〕。東北至歸仁鎮，入青城縣界。

漢梁鄒縣，在漂鄒鄉。劉宋於此置郡，爲平原太守治。元嘉八年十二月，州民司馬順則自稱晉室之裔，聚衆，號齊王，乘虛襲梁鄒城。振武將軍劉武之擊平之。

【校勘記】

〔一〕元置縣屬河間路　「縣屬」，底本作「屬縣」，川本同，據滬本及紀要卷三一、清統志卷一六二乙正。

〔二〕縣北一里　底本「里」下衍「東北一里」四字，川本同，據滬本及紀要卷三一、清統志卷一六二删。

濟陽縣　府北九十里。　編户五十八里。　煩，衝，疲，民刁。　城周四里。　唐析高苑置濟陽縣，廢城在淄川北。今縣本漢之朝陽，唐、宋之臨邑、章丘地。僞齊劉豫置。郝城，在縣西二十里。古小國。春秋襄十三年〔一〕：取郝。新市城，在縣西六十里。洪武初，省縣爲鎮。聞韶臺，在縣東北三十里。世傳孔子在齊聞韶處。大清河，在南門外。此河東抵於海，有魚鹽之利。土河，在縣西北三十里。其水西自禹城，東至陽武屯，水長則浩漫無際，或曰即古夾馬河。枯河，在縣東二十五里。縣東北至商河縣境，有馬頰故河。

【校勘記】

〔一〕襄十三年　底本空缺「十三」二字，川本同，據滬本及春秋襄公十三年補。

禹城縣　府西北一百里。　編户五十六里。　煩，衝，民淳。　元屬曹州。本朝改屬。　城周九里三分。　漢祝河縣。　劉普驛〔二〕。

【校勘記】

〔一〕劉普驛　川本同，滬本「驛」下有「在北十五里」五字。

臨邑縣　府北一百五十里。　編户三十三里。　僻，簡。　漢縣。宋建隆元年，河決公乘渡口，城壞，徙治孫耿鎮。　孫耿鎮，在縣東南七十里。今屬濟陽。　城周七里。　元屬河間路。本朝改屬。　齊犂丘，又名隰陰。　漢臨邑、隰陰二縣。　舊城在縣北三十五里，宋建隆三年，移今治。

石門。春秋隱三年：冬，齊侯鄭伯盟于石門〔一〕。　注云：石門，齊地。在濟南之臨邑，今不詳所在。　著城，在縣東南五十里〔二〕。　此亦漢濟南舊縣。　平原隰陰，齊桓公封公子廖之地，漢爲縣。古城近在縣西十里，又名犂丘。　左傳哀公十年：晉趙鞅伐齊〔三〕，取犂及轅。注：犂一名隰。二十三年：荀瑶伐齊。壬辰，戰于犂丘。齊師敗績，知伯親禽顔庚。陳成子召庚之子曰：隰之役，而父死焉。　鹿角關，在縣北五十里。　唐置。

【校勘記】

〔一〕鄭伯　底本無「伯」字，川本同，據滬本及春秋隱公三年補。

〔二〕著城在縣東南五十里　底本此文錯簡於下文「漢爲縣。古城近在縣西十里，又名犂丘」之後，川本同，據滬本及紀要卷三一乙正。

〔三〕趙鞅伐齊　底本「鞅」作「鞅」、「伐」作「代」，川本同，並據滬本及左傳哀公十年改。

長清縣　府西南七十里。　編户四十四里。　煩，衝。　東北置馬驛，城内東南〔一〕。城周四里。　元屬泰安州。本朝改屬。

青崖山，在縣東南四十里。金末，嚴實率義兵保此。金史：山東招撫高居實，遣人招嚴實於青崖砦。元史嚴實傳：宋破長清，實挈家避青崖。　隔馬山，在縣東南六十里。左傳襄公十八年：晉伐齊〔二〕，夙沙衛殺馬于隘以塞道。後人因以名山。山東北有神林，有隔馬神君祠。祠南有一潭，清澈見毫髮，歲旱，禱雨輒應。

祝阿城，在縣東北三十里。　豐齊鎮，東北二里。武王封黄帝之後於祝。春秋：祝阿，齊邑。漢置祝阿縣，屬平原郡，唐改爲禹城縣。後禹城移治遷善村，此即祝城也。西北有野井亭。　漢山茌縣〔三〕，在縣東北三十里豐齊鎮南。唐天寶元年，改爲豐齊鎮。元和十五年廢。　隋茌平縣，在西三十里。大業初，改濟北縣。　清亭，在縣東。左傳隱四年：公及宋公遇于清。杜預注：濟北東阿縣有清亭。哀十一年，齊伐我，及清。注：濟北盧縣東有清亭。水經注：東阿北四十里有清亭。　靈巖。　舊唐書高宗紀：麟德二年十二月丙辰，發靈巖頓，至泰山下。金史侯摯傳：摯請駐兵於長清縣之靈巖寺，有屋三百餘間，且連接泰安之天勝寨，介於東平、益都之間。萬一兵來，足於應援。元史嚴實傳：泰安張汝楫據靈巖，遣别將攻長清，實破走之。石都寨巡檢司。盧城〔四〕，在縣西南二十里。齊公子傒食采於盧。春秋隱三年：齊、鄭盟於石門。尋盧之盟也。襄十八年：趙武、韓起以上軍圍盧。漢爲盧縣。隋設長清縣，而盧尋廢。後漢書任光傳：城頭子路者，東平人，姓爰，名曾，字子路，與肥城劉詡起兵盧城頭，故號「城頭子路」。魏志〔五〕：盧縣，漢屬泰山，後漢、晉屬濟北〔六〕。有柳舒城、鼓城、盧子城。通典：濟州理盧子城。今郡理即古碻磝城，宋書作敲囂。碻磝津有城〔七〕，故以爲名。郭緣生述征記：即漢茌平縣也。水經注：宋元嘉七年，到彦之北征，拔之，復失。至二十七年，以王玄謨爲寧朔將軍〔八〕，前鋒入河，平碻磝守之。後魏書：太常八年，於此立濟州中城，其外城正光中刺史刁宣所築〔九〕。後周武帝築第二城，即碻磝故城也。東入東阿，南面汶河，北枕五嶺，齊、魯之要害，固巖邑也。

【校勘記】

〔一〕城内東南　川本同，滬本作「後移治城内東南」。圖書集成職方典卷二〇一長清縣：「東北置馬驛，移居崮山驛。」清統志卷一六三崮山驛：「在長清縣東南。明洪武初置於縣東北關外，成化中移此。」則本書有脱誤。

〔二〕晉伐齊　「伐」，底本作「代」，川本同，據滬本及左傳襄公十八年改。下同。

〔三〕山茌縣　底本、川本脱「茌」字，滬本作「茌縣」。按漢置茬縣，屬泰山郡，東漢改名山茌縣，見漢書地理志、續漢書郡國志，此脱「茌」字，據補。

〔四〕盧城　底本作「盧水」，據川本、滬本、本書下文及紀要卷三一改。

〔五〕魏志　「志」，底本作「置」，川本同，滬本作「志」。魏書地形志濟北郡盧縣：「前漢屬泰山。」則此「置」乃「志」字之誤，據改。

〔六〕晉屬濟北　「晉」，底本作「音」，川本同，滬本無。魏書地形志濟北郡盧縣：「漢屬泰山，後漢、晉屬濟北。」則此「音」乃「晉」字之誤，據改。

〔七〕碻磝津　「津」，底本作「洋」，川本同，據滬本及紀要卷三一改。

〔八〕王玄謨爲寧朔將軍　底本缺「玄」字，「寧」作「宣」，川本同，據滬本及水經河水注、宋書王玄謨傳補改。

〔九〕刁宣　「刁」，底本作「刀」，川本同，據滬本及寰宇記卷一四改。

肥城縣　府西南一百六十里。編户三十二里。山瘠，衝，刁。至泰安九十里。元屬濟寧路。本朝改屬。城周六里一百步。

漢書泰山郡有肥城縣。應劭曰：肥子國。即今肥城縣也。然甾川劇又自有肥亭〔一〕，亦肥子國。元史：世祖至元十二年〔二〕，改平陰縣新鎮寨爲肥城縣，隸濟寧路〔三〕。五寧驛，原係安寧村、五道嶺二驛，嘉靖四十三年，并移縣中〔四〕。肥城守禦千户所。舊有廣里遞運所，革。舊有大石巡檢司，革。

長城，在縣北五十里〔五〕。詳見泰安。　陶山，在縣西三十里。西連平陰縣界。

【校勘記】

〔一〕淄川　「淄」，底本作「菑」，川本同，據滬本及漢書地理志改。

〔二〕至元　底本作「聖元」，川本同，據滬本及元史地理志改。

〔三〕濟寧路　「路」，底本作「府」，川本同，據滬本及元史地理志改。

〔四〕原係安寧村至并移縣中　底本錯簡於下文「肥城守禦千户所」之後，川本同，據滬本及紀要卷三一乙正。又，「并移縣中」滬本作「并爲一移縣中」。

〔五〕在縣北五十里　「五十」，底本作「十五」，川本同，據滬本及紀要卷三一乙正。

青城縣　府東北一百二十里。編户三十三里。僻，簡。志云：金天興間置縣。考金史無之。洪武二年，省入鄒平、齊東，名青池店。十四年〔一〕，復割鄒平、武定、齊東置。城周三里。元屬河間路。本朝改屬。

大清河，在縣北十八里。河之北爲武定，南爲青城。

【校勘記】

〔一〕十四年　底本脱「年」字，據川本、滬本及圖書集成職方典卷一八九補。

陵縣　府北二百四十里。　編户三十二里。　僻，簡。　襟帶三河，控引六郡。本志。

唐德州平原郡，安禄山反，平原太守顔真卿據郡討賊。　古鬲侯國，漢以下皆爲平原郡。後魏改安德郡。隋改德州，又改平原郡。唐因之。後晉移治長河，後周復移治安德。宋因之。元以今之德州置陵州。洪武十三年，改爲陵縣。永樂七年，建都北京，以漕河爲兩京要路，遂以陵縣爲德州，而以德州舊治爲今陵縣，仍割明善、崇德二鄉附州。　洪武初，因元爲德州，止省附郭安德一縣，領平原、德平、清平、齊河四縣。永樂二年，割清平隸東昌，齊河隸濟南。邑舊城周二十餘里，爲漢以來郡治。永樂初，改州爲縣，徙其磚於德州，至今廢爲城。正德中，流賊作亂，復築内城。　漢厭次縣，在東北二十五里。今爲神頭店，有東方先生祠。　古平原郡城，在縣新城外。

馬頰河，按元和志：在德州安德。今至縣東南三里許，環繞而北通於神頭店，俗呼爲馬河。　覆鬴河，按通典：在德州安德。通志云：在陵縣西三里，至海豐縣入海。今雖湮没，其迹尚存。　鬲津河，按史記云：在鬲縣。今相傳在縣治南，布政分司前，即其故迹。弘治間，填今儒學〔一〕。鈎盤河，按寰宇記云：在樂陵東南，從德州平原來。今在縣東四十五里，謂之盤河店。舊黄河，按通志：九河經流故道，在縣西四十五里，其水自西南經本縣北境，東過武定，至海豐入海。篤馬河，按通志：在縣西二十五里。即今之土河，割屬德州。德水，按通志：在縣東十里。今俗呼爲十里河。平原津，按史記正義云：德州南有水津焉。今在縣西十五里，秦始皇東還〔二〕，至此而病。漢鬲、重丘二縣〔三〕，皆在西北。

【校勘記】

〔一〕填今儒學　川本、滬本同。圖書集成職方典卷一九二陵縣鬲津河：「今相傳在縣治南，布政分司前，即其故迹。弘治間，填建今儒學。」蓋脱「建」字。

〔二〕秦始皇東還　底本作「秦皇始西還」，據川本、滬本改。

〔三〕重丘　底本作「重平」，川本同，據滬本及漢書地理志改。

泰安州　府南一百八十里。編户九十七里。事煩，供應多。領縣二。城周七里六十步。州志：石城周四里二十三步。古博平、高平、鉅平、南城、梁父、虵丘、牟、汶陽、嬴、柴〔二〕，今皆爲治内地〔二〕。漢奉高，唐乾封，宋奉符，元奉符縣，本朝省入州。

菟裘，在縣界。左傳隱十一年：使營菟裘。注：菟裘，魯邑〔三〕，在泰山梁父縣南。似在泗水。紅亭，在州境。春秋昭八年：蒐于紅。據通志注〔四〕：沛國晉馬隆封奉高縣侯〔五〕。

泰安巡檢司〔六〕。分守駐劄。

東嶽泰山，在州北五里。其山屈曲盤道而至絶頂，高四十餘里。有三峯，東曰日觀，鷄鳴時可見日；西曰秦觀，可望長安；又西曰越觀，可望會稽。又曰：秦觀者，望見長安；吳觀者，望見會稽；周觀者，望見齊。黄河去泰山二百餘里，於祠所瞻黄河如帶，若在山趾，蓋侈言之也。東嶽，爲主嶽之長。虞書謂之岱宗。詩：泰山巖巖，魯邦所瞻。是也。其山周圍一百六十里。漢官儀云：盤道屈曲而上，凡五十餘盤，經小天門、大天門，仰視如從穴中視天窗矣。自下至古封禪處四十里。郭璞云：從山下至頂，四十八里三百步。亭禪山，〔旁注〕社首。在州西南五里。上有社首壇。史記：周成王封禪泰山社首。泰山志：社首壇，在嶽南二里許。徂徠山，在州東南四十里〔七〕。詩：徂徠之松。石閭山，在州南四十里。史記：漢武帝封泰山〔八〕，禪石閭。石閭者，在泰山下趾南方。亭亭山，在州南五十里。史記：黄帝封泰山，禪亭亭。梁父山，在州東南一百十里。詩：梁父之柏。史記：秦始皇封泰山，禪梁父。云云山，在梁父山東。史記：無懷氏以下九君，並封泰山，禪云云。

汶水，有三源：一發泰山之陽仙臺嶺，一發萊蕪縣原山之陽，一發萊蕪縣寨子村。會泰山諸泉〔九〕，至本州靜封鎮合而爲一，謂之大汶口，〔旁注〕名壍汶。轉西南與小汶河合。小汶河，源出新泰縣宫山之下，西流至徂徠山陽，入於大汶，合流入兗州府寧陽縣界。　漕河，在縣南五十里。源發淳于野，西南合本州濟河〔一〇〕，入汶。　泮水，源出泰山分水嶺，合三溪水〔一一〕，東北流入於汶。　三溪，在泰山登仙臺下。曰東溪、中溪〔一二〕，相去各十餘里。

漢嬴、博二縣。　博城，在嶽東趾，去州三十里。省志：東南三十里。漢之奉高〔一三〕，隋之汶陽，唐之乾封同此〔一四〕，今名舊縣。　嬴城，在縣東南五十里。漢縣，唐省入博城。　長城，在泰山西，緣河，經泰山千餘里，至琅邪臺入海。　蘇代説燕曰：齊有長城、鉅防。齊記云：齊宣王乘山嶺之上，築長城，東至海，西至濟州千餘里，以備楚。　括地志云：長城西北起濟州平陰縣，緣河，歷泰山北岡上，經濟州、淄州，即西南兗州博城縣北，東至密州琅邪臺入海。　竹書紀年云：梁惠王二十年，齊閔王築防，以爲長城。　今泰山西北有嶺鋪，俱名長城，即其遺趾。　登封臺，有二：其一在嶽頂，相傳爲古帝王所築。　今玉帝觀臺下小碣，題曰「古封禪壇」。其一在日觀峯，相傳爲宋築。　石函方丈許，亦刻曰「古封禪壇」。　蓋古封禪而並以禪言〔一五〕，誤矣。　周明堂，在嶽之東北。　山谷連屬四十里，遺趾今尚存。　旁有谷山寺。　漢明堂，在嶽趾東南，去州治十里。史記：漢武帝元封元年，封泰山。　泰山東北趾古明堂，尚封泰山畢，降坐其上〔一六〕，以處險不敞，欲治明堂奉高旁，未曉其制度。　濟南人公玉帶上黄帝時明堂圖。　於是上令奉高作明堂汶上〔一七〕。　無字碑，在嶽頂登封臺下，秦始皇立。　或曰「石表」，或曰「神主石」，或言其下有聖書玉簡，當是石函，古今人莫測其意。秦篆碑，在玉女池上，公署後。李斯書始皇、二世頌德文，今湮没僅存二十九字。

地瘠，民貧，不當一鎮。泉河史。

【校勘記】

〔一〕虵丘牟汶陽嬴柴　底本脱「丘」字、「柴」作「紫」，川本同，據滬本及漢書地理志補改。

〔二〕今皆爲治内地　「今」，底本作「金」，據川本、滬本改。

〔三〕魯邑　底本作「魯地邑」，川本同，滬本作「魯邑地」。據左傳隱公十一年杜預注改。

〔四〕通志注　底本「注」上有「杜」字，據川本、滬本删。

〔五〕晉馬隆封奉高縣侯　底本「晉」上有「蕭」字，川本、滬本同。晉書馬隆傳：「太熙初，封奉高縣侯。」則此「蕭」乃衍字，據删。

〔六〕泰安　「泰」，底本作「秦」，川本同，據滬本及清統志卷一七九改。

〔七〕在州東南四十里　底本脱「里」字，據川本、滬本及紀要卷三一補。

〔八〕泰山　「山」，底本作「安」，川本同，據滬本及史記孝武本紀改。

〔九〕會泰山諸泉　底本空缺「會」字，川本同，據滬本及紀要卷三一補。

〔一〇〕合本州濟河　「合」，底本作「木」，據川本、滬本及明統志卷二三改。

〔一一〕三溪水　「三」，底本作「二」，川本同，據滬本及明統志卷二二改。

〔一二〕東溪中溪 川本同，滬本「中溪」下有「南溪」二字，蓋此有脱文。

〔一三〕奉高 底本脱「高」字，川本同，據滬本及圖書集成職方典卷二〇三補。

〔一四〕乾封 底本脱「封」字，川本同，據滬本及圖書集成職方典卷二〇三補。

〔一五〕古封禪而並以禪言 底本「禪」下「而」上衍「壇」字，川本同，據滬本及圖書集成職方典卷二〇三删。

〔一六〕尚封泰山畢降坐其上 川本同，滬本及史記孝武本紀、封禪書，漢書武帝紀、郊祀志皆無此文。

〔一七〕作明堂 「作」，底本作「屯」，川本同，據滬本及史記孝武本紀改。

新泰縣　州東南一百八十里。　編户二十八里。　山僻，事簡，有盜。　城周四里。

小汶河，在縣東北三十里〔一〕。　源出龍池，西南流百餘里〔二〕，入汶河。

具山〔三〕，在縣東鄙。　敖山，在縣東十里。　蒙山，在縣東南八十里，即東蒙。魏書新泰有蒙山〔四〕。是也。絶頂産雲芝茶。　龜山，在縣西南五十里。並泉河史。　上四莊巡檢司，在縣西七十里。通典：漢汶陽縣故城，在兖州泗水縣東南。　宫山，在西北四十里。連萊蕪縣界，泰山之左翼也。舊名小泰山，相傳漢武帝建宫於此。即古新甫山〔五〕，在縣西北四十里。其北爲萊蕪，泰山之左翼。詩：新甫之柏。注：新甫在汶陽縣。是也。一名小泰山，三峯插天，萬巖競秀，盤結二百餘里。魏書地形志：魯郡汶陽縣，有新甫山〔六〕。

【校勘記】

〔一〕在縣東北三十里　底本「縣」上衍「石」字，川本同，據滬本及紀要卷三一、清統志卷一七九刪。

〔二〕西南流百餘里　「南」，底本作「蜀」，川本同，據滬本及紀要卷三一、清統志卷一七九改。

〔三〕具山　「具」，底本作「其」，川本同，據滬本及圖書集成職方典卷一九二改。

〔四〕新泰　「泰」，底本作「秦」，川本同，據滬本及魏書地形志改。

〔五〕即古新甫山　底本脱「即古」二字，川本同，據滬本及紀要卷三一、清統志卷一七九補。

〔六〕即古新甫山在縣西北四十里至魯郡汶陽縣有新甫山　底本錯簡於上文「上四莊巡檢司，在縣西七十里」之後，川本同，據滬本及紀要卷三一、清統志卷一七九乙正。

萊蕪縣　州東一百二十里〔一〕。　編户四十二里。　山僻，事簡，有盜。　城周四里。　其南當汶水之衝。　吐子口集，在縣北四十里。　東連淄川，西接泰安，爲往來之道。

肅然山〔二〕，在縣西北五十里。　高二十里，泰山之東麓，其勢肅然可畏。　史記：漢武帝禪泰山下趾東北肅然山〔三〕。　司馬河，在縣西四十里。　源出大屋山西，東入汶河。　隋牟城縣，在東二十五里。　鑛山，在縣西北三里。　古產鐵，今無。　銅冶山，在縣北三十里〔四〕。　古產銅，今無。　一統志：北陰涼山。　大石山，在縣東南十三里。　出鐵及火石、煤炭，山西麓舊有鐵冶都提舉司，今廢。　鳳皇山，在縣東南二十里，與仙人山相接。　山頂平坦，四壁峭巉，荒亂可以避兵，又名鳳皇寨。仙人山，在縣南二十里。世傳安期生修煉於此。宫山，在縣南四十里，連新泰縣界。勝水谷，在縣南二十里。汶水會流於此。瓮口山，在縣東北九十里。高十里，形如瓮口，在青石關。冠山，在縣西南五十里。漢書：昭帝元鳳三年，泰山萊蕪山南，洶洶似數千人聲，視之有大石自立。高丈五尺，四十八圍。夾谷山，在縣南三十里，連新泰界。或以爲魯定公會齊侯之處。原山，在縣東五十里。本志：東北七十里，連淄川縣界，今名岳陽山。淄水出其陰，東北入海；汶水出其陽，西南入濟。

淄水，縣南七十里，連淄川。志同。民居强半山巖，往歲資生五金，故有「八寶」之稱。泉河史。衛河，自東昌府武城縣入境，至直沽。河程[五]：本州七十里至桑園，三十里至安陵，四十里至連兒窩，三十里至東光縣，十五里至下店口，二十里至油坊，二十里至泊頭，二十里至齊家堰，二十里至薛家窩，二十里至石窩兒，十五里至磚河，二十里至東岸，二十里至滄州。此河自德州而下，漸與海近，河狹地卑，易於衝決，輒發丁夫備治。嘉靖十三年，奏准恩縣、東光、滄州、興濟四處，各建減水閘一座，以泄漲湍。陳公堤，在州東南五里。歷恩縣，抵東昌、東平至海。宋時河決濬縣，陳堯佐守滑州，築此。

【校勘記】

〔一〕州東一百二十里　底本「東」下衍「西」字，川本同，據滬本及紀要卷三一刪。

〔二〕肅然山　「肅」，底本作「甫」，川本同，據滬本、本書下文及圖書集成職方典卷一九二改。

〔三〕漢武帝　「漢」，底本作「梁」，川本同，滬本空缺，據史記孝武本紀改。

〔四〕銅冶山在縣北三十里　底本「冶」作「治」、「縣」下脱「北」字，川本同，並據滬本及圖書集成職方典卷一九二、清統志卷一七九改補。

〔五〕河程　「程」，底本作「城」，據川本、滬本改。

德州　府西北二百八十里。編户三十四里。水陸衝疲，事煩，民刁，防河患。城周一十里一百八十步。元爲陵州，屬河間路〔一〕。本朝改爲縣，入濟南府。東據方山，西環衛水，燕、齊阨塞之衝，水陸會通之道。通志：永樂六年十月戊子，改德州衛，隸北京行後軍都督府。洪武初，改州治爲陵縣，而徙州治陵縣城〔二〕。

平原嶺，在州東南七十里。嶺上有鹿角關。鬲城，在州西北。古有鬲國，漢縣。厭次古城，在州東北二十里。本漢富平縣，明帝更名厭次。元魏時，縣東徙馬嶺，此其古城。有德州衛、德州左衛，梁家莊、安德水馬、良店四驛，並左、右、中、前、後、中六千户所〔三〕。兵備與管倉、户部駐劄。舊有太平馬驛，革。德州遞運所，隆慶四年革。本州安德馬驛渡衛河，七十里至太平驛，八十里至恩太平驛〔四〕，八十里至高唐州魚丘驛。

陳公堤，在州東南五里。西南接東昌府界，東至海〔五〕。宋時河決濬縣，時陳堯佐於滑州築堤，以障黃河，水患遂息，因名。 鬲津故河，自齊河縣〔六〕，經禹城、平原、德州、德平、樂陵〔七〕，東北至海豐南，入於海。 鉤盤故河，自德州經德平〔八〕，東北至陽信縣。 九河故道，按新、舊志所載，有鬲津枯河云云。又濟陽縣東北，至商河縣境〔九〕，有馬頰河。 黃河故道，在州東二十里。自齊河經禹城入境，東北至海。今流斷絕〔一〇〕。 鉤盤河，在縣東南門外，繞西門永豐橋下〔一一〕，北流半里，折而東之。 其道上自齊河、禹城、平原、陵縣、德平，由海豐入海〔一二〕，今淤。 鬲津河，在縣東南里許，與鉤盤同。今亦淤。 按許商云：鬲津河〔一三〕，在鬲縣故城。今鬲縣在河之東南十里，故名。

【校勘記】

〔一〕河間路　底本脫「河」字，據川本、滬本及元史地理志補。

〔二〕洪武初改州治爲陵縣而徙州治陵縣城　川本同，滬本改叙於上文「本朝改爲縣，入濟南府」後。宣統山東通志卷一二德州：「明洪武初，復降爲縣，屬濟南府。永樂七年，改德州爲陵縣，以故陵城爲德州。」此「洪武初」當爲「永樂七年」之誤。

〔三〕左右中前後中六千户所　川本同，滬本無前「中」字。按此二「中」字重出，必有一誤。

〔四〕恩太平驛　「恩」，底本作「高」，川本同，據滬本及紀要卷三四改。

〔五〕東至海　底本脫「至」字，川本同，據滬本及清統志卷一六三補。

〔六〕自齊河縣　「自」，底本作「與」，川本同，據滬本及紀要卷三一改。

〔七〕樂陵　「樂」，底本作「陸」，據川本、滬本及紀要卷三一改。

〔八〕德州　底本無「州」字，川本同，據滬本及紀要卷三一補。

〔九〕商河縣　「商」，底本作「鬲」，川本同，據滬本及紀要卷三一改。

〔一〇〕今流斷絶　「今」，底本缺，川本同，據滬本及圖書集成職方典卷一九二補。

〔一一〕繞西門永豐橋下　「繞」，底本作「統」，川本同，據滬本及圖書集成職方典卷一九二改。

〔一二〕其道上自齊河禹城平原陵縣德平由海豐入海　底本「德」上衍「在」字，又脱「入海」二字，川本同，據滬本及圖書集成職方典卷一九二删補。

〔一三〕鬲津河　底本脱「鬲」字，川本同，據滬本及漢書溝洫志補。

德平縣　州東一百六十里。　編户四十一里。　煩，衝。　至府一百八十里。　城周三里，外城周六里。

漢平昌縣，在縣東北一百里。　重平，在縣西北三十里。後齊省入平昌〔一〕。　般縣，在縣東北三十里。　鬲縣，在縣東南十里許。　鬲津河，在漢平原郡。　平昌縣，文帝四年，封齊悼惠王子爲平昌侯。　故城在縣西南。　或云西平昌，以琅邪亦有平昌，故稱西。

【校勘記】〔一〕後齊　「後」，底本作「出」，川本同，據滬本及紀要卷三一改。

平原縣　州東南一百二十里。　編户四十六里。　衝，饒。撫、按交代。稍疲。　土城周五里七十九步。　漢平原郡治。

馬頰河，在縣西十里。九河之一，或即漢書之云篤馬河也〔一〕。後漢書〔二〕：地道紀：平原有篤馬河。金史地理志：平原縣，有金河。　鬲津河，按通典：自安德流至平原。今堙。　鉤盤河，按寰宇記，在樂陵東南，從德州平昌來〔三〕，過陵縣北四十五里。今有盤河店。　蒲河，在縣南十里。　平原津，在縣南六十里有張公故城，城東有津，故名張公渡。史記：秦始皇三十七年，東巡自琅邪，北至榮城山，遂並海西。至平原津而病。即此地也。

按史記年表，諸侯封地，有陪有菆，有羽有枋〔四〕，有宜城、千章〔五〕、安陽、高平、鉅合〔六〕，以爲皆在平原。曰在則不止於屬，或鄉或邑，今皆不可得而考矣。　韓信夜渡平原，襲齊歷下軍。　古有鬲氏國。　桃園驛。　漢繹幕縣，在西北二十里。北齊入平原。　鄃縣，在西南三十里。東漢封馬武爲鄃侯〔七〕，即今夏津縣〔八〕。　東漢縠城縣，在南三十里。北齊省入平原。隋復置鄃縣，唐改入夏津，亦此鄃也〔九〕。　通典：安德，漢舊縣。又有漢鬲縣故城、重平縣故城，並在西北。有馬頰覆鬴二河。平原，漢舊縣。有漢鄃縣故城，在今縣西南。

【校勘記】

〔一〕篤馬河　底本作「馬篤河」，川本同，滬本作「篤馬河」。續漢書郡國志平原郡平原劉昭注：「地道記曰有篤馬河。」此「馬篤」乃「篤馬」之倒誤，據乙正。下同。

〔二〕後漢書　底本作「漢書」，川本同，據滬本及後漢書郡國志改。

〔三〕平昌　「昌」，底本作「原」，川本同，據滬本及寰宇記卷六五改。

〔四〕朸　底本作「礿」，川本同，滬本作「朸」。史記惠景間侯者年表：高后封齊悼惠王子辟光爲朸侯。同書建元已來王子侯者年表：武帝封城陽頃王子劉讓爲朸侯。此「礿」乃「朸」字之誤，據改。

〔五〕千章　「千」，底本作「于」，川本同，滬本作「干」。史記建元已來王子侯者年表：代共王子爲千章侯。此「于」乃「千」字之誤，據改。

〔六〕鉅合　「合」，底本作「今」，川本同，據滬本及史記建元已來王子侯者年表改。

〔七〕東漢封馬武爲鄃侯　「東漢封」，底本作「南漢書」，川本同，據滬本及後漢書馬武傳改。

〔八〕夏津縣　底本脱「津」字，川本同，據滬本及齊乘卷四補。

〔九〕亦此鄃也　「亦」，底本作「北」，據川本、滬本改。

武定州　府東北二百四十里。　編户九十八里。　山僻，煩疲，多盜。　城周十二里。　八方泊[一]，在州西北五里。宣宗征漢庶人，駐蹕於此。今有駐蹕臺。洪武元年，置安樂守禦千户所。宣德元年，平漢王高煦[二]，前所官與軍俱以叛逆廢。復置武定守禦千户所，乃調德州左衛所官與軍充之。永樂六年十月戊子，改樂安守禦千户所，隸北京行後軍都督府。東漢樂安國[三]，元棣州。本朝改爲樂安州[四]。宣德元年，改今名。漢王，成祖第二子，永樂□年封[五]，逆除。守禦千户所。清河鎮巡檢司，在州東南七十里。分巡武德兵道，冬春駐劄。正德七年，因流賊之變，特設武定兵備道，設山東按察司僉事一員[六]。隆慶元年，改爲武德兵備道，兼領德州。棣州故城，在州東南七十里。隋置，唐復置於樂陵。貞觀十七年，又置於厭次。五代梁，移治城東南。宋祥符中，爲水所没。今遷爲武定州。四際廣平，中區突起，古無棣之區，用武之地。舊州城，在棣州南四十里[七]。唐棣州理此城。五代梁刺史華温琪以河水爲害，又南徙十餘里，土人謂之南舊城。至宋大中祥符四年，清河水復犯入城[八]，乃移州北，置今理。

【校勘記】

〔一〕八方泊 「八」，底本作「入」，川本同，據滬本及清統志卷一七六改。

〔二〕漢王 「王」，底本作「武」，川本作「五」，據滬本及明史宣宗紀改。

〔三〕樂安國　底本作「安樂國」，川本同，據滬本及續漢書郡國志乙正。

〔四〕樂安州　底本脱「樂」字，川本同，據滬本及明史地理志補。

〔五〕永樂□年　川本、滬本同，明史高煦傳：永樂十四年十月還南京，「明年三月徙封樂安州」。此缺「十五」二字。

〔六〕僉事　「事」，底本作「司」，川本同，據滬本及明史職官志四改。

〔七〕棣州南四十里　底本脱「南」字，川本同，據滬本及齊乘卷四補。

〔八〕清河水復犯入城　「入」，川本同，滬本及齊乘卷四作「此」。

陽信縣　州北四十里。編户一百一里。僻，簡，近海。土城周六里十三步。

城子務，在縣西南七里。即舊城。千乘城，在縣北十里。欽風鎮，在縣南四十里。小桑落墅，在縣東南四十里。迤東永利鎮，人呼爲大桑落墅。漢厭次縣〔一〕。縣志：宋大中祥符八年，移州治陽信界八方寺，遷陽信於舊厭次。富平城，在陽信東南十餘里。張安世子延壽徙封之地〔二〕，亦名郡城。西晉末，邵續與段疋磾弟文鴦合爲兵，攻石勒，屯此城。元帝以續爲平原守〔三〕。後爲石虎所破。陽信古城，在縣西南七里。俗呼城子務。馬嶺城，在陽信東十里。後魏移厭次理此。

屯氏河，按水經注：屯氏別河北瀆〔四〕，又東入陽信縣。在城南二十里，今無水，名截河。又北爲贊河，在縣西南三里。東爲成河，在縣東南七里。俗名七里河。金堤，自開封府滎陽縣，東至千乘海口千餘里，在縣西四十里，經千乘故城西北，俗謂之夾堤圈。鉤盤枯河，在縣西郭外。按周志：此河自德州經德平，東至陽信岔，與屯河會，至久山入海〔五〕。鬲津河，自樂陵經陽信縣西金堤趨棗園橋，東北由夾河，經碣石入海。馬頰河，自商河東北，經欽風鎮，趨桑落墅，南會徒駭河入海。今名沙河。邑原黄河故道，今雖無水，地勢多下，每遇大雨，積水泛溢，田盡成汙。

【校勘記】

〔一〕厭次縣　「縣」，川本同，滬本作「城」。

〔二〕張安世子延壽　「子」，底本作「於」，川本同，據滬本及漢書張安世傳改。

〔三〕平原守　「原」，底本作「章」，川本同，據滬本及晉書邵續傳改。

〔四〕屯氏别河　「别」，底本作「州」，川本同，據滬本及水經河水注改。

〔五〕久山　「久」，底本作「文」，川本同，據滬本及清統志卷一七六改。

海豐縣　州東北六十里。　編户四十三里。　僻，簡。　城周三里。　元無棣縣，本朝改今名。　濱海。

鬲津河，在縣北九十里。　無棣溝，在縣西北十五里，與鬲津河合，入於海。按唐書：永徽初，滄州刺史薛大鼎開鬲津河，因故道疏之，達海豐，以通魚鹽之利。今皆淤塞。　無棣城，在縣北二十里。　古黄河堤，在縣北一里。西抵樂陵，南抵德州界。　大沽河海口巡檢司。　馬谷山，在縣北八十里。俗名大山。　騮山，在縣北一百二十里。俗名小山。按金史：無棣縣有老烏山〔一〕。未審二山孰是。　覆鬴河故河，自慶雲經本縣南入海〔二〕。　齊乘：陽信故縣，在縣東南三十里。

【校勘記】

〔一〕老烏山　「烏」，底本作「鳥」，川本同，據滬本及金史地理志改。

〔二〕慶雲　底本作「慶豐」，川本同，據滬本及紀要卷三一改。

樂陵縣　州西北九十里，至府二百八十里。　編户五十六里。　僻，冗。　舊治縣南三十里，地名故城。宋熙寧二年，徙治咸平鎮，在今縣西南五十里。洪武二年，又徙富平鎮，本漢之富平縣，即今治。　縣土城，正德六年，知縣許逵築。　漢富平縣。元厭次，爲棣州倚郭。本朝爲屬縣，改今名。　原隰土澤〔一〕，崇阜如山。

後漢書公孫瓚傳：出軍屯槃河。注：即爾雅九河之鈎槃河〔二〕。其枯河，在今滄州樂陵縣西南。徒駭枯河，在縣南十二里。自齊河縣來，經德平歷縣南，東北由慶雲入海。今城南有名徒河者，是也。一統志：滄州亦有徒駭河。然其原委不可考。鉤槃枯河，在縣東南。其流從陵縣東南〔三〕、臨邑西南分而爲二脈：其一歷德平、商河北行，東至陽信城南二十里而斷；有截河鋪；其一由德平西北行〔四〕，經本縣、海豐南，過霑化而東，至久山鎮入海〔五〕。今陵縣東、臨邑西有槃河店。潘可久曰：此河爲樂陵要害之衝。今城正坐其腹，邇來縣東北十里許有大狗莊淤塞，延袤數十丈，如萬曆十六年大雨，下流而上溢，致使環城皆水，被患尤劇。鬲津枯河，自平原西來北行，東由德州、吳橋、寧津、南皮境，至本縣北三十里舊縣鎮南〔六〕，又東過慶雲，南經海豐馬谷〔七〕、驪山之間，北至海閏場、大沽河口入海〔八〕。今縣北十里有鬲津鄉是也。俗名舊黄河，或以爲元之漕渠云。金史：舊有鬲津河、篤馬河、鉤槃河。舊有會寧河〔九〕、永利、東中三鎮，後廢。

舊縣鎮巡檢司，在西北三十里滄州界。舊樂陵集，在縣南三十里。有重合鄉、千重鄉、鬲津鄉。

【校勘記】

〔一〕原隰土澤　川本同，滬本「澤」作「渾」。按圖書集成職方典卷一八九作「淖」。

〔二〕出軍屯槃河注即爾雅九河之鉤槃河　兩「槃」字，底本作「盤」，川本、滬本同，據後漢書公孫瓚傳及李賢注改。下同。

〔三〕陵縣　底本「陵」上有「廣」字，川本同，滬本及清統志卷一七六無「廣」字，據删。

〔四〕由德平西北行　「西」，底本作「而」，川本同，據滬本及清統志卷一七六改。

〔五〕久山鎮　「久」，底本作「文」，川本同，據滬本及清統志卷一七六改。

〔六〕舊縣鎮　「鎮」，底本作「正」，川本同，據滬本及清統志卷一七六改。

〔七〕馬谷　「谷」，底本作「如」，川本同，據滬本及清統志卷一七六改。

〔八〕海閆場大沽河口　底本「閆」作「洞」、「沽」作「古」，川本同，並據滬本及清統志卷一七六改。

〔九〕會寧河　「會」，底本作「無」，川本同，據滬本及金史地理志改。

商河縣　州南一百二十里。編户六十八里。〔眉批〕地名窊鹵〔一〕。通志。　僻，冗。　城周三里五十步。　正德九年，流賊攻劫郡縣，知縣陳旼增築外城，周九里。

縣南商河，漢時河水爲患，河堤都尉許商疏鑿，後人加水爲滴，以爲名也。前此皆稱滴河，至宋去水旁爲商。　漢朸縣〔二〕，武帝封城陽頃王子讓爲朸侯〔三〕。隋開皇十六年，於朸故城置滴河縣，兼有漢漯沃之地〔四〕。通鑑：唐元和十三年，以河陽都知兵馬使曹華爲棣州刺史，詔以河陽兵，送至滴河。注：滴河，漢千乘漯沃縣地〔五〕。隋開皇十六年，置滴河縣，廢漯沃入焉。

唐屬棣州。九域志：在州西南八十里。漢河堤都尉許商鑿此通海，故以商河爲名，後人加水焉。宋白曰：縣南有滴河，因以爲名。商河故道，在南三里。東北經樂陵縣達於海，即許商所鑿。

馬頰河，在縣北三十里。土河，在縣南四十里，即黄河故道。其水自禹城來，東北經武定入海〔六〕。

【校勘記】

〔一〕地名窊鹵　「窊」，底本作「宊」，川本、滬本同。按字書無「宊」字，當爲「窊」之形近而訛。

〔二〕朸縣　「朸」，底本作「初」，川本同，據滬本及漢書地理志改。

〔三〕城陽頃王子讓爲朸侯　底本「陽」下「王」上脱「頃」字，「朸」作「初」，川本同，據滬本及漢書王子侯表補改。

〔四〕於朸故城置滴河縣兼有漢濕沃之地　「朸」，底本作「勅」，川本同，據滬本及圖書集成職方典卷一八九改。「滴」、「濕」，底本作「商」、「隰」，川本、滬本同，據隋書地理志改。

〔五〕濕沃縣　「濕」，底本作「隰」，川本、滬本同，據通鑑卷二四〇胡三省注改。下同。

〔六〕武定　底本脱「武」字，川本同，據滬本及圖書集成職方典卷一九二補。

濱州　府東北三百五十里。編户七十八里。〔眉批〕俯瞰渤海，環抱清河。通志。　煩，沃。　城周九里十三步。　唐析蒲臺置渤海縣。　五代周置濱州。　元史世祖紀：濱、棣安撫使韓安世敗宋兵於濱州丁河口。　元爲濱州，治渤海縣〔一〕。　本朝幷縣入州。

唐渤海縣城，在州東北。　秦始皇臺，在州治東北十里。　高八丈，周圍二百步。

大清河，在州南二十八里。　自青城縣來，東至蒲臺，又北至利津入海。　舊黄河，亦名土河，在州西二十五里。　乃九河之故道，秋水時至，亦經循梁山泊。　一派通大清河，繞州東北入於海，時漲時涸。　濱海。　大營城，在州西二十五里，金人屯兵所築〔二〕。　故丁河口，金號鐵門關。

【校勘記】

〔一〕治渤海縣　「治」，底本作「置」，據川本、滬本及元史地理志改。

〔二〕金人　「金」，底本作「今」，據川本、滬本及齊乘卷四改。

利津縣　州東六十里。　編户四十里。　簡。　舊城在縣東大清河岸。　永阜場，在縣東北五十里。　金置縣。　土城周七里十八步。　豐國鎮巡檢司，縣東北七十里。　濱海。

霑化縣　州西北六十里。　編户三十四里。　賦重，事簡，民疲。　土城周二里三百步。漢濕沃縣地〔一〕。唐爲招安鎮，宋招安縣，金改今名。　平地淺草，無山林積石，經川丘阜，而鹽鹻磽硝之土，復錯於其中。

永利場，在縣東北七十里。　利國場，在縣東九十里。　豐沙河，在縣南三十里。自大清河分流，東入海。　官竈城，在縣東百里。　延袤可三十里〔二〕，中有古井七十二，不知何代所築〔三〕。　廣國場〔四〕，在縣東七十里。　豐民場，在縣東八十里。　富國場，在縣東七十里。　東瀕渤海，北繞清河。通志。　久山鎮巡檢司，縣東北七十里。　濱海。

【校勘記】

〔一〕濕沃縣地　底本「地」下衍「名」字，川本同，據滬本及清統志卷一七六删。

〔二〕延袤可三十里　底本脱「延」字，川本同，據滬本及圖書集成職方典卷二〇四、清統志卷一七六補。

〔三〕延袤可三十里至不知何代所築　底本此文錯簡於下文「富國場，在縣東七十里」之後，川本同，據滬本及圖書集成職方典卷二〇四乙正。

〔四〕廣國場　底本「廣」上衍「城」字，據川本、滬本删。

蒲臺縣　州南三十里。　編户五十九里。　賦重，頗煩，民疲。　土城周三里一百七十八步。

批驗所，在縣北關。　古有鬲氏國。羿弑夏后相，其臣靡奔有鬲氏〔一〕，與鬲君滅浞，立少康。漢千乘郡濕沃縣。後漢爲鬲侯國，屬平原〔二〕。三齊記曰：秦始皇東遊，於臺下繫馬。今蒲生猶有縈者。臺在濱州東，去此四十里，名曰秦臺。隋開皇十六年，置蒲臺縣。梁吳均詩：繫馬秦王蒲。漢濕沃縣。任昉述異記：東海上有蒲臺，秦始皇至此臺下，縈蒲繫馬，蒲至今縈紆。元屬般陽路。本朝改屬。

【校勘記】

〔一〕有鬲氏　底本作「而鬲津」，川本同，據滬本及左傳襄公四年、史記夏本紀索隱改。

〔二〕平原　「平」，底本作「本」，川本同，據滬本及續漢書郡國志改。

兗州府

古名泰山、魯郡、泰寧〔一〕。　城周一十四里二百步。　兗州，在河、濟之間，其地卑下，而水所沮洳者多。近通徐、泗，遠接江、淮。宋蘇轍詩。　禹貢：徐州之域。自濟以西，東平、汶上、東阿、平陰、陽穀、壽張則兗州，曹縣、定陶則豫州。元爲兗州，屬濟寧路。本朝因之，屬濟寧府。於本州城內，立魯王廟。　帝少皞之墟。海、岱及淮之中，古所謂徐州也。周禮職方無徐，并徐於青、兖二州之內，而兖州兼得今郡之地。自漢以後，不辨禹迹，直謂之兖州而已。其地東盤琅邪，西包鉅野，南接徐、泗。宅泰山之陽，爲聖人之域，魯道已衰，洙、泗之間，齗齗如也。然且投籥於湣王自尊之時，城守於西楚既亡之日。及乎漢代，而申公、高堂生〔二〕、江公、孔安國、大小夏侯之倫，並彬彬以儒名於世，豈非闕里之流風遺烈哉！慕容彥超之將反也，判官崔周度諫曰：魯，詩書之國，伯禽以來，不能霸諸侯，然以禮義守之可以長世。蓋地利與人事兼之矣。

泗水，出曲阜縣，來至府城東，又轉南流，經橫河，與曲阜縣之沂水合。隋文帝時，二水泛溢，薛胄乃於二水交流之處，橫石堰之，決令西注，陂澤盡爲良田。元至元間〔三〕，因胄遺迹，引水入運，於府東門外建金口閘〔四〕，遏令入府城昌平驛，西北四十五里至新嘉驛，四十五里至新橋驛，六十里東原驛，七十里舊縣驛，四十里銅城驛，六十里茌平茌山驛。出濟寧府天井閘河。本朝河因之。金口閘有三洞，夏秋水漲，開閘，泄水南流，會沂水〔五〕，由港里河入師家莊閘河。冬春水微，閉閘，遏水入府城，出濟寧。　沂水，出尼山之麓〔六〕，過曲阜縣西南而來。　雩水，出曲阜縣南馬跑泉，過鄒縣而來，入府城而西，至西門外納闕、黨、蔣、翊七泉，合而成流，謂之濟河。過土樓閘、杏林閘，凡六十里至濟寧州，東屈從南門徑合於洸水〔七〕，入於漕。

州四，縣二十三。　屬兗東道。　魯王，太祖第八子，洪武年封。　分守兗東道駐劄。　兗州護衛，左、右、中、前、後五千户所。　昌平驛。　府治昌平驛，六十里至郗城驛，五十里至界河驛，四十里至滕陽驛，七十里至臨城驛，七十里至利國驛，一百里至徐州。

泗河，源出泗水縣陪尾山。水經曰：泗水出於本州之魯卞縣北山〔八〕。即此。其水四源並發，循城北八里始合爲一。西流至曲阜縣，經嵫陽縣城東五里，與沂水合，同入金口堰。又南流三十里至濟寧州東城下，與汶水合，入會通河。　雩河，在府城東五里。源發曲阜舊縣西南馬跑泉，西流至府城東合泗水，入於汶。或云即泮水也。　汶水，出泰安州，西南至本府〔九〕，經寧陽、平陰、汶上縣界，又西至東平州界，注濟河故道。又東北流經東阿縣，至濟南府界入海。

洸水，出寧陽縣界西三里，即汶水支流。南經府城西北，又西至濟寧州，入會通河。

【校勘記】

〔一〕泰寧　「泰」，底本作「秦」，川本同，據滬本及明統志卷二三改。

〔二〕高堂生　底本無「生」字，川本同，據滬本及史記儒林列傳補。

〔三〕至元　「元」，底本作「文」，川本同，據滬本及紀要卷三二改。

〔四〕建金口閘　底本空缺「建」字，川本同，據滬本及清統志卷一六五補。

〔五〕會沂水　「會」，底本作「無」，川本同，據滬本及紀要卷三二、清統志卷一六五改。

〔六〕尼山　底本脱「山」字，川本同，據滬本及明統志卷二三補。

〔七〕洸水　「洸」，底本作「洗」，川本同，據滬本及清統志卷一六五改。

〔八〕卞縣　「卞」，底本作「下」，川本同，據滬本及水經泗水改。

〔九〕西南至本府　川本同，滬本及圖書集成職方典卷二一〇「西南」下有「流」字。

嵫陽縣　編户二十四里。　藩村河工爲累。　地荒，糧欠，民逃，好訟，難治。　鄒、魯之間，洙、泗之會。通志。　平原曠莽，無山林之饒，而藩村所宅，多不臣之民，且直孔道，賦役煩重。泉河史。　漢瑕丘縣，泗、河、沂並在縣東五里。　隋書薛胄傳：除兖州刺史。先是，兖州城東沂、泗間二水合而南流，泛濫大澤中，胄遂積石堰之，使決令西注〔一〕，後陂澤盡爲良田〔二〕。又通轉運，利盡淮海，百姓賴之，號爲薛公豐兖渠〔三〕。　元嵫陽縣，本朝幷入兖州。

新嘉驛，在縣西北四十里北高吴社。　魏賈使君碑，在府學。碑陰云唐褚遂良書法，實此碑。

雩河，在縣東五里。源發曲阜縣南馬跑泉，西流至本境合泗水，入於汶。或云即泮水也。

負瑕泉，在府城北六里。縣本魯負瑕邑。左傳哀七年：以邾子益來，囚諸負瑕。

嵫陽山，在西三十里。

瑕丘城，在縣西二十五里。宋改磁陽。洪武初省，十八年，復今治。　昌平城，在府城東南八十里。史記：孔子生魯昌平鄉。其南爲鄒。

【校勘記】

〔一〕使決令西注　「令西注」，底本作「今而」，川本同，據滬本及隋書薛冑傳改。

〔二〕後陂澤盡爲良田　「陂」，底本作「波」，川本同，據滬本及隋書薛冑傳改。

〔三〕薛公豐兖渠　「豐」、「渠」，底本作「豊」、「築」，川本同，據滬本及隋書薛冑傳改。

曲阜縣　府東三十里。　編户十六里。　差重，民疲。　曲阜故城，在縣東十里。歷宋、元，三遷於此。國朝正德間，爲流賊所陷，遷今治。　城周十里。　闕里，在縣城中。　少昊氏都。　又史記：神農氏都陳，遷曲阜。古魯國，秦薛郡治。　通典：委曲長七八里，故曰曲阜。　厥壤瘠鹵，無墳衍之饒，民鮮生殖。以孔氏爲令，因俗爲治，法亦易行。而展謁聖廟者，車轂擊，輿馬之費與衝路埒，乃受僻左之名，邑人患苦焉。泉河史。

洙水，在縣北五里，即泗水之分流也。水經注曰：泗水西南流，經魯縣，分爲二流，北爲洙瀆。春秋莊公九年：冬，浚洙。杜預曰：洙水在魯城北，浚深之爲齊備也。南即泗水，夫子教於洙、泗之間，今城北二水之中是也。從征記曰：洙泗二水，交於魯城東北十七里。闕里背洙面泗〔一〕，牆南北一百二十步，東西六十步。郭緣生言泗水在城南，非也。　逵泉，在縣南。左傳：叔牙及逵泉而卒〔二〕。洙河，在縣北四里許，爲泗水之分流，經孔林内流出，西南入沂。坰澤〔三〕。玉海云：在曲阜縣東九里，魯僖公牧馬之地。泗河，在縣北八里。發源泗水縣東陪尾山，西南入會通河濟運。

尼山，在縣東南六十里。其山五峯連峙，下接中峯之麓，有宣聖廟。相傳啓聖公與夫人顔氏禱於此山，而生孔子。連泗水、鄒縣界〔四〕。至聖廟，在縣治東〔五〕。有衍聖公廟。孔顔孟三氏學，萬曆十六年，改爲孔顔曾孟四氏學。防山，在縣東三十里。禮記：孔子父叔梁紇，葬于防。今其墓與伯皮墓俱在山北二十里，乃防地，非防山也。沂水，在縣南二里。源出尼山之麓，西流入泗水。論語：浴乎沂。水經注：水出尼丘山西北〔六〕，經魯之雩門，亦謂之沂水。昌平山，在縣東南五十里，尼山之西。史記：孔子生魯昌平鄉。即此。

費宏城。闕里記：闕里與曲阜相去十里，故皆無城。正德辛未，賊破曲阜，焚官寺民居數百，遂犯闕里。賊至後〔七〕，僉事潘君珍議即廟爲城〔八〕，而縣附之。疏上得旨，遂城之。虞集尼山書院記：尼山，去曲阜東南六十里。今屬滕州。

【校勘記】

〔一〕背洙面泗　底本作「皆洙泗」，川本同，據滬本及史記孔子世家改。

〔二〕叔牙　「牙」，底本作「弟」，川本同，據滬本及左傳莊公三十二年改。

〔三〕坰澤　「坰」，底本作「埛」，川本同，據滬本及紀要卷三二改。

〔四〕相傳啓聖公與夫人至連泗水鄒縣界　底本錯簡於下文「改爲孔顏曾孟四氏學」之後，川本同。圖書集成職方典卷二一〇曲阜縣：「尼山，在縣東南六十里。其左泗水，其南鄒，即顏母所祈而生孔子也。」同書卷二一八：「尼山聖廟，在曲阜東南六十里。其山五峯西峙，謂之五老峯，中峯即尼丘也。周顯德中，魯守趙某始於其地創廟，以祀夫子。……西北爲啓聖公廟，廟後有寢，祀顏氏夫人。」則此文應屬尼山，滬本改列於「宣聖廟」下，是，據以乙正。

〔五〕縣治東　「治東」，底本作「東治」，川本同，據滬本及清統志卷一六六改。

〔六〕尼丘山　底本無「丘」字，川本同，據滬本及水經泗水注補。

〔七〕賊至後　「至」，川本作「王」，滬本眉批：「至，疑當作退。」

〔八〕僉事　「僉」，底本作「愈」，川本同，據滬本及圖書集成職方典卷二〇九改。

鄒縣　在滕北百里，鄒東六十里，接泰山南麓。城以北多山水，汶水經其境，益以諸泉，爲運道所資。北走泰山，南走孔林，亦四達之衢。

寧陽縣　府北五十里。　編户三十五里。　差重，荒極，疲惰。　龔丘縣城，周四百五十步。

漢志：桃鄉，王莽名鄣亭〔一〕。光武破龐萌於桃聚。即此。

大小汶河，合流至本縣西北，分而爲二：其一爲元人所改，由縣北三十里省志：三十五里。堽城南流，則爲洸水〔二〕；其一由堽城西流，至東平州東五十里，會坎河諸泉，至四汶口而分。其西流者入大清河，由東阿而北，至利津入海，此故道也。永樂中，開會通河，乃於寧陽之北築堽城壩，以遏其入洸之流；於汶河之西築戴村壩〔三〕，以遏其入海之路。使其全流盡出汶上城北二十五里，受濼澢諸泉〔四〕，謂之魯溝；又西南流至城北二里，受蒲灣泊水〔五〕，謂之草橋河；又西南流十里，謂之白馬河；又西南流二十里，謂之鵝河。鵝河者，故宋之運道也，涸而爲渠，汶水由之。又西南十五里，謂之黑馬溝；又西南至南旺，入於漕。

清川村驛〔六〕，設工部分司，舊在縣西八里青川村〔七〕。成化二年，移在縣北三十里。永樂中，命工部主事一員，分督徂徠泉事於寧陽署〔八〕，在城内。漢鉅平縣界〔九〕，元初省入泰安州。今附本縣爲故城社，城在郕南〔一〇〕。東有魯道，詩所謂「魯道有蕩，齊子由歸」，是也。汶水經其東，上有文姜臺。

【校勘記】

〔一〕王莽名鄣亭　底本脱「鄣亭」二字，川本同，據滬本及漢書地理志補。

〔二〕則爲洸水　「則」，川本同，滬本及紀要卷三二作「别」。

〔三〕汶河　「汶」，底本作「坎」，川本同，據滬本及紀要卷三三改。
〔四〕受濼濇諸泉　「受濼」，底本作「更深」，川本同，滬本作「更濼」，紀要卷三三、清統志卷一六五作「受濼濇諸泉」，據改。
〔五〕受蒲灣泊水　「受」，底本作「更」，滬本同，據川本及紀要卷三三改。
〔六〕清川村驛　川本同，滬本無「村」字。
〔七〕青川村　「川」，底本作「州」，川本同，據滬本、本書上文及紀要卷三三改。
〔八〕分督徂徠泉事於寧陽署　川本同，滬本「泉」字作「衆」。
〔九〕鉅平縣　「平」，底本作「巨」，據川本、滬本及漢書地理志改。
〔一〇〕城在郕南　底本作「郕在城南」，滬本作「城在城南」，據川本及圖書集成職方典卷二三九改。

鄒縣　府東南四十五里。編户三十九里。荒疲，差重。東峙羣山，西環泗水，路當南北之衝。賦役煩重。縣土城周四里八十步。萬曆五年，磚包。運河，在西南七十里。古邾國。故鄒國城，在驛山之陽。左傳：魯師入邾，邾衆保于繹〔一〕。周二十餘里。左傳：魯人伐邾〔二〕，取漷東沂西田。在今縣南三十里。翼城，在縣東，邾邑。漆城，在縣東，邾邑。春秋襄二十一年：邾庶其以漆、閭丘來奔。定十五年：城漆。閭丘城，在縣南，邾邑。古邾城，在縣南。漢以爲南平陽。鄒城，在繹山南二里。邾遷於繹，依繹山以爲邑〔三〕。漢縣。郲城驛，治西。界河驛，在縣南五十里。
京相璠曰：嶧山，在鄒縣，繹邑之所依。山東西二十里，高秀獨出，積石相臨，殆無土壤，石間孔穴洞達相通，有如數間屋者〔四〕，俗謂之繹孔〔五〕，避亂入繹〔六〕，外寇雖衆，無所施害。永嘉之亂，太尉郗鑒將鄉曲千餘家逃此。今山南有大嶧名郗公嶧，亦有古城遺迹。金史石琚傳：大定中，僧智究作亂，會徒嶧山。厥土墝埆，不通商賈，以稼穡自給，亦富畜牧，毡毳之利，十居五焉。泉河史：縣東五十里有泉如林而出，接流入泗。亞聖廟，在城南。岡山，在北四〔旁注〕三。里。南北二岡之中，泉水出焉。梟山，在縣南五十里。詩：梟繹。即此。上有伏羲廟，土人因呼爲八卦山，連魚臺縣界。繹山，在東南二十五里。一名鄒繹山。書：嶧陽。左傳：郲文公遷繹。史記：秦始皇上鄒繹山，刻石頌德。並此。昌平山，在東北四十里。其山盤亘二十餘里。史記：孔子生魯昌平鄉〔七〕。九龍山，在東北二十五里。山形起伏凡九。下有蓼溝，蓼河出焉。西流經城南，折而西北流，入白馬河。四基山，東北三十里。山頂四石，狀如臺基，西麓即孟子墓。漢平陽縣，在縣界。馬鞍山，在北二十五里。北麓爲孟母林。

白馬河，在西北二十里。衆泉所會，西南流五十里入泗。雩水，源出縣東北六十里。經尼山而南，轉而西流，北至曲阜，入沂。因利河〔八〕，源發四基山，經縣東門環城而西。萬曆元年，知縣王汝振築壩遏之，注城而北，又折而南。

【校勘記】

〔一〕郲衆保于繹　底本作「之保于驛」，川本同，據滬本及左傳哀公七年改。

〔二〕伐郲　「伐」，底本作「代」，川本同，據滬本及春秋哀公二年改。

〔三〕繹山　底本作「澤山」，川本同，據滬本及齊乘卷四改。

〔四〕數間屋者　「者」，川本同，滬本及水經泗水注作「處」，蓋是。

〔五〕繹孔　「繹」，底本作「驛」，川本同，據滬本及水經泗水注改。

〔六〕入繹　「繹」，底本作「峯」，川本同，據滬本及水經泗水注改。

〔七〕昌平鄉　「鄉」，底本作「縣」，據川本、滬本及史記孔子世家改。

〔八〕因利河　「因」，底本作「同」，川本同，據滬本及清統志卷一六五改。

泗水縣　府東九十里。　編户二十五里。　山僻，簡疲。　城周三里一百餘步。

魯汴邑，在縣東五十里。季武子取卞，即此。漢卞縣〔一〕。郚鄉城，在縣西〔二〕。春秋文七年：城郚。注：卞縣南有郚城。　梁父城，在縣北。漢縣。　曲池亭，在縣境。春秋桓十二年：公會杞侯、莒子，盟于曲池。杜預注：魯國汶陽北有曲水亭。　姑蔑城，在卞城南。春秋：公及郳儀父盟地〔三〕。

陪尾山，在東北四十里。省志：東南五十里。泗水，山下泉林寺南四泉並發，循西流過卞莊城，始合爲一。又西南流，會縣南北界諸泉數十，過縣北，又西過曲阜縣北五里分而爲二，流繞孔林西，復合而爲一，西至兗州府東五里金口閘東〔四〕，沂水、雩水入之。龜山，在東北五十里。漢梁父縣，在縣北境。金史完顔阿隣傳：破紅襖賊郝定於泗水縣柘溝村。

【校勘記】

〔一〕漢卞縣　底本錯簡於下文「公及郳儀父盟地」之後，川本同，據滬本及明統志卷二三、紀要卷三二乙正。

〔二〕在縣西　川本同，滬本「西」字作「東」。圖書集成職方典卷二三九泗水縣故郚城：「在卞城南。舊志謂在縣西者誤。」據紀要卷三二、清統志卷一六六記載，在泗水縣東南。

〔三〕公及郳儀父盟地　「郳」，底本作「莒」，川本同，據滬本及春秋隱公元年改。

〔四〕西至兗州府東五里金口閘東　底本無「西」字，「里」下「金」上衍「合」字，據川本、滬本及圖書集成職方典卷二一

○補刪。

滕縣〔一〕　府東一百四十里。　編户八十七里。　極衝，地荒，民疲。河工爲累。　城周五里。在運河東北六十里。　漢蕃縣〔二〕。古滕國、薛國、小邾國。　古滕國，文王世子錯叔繡

所封〔三〕，三十二世爲齊所滅。漢初封夏侯嬰爲滕侯〔四〕，號滕公〔五〕。秦縣也。後置蕃縣，屬魯國。元滕州〔六〕。洪武二年，降爲縣，屬濟寧府。

龍山，在縣北二十五里。旁有龍湫。　狐駘山〔七〕，在縣東南十五里。左傳襄公四年：臧紇救鄫〔八〕，侵邾，敗于狐駘〔九〕。注：魯國蕃縣東南有目台亭〔一〇〕。

古滕國城，在縣西南十五里。周圍二十里，内有子城。秦爲滕縣。漢武帝封魯共王子順爲公丘侯〔一一〕，都此，因改之。故地志以爲公丘城。　郳城，在縣東六里〔一二〕，在南梁水東〔一三〕，古小邾國。案杜預注：昌慮縣東北有郳城〔一四〕。今此城在昌慮西北，豈預所指者靈丘城耶！靈丘城，在縣東四十里，明水河之南。史記：齊威王元年，三晉因齊喪來伐我靈丘〔一五〕。孟子蚳鼃辭靈丘〔一六〕。　郁郎亭，在縣西郁郎村。左傳隱元年〔一七〕：費伯帥師城郎〔一八〕。昭九年：築郎囿。是也。　滕縣守禦千户所。　臨城馬驛〔一九〕，縣南七十里。　滕陽馬驛〔二〇〕。　沙溝集巡檢司。

豐山，在縣南四十里。山多古墓。　大崖阜山，在縣東北九十里〔二一〕。　高山，在縣東六十里。其西有薛山。薛水出二山之間〔二二〕，西南流入徐州沛縣界。

梁水，出縣東一十五里。西南流入徐州沛縣界。　南沙河〔二三〕，出縣東北連青山前，南流入薛水。一作出縣西北〔二四〕，流入縣東北，西入古城口運道。　北沙河，出縣北二十五里龍山〔二五〕，西流經魚臺縣界〔二六〕，入昭陽湖。

漢薛縣，在南四十里。古薛國，薛河北。城周二十八里，齊田文所築也。戚城〔二七〕，在南七十里。東漢昌慮縣〔二八〕，在東南六十里，陶山北。隋省。即古郳之濫邑〔二九〕。舊志：東南四十里趙家莊。休城，在縣西二十五里。孟子去齊，居休。漢封楚元王子富爲休侯〔三〇〕。長城，在縣東六十里。詳見泰安州。

【校勘記】

〔一〕滕縣　「縣」，底本作「州」，川本同，據滬本及明統志卷二三改。

〔二〕蕃縣　「蕃」，底本作「潘」，川本作「番」，據滬本及漢書地理志改。

〔三〕錯叔繡　底本空缺「繡」字，川本同，據滬本及漢書地理志顔師古注補。

〔四〕漢初封夏侯嬰爲滕侯　底本「封」下「夏」上衍「爲」字，據川本、滬本删。

〔五〕號滕公　底本作「金號滕國公」，川本作「今號滕國公」，據滬本及漢書夏侯嬰傳改。

〔六〕滕州　底本作「膠州」，川本同，據滬本及元史地理志改。

〔七〕狐駘山　「駘」，底本作「臺」，川本同，據滬本及紀要卷三二改。

〔八〕臧紇　「臧」，底本作「滅」，川本同，據滬本及左傳襄公四年改。

〔九〕狐駘　「駘」，底本作「台」，據川本、滬本及左傳襄公四年改。

〔一〇〕蕃縣東南有目台亭　底本「東」作「在」、「目台亭」作「狐台山」，川本同，並據滬本及左傳襄公四年杜預注改。

〔一一〕魯共王子　「王」，底本作「五」，川本同，據滬本及漢書王子侯表改。

〔一二〕六里　底本空缺「六」字，川本同，據滬本及紀要卷三二補。

〔一三〕在南梁水東　底本脱「在南」二字，川本同，據滬本及紀要卷三二補。

〔一四〕昌慮縣東北有郳城　底本「慮」作「盧」、「郳」下脱「城」字，川本同，據滬本及春秋莊公五年杜預注改補。

〔一五〕因齊喪來伐我靈丘　「喪」，底本作「表」，川本同，據滬本及史記田敬仲完世家改。

〔一六〕孟子蚳鼃辭靈丘　底本「蚳」作「蚔」，並脱「辭」字，據川本、滬本及孟子公孫丑下、紀要卷三二改補。

〔一七〕隱元年　底本空缺「元」字，川本同，據滬本及左傳隱公元年補。

〔一八〕費伯帥師城郎　「城」，底本作「滅」，川本同，據滬本及左傳隱公元年改。

〔一九〕臨城馬驛　「驛」，底本作「邑」，川本同，據滬本及紀要卷三二改。

〔二〇〕滕陽　底本脱「滕」字，川本同，據滬本及清統志卷一六六補。

〔二一〕九十里　底本脱「十」字，據川本、滬本及圖書集成職方典卷二一〇補。

〔二二〕出二山之間　「山」，底本作「水」，川本同，據滬本及紀要卷三二改。

〔二三〕南沙河　底本脱「沙」字，川本同，據滬本及明統志卷二三補。

〔二四〕出縣西北　「出」，底本作「至」，據川本、滬本改。

〔二五〕北沙河出縣北二十五里龍山　底本脱「沙」字，「河」下「出」上衍「河」字，川本同，並據滬本及明統志卷二三補改。

〔二六〕魚臺縣　底本作「魯臺縣」，川本同，據滬本及明統志卷二三改。

〔二七〕戚城　「城」，底本作「州」，川本同，據滬本及圖書集成職方典卷二三九改。

〔二八〕昌慮縣　「慮」，底本作「盧」，川本同，據滬本及續漢書郡國志改。

〔二九〕濫邑　「濫」，底本作「鑑」，川本同，據滬本及左傳昭公三十一年改。

〔三〇〕漢封楚元王子富爲休侯　底本「封」字作「書」、「元」下「王」上衍「年」字，川本同，並據滬本及漢書王子侯表改。

嶧縣　府東南二百六十里。編户四十五里。荒僻，民疲，差重。西至滕一百里。城周四里許。地多山水，沃饒殷厚〔一〕，民以耕桑自給。近或棄本業，逢歲不易，流亡過半，而東諸侯逾淮多假道焉，官私俱困矣。泉河史。鄫，〔旁注〕亦作繒。姒姓，子爵。夏少康封其少子曲烈於鄫。傳國至春秋襄公五年，莒滅之。鄫大子巫仕魯〔二〕。去邑爲曾。皙與參〔三〕，其後也。古鄫城，在州東八十里。此漢承縣地也〔四〕。嶧州舊城，周十餘里。北枕鳳麓，西臨承河〔五〕。晉蘭陵郡，宋承縣，俱理此城。元置嶧州，今縣偏築西南隅〔六〕。漢蘭陵縣。古鄫國。偪陽國。元嶧州〔七〕。洪武二年，改爲縣，屬濟寧府。廣韻云：承音拯，以邑有承水得名。諸書作澄者，皆非。

車稍山，在縣北六十里。一名三峯山，滄浪淵出此。桂子山，在縣南十五里。一名葛嶧山。君山，一名抱犢山，在縣北六十里。述征記曰：丞縣君山有抱犢固〔八〕，壁立千仞，去海三百里，天氣澄明，宛然在目。夾山，在縣北七十里。通典：東海懷仁縣，有夾山，春秋之夾谷也。左傳定十年：公會齊侯于祝其，實夾谷〔九〕。漢有祝其縣。上二山，今並屬沂州。

丞城，在縣西北。漢縣。建陵城，在縣西四十里。通典：白茅山之陽。漢衛綰封建陵侯。鍾離城，距偪陽城六十里。春秋晉、吴會處。按路史：沂水之丞有鍾離城。郡國志謂：此城楚鍾離昧所築。萬家莊驛〔一〇〕。鄒塢鎮巡檢司，舊在縣西北四十里陳郝〔一一〕。嘉靖四十二年，移治縣西六十里拖犁溝，係泇河運道。偪陽城，在南五十里。古妘姓國〔一二〕。春秋：晉滅偪陽。後漢爲傅陽縣，屬彭城。蘭陵城，在縣東五十里。魯次室邑〔一三〕。後爲楚地，改曰蘭陵，楚春申君以荀卿爲蘭陵令。漢縣。蔇亭。春秋莊九年：公及齊大夫盟于蔇〔一四〕。注：琅邪繒縣北有蔇亭。在鄫城東北。路史云：沂水之丞有蔇亭，即古蔇國。

【校勘記】

〔一〕沃饒殷厚　「殷厚」，底本作「因原」，據川本、滬本及圖書集成職方典卷二三〇改。

〔二〕大子巫　底本作「太子並」，川本同，據滬本及左傳襄公五年改。

〔三〕晢與參　「與」，底本作「爲」，據川本、滬本改。

〔四〕丞縣　「丞」，底本作「水」，川本同，據滬本及紀要卷三二改。按漢書地理志、續漢書郡國志、宋書州郡志皆作

「承」，「氶」、「承」同。

〔五〕氶河　「氶」，底本作「城」，川本同，據滬本及圖書集成職方典卷二三九改。

〔六〕西南隅　「隅」，底本作「河」，川本同，據滬本及圖書集成職方典卷二三九改。

〔七〕嶧州　底本脱「州」字，川本同，據滬本及元史地理志補。

〔八〕君山有抱犢固　底本「山」下衍「在」字，川本同，據滬本及圖書集成職方典卷二一〇删。

〔九〕實夾谷　「實」，底本作「是」，川本同，據滬本及左傳定公十年改。

〔一〇〕萬家莊驛　底本脱「莊」字，川本同，據滬本及清統志卷一六六補。

〔一一〕縣西北四十里陳郝　川本同，滬本無「陳郝」二字。按圖書集成職方典卷二二六嶧縣：「鄒塢鎮巡檢司，舊在縣西北四十里陳郝集。」則滬本誤。

〔一二〕妘姓國　「姓」，底本作「晉」，據川本、滬本及齊乘卷四改。

〔一三〕次室邑　「室」，底本作「寶」，川本同，據滬本及續漢書郡國志劉昭注改。

〔一四〕公及齊大夫盟于蔇　底本「齊」下有「侯」字、「盟」作「監」，川本同，並據滬本及春秋莊公九年删改。

金鄉縣　府西南一百八十里。　編户三十二里。　荒僻，事簡，民疲，差重，有河患。　城周七里三十步。　漢昌邑國，漢東緡縣。

淶河，在縣北門外。單縣東門外亦有萊河〔一〕。　河源出汴水，晉時所開，北抵濟河，南通徐、沛。元以後漸湮，惟下流入沛者，略存故道。　三家灣河，在縣東北十里。來自鉅野，經城武界入金鄉，注濟。新挑河，西自城武〔二〕，東入舊漕河。嘉靖二十五年，知縣王沂浚。但魚臺東北，嶺阻未浚〔三〕，故下流稍緩。且河界近年淤淺，水泄不及，則金鄉每每受患，民甚苦之。

漢昌邑城，在縣西四十里。山陽城，在縣東北二十五里。緡城，在縣東北二十餘里。左傳：齊侯伐宋，圍緡。按山陽郡即以昌邑城爲治〔四〕，今乃有二城者，豈昌邑既廢而復置於唐者，不在山陽舊處耶？漢山陽郡，在縣界。

【校勘記】

〔一〕萊河　「萊」，底本作「策」，據川本、滬本及紀要卷三三改。

〔二〕新挑河西自城武　「挑」，川本同，滬本作「桃」，圖書集成職方典卷二一〇無。「西自」，底本作「自西」，據川本、滬本及圖書集成改。

〔三〕嶺阻未浚　「阻」，底本作「沮」，川本同，據滬本及圖書集成職方典卷二一〇改。

〔四〕即以昌邑城爲治　底本「以」下衍「之」字，據川本、滬本删。

魚臺縣　府南一百七十里。編户二十七里。簡，衝，疲，河工爲累。城周七里。在運河西南二十里。在河渠之旁，地多沈斥〔一〕。

穀亭，居河上一大聚落，賈人陳椽其中以千百計〔二〕。自運河北徙，市里爲墟矣。泉河史。

唐書：元和四年，移兖州魚臺縣於黃臺市。　南陽鎮，在縣東北四十里。　沙河鎮，在縣東南五十里。　魯棠邑，漢方輿縣〔三〕。　鳧山，在縣東北七十里。北爲鄒境。　水經注：方與縣故城北有武棠亭。春秋：公觀魚于棠。即此。　本朝初屬徐州，今屬濟寧府。　河橋驛，隆慶三年，以沙河、魯橋二驛并改移置〔四〕。本縣南地方舊有沙河鎮、魯橋遞運所，改移穀亭〔五〕。隆慶四年革。

　運河，在縣東二十里穀亭鎮，北抵南陽。嘉靖四十三年淤塞〔六〕，工部朱衡奏疏新漕〔七〕，即今南陽運河，舊漕遂廢。　南陽新河，在治北二十里。下接沛縣，上溯濟寧，爲轉運孔道，多設河、鋪、泉、溜、堤夫〔八〕。

　觀魚臺，在北一十三里。春秋隱公五年：公矢魚于棠〔九〕。　漢湖陵縣，在東六十里。漢王攻湖陵〔一〇〕，即此。後爲侯國。　郎城，在縣東南九十里。春秋隱公九年：城郎。又左傳隱元年：費伯帥師城郎。注：高平方與縣東南有郁郎亭。又莊八年：師次于郎。三十一年：築臺于郎〔一一〕。　重鄉城〔一二〕，僖公取濟西田〔一三〕，使臧文仲如晉，宿於重館。即此。　武唐亭，在縣北十二里。春秋隱公二年：公及戎盟于唐。　寧母亭，在縣東二十里。春秋僖公七年〔一四〕：盟于寧母。注：高平方與縣東有泥母亭〔一五〕，音如寧。其東北爲滕〔一六〕。今爲穀亭鎮〔一七〕。　菏河故道，在縣南七里。

【校勘記】

〔一〕地多沈斥　「沈斥」，底本作「次冗」，川本同，據滬本及圖書集成職方典卷二三〇改。

〔二〕陳椽其中以千百計　底本「以」下「千」上衍「爲」字，據川本、滬本删。

〔三〕方輿縣　「輿」，漢書地理志、續漢書郡國志、晉書地理志、宋書州郡志及水經泗水注皆作「與」。楊守敬水經注疏：「朱謀㙔作『方輿』，水經注箋曰：方輿，晉灼音房豫。戴震、趙一清改與。守敬按，汪本漢志亦作輿。」則作「與」是，作「輿」者疑誤。

〔四〕以沙河魯橋二驛并改移置　底本「魯」作「魚」、「移」作「遺」，川本同，據滬本及紀要卷三二、清統志卷一八三改。

〔五〕穀亭　底本作「泉亭」，川本、滬本同。圖書集成職方典卷二三四：「府境原設沙河、魯橋二水驛，明嘉靖四十五年奏准并爲河橋一驛，移於適中穀亭鎮。……又將沙河遞運所亦隨前驛歸并爲穀亭遞運所。」清統志卷一八三亦作「穀亭」，則此「泉」乃「穀」之誤，據改。

〔六〕嘉靖四十三年　「三」，底本作「五」，川本同，據滬本及清統志卷一八三改。

〔七〕朱衡　底本空缺「衡」字，川本、滬本同，據明史河渠志補。

〔八〕多設河鋪泉溜堤夫　底本「溜」作「淄」、「夫」作「矣」，川本同，據滬本及圖書集成職方典卷二二〇改。

〔九〕公矢魚于棠　「魚于」，底本作「于魚」，據川本、滬本及春秋隱公五年乙正。

〔一〇〕攻湖陵　「攻」，底本作「改」，川本同，據滬本及明統志卷二三改。

〔一一〕莊八年師次于郎三十一年築臺于郎　底本作「□年築郎於臺□年師次于郎」，川本同，據滬本及春秋莊公八年、莊公三十一年補改。

〔一二〕重鄉城　川本同，滬本此下有「在西北十一里」六字。

〔一三〕取濟西田　底本作「西濟田」，據川本、滬本及春秋僖公三十一年改。

〔一四〕僖公七年　「七」，底本作「十」，川本同，據滬本及春秋僖公七年改。

〔一五〕高平　「高」，底本作「亭」，川本同，據滬本及春秋僖公七年杜預注改。

〔一六〕注高平方與縣至其東北爲滕　底本錯簡於下文「菏河故道，在縣南七里」之後，川本同，據滬本及紀要卷三三乙正。

〔一七〕穀亭鎮　「穀」，底本作「若」，川本同，據滬本及紀要卷三三改。

單縣　府南二百九十里。編户五十二里。有河患。民刁，有盜，工役爲累。舊治，在縣南半里許。嘉靖二年二月，黄河水溢，墊没。五年，遷今治。城周五里一百五十步。單父縣，本朝并入單縣。元單州。本朝洪武二年，改爲縣。魯單父邑。西防城，在縣北四十里，白浮圖集之東。春秋隱十年：取防〔一〕。臧武仲以防求爲後于魯。即此。府佐駐劄。

黄河，自西南曹縣界入本境内，東至豐縣，約七十餘里。淶河，在舊城東門外。其源出汴水，下流通沛。今淤塞。長堤，在縣南二里〔二〕。防護河流，東西綿亘七十餘里。

故城在新城南，新舊相接。周成王封少子臻采地。隋開皇初，置州，歷代因之。洪武初，改爲縣。嘉靖二年，黄河泛溢，因改遷。

【校勘記】

〔一〕取防　「取」，底本作「改」，據川本、滬本及春秋隱公十年改。

〔二〕在縣南二里　川本、滬本同。圖書集成職方典卷二一〇單縣：「長堤，在城南二十里。」此當脱「十」字。

城武縣　府西南二百九十里。編户二十二里。簡，僻，有河患。梁丘城，在縣東北三十里。春秋莊三十二年：宋公、齊侯遇于梁丘。元成武縣，屬曹州。本朝洪武四年，改曹州爲縣，以城武縣屬濟寧府。

東河，在縣東廂，上達衛河，下接徐、邳。正德初，閘堰猶存。新河，在縣北堤外環城〔一〕，經單、金鄉、魚臺東達魯橋。

有南北二郜城，俱在縣東南二十五里。北郜，周文王庶子所封。春秋：取郜大鼎于宋。是也。南郜，春秋時宋邑。漢置郜成縣〔二〕。

【校勘記】

〔一〕在縣北堤外　「在縣」，底本作「猶」，川本同，據滬本及圖書集成職方典卷二一〇改。

〔三〕郜成縣　底本作「南部縣」，川本同，滬本作「郜城縣」，據漢書地理志改。

曹州　府西三百里。　編户六十八里。　僻，饒，頗淳。　分巡兖州兵備道駐劄。　古曹國。禹貢豫州。古乘氏地。金大定中，移曹州治此。本朝洪武元年，移去，尋改爲縣。正統十一年〔一〕，復置曹州於此。　城周十二里。

清丘山，在州西南三十里。春秋：晉、宋盟于清丘。即此。　菏山〔二〕，在州東南三十里。禹貢：導菏澤，被孟豬。注云：濟陰南三里有菏山，故名其澤爲菏澤也。今涸。

雷澤，在州東北六十里。地理志濟陰郡成陽縣西北〔三〕。史記：舜漁於雷澤。即此，今涸。禹貢：雷夏既澤。山海經雷澤注：城陽有堯冢、靈臺，雷澤在北也。　分巡兖西道駐劄。　氾水，在州東南三十里。漢高帝即位氾水之陽，即此。〔旁注〕今涸。　菏澤，在州界。今涸。　漢宛句縣，在州界。

【校勘記】

〔一〕正統　底本作「正德」，川本同，據滬本及明史地理志改。

〔二〕菏山　「山」，底本作「口」，川本同，據滬本及清統志卷一八一改。

〔三〕成陽縣　「成」，底本作「城」，川本同，據滬本及漢書地理志改。

曹縣　州南一百十五里。　編户四十八里。　地沃，民淳。近河，多水患。　左控徐、魯，右引衛、梁，黄河繞其南，濟水經其北。宋陳無已披雲樓記、山東通志。　元曹州。本朝以楚丘、定陶二縣幷入本州，屬濟寧府。洪武四年，復置定陶，改本州爲曹縣。又因河決，移治於縣南盤石鎮。　濟陰縣。本朝幷入曹縣。　通志：氾水，在曹州南三十里。今涸。　楚丘縣，本朝未立。　城周九里有奇。舊城在山南，曹州治[一]。金大定中，河決，徙於山北七十里乘氏地，名爲濟陰，實漢之濟陽縣地也。本朝洪武元年，以水患移徙安陵集；二年，又以水患移治盤石鎮，即今治。本州，洪武四年改爲縣[二]。　正統十一年，别置曹州於乘氏地，而縣隸之。

曹南山，在縣南十八里。上有宋襄公盟壇。詩：南山朝隮。春秋僖十九年：宋公、曹人、邾人盟于曹南[三]。　省志：南八里。　景山，在東南四十里，廢楚丘城北。商頌：景員維河，陟彼景山。案景山、楚丘名與衛同，實非衛地，舊志誤。　左山，在縣西北五十里。

漆園城，在縣西北五十里。莊周爲漆吏，即此。　陽晉口集，在縣西二十里。一名梁進口。

黄河，自開封府祥符縣金龍口、陳橋北十里，過蘭陽、儀封，入本縣界，分爲二派：其一東南流，由賈魯河至徐州入泗；其一東北流，經州境高二莊西[四]，至壽張縣沙河，入會通河，此故道也。弘治間，水決衝運河，遂自黄陵岡築塞東北一支。今直經儀封歷考城入縣界，而衝決之患，視昔尤甚。　氾水，在縣西北四十里。漢高帝即位於定陶氾水之陽。

漢已氏縣城〔五〕，在東南五十里。隋改爲楚丘，屬宋州。元改屬曹州。本朝洪武二年省入。舊志：本戎州已氏之邑。秺縣〔六〕，在東北。濟陽縣。通考：在寃句西南。據一統志，亦在界内。光武生於此。賈魯河，在縣西四十里。〔旁注〕西南二十。一作二十五。自黄陵岡至陽青村。元工部尚書賈魯所開。亳城，在曹南山東南三里〔七〕。自契至湯凡八遷，多在其地。一名景亳。皇甫謐所謂蒙爲北亳，是也。及湯受命，始遷於穀熟，爲南亳，後人遷偃師爲西亳云。

【校勘記】

〔一〕舊城在山南曹州治　川本、滬本同。圖書集成職方典卷二三九曹州：「曹州治濟陰縣，舊在左山之陽。」此「山」當作「左山」。

〔二〕洪武四年　「四」，底本作「二」，川本同，據滬本及明史地理志改。

〔三〕宋公曹人郳人　底本無「曹人」二字，川本同，據滬本及春秋僖公十九年補。

〔四〕高二莊　底本缺「二」字，川本同，據滬本及紀要卷三三補。

〔五〕已氏縣　「已」，底本作「汜」，川本同，滬本作「汜水縣」，據漢書地理志改。

〔六〕秺縣　「秺」，底本作「袉」，川本同，據滬本及漢書地理志改。

〔七〕曹南山　底本「曹」下「南」上衍「州」字，川本同，據滬本及清統志卷一八一刪。

定陶縣　州東南五十里。　編户一百九十里。　僻，簡，民淳。　天下之中，交易有無之路通〔一〕。史記越世家。　古三朡國。漢梁國、定陶國。本朝省入曹州。洪武四年復置，屬濟寧府。　安陵巡檢司，在西北七十里安陵集。　二縣舊俱隸濟寧州，今改隸。洪武元年，省入曹州。後改曹州爲縣，復置定陶縣，屬濟寧府。十八年，降濟寧爲州，仍隨州屬兖州府。正統十一年，復置曹州，以定陶屬焉。　城周九里。　縣北五十里，有黄河支流故道，東注濟寧，以達淮。　定陶亭，在縣西南七里。按禹貢濟水東出于陶丘北。爾雅曰：丘再成爲陶〔二〕。帝王世紀曰：舜陶河濱。曹國陶丘亭是也〔三〕。

髣山，在縣北十二里。曹國十五世葬地，積壤之高，髣髴如山，上故有曹叔振鐸祠。　黄河，舊經縣治。弘治初，水決運河，遂自黄陵岡堵築塞。今涸。　菏澤，按禹貢：導菏澤，被孟豬。蔡沈注云：在濟陰定陶縣東，因其地有菏山，故名。今涸。　柳河，在縣西南十里。即舜陶河濱處。古堤岸尚存，今有河濱寺。　氾水，在縣西北十里許。漢高祖即位處遺趾尚存，俗呼爲官涸堆。　范蠡湖，在城内西南隅。其地窪下多水，俗傳爲范蠡養魚所，今涸。

漢剛縣，在縣東北。即魯之闡邑。晉改剛平縣。後魏省。　蛇丘縣，在縣界。即魯之蛇淵囿〔四〕。　三朡亭，在縣界。書序：湯伐三朡。漢書：曹國有三朡亭〔五〕。蔡曇云：舜封豢龍於朡川，朡夷氏即其後也〔六〕。路史：董姓，朡夷也。今濟陰東北有龍池。朡亭，縣西南七里，有存焉。

【校勘記】

〔一〕交易有無之路通　底本無「通」字，據川本、滬本及史記越王勾踐世家補。

〔二〕丘再成爲陶　「再」，底本作「在」，據川本、滬本及爾雅釋丘改。

〔三〕陶丘亭　底本脱「亭」字，據川本、滬本及續漢書郡國志劉昭注補。

〔四〕蛇淵囿　「囿」，底本作「國」，川本同，據滬本及明統志卷二三改。

〔五〕漢書曹國有三朡亭　川本、滬本同。按漢書地理志無「三朡亭」記載。續漢書郡國志：「定陶本曹國……有三鬷亭。」「鬷」爲「朡」之異寫。此云「漢書」爲「續漢書」之誤。

〔六〕朡夷氏　底本無「朡」字，據川本、滬本、本書下文補。

濟寧州　府西六十里。編户五十六里。水陸要衝，事煩，民疲。城周九里有奇。地形高亢，關津險阻。通志。北枕岱嶽，南襟徐、沛，咽喉鄒、魯，唇齒鉅、鄆。在運河北岸汶、泗之間，南北之衝。北至京師與至南京，俱一千三百里。舊驛路，從鄒縣經魯橋至州，今改由兗州路。元升濟寧府爲濟寧路〔一〕。本朝洪武元年改。十八年降爲州〔二〕。古任國，漢任城縣。

河程：本州天井閘十五里至安居，五里至耐牢坡，二十里至小長溝，六里至大長溝，十二里至寺前閘，五里至南旺上閘，十里至南旺下閘，下水五里至開河閘，十二里至袁老口閘，十八里至靳家口閘，三十里至安山驛。濟寧衛。南城水驛〔三〕。左、右、中、前、後五千户所。魯橋巡檢司。河道總管、分巡兵備、管閘工部駐劄。舊有城東驛、康莊驛，革。濟寧遞運所，隆慶四年革。查任城衛本州四十里至康莊驛，四十里至汶上縣，二十里至沙河驛，三十里至東平州。本州南城水驛一百二十里至開河驛，七十里至安山驛，七十里至荆門驛，八十里至東昌府。府南六十里〔四〕。民居稠密，商賈輳集。太白酒樓，在南城上。李白遊任城，賀知章觴飲白於此，後人因建樓。漢盧江太守范式碑，蔡邕八分書。北海相景君碑〔五〕，建安二年立，篆書，俱在州内。今剥落不可識。

會通河，在州南。元時創開，以通漕運。南抵徐州，達清河，以入於淮。北經東昌府臨清州，與衛河合流，入於海。自本州分水閘至東昌府臨清閘，凡四百里。久而淤塞。本朝永樂九年，遣大臣發民夫疏鑿，惟於開河閘至沙灣北〔六〕，北徙二十餘里，餘皆循其故道。自濟寧則引汶、泗、洸及徂徠諸山水注之〔七〕，至沙灣，則引黄河支流〔八〕，自金龍口者合之〔九〕，以達於臨清，會於衛。

郰婁城，在州南一十里。春秋：城郰瑕。注：任城亢父縣北郰婁城也。漢亢父縣，在南六十里。樊縣，在州北。永樂中，既築堽城壩，以遏汶水入洸之流，而洸河幾絶，然堽城之南官莊河之入於洸者如故，但其源微而流不長。成化十一年，自堽城之西南，流循寧陽三里許，又南流三十里至高吳橋，會寧陽縣諸泉〔一〇〕，又六十里經本州城，東與泗合〔一一〕，入於漕。馬場頭，在州西十里。周圍四十里，北接蜀山湖，蜀山之水溢而入之。萬曆中，尚書潘季馴始建閘築堤千餘丈，以備蓄泄。

會通河，在州南。元初，由任城開渠至安民山即安山。一百五十里。復自安民山之西南開渠，由壽張西北至東昌〔一二〕，又西北至臨清，凡二百五十里，引汶絶濟，直趨漳、衛。洪武二十四年，河決原武縣黑陽山，由舊曹州鄆城縣河口漫過安山湖〔一三〕，而會通漸淤。國初轉餉遼右，以至永樂初漕粟北京，皆由海運。永樂九年，濟寧州同知潘叔正建言〔一四〕，舊會通河四百五十餘里，其淤者三之一，可浚之以通漕〔一五〕。乃命工部尚書宋禮、都督周長往治。禮用老人白英計，築壩於汶上縣之戴村，横亘五里，遏汶而東流〔一六〕，令盡出於南旺〔一七〕，至分水龍王廟，分而爲二水，四分南流，以接徐、沛，六分北流，以達臨清。相地高下，增備水閘，以時啓閉，便蓄泄〔一八〕。自分水至臨清地降九十尺，爲閘十有七，而達於漳、御〔一九〕；南至沽頭地降一百十有六尺，爲閘二十有一，而達於河、淮。自永樂十二年始，歲漕至四百餘萬石。迄於國變，凡二百三十年，爲京師之長利，亦爲山東之大病。夫汶水自古東北入海，以人力導引，使北通白、衛，南接淮、泗，實自元人始。南旺形如劍脊，中昂而兩瀉，水非由地，勢難久安，盡括泉源，千里焦爍〔二〇〕，備閘浚淺〔二一〕，勞費不訾〔二二〕，於是有沁、衛之策，膠、萊之議。至先帝末年，用沈廷揚之言〔二三〕，試行海運，而國事已不可爲矣。河程：本州安山驛三十里至戴家淺閘〔二四〕，三十里至張秋，十里至荆門二閘，十五里至阿城二閘〔二五〕，十五里至七級二閘，十五里至周家店，十三里至李家務閘，十八里至東昌府。

【校勘記】

〔一〕元升濟寧府爲濟寧路　底本作「元濟寧路爲濟寧府」，川本同，據滬本及元史地理志補改。

〔二〕十八年降爲州　底本空缺「十八」二字，川本同，據滬本及明史地理志補。

〔三〕南城水驛　「水」，底本作「各」，川本同，據滬本及清統志卷一八三改。

〔四〕府南六十里　「府」，底本作「州」，川本同，據紀要卷三三改。滬本「南」作「西南」。

〔五〕景君碑　底本空缺「景」字，川本同，據滬本及圖書集成職方典卷二三九補。

〔六〕沙灣　「沙」，底本作「河」，川本同，據滬本及紀要卷三三改。

〔七〕引汶泗洸及徂徠諸山水注之　「引」，底本作「行」，據川本、滬本改。

〔八〕至沙灣則引黄河支流　底本「沙」作「河」、「引」作「行」，川本同，據滬本及紀要卷三三改。

〔九〕金龍口　「金」，底本作「全」，川本同，據滬本及明史河渠志改。

〔一〇〕寧陽縣　底本脱「陽」字，據川本、滬本補。
〔一一〕東與泗合　「泗」，底本作「四」，川本同，據滬本及紀要卷三二改。
〔一二〕由壽張西北至東昌　「西」，底本作「而」，川本同，據滬本及元史河渠志改。
〔一三〕安山湖　「山」，底本作「南」，川本同，據滬本及圖書集成職方典卷二二八改。
〔一四〕濟寧州同知潘叔正建言　底本「寧」作「南」、「言」作「立」，川本同，並據滬本及明史河渠志改。
〔一五〕其淤者三之一可浚之以通漕　底本「淤」作「餘」、「浚」作「濟」，據川本、滬本及紀要卷三〇改。
〔一六〕遏汶而東流　川本、滬本同。紀要卷三〇：「築壩於東平州之戴村，横亘五里，遏汶水西南流。」此「東」當爲「西」或「西南」之誤。
〔一七〕令盡出於南旺　「令」，底本作「今」，川本同，據滬本及紀要卷三〇改。
〔一八〕便蓄泄　「便」，底本作「更」，據川本、滬本改。
〔一九〕達於漳御　「御」，川本同，滬本及紀要卷三〇作「衛」。
〔二〇〕千里焦爍　「爍」，底本作「燦」，據川本、滬本及紀要卷三〇改。
〔二一〕備閘浚淺　「淺」，底本作「涉」，據川本、滬本改。
〔二二〕勞費不訾　底本「費」下「不」上衍「帝」字，川本同，據滬本及紀要卷三〇删。
〔二三〕用沈廷揚之言　「用」，底本作「周」，據川本、滬本改。
〔二四〕戴家淺閘　「淺」，底本作「涉」，川本同，據滬本及紀要卷一二九改。
〔二五〕阿城二閘　底本作「河城二城」，川本同，滬本作「阿澤」。圖書集成職方典卷二二八漕河閘六：「張秋北十里曰荆門上閘，又北三里爲荆門下閘，又北十里爲阿城上閘，又北三里爲阿城下閘，又北十二里爲七級上閘，又北三里爲七級下閘。」則此「河城」當是「阿城」之誤，「二城」乃「二閘」之誤，據改。

嘉祥縣　在州西五十里〔一〕，府西南一百一十里。在運河西二十五里。編户二十四里。　山邑荒疲，差重〔二〕，多盗。　近運道，設淺鋪夫協濟〔三〕。　元屬單州。本朝洪武元年，改屬濟寧府。　河水經流，萌山甲峙。本志。

萌山，在城内東北。高百餘仞，登覽可見嶧山、岱嶽。金大定中〔四〕，縣徙於此。　南武山，在縣南四十五里。即古南武城，有曾子墓並廟〔五〕。　焦城，在縣南十五里，青山之東。　武王封神農之後於焦，即此。　郗湖，在城南五里。晉郗太尉池。　金皇統間，始於鉅野山口鎮置縣〔六〕。以西狩獲麟，故名。　正隆間，縣治墊没〔七〕，遷横山之南。　大定十五年，徙治萌山之麓而城之。周四里。　青山，在縣西南十五里。巖秀泉甘，爲一邑之勝。　獲麟臺，在縣西二十五里。崇一仞，周二百餘尺，中有臺，高四尺許。

【校勘記】

〔一〕州西五十里　「西」，底本作「南」，川本同，據滬本及紀要卷三三、清統志卷一八三改。

〔二〕山邑荒疲差重　底本「邑」作「益」、「重」作「衆」，據川本、滬本改。

〔三〕設淺鋪夫協濟　「淺」，底本作「涉」，川本同，據滬本及圖書集成職方典卷二二二改。

〔四〕金大定中　底本「金」下衍「山」字，川本同，據滬本及金史地理志刪。

〔五〕有曾子墓並廟　川本同，滬本「有」上有「南」字，同清統志卷一八三。

〔六〕於鉅野山口鎮置縣　「置縣」，底本作「直隸」，川本同，據滬本及圖書集成職方典卷二一〇九改。

〔七〕縣治墊没　底本「没」字作「設」，川本同，據滬本及圖書集成職方典卷二一〇九改。

鉅野縣　州西北一百里，在運河西八十里。編户三十五里。僻，簡，近運道，有城，水闊多，設淺鋪夫〔一〕。城周九里。萌山，在縣東北。五代周廣順二年〔二〕，置濟州，治鉅野縣。宋至道三年，爲廣濟運〔三〕。金天德二年，以河決淹没，徙州治任城。元至元六年，復置爲濟州，附郭。

郥亭，在縣西南五里。齊、魯盟地，臺尚存。咸丘。春秋：焚咸丘〔四〕。今縣南有咸亭。獲麟臺，在縣東十五里。宋書何承天傳：鉅野湖澤廣大，南通洙、泗，北連青、齊。有舊縣城，正在澤中〔五〕，宜立式修復舊堵，利其埭遏〔六〕，給輕艦百艘。寇若入境，引艦出戰，左右隨宜應接，據其師津，毁其航漕。此以利制車〔七〕，運我所長，亦微徹敵之要也。安興墓巡檢司〔八〕，在縣西八十里。

金鄉山，在縣南五十里，金鄉縣西北四十里。金鄉縣得名本此山分，今屬鉅野云。大野澤，在縣東南五里。南北二百里，東西一百餘里。禹貢：大野既豬。爾雅十藪，魯有大野〔九〕。獲麟古塚，在城東十里鋪東，亦曰獲麟臺。春秋哀公十四年傳：西狩于大野。叔孫氏之車子鉏商獲麟。漢乘氏縣，在西南五十里〔一〇〕。

【校勘記】

〔一〕淺鋪夫　「淺」，底本作「涉」，川本同，據滬本及圖書集成職方典卷二三二改。

〔二〕廣順二年　「二」，底本作「三」，川本同，據滬本及寰宇記卷一四改。

〔三〕宋至道三年爲廣濟運　川本同，滬本作「宋因之」。玉海卷二二：五丈河，開寶六年，改爲廣濟河。「廣濟河出濟州之合蔡鎮，通梁山泊。」此當有誤。

〔四〕焚咸丘　底本空缺「焚」字，川本同，據滬本及春秋桓公七年補。

〔五〕正在澤中　底本無「在」字，川本同，據滬本及宋書何承天傳補。

〔六〕利其埭遏　「埭」，底本作「隸」，據川本、滬本及宋書何承天傳改。

〔七〕以利制車　「車」，底本作「軍」，川本、滬本同。宋書何承天傳：「此以利制車，運我所長，亦禦敵之要也。」則此「軍」乃「車」字之誤，據改。

〔八〕安興墓巡檢司　「墓」，底本作「基」，川本同，據滬本及紀要卷三三改。

〔九〕魯有大野　底本無「大」字，據川本、滬本及爾雅釋地補。

〔一〇〕西南五十里　「西」，底本作「東」，川本同，據滬本及清統志卷一八一改。

鄆城縣　州西北一百六十里。編户三十二里。僻，貧，民淳。舊城在縣東南。金以水患徙盤溝，即今治。城周三里九十步。

高魚城，在縣東北。左傳襄二十六年：齊烏餘襲我高魚〔一〕。

【校勘記】

〔一〕烏餘　「烏」，底本作「鳥」，川本同，據滬本及左傳襄公二十六年改。

東平州　府西北一百五十里。編户三十四里。路衝，民疲，地瘠。城周二十四里。古須句國。漢東平國。隋鄆州。唐天平軍。當水陸之衝，地瘠而役繁。州志序：春秋爲須句、郕、鄣、宿四附庸之國，而東鄆、西鄆皆其地也。其後須句入魯，郕、鄣降齊，宿遷於宋。鄆或在魯在齊，遂爲齊、魯、宋之交。宋、元以來，獨爲一路，城郭規制甲於東省。今當水陸之衝，郵傳疲累，人力詘矣。危山北據，汶水夾流。在運河東北十五里。元東平路。洪武元年改爲府，八年改爲州，屬濟寧府。

安山河，在州西十五里，漕河西岸，縈迴可百里〔一〕，繞安民山下〔二〕。四面有堤，置閘以時蓄泄，謂之水櫃。東原馬驛，治南。安山水驛，在州西十一里安山鎮〔三〕。舊有金線遞運所，萬曆九年革。州西四十里，安山驛西。金線閘口巡檢司，革。在安平鎮，去州七十里。元須城縣，洪武八年省入東平州。全設。東平守禦千户所。係運道，上接陽穀，下抵汶上。金史劉豫傳：豫自大名還居東平，以東平爲東京。斜卯阿里傳：破賊船萬餘於梁山泊。食貨志：黄河已移故道，梁山濼水退〔四〕，地甚廣，遣使安置屯田。

危山，在州東北二十里。漢書：哀帝時，無鹽危山土自起覆草，如馳道狀。瓠山，在州北二十里。漢書：瓠山石轉立。安山，在州西南三十里。梁山濼，在州西五十里，接壽張縣界。宋南渡時，宋江爲寇，嘗結寨於此。中有黑風洞。

古郚國，在州東七十里。春秋莊三十年〔五〕：齊人降郚。今郚城集〔六〕。漢無鹽縣，在州東三十里。堯陵，在州東北三十里盧泉山陽。汶水至此南北兩分。

南旺湖，在西南三十里，漕河西岸，縈九十里，即鉅野大澤東畔也。宋時，與梁山濼水匯而爲一，圍三百餘里，即宋江所據。及會通河開，劃爲二堤，漕渠貫其中，南去濟寧九十里。蜀山湖，在東岸，即南旺東湖也。周圍六十五里，有山一區在水中央，望之若螺髻焉，曰蜀山。通志：蜀山湖，在縣南三十五里，運河之東蜀山下。闊三十餘里，與南旺湖東西相對〔七〕。開河，在南旺北十五里。其地每歲以十月下旬互市，百貨聚焉。元至正中置閘。

【校勘記】

〔一〕縈迴可百里 「可」，底本作「四」，川本同，據滬本及圖書集成職方典卷二一〇改。

〔二〕繞安民山下 「繞」，底本作「統」，據川本、滬本及紀要卷三三改。

〔三〕十一里 川本同，滬本及清統志卷一七九作「十五里」。

〔四〕梁山濼 「濼」，底本作「漂」，據川本、滬本及金史食貨志、紀要卷三三改。

〔五〕莊三十年 底本空缺「莊三十」三字，川本同，據滬本及左傳莊公三十年補。

〔六〕今鄣城集 底本空缺「今」字，川本同，據滬本及清統志卷一七九補。

〔七〕通志蜀山湖至與南旺湖東西相對 底本錯簡於文末「元至正中置閘」之後，川本同，據滬本及清統志卷一六五乙正。

汶上縣 州東南六十里。 編户四十八里。 衝，疲。 左接魯甸，右跨梁山，背枕四汶，西據三湖〔一〕。本志。 古厥國。水經注：汶水西南經平陸縣故城北。應劭曰：古厥也。在縣北境，魯中都。郡國志：須昌有致密城。 即夫子所宰邑。 地多膏壤，而陂澤亦居其半。水陸衝煩。 全設。 新橋馬驛，在城中。 開河水驛，在縣西三十里。 準字池，在縣治堂上〔二〕。有孔子準字池，以石爲之，外方内員，刻鯉魚四，注以水，上不在水面〔三〕，下不在水底，以示中行之意。

濟河，在縣北。禹貢：濟水，東出于陶丘北，又東至于菏，又東北會于汶，又北東入于海〔四〕。後魏酈道元謂濟水當王莽之世，川瀆枯竭，不與昔同。宋蔡沈謂今歷下凡發地皆是流水，世謂濟水經流其下。然則今濟水伏流不見，惟汶水由濟河以入海。其實汶水發於岱陰諸山者，皆濟水既伏而見也。詳見濟南府。汶水，來自寧陽，爲戴村壩所遏，由東平州至東昌臨清，直趨漳、御〔五〕，爲今日運道，壩在州南縣北，橫亘五里。蒲灣濼，在縣北三里，舊名仲勾陂。周圍十餘里，每秋水泛漲，一望無際，其水西南流七里〔六〕，至金龍口，入汶河。

古郕國，在西北二十餘里〔七〕。州志：縣北三十里。舊剛父縣西南，有郕鄉。春秋隱公五年：衛師入郕。魏、晉以來，多罹水患，不常厥邑。宋開寶二年，徙南穀鎮，在今縣南十二里，今爲舊縣集。太平興國二年，徙利仁鎮〔八〕。紹興三年〔九〕，徙新橋鎮，在今縣北十八里，今名舊城。國朝洪武八年，圮於河，徙穀城〔一〇〕。

【校勘記】

〔一〕西據三湖　「西」，川本、滬本作「面」。

〔二〕在縣治堂上　「堂上」，底本作「堂山」，川本同，滬本作「孝堂山」。圖書集成職方典卷二三九汶上縣準字池：「在縣治堂上，自漢、唐以來，中有孔子準字池，以石爲之。」清統志卷一六五載同，據改。

〔三〕上不在水面　底本脱「上」字，據川本、滬本及圖書集成職方典卷二三九、清統志卷一六五補。

〔四〕又北東入于海　「北東」，底本作「東北」，川本、滬本同，據尚書禹貢乙正。

〔五〕直趨漳御　「御」，川本同，滬本作「衛」，眉批：「御，當作衛。」

〔六〕其水西南流　「西」，底本作「面」，據川本、滬本及圖書集成職方典卷二一〇改。

〔七〕在西北二十餘里　底本作「在北二十里西北二十餘」，川本同，據滬本及紀要卷三三改。

〔八〕徙利仁鎮　川本同，滬本「徙」下有「治」字，同紀要卷三三。

〔九〕紹興三年　底本作「紹聖二年」，川本同，據滬本及紀要卷三三改。

〔一〇〕魏晉以來多罹水患不常厥邑至洪武八年圮於河徙穀城　川本同，據紀要卷三三載，屬東阿縣，滬本已改。

東阿縣　州西北七十里。　編户二十四里。　頗衝，民貧，多山。　城周四里一百三十步有奇。至府二百二十里，至布政司二百里。

齊柯邑。春秋莊公十三年：公會齊侯盟于柯〔一〕。曹沫劫盟于此。漢爲東阿縣。兩漢有阿陽無東阿〔二〕。魏封曹植爲東阿王。陳思王傳：初植登魚山〔三〕，臨東阿，喟然有終焉之心〔四〕，遂營爲墓。　通鑑注：碻磝，魏濟州治所，即漢東郡茌平故城〔五〕，其西南即河津，謂之碻磝津〔六〕。　安平鎮，舊名張秋。在縣西南六十里，爲東阿、壽張、陽穀三界之地。周世宗時，遣宰相李穀治堤，自陽穀抵張秋口，鎮名昉此。宋改爲景德鎮。本朝弘治七年，塞決成河，賜今名。抱河爲城，周八里。北河都水郎中治之。

沙灣〔七〕，在鎮南十二里。黄河舊決口也。弘治間，塞黄陵岡口，有裡河一道自鄆城來，逕壽張黑虎廟，至此入漕。黑龍潭，在鎮城北半里。舊決口也。東流既塞，泉湧地中匯而爲潭，深不可測，大旱不枯，相傳有龍潛焉。嘉靖初，郎中楊旦欲其池，欲涸而觀之，水決未半，風雷大作，乃懼而祭之。金堤，在鎮城南。墳起一帶，延亘鄆、濮〔八〕。漢文帝時，河決酸棗，東潰金堤，即此。相傳秦始皇築，或云即漢王景所修汴渠堤〔九〕。自滎陽至千乘海口千餘里〔一〇〕，此其故趾。

穀城山，一名黄山，在縣東北五里。即張良得黄石之所。碻磝山，在縣南七里。宋檀道濟與後魏交兵於此。今縣南三土丘，即道濟唱籌量沙處〔一一〕。春秋桓公十年〔一二〕：公會衛侯于桃丘。杜預注：東阿縣東南有桃城。桃丘在西南五十里。漢穀城縣，即今治。齊管仲采邑。又見沂州。魚山，在縣西八里。〔旁注〕大清河之西岸。一名吾山。漢武帝瓠子歌：吾山平兮鉅野溢〔一三〕。楚辭注云：吾山，擬即東阿魚山也。唐書朱瑄傳：與汴人戰於魚山下。五代史：梁太祖與鄆、兖兵，大戰於此山。有東阿王墓〔一四〕，其下有廟。宋史陳堯咨傳：堯咨知鄆州，請浚新河，自魚山至下杷，以導積水〔一五〕。

汶水，在縣西北十里〔一六〕。會通河，在縣西六十里安平鎮〔一七〕。阿膠井，在縣西四十里。通志：在陽穀縣東六十里。舊屬東阿。周首亭，在縣東北。左傳：埋長狄榮如于周首之北門〔一八〕。

【校勘記】

〔一〕公會齊侯盟于柯　底本無「公」字，川本同，據滬本及春秋莊公十三年補。

〔二〕兩漢有阿陽無東阿　川本同，滬本作「兩漢有阿陽」。據漢書地理志、續漢書郡國志，西漢有阿陽縣，屬平原郡，東漢廢；西漢東阿縣屬東郡，東漢亦屬東郡，則此「無東阿」文有誤，「無」字或「與」字之誤。

〔三〕植登魚山　「登」，底本作「風」，川本同，據滬本及三國志魏書陳思王植傳改。

〔四〕喟然有終焉之心　「喟」，底本作「魏」，據川本、滬本及三國志魏書陳思王植傳改。

〔五〕茌平故城　「茌」，底本作「在」，川本同，據滬本及通鑑卷九九胡三省注改。

〔六〕謂之碻磝津　底本無「碻」字，川本同，據滬本及通鑑卷九九胡三省注補。

〔七〕沙灣　「沙」，底本作「河」，川本同，據滬本及紀要卷三三改。

〔八〕延亘鄆濮　底本無「延」字，據川本、滬本及道光東阿縣志卷四補。

〔九〕汴渠堤　「汴」，底本作「沛」，川本同，據滬本及道光東阿縣志卷四改。

〔一〇〕海口　「海」，底本作「水」，據川本、滬本及道光東阿縣志卷四改。

〔一一〕即道濟唱籌量沙處　「沙」，底本作「河」，川本同，據滬本及紀要卷三三改。

〔一二〕桓公十年　底本無「公」字，川本同，據滬本及春秋桓公十年補。

〔一三〕瓠子歌吾山平兮鉅野溢　底本「瓠」作「匏」，脱「平」字，川本同，據滬本及漢書溝洫志改補。

〔一四〕東阿王墓　「王」，底本作「五」，川本同，據滬本及圖書集成職方典卷二一〇改。
〔一五〕宋史陳堯咨傳至以導積水　底本錯簡於下文「埋長狄榮如于周首之北門」之後，川本同，據滬本及紀要卷三三乙正。
〔一六〕縣西北十里　川本同，滬本「西北」作「西」，同紀要卷三三。
〔一七〕縣西六十里　川本同，滬本「西」作「西南」，同紀要卷三三。
〔一八〕埋長狄榮如于周首之北門　「狄」，底本作「秋」，川本同，據滬本及左傳文公十一年改。又「北」下脱「門」字，川本、滬本同，據左傳文公十一年補。

平陰縣　州北一百二十里。編户十九里。山僻。城郭甚狹僻不當，南境墝埆〔一〕，北境平衍，膏腴半之。泉河史。通典：漢肥城縣故城，在今縣東南。左傳：齊、晉戰窐。亦在縣東。

故長城，首起縣北。又有巫山，一名孝堂山。即郭巨葬母之所。又盧縣下云：齊有長城、巨防。巨防即防門也。漢臨邑縣故城，在今治。縣東即爲防城也，有盧水。紫蓋山，在縣南三十里。一名孔山，絶頂有講堂。

郚城。左傳：欒盈以下軍克郚〔二〕。注：平陰城西有郚山。廣里。左傳：齊禦晉師，塹防門而守之廣里。野井。春秋昭公二十五年〔三〕：公孫于齊〔四〕，齊侯唁公于野井。長城，在縣東北。齊宣王築以禦楚。西接平陰，東距海。今泰安、萊蕪〔五〕、肥城遺趾尚存，滕亦有之。裁減。舊有陳宏遞運所〔六〕，革。滑口鎮巡檢司，隆慶二年革，汶水所經。

新開河，在西一十里。即濟河之下流，其南岸有山曰蹲龍，下有盤石跨河，舟行者患之，宋張方平乃鑿新河，引水北行以避之，民甚稱便。鑄鄉城〔七〕，在縣界。武王封堯後於此。古長城，在縣北。齊築防爲長城，擬即此。京茲，在縣南。古齊邑。左傳：晉人入平陰，遂克京茲。注：在平陰東南。

【校勘記】

〔一〕南境墝埆 「埆」，底本作「埇」，川本同，據滬本及圖書集成職方典卷二三〇改。

〔二〕欒盈 「欒」，底本作「柔」，川本同，據滬本及左傳襄公十八年改。

〔三〕昭公二十五年 底本脱「五」字，川本同，據滬本及春秋昭公二十五年補。

〔四〕公孫于齊 「于」，底本作「子」，川本同，據滬本及春秋昭公二十五年改。

〔五〕萊蕪 「蕪」，底本作「蒙」，川本、滬本同。按明代無「萊蒙縣」，明史地理志泰安州領萊蕪縣，此「蒙」爲「蕪」字之誤，據改。

〔六〕陳宏遞運所 「宏」，底本作「江」，川本同，滬本作「宏」。紀要卷三三、圖書集成職方典卷二三六俱作「陳宏」，據改。

〔七〕鑄鄉城 底本作「鑄新城」，川本同，據滬本及續漢書郡國志改。

陽穀縣　州西一百四十里。編户三十九里。僻，煩，差重。漢須昌縣。土城周一十二里。春秋僖公三年：齊侯、宋公、江人、黄人會于陽穀。今城南有會盟臺。阿城，在縣東北五十里。齊阿大夫治邑。

會通河，在縣東四十里安平鎮，北至荆門、阿城、七級閘。其源上接濟寧，下達臨清，入於衛河。清水河，在縣南五十里。自馬夾河分派至張秋減水閘〔一〕，入會通河。沙河，在縣東二十五里。雨後會水北流至東昌府南地名龍潭，入會通河。世傳爲黄河故道云。

荆門水驛，係運道。上接聊城，下抵東平，凡七閘。舊在縣治東，今移張秋鎮。河西荆門上下二閘，在縣東五十里。七級上下二閘，在縣東北六十里。阿膠井，在東北五、六十里阿城内。其水清洌而甘，攪濁即清，汲出日久味不變，煮黑驢皮爲膠，名曰「阿膠」，服之下膈疏痰〔二〕。蓋水性趨下，清而重，故也。寰宇記云：東阿舊有大井若車輪，深七八丈，汲以煮皮，每歲納貢，即此是也。

【校勘記】

〔一〕至張秋減水閘　川本同，滬本「張秋」下有「南」字，同圖書集成職方典卷二一〇。

〔二〕服之下膈疏痰　底本「之」下有「上」字，川本同，據滬本及圖書集成職方典卷二一二删。

壽張縣　州西一百二十里。　編户十五里。　差重，民刁，多盜。　土城周五里。　故城有三：一在縣南，隋末居民築堡，後置壽州，久廢；一在縣西二十五里竹口鎮；一在縣南九十里梁山東。金大定七年，河決壞城，遷於竹口鎮。十九年，復舊治。元至正三年，黄河水溢，人民散處。本朝洪武元年，置縣南十五里梁山之東〔一〕；三年，省入須城、陽穀；十四年，復置於王陵店〔二〕，即今治。　無丞。　梁山巡檢司，係運道。

汶河，來自安民山西南，至縣西北之安民亭，與濟合。

【校勘記】

〔一〕置縣南十五里梁山之東　川本同，滬本「置」上有「移」字，同紀要卷三三，當是。

〔二〕王陵店　底本缺「陵」字，川本同，據滬本及紀要卷三三、清統志卷一六五補。

沂州　府東南三百六十里。　編户一百五十里。　衝，疲。　磚城周九里。　左控青、齊，右連兖、魯，背負泰岱之險，面俯淮、徐之衝。沂水經其東南，淮、泗舟楫通焉。齊乘。　漢琅邪郡。　元屬益都路。　本朝洪武元年，屬濟寧府。五年，改屬濟南府。　涇王，憲宗第九子，弘治四年封〔一〕。　元臨沂縣，倚郭。本朝省入州。

湯河，源出州東北六十里湯山温泉，東南入於沭。　涑河，在州北二十五里。源出費縣東南箕山天井汪〔二〕，南流至州境分二支：其一南注郯城界及邳州諸湖澤間；其一經即丘城，後由州西門迤而北，又迤而東南至鎮海門外，入沂水。　東泇河，在州西南九十里。源出費縣南山谷間，逕州，過卞莊，入芙蓉湖。　西泇河，在州西南一百二十里，即抱犢峯下瀑布水也。東南流至三合村，與東泇河合，南貫四湖，又南合於武湖，謂之泇口，由邳入淮。　汶河，在州東北九十里。水有二派：一出蒙山東澗谷間，一出沂水縣南山谷間，南流入淮。　孝河，在州西北二十五里。又名王祥河。　魚梁溝，在州東五十里。上通湯河〔三〕，下會沭水。

馬陵山，在州東九十里。與郯城接，狀如奔馬，直抵宿遷。　寶山，在州西南九十里。有礦。成化、嘉靖、萬曆中，三次開采。　沂河，在城東二里。源出蒙陰艾山。禹貢：淮、沂其乂〔四〕。水經云：沂水出泰山郡蓋縣艾山。是也。南流經沂水縣城西〔五〕，又南至蒙陰，南受東汶水；又南逕諸葛城、王祥墓西〔六〕，孝河水入之；又南至沂州城北，祊水從西來入之；至沂州城東，小沂水從西來；又至鎮海門，涑水從西來入之，始東南流入於郯。　沭河，在州東五十里。源出莒州西北馬耳山，南流入州界，會湯河及魚梁溝之水，以入於沭，又東流三十里過馬陵山下入郯。周禮職方：其浸沂、沭。即此。

無判。　左、右、中、前、後五千户所。　沂州衛。　羅滕巡檢司，在□城集。　兖州兵備駐劄。初置濟寧，正德十年改沂州。

艾山，在州西二十五里。〔旁注〕東三十〔七〕。春秋隱公六年：公會齊侯盟于艾。山東有漢原丘縣古城。沂水，自青州府沂水縣界，南流至沂〔八〕，與祊水合。祊水，在州北二里。源出費縣大崖固，會浚河、朱龍河等水，由祊田東流至此入沂水〔九〕，東南流經本州及郯城，入邳州界。鄅城，在東二、三十六里。臨沂縣，魯叔孫氏之邑。隋置臨沂縣，尋徙入州。蘭陵城，在州西南一百四十里。楚春申君以荀卿爲蘭陵令。即丘城，在州西二十里。〔旁注〕東南五十。桓公五年：城祝丘。即此。漢置即丘縣。中丘城，在州東北三十里。隱七年〔一〇〕：城中丘。今名諸葛城。許田城，在州西北四十五里。隱八年〔一一〕：鄭伯以泰山之祊易許田。向城，在州西南一百里。春秋宣四年：伐莒取向〔一二〕。襄賁城，在州西南一百二十里，與鍾離城對〔一三〕，今名長城。漢末，劉虞封襄賁侯〔一四〕。

泥坨湖，在州南二十五里。棗溝湖，在州西北三十里。芙蓉湖，在州西南九十里芙蓉山下。灌田數千畝〔一五〕，泇水入之。

【校勘記】

〔一〕涇王憲宗第九子弘治四年封　「涇王」底本作「經云」，川本同，滬本作「□王」。明史諸王傳四：「涇簡王祐橓，憲宗第十二子。弘治十五年之藩沂州。」此「經云」乃「涇王」之誤，據改。此云「憲宗第九子，弘治四年封」，疑有誤。

〔二〕天井汪　底本空缺「汪」字，川本同，據滬本及紀要卷三三補。

〔三〕湯河　「湯」，底本作「陽」，川本同，據滬本及圖書集成職方典卷二二二改。

〔四〕淮沂其乂　「乂」，底本作「入」，川本同，據滬本及尚書禹貢改。

〔五〕沂水縣城西　「西」，底本作「北」，川本同，滬本作「西」。齊乘卷二沂水：「南流逕蓋縣故城，又南至沂水縣城西。」圖書集成職方典卷二二〇同，則此「北」乃「西」字之誤，據改。

〔六〕南逕諸葛城王祥墓西　「逕」，底本作「流」，川本同，據滬本及齊乘卷二改。

〔七〕東三十　川本同，滬本無此三字。

〔八〕南流至沂　「沂」，川本同，滬本作「州」。

〔九〕由祊田東流至此入沂水　「田」，底本作「水」，據川本、滬本及清統志卷一七七改。

〔一〇〕隱七年　「七」，底本作「四」，川本同，據滬本及春秋隱公七年改。

〔一一〕隱八年　「八」，底本作「六」，川本同，據滬本及左傳隱公八年改。

〔一二〕春秋宣四年伐莒取向　底本「宣四年」作「隱三年」，川本同，滬本作「春秋隱二年」。春秋隱公二年：「莒人入向。」春秋宣公四年：「公伐莒，取向。」則此「隱三年」當是「宣四年」之誤，據改。

〔一三〕鍾離城　「鍾」，底本作「鐘」，川本同，據滬本及齊乘卷四改。

〔一四〕劉虞封襄賁侯　「封」，底本作「書」，川本同，據滬本及齊乘卷四改。

〔一五〕灌田數千畝「畝」，川本同，滬本作「頃」，同齊乘卷二。

郯城縣　州東南一百二十里。　編户六十二里。　僻，疲，差重，民頑。　南控淮、泗，北接琅邪。　省、直交界，舊城在今縣東北〔一〕，即古郯國。本朝洪武初，徙於此。　城周五里八十步。　古郯國。東漢徐州刺史治。唐省入下邳。宋、金、元並因之。本朝復立縣。　舊有道平、〔旁注〕西北七十里。解村〔旁注〕西三十里。二驛。　磨山巡檢司，革。

磨山，在縣西北七十里，與石梁山相對。舊有巡檢司〔二〕。　羽山，在縣東北七十里。禹貢：羽畎夏翟。舜典：殛鯀于羽山。即此。前有羽潭，一名羽池。左傳：鯀化爲黃熊，入于羽淵。是也。

沭河，在縣東十里。從沂州入境〔三〕，至東南七十里入海。　沂河，在縣西二十里。從沂州入境，源出狗兒泉，會泉，流注淮、泗〔四〕，又西南合白馬河，南與泇水合，注邳州，入大河。　白馬河，在縣西五里。發九龍山〔五〕，至五湖湧出，過城北十里，一支西流過城西南，入沂。　陳河，在縣西四十里瓦子埠。又名池頭河。發費縣天井汪〔六〕，經沂水及郯，入邳州諸湖澤，即涑水別流不入沂水者也。　羽潭，在羽山下，即古之羽淵。　采蓮湖，在縣南三十里。　古郯城，在縣東北。

馬陵山，在縣東二十里。北盤沂州，南抵宿遷。九龍山，在縣東北九十里。即馬陵山之支下也，沭水經之。

【校勘記】

〔一〕舊城在今縣東北　底本無「城」字，據川本、滬本補。
〔二〕舊有巡檢司　川本同，滬本無此句。
〔三〕從沂州入境　「從」，底本作「徑」，川本同，據滬本及圖書集成職方典卷二一〇改。
〔四〕會泉流注淮泗　川本同，滬本作「逕縣西」。
〔五〕發九龍山　川本同，滬本「發」上有「源」字，同紀要卷三三。
〔六〕天井汪　「汪」，底本作「注」，川本同，據滬本及圖書集成職方典卷二一〇改。

費縣　州西北九十里。　編户八十一里。　荒僻，民疲，差重。　舊土城周八里。石城周三里。本朝洪武初，因避兵截其半，北偏爲城，周四里。成化中，砌以石。

箕山，在縣東南四十里。東泇水出焉。浚河，在縣北一百四十里〔一〕。源出聰山〔二〕，東流會諸水，經古費墟而東，至五莊合於祊〔三〕，經沂州，會沂水，由郯城達於邳，入河。蒙陽河〔四〕，在縣北十里。源出蒙山下，南流三十里，合浚水。祊河，出大崖崮，東北流經縣南，匯爲桃花淵，東流至五莊，合浚水，東會於沂。名曰祊者，以地爲古祊田故也。

毛陽鎮巡檢司，在縣西北一百里。關陽川巡檢司，在縣西南八十里。一名東陽關，即魯東陽邑〔五〕。左傳哀公八年，吴師克東陽而進。

蒙山，在北五十里。與泗之龜山相連，綿亘一百三十里。書：蒙、羽其藝。詩：奄有龜、蒙。即此。以其居晉之東，故曰東蒙。又曰東山。孟子：孔子登東山而小魯。是也。東西綿亘一百二十里，其在縣之正北曰平仙頂，旁有水簾洞，相傳爲鬼谷子修養之所。大崮阜，在西南一百三十里，祊水所出。涑水，出縣之天井汪〔六〕。下流合沂水，由郯城、入邳州諸湖。

古費城，在西北二十五里。顓臾城，在西北九十里，蒙山之陽。古顓臾國。隋置縣。其城之南二十里有顓臾城。古費伯國，後爲費氏邑。按左傳「殄滅我費滑」，恐不及此。武城，在西北七十里。通典：漢南武陽城故城〔七〕，在今縣西。襄十九年：城武城。子游爲武城宰。曾子居武城。南成城，在縣南百餘里。齊檀子所守〔八〕。武帝封劉貞爲南城侯。祊城，在武城東南七十里。按杜預注曰：縣東南有祊亭。今爲縣治之地。密如亭，在縣北〔九〕。閔二年：莒人歸共仲及密。杜注：縣有密如亭。

齊乘：龜山，在費縣西北七十里。蒙山，在龜山東。二山連屬，長八十里。龜山下有古顓臾城，山西南十餘里有漏澤，澤有五穴，春夏積水，秋冬漏竭。將漏之時，先有聲，居人罨穴取魚，隨種麥，比水至，麥已收矣。　蒙山前揚口村，後魏費縣理此。

【校勘記】

〔一〕在縣北一百四十里　川本同，滬本「一百四十里」作「四十里」。紀要卷三三費縣浚河：「在縣西北三十里。」疑本書有誤。

〔二〕源出聰山　底本缺「源出」二字，川本同，據滬本及紀要卷三三、圖書集成職方典卷二一〇補。

〔三〕五莊　川本同，滬本作「王莊」。下同。

〔四〕蒙陽河　「陽」，底本作「賜」，川本同，據滬本及紀要卷三三改。

〔五〕魯東陽邑　「東」，底本脱，川本、滬本同。左傳哀公八年：「吴師克東陽而進，舍於五梧，明日舍於蠶室。」杜預注：「三邑，魯地。」此脱「東」字，據補。

〔六〕天井汪　底本作「天青江」，川本同，據滬本及紀要卷三三、圖書集成職方典卷二一〇改。

〔七〕南武陽城　底本作「南陽武城」，據川本、滬本及漢書地理志改。

〔八〕齊檀子　「檀子」，底本作「桓子」，川本同，據滬本及史記田敬仲完世家改。

〔九〕在縣北　底本缺「北」字，川本同，據滬本及左傳閔公二年杜預注補。

東昌府

古名東郡、博平、博州。　春秋時，齊西鄙聊、攝境，西北爲晉東鄙，又南屬衛，爲帝丘之墟。城周七里一百九十步，枕漕河西岸。宋淳化三年，自博州遷此。禹貢兗州。

志論：余按郡沿革幾二千年，而前代强弱之變可睹也。廣袤僅六百里，蹠魏脅兗，控引徐、淮，操燕、趙之命以爲重，漢割益魏郡，賊臣窺鼎。唐分屬兩鎮，疆藩不朝。自國家定鼎幽、薊，而漕渠貫其中，形勢益雄視寓内。丘文莊嘗議請屯兵臨清，阨南北之衝，彼誠深憂過計，當靖難兵至，曾不得越跬步而南，此足明郡之爲要害矣。元東昌路。本朝改爲府。地界齊右，兼得衛之濮陽，魏之館陶、冠氏，趙之武城。南走梁、宋，北連燕、趙，當數國之中。平原曠野，四戰之地。水經注曰：聊城縣東北三十里有故攝城。左傳所謂聊、攝以東，是也。戰國時，燕將保聊城，田單攻之不下，魯仲連爲書，約之矢射城中，燕將見書自殺。按漢書千乘郡別有蓼城縣，後漢爲蓼侯國。注云：東北有攝城。此古齊聊、攝也。春秋僖公元年：邢遷于夷儀〔一〕。後漢書：聊城有夷儀聚。蓋齊取於邢而有之，以爲西鄙。

州三，縣十五。屬兗通道。全設。東昌衛，平山衛，並左、右、中、前、後五千户所。

崇武水驛，城東二里許，東門外，河西岸。舊有東昌、臨清二遞運所，隆慶四年革。

本府崇武驛八十里至清陽驛，七十里至臨清州清源驛，八十里至渡口驛，八十里至甲馬營驛，九十里至梁家莊驛，七十里至德州安德水驛。陸路：自東阿縣銅城驛而北〔二〕，六十里爲茌平縣茌山驛，又北七十里爲高唐州魚丘馬驛，又北七十里，又爲恩縣太平馬驛，北接德州。水路：自陽穀縣荆門驛而北九十里〔三〕，爲本府崇武水馬驛，又北六十里爲清平縣清陽水驛，又北六十里爲臨清州清源水馬驛〔四〕，又北七十里爲渡口水驛，又北七十里爲武城縣甲馬營水驛。金史侯摯傳：言漳水自衛至海，宜沿流設備，以固山東。河程：本府四十里至梁家鄉閘，十五里至土橋閘，十二里至魏家灣，十二里至戴家灣，四十里至臨清州新開上閘。會通河，在府城東南。自兖州府陽穀縣入境，北流經博平、清平縣界，至臨清州入衛河。治東距運河三里，有通橋閘，上接堂邑之土橋閘，下抵陽穀之七級下閘各五十里。凡二百五十里，建閘三十有一，歲久淤塞。本朝永樂九年，工部尚書宋禮疏鑿以復故道。十四年，平江伯陳瑄又加修浚〔五〕，後沿河置淺鋪〔六〕，築牽道，樹柳穿井，由是漕運稱便。

宋、衛、齊、魯之衝。地理志。地平土沃，無名山大川之限。元志。南接濟、兖，北連德、景，漕河所經，要衝之地。一統志。漢書東郡隸縣二十二〔七〕，爲户無慮四十萬，口百六十五萬九千有奇。勿論開置諸侯王國不得齒，即内史部馮翊、扶風，而較户口猶稱縮焉。楊克訓府志序。環帶兩河，控南北而都其中。府志。

【校勘記】

〔一〕邢遷于夷儀　「邢」，底本作「刑」，據川本、滬本及春秋僖公元年改。

〔二〕銅城驛而北　川本同，滬本「而」字作「西」。

〔三〕荆門驛而北九十里　川本同，滬本「而」字作「西」。

〔四〕清源水馬驛　底本脱「清」字，川本同，據滬本、本書上文及紀要卷三四補。

〔五〕陳瑄　「瑄」，底本作「暄」，川本同，據滬本及明史河渠志改。

〔六〕沿河置淺鋪　「淺」，底本作「涉」，川本同，據滬本及圖書集成職方典卷二四九改。

〔七〕東郡隸縣二十二　「縣」，底本作「州」，川本同，據滬本及漢書地理志改。

聊城縣〔一〕　編户二十四里。　水陸四衝，供應煩難。地頗饒，亦多盜，河工爲累。　唐時縣，爲博平郡治。五代晉開運二年，河決城圮，南徙巢陵故城。宋改郡爲博州，仍治此聊城。淳化三年，河決巢陵，乃移治孝武渡西，即今治。

武水縣，在縣西南五十、四十五里。漢陽平縣地。隋析置武水縣。唐改崇武，後周省入聊城。今有武水枯河，遺迹尚存。　博州城，在府東北二十五里。隋置，五代晉開運初，河漲城湮。　巢陵城，在府西南〔旁注〕一作東北。十五里。五代晉開運初，於此置州。宋淳化初，圮於水，移治孝武渡西。　湄河故道，在府東七里。水出朝城縣于家鋪，而至董村口，逕韓張店入縣之武水鎮。　全設。　武水縣，在縣西南四十里〔二〕。爲漢陽平縣地。隋曰武水縣。唐曰崇武縣。後周省入聊城。　宋大觀三年，立鎮都巡檢司講武亭，後改爲武水巡檢司。文獻通考云：朝城有武河。即此。于家鋪東南有二大陂，即發源處，今涸。夷儀聚，在府西南十二里。春秋僖公元年：邢遷于夷儀[三]。即此。後漢書：東郡聊城，有夷儀聚。茌山，在東五十三里。漢茌平縣在此山之平地。微子城，在東北一十八里。相傳商封微子於此。周改封於宋。九域志云：博州有微子城。古聊城，在西北一十五里。齊邑，田單攻聊城[四]，魯仲連射書燕將，即此。重丘[五]，在東南，跨茌平縣界。牡丘，在東北七十里。博固城，在聊河之曲。石勒時築。隋圖經云：或謂布鼓城。高陽氏陵，在府西北二十里。顓臾都高陽，葬濮陽。或云陵在保定者疑。

【校勘記】

〔一〕聊城縣　川本同，滬本「縣」下有「治」字。

〔二〕全設武水縣在縣西南四十里　底本錯簡於上文「湄河故道，在府東七里」之後，川本同，據滬本及紀要卷三四乙正。

〔三〕邢遷于夷儀　「邢」，底本作「刑」，川本同，據滬本及春秋僖公元年改。

〔四〕田單攻聊城　「攻」，底本作「改」，川本同，據滬本及史記魯仲連列傳改。

〔五〕重丘　川本同，滬本「重丘」下有「城」字，同紀要卷三四。

堂邑縣　在府西四十里。　編户一十七里。　僻，冗。　漢發干〔一〕、清縣地。高祖封室中同爲清侯〔二〕。　土城周六里三十步。

堂邑故城，按一統志云：城在縣西北二十里。漢陳嬰爲堂邑侯，即此。據兩漢地理志：嬰堂邑在臨淮郡。今堂邑創建於隋，舊城在縣西十里，俗呼爲千户營，以近馬頰河，故多水患。宋熙寧間，徙今治。　古堤，在縣西十里。如岡阜，蜿蜒迤北而南。　無丞。　詩：望楚與堂。傳：楚丘有堂邑。傅寅羣書百考曰：今博州堂邑。　運道下接聊城，上距清平縣之戴家灣閘三十里。　漢堂邑縣，在西北二十七里。陳嬰爲堂邑侯，即此。又有隋堂邑故城〔三〕，在今縣西十里。宋熙寧間，水壞城，徙今治。　發干城，在縣西南五十里。武帝封衛青子登爲發干侯〔四〕。後魏屬陽平郡。　樂平城，在縣東南三十里〔五〕。漢縣〔六〕。宣帝封許廣少弟翁孫爲侯。後趙石勒與晉荀晞戰於平原、陽平間，爲晞所敗，奔樂平。即此。

【校勘記】

〔一〕發干　「干」，底本作「于」，川本同，據滬本及漢書地理志改。

〔二〕室中同　「室」，底本作「寶」，川本同，據滬本及漢書高惠高后文功臣表改。

〔三〕隋堂邑故城　「堂」，底本作「唐」，川本、滬本同。紀要卷三四堂邑縣：「隋因置堂邑縣，在今縣西十里。」圖書集成職方典卷二五五堂邑縣：「堂邑故城，在縣西十里。隋開皇二年置。」此「唐」下或脱「堂」字，或「唐」爲「堂」字之誤，今改「唐」爲「堂」。

〔四〕發干侯　「發」，底本作「登」，川本、滬本同，據漢書外戚恩澤侯表改。

〔五〕樂平城在縣東南三十里　底本錯簡於上文「宋熙寧間，水壞城，徙今治」之下，川本同，據滬本及紀要卷三四、圖書集成職方典卷二五五乙正。

〔六〕漢縣　川本同，滬本作「後漢縣」。按漢置清縣，後漢改名樂平縣，見漢書地理志、續漢書郡國志，滬本是。

博平縣　府東四十五里。　編户一十八里。　僻，冗。　近運道，上接堂邑，有涉鋪長協濟〔一〕。

齊博陵邑。晉伐齊〔二〕，至博陵，即此。漢爲博平縣。東北四十里，古博平城。一統志但云宋景祐間〔三〕，徙治東南三十里寬河鎮，即今治，則舊治不言可知。今舊志博城與靈城俱云西北三十里，然西北更無二城址，是指博、靈共一城也，而東北四十里却有靈城故址，則舊治在西北三十里無疑矣。　土城周四里一百一十六步。

會通河，自治西莎堤入境〔四〕，至梁家港北〔五〕，魏家灣南。　鵝子翿，在縣西北十五里。土阜巋然，上有魯義姑廟。　裁減。

攝城，在西南二十里。左傳：「聊、攝以東。」京相璠曰：「聊城縣東北有故攝城。」本志云：「在博平西南，聊城東北，今遺趾無存。」　漢靈縣，在縣東北四十里。　高唐南鎮之畔，故址尚存，屬清河郡。晉廢。隋復置，大業初，省入博州。唐置靈泉縣，後省。

【校勘記】

〔一〕涉鋪長協濟　「涉」，川本同，滬本作「淺」，同圖書集成職方典卷二四九。

〔二〕晉伐齊　「晉」，底本作「趙」，川本同，據滬本及史記田敬仲完世家改。

〔三〕景祐間　「間」，川本同，滬本作「中」，同紀要卷三四、清統志卷一六八。

〔四〕涉堤　「涉」，底本作「菏」，川本同，據滬本及圖書集成職方典卷二四九改。

〔五〕梁家港　「家」，底本作「山」，川本同，據滬本及圖書集成職方典卷二四九改。

茌平縣　府東七〔旁注〕本志：六。十里。　編户三十六里。　衝，煩，民疲。　土城周三里有奇。　茌山，在縣内。　土赤，橫亘五百餘步〔一〕。　相傳金、元間，鑿土築城，山平〔二〕。　重丘〔三〕，在縣西南二十五里。　春秋襄二十五年：同盟于重丘。　牡丘，在縣東十里。　春秋僖十五年：盟于牡丘。

漯河，在縣北四十里。　馬頰舊河，在縣北三十五里。　金堤，自博平西南渰家坡來，經本縣城北，或斷或續，東北入長清境，又東北入禹城境。　黃河故道。　水經云：河水自范縣東北流經東阿舊城，西歷茌平、臨邑之境，即城北支流。　熙河，在縣北七十里三鄉車里長屯界内，即古屯氏河〔四〕。　業官屯河，在縣北三鄉一保。　有堤者自博平渰家坡來，在業官屯南。　東北流，一名欒家河溝。　自業官屯北，東北流至三鄉劉木，經莊前合流入長清、禹城等界，今下流壅塞，屯民滱没〔五〕，多係於此。

全設。 茌山馬驛。 左傳哀八年：齊取闡。杜注云：東郡茌平縣北有闡鄉〔六〕。 茌平至晉末圮於河。後魏廢，唐復置〔七〕。石勒賣爲師懽奴，耕田聞鼓鞞之聲。縣西南地名牛叢塊〔八〕，相傳是其舊耕之地。李陽爭漚麻池，今有大李莊。晉書：石勒賣與茌平人師懽爲奴，每耕作於野，常聞鼓角之聲。

【校勘記】

〔一〕五百餘步 底本作「五百里」，據川本、滬本及清統志卷一六八改。

〔二〕山平 「平」，底本作「半」，川本同，據滬本及清統志卷一六八改。

〔三〕重丘 川本同，滬本作「重丘城」，同紀要卷三四。

〔四〕即古屯氏河 「古」，底本作「方」，川本同，據滬本及康熙茌平縣志卷一改。

〔五〕屯民滱没 「民」，底本作「氏」，川本同，據滬本及康熙茌平縣志卷一改。

〔六〕左傳哀八年齊取闡杜注云東郡茌平縣北有闡鄉 川本、滬本同。按春秋哀公八年：「齊人取讙及闡。」杜預注：「闡在東平剛縣北。」疑此引杜注有誤。

〔七〕後魏廢唐復置 川本同，滬本「魏」作「齊」，「唐」作「隋」，並同隋書地理志。

〔八〕縣西南地名牛叢塊 底本「南」下衍「治東」二字，川本同，據滬本及齊乘卷三删。

清平縣 府北七、九十里。 編户一十六里。 僻，簡。 漢清陽縣。府志：漢貝丘縣，引「齊襄公田于貝丘」，非。 土城周四里三十步。 故城在縣西四十里清平鎮。隋置縣。五代時廢爲鎮。 宋初復置，元豐間，漯河決，徙治博平明靈寨，即今治。元屬德州。 本朝洪武二年，改屬東昌府。 無丞。 清陽驛。 魏家灣巡檢司。 並在縣西南三十里魏家灣。 運河，上接臨清，下抵堂邑，設淺鋪各夫〔一〕，數多。

【校勘記】

〔一〕設淺鋪各夫 「淺」，底本作「涉」，川本同，據滬本及圖書集成職方典卷二四九改。

莘縣 府西南七十里。〔旁注〕本志。 編户一十八里。 僻，簡，民頑。 土城周一千六百三十三丈。 漢東郡陽平縣，昭帝封蔡義爲陽平侯。 馬頰河，在縣西五十里。來自西南，經流東北兩岸弘門，至本境井家莊。

武水城，在縣東北三十里。 周廣順中，并入聊城縣。 武陽城，在縣東鄉。 後周於此置武陽郡〔二〕。 隋初廢。 頓城，在縣舊武陽城東南十里。 漢臧洪爲東郡守〔三〕，治此。 莘亭城，在縣北八里，官路東，隋縣。 通志引左傳晉侯登有莘之墟以觀師，云此古莘國之地，俟考。 府志又引衛宣姜與公子朔構伋子〔三〕，公使諸齊，使盜待諸莘。　裁減。　弇山，在縣北四十里馬橋鎮西。左傳：閭丘嬰出奔于弇中〔四〕。後魏孝昌二年，忽泉湧出，下有碎石，號弇山泉。　武陽臺，在縣東。水經：武陽城門外，有臺曰武陽臺，亦有隅雉遺迹。

【校勘記】

〔一〕後周於此置武陽郡　底本無「置」字，川本同，據滬本及明統志卷二四補。

〔二〕漢臧洪　「臧洪」，底本作「臧洪武」，川本同，據滬本及明統志卷二四改。

〔三〕伋子　底本作「伋于」，川本同，據滬本及左傳桓公十六年改。

〔四〕閭丘嬰　底本缺「丘」字，川本同，據滬本及左傳襄公二十五年補。

冠縣　府西南一百里。　編户二十七里。　土城周五里。　僻，簡，頗淳。　春秋哀十五年〔一〕：齊伐晉冠氏。唐德宗興元元年正月，朱滔遣兵攻宗城、冠氏，拔之。

古屯氏河，在縣東南二十五里。今塞爲陸。　清水堡，在東北四十里。　賈鎮堡，在東三十里。　元冠州，直隸省部。洪武二年，改爲縣，屬東昌府。　全設。

【校勘記】

〔一〕春秋哀十五年　底本空缺「哀十五」三字，川本同，據滬本及左傳哀公十五年補。又「春秋」當爲「左傳」。

臨清州　府西北一百二十里。　編户三十五里。　水陸衝煩，商賈輳集，俗侈，多盜。　漢魏郡清淵縣，以清河在西北，故名。　舊城，在州西四十里，衛河西。　隋置縣。〔旁注〕自後魏始。　宋建炎間，河決，移曹仁鎮，在今州西南十里，衛河東，會通河南。　國朝洪武中，徙今治〔二〕。　河據會通〔三〕，水引漳、衛，大堤繞其前〔三〕，高阜枕其後，乃南北之喉襟，舟車之都會也。通志。　洪武二年，徙縣治北八里。　景泰初，又於縣東北三里築城，徙今治。　城周九里一百步。　舊爲縣，弘治二年升。　州治在汶河之北，衛河之東，二水至此合流。　汶水自南旺來，至此流漸微細〔四〕，出本州之南板閘，始與衛河合而北流，漕舟過此，謂之出口，無復閘矣。

舊有清泉水驛，在州南五十里。　隆慶三年革。　臨清衛，舊惟中左一所，景泰初以防胡，遷濟寧左衛合之。今左、右、中、前、後、中左六千户所。　全設。　二判。　有衛河提舉司，臨清衛遞運所，清源水馬驛，在中洲北。　渡口驛，州北五十里。　分巡東昌兵備道、管倉鈔關、磚廠部差駐劄。　防倭守備一員駐劄。

衛河，自河南輝縣東〔五〕，合淦、洹、淇三水，流千里，自大名東北流〔六〕，入館陶縣界，合漳河北流至本州，與會通河合流，至直沽入海。漢名屯氏河，隋疏爲永濟，亦曰御河。　河程：本州南板閘四十里至夏城窑，四十里至渡口驛，四十里至武城縣，五十里至甲馬營，六十里至鄭家口〔七〕，三十里至防前，三十里至古城縣，三十五里至四女寺，二十里至德州。　元臨清縣，屬濮州。洪武二年，移治臨清閘，改屬。　鼇頭磯，延亘二十餘里，汶、衛合流，而洲峙其中，自滕國來，名曰中洲，環砌以石，如鼇頭突兀。四閘分建，而廣濟橋尾其後，五方之貨，輻輳於此。以築觀音閣其上，俗名觀音嘴，衛河經其東，漳水環其西。本志。　晉乾侯地。漢爲魏郡斥丘、平恩二縣。元至元二十六年，立爲丘縣。國初，屬東昌府；弘治二年，割屬臨清州〔八〕。

【校勘記】

〔一〕徙今治　「治」，底本作「置」，據川本、滬本及清統志卷一八四改。

〔二〕河據會通　底本「通」下衍「河」字，川本同，據滬本及圖書集成職方典卷二四九删。

〔三〕大堤繞其前　「繞」，底本作「統」，據川本、滬本及圖書集成職方典卷二四九改。

〔四〕至此流漸微細　底本脱「漸」字，據川本、滬本及紀要卷三四補。

〔五〕輝縣　底本作「衛輝縣」，川本同，據滬本及明統志卷二四改。

〔六〕大名　川本同，滬本作「大名府」，同紀要卷三四。

〔七〕六十里至鄭家口　底本脱「至」字，據川本、滬本補。

〔八〕晉乾侯地至弘治二年割屬臨清州　川本同，滬本改列於丘縣下。按元史地理志、紀要卷三四，亦列叙於丘縣下，此文當是錯簡。

丘縣　府西。府志〔一〕：一百八十里。本志同。編户二十八里。僻，貧，頗頑。土城周八里。全設。黄河故道，在縣東三里。今涸。古城，在今縣北四十里北呰集〔二〕。平恩城，相傳即程孟村。盛水灣，在縣治東南，北長田五里〔三〕。今水亦涸。古堤，在縣西五里。南至張村，北至宋八疃，七十五里〔四〕。正統七年，知縣虞鎬修築，以捍漳水。至今無患，稱爲虞公堤。黄河故道，在縣東三里。漢時，與屯氏河並流。考成帝建始四年，河大決於館陶，之别鄉亦被水患〔五〕。又曰館陶西北五十里，有黄河故道，至宋仁宗至和二年，河又決於館陶，則知舊城至此正五十里也。再考清河縣西十五里，有黄河故道。今清河去丘之新店村正十五里，觀此則黄河故道無疑矣。

【校勘記】

〔一〕府西府志　川本同，滬本作「府志府西」。

〔二〕在今縣北四十里北呰集　「今」，底本作「合」，川本同，據滬本及紀要卷三四改。

〔三〕在縣治東南北長田五里　川本、滬本同，圖書集成職方典卷二四九丘縣盛水灣：「按縣志，在縣治東南，北約可長五里。」疑此有誤。

〔四〕七十五里　川本同，滬本此前有「延亘」兩字，同清統志卷一八四。

〔五〕之別鄉亦被水患　「之」，川本同，滬本作「至」。

館陶縣　州南九十里。省志：西南一百二十，距府一百三十。編户二十八里。僻，饒，淳，簡。　舊有陶山水驛，隆慶三年革。南館陶遞運所，隆慶四年革。土城周五里。

漳河，在縣西南五十里。有二源，見河南彰德府，下至臨漳縣，合而西，復分二流，一北流入滹沱河，一東流至本縣入衛河，與會通河合。府志：萬曆初，漳河北徙，由魏縣入曲周滏陽河〔一〕。　毛州城，在縣西南四十里。隋置，大業初廢。　黄河故道，在縣西南五十里。府志：衛河，在縣西二里。源出輝縣百門泉，引淇、洹二流，東北逕館陶，至臨清與汶水合，爲今漕渠，北過夏津、恩縣、武城，注直沽入海。隋疏爲永濟渠，亦名御河。　篤馬河，在縣東南十五里。

蕭城，在縣東南五里。宋景德元年，遼主殂，蕭后攝國事，率其弟撻懶，侵澶淵，築城於此，即歇馬城。　本志：按漢武帝時，館陶河決，舊城當在今治西南曲梁界，見有黄河故道可驗。　金堤，在縣西南五十里。上接冠縣，下入臨清州界，上有金堤驛、秦女樓、金堤關。

全設。元屬濮州。弘治二年改屬〔二〕。南館陶巡檢司〔三〕，在縣西南四十里南館陶。衛河，在西二里。有涉夫協濟〔四〕。陶丘，在南館陶鎮西北七里〔五〕。微有土阜。府志。陶山，在縣西南五十里。禹貢：導沇水，東流爲濟，入于河，溢爲滎〔六〕，東出于陶丘北。即此。五代志：後周於館陶縣置毛州。顏師古曰：漢武帝時，河北決於館陶，分爲屯氏河。屯，音大門反。而隋室分析州縣〔七〕，誤以爲毛氏河，乃置毛州，失之甚矣。

【校勘記】

〔一〕滏陽河　底本作「隆湯河」，川本同，據滬本及紀要卷三四改。

〔二〕弘治　底本作「洪武」，川本同，據滬本及明史地理志改。

〔三〕南館陶巡檢司　底本無「陶」字，據川本、滬本及紀要卷三四補。

〔四〕涉夫　「涉」，川本同，滬本作「河」。按本書上文清平縣運河設「淺鋪各夫」，疑「涉」爲「淺」字之誤。

〔五〕南館陶鎮　底本作「館鎮」，據川本、滬本及紀要卷三四改。

〔六〕入于河溢爲滎　底本作「入于流溢爲榮」，川本同，據滬本及尚書禹貢改。

〔七〕而隋室分析州縣　「析」，底本作「折」，川本同，據滬本及漢書溝洫志顏師古注改。

高唐州　府東北一百二十里。編户三十九里。頗衝，事煩，民貧。土城周九里三十步。　元屬東平路。本朝改屬。　高唐縣，本朝幷入州〔一〕。　熙河，在州東南三十里，東北入禹城。其源無可考，擬即屯氏河。　本漢平原郡之高唐縣，非古齊高唐也。杜征南云：高唐，在祝柯西北。古齊邑，齊威王使肦子所治〔二〕。漢書地理志：平原郡有高唐。則漢縣也。　高唐縣故城，在城東七十里，倫鎮西北，今屬禹城。　全設。　魚丘馬驛，治東〔三〕。　舊有平原驛，革。

漯河，在州西二里。即黄河支流。按水經云：源頓丘，出東武陽縣〔四〕，經博平，至州境，又東北流入海。其源今涸絶矣。穆天子傳：天子自五鹿東征，釣于漯水。即其地也。聊城東七里湄河，即漯河。　鳴犢河，在州南三十里，舊靈城東北，入蓨縣，與屯氏河合流入海。漢，河決靈鳴犢口〔五〕。　馬頰河，在州西二十里。爾雅云：上廣下狹，狀如馬頰。禹貢九河之一。亦名舊黄河，自大名府頓丘北〔六〕，過朝城縣西五十里，又北經莘縣、堂邑、觀城、清平諸縣界，入州境，又東北過津期，東達樂陵，入於海。今其故道尚存。按元和志在德州、安德、平原之境。寰宇記云在棣州商河北〔七〕。通志略載馬頰水，北過臨邑、盧城、蒲臺、鄒平、樂安諸縣界，入海。蓋九河支流散漫，所歷非一處云。

【校勘記】

〔一〕本朝幷入州　底本無「本朝」二字，據川本、滬本及明史地理志補。

〔二〕盼子　底本作「盻子」，川本、滬本同。史記田敬仲完世家：威王曰：「吾臣有盼子者，使守高唐，則趙人不敢東漁於河。」則此「盻」乃「盼」之誤，據改。

〔三〕治東　「治」，底本作「至」，據川本、滬本及紀要卷三四改。

〔四〕東武陽縣　「縣」，底本作「驛」，川本、滬本同，據水經河水注改。

〔五〕漢河決靈鳴犢口　川本同，滬本「漢」下「河」上有「元帝時」三字。漢書溝洫志載：「元帝永光五年，河決清河靈鳴犢口。」則此「漢」下當有缺文。

〔六〕自大名府頓丘北　「自」，底本作「與」，川本同，據滬本及紀要卷三四、圖書集成職方典卷二四九改。又，滬本「北」下有「流入」二字。

〔七〕棣州　「棣」，底本作「隸」，川本同，據滬本及寰宇記卷六四改。

恩縣　州北七十里。編户三十七里。距府一百八十里。煩，衝。刁，疲。土城周五里有奇。漢清河郡。隋貝州。宋慶曆八年，王則反〔一〕，文彦博討平之，改爲恩州。州自金時徙治歷亭。國朝洪武二年，降州爲縣；七年，徙治縣東四十里許官鎮。即今治。

西山，在縣西四十里。即舊恩縣遺址，漢清河郡址。津期河，在縣南二十里。溢涸無常，或曰即隋鑿永濟渠也。恩州城，在縣西四十里。金置。國朝洪武七年〔二〕，徙今縣。城址尚存。金完顔右丞故城，在縣南三十里。今名古城。通典：貝州，今理清河縣。河自大伾山，北過洚水，至於大陸。按括地志云：枯洚渠，在經城縣界，北入信都郡界。又按經城縣，在郡理西北五十里。今郡理乃在洚水之東，古兖州之域。其在洚水西諸縣，即古冀州之域。

衛河，在縣西北五十里。源出河南衛輝府蘇門山，合漳水，經流縣境，起白馬廟，至四女樹村七十里〔三〕，北注直沽入海。即今漕運河也，亦曰御河。全設。一簿。太平馬驛，南門内。運道，上接滄州，下抵臨清，有減水閘。元恩州，直隸省部。本朝改爲縣，屬高唐州。

【校勘記】

〔一〕王則反　「反」，底本作「文」，川本同，據滬本及宋史仁宗紀改。

〔二〕洪武七年　「七」，底本作「二」，川本同，據滬本及明史地理志、紀要卷三四改。

〔三〕四女樹村　底本作「四女村」，脱「樹」字，川本同，據滬本及紀要卷三四、圖書集成職方典卷二四九補。

夏津縣　州西〔旁注〕西北。五十里。距府一百二十里。編户三十一里。煩，衝，事簡，民貧。唐時水患，移治縣北四十里，今名新縣店。尋復徙今治。土城周六里有奇。〔旁注〕本志：七里。

漢鄃縣，高后四年，封吕它爲鄃侯。後爲武安侯田蚡食邑。史記：蚡因食邑在鄃，不塞決河。即此。隋置縣，屬清河郡。新縣店，即孫生鎮〔一〕，在縣西北三十里。隋開皇間，改置夏津。唐罹水患，徙今置。全設。裴家圈巡檢司〔二〕，在縣西南四十里。運道，上接武城。

【校勘記】

〔一〕孫生鎮　底本作「孫家生鎮」，川本同，據滬本及紀要卷三四、清統志卷一八四删「家」字。

〔二〕裴家圈　「圈」，底本作「園」，川本同，據滬本及紀要卷三四、圖書集成職方典卷二五〇改。

武城縣　州西北一百里。編户二十一里。煩，衝，事簡，民貧。南接聊、清，北通景、德，三面帶河，地平土沃。土城周四里。成化三年，知縣姚顯築。金史蒙古綱傳：奏恩州武城縣艾家凹水濼、清河縣澗口河濼，其深一丈，廣數十里，險固可恃。因其地形，可加浚治〔一〕，足以保禦。請遷州民其中，多募義軍以實之。東武城，戰國時，趙封平原君勝於此。蓋有武城同屬趙，故此加東字也。趙平原君封邑。漢東武城縣，舊治無考。唐移永濟渠〔二〕，在今治西四十里。宋大觀間〔三〕，以水患移渠東之東流村，即今治。中有運河，一帶東西。又有黄河、沙河故迹，地多沙鹻，不堪行犁。德府王莊，工部河灘，德、清二衛屯所，又盤據爭割乎其間。水路由臨清抵德州，陸路由臨清抵故城，俱必經之地。兩地接應，而運河又設涉夫協濟〔四〕，均徭之累，復重於旁邑。地卑土淖，一遇水決，四境盡爲洿池，爲山東凋敝之邑。

全設。舊有甲馬營遞運所，萬曆八年革。甲馬營水驛。府志：縣北三十里，河東岸。甲馬營巡檢司，並在縣東北二十五里。

衛河，一名永濟渠，又名御河。自臨清州經縣南，繞城西北，又東北注於直沽入海。黃蘆河，在縣西北二十里許。蓋黃河故道。沙河，在縣東南十五里。五溝河，在縣北四十里。蔡河，在縣西北五里。一字河〔五〕，在縣西北十二里。以上五河，盈涸靡常。

河道原灘官地五十頃七十四畝六分，每畝徵銀三分；新增官地四頃三畝，每畝徵麥二斗，後皆派入河灘。瀕河地土，一遇水發，不無崩陷，武城地額只有此數，崩陷者不減，而河灘愈增，民惡得而不重困哉。

【校勘記】

〔一〕因其地形可加浚治　底本「其」上脱「因」字，川本同，據滬本及金史蒙古綱傳補。又「可」，川本同，滬本作「少」，同金史蒙古綱傳。

〔二〕唐移永濟渠　川本、滬本同。紀要卷三四武城縣武城故城：「縣西四十里。舊志，隋置縣於古夏城。唐調露初，移治永濟渠西。」圖書集成職方典卷二四九載同，則此「渠」下當脱「西」字。

〔三〕大觀間　「間」，川本同，滬本作「中」，同紀要卷三四、圖書集成職方典卷二五〇。

〔四〕涉夫　「涉」，川本同，滬本作「河」。按本書上文清平縣運河設「淺鋪各夫」，疑「涉」爲「淺」字之誤。

〔五〕一字河　「字」，底本作「家」，川本同，據滬本及紀要卷三四改。

濮州　府西南二百里。　編户二十八里。　元直隸省部。　本朝屬東昌府。　城周七里。　僻，簡，饒，淳。　古顓臾之墟，曰帝丘。　夏爲昆吾氏之國。　春秋衛成公始遷於此。　至平侯盡亡其地，獨有濮陽。　後六世而入於秦，秦滅衛〔一〕，以濮陽爲東郡治。　唐爲濮州，治鄄城。　國朝景泰三年，以河患徙治王村，即今治。　古帝丘，元鄄城縣。　洪武二年，省入州。　漢鄄城縣。

瓠子河，在州東南七十里。　瓠子之源，在魏郡白馬，此其下流也。　漢元光間，河决瓠子，東南注鉅野，通於淮、泗。　天子自臨塞決河。　今其經濮州者〔二〕，流已漸微。　濮水，在州西、東南六、三十里。　其流入於河。　應劭曰：濮水發源陳留〔三〕，入於鉅野。　昔師延爲紂作靡靡之樂，自沉於濮。　記云桑間濮上之音，是也。　又莊子釣於濮，亦此。　今水已涸，又名釣臺，上有南華觀。

古堯城，在州東南三十五里。　偃朱故城，在州東二十里。　丹朱之邑。　今地名朱家埠。　鄄城，在州東二十里。　漢置縣。　唐爲濮州，即今濮州舊城。　春秋莊十四年：單伯會齊侯、宋公、衛侯、鄭伯于鄄。　即此。　鹹城，在州東南。　春秋僖十三年：會于鹹。

無同。　濮州守禦中左千户所。　觀風作備禦千户所，屬東昌衛。　曹、濮之五營十八寨，即所謂王浩屯也。　錯處西南畿省間，地深廣而人獷悍。

黄河，在州東三、六十里。永樂九年，疏通東北流入會通河。正統十三年，決於張秋鎮沙灣〔四〕，經流入海。景泰七年，始塞，復故道〔五〕。順治七年九月，決荆隆口，自南關金堤外至曹州，皆爲巨浸。後十一年始塞〔六〕。歷山，在州東南七十里，舜耕處。省志有辯證。按一統志，歷山一在山西蒲州，一在濟南歷城，並在濮州者凡三。援神契曰：舜生姚墟。應劭曰：姚墟與雷澤相近。今姚墟，州東南九十里，在濮與歷山、雷澤、河、濱、壽丘相望，則歷山在濮明矣。詳見副使陸釴歷山考。雷澤，在州東南。舜嘗漁其間。禹貢：雷夏既澤。是也。水經注云：雷澤在成陽縣故城西北十餘里。華胥履巨人迹處，舊有雷澤城。後漢改雷澤爲城陽縣。

【校勘記】

〔一〕秦滅衛　「秦」，底本作「之」，據川本、滬本改。

〔二〕今其經濮州者　「今其經」，底本作「經其今」，據川本、滬本及圖書集成職方典卷二四九乙正。

〔三〕陳留　「留」，底本作「流」，據川本、滬本改。

〔四〕沙灣　底本作「河灣」，川本同，據滬本及明史河渠志改。

〔五〕景泰七年始塞復故道　底本「始」下空缺，「塞復故道」四字錯簡於下文「後十一年始塞」之下，川本同，據滬本及明史河渠志、圖書集成職方典卷二四九乙正。

〔六〕後十一年　底本無「後」字，據川本、滬本補。

范縣　州東北六十里。距府一百四十里。編户一十三里。淳，簡。舊城在縣東南二十五里，隋置。國朝洪武十三年，因河決，徙今治。土城周七里有奇。晉范武子采邑。戰國時爲衛地，已而并於齊，遂屬齊。孟子自范之齊，即此。漢范縣。

顧城，在縣南三十里。夏顧國也〔一〕。詩：韋、顧既伐。即此。羊角城，在縣南。地理志：廩丘有羊角城〔二〕。春秋傳：取衛羊角〔三〕，遂襲我高魚。魯西門，在縣東北四十餘里。舊有石門，高數尺，乃魯、衛之交，今廢。范縣故城，在縣治東南。漢興平中，靳允爲范令。曹操東征陶謙於徐州，張邈迎呂布，郡縣響應。程昱説允曰：君必固范，我守東阿，田單之功可立。即此。水保巡檢司，在縣東南七十里。裁減。

大豬潭，在縣東南五十里。一名大野澤。禹貢：大野既豬。是也。今久涸，雨潦驟集，遂成巨浸。兖州志云：澤在鉅野縣，河水南徙，匯於鉅野，連南旺諸湖，方數百里。

羊角城，在縣南。春秋襄二十六年〔四〕：齊烏餘襲羊角。中城，在廩丘城西南。春秋成九年：城中城。即此。秦臺，在縣南二里。春秋：莊公築臺于秦。注：范縣西北有秦亭。古顧國，在東南五十三里。廩丘城，在縣南義東保，與鄆城接境。春秋襄二十六年：齊烏餘以廩丘奔晉。漢置縣。元王五年，晉侯及魯臧石伐齊，取廩丘。威烈王二十一年，齊田會以廩丘畔田氏。晉愍帝建興四年四月，石勒攻陷廩丘，北中郎將劉演出奔。

【校勘記】

〔一〕顧國 「顧」,底本作「故」,據川本、滬本及紀要卷三四改。

〔二〕地理志廩丘有羊角城 川本、滬本同。按晉書地理志:廩丘縣,「有羊角城。」此「地理志」上脱「晉書」二字。

〔三〕取衛羊角 「衛」,底本作「晉」,川本同,據滬本及左傳襄公二十六年改。

〔四〕春秋襄二十六年 川本、滬本同。此據左傳襄公二十六年,「春秋」爲「左傳」之誤。下「春秋襄二十六年」同。

觀城縣 州西北七十里。 古觀國。左傳:夏有觀、扈。注:觀國,夏太康第五弟之所封也。 編户一十里。 僻,簡,民頑。 土城周九里有奇。 距府一百六十里。 漢畔觀縣。 衛國城,按水經:漯水故瀆,東逕衛國縣故城南,古斟觀。竹書紀年:梁惠成王二年,齊田壽率師伐趙,圍觀,觀降〔一〕。即此。

瓦屋,在縣南三十里。春秋隱公八年:秋,會于瓦屋〔二〕。即此。 龍淵宫,漢武帝時河決,築此,今廢。元光三年五月,河決濮陽,泛郡十六,發卒十萬繕治之〔三〕。起龍淵宫。裁滅。

【校勘記】

〔一〕觀降 底本脱「觀」字,川本同,據滬本及竹書紀年魏紀補。

〔二〕會于瓦屋　「會」，川本同，滬本據春秋隱公八年改爲「盟」，是。

〔三〕發卒十萬繕治之　底本「發」上衍「年」字，據川本、滬本及漢書武帝紀刪。

朝城縣　州北九十里。距府一百一十里。　編户二十九里。　僻，簡，饒。　城周五里三百三十五步。　舊城在韓張店〔一〕。洪武間，徙築於此。　漢東武陽城。後漢臧洪爲東郡太守，都東武陽〔二〕。

黄河故道，在縣東南二十里長堤外。　漯河，在城西南。按水經：源自頓丘，出東武陽，由陽穀、博平，經清平西，由漯川達於高唐界，東北流至千乘入海。今塞，惟西門外稍南三里許有大陂，廣十餘里，其勢突城而東，與陽穀西境大陂連，每夏秋積潦，並成巨浸，乃當時漯河流匯之深處也。　馬頰河，在縣西北境。上古九河之一也，故道今存。通考曰：上闊下狹，有類馬頰，故名〔三〕。　武河，發源于家鋪東南一里，縈紆而西至董村口，復匯而東經韓張店，南至聊城界，東北流至青州武陽溝，又東過東武入海，今涸。于家鋪東南有大陂二，勢尚弘深，即發源處。邑舊治在韓張店，故名武陽，今故道逶迤可辨。文獻通考曰：朝城有武河。即此。

古朝城，在縣東。遺趾不存。春秋：公會于王所。省志：舊城在縣西四十里，唐開元置〔四〕。今廢。　全設。

【校勘記】

〔一〕韓張店　底本作「張韓店」，川本同，據滬本、本書下文及圖書集成職方典卷二四九乙正。

〔二〕都東武陽　「都」，川本同，滬本作「治」，同紀要卷三四。

〔三〕故名　「名」，底本作「河」，據川本、滬本及紀要卷三四改。

〔四〕開元　底本脱「開」字，據川本、滬本及圖書集成職方典卷二五五補。

青州府

古名齊郡、平盧。齊王，洪武三年封。十五年之國。永樂□年罪除。元益都路。本朝改青州府。禹貢青州之域，其臨朐、安丘、諸城、蒙陰、莒州、沂水、日照則徐州。齊乘。〔眉批〕山勢起自泰山，南接蒙山，鈎連至郡城北始盡。自牛山至穆陵，萬山綿亘二百里不絶。其下沃壤，東則負海，有魚鹽之利，太公、桓公之遺烈存焉。

魏、晉以前，青州總治全齊，爲方牧之寄。隋、唐以降，止同列郡。國朝洪武初，立益都衛；三年，改青州都指揮使司；十九年，遷於濟南，遂爲山東都指揮使司。青州立左、右二衛。永樂四年，移右衛戍德州〔一〕。後因礦盗竊發，設守備一員〔二〕，領敕備禦。正德五年，流賊猖獗，乃革守備，設兵備簽事。嘉靖三十年，改副使。樂安、壽光、諸城、日照地皆瀕海，然青、濟諸水會清河東北流者，多由樂安注海。海去樂安一百十里。府志：青州屬邑，唯沂水、蒙陰屬魯分，餘俱屬齊。

州一，縣十三。 屬海右道。 衡王，憲宗第五子，成化二十三年封。 分巡駐劄。 全設。 青州左衛，左、右、前、後、中五千户所。 青社驛〔三〕，北門外。 城周一十三里有奇。 羊穆之築城於陽水北，名東陽城。 北齊廢東陽，遷築於陽水南，即今城。 本府青社驛七十里至昌樂縣丹河驛，五十里至濰縣古亭驛，八十里至昌邑縣，八十里至灰埠驛，七十里至萊州府城南驛。

小清河，源出濟南府趵突泉。 僞齊劉豫導之東行，自新城縣界流入境，會孝婦河，經高苑、博興、樂安，合時水、馬車瀆水，東北入於海。 孝婦河，源出益都縣西顔神鎮南三里，經淄川縣，西南合瀧水，東北會萌水，北經長山、新城，又達小清河，抵高苑、博興、樂安東北高家港，入於海。 淄水，在府城西五十里。 按水經：源出萊蕪縣原山之陰，世謂之原泉。 流經臨淄、益都、壽光界入濟水。 禹貢：濰、淄其道。 田單見老人，涉淄水。 皆此。

海、岱間一都會。 漢書。 青州沃壤，古曰東秦〔四〕，地方二千，户餘十萬。 四塞之固，負海之饒，可謂用武之國。 南齊潘聰云：東道之雄，號稱富衍。 宋地志。 塘頭寨備禦百户所，屬青州左衛，在樂安縣東北。 土城周三里。 漢、魏、晉青州刺史並治臨淄。 永嘉之亂，刺史苟晞棄青州，漢將曹嶷據之，以臨淄平夷，難以禦敵，乃於堯山南築故城以居，降於東晉。 尋爲石勒所陷，後爲段龕所據，自稱齊王。 慕容恪滅趙，克青州。 苻堅并燕，盡有齊地。 堅敗，苻朗以州降。晉改置幽州，以辟閭渾爲刺史，鎮廣固。隆安四年，爲慕容德所陷。德都廣固，稱南燕。至子超爲劉裕所滅，留羊穆之爲刺史，夷廣固城而歸。穆之乃築東陽城，爲青州。

【校勘記】

〔一〕右衛戍德州　「戍」，底本作「成」，川本同，據滬本改。

〔二〕設守備一員　川本同，滬本「備」下「一」上有「指揮」二字。

〔三〕青社驛　川本同，滬本「青社」下有「馬」字，同紀要卷三五。

〔四〕古曰東秦　「曰」，底本作「田」，川本、滬本同，據晉書慕容德載記改。

益都縣　治。　編户一百七十七里。　衝，煩，民疲。　金嶺鎮馬驛，在縣西北七十里。　古城，在臨淄縣。晉曹嶷略齊地，以城大地不可守，移至堯山南三里，爲廣固城。復爲南燕都，宋劉裕攻破之，夷其城，以羊穆之治青州，乃建城於陽水北，名東陽城。北齊廢東陽，遷築於陽水南，爲南陽城，即今城也。　全設。　舊有青社、青嶺鎮二遞運所，革。　顔神鎮巡檢司。　晉書慕容德載記：德如齊城，登營丘〔一〕，望晏嬰冢。至漢城陽景王廟，宴庶老於申池，北登杜首山，東望鼎足，因目牛山而嘆曰〔二〕：古無不死。愴然有終焉之志。　顔神鎮城，在縣西南一百八十里。嘉靖三十六年創築。城周五百丈。

堯山，在西北八里。石膏山，在西南二十五里。九迴山，在西二十五里。

南陽水，出石膏山，經舊益都、東陽兩城間，東北流，合瀰水。北陽水，出九迴山，東北流入樂安縣界。

廣固城，在堯山之陽。晉永嘉末，後趙於此築城，有大澗，因之爲固。後爲南燕慕容德所都。宋武帝滅南燕〔三〕，夷其城。東陽城，在府治北。後魏爲青州治所。齊記補遺曰：宋武平南燕，廢廣固，留羊穆之爲青州刺史，築此城。後圮。國朝洪武間，因建齊藩，遂即故址修築〔四〕，尋以國除而止。齊廢城，即東陽城故址。在府治西。洪武初，因建齊藩，築土城。國廢，頹垣尚存。宋書武帝紀：大軍進廣固，即屠大城。超保小城。於是設長圍守之，圍高三丈，外穿三重塹〔五〕。廣縣城，在府西南四里瀑水澗側。漢縣。元魏以置青州。遺址猶存，土人目爲古青州。廣固城，在府西北堯山下。齊記云：晉永嘉五年，刺史曹嶷所築。有大澗甚廣，因之爲固，故曰廣固。

【校勘記】

〔一〕登營丘「營」，底本作「榮」，川本同，據滬本及晉書慕容德載記改。

〔二〕因目牛山而嘆　「目」，底本作「自」，川本同，據滬本及晉書慕容德載記改。
〔三〕宋武帝滅南燕　底本脱「滅」字，據川本、滬本及通鑑卷一一五補。
〔四〕遂即故址修築　「故」，底本作「立」，據川本、滬本及紀要卷三五改。
〔五〕外穿三重塹　「塹」，底本作「漸」，川本同，據滬本及通鑑卷一一五改。

臨淄縣　府西北三十里。　編户六十一里。　衝，煩。　城周六、四里。　漢初，齊悼惠王都此，後置齊郡。後漢、魏爲齊國，青州治此。元魏爲齊郡，高齊廢入益都縣。

系水，與澠水同發源於申池，北流曰澠水，西流曰系水。傍城北流，經陽門西。水次有故封處，即齊之稷下也。澅水。水經注云：出時水，東去臨淄城十八里，所謂澅中也。俗以爲宿流水，以孟子三宿出澅云。今按孟子出晝，又史記丘圍晝邑〔一〕，即此。天齊淵，在縣東八里，淄水之東，女水之西。平地出泉，廣可半畒，土人名曰龍池。漢志：齊所以爲齊，以天齊也。顔監曰：謂其中神異，如天之腹齊〔二〕。齊記補遺云：晏子曰，吾聞江深五里，海深十里，此淵與天齊。此中曾浮出錢瓦，有「天齊」二字。魏永平中，出木五，齊天保中，出木四，皆五采，類柏木。國朝洪武十四年〔三〕，又出香木二，爲琅邪八祠之一。申池。左傳文十八年：齊懿公游于申池。杜預注：齊南城西門名申門，齊城無池〔四〕，惟此門左右有池。水經注：申門，齊城南面西第一門。又襄十八年：焚申池之竹木。左太沖賦謂之照華池〔五〕，即系水源也。

牛山，在縣南一十里。齊景公登牛山〔六〕，顧其國而流涕，及孟子牛山之木，並此。　猛山，在東南一十五里。詩：遭我乎猛之間兮。漢書作「嶩」。　菟頭山，在南一十五里。女水出此，一名鼎足山。上有齊桓公塚。　愚山，在西二十里。北有愚公谷。韓非子：齊桓公逐鹿入谷，問一老人此何以名愚公谷。即此山也。　愚山南曰杜山，與愚山連阜。水經云：時水屈而西南，有杜山。高士傳：齊宣王獵於杜山，閭丘先生、長老十三人相與勞王。即此。　山有白龍灣神祠。

淄水，自萊蕪縣流入縣界，至壽光縣入濟水。　澠水，出縣西申門之申池，北流入時水。左傳謂有酒如澠，魯仲連謂田單騁乎淄、澠之間，淮南子謂易牙嘗淄、澠而別之，皆此水。　女水，出菟頭山。上有齊桓公與其女之冢，水出女冢之側，東北流入樂安縣界。南燕主慕容德時〔七〕，女水竭，及其子超時又竭，即此。　時水，在縣西南二、一十五里。一名耏。左傳：齊、晉盟於耏外。是也。旱則涸，故又名乾時。春秋莊九年：及齊師戰于乾時。是也。其色黑，故俗名烏河。

葵丘，在西二〔旁注〕東三。十里。左傳：齊侯使連稱、管至父戍葵丘。注：在臨淄。　古齊城，在今縣北。周圍約四十里。史記：太公都營丘，其後獻公徙都臨淄。　晝邑，在西北二十里。史記：樂毅伐齊，聞晝邑人王蠋賢，兵不入境。　漢東安平縣〔八〕，在東一十里。齊封田單爲安平君。今名石槽城〔九〕。西安城，在西三十里，北距時水。耿弇討張步，謂西安城小而堅，即此。東有畫邑，王蠋鄉也〔一〇〕。弇進軍畫中，居兩城之間。索頭城，在縣東南二十里，女水之南。後魏慕容白曜圍沈文秀於青州〔一一〕，築此城。高陽城，在縣西北三十里。北魏郡，後改爲時水縣。唐廢。營丘城，在縣西北二里〔一二〕。舊志謂即太公望所封，後人因以名郡。按左傳、史記，太公始居營丘〔一三〕，五世而胡公遷薄姑，弟獻公又去薄姑而遷於臨淄，與營丘相距尚遠。又萊州濰縣，亦有營丘城，疑近是云。營丘，在臨淄東南一百五十里。薄姑，在臨淄西北六十里。

【校勘記】

〔一〕史記丘圍畫邑　川本、滬本同。按史記孔子世家不載此文。史記田單列傳：「燕之初入齊，聞畫邑人王蠋賢，令軍中曰：『環畫邑三十里無入。』」疑此有誤。

〔二〕如天之腹齊　「腹」，底本作「鰒」，川本同，據滬本及漢書郊祀志顏師古注改。

〔三〕洪武　川本同，滬本作「弘治」。

〔四〕齊城無池　底本作「齊池無城」，川本同，滬本作「齊地無池」，左傳文公十八年杜預注：「齊南城西門名申門，齊城無池，惟此門左右有池，疑此則是。」據改。

〔五〕照華池　「照」，底本作「五」，川本同，據滬本及齊乘卷四城郭改。

〔六〕齊景公　底本無「公」字，川本同，據滬本及嘉靖青州府志卷六補。

〔七〕慕容德　底本「慕容」下衍「備」字，川本、滬本同，據晉書慕容德載記刪。

〔八〕東安平縣　底本脱「平」字，川本同，據滬本及漢書地理志補。

〔九〕石槽城　「槽」，底本作「糟」，川本同，據滬本及齊乘卷四改。

〔一〇〕東有畫邑王蠋鄉也　底本「鄉」字作「卿」，川本同，據滬本及齊乘卷四改。又，滬本「畫邑」下有「城」字。

〔一一〕沈文秀　底本脱「沈」字，川本同，據滬本及魏書慕容白曜傳、齊乘卷四補。

〔一二〕二里　底本脱「里」字，川本同，據滬本及紀要卷三五補。

〔一三〕太公始居營丘　底本「公」下「始」上衍「姑」字，據川本、滬本及史記齊太公世家刪。

博興縣〔旁注〕古薄姑氏國。　府西北一百二十里。　編户一百四十里。　事煩，民頑。　城周三里二百九十步。

薄姑城，在縣東南，與漢博昌城相近。府志：北十五。史記：殷末薄姑氏爲諸侯，至周作亂，成王滅之，以封太公。後四世孫胡公徙都於此。　齊東齊地，菑、時、般、濼衆水豬爲馬車瀆，以入海。博興宛在水中，舟楫交通，魚稻成市。　貝丘，〔旁注〕乘縣南五里。在舊博昌縣南。左傳莊公八年：齊侯田于貝丘。北齊移樂陵縣治此，故城在縣東十二里。　全設。　元爲博興州。洪武二年，改爲縣。　貝丘，又曰貝中聚〔一〕。史記又作沛丘〔二〕。

有車馬瀆，爲元人分汶水西北流入海故道。齊乘：周武王克商，封太公吕尚於齊，未得薄姑之地。成王時，薄姑與四國作亂，成王滅之，益封太公，遂有全齊。漢博昌縣，在南二十里。西對古城，即延鄉也〔三〕。利縣，在東南四十里，屬樂安國。齊乘：在樂安西北二十里。

【校勘記】

〔一〕貝中聚　底本脱「聚」字，川本同，據滬本及續漢書郡國志補。

〔二〕又作沛丘　底本「作」下「沛」上衍「貝」字，據川本、滬本及史記齊太公世家删。

〔三〕即延鄉　「鄉」，底本作「卿」，川本同，據滬本及齊乘卷四改。

高苑縣　府西北一百五十里。編户三十八里。地僻，民頑。土皸，民貧，賦重，差繁。

城周五里三十步。漢初封丙猜爲高苑侯。縣志。

古狄城，在縣南。府志：北二里。史記：田單攻狄，三月不下。秦爲狄縣，田儋兄弟殺狄令，起此。漢安帝永初三年，改曰臨濟，後省入高苑。遺址尚存。濟河故道，在縣北二十里。今湮塞。千乘城，在縣北二十五里。漢千乘縣，高帝置千乘郡，和帝改樂安國，縣並屬焉。隋開皇初，移縣置廣饒，此城遂廢。其東復有漢利縣古城云。縣北有清丘濼，即今清水泊。被陽城，在縣西南。漢侯國。武帝封齊孝王子燕爲被陽侯。濟陽城，在縣北九十餘里。唐景龍元年〔一〕，析高苑置。在濟水之北〔二〕，尋廢。無丞。小清河，自濟南府新城縣界，至本縣東入博興、樂安縣界，合於時水。

【校勘記】

〔一〕景龍元年　「元年」，底本作「九年」，據川本、滬本及元和志卷一一、舊唐書地理志改。

〔二〕濟水　底本作「洛水」，川本同，滬本作「濟水」。元和志卷一一濟陽縣：「濟水，在縣南，又東北入高苑縣界。」則此「洛水」爲「濟水」之誤，據改。

樂安縣　府北九十里。編户九十五里。事煩，民頑。漢元帝封丞相匡衡爲樂安侯。隋開皇初，移於廣饒城，即今治。城周五里。本志：故城在城北十五里。今城周九里三十步。

延鄉城〔一〕，在縣西北。漢侯國。水經注：野溝水出北，此西北入時水〔二〕。元帝封李譚爲延鄉侯〔三〕。青丘，樂安北。清水泊蓋以青丘得名。齊景公有馬千駟，畋於青丘，與晏子遊於少海，皆此地。少海，謂渤海也。本漢千乘郡樂安縣，元帝封丞相匡衡樂安侯。隋開皇三年，移於廣饒城，即今治。千乘郡故城，在縣西北十二里云。

全設。有高家港、樂安二巡檢司。本志：高家港司，在塘頭；樂安司，在石辛鎮。塘頭寨備禦百户所，在縣東北。土城周三里。土城在縣北，東北至海一百三、五十里。王家岡鹽場，在縣東北七十里。新鎮場，在東北一百里。高家港場，在東北九十里。濱樂分司，在東北六十里。

【校勘記】

〔一〕延鄉城　「鄉」，底本作「卿」，川本同，據滬本及水經濟水注改。

〔二〕水經注至西北入時水　川本、滬本同。按今本水經淄水注記時水逕流，無此文。

〔三〕延鄉侯　「鄉」，底本作「卿」，川本同，據滬本及漢書景武昭宣元成功臣表改。

壽光縣　府東北七十里。編户一百三十三里。事煩，民頑。土城周三里半。古斟。斟灌亦附其境。鄩國。

牟城，在縣東北二十里。春秋：牟子國。後爲齊所偪，遷於牟平。今寧海州是也〔二〕。漢淄川國城，在縣西。邑在漢爲劇、壽光二縣。壽光在漢時地望雄重，淄川王子劇原侯錯都劇，齊武王次子北海靖王興都劇，大盜張步亦都劇。今僻陋下邑，不稱都矣。

全設。舊有華店遞運所，革。廣陵鎮巡檢司，在縣東北三十五里。侯鎮店，在縣東五十里。通濰縣大路，南通臨朐鹽徒之路。官臺場，在縣北八十里，產鹽。彭家道口，在縣西北五十里。壽光、樂安二縣之界，鹽徒自官臺場、高家港、新鎮場，皆由此。姬家橋張家莊集，在縣西北三十里。鹽徒往來之路，各義民領民壯槍手防守。

按萊州府亦有東西二丹河〔二〕，一水二源，俱東北入海。東丹河，源出昌樂縣方山。西丹河，源出臨朐縣丹山。皆北流，至昌樂廢城西合流，至縣界入海。東岳龍水，在縣西一十二里。俗名北夾河。西岳龍水，出縣西十六里。俗名南夾河，分流至羅橋，乃合而入於海。清水泊，在西北五十里，合淄、女、北陽三水入於海。即古鉅定澤。漢書：上耕于鉅定。即此。

斟灌城，在東北四十里。夏同姓諸侯，后相所依者也。漢北海郡有斟縣。紀城，在縣南三十里。通志曰：紀本在東海贛榆，後遷劇，亦稱紀城。春秋紀國內有臺，俗曰紀臺。城旁有劇南城，漢北海劇縣也。〔旁注〕菑川國都。漢益縣，在南一十里。漢書謂斟鄩在北海。路史謂斟鄩在平壽。北海即今壽光，平壽半在壽光東境，今爲斟灌店。古益都城，在縣北二十里。漢武帝封菑川懿王子胡爲益都侯，今俗呼王胡城。豐城，在縣西二十里。本漢菑川王國城。司馬懿伐公孫淵，北徙豐人住此，改曰南豐城。樂望城，在縣東二十里。漢侯國，今曰王望店。

【校勘記】

〔一〕寧海州　「寧」，底本作「宣」，川本、滬本同，據圖書集成職方典卷二六八改。

〔二〕東西二丹河　「西」，底本作「北」，川本同，據滬本、本書下文及紀要卷三五改。

昌樂縣　古爽鳩氏國。　府東七十里。　編户九十八里。　衝，煩。　土城周四里。元并入北海縣。本朝復置，屬青州府。　故城，在縣西北十里。本漢之營陵縣。元魏時嘗曰營丘，非臨菑之營丘也。

孤山，在縣東十里。伯夷避紂隱此。　檑鼓山，在縣西南五十里。白狼河出源此山〔一〕。並見濰縣。　紀山，在縣西南五十里。

東丹河，源發方山西麓，轉流城西，合西丹北流入海。　西丹河，源出紀山，經本縣廢城西，會東丹河入海。府志。按竹書云：堯放子朱于丹水。朱虚縣有丹山，又名堯山，下帶長坂曰破車峴，東西二丹水出焉，北入於海。　全設。　舊有丹河馬驛，　遞運所，革，隆慶二年革。

小丹河店，縣西三里。　方山，在東南二十里。東丹河出此。　白狼河，源有二，一出臨朐縣丹山，一出縣南小王莊〔二〕，平地泉湧如輪，合流西北。唐北海令竇炎引以溉田〔三〕，入於海。

營丘城，在縣東南五十里營丘社。縣志同。　劇縣城，在縣西十里，界壽光，即劇南城西北。都昌縣，在縣西北二十里。又一會邑。史記：營丘邊萊〔四〕。似在昌樂、濰縣之間。

【校勘記】

〔一〕白狼河出源此山　「出」，川本同，滬本作「發」，同圖書集成職方典卷二六一。

〔二〕小王莊　「王」，底本作「玉」，川本、滬本同。齊乘卷二白狼水：「余按白狼有二源，一出丹山，一出北海縣南小王莊。」則此「玉」乃「王」字之誤，據改。

〔三〕唐北海令竇炎　底本「令」作「今」、「炎」作「琰」，川本、滬本同，據新唐書地理志改。

〔四〕營丘邊萊　「萊」，底本作「菜」，川本同，據滬本及史記齊太公世家改。

臨朐縣　府東南四十五里。編户一百十四里。煩。城周三里。通典云：古東陽城，一名几城，左傳「晏弱城東陽」者是也。齊伯氏駢邑。齊乘：西四十里。按路史，逢伯陵姜姓，炎帝後，太姜所出，始封於逢，在開封逢澤，後改封於齊，猶稱逢云。山因名焉。漢地理志：臨朐有逢公祠〔一〕。逢山，在縣西二十五里。相傳山麓有殷諸侯逢伯陵祠。其山四面陡絶，惟一徑可登，上有泉出巖竇，甘潔。府志：在縣西南七十里。金末避兵者多獲全焉。巨洋水經其陰。巨洋水，源出沂山西麓，即瀰水也。國語以爲具水〔二〕，袁宏以爲巨昧，王韶以爲巨蔑，或曰朐瀰，或曰沫，實一水也。其流合石溝水，東北流至益都，入南陽水。又東北抵壽光，又東北會萊州掖河，北入於海。元史五行志：至正二十七年七月，臨朐縣有龍見於龍山，巨石重千斤，浮空而起。全設。穆陵關，縣北七里，有伯氏冢。巡檢司，在縣南一百五里大峴山上。

朐山在縣東南二里，縣以此名。或云即水經所謂覆釜山也。丸山，在縣東北三四十里。下帶長坂，曰破車峴。西丹河、白浪河皆發源於此〔三〕。大紀云：軒轅征不道，東至於海〔四〕，登丸山。竹書云：堯放子朱于丹水〔五〕。朱虛縣有丹山，一名丸山，黃帝所禪。靈山，在縣東北四〔旁注〕齊乘：二〔六〕。十里。晏子春秋：齊大旱，景公欲祀靈山。即此。几山，在東北五十里，几水出焉，山形似几。一作紀山。大峴山，在縣東南一百五里。上有穆陵關，左傳：南至于穆陵。即此。關在縣南一百二十里，蒙陰北一百二十里。南燕公孫五樓勸其主慕容超守大峴，不聽，遂爲晉人所圍。齊乘：大峴山即穆陵關也。沂山東南曰大弁山，今山訛作大屏。唐沈亞之沂水雜記又訛作太平山〔七〕，因頂平八九十里，故云。當從水經作弁山者是〔八〕。大弁山東南即大峴也，其山峻狹，僅容一軌，故爲齊南天險。劉裕伐南燕，兵過大峴，指天而喜曰：「虜已入吾掌中。」即此山也。山北數里有裕祭天五壇。沂山，在縣南一百二十五里。沂水出此。周禮職方：青州，其山鎮曰沂山。一名東泰山。漢志：朱虛縣東泰山，汶水所出。史記：公王帶請封東泰山。武帝設祠具，至東泰山，卑小不稱其聲，乃令禮官祀之〔九〕，而不封焉。今爲東鎮，載諸祀典。

瀰水出沂山西麓，流經縣東北，至益都、壽光縣界入海。府志：即府城東瀰河，在縣東北覆釜、委粟山北。汶水出沂山東麓，流經縣東南六十里，入安丘縣界。

漢朱虛縣，在縣東六十里。隋省入郚城。記云：孔融爲黄巾賊所敗，曾保此城。蓋融保都昌，與此相近。又有東陽城，亦曰几城。左氏曰：晏弱城東陽。又有校城、臨原城，皆漢侯國，在縣東。齊乘。今廟山社有遺迹，土人疑爲古朱虛縣。西安縣故城，後漢建〔一〇〕，在縣東南十里。又見臨淄。

【校勘記】

〔一〕逢公祠　川本、滬本同，漢書地理志作「逢山祠」。

〔二〕具水　「具」，底本作「其」，據川本、滬本及水經巨洋水注改。

〔三〕白浪河　底本作「北浪河」，據川本、滬本及紀要卷三五改。

〔四〕東至於海　「於」，底本作「入」，川本同，據滬本及齊乘卷一改。

〔五〕堯放子朱于丹水　「子」，川本、滬本同，今本竹書紀年作「丹」。

〔六〕齊乘二　「齊」，底本、川本、滬本作「南」。按齊乘卷一：「靈山，臨朐東北廿里。」據此，「南」當爲「齊」之誤，據改。

〔七〕沈亞之　「之」，底本作「亞」，川本同，據滬本及齊乘卷一改。

〔八〕弁山　川本、滬本同，齊乘卷一作「大弁」。

〔九〕乃令禮官祀之　川本、滬本同，史記孝武本紀、封禪書作「乃令祀官禮之」。

〔一〇〕後漢建　底本脱，據川本、滬本及清統志卷一七一補。

安丘縣　府東〔旁注〕東南。二百里。編户一百七十四里。衝，煩，民疲。〔旁注〕山确乏産，水多衝没。縣志。舊有渠丘驛，革。　城周三里二百〔旁注〕四十。步。　元屬密州。本朝改屬。莒渠丘邑。　隋開皇十六年，分昌安縣，於牟鄉城置牟鄉縣。牟鄉，古根牟國也。　府志：或曰即春秋根牟，非也。　牟山，在縣西南十五里。北有故城址，相傳即古牟城，隋置牟山縣以此。　郚山，在縣西南六七十里。四面險絶，其上寬平，約數百畝。按春秋：齊師遷紀郱、鄑、郚。路史：密之安丘西南有郚城，自漢以來有郚縣。或本此。　牟婁山，在縣南，俗訛作朦朧山。春秋隱公四年：莒人伐杞，取牟婁。今諸城北有婁鄉，安丘南有牟婁山。　杞城，在縣北，相傳杞成公自雍遷居淳于此〔一〕。　渠丘亭，在縣南一里，春秋莒邑。左傳：渠丘城惡。今渠丘驛是其地。　淳于城，在縣東北濰、汶二水交處。通志：武王封禹後東樓公於杞，今河南杞縣。九世成公遷於緣陵，今昌樂縣。至文公又遷居淳于。左傳：淳于公如曹。是也。　城陽城，在縣南八十里。漢城陽國。亦曰龍亭城〔二〕。　全設。　古根牟國。漢高封張説爲安丘侯，後置縣。有兩安丘：一在北海，一在琅邪。後漢止在北海[三]，曰古渠丘。今縣鄰北海，非琅邪之安丘矣。安丘縣之外城，漢石泉城，後漢并入昌安，在縣西南十里。漢昌安縣，在縣西南一十里。平昌縣，在縣西南六十里。文帝封齊悼惠王子卬爲平昌侯[四]。漢屬琅邪郡，後漢屬北海郡。漢侯國。郚城，在縣西南六十里。春秋：齊師遷紀郱、鄑、郚。注：朱虛縣東南郚城，漢爲郚成縣。後魏於此置平昌郡。北齊廢，改爲琅邪縣。隋改曰郚城，大業末廢。唐省入輔唐，即安丘。缾城，在縣南，與郚城相近。漢侯國，武帝封菑川靖王子成爲缾侯[五]。

【校勘記】

〔一〕自雍遷居淳于此　川本、滬本同。按「于」下疑脱「即」字。

〔二〕龍亭城　川本、滬本同。齊乘卷四作「龍臺城」，云：「亦曰龍臺城。城内有臺高六丈，……故曰龍臺。」

〔三〕後漢止在北海　「止」，底本作「丘」，川本、滬本同，據齊乘卷三改。

〔四〕齊悼惠王子卬　「悼」，底本作「傳」，川本同，據滬本及漢書王子侯表改。「卬」，底本作「邛」，川本、滬本同，據漢書王子侯表改。

〔五〕武帝　底本脱「武」字，川本同，據滬本及漢書王子侯表補。

諸城縣　府東三百里。〔旁注〕乘：東南二百八十里。　編户一百八十一里。　衝，煩。　羣山糾紛，河水縈帶，兩城並峙，軍民錯居。縣志趙秉忠序。　東峙盧山，南挹馬耳，扶淇環其西〔一〕，濰、浯阻其北。舊志。　烽、盧東障，長城南屏，穆陵西塞，濰、浯北阻。新志。　其地介於濰、海之間，風俗樸魯。　幅員廣袤，介山海之間。　地里荒野，民俗獷悍。新志。　隋、唐以來，爲密州。　齊乘云：州治有中外二城：外城，漢東武城也；其中城，後魏築以置膠州，隋改密州，並治此城。　城周九里三十步。　舊爲南北二城，國朝洪武四年，守禦千户伏彪修合爲一。　東南至海一百五十里〔二〕。　舊有東關驛、桃林馬驛、藥溝驛，革。　漢諸縣。　常山，在縣西南三十里。扶淇水出其下，東北流，與濰水合。　盧水，源出盧山。　亦名久合水，流經縣東北二十五里，入濰水。　馬耳山，在縣西南六十里。　齊乘：九仙山，在密州東南一百二十里。　子瞻云：九仙在東武，奇秀不減雁蕩。　古諸城，在縣西南三十里。　春秋時魯邑，季孫行父城諸及鄆。　莊公二十九年：城諸。　元密州治，本朝省州入縣。　全設。　諸城守禦千户所，南城内。　南龍灣海口巡檢司，在縣東南一百三十五里，城周一百二十丈。　信陽鎮巡檢司〔三〕，在縣南一百二十里，城周八十丈。　信陽場鹽課司，在縣南一百二十里。　盧山，在東南四十五里。　相傳秦博士盧敖避難此山得道，故名。　盧水發源於此。　琅邪山，在東南一百五十里，東枕大海。　漢琅邪郡治在山下。　齊景公欲遵海而南，放於琅邪。　吴越春秋：越王勾踐徙琅邪，立觀臺以望東海。秦始皇二十八年，南登琅邪，大樂之。留三月，立層臺於此山，徙黔首三萬户於臺下，立石頌德。皆此。漢於此置琅邪縣，武帝亦嘗登焉。隋開皇十六年，於此置豐泉縣。大業初，復爲琅邪。唐省之。今山下井邑遺迹猶存，登山石道如故，土人名曰「御路」。齊長城，在南四十里。跨安丘境，連亘蒙、泰、萊蕪，直至平陰，乃齊宣所築以禦楚寇者。詳泰安州。史記：齊有長城，足以爲塞。漢東武縣在縣□〔四〕。龍潭寨石城，周一里一百七十步，在縣□大盤社。蕭家寨石城，周一里一百八十步，在縣東南常河社。夏河石城，周四里一百八十五步，在縣東南龍灣社。南龍灣鎮城，周一百二十丈。信陽鎮城，在大莊社，周八十丈。

【校勘記】

〔一〕扶淇　「扶」，底本作「决」，川本同，滬本作「決」，據齊乘卷二、紀要卷三五改。下同。

〔二〕國朝洪武四年守禦千户伏彪修合爲一東南至海一百五十里　「伏彪修合爲一」與「東南至海一百五十里」底本次序倒互，川本同，滬本不誤。按乾隆諸城縣志卷七引府志：「洪武四年，守禦千户伏彪修城，始合爲一。」滬本是，據以乙正。

〔三〕南龍灣海口巡檢司至信陽鎮巡檢司　底本作「南龍灣信陽鎮海口巡檢司」，川本、滬本同。按山東肇域記卷四：「南一百二十里有信陽鎮巡司。東南一百三十五里有南龍灣海口巡司。」各本均誤，據改。

〔四〕在縣□　川本、滬本同。按山東肇域記卷四：「有南北二城，南城者，漢所築東武縣城也。」缺字似當爲「南」。

蒙陰縣　古有窮國。　元屬莒州，本朝改屬。　府西南三百五十里。　編户五十里。　西僻，簡。　舊會典：有紫金關巡檢司。今無。　石城，周二里半。本志：一里零二百步。　西至新泰六十里。　古顓臾國。　無簿。　縈山，在縣西南四十里，與龜山相連，延袤八十餘里。山之陽爲費縣，其陰爲蒙陰縣。然東蒙屬魯，實今費縣也。　堂阜，縣西北三十里。左傳莊公九年：管仲請囚，鮑叔受之〔一〕，及堂阜而稅之。注：東莞蒙陰縣西北有夷吾亭。或曰鮑叔解夷吾縛於此，因以爲名。　龜山，下有古顓臾城故城，在縣東南八九里。通志謂在費縣西北七十里，蓋二縣接壤云。　紫金關，在東南五十里。　艾山，在西北一百二十里。　沂水，縣西南一百三十里。水經云：沂水出泰山蓋縣艾山。　蒙陰山，在縣南八里。今名仙洞山。　漢承宫避亂於此。

【校勘記】

〔一〕鮑叔受之　底本脱「之」，據川本、滬本及左傳莊公九年補。

莒州　古莒國。漢城陽國。元莒縣，本朝并入州。　府南三百里。　編户二百七十里。　衝，煩，刁，疲。　莒俗雄博遜齊，嗇守近魯。　莒本魯地，周公之化猶存，其人多重禮教，崇信義，民性馴樸，號爲易治。州志。古城陽城，周九里。元至元間，參政馬睦火者鎮莒，以城大難守，截西、南、北三隅，止修東北，約爲小城，即今城，周五里八十步。莒之見於經，曰莒人，曰莒子，則莒者國名也。而定公十四年城莒父，子夏爲莒父宰，是莒與莒父二地也。考之舊志，莒始封在高密縣東南，乃莒子之都。而子夏爲宰之莒也，春秋時遷於陽城。漢封劉章爲陽城王，置莒縣，即今之莒州也。地志曰：周武王封少昊之後兹輿於莒，始都計。膠州南計斤城。春秋隱公二年：莒人入向。向，莒縣也。傳三十世，至子朱，號渠丘公，爲楚簡王所滅，地入於齊。燕樂毅破齊，獨莒、即墨不下。漢文帝封朱虚侯章爲城陽王，都莒。赤眉樊崇、謝禄等將兵十餘萬圍莒〔一〕，數月不能下。

高柘山，在州北一百三十里。〔旁注〕齊乘：沂水東北一百里〔二〕。浯水源出此，東入安丘縣界，合濰水。姑幕城，在州東北百六十里。商侯國。漢、晉爲縣。海曲城，在州東一百六十里。地有東吕鄉，太公望所出。王莽時，琅邪吕母結衆爲子報仇，殺縣長，起此，今有吕母圖〔三〕。高鄉城，在州東南七十餘里，漢侯國。箕城，在州東北百里箕屋山下，漢侯國。析泉城，在州界，漢侯國。又有高廣、新山、崑山，皆漢侯國，並在州南，無迹可考。全設。莒州守禦千户所，葛溝店〔四〕、十字路二巡檢司。浮來山，在西三十里。春秋隱公八年〔五〕：公及莒人盟于浮來。山半有莒子陵。焦原山，在州南四十里。記曰：莒有焦原，臨百仞之溪，人莫敢近，莒之勇士登焉。莊子：伯昏瞀人，射百仞之淵。即此。志謂之崢嶸谷，俗曰青泥衖。兩峽峻立如衖，故云。箕屋山，在州西北九十里。濰水出焉，東北流經安丘、諸城縣，入萊州府高密縣界。向城，在州南七十里。春秋隱公三年：伐莒，取向〔六〕。漢城陽國皆在州界。本春秋莒、魯所爭之鄆邑。十三州記曰：魯昭公所居爲西鄆，在東平。莒、魯所爭爲東鄆，在此。杜預亦曰：城陽姑幕縣南有員亭〔七〕。俗變其字，即鄆也。

【校勘記】

〔一〕謝祿　「祿」，底本作「樂」，據川本、滬本及後漢書劉玄劉盆子傳改。

〔二〕沂水東北一百里　「里」，底本無，川本同，據滬本及齊乘卷一補。

〔三〕吕母圖　川本、滬本同，齊乘卷四「圖」作「固」。

〔四〕葛溝店　「店」，底本作「居」，川本同，據滬本及紀要卷三五改。

〔五〕隱公八年　底本空缺「隱公」二字，脱「八」字，川本同，據滬本及春秋隱公八年補。

〔六〕隱公三年伐莒取向　川本、滬本同。按左傳，伐莒取向事在宣公四年，各本皆誤。

〔七〕員亭　「員」，底本作「負」，川本同，據滬本及紀要卷三五改。

沂水縣　州西北七十里。　編户一百四十三里。　衝，煩。　城周二里有奇。本志：三里二十七步。莒鄆邑〔一〕。大弁山，在縣西北一百九十里，與雕崖山連麓，俗稱太平崮，其頂平八九十里。水經注謂大弁山與小泰山連麓而異名。小泰山，今沂山也。穆陵關，在縣北一百二十里，古齊關。雹山，在縣西北三十里。寰宇記：山出紫石英，好者映徹如雹，故名。亦作峋山。今曰峋突固。又東北螳螂山，與大小二魯山相連，有穴如門，直入二十里，真仙境也。縣西四十里有磨石峴，長二十餘里，極險峻。峴下即堂阜，鮑叔解管仲囚處。全設。黄草關，在縣西南一百三十里。葛溝巡檢司，在縣南一百二十里。雕崖山，在西北一百九十里，連絡蒙陰縣界。沂水逕焉，流經縣南二里，入沂州界。沭水，出臨朐縣沂山，流經縣東北，達莒州界，入沂州界。漢蓋城，在西北七十里。孟子：蓋大夫王驩，陳仲子兄戴，蓋祿萬鍾，並此。漢景帝封王皇后兄信爲蓋侯。西八十里即齊蓋邑，漢侯國。隋開皇中，於此城置東安縣，後廢入沂水。東安縣，在南五十里。東莞縣，在縣界，今縣西北古城疑是。東鄆城，在縣界。古有東西二鄆：春秋魯昭公所居者爲西鄆，兖州之東平是也；莒、魯所爭者爲東鄆，此縣是也。漢東莞縣有鄆亭，即此。團城，在縣東北三十里。隋開皇十六年於此置沂水縣，後廢。

【校勘記】

〔一〕莒鄆邑　川本、滬本同。按齊乘卷三：「本春秋莒、魯所爭之鄆邑。」疑此句有脱文。

日照縣　州東南一百五十里。編户八十三里。僻，簡。舊有傅疃馬驛〔一〕、白石山驛，革。城周二里。漢海曲地。南接淮安贛榆縣界，有孤奎、石駝山。安東衛，在縣南九十里。左、前、後三所，石城，周五里。石舊寨備禦後千户所，屬衛。即安東衛後千户所，在縣東南，石城，周三里有奇。無丞。夾倉鎮巡檢司，在縣南，石城，周六十丈。東距海五里。〔旁注〕府志：海在城東二十里。

【校勘記】

〔一〕傅疃　「傅」，底本作「傳」，川本、滬本同，據滬本眉批及紀要卷三五改。

萊州府

禹貢：萊夷作牧。古名東萊。東萊人多樸魯，故特少文義。隋書〔一〕。元爲萊州，隸般陽路。本朝革般陽路。洪武九年，升州爲府。人性剛强，志氣緩慢，語聲尚上，形容大，此水土之風也。寰宇記。男通魚鹽之利，女有織紡之業，士淳樸而好經術，矜功名。元志。禹貢青州。古萊國，在今黄縣東南二十里。齊侯遷萊子於郳，在國之東，始稱東萊。洪武元年，升萊州爲府，領登州、寧海州二州，掖、萊陽、招遠、文登、膠水、棲霞、黃、福山八縣。六年，割登州及所屬棲霞、黃、福山三縣直隸行省，惟留膠水屬萊。九年，升登州爲府，割萊陽、招遠、寧海州、文登以屬登，乃割青州昌邑、濰州、膠州、即墨、高密以益萊，始降濰州爲縣。十九年，升膠水爲平度州，以昌邑、濰二縣爲屬，以高密、即墨屬膠州，通領於府。府志：掖、濰、昌邑爲齊地，隸青州；高密、膠、平度、即墨爲魯地，隸徐州。羅山亘其東，濰水阻其西，神山距其南，渤海枕其北。州二，縣五。屬海右道。

萊州衛　王徐寨備禦千户所，馬停寨備禦百户所，竈河寨備禦百户所，並屬萊州衛。觀風便覽：有馬埠寨備禦百户所，俱係萊州衛分設。左、右、中、前、後五千户所。分守登、萊駐劄。城周九里有奇。本府城南驛六十里至朱橋驛，六十里至黃山驛，六十里至龍山驛，六十里至登州府蓬萊驛。

海在府城西北十八、十九里〔二〕，西北環昌邑、濰縣界，東南環膠州、即墨縣界。近掖縣有三山、蜉蝣二島，近膠州有石臼、青泥、桃林、陳家、李家、薛家、古鎮及黃島、唐島，近即墨有田横、顔聖、塔河及嶢島、陰島、福島、管島，其上多可居。海中浮島甚多。古過國，寒浞封子澆於過。漢志：掖侯國有過鄉〔三〕。

【校勘記】

〔一〕隋書　底本錯簡於下文「升州爲府」後，川本同，滬本脱。按「東萊人多樸魯，故特少文義」，見於隋書地理志，據以乙正。

〔二〕海在府城西北十八十九里　「十九」，底本作「九十」，川本、滬本同。按紀要卷三六「海在府西北二十里」。此「九十」當爲「十九」之倒誤，據以乙正。

〔三〕漢志掖侯國有過鄉　川本、滬本同。按「掖侯國有過鄉」，不載於漢書地理志，而載於續漢書郡國志，此「漢志」上當脱「續」字。

掖縣　治。　編户八十三里。　地瘠，民貧，頗煩。　舊有城南驛、南郭内。朱橋驛，縣東北六十里。隆慶四年革。　沙河店、朱橋店、城南三遞運所，革。　海廟，在州西北二十里，漢以來古廟。　漢志：掖縣，東萊郡治。　福山，在府西北五里。産温石，俗呼爲斧山。峯嶺高峻，北臨滄海。　蜉蝣島，在府西北一百里海中，一名芙蓉島。　南陽河，在府城南。畢云：大澤山在城南五十里，峯巒秀拔，泉壑幽清。一統志遺之。　龍文明大澤山記：大澤腹中四山，犬牙相抱，其西南爲金剛嵓，西爲飛來峯，東爲寶案峯，東北爲摩雲頂，直北爲瑞雲峯。大都四山合沓如埤，埤之外有山爲郭，郭之外有山爲郛，郛之外有山爲坰〔一〕，爲郊，層巒疊嶂，上下凸凹承接。其石類俱細潤奇古。　山昔爲赤眉所據，石上多鑿臼以舂黍，故迹在宛然。　山即四輪，而峻絶不可上，故漢兵攻久之不下。全設。柴胡寨、縣北五十里。海倉縣西北九十里。二巡檢司。神山，在東南一、三十五里，一名寒同山。掖水發源於此。馬鞍山，在東南三十里。沽水發源於此。三山島，在府北六、五十里，海南岸。史記封禪書：八神，四曰陰主，祠三山。掖河，出寒同神山，西流經城西南折〔二〕，又西北流，會南陽河，入於海。小沽河，在城東南三十里。出馬鞍山，東南流經平度、膠州、即墨縣界，入海。萬歲河，在東北三十里。兩岸皆沙，長三百里。漢武帝時大旱，禱萬里沙。秦始皇、漢武帝皆禱於此。萬里沙，在州北三十里。夾萬歲河兩岸，沙長三百里。路史云：雲陽氏陽帝處於沙。掖有萬里沙祠，秦皇、漢武皆禱於此。漢當利縣，在縣西南三十六里。漢縣，屬東萊郡。有鹽官。莽曰東萊亭。宋書符瑞志：元嘉二十二年，白兔見東萊當利。北齊廢。隋復置。唐省入掖縣。今址存。沙丘城，在府城東、西五十里沙河店〔三〕。世傳商紂所築，即秦始皇崩處。按始皇自會稽至沙丘，沙丘臺在順德平鄉境，此後人附會。

【校勘記】

〔一〕垌　底本、川本作「峒」，滬本作「垌」，按無「峒」字，疑作「峒」，於義爲長，今據滬本改。

〔二〕西流經城西南折　「西南折」，川本、滬本作「南西折」。

〔三〕在府城東西五十里沙河店　川本、滬本同。紀要卷三六萊州府掖縣：「府東北二十里濱海有沙丘廢城，相傳商紂所築。」此誤。又乾隆掖縣志卷二：沙河鋪，縣西五十里。清統志卷一七五：「沙河店，在府城南三十里。」若以前書所載，此「西」上之「東」乃衍字；以後書所記，此沙河店方向里距亦誤。

平度州　漢縣，屬東萊郡。莽曰利盧。元本膠水縣，屬萊州，本朝因之。洪武九年，改屬萊州府。二十一年，升爲平度州。　府南一百里。　編户一百三十六里。　煩，頑，地僻，民貧。　舊有丘西馬驛、蘇村驛，革。　洪武二十五年，割移風等三鄉屬即墨縣。　城周五里有奇。　之萊山，在州北五十里。東連大澤、御駕、明堂諸山。封禪書：八神，六曰月主，祠之萊山。韋昭注云：在東萊長廣縣。今高望山相連，故老相傳山上多殘碑斷碣，不可復識，此爲祠月之處無疑矣。今黄縣亦有萊山，乃漢宣帝祠月處。見文獻通考。　天柱山，在州北五十里。　嵖岈山，在州北三十里，北與蹲犬山相接。　大澤山，在州北七十里。絶頂有石城門梁故址，昔人避兵之處。　明堂山，在州東北四十里。　三固山，在州西七十里，又名三户山。漢宣帝祠三户於下密，即此。　膠河，在州西七十八里。水色如膠，經昌邑縣〔一〕，北入於海。平度城，在膠水縣西北六十里，漢縣。膠水經此城北，入於海。　又盧鄉，亦漢縣。北齊並入膠東，故城在平度南十餘里。　隋膠水縣。　全設。　灰埠驛，州西北七十里，爲登、萊通衢。亭口鎮巡檢司，州西南七十里。洪武三十三年建，弘治十年移古峴。大谿山，在州西北二十〔旁注〕北十五〔二〕。里。其旁有小谿山並峙，中通驛路，名曰谿口。墨山，在州東北六十里。石色如墨，故名。墨水發源於此。大沽河，在州東北八十餘里。源出登州府黄縣蹲犬山，南流經平度州，與小沽河合，經膠州即墨縣界入海。左傳：姑、尤以西。注：姑即大沽河，尤即小沽河。墨水，出州東北〔三〕，源出墨山，南流經膠州即墨縣界入海。定都渠，在州南七十里，流入膠水。漢武帝征和四年，上耕於鉅定〔四〕。即此。即墨城，在州東南六十里。齊田單守即墨以拒燕人，即此。項羽立齊王田市爲膠東王，都即墨。漢景帝封膠東康王於此，又名康王城，遺址尚存。漢膠東國理此，俗曰朱毛城。北數里有樂毅城，毅圍即墨時所築。盧鄉城，在州西北五十里。漢、晉爲縣，屬東萊郡。宋書符瑞志：晉武帝太康八年，木連理，生東萊盧鄉。北齊廢，隋復置，唐省入昌陽。下密縣，在州西五十里，膠河西。漢宣帝神爵三年，以方士言祠太室山於即墨〔五〕，三户山於下密，參山八神於曲城〔六〕。即此。又爲賈復封膠東時食邑。

【校勘記】

〔一〕昌邑縣　底本脱「縣」字，據川本、滬本補。

〔二〕北十五　川本同，滬本作「一云北十五里」，爲正文。

〔三〕出州東北　川本同，滬本「出」作「在」。

〔四〕鉅定　「鉅」，底本作「距」，據川本、滬本及漢書武帝紀改。

〔五〕太室山　底本、川本脫「山」字，據滬本及漢書郊祀志補。

〔六〕參山八神於曲城　「山」，底本作「公」；「城」，底本作「戍」，川本並同，據滬本及漢書郊祀志改。

濰縣　州西北一百八十里。編户九十三里。衝，煩，民淳。西濱海。野曠土腴，北海之重鎮。縣志。漢書五行志：景帝二年，膠東下密人年七十餘生角，角有毛。舊有古亭馬驛，在縣東北三十里，隆慶四年革。國初革附郭北海縣，并入本州。洪武九年改爲縣。城周九里三十步。府西南二百三十里。漢北海郡平壽、膠東國下密二縣。孤山，在縣西三十五里。伯夷避紂，隱於此，後人爲之立廟。山東曰麓臺，元和志以爲公孫弘墓。孤山，在縣西南四十里，上有夷齊廟。寒浞河，在縣東北三十里。源出車留莊〔二〕，〔旁注〕北三十里。流經寒亭，又八十里入於海。營丘城，〔旁注〕入昌樂。在縣西南三十里。漢置縣，隋廢。青州臨淄縣亦有營丘城。昌樂城，在縣西五十里。古緣陵。春秋：淮夷病杞，諸侯城緣陵，而遷杞焉。此城東南十餘里有營陵城。又南，安丘、北海界上有起城。營陵即緣陵，見漢書注。起即杞耳。漢曰營陵縣，元魏又曰營丘，謂即太公所封者，非也。唐初權置杞州，後爲縣。宋改曰安仁，尋又改昌樂。元至元三年，廢入北海。舊有城東遞運所，革。漢尋犢城，在東南三十里。白狼水出小王莊，即此也。元爲濰州，屬益都路。本朝洪武九年，改爲縣，屬萊州府。全設。固堤店巡檢司，縣東北四十里。塔山，在縣東南六、五十里。几山，在縣西南〔旁注〕北。八十里。擂鼓山，在縣南一百里。東丹河，一名東于河〔二〕，在縣東南五十五里。源塔山，下流入青州府壽光縣界，復至本縣境，東北流入海。西丹河，一名大于河，在縣西二十里，源出几山，經昌樂縣西，下流合東丹河，東北入海。白浪河，源出擂鼓山，泉若車輪，西南流，〔旁注〕府志同。「西南」二字可疑，縣志無此二字。經縣東門外二十步，北流八十里入海。唐北海令竇琰引以溉田。漢平壽縣，在縣西南三十里。隋省入下密。古寒亭，在縣東北三十里。古寒國徙封此。斟亭，在縣西、東南五十里。府志西北，縣志同。乘東南。古斟尋國。漢北海郡亦有斟縣〔三〕。京相璠曰：斟尋去斟亭七里。杜征南云：壽光縣東南有灌亭。今按：惟壽光之灌城、濰州之寒亭在焉，餘皆廢。

【校勘記】

〔一〕車留莊　底本作「車流留莊」，川本、滬本作「車留流莊」，據清統志卷一七四改。

〔二〕東于河　底本作「東干于河」，據川本、滬本及紀要卷三六，「干」字衍，删。

〔三〕北海郡　底本、川本脱「海」字，據滬本及齊乘卷四補。

昌邑縣　州西北一百三十八、二十里，府西一百五十里。　編户九十四里。　衝，煩，濱海。　城周五里有奇〔一〕。　本宋置縣，非漢之昌邑。　漢都昌縣。元屬濰州。洪武九年，改屬萊州府。　陸山，在縣南四十里，濰水東岸。漢封霍光爲博陸侯，食邑北海、河間、東郡〔二〕。師古曰：蓋鄉聚之名，非縣也。此博陸聚之山耳，故名陸山。山南有岞山，又南峽山，皆瀕濰水。　膠水，在縣東五十里。見膠州。　濰水，在縣東三里。　膠河，在縣東五十里。　濰水堤，在縣東五里。宋時築以防水患，延袤至海，長百餘里。　全設。　舊有夏店馬驛，縣東北二十里，一作十五。隆慶四年革。　玉耨店縣西二十里。遞運所，革。　魚兒舖巡檢司，在縣北五十里。　新河橋遞運所，縣東五十里。嘉靖二十九年革。　訾城，在縣西北三十里海濱。春秋莊公元年：齊師遷紀郱、鄑、郚。注：北海都昌西有訾城。則鄑地。俗呼爲瓦城，半爲水漸。　密城，在縣東南二十五里。春秋隱公二年：紀子帛〔三〕、莒子盟于密。漢爲下密縣。營城有二：縣南五里大營城，北五里小營城。南城即古都昌，不知何以謂之營城？豈孔北海與黄巾相拒〔四〕，屯兵遺迹邪？本志：今城址俱亡，唯有大營小營二村。　漢都昌縣，在縣南。齊景公封晏嬰以都昌，辭而不受。漢高祖封朱軫爲都昌侯。即此。寰宇記曰：都昌古城，齊頃公封逢丑父食邑。漢、魏、晉爲縣，後廢。今爲昌邑縣。又漢志：天漢四年，更山陽爲昌邑國。楊震傳注〔五〕：昌邑故城在兖州金鄉縣西北。非此地也。府志：都昌古城在縣治西，今城乃古城東南隅。

昌邑故城，在縣西北，本宋置縣治。

【校勘記】

〔一〕城周五里有奇 「里」，底本作「百」，川本同，據滬本及清統志卷一七四改。

〔二〕河間東郡 底本作「河東」，川本、滬本同。漢書霍光傳顏師古注引文穎曰：「食邑北海河東城。」王先謙漢書補注引齊召南曰：「注『河』字下脱『間』字，『城』則『郡』之訛。」按漢書外戚恩澤侯表云：霍光「北海、河間、東郡」。師古曰：「光初封食北海、河間，後益封，又食東郡。」據以改補。

〔三〕紀子帛 「帛」，底本作「伯」，川本、滬本同，據春秋經傳集解隱公二年改。

〔四〕孔北海 「孔」，底本作「非」，川本同，據滬本及齊乘卷四改。

〔五〕楊震傳注 「注」，底本、川本脱，據滬本及後漢書楊震傳李賢注補。

膠州 漢膠西國。 府南二百二十里。 編户九十三里。 依山枕海，地瘠，民悍，多盜。 控東南海道，風颿信宿可至吳、越。元東嶽廟碑。 四山圍繞，地曠水清。州志。 城周三里一十六步。 古介葛盧國。 左傳襄公二十四年〔一〕：齊崔杼伐莒，取介根。注：今城陽黔陬東北計基城，號介國〔二〕。 大珠山〔三〕，在州南一百二十里，濱海。 靈山衛，在州東南九十里。左、前、後三所。 靈山，在靈山衛南三十里海中。 黄島，在州東南六十里海中。地勢平敞，舊有居民，因倭寇遷入，遺址尚存。　薛家島，在州東南九十里海中，陽武侯故居在焉。　古鎮島，在州東南一百一十里海中。今設巡檢司於此，以防倭寇。　唐島，在靈山衛東海中。　唐家灣海口，在州南門外，宋、元時海船往來皆由於此。　洋河，在州東南三十里。發源鐵橛山，東流入於海。水經云洋洋水是也。　新河，在州東北三十里，由西北入高密縣界入海。　長城，在州南七十里。　海在州東三十里。　元屬益都路。洪武九年，改屬萊州府〔四〕，倚郭膠西縣并入。　全設。　膠州守禦千户所。　古鎮、逢猛二巡檢司：州西南一百二十里古鎮社，州南四十里逢猛社。　鐵橛山，在州西南一百一、二十里，一名膠山。　石臼島，在州南一百〔旁注〕百二十。里海中。宋李寶率師至此，敗金人於唐島。　陳家島，與石臼島相連。　膠水，出鐵橛山，北過高密縣、平度州、昌邑縣界，入於海。　介根城，在州西南五里。　漢計斤縣，在南五十里〔五〕，即莒之介根。　左傳：齊侯伐莒，取介根。　漢計斤縣，語音有輕重耳〔六〕。莒子初都此〔七〕，後徙莒。　黔陬城，在州西南七十里。古介國，漢縣。　一統志：在高密。府志：介亭在州南一十里。　黔陬，古介國。而於高密縣云：黔陬城，在縣南六十里，古介國，漢爲黔陬縣，遺址尚存。當是一城。　祓縣，在州西南七十里。漢侯國，屬琅邪。

自漕運多阻，於是有開膠萊新河之議，以爲海運由安東循靈山，歷陳家島，緣岸而來，則觸浮、勞之險；放舟大洋，入黑水，夾延真、白逢頭，經成山、沙門，波濤巨浸，未易涉也。　新河由麻灣至海倉，相距纔三百餘里，非遠若數千里之阻也；下款三沙之洋，上接三山之渤，水勢自然，非若引汶絶濟，强决細流以蓄注也。勝國前事，舊日閘壩見存，中間淤塞者二十四里耳。嘉靖十一年，御史方遠宜爲圖上之。萬曆四年，輔臣張居正議舉行之，中間王獻、羅文恭皆主是議，然竟不果行。

【校勘記】

〔一〕襄公二十四年　「四」，底本作「六」，川本同，據滬本及左傳襄公二十四年改。

〔二〕今城陽黔陬東北計基城號介國　川本同，滬本「號介國」改爲「是也」，與左傳襄公二十四年杜預注同。

〔三〕大珠山　川本、滬本同，滬本眉批：「珠，據下條作朱。」按紀要卷三六「珠亦作朱」，引通典爲證。「珠」、「朱」兩可。

〔四〕萊州府　底本脱「萊」字，川本同，據滬本及明史地理志補。

〔五〕南五十里　川本、滬本同。按齊乘卷四：「計斤城，膠州南五里，春秋之介根，漢計斤縣。」「十」字疑衍。

〔六〕語音有輕重耳　「音」，底本作「首」，據川本、滬本及漢書地理志琅邪郡計斤縣下顔師古注改。

〔七〕莒子初都此　底本、川本、滬本「此」下衍「陵」字，據齊乘卷四删。

高密縣　漢膠西國、高密國。　州西北五十里，府南二百二十里。　編户八十八里。

煩，疲，刁悍。　舊有密水馬驛，革。　城周三里九十步。漢光武封鄧禹爲高密侯。　新開膠河，在縣東北四十里，西合膠水入海。　夷安城。府志：在縣北三十五里。路史云：夷安，古維國，有維水。　寰宇記謂今高密縣治東南外城即夷安城。晏子，萊之夷維人。漢爲縣，屬高密國。詳此，則今縣治正古夷安城，而西北舊城乃宋縣耳。　龍且城，在縣西南四〔旁注〕府志：五。十里，濰水之東，楚將龍且所築。水西即且冢，冢南曰梁臺〔一〕，韓信囊沙壅水之地，亦曰城陰城。府志：城陰城，在縣西南四十里。鄭玄記曰：古高密即此。　高陽城，在縣西北三十里。漢侯國，成帝封淮陽王孫並爲高陽侯〔二〕。今有高陽府、高陽村。　稻城，在縣西南五十里，濰水堰側。春秋稱琅邪之稻。自漢有塘堰〔三〕，蓄濰水以溉稻，因名其城。武帝封齊孝王子定爲稻侯。郡國志亦謂之鄭城，康成故宅在此。旁有稻田萬頃，斷水造魚梁，歲收億萬，號萬疋梁。今其遺迹鞫爲榛莽矣。　拒城，在縣南三十里，漢縣。拒艾水出此〔四〕，東入海。今曰拒成河。　隋膠西縣城，在縣東南二十五里，膠墨二水之間，大業末廢於賊。　通典：夷澤溉田萬頃。　濰水自青州府諸城縣界流入縣境，經昌邑、濰縣界，東北流入海。韓信與龍且夾濰水而陣。　漢黔陬縣，在西六十里，兩城夾濰水而立。　古介葛盧國。　漢淳于縣，本春秋之州國。高齊省入高密。曹參傳：又爲假密〔五〕。　高陽城，在西北二十里。成帝封淮陽王孫並爲高陽侯。　杜佑曰：黔陬故城在密州諸城縣東北。　全設。

【校勘記】

〔一〕水西即且冢冢南曰梁臺　兩「冢」字，底本作「冢々」，川本同，據滬本及齊乘卷四改。

〔二〕淮陽王　「淮」，底本作「濰」，川本同，據滬本及漢書王子侯表改。

〔三〕塘堰　底本作「唐堰」，據川本、滬本及齊乘卷四改。

〔四〕拒艾水　「拒」，底本作「相」，川本同，據滬本及紀要卷三六改。

〔五〕又爲假密　川本、滬本同。漢書曹參傳：「從韓信擊龍且軍於上假密。」此處有脱誤。

即墨縣　州東一百里。　編户八十五里。　衝，煩。　隋開皇十六年，復置即墨縣，兼有不其縣地，廢不其入即墨，徙即墨於不其東北二十里，即今縣治。　古即墨城，在今縣西朱毛城，是戰國田單所守。　城周四里。　府南二百六十里。　舊在平度州東八十里，古稱朱毛〔一〕，故城猶存。府志。　約周十里許。　天井山，在縣東十餘里。　上有井極甘，因號天井〔二〕。井北二十餘里，平地三穴，湯泉出焉。　若有風從西北來，則湯極熱，不可入。　石城山，在縣南三十里。　其狀如城，淮涉水發源於此。　元屬膠州。　洪武九年，改屬萊州府。　全設。　白沙河，在縣東〔旁注〕西南。四十里。　源出大勞山，西流入於海。　淮涉水，出石城山，西南流，經縣西一里許，北流三里，復西入海。　大沽河，在縣西北七十里。　其西爲小沽河，今平度州界。　鰲山衛，在縣東五十里。　浮山寨備禦千户所。　雄山崖守禦千户所。　栲栳島巡檢司，縣東九十里。即墨營，舊在縣南七十里金家嶺，宣德八年移縣北一〔旁注〕八。十里，城周四里。女姑山，在縣西南四、三十里。上有明堂遺址及女姑祠，相傳漢武帝所建。不其太一仙人祠有九，此其一也。漢志：不其，太一仙人祠九所及明堂，武帝所起。不其城西南有七神，號曰女姑。即此。又東有中祠山，亦九祠之一。又天室山，亦祠所。又東有中祠山、天寶山，皆有神祠遺址。不其山，在縣南四十里〔三〕，當作三十里。漢書孝武紀：太始四年，幸不其。三齊記：鄭玄嘗教授此山，下有草，大如薤葉，長尺餘，堅韌異常，號康成書帶草。漢末逢萌隱不其山。舊志：此山又名訓虎山。勞山，在縣東南六十里海濱。山有二：其一高大，曰大勞山；其一差小，曰小勞山。二山相連，高二十五里，周圍八十里。齊記云：泰山自言高，不如東海勞。陰山，在縣東南八十里。上有小池，旱澇不增減。田橫島，在縣東北一百里海中。去岸二十五里，其中可居千餘人。齊田橫將五百人入海，居島中。其相近又有巉島、管島、竹槎島，俱在縣東海中。齊乘：登州蓬萊閣西亦有田橫島，在岸不在水，非是。臯虞城，在縣東五十里，漢侯國。又武帝封膠東康王子建於此。壯武城，在縣西六十七里。漢縣，屬膠東國。晉封莊華爲壯武侯。後魏封房法壽爲壯武侯。不其城，在縣西南二十七里。漢縣，屬琅邪郡。有太乙仙人祠及明堂，武帝所起。後漢改屬東萊。晉於此置長廣郡，北齊廢。西有祝兹城，漢初徐厲及康王子延年皆封祝兹侯，而兩漢無此縣，蓋是鄉聚之名，取爲國號耳，公孫弘封平津、霍光封博陸之類是也。福島，在縣南五十里。其相望又有香島、塔沙島、積穀島、車牛島，俱在縣南海中。顏武島，在縣北一百里海中。其西有陰島。右、前、後三所，係鰲山衛分設，縣東北九十里。

【校勘記】

〔一〕古稱朱毛　「稱」，底本作「現」，川本同，滬本作「稱」。按齊乘卷四：「俗曰朱毛城。」從滬本改。

〔二〕因號天井　「因」，底本作「國」，川本同，據滬本及齊乘卷一改。

〔三〕四十里　川本同，滬本作「二十、四十里」。

登州府

古名東平。府北一里至海，由海道至遼東旅順口約一千里，至蓋州套約三千里。民多樸野，性皆獷直，猶有古風。凡有施爲，質多文少。元志。三面環海，利擅魚鹽，西有石門之固，東有朱高之險。元志。禹貢：青州嵎夷。春秋萊子國地。元爲登州，屬般陽路。本朝洪武元年，升萊州爲府，而本州屬焉。六年，直隸山東行省。九年，升爲登州府。三面負海，利擅魚鹽，僻在東陲，土田狹窄，堉鹵半之。自成山以東〔一〕，通朝鮮諸國，直抵扶桑，一望無際。

自沙門島以北，勢控金、遼，宋人於此屯重兵，習水戰。而國朝亦設三營：登州營在府城北。以控北海之險，文登營以控東海之險，而即墨營南望淮安，片帆可至，視二營尤重。若沿海島嶼環抱，可爲天造之險，亦爲逋逃之藪，利害等也。水城，在大城北相連，原名備倭城。由水閘引海入城中，名小海，爲泊船所。洪武元年設立帥府，圍三里許。州一，縣七。登、萊兵備一，備倭都指揮一，屬海右道。

登州衛左、右、中、前、後、中左、中右七千户所。巡撫海道兵備總兵、都司駐劄。府磚城，周九里。北接備倭城，周三里，中建備倭都司。〔眉批〕王獻議，世法五十二卷。

【校勘記】

〔一〕自成山以東 「以」，底本作「川」，川本同，據滬本及紀要卷三六改。

蓬萊縣　本黄縣地，唐置。編户六十六里。地薄，賦重，民頑，衝，煩。密神山，在城南一十里，盤礴十數里。山之東麓有貴溪，密泉出焉。丹崖山，在北三里，上有蓬萊閣。抹直海口，在縣東北五里。相傳唐將張亮伐高麗南還，停舟於此。元爲客商興販、漁樵采捕出入之所。今戍守嚴，舟楫不通。又東有灣子海口、劉家汪海口、平暢海口、蘆洋海口，皆近蓬萊東境。石落海口，在丹崖山下。西有山西海口，又七里爲西王莊海口，又二十里欒家海口，又十里孫家海口，皆蓬萊西境。

齊乘：沙門島在登州北海中九十里，海艘南來，轉帆入渤海者，皆望此島以爲表識。其相聯屬則有鼉磯島、牽牛島、大竹島、小竹島，歷歷海中，蒼秀如畫。海市現滅，常在五島之上。石門山，在縣西十里。山口甃石爲驛路。全設。舊有蓬萊馬驛，隆慶四年革。城北、河口遞運所，革。高山〔旁注〕朱高山。楊家店〔旁注〕縣東南六十里。二巡檢司。登州營，在備倭城左。朱高山，在東八十里沿海。洪武二十七年，移沙門島巡檢司於此。九目山，在東南七十里，接黄縣界。齊記云：山有九竅，故名。沙門島，在西北六十里海中。凡海舟渡遼者必泊此以避風。宋史云：開寶中，女直入貢，太祖蠲島中居民租税，造船以渡貢馬。後亦流放罪人於此。元人通海運，於沙門島設監置戍，其時與城北爲二社。國初移二社之民附近郭，而空其島，後爲遼人據而居焉。其相聯屬，有鼉磯、牽牛、大竹、小竹四島。太祖本紀：建隆三年，索内外軍不律者配沙門島。乾德元年，女直國遣使獻名馬，蠲登州沙門島民税，令專治船渡馬。蘇軾記云：登州下臨大海，目力所及，沙門、鼉磯、牽牛、大竹、小竹凡五島。沙門最近，兀然焦柯，其餘皆紫翠巉絶，出波濤中。黑水，出府西南一十里黑石山。東北流入南水門，合密水，出西水門，北流入海。密水，源出密神山，北流入城，與黑水合，入海。之罘水〔二〕，源出東南三十里羽山，東北流，與石門山泉合，入於海。新開海口，在縣北備倭城内。省志：府城北丹崖山左。宋慶曆二年，郡守郭志高奏置刀魚寨，水兵三百戍沙門島，備禦北虜。每仲夏仍居鼉磯島，以防不虞，秋冬還南岸。國朝洪武九年，知州周斌奏設登州衛，置海船，運遼東軍需。指揮使謝規復疏通海口灣泊，海船裝運登州府庫物，至遼東交卸，供備軍餉。立爲登州營，環以磚城，設備倭都指揮一人，總登、萊沿海軍馬。漢牟平縣，在東南九十里，北齊移治黄縣馬嶺山南。武帝封齊孝王子渫爲牟平侯於此〔二〕。大謝戍，在府東北海中三十里；烏胡戍，在府北海中二百六十五、五十里之烏胡島，並唐太宗征高麗時所置。田横山，在府城北三里，與丹崖山並峙。西北二面皆海，石壁高峻。昔韓信破齊，田横東走於此。唐清陽縣，在舊牟平縣東三十里。

【校勘記】

〔一〕之罘水 「罘」，底本作「黑」，川本、滬本同。滬本眉批：「之黑，當作之罘。」按紀要卷三六：「之罘水在府南十五里，源出羽山，有石門水出石門山，流合之罘水，北注於海。」據改。

〔二〕牟平侯 「侯」，底本作「縣侯」，川本同，據滬本及漢書王子侯表删「縣」字。

黄縣　古萊國。　府西南六十里。　編户五十〔旁注〕四十八。里。　煩，衝，民淳。　縣土城，舊頗寬大。洪武五年，守禦千户韋勝病於難守，中分其半，改築之，周二里有奇。全設。舊有龍山馬驛，治西；黄山館驛，縣西六十里；隆慶四年革。城西、黄山館二遞運所，革。馬停鎮巡檢司，縣西四十里。洪武三十一年移置白沙社，今橋北馬店〔一〕。黄河寨，在縣東北二十里，係海口極衝。

黄山，在東南二十里，其西有了角山〔二〕。萊山，在東南二十里。封禪書：齊之八祠，萊山爲月主。漢書郊祀志：六曰月主，祠之萊山。又曰：祠萊山於黄。又曰：萊山祠月。前云之萊，後止云萊。今平度有之萊，而黄有萊，似當以黄爲正。蘆山，在西南二十五里。層巒疊嶂，其勢旋繞。蹲犬狗山〔三〕，在西南三十里，上有石如狗蹲。大沽河發源於此。洚山，在東南二十里。峅屺島，在縣北海中。其相連屬者又有桑島。

萊子城，在東南二十里。地名龍門，山峽之間鑿石通道，極爲險隘，俗名萊子關。古萊子國。路史謂即萊朱國。漢黄縣。北齊移今治。漢惤縣，在南一百二十里。齊乘：西南二十五里。北齊天保間廢。徐鄉侯國〔四〕，在縣界，成帝封膠東康王子炔爲侯〔五〕。

大沽河，源出蹲犬山南，經招遠〔六〕、萊陽二縣，又東南入平度州，與小沽河合，並由即墨入海。左傳所云「姑、尤以西」，注云：姑即大沽河，尤即小沽河。黄水，在縣東十餘里。源出棲霞縣西五十里蠶山之下，經東黄城，西北流入於海。洚水，在縣東南二十里。源出縣東南二十里洚山，漫散北流，合黄水入海。界河，在縣南六十里，爲招遠、黄二縣界。源出黄山北分水嶺，至館西入海。

漢舊縣，在東二十五里。今名東黄城，唐廢。士鄉城，在縣西北一十里。漢書：齊有士鄉城〔七〕。即此。金史僕散安貞傳：楊安兒遣梁居實、黄縣甘泉鎮監酒〔八〕。黄河寨石城，周一百三十八丈。劉家汪寨石城，周一百八十丈。解家寨石城，周二百四十丈。

【校勘記】

〔一〕橋北馬店　川本同，滬本作「僑居北馬店」。

〔二〕了角山　「了」，川本作「丫」，滬本作「了」，滬本眉批：「了，當作丫。」按清統志卷一七三亦作「了」。

〔三〕蹲犬狗山　「犬狗」，底本右、左並列書寫爲「狗」、「犬」，川本、滬本同。按續漢書郡國志「惤侯國」，劉昭注引三齊記曰：「南有蹲犬山，山似犬蹲。」本書前文平度州大沽河條作「蹲犬山」。紀要卷三六黄縣，「蹲犬山，縣西南三十里，形如蹲狗」。清統志卷一七四同，據改。

〔四〕徐鄉侯國　「鄉」，底本作「卿」，川本脱，據滬本及漢書王子侯表改。

〔五〕膠東康王　川本、滬本同。漢書王子侯表：「徐鄉侯炔，膠東共王子。」此「康」爲「共」字之誤。

〔六〕招遠　「招」，底本作「松」，川本同，據滬本及紀要卷三六改。下同。

〔七〕漢書齊有士鄉城　川本、滬本同。按漢書不載黄縣有「士鄉城」。寰宇記卷二〇黄縣：「士鄉城。後漢書云，齊有士鄉，越有君子里。謂此。」則此「漢書」上脱「後」字。

〔八〕楊安兒遣粱居實黄縣甘泉鎮監酒　川本、滬本同。金史僕散安貞傳：「安兒嘗遣粱居實、黄縣甘泉鎮監酒石抹充浮海赴遼東構留哥，已具舟，皆捕斬之。」此處「監酒」下當有脱文。

福山縣　府東〔旁注〕東南。一百四十里。編户二十九里。僻，簡。縣磚城。永樂九年，千户周玘築，周二里。本志：五百一十七丈。僞齊劉豫置。海洋島，在縣北海中。又有宫家島、潘家島、胡家島、韓家島，皆相聯屬。八角海口，在縣西北四十里。海洋山後海口，在縣東、西北三十里。城後海口，在縣北十五里，登寧場於此煮鹽。又北二十五里爲之罘海口，縣北四十八里〔二〕。盧洋海口，去縣五十里。無丞。孫齊鎮巡檢司，舊在縣西、北一十五里。孫夼鎮〔三〕，在縣北四十里。洪武三十一年移置浮欄海口，築城。登寧場鹽課司，在縣東北五里。

之罘山，在東北三十五里。府志作四。本志：四十。周迴五十里，連文登縣界，三面距海。齊乘：高九里，周五十里，西南至福山縣，長三十餘里。高八九里，東西長十五里，海環四面，一徑南通。史記：秦始皇二十九年，登之罘，刻石紀功。三十七年，登之罘，射巨魚。封禪書：八祀之罘，爲陽主。漢武帝太始三年，幸琅邪，禮日成山，登之罘，稱萬歲。其山入海中，有壘石，相傳武帝造橋，兩石銘猶存。　福山，在縣北五里。　峆𡾊山，在縣東北二十五〔旁注〕南三十。里，連棲霞界。

大沽河，在縣東一里。源出萊陽三螺山之東麓，北流入於海。　清洋河，在城東十餘步。源出棲霞翠屏山，北流入海。其上流名義井河。

牟城，在西北三十里。世傳春秋時牟子所築。

【校勘記】

〔一〕又北二十五里爲之罘海口縣北四十八里　川本、滬本同。紀要卷三六福山縣：「縣北十五里有城後海口」，「縣北四十里又有之罘海口」。民國福山縣志卷五同。此「又北」下「二十五里」四字疑衍。

〔二〕孫介鎮　「介」，底本作「有」，川本、滬本同，滬本眉批：「有，疑齊字之訛。」案紀要卷三六：「孫介鎮，在縣北四十里，有巡司戍守。」民國福山縣志同，據改。前條「孫齊鎮巡檢司」之「齊」，疑亦係「介」之誤。

棲霞縣　府東南一百五十里。　編户五十二里。〔旁注〕四十六里。　僻，簡，民淳。　本腄縣地，僞齊劉豫置。　縣磚城，周二里，嘉靖二十七年知縣李揆築。

翠屏山，在縣南半里。　岠嵎山，在縣東三〔旁注〕二。十里，一名金山。宋史：慶曆六年，登州地震，岠嵎山摧。金史僕散安貞傳：楊安兒與汲政等乘舟入海，欲走岠嵎山。　百澗山，在縣東北七十里。山形迤邐，澗水交錯，殆以百數。　院山，在東南七十里，盤據數十里。　竈山，在縣西北五十里，連黃縣界。　白洋河，源出靈山之麓，繞翠屏山而西，會西南二水，北趨抵福山入海。　原曈河，源出竈山，北流經招遠縣東北，合東良、平南二河入海。　大河，在縣南半里。源出翠屏山，繞城北流，又東至福山縣西，爲清洋河入海。

全設。　鉅齒山，在縣東七十里，于七所據。

招遠縣　府南一百五十里。　編户五十四〔旁注〕四十八。里。　簡，僻。　縣磚城，周二里有奇，正德六年知縣申良築。　本掖縣地，金置縣。　雲屯山，在縣東北二十五里，連棲霞諸山，綿亘百餘里。　萬盛河，在西北五十里。源出確山，經石灰灣入海。　本朝初屬萊州府，洪武九年改屬登州府。　全設。　東良海口巡檢司，縣西五十里寨城内。　海口，在縣北九十里。　王徐寨城，在縣西北海上，嘉靖中重築。　齊山，在縣西三十五里。　宋、元時嘗置買金場於此。　羅山，在東二十五里。　漢曲成縣，在西五十里，又爲侯國。　隋省。　後魏光州城，在西北三十里。

萊陽縣　府南二百五十里。　編户一百四十一里。　煩，疲。　縣磚城，周六里，正德十四年知縣司迪築。　漢昌陽縣古城，在文登縣西南三十里，唐莊宗改名。

五龍山，在縣南二十里。四水自西北，昌水自東北皆南流至山前，五水相合，名曰五龍，南入於海。　七子山，在縣東南九十里。山有八峯，大峯居中，七峯環列若子然，故名。　竹島山，在城東海陽所一百二十里。　大沽河，在縣西九十里。　五龍河，在縣南二十五里五龍山前。五河會流百里，南入於海。　水口河，在縣東南四十里。即昌水，源出文登山，東北流入海。

倉山，在縣東五十里許，舊産鐵。

本朝初屬萊州府。洪武九年，改屬登州府。　全設。　三丞。　行村寨巡檢司，在縣東南一百二十里。

大嵩衛，在縣東南一百三十里。磚城，周八里。中、前、後三所。　大山備禦前千户所，屬大嵩衛，磚城，周四里。

貕養澤，在縣東。職方：幽州之澤曰貕養。蓋此地周屬幽州故也。　漢昌陽縣，在東七十里。　長廣縣，在東五十里。北齊省。　挺縣，在南七里。通典：西北〔二〕。　觀陽縣，在南一十里。　隋萊陽城，在東南二十三里。大業中築，初名昌陽。唐永徽初廢。　漢縣，屬琅邪，後漢屬東萊。北齊置長廣郡於中郎城，後移郡於膠東，此城遂廢〔三〕，此即中郎故城耳。郡國志：石勒遣中郎將石同築此以防海，故名中郎城〔三〕。

【校勘記】

〔一〕西北　川本同，滬本作「在西北」。

〔二〕此城遂廢　「遂」，底本作「遠」，川本同，據滬本及齊乘卷四改。

〔三〕漢縣至故名中郎城　川本、滬本同。按此文録自齊乘卷四，標目長廣城，則此「漢縣」前，或脱「長廣城」三字。

寧海州　府東二百二十里。　編户八十四〔旁注〕八十。里。　煩，疲。　州磚城，周九里，洪武十年指揮陳德築。　古牟子國。　漢牟平縣，後漢牟平侯國。　崆峒島，在州北海中。　相近又有栲栳、浮山、東清、西清、竹篙、鹿黄諸島。　莒島海口，在州東北，舊海運往來經此。　五丈河，在州西北十里。　源出西南㟍山，合澗谷諸水，東北流入海。　本朝初屬萊州府。　洪武九年，改屬登州府。　黄壘河，在州東南一百里。　源出姑餘山，東南二百里入於海。　盧山，在州東二十里。　與大峴山、東牟山相連，北至海百里。　上有望海臺。　峴山，有東牟侯祠〔一〕。　又東繫馬山，始皇於此繫馬。　武帝元朔三年，封齊孝王子渫爲牟平侯，故城在縣西北一百里。　全設。　乳山寨巡檢司，在州西南一百四十里。　牟山，在北七里。　山之陽地勢平廣，舊牟平縣本此。　大崑嵛山，在州東南四十里，與小崑嵛山相接，本名姑餘山。　齊乘：岸海名山也，秀拔爲羣山之冠。又有小崑嵛山，與之相連。金水河，一名泗水，源出州南八十五里横堆，會諸溪澗，東北經州城東五里許，又東流入海。風水，在州西南四十里。北史：牟平有風山。即此。漢育犁縣，在東南一百二十里。齊乘：州西北八十里。後漢省入牟平，在瀙港水側。唐清陽縣[二]，在東三十里，見文登。牟平縣，本朝幷入州。

【校勘記】

〔一〕有東牟侯祠　「有」，底本作「在」，川本同，據滬本及齊乘卷一改。

〔二〕清陽縣　「清」，底本作「青」，川本、滬本同，據舊新唐書地理志、齊乘卷三改。

文登縣　州東南一百二十里。編户六十九、七十四里。衝，疲。縣磚城，周七里。文登營，在縣東北一十里。土城，周三里。原額把總指揮二員，萬曆二十一年改爲守備。府設守備一員。鐵槎山，在縣南一百二十里。山有九頂，南瞰大海。鐵官山，在縣西一百四十里，漢時於此置官鑄冶。斥山，在縣東南六十里。爾雅云：東北之美者，有斥山之文皮焉。全設。安東衛。温泉鎮巡檢司，在縣東北九十里，洪武三十一年移置九皋海口。舊有赤山寨巡檢司，在縣東南一百二十里，洪武三十一年移置石島海口。嘉靖三十五年革。辛汪寨巡檢司，在縣北七十里，移海口，去縣九十里。 文登山，在縣東二里。 成山，在東北一百六十里海濱。海艘經此，遭風多覆，海道極險處也。 史記：秦始皇過黄、腄，窮成山。 封禪書：八祠，成山爲日主。 漢武帝拜日於成山。 昌水，出西南四十里昌山，西南流經萊陽縣，東流入海。 漢不夜縣，在東北八十里。 水經注：昌水出昌陽縣。即今萊陽也。 齊乘：南合黑水，北納昌陽湯，通名昌水。 西南過萊陽，會五龍水，南入於海。 昌陽湯極清温，在文登西七里，名如意湯〔一〕。 圖記：文登有温泉七所，此爲最。 東牟縣，在西北一十里。 漢書：有鐵官、鹽官。 高后封齊悼惠王子興居爲東牟侯〔二〕。 腄縣，在西七十里。 漢志〔三〕：秦欲伐匈奴，使天下飛芻輓粟〔四〕，起於黄、腄。 寧海州，東三十里，秦縣〔五〕，後并入牟平。 唐初置清陽縣，後廢入文登。 城對之罘山，臨清陽水，故名清陽。 漢志作聲洋。 丹水所出，東北入海。 劉公島，在縣北九十里海中，島中多林木。 舊有辛、汪二里居民，國初，魏國公徐輝祖徙之近郭，今其居址尚存。 海牛島，在縣北海中。 産海牛，無角，長丈餘，紫色，足似龜，尾若鮎魚，性捷疾，見人則飛赴水，皮堪弓韉，脂可燃燈。 又有海驢島，與海牛島相近。 海驢常以八九月間上島産乳，其皮水不能潤，可以禦雨。 又有海狸，亦上島産乳，逢人則化爲魚入水。 又有鏌鎁、五里、玄真、鷄鳴、蘇心、雙柏諸島，皆近縣境。 石島海口，在縣東南一百二十里。 又東北九十里，有九皋海口。 達島寨城，在縣西南八十里。 玄真島城，在縣東南一百里。 竹島寨城，在縣東南八十里。五疊〔旁注〕疑作壘。島城〔六〕，在縣南八十里。白蓬頭港，在縣南二百三十里。

齊乘：成山在縣東北百五十里，古不夜城側。史記：秦始皇過黃、腄，窮成山。漢志亦作盛山〔七〕。神七曰日主，祠成山。成山斗入海，最居齊東北陽，以迎日出云。武帝太始三年，幸東海，禮日此山。山在海岸，旁多椒島，海艘經此，失風多覆，海道極險處也。五壘山，在縣南五十里。南北成行，入海如壘。又南石門山，兩石聳立如門。今按文登正南有鐵查山，東連斥山，甚奇秀，圖經不載，豈古與斥山爲一？或即五壘、石門之異稱焉。不夜城，在東北八十里海濱。漢志云：古有日夜出，見於東萊，萊子立此城。有成山、日祠、雞鳴島。解道虎云：不夜在陽庭城東南。陽庭有青城山，始皇射魚處。今按青城山即之罘山，陽庭即腄城是。

【校勘記】

〔一〕南合黑水至名如意湯　「北納昌陽湯」，底本「湯」下衍「拯」字，據川本及齊乘卷一刪。「如意湯」，底本脱「意」字，川本同，據滬本及齊乘卷一補。

〔二〕東牟侯　「侯」，底本作「國」，川本同，據滬本及漢書王子侯表改。

〔三〕漢志　川本、滬本同。按下引文見於史記主父偃列傳、漢書主父偃傳。

〔四〕飛芻輓粟　「輓」，底本作「輗」，川本同，滬本作「挽」，據史記主父偃列傳、漢書主父偃傳改。

〔五〕寧海州東三十里秦縣　「寧海州」，底本、川本、滬本作「寧陽州」，據齊乘卷四改。又「秦縣」，川本、滬本同，齊乘卷四作「秦、漢負海縣」。

〔六〕五疊島城　「五」，底本、川本作「王」，據滬本及紀要卷三六改。

〔七〕亦作盛山　「亦」，底本作「一」，川本同，據滬本及齊乘卷一改。

福山　海洋山〔一〕，在縣東北二十里。北枕海濱，東抵大洋。峆嵧山，在縣南五十里。形勢嵯峨，巔有靈泉，山陰有峆嵧寺。側立山，在縣西三十五里。其峯西向，若側立然，巔有聖水泉。磁山，在縣西北五十里。上有石門，下有洞口，懸崖聳出，飛瀑如簾。秦始皇東遊，禪爲陰主云。韓家島，在縣東北五里。宫家島，在縣東北一十里。潘家島，在縣東北五里。胡家島，在縣北五里。

本縣城外有清、洋二河，發源於萊陽、棲霞，川流最遠，田多夾岸，可引相滋。向因籌畫無人，徒爲水患。萬曆四十四年，知縣宋大奎躬歷沿河〔二〕，相度形勢，開渠築堰，備造水車，由是水利大行焉。因爲勒石〔三〕，約以賦不加重，差不加繁，民便於利，漸成膏腴云。

盧洋寨，在縣西北五十里。府志：磚城，周二里。城周一百九十丈。内百户五人，據實防海。宫家島寨，在縣東北一十里。芝山寨，在縣東北二十五里。荆山寨，在縣東北四十里。磁山寨，在縣西北三十五里。右五寨，俱洪武三十一年魏國公徐輝祖奏准開設〔四〕。

永樂間，四寨并入盧洋。

【校勘記】

〔一〕海洋山　「洋」，底本作「陽」，川本同，據滬本及紀要卷三六、清統志卷一七三改。

〔二〕躬歷沿河　「歷沿」，底本作「立沼」，川本作「歷沼」，據滬本改。

〔三〕因爲勒石　「因」，底本作「固」，川本同，據滬本改。

〔四〕徐輝祖　底本脱「徐」字，據川本、滬本及明史徐輝祖傳補。

棲霞　齊乘：金山，在縣東北二十里。以産金得名，即地記萊陽縣之黄銀坑也。隋開皇十八年，牟州刺史辛公義於此開坑冶〔一〕，鑄得黄銀獻之。山寺有隋碑，淘金者所祖〔二〕。然隋、唐以來，皆守土官采以充貢，爲數不多，未見其害。今則編户置官，歲定金額，有增無減。三時沙汰，僅得分毫，名曰淘金，實則買金。鑄納户漸逃亡，官復侵剥，大約金户一家之賦，當他户三倍之多，而户不勝其苦矣。又指以金苗鑿地，人家居宅墳壠皆所不免，而民不勝擾矣，其害視鹺鼃有加。　艾山，在縣西北三十里，山前温泉可浴。按棲霞縣本以山得名，曰百澗、北曲、方嶺、唐山、靈峯、覆甑、積金、芝陽、公山、棊山〔三〕、磁山、峆嵫山，在福山縣南。大抵環縣皆山耳。　元史：至元五年，令登州棲霞縣每户輸金，歲四錢。

蓬萊閣，在登州北三里海濱，〔旁注〕府城北丹崖山巔。田横寨相對。本海神廟基，宋治平中，郡守朱處約以其地太高峻，移廟西置平地，於此建閣，實爲山海登臨勝概。閣下有獅子洞。洞前有泠然泉〔四〕，古稱浪井，潮生浪起則没，水退則甘冽如故，舊有甘泉亭。閣下碎石爲海浪淘激，歲久圓滑，土人謂之「彈子渦」，黑白者可以弈，坡公嘗取數百枚養石菖蒲，作詩遺垂慈堂老人〔五〕。閣上古今題咏甚多。羽山，在蓬萊縣東南二十里。書：殛鯀于羽山。孔安國注云：山在東齊海上。即此。蔡傳以爲徐州羽山。

大竹島，在小竹島東。中産竹，故名。海市從此起。小竹島，在長山島東，亦海市所現處。牽牛島，在大竹島西北〔六〕。長山島，在縣境北海中三十里。東西長三十餘里，若馬鬛然，故名。中有屯田，昔時營軍佃種。沙門島，在縣境北海中五十里，昔海運故道也。上有天妃廟，歷代皆有封額，遼運糧船先經此停泊。黑山島，在沙門島西，又連小砠島。近俱招民開種。鼉磯島，在廟島北七十里。中産美石，可以作研。蘇軾有北島十二石記。羊駝島〔七〕，在鼉磯島北七十里，海運所經處。欽島，在羊駝島西。漢島，在縣東北海中五百里許，與遼東連界。海運所經故道。魏明帝太和六年，田豫以兵屯據成山〔八〕。隋開皇十八年，漢王諒軍出榆關，值水潦，餽運不通，周羅睺自東萊泛海。大業七年，敕幽州總管元弘嗣往東萊海口造船三百隻。唐貞觀二十二年，將伐高麗，具舟艦爲水運，遣長史强偉於劍南道伐木造船，自巫峽抵江揚，趨萊州。晉書載記：石越率騎一萬，自東萊出石逕，襲和龍，海行四百餘里。

兵備道原設於萊州，至嘉靖四十一年，始專設海防道於登。萬曆二十年，因倭寇朝鮮，調集南北水陸官兵防海，登遂爲重鎮，與諸邊等。四十六年，加兼海運，凡濟、青瀕海州縣悉隸焉。

備倭都司，在水城内，永樂六年，始命都指揮王榮總領之。其後宣城伯衛青、永康侯徐晙鎮之，嗣是職任不一，或署印指揮，或以都指揮體統行事。永樂七年，給符驗。九年，加總督。萬曆二十年後，或以遊擊，或以參將，或以總兵、副總兵統領焉。登志陶朗先登遼原非異域議亦可觀〔九〕，内言登、遼防信〔一〇〕，登兵出城五百里，至皇城島爲信地；遼兵出旅順四百里，亦至皇城島爲信地。

【校勘記】

〔一〕於此開坑冶　川本、滬本同，齊乘卷一無「開」字。

〔二〕淘金者所祖　「祖」，底本、川本作「租」，據滬本及齊乘卷一改。

〔三〕綦山　底本、川本作「纂山」，據滬本及齊乘卷一改。

〔四〕泠然泉　「泠」，底本、川本作「冷」，據滬本及齊乘卷五改。

〔五〕垂慈堂老人　川本、滬本同，齊乘卷五無「人」字。

〔六〕西北　底本、川本作「西地」，據滬本及道光蓬萊縣志卷二改。

〔七〕羊駝島　「駝」，底本作「鼉」，據川本、滬本及道光蓬萊縣志卷二改。

〔八〕田豫以兵屯據成山　「以」，底本作「川」，川本同，據滬本及三國志魏書田豫傳改。

〔九〕亦可觀　「亦」，底本、川本作「以」，據滬本改。

〔一〇〕內言登遼防信　「言」，底本、川本作「之」，據滬本改。

濟南府

禹貢：濟、河惟兗州。又曰：道沇水，東流爲濟；入于河〔一〕，溢爲滎；東出于陶丘北；又東至于菏，又東北會于汶；又東北入于海〔二〕。周官兗州「其川河、泲」是已〔三〕。水經注及山海經云：濟水出河東垣縣王屋山，初名沇水，東出温縣西北，始名濟水。又東南流，當鞏縣之北，而南入河。與河並流過成皋，溢出爲滎水，東流過陽武及封丘縣北；又東過冤句縣南，至定陶縣，又東北流，與菏水會；東至乘氏縣西，分而爲二：其一東北入鉅野澤，過壽張，西與汶水合，又北過穀城縣西，又東北過盧縣北，經齊郡、東萊郡而入海。唐李賢謂濟自鄭以東，貫滑、曹、鄆、濟、青以入於海。宋樂史謂東平、濟南、淄川、北海界中有水流入海，謂之清河。〔旁注〕宋史李師中傳：知濟、兗二州。濟水堙塞久，師中訪故道，自兗城西南啓鑿之，功未半而去。今按濟水在漢時伏流不見，惟汶水自泰安州出者，由故道東北流入海。自元人引汶水入洸爲運河，自寧陽界西南流至汶上縣北泗汶村，至東平州南，西北流入東阿縣界；又東北經長清、齊河、歷城、濟陽、齊東、武定、青城、濱州、蒲臺、利津等州縣入海。自元時於寧陽縣東築堽城壩，遏汶水入洸，以通運河。國朝永樂中，又於東平州東築戴村壩，盡遏汶水入會通河，於是入海之道多塞。國朝因之，凡汶水入海處皆築堰壩，以遏其流，而入海之道遂多湮塞。今所謂大清河者，乃汶水出洸河者，復從張秋分流而入，會齊東南諸山泉溝澤，北經長清、齊河，至歷城會濼水，濼口，在府城西北二十里。經濟陽、齊東、武定、青城、濱州、蒲臺、利津諸州縣界入海，實濟河之故道也。所謂小清河者，即濼水，發源濟南趵突諸泉，流至城北大明湖，出而合之，由華不注山下東流，會巨合水，一作會龍山河；又東經章丘，會淯河，一作會淯漯沙三河；又會漯河，三水合流，經鄒平、長山、新城，又會孝婦河；又東經高苑，入博興、樂安界，合於烏河；又北至馬車瀆入海。或云古濼水自華不注山東北入爲大清河。杜預注：濼水在歷城西北，入濟。自僞齊劉豫導之東行，始爲小清河云。又按酈道元謂濟水在王莽時枯竭，鄭樵通志亦曰濟水多涸竭。自今觀之，濟水勁疾，能穴地伏流，隱見無常，乃其本性，非真涸竭也。濟水既伏流地中，則發地皆泉，又不特歷下諸邑爲然。是故一見爲濟源，再見爲滎水，又見爲山東諸泉水，而溢爲大小清河，其實皆濟水也，又何嘗見其枯竭之耶？

舊黄河，在德州城東二十里。西南自濟河，南接於梁山，北過臨邑縣西南四里，曰大土河〔四〕。秋冬俱涸，盛夏霖雨時，水或漲溢，從禹城流入縣界，東接濟陽黑水灣，北流至樂安縣白龍口入海。又西北流至德州界，經德平西北十三里，曰土河。又經陵縣、武定州南三里，又東北至海豐縣入海。今其流皆涸，每值霖雨，河水泛溢，居民患之。或曰即九河經流之故道云。九河故道多在濟南各縣。曰馬頰河，環繞於平原縣之東南、商河縣之北三十里。輿地記曰：即馬頰河也。今東昌府高唐、堂邑、莘縣亦有馬頰河。曰覆鬴河，在陵縣西三里，至海豐縣北二十五里。寰宇記云：在無棣縣界。蓋陵與海豐，即古無棣境也。曰鈎盤河〔五〕，在德平縣西南，東至陵縣東五十里，今尚謂之盤河店；又東至樂陵縣南入海。曰鬲津河，在陵縣南一里，東至樂陵縣北。樂陵今有鬲津鄉。水經云：大河西流，經平原鬲縣故城西。地理志曰：鬲津也，王莽名之曰河平亭〔六〕。光武封朱祐爲侯國。又東北至海豐縣北九十里，今涸爲蔬圃。又海豐有大枯河，即鬲津河之下流也。曰徒駭河，在齊河縣八十里，即所謂徒河者是已。今直隸滄州亦有徒駭河。按九河在濟南者惟五，其徒駭、胡蘇、簡潔，寰宇記皆以爲在滄州。惟太史河不知所在。蔡九峯曰：自漢以來，講求九河者甚詳。漢世近古，止得其三。唐人集累世積傳之語〔七〕，遂得其六。歐陽忞輿地記又得其一。或新河而載以舊名，或一地而立爲兩説，要之皆似是而非，無所依據。至其顯然謬誤者，則班固以滹沱爲徒駭，而不知滹沱不與古河相涉。樂史馬頰乃以漢篤馬河當之〔八〕。鄭氏求之不得，又以爲九河，齊桓塞其八流以自廣。夫曲防，齊之所禁，塞河宜非桓公之所爲也。河水可塞，而河道果能盡平乎？皆無稽考之言也。惟程氏以爲九河之地已淪於海，引碣石爲九河之證，以爲滄州之地，北與平州接境〔九〕，相去五百餘里，禹之九河當在其地，後爲海水淪没，故其迹不存。方九河未没於海之時，從今海岸東北，更五百里平地，河播爲九〔一〇〕，在此五百里中。又上文言「夾右碣石」，則九河入海之處，有碣石在其西北岸。九河水道變遷，難於推考，而碣石通趾頂皆石〔一一〕，不應仆没〔一二〕。今兖、冀之地既無此石，而平州正南有山而名碣石者〔一三〕，尚在海中，去岸五百餘里，卓立可見，則自古河自今以爲海處向北斜行〔一四〕，始分爲九，其河道已淪入於海明矣。漢王横言：「昔天常連雨，東北風，海水溢，西南出，浸百里。」九河之地已爲海水所漸。酈道元亦謂九河、碣石苞淪於海。後世儒者知求九河於平地，而不知求碣石有無以爲之證，故前後異説，竟無歸宿。蓋非九河之地而强鑿求之，宜其支離而不能得也。

【校勘記】

〔一〕入于河　「河」，底本作「海」，川本同，據滬本及尚書禹貢改。

〔二〕又東北入于海　「東北」，底本作「北東」，川本、滬本同，據尚書禹貢乙正。下文定陶縣改同。

〔三〕其川河泲　「泲」，底本作「濟」，川本、滬本同，據周禮夏官職方改。

〔四〕大土河　「大土」，底本空缺，川本、滬本同，據圖書集成職方典卷一九二補。

〔五〕鈎盤河　「盤」，川本、滬本及紀要卷三一同，後漢書公孫瓚傳李賢注作「槃」。

〔六〕河平亭　「亭」，底本作「城」，川本、滬本同，據漢書地理志改。

〔七〕唐人集累世積傳之語　底本、川本脱「世」字，據滬本及蔡沈書集傳卷二補。

〔八〕篤馬河　「篤」，底本、川本作「烏」，據滬本及蔡沈書集傳卷二改。

〔九〕北與平州接境　「接」，底本作「按」，據川本、滬本及蔡沈書集傳卷二改。

〔一〇〕河播爲九　底本、川本脱「爲」字，據滬本及蔡沈書集傳卷二補。

〔一一〕碣石通趾頂皆石　「趾」，底本作「指」，據川本、滬本及蔡沈書集傳卷二改。

〔一二〕不應仆没　「仆」，底本、川本作「作」，滬本作「湮」，據蔡沈書集傳卷二改。

〔一三〕平州正南有山而名碣石者　底本、川本脱「正南」「而」三字，據滬本及蔡沈書集傳卷二補。

〔一四〕則自古河自今以爲海處　「自古」，底本、川本、滬本作「是古」，據蔡沈書集傳卷二改。「以爲」，底本、川本脱，據滬本及書集傳卷二補。

章丘　瓜漏河，縣西南七里。每夏秋雨溢，與淯河合，盈涸不常，居民患之。徐壁論云〔一〕：按河源出縣西南羣峪中，水清而駛，東北流至明杜莊之石厓，泊然而止，土人名其處爲滲水灣。夏秋積雨，羣峪之水來匯，溢至城南，會於淯河。雨既霽，灣以下復爾枯竭，故以「漏河」目之。然曰滲曰漏，土人知爲河之滲漏，而不知爲濟之伏也。先儒謂濟水性下勁疾，能入河穴地，流注顯伏。以今考之，是河自滲水灣以北二十里至於月宫，於枯河涯側泓顯一泉；又東北四十里，至於明水，則湧百脈、麻灣諸泉，驗之色味皆同，水勢相敵。蓋泉自滲水灣伏流地中，經月宮，見而仍伏，至百脈、麻灣而後湧出也。所謂若斷若續，而實有源流；或見或伏，而脈絡可考者是已。若其暴溢則潢潦耳，非河之本水也。

【校勘記】

〔一〕徐璧　底本、川本脱「徐」字，據滬本及圖書集成職方典卷一九〇補。

泰安州〔一〕

泰山，由州治北，出登封門三里許，至紅門、礫砢陀坂。循溪入谷谽谺逶迤，度高老橋、廣濟橋、水簾洞、三字崖、崖削數仞，上有墨書三，字畫風雨不磨滅，又名馬棚崖。回馬嶺、石磴漸峻，乘馬至是不能上。黃峴嶺、勢甚險峻，土多黃色。快活三、過黃峴嶺，一徑平易，故名。迎陽洞、可容三十人。小天門、一名御帳，一名五松亭。小大龍口、石硤爲衆水所歸，飛泉若龍噴然。十八盤、古曰環道，石磴轉折，凡十有八。南天門，即十八盤盡處。巇嶢縈紆，以次至嶽巔，可四十里，曰太平頂。唐玄宗所命名，即古之登封壇也。迴睇九州，廓然萬里。其支麓蜿蜒，東極於海，西越靈巖，故山以極於鰲山〔二〕。北有長白，而南則云云、亭亭、介丘、梁父、蒙嶧〔三〕、尼丘培塿環列，惟徂徠、鞍午密邇山趾。以峯名者十有八，其著者曰日觀、在嶽頂東，五鼓可見海上日出。月觀、在嶽頂西，對日觀而言，義取月朏庚方，舊訛爲越。秦觀、在嶽頂西。丈人。在嶽頂西南，特立如蒼顏老人〔四〕。王母池，在嶽之南麓，水極甘潔。宋崇寧間，方士劉崇本甃石爲池。玉女池，在嶽頂，一名聖水池。

汶河，其源有三：一出嶽之東麓萊蕪縣原山，一出萊蕪寨子村，皆經徂徠之陽；一出嶽北仙臺嶺諸谷之水。至州治東四十里爲塹汶河；西流經徂徠之陰，會泮與諸泉水，南流三十里，曰大汶口；又西南經汶上縣北，以達漕河。涂河，源出嶽頂西南諸谷，匯南西溪，曰白龍池，出大谷口，南流入泮，會於汶。〔旁注〕省志：經城西一里。泮河，源出嶽頂之西桃花峪諸水，轉州治東南二十里，入汶。〔旁注〕省志：經城西五里，南入汶。梳洗河，源出黄峴嶺以下諸谷之水〔五〕，匯爲中溪，過王母池，之上有王母梳洗樓，因名。州東南會泮〔六〕，入汶。

【校勘記】

〔一〕泰安州　「州」，底本作「縣」，川本、滬本同，據明史地理志、明統志卷二二改。

〔二〕故山以極於鰲山　前「山」字，底本、川本作「名」，據滬本改。

〔三〕蒙嶧　「嶧」，底本作「峯」，川本同，據滬本及康熙增補萬曆泰安州志卷一改。

〔四〕老人　底本、川本作「丈人」，據滬本及康熙增補萬曆泰安州志卷一改。

〔五〕黄峴嶺　「嶺」，底本作「水」，據川本、滬本及康熙增補萬曆泰安州志卷一改。

〔六〕州東南會泮　川本、滬本同。康熙增補萬曆泰安州志卷一、圖書集成職方典卷一九二作「由州東南會泮」。

德州　衛河，在州城西，蓋衛、漳、黄河諸水合流者也。漢名屯氏河。隋疏爲永濟渠，又名御河。自河南衛輝府東流，至臨清、武城縣界，與會通河合流，北經河間府，至直沽入海。東南漕運，商賈賓旅，與凡外夷朝貢，皆由於此。　篤馬河，〔旁注〕土河。在州東四十里。河水常枯，如濟寧黑馬溝水漲，自東昌魏家灣溢出，循故道，東北注於海，俗呼爲土河。陵縣西二十五里亦有篤馬河。　安德廢城，本夏鬲侯國，漢置安德縣。至國朝始廢。　陳公堤，在州東南五里。西南接東昌府界，東北抵海。宋時河決於滑白馬縣，陳堯佐守滑，築此。　蘇禄國王墓，在州北。永樂中來朝，卒葬此，謚恭定〔一〕。

【校勘記】

〔一〕恭定　底本作「公定」，據川本、滬本及明史外國傳改。

嵫陽　金口壩，在縣東五里。其水即雩水，會泗水，自北而南。水小則堰之西流，入黑風口，至城東門，繞南而西，爲濟河，至濟寧，入天井閘。水大則縱之南行，入河。河道都御史王廷記〔一〕。

兖州府城東五里，舊有壩，曰金口壩，壩之上西偏曰金口閘，俗所謂黑風口者是也。壩以堰沂泗二水導入閘口，抵府城東門，繞城南，復折而北，經西門，會闕里、蔣詡諸泉〔二〕，西流七十里有奇，抵濟寧東城外，繞西南，與洸、汶水合，而東出天井閘者，曰府河，蓋元人遺迹也。府河與汶河合流，以資轉漕，總名曰會通河。國初堰壩以土，歲役萬夫，隨築隨毁。成化中，堌里河逶迤至魯橋，下流以入淮。土婁閘，在縣西四十里，永樂九年建。舊有閘官一員，總於金口閘，嘉靖初裁革。杏林閘，在縣西三十里，元至元中建。工部侍郎喬毅始易以石，而錮以鐵。各泉，見東泉志。

元史孔思晦傳：襲封衍聖公。初，廟毁於兵〔三〕，後雖苟完，而角樓圍牆未備，思晦竭力營度，以復其舊。金絲堂壞，又一新之。又以尼山乃毓聖之地，故有廟，已毁，民冒耕祭田且百年，思晦復其田里，請置尼山書院，列於學官，朝廷從之。壽丘，在縣東北八里許。帝王世紀云：黄帝生壽丘。史記：舜作什器於壽丘。皆此地。少昊陵，在壽丘東北三十步許。前有石像，八卦石爲壇。至聖墓，在縣北二里許。史記：孔子葬魯城北泗上。林廣數十里，樹以萬數，皆異種，惟楷木最多。墓道一株，枯而不朽，云子貢植〔四〕。

【校勘記】

〔一〕河道都御史　「河」，底本、川本脱，據滬本補。

〔二〕會闕里蔣詡諸泉　「里」，底本脱，川本、滬本作「黨」。按紀要卷三二嵫陽縣：「其東有闕里等泉，西有蔣詡等泉。」據補「里」字，川本、滬本誤。

〔三〕廟毁於兵　「廟」，底本、川本、滬本脱，據元史孔思晦傳補。

〔四〕元史孔思晦傳至云子貢植　川本、滬本同。按應列於下文曲阜縣下。

曲阜　闕里，夫子所居。史記正義云：夫子生於鄒，長於曲阜，仍號闕里。括地志云：兗州曲阜西南三里有闕里，中有孔子宅與廟。酈道元水經注曰：孔廟東南五百步有雙石闕，即靈光之南闕，北百餘步即靈光殿基〔一〕。

古魯城，環新城外，城基尚存，有如山嶺。門十二：正南曰稷，左曰章，右曰雩；正北曰圭，左曰齊，右曰龍；正東曰建春，左曰始明，右曰麓；正西曰史，左曰歸德，右曰麥〔三〕。黄帝、神農、少昊皆都曲阜，周公封於曲阜，漢魯恭王亦封曲阜。杏壇，在孔廟殿前，孔子舊居。曲阜令以孔氏，自唐、宋已然。明興，令衍聖公舉族人之賢者咨部選授。萬曆元年，兩院奏准〔四〕：挨取孔姓廩生六名，學道考選四名，送兩院；兩院考選二名，送吏部；吏部考選一名，授前職。四氏學教授一，學録一，舊亦衍聖公保舉。萬曆十五年，按院題准：教授員缺，該學申請提學道，於本省儒學教諭、訓導中擇其賢者一人，送衍聖公轉咨吏部題升。

【校勘記】

〔一〕孔廟東南五百步有雙石闕至即靈光殿基　「南五百步有雙石闕」至「即靈光殿基」，底本、川本、滬本錯簡於下文古魯城條「正西曰」後「史」前，據水經泗水注乙正。又「百餘步」，底本、川本、滬本誤作「八百餘步」，據水經泗水注删「八」字。

〔二〕手植者　川本、滬本同。圖書集成職方典卷二三九：孔林古楷，「在至聖林享殿後，高四丈，圍一丈，枯而不朽」，「此蓋子貢植也」。乾隆兖州府志卷九闕里志：孔林古楷，「在聖林享殿後，高四丈五尺，圍一丈，枯而不朽，相傳爲子貢手植」，「塋中不生荆棘及刺人草」。所載正與本文相符，此處「手植者」前當有脱文。

〔三〕正西曰史左曰歸德右曰麥　「史左曰歸德右曰麥」，底本、川本、滬本錯簡於「北百餘步即靈光殿基」下，據紀要卷三二乙正。

〔四〕奏准　川本同，滬本作「題准」。

寧陽　成化間，員外張盛於新堰側鑿河十餘里，南入於洸，循縣西，經嵫陽界，又西至濟寧，入會通河。堽城，在縣東北三十五里，逼近汶水。成城，在縣東北九十里。春秋時孟氏邑。昭二十六年：公圍成〔一〕。漢爲鉅平縣。元初省入泰安州。今入本縣，爲故城社〔二〕。戴村壩，以分汶水出龍王廟口，入運河。堽城壩，以分汶水入洸河，出濟寧。金口壩，以分泗水入洸河，出濟寧。堽城舊石閘，在堽城西北隅百步許，元至元初建。堽城新石堰，在縣西北三十里，跨汶，成化九年都水員外張盛造。〔旁注〕商輅記，經濟文録十五卷三十二葉。堽城石堰閘，在堰上流，引汶水入洸，都水員外張盛造。洸河東閘西閘，在縣西四里許洸河兩涯之間，東西相對。嘉靖六年，主事吴鵬因洸河久涸，柳泉南入於洸，悉滲於沙，不達於漕，乃東引横過洸河，東西各一立閘，水泛則閉閘以防其淤，水淺則啓閘以達其流，東會蛇眼諸泉，入天井閘，以濟運道。當兖南、徐北之際，地宜粟菽，好種樹，而饒於棗栗，貧者常以農隙入山樵采，富者能惡衣食，致畜積。然負固好爭，以勝爲能，急則鋌而走險耳。

【校勘記】

〔一〕公圍成　「成」，底本作「城」，據川本、滬本及左傳昭公二十六年改。

〔二〕故城社　「社」，底本作「址」，據川本、滬本及紀要卷三二改。

滕　界河，在縣北三十五里。源出自龍山西麓，西至界河驛，會鄒之白水，遂名白水河。西流五里，稍折而南，逕染山前，西南瀦爲郁郎淵。又西納聖母池水，至於橋頭，入於漕。即新河。　北沙河，在縣北十五里。源出自鄒之嶧山，南流經龍山後，繞出其左，過孤山西南，逕龍山前，過東陳，南折至於周林，納七里泉水，至洪疃，分爲二河：一出休城南，西至望塚，南至於馬家口，入於漕；一趨休城北，納大吳泉，又西受北石橋泉〔一〕，又西會白水河，同至橋頭〔二〕，入於漕。南梁水，在縣西南一里。源出自縣東北十五里，左曰趵突泉，右曰荆溝泉，並南流，會爲一。西南至於洪村，折而南三里餘，復轉而西，過躋雲橋，又西經舊滕城北，西南流，折爲九曲，西納絞溝泉水，泉出滕城西南平澤；又西會漷河、滿家湖，入於漕。酈道元水經注曰：蕃縣東北平澤，泉若輪焉，南鄰於漷，亦謂之西漷水。首受蕃縣，西注山陽、湖陸二水，皆由沛入泗。顏師古注漢書地理志云：蕃縣有南梁水。曰南梁者，以過蕃縣之南也。考于欽齊乘云：南梁水出滕縣荆溝村，西南流至滕州東門外，折而過城北，又西入山陽湖，由湖南出，注於泗。與今不合。然城北二里許蓋有運河故道焉，聞尚在，經白了村，入湖陵。宋河渠志云：漕運之法〔三〕，分爲四路，京東之漕自廣濟河入京師。太祖二年，給事中劉載督漕軍丁夫，以通東方之漕，而南梁之洪村南，下有石崖，高二尺餘，不可舟。當是此時開渠北轉耳。國朝都燕，漕輓江南粟入京，山東皆折租錢，如元制，不復漕，以故漸塞，水得南下，復故道。舊不與漷水會，自嘉靖間，漕河東徙，而又遏漷水，導之北出趙溝，故得會而入於漕。漷河，在縣東十五里。春秋：取邾田，以漷水爲界。即此水也。源出自述山西南麓，西流過崆峒山，循鳳凰嶺，又過祝其城，會黃約山諸泉水；折而南，過麋山西、鳳凰山東，納龜步水，又南至華蓋山〔四〕；折而西，受石溝水，西至梁山村；折而南，過滄浪淵，納明河水，南至滄溝；折而西，過沙河店，至於黃甫壩；稍北，轉趨趙溝，同爲漷河，西會南梁水，入漕。齊乘云：南有薛水，即漷水，出州東高山。春秋杜注云：漷水出東海合鄉縣，西南經魯國，至高平湖陵縣，入泗。蓋此水也。此皆非也。按道元水經注之梁水南鄰於漷，今有漷陽里、漷上村。魯取邾田，自漷水，正道元所謂東漷水也。薛在南梁遠，中隔石橋泉河，安得鄰之？謂薛水爲古漷水，失之遠矣。且東北述山前有分水嶺，蓋山脊也，直南抵嶧山東，水皆東流，自崆峒山西至鳳凰嶺之北〔五〕，水皆北流，而東海合鄉之水，安從入焉？杜亦誣也。今斷自述山爲源。齊乘又云：有沙河水，出自鄒嶧山，皆西南流，至山陽湖，與南梁相合，同入於泗，名三河口。此大謬矣。其曰源自嶧山者，則北沙河也〔六〕；曰西南流入泗者，則南沙河也；乃漷水也。舊入三河口，初不與南梁相會。自漕河東徙，恐沙爲漕河害，築黄甫壩遏其南流，導之北出趙溝，始與南梁相會，不復入三河口矣。石橋泉河，在縣南三十里〔七〕。源出官橋東北平地，西過薛城北，又繞其西之南，流從三河口，入於漕。按石橋河本與漷、薛爲三河，漷既遏而北，薛又遏而南，今入口者獨石橋河耳。薛河，在縣南四十里。其源本西江水，出自寶峯山東諸山泉，南過青蓮步、將軍步，左遏高山，西折過山亭，納永豐、鳳凰二泉水，又西至於薛山，名爲薛河。受悟真巖茶泉水，循悟真巖，南至於雲龍山，會東江水。東江出自胡陵山，西流至吴戩山下，伏不見，過鐵脚山，至柳泉湧出。至觀山前，瀦爲濯筆淵〔八〕。至雲龍山，入西江水，同爲薛河。南至斬蛟臺，折而西，經昌慮城南陶山下，瀦爲刀潭。西納玉花泉水，又西納義河水、三山泉水。西南逕豐山，東過官橋，逕薛城，至於東邵入於微山湖。舊經山陽湖，從金溝入泗。漕東徙，恐沙爲漕害，築石壩於東邵，遏之南流。又恐水爲壩害，別開支河於奚公山，西導入南明河。

【校勘記】

〔一〕北石橋泉　「橋」，底本作「柳」，川本同，據滬本及清統志卷一六五改。

〔二〕橋頭　底本、川本作「柳頭」，據滬本及圖書集成職方典卷二一〇改。

〔三〕漕運之法　「法」，底本作「注」，川本同，據滬本及宋史河渠志改。

〔四〕華蓋山　「華」，底本、川本作「善」，據滬本及圖書集成職方典卷二一〇改。

〔五〕自崆峒山西至鳳凰嶺之北　「至」，底本、川本、滬本作「有」，據清統志卷一六五改。

〔六〕北沙河　「北」，底本作「白」，據川本、滬本及圖書集成職方典卷二一〇改。

〔七〕在縣南三十里　「南」，底本作「北」，據川本、滬本及清統志卷一六五改。

〔八〕濯筆淵　「筆」，川本、滬本同，圖書集成職方典卷二一〇作「華」。

齊乘：桃山在滕州南五十里。御覽云：即華采山也〔一〕，又名義珠山。今訛作陶山，謂有陶朱墓〔二〕；西微山，謂有微子墓。皆謬。惟奚公山奚仲造車處，上山軌轍猶存。見地記云。

古薛城，在滕州東南五十里。薛，任姓，顓頊之少子陽封於任，十二世孫奚仲爲夏車正，禹封爲薛侯，遷於邳。至孫仲虺爲湯左相，復居薛。六十四世至愍侯洪，爲齊所滅。奚仲廟，在城中，墓在城南。齊封靖國君田嬰於此。郡國志：孟嘗君時，薛城中六萬家，其城高厚無比，以抗楚、魏也。至今多英傑子弟，蓋有文之遺風。文父子墓並在焉。水經注曰：冢結石爲郭〔三〕，作制嚴固，瑩麗可尋。今墓已開發，内如宫室，以銅鐵鑄壁，扣之有聲，堅不可動。

沂河，在縣東北一百二十里。有二源：一東出自曾子、銀峪諸山泉，西流經太白山，受太白瀑水，過仙姑山，至彭莊集；一西自牛坂山，東流經石帽山，過樵山，受樵山瀑布水，亦至彭莊集。兩水會合，同爲沂河，北至於蒙山，折至沂州，土人皆呼爲沂河。鄭康成、桑欽、酈道元言沂水源各不同。齊乘云：沂水南至沂州城東，小沂水西來入焉。此適爲小沂水也。彼特見宋修沂州城碑云：小大二沂，環流外轉〔四〕，而小沂湍悍於西北。遂言其源出蒙山西，而不知其源於滕境也。

仲虺城，俗曰斗城，在薛城西三十里。晉太康地記曰：奚正遷於邳，其後仲虺復居此。瀞水經城北，西入於泗。滕城，在州西南十五里。古滕國城，秦縣之。漢初，夏侯嬰初爲滕令，號滕公，因秦舊。孝武改爲公丘，故地志以爲公丘城。濫城，在州東南六十里。春秋：邾黑肱以濫來奔。又名昌慮城〔五〕，後漢建安中，曾於此立昌慮縣，有藍鄉，即此邑。或又名戚城，漢戚朐縣，亦屬東海。

小沂水流至彭家集，合而爲一，北至蒙山，復折而東，至沂州境，入於沂水。又南至鎮海門外，涑水從西入之〔六〕。又南逕郯城縣西，白馬河水從東入之。又南至邳州境，與泇水合。又南歷周湖、柳湖、黄墩、落馬諸湖，入於大沂。

蓋聞水可以資灌溉，元時滕州有稻隁，稱饒給。國朝十八泉則一切規之以濟漕，而行水者奉法爲厲，即田夫牽牛飲其流，亦從而奪之牛矣，一害也。往鑿新漕，欲避水之害，則壩以遏之；欲得水之利，則開渠爲陂以畜之；其所發民廬舍冢墓，不可勝數，而堤徭不與焉，二害也。既爲壩以遏水勢，而每歲霪潦，諸山溪之水溢於臯陸，盡奪民下澤膏腴而居之，三害也。太史公曰：甚哉水之爲利害也。嗟嗟！甚哉滕之獨當其害，而不與其利也，豈不哀哉！善爲國者，能因害以爲利，轉禍以爲福。河内患漳水，西門豹鑿渠而河内富；宋能爲渠以通汴，則南梁水可以行舟；况漕東徙而益近力省。若如宋故事，爲三閘，而稍浚其沙淤，以傅岸爲堤，僅二三尺許，則船可抵城下，而魚鹽之利通，此無損於漕，而因害爲利者也。聊筆之，俟後之言水利者。

滕據孟子所稱，絶長補短，將五十里。鄰封東則小邾、靈丘，東南則昌慮，南則薛、常，西南則戚，西則魚臺、胡陵，北則鄒，遠封啓土，各國其國也。漢及南北朝而下，改爲蕃縣，漸次并有薛、戚之地。隋始復舊名，又并有昌慮、靈丘、小邾之地。金、元升爲州。國朝仍爲縣，於是延袤數倍於古疆，而爲兗之巨邑矣。

新河，在縣西南五十里。嘉靖七年，詔遣右都御史盛應期創開，北起南陽，南至紹城，欲以備運，未果。四十四年，河決於沛，沙淤沽頭閘上下百餘里〔七〕，運道不通，特遣工部尚書兼都御史朱衡便宜疏治，循故道開浚，漕運賴之。昭陽湖，在縣西南六十里。湖故窪地，周九十里。水發時，則滕東北諸泉會成巨浸，南溢出沽頭諸閘，以濟舊運河。水退，即民家佃種取利，供沽頭衙門，歲以爲常。嘉靖四十四年，河決湮没，已故新河在湖之上游，將廢不用。戚城，在縣西南六十里。春秋哀公二年〔八〕：晉納衛世子蒯聵于戚。即此。漢置縣，屬東海郡。相傳高帝寵姬戚氏家於此，高帝爲之築城，東西三里，南北二里餘，遺址猶存。已上舊志。

杞王女城，在縣東北六十里。通志云：春秋隱公四年：莒人伐杞，取牟婁。此近於莒，非開封故杞也。索隱云：牟婁，東邑也。蓋春秋時杞已遷在東國。今按杞遷必在莒之南沂州滕縣等地，近於徐、淮，故後至成公，爲淮夷所病，諸侯又爲城緣陵而遷杞。今滕縣東北去越峯三里，有杞王女城，豈初遷時有所城歟？不然，何以有杞之名也？地理志云：北海有營陵，淳于公之縣。臣瓚云：即春秋緣陵。漢淳于，今高密也。余按杞王女城正在安陵城，焉知非安、緣音近而訛歟？邑籍不具，瓚等求緣陵而不得，乃以營陵當之，後人遂以爲據。通志疑杞在滕境，徒知杞王女城，而不知其爲安陵城，故備論之，以俟再考。常、許二邑。詩云：居常與許。按田文號孟嘗君，而國於薛，今薛城南十里孟嘗集是也。許邑當亦不遠。詩注云：許，許田也，魯朝宿之邑〔九〕。地道記云：沛有許邑。而引左傳鄭滅許爲證。此皆非是。蓋鄭所易許田與所滅之許，俱在河南，而沛之許邑無乃詩之所謂「居常與許」之許乎？詩云：遂荒徐宅。沛、薛相近，沛固徐夷也，豈常在薛而許在沛耶？

【校勘記】

〔一〕華采山　「華」，底本作「善」，川本同，據滬本及齊乘卷一改。

〔二〕陶朱墓　「朱」，底本作「珠」，川本同，據滬本及齊乘卷一改。

〔三〕冢結石爲郭　「結」，底本作「傑」，川本同，據滬本及水經泗水注改。

〔四〕環流外轉　「外」，底本作「二」，據川本、滬本及齊乘卷二改。

〔五〕又名昌慮城　「又」，底本、川本作「有」，據滬本及齊乘卷四改。

〔六〕涑水　底本、川本作「凍水」，據滬本及齊乘卷二改。

〔七〕沽頭閘　底本、川本作「古頸閘」，據滬本、本書下文及山東肇域記卷二改。

〔八〕哀公二年　底本作「元年」，川本、滬本同，據春秋哀公二年改。

〔九〕許許田也魯朝宿之邑　底本作「許之朝宿邑」，川本作「許□朝宿邑」，滬本作「許許朝宿邑」，據毛詩正義魯頌閟宫改補。

曹縣　曹之爲國爲州，即今之縣也。今之州，則縣所分也。自正統丙寅以前，凡爲國、爲州、爲郡、爲軍之事，皆縣是也，故不得而棄也。古曹國之地，兼呑於齊、宋，淪没於黄河，已不知所在。而州治之遷安陵，又不言所自，謂左山爲曹地者，傳聞也。古曹國地，其在定陶之南、曹縣之北乎？　州志：湯王陵，在縣南十八里曹南山之顛，有廟。　莘仲城，在縣北十八里。本夏有莘國，伊尹耕此。　盤庚村，在縣西南十里。盤庚曾居，舊有祀，今名盤庚都。　亳城，在縣南二十四里〔一〕，遺址存。相傳爲湯都。按書稱三亳，謂蒙爲北亳，偃師爲西亳，穀熟爲南亳。北亳，湯受命之地。西亳，盤庚所都。南亳，湯都。穀熟，今夏邑縣是也，在歸德州東一百二十里。今寧陵縣，古葛國也，在歸德州西六十里。孟子言湯以七十里，則湯之國小國也，安有東西相去百餘里之遠哉？使百里之外，湯必不爲葛伯耕矣。今考葛國在寧陵之北〔二〕，而曹之亳去葛不遠，以此爲湯都近是。然世遠人亡，無可取證，姑記所疑，以俟之知者。　景山，按商頌「陟彼景山」，爲商都，曹之景山，或其地歟？然不可考矣。　漆園，按一統志，一在開州，一在曹州，兩志之，皆一地也。曹縣之西南有蒙相寺者，或謂即漆園，以莊周蒙人，爲相，因名。及觀寺碑，乃南華縣，即漆園，莊周爲吏之所，未謂之孰是？　楚丘，按杜預注，楚丘衛地，在濟陰成武西南，則今楚丘是已。然衛爲狄滅〔三〕，東徙渡河，野處曹邑〔四〕。曹邑在滑縣，漢更名白馬縣。文公徙居楚丘，楚丘亦在滑縣東。衛南廢縣即齊桓封衛之地也，而縣境楚丘實戎州之地。　乘丘城〔五〕，在縣境〔六〕。春秋：公敗宋師于乘丘。葭密城，在縣西北三十里。齊威王以田忌爲將，大破魏於葭密。漢爲縣。句陽城，在縣北三十里。漢縣。濟陽城，在縣西南五十里。按漢書〔七〕，長沙定王之後欽爲南頓令，生光武於濟陽縣舍。南頓在汝寧、南陽之間，而濟陽在此，可疑。乘氏城，在縣境。後魏以後縣治也。今濟陰廢縣治在此〔八〕。離狐城〔九〕，在縣境。漢縣，唐爲南華。宛句城，在縣境。漢縣，宋爲宛亭〔一〇〕。煮棗城，在縣境。蘇秦謂魏襄王曰，大王之地，東有煮棗。是也。

按縣之境爲國則小，爲郡則大。今之縣，或以爲乘氏邑也，而楚丘、陽晉、濟陰、宛句皆在境内。〔旁注〕或謂人物惟載本土所産，而今並諸邑可乎？曰：曹爲郡爲州，統轄非一，而所謂濟陰、楚丘、巳氏、乘氏、宛句、南華、離狐、濟陽、陽晉、句陽等廢縣皆在縣境，單父、城武、金鄉、東明、考城、虞城今名爲縣，故在境内，不敢棄。自爲縣者不當録。

【校勘記】

〔一〕二十四里　川本同，滬本作「二十里」。按山東肇域記卷二作「二十里」。

〔二〕葛國　底本作「葛伯」，據川本、滬本改。

〔三〕衛爲狄滅　「衛」，底本作「謂」，川本、滬本作「衛」。按左傳閔公二年：「狄人伐衛。」從川本、滬本改。

〔四〕曹邑　底本、川本、滬本作「漕邑」。按左傳閔公二年：「立戴公以廬於曹。」「漕」當作「曹」，據改。下同。

〔五〕乘丘城　「乘」，底本作「來」，據川本、滬本及紀要卷三三改。

〔六〕在縣境　底本、川本脱「境」字，據滬本及紀要卷三三補。

〔七〕漢書　川本、滬本同。按下文不見於漢書，此當作「後漢書」。後漢書光武帝紀論：皇考南頓君初爲濟陽令，以建平元年十二月甲子夜生光武於縣舍。

〔八〕濟陰　底本作「濟陽」，據川本、滬本及紀要卷三三改。

〔九〕離狐城　「狐」，底本作「孤」，據川本、滬本及漢書地理志改。下「離狐」改同。

〔一〇〕宛亭　底本作「苑亭」，據川本、滬本及宋史地理志改。

東平州　通典：有漢東平故城，在今縣東直郈鄉亭。左傳：季、郈之鷄鬭。即此〔一〕。王陵山，在州北五里。成祖北征，立壇以祀岱宗。梁山，在州西南五十里壽張縣界。一名刀梁山，或曰本名良山。史記：孝王北獵良山。又古邑名曰良，漢縣名曰壽良，皆以此。積水湖，在州西十八里。四面有堤，縈迴百里。正統三年，置減水閘，水漲則開通湖閘，泄運河之水以入湖；水涸則開積水湖閘，放水出河以濟運。但湖地卑而河地高，故入水易而出水難焉。戴村壩，在州東南五十里。永樂九年，尚書宋禮用老人白英策〔二〕，築土爲之。横亘五里許，遏截汶水，西流至分水龍王廟，以濟漕。楊城壩，在州南三十里。漢冀州刺史王純碑，中平四年立。水經注：濟水西有安民山，山西有碑。須句城，在州西，古須句國。春秋僖二十二年：公伐邾，取須句。水經注：濟水又北逕須句城西〔三〕。宿國城，在州東三〔旁注〕二。十里，危山前。

春秋莊十年〔四〕：宋人遷宿。留舒城，在州東。左傳：晉伐鄭，齊陳成子救之，及留舒〔五〕，違穀七里，穀人不知。鄆州城，在州西十五里。隋初置鄆城，唐置鄆州，五代廢。宋咸平間，河衡遺址〔六〕。郈亭集，在州東南四十里。郈鄉亭，在州東五十里。春秋定公十年：叔孫州仇帥師圍郈。微鄉。春秋莊二十八年〔七〕：冬，築郿。傳謂之微〔八〕。即此。

【校勘記】

〔一〕即此　底本、川本脱「此」字，據滬本補。

〔二〕白英策　底本、川本脱「策」字，據滬本及明史河渠志補。

〔三〕濟水　底本、川本作「齊水」，據滬本及水經濟水注改。

〔四〕莊十年　底本、川本脱「莊十」二字，據滬本及左傳莊公十年補。

〔五〕及留舒　底本、川本脱「及」字，據滬本及左傳哀公二十七年補。

〔六〕宋咸平間河衡遺址　川本、滬本同。按宋史河渠志：「真宗咸平三年五月，河決鄆州王陵埽，浮鉅野，入淮、泗，水勢悍激，侵迫州城。命使率諸州丁男二萬人塞之，逾月而畢。始，赤河決，擁濟、泗，鄆州城中常苦水患。至是，霖雨彌月，積潦益甚，乃遣工部郎中陳若拙經度徙城。若拙請徙於東南十五里陽鄉之高原，詔可。」此句有脱訛，「衡」，疑爲「衝」字之誤。

〔七〕莊二十八年　底本、川本脱「莊二十八」四字，據滬本及左傳莊公二十八年補。

〔八〕傳謂之微　川本、滬本同。按左傳莊公二十八年：冬，「築郿」。公羊傳：「築微。」則此「傳」，應作「公羊傳」。

汶上　坦山，在縣北三十里。〔旁注〕東北二十里許。采山〔一〕，在縣東北三十五里。與坦山連亘，皆出沙金。萬曆中，内使陳增奏請置冶，穴地至數里，無所得，因罷礦夫之役，而以其税額徵之民。　邑之西其半屬於汶者，爲梁山。山在壽良之境，其東南屬汶上。

汶河，源出泰安州，西南流入寧陽縣，分爲二支。一支自東平州戴村壩西南流，至汶上縣，會白馬湖、鵝湖，凡八十里，出分水河口，南北分流：北流經東平、壽張會通河，以達衛河，至東阿張秋鎮〔二〕，又分流，東北經長清、齊河等縣，以入濟之故道；南流經嘉祥、鉅野會通河而南。一支自寧陽縣堽城壩西南流，入洸河，别名洸汶，南經兖州府城西北，又西至濟寧州，入會通河。東泉志曰：元初，遏汶入洸，以益泗漕，而汶始與洸、泗、沂合，而猶未分於北。至元二十年，自濟寧州新開河，始分汶、泗諸水西北流，至須城之安民山，入清濟故瀆，〔旁注〕濟水今在汶上縣北，一名大清河，即汶水入濟之道。水經：濟水故瀆又北合洪水。注云：洪水上承鉅野，又北經闞鄉，與濟合。元人作金口壩，旁有河，即黑風口，西通濟流。以通濟州得名，非禹貢之舊矣。以達於海，而猶未通於御河。至二十六年，又自安民山之西南開河，由壽張西北至東昌，又西北至臨清，爲會通河，而泗、汶諸水始達於御河矣。　汶水經寧陽縣堽城，至汶上泗汶集，歷東平、東阿，又東北流，入於海。元人於堽城之左築壩遏之入洸〔三〕，南流至濟寧，合沂、泗以達於淮。自永樂間築戴村壩，汶水盡出南旺，於是洸、泗、沂自會濟，而汶不復通洸矣。　水經注：汶水自桃鄉今在東平境。四分，當其派别之處，謂之泗汶口。

厥亭。漢書云：東平陸，古厥國。路史曰：魏得厥西，孔子所宰。今鄆中都有厥亭。鬫城，在縣西南旺湖中。故在壽張境内，壽張北徙，今爲縣境。史記魏世家：北至平、監。注云：平即兖之平陸縣；監即故鬫城，在平陸縣西南三十里。又濟水故道北經鬫鄉城西。故致密城。郡國志曰：須昌有致密城，古中都也。夫子所宰之邑。故平陸城，在縣北境。水經注曰：汶水西逕平陸故城北。應劭曰：古厥也〔四〕。桃城，在縣東北四十餘里，汶河南岸。按水經注：汶水西南逕桃鄉縣故城西，世所謂鄣城也。今考鄣城在汶河北岸〔五〕，與桃城相去甚邇，水經注誤以爲一耳。又左傳襄公十七年〔六〕：齊師伐我北鄙，圍桃。是也。舊以爲桃丘，誤。桃丘在東阿境内〔七〕。陽城，在縣西北三十里，俗名陽城壩。左傳：陽虎入於讙、陽關以叛。是也。一統志云：在魯城北。

【校勘記】

〔一〕采山　「采」，底本、川本作「朱」，滬本作「米」。紀要卷三三汶上縣：「采山，在縣東北三十五里。與縣北三十里坦山相接，皆出沙金。」圖書集成職方典卷二一〇載同，則「朱」爲「采」字之誤，據改。滬本亦誤。

〔二〕東阿　底本、川本作「東河」，據滬本及紀要卷三三改。

〔三〕於堽城之左　「於」，底本脱，據川本、滬本及紀要卷三二補。

〔四〕應劭曰古厥也　「厥」，底本作「厥亭」。川本、滬本無「亭」字。水經汶水注：應劭曰：古厥也，今有厥亭。據刪「亭」字。

〔五〕汶河　「河」，底本、川本作「水」，據滬本、本書上文改。

〔六〕襄公十七年　「七」，底本作「九」，川本、滬本同，據左傳襄公十七年改。

〔七〕桃丘在東阿境内　底本脱「丘在」二字，據川本、滬本補。

安平鎮〔一〕，居濟寧、臨清兩都會之中，夾河而城，襟帶濟、汶，控引海、岱。張秋，在河上，五方雜居，風俗不純，仰機利而華侈，與邑人絶異。東阿志。于慎行城記曰：國家都燕冀，仰東南四百萬粟以給京師。自江、淮以北，每數百里之中〔二〕，往往有名城大都，聚五方之貨賄，以爲公私之所頓置。而安平以一聚落，居臨清〔三〕、濟寧之間，十得四五焉。譬諸人之一身，其血脈上下周流，乃至於腠理支節之處，則疾之所由入，而國工之所操鍼而取也〔四〕。此之爲要害，豈惟是一城一邑之恃而已哉？

【校勘記】

〔一〕安平鎮　川本、滬本同。按明史地理志、紀要卷三三，安平鎮屬東阿縣，此當歸入東阿縣。

〔二〕每數百里之中　底本脱「里」字，據川本、滬本及道光東阿縣志卷二〇于慎行安平鎮新城記補。

〔三〕臨清　底本作「寧清」，據川本、滬本及安平鎮新城記改。

〔四〕國工　底本作「國公」，據川本、滬本及安平鎮新城記改。

沂州　石城崮，在州西南一百四十里。省志：九十里。四壁峻絶，頂上寬平，其地約有百畝，可以種禾蔬，可以避兵寇。中有龍潭，禱雨輒應。　寶山，在州西南九十里。元天曆間，設提舉司，取鑛煉銀，例以官收其三，民得其七。成化十八年，遣御用監太監梁芳采取。嘉靖十五年，遣山東巡撫蔡經采。

　鄅城，在州東三十六里。春秋定公十年：叔孫州仇帥師圍鄅。隋開皇十六年，於此置臨沂縣。大業二年，移縣於今州理，此城遂廢。　鄫城，在州西南一百二十里。春秋鄫子國。襄公六年：莒人滅鄫。昭四年：取鄫。　開陽城，在州北十五里。古鄅國。春秋昭公十八年：邾人入鄅。注謂琅邪開陽。開本作啓，叔孫州仇城啓陽是也。漢置縣，後避景帝諱，改開陽。光武建武四年，封子京爲琅邪王。初都莒，莒有城陽景王祠，神數下言，宮中多不利。京上書，願徙開陽，肅宗許之〔一〕。　臨沂城，在州北五十里，漢縣。　鍾離城，在州西南百餘里。按韓信傳，昧家在伊廬〔二〕。東海朐南有此邑〔三〕，城或於其鄉邑耳。郡國志云：楚將鍾離昧所築。路史云：鍾離，徐之别封。今沂之鍾離城乃晉、吳會處，其後徙九江，楚滅之。　小營城，晉元帝初爲琅邪王，後即位江東，於琅邪郡城東北置發于戍，以南軍鎮之。後爲石勒所陷，乃於丹陽江乘縣别立南琅邪郡。此當在東阿。小穀城，在州西北三十里。春秋莊三十二年：城小穀。漢利城，侯國，在利城社。即丘城，在州南五十里。路史云：祝丘，祝融氏之後。臨沂東南五十里即丘城是也。桓五年：城祝丘。齊、魯之音，祝、即相近。漢爲即丘縣，北齊廢。今州西三十里乃漢厚丘城，土人以爲即丘，州南即丘爲新城，皆誤。

【校勘記】

〔一〕光武建武四年至肅宗許之　底本錯簡於下文小營城條「此當在東阿」後，川本、滬本同，據齊乘卷四乙正。

〔二〕伊盧　「盧」，底本作「靈」，川本缺，據滬本及漢書韓信傳改。

〔三〕東海朐南有此邑　「朐南」，底本作「戚朐」，川本、滬本同，據漢書韓信傳顔師古注引劉德曰改。

費　石門山，在縣西南八〔旁注〕九。十里，即子路宿處。其山之東，即武城遺址，唐李白有魯郡東石門送杜甫詩。天井汪〔二〕，在縣南四十里。出地中流，爲涑河。桃花淵，在縣南祊河之曲崖石之間。其水靜深，魚鱉所聚。祊城，本陽口城。寰宇記云：漢費縣移治祊城。後魏太和間，自祊城移於陽口山。隋開皇三年後，移入祊城，即今縣治。左傳隱公八年：鄭伯請以泰山之祊易許田。本志：祊亭在武城東北八十里。杜預曰：縣東北有祊亭。今爲縣治之地。龜、蒙二山。詩：奄有龜、蒙，遂荒大東。傳曰：龜、蒙，魯國二山也。龜山近魯，在今費縣西北七十里，後人指爲蒙山者，山頂宛如龜形。蒙山者，在龜山東。二山連屬，長八十里。禹貢之蒙羽，論語之東蒙，此正蒙山也。邢昺曰：先王封顓臾爲附庸之君，使主祭蒙山。蒙山在東，故曰東蒙。後人疑於東蒙之説，遂誤以龜山當蒙山，蒙山爲東蒙，而隱没龜山之本名。夫魯人頌其本國之山川，辭必審矣，故今定蒙山爲龜山，東蒙爲蒙山，以復古焉。齊乘。

博平　漯河，按水經，源自頓丘，出東武陽，經博平者，即此。今自治西北四十里入境，北過倫家橋，〔旁注〕城西北四十五里。又北至清平境，東入高唐境。舊志指爲馬頰者，誤。鳴犢河，古黄河也，自治西南入境〔一〕，東過舊治南，又東至今治西鄧家橋，七里河自南來入焉。又東至治北，南受小湄河，東北經古靈城，又東北入高唐境。漢元帝永光五年，河決靈鳴犢口，即此。湄河，源出濮陽南黄河，過舊博州，北抵博平。省志：西會馬頰河，東入於海。今已淤塞，每遇水潦，則泛溢爲患。小湄河，景泰中，知縣龔讓鑿。自治南十五里，循城東而北，入於鳴犢。

【校勘記】

〔一〕天井汪　底本、川本空缺「汪」字，據滬本及紀要卷三三補。

七里河，起自府城東南七里，以受漕河減水閘之水，北至治西南入境，至治西北鄧家橋，入鳴犢河。成化間，聊民苦漕河減水泛漲爲害，奏開金堤，自治西南入境，經治北一里許，東北入茌平境。

莎堤堡，在縣西南二十五里，會通河東岸。韓官屯堡，在縣東北十五里，鳴犢河之陽。並嘉靖二十一年山西虜警，傳言大虜欲窺臨清，奉臺檄建。

【校勘記】

〔一〕自治西南入境　「治」，川本同，滬本作「舊治」。

臨清州　鰲頭磯，在會通河分津之中，環砌以石，如鰲頭突出，四閘建左右如足，廣濟橋尾。其後爲四方商賈聚舟之處，俗名觀音嘴。古堤，在威武門外。盤曲低昂，狀若蛟螭。其脈南來，爲會通河所斷，逾河而北。城之東南復枕其半，俗因呼爲東堤。轉而東北，直抵夏津縣，其委瀕海，蓋古之堤防也。洪武初，徙治汶、衛之間〔一〕。正統中，平江侯陳豫，景泰元年，築城，周九里有奇，甃以磚石〔二〕。正德六年，霸州盜起，副使趙繼爵築羅城，以衛商賈之列肆於外者。嘉靖二十一年，巡撫曾銑、副使王楊拓而廣之，名新城，延袤二十里，跨汶、衛二水。爲門六，水門三：汶一、衛二〔三〕。各爲戍樓，對峙其上。永濟橋，在會通、臨清二閘間，以木四丈爲巨筏絶河〔四〕，横亘如飛虹，俗名天橋。通濟橋，在臨清閘東，當汶水北處。初，造舟渡往來者，嘉靖議改石橋，如牐制，以時蓄泄河水。廣濟橋，在衛河玄帝閣前。弘濟橋，在會通河南。浮橋，在觀音磯南。東南受會通之流，而大地繞其前；西北帶衛河之險，而高阜枕其後；阻三面而守，獨以一面用武。

【校勘記】

〔一〕徙治汶衛之間　「汶」，底本作「汲」，川本、滬本同，據乾隆臨清直隸州志卷二改。下同。

〔二〕正統中至甃以磚石　底本、川本、滬本並作「正統中，平江侯陳豫築城，周九里有奇，甃以磚石」，「正統中」，底本、川本旁注「景泰元年」，滬本注「一云景泰元年」。乾隆臨清直隸州志卷二：「正統十四年，兵部尚書于謙建議築城，從之。詔平江侯陳豫、都御史孫日良董其役，會年饑，罷築。」又載：景泰元年，巡撫洪瑛協之治之，「圍九里一百步，高三丈二尺，厚二丈有奇，甃以磚」。則此「平江侯陳豫」下當有脱文；城「周九里有奇」，乃景泰元年所築，據改「景泰元年」於「築城」之前。

〔三〕爲門六水門三汶一衛二　底本作「爲水門三」，又上文古堤條「在威武門外」下有「爲門六水門三汲（按乃「汶」之誤）一衛二」，川本、滬本同。乾隆臨清直隸州志卷二：嘉靖二十一年，巡撫都御史曾銑、兵備副使王楊拓而廣之，「新城東西各二門，東曰賓陽、景岱，西曰靖西、綏遠，南一門曰欽明，北一門曰懷朔。又爲水門三：汶一，衛二」。則「爲門六」、「汶一衛二」乃錯入古堤條下，據以乙正。

〔四〕以木四丈爲巨筏絶河　「巨」，底本作「匡」，川本、滬本同，滬本眉批：「匡，疑爲巨字之訛。」清統志卷一八四永濟橋條作「巨」，據改。

濮州　帝丘，在州東北。相傳顓頊建都於此，故名。春秋僖三十一年：衛遷于帝丘。清丘，在州東南。春秋宣十三年：盟于清丘〔一〕。臨濮城，在州南七〔旁注〕六。十里。本漢城陽縣地。隋置縣，大業初省入雷澤縣。唐初復置。今又省爲鎮。臨潢城，在州界。本漢畔觀縣地，北魏析置臨潢縣，北齊省。隋復置，宋省入觀城縣。金堤，在州南，迤東北抵安平鎮。胡柳陂，在州東北二十里。五代史：莊宗與梁軍戰於胡柳陂，周德威死之。晉王收軍復戰，大破之。即此。地理志云：陂西十里有馬軍寨，土人訛爲黄柳陂云。

【校勘記】

〔一〕盟于清丘　「盟」，底本作「監」，川本同，據滬本及左傳宣公十三年改。

臨朐　汶水，一統志謂其源有三：二源俱在萊蕪，一源在泰山之旁。泰山謂小泰山，今沂山是也。又按水經，其汶有五，名雖異而流則同。今考萊蕪二汶，與府境之汶全不相通，水經亦無五汶之説，祇載其源出於朱虛泰山，北過其縣東，又北過淳于縣西，又東北入於海。而酈道元又引晏謨、伏琛並言水出朱虛東南郚山，或郚即沂之東麓。府志：按汶水，水經云：出朱虛縣小泰山，東北流，逕安丘城西入於濰。顔監曰：前言汶水出萊蕪，入濟；今此又言出朱虛，入濰。桑欽所説有異，或者有二汶乎？余按：入濟之汶見禹貢、論語，即今大清河。入濰之汶見漢書，入沂之汶見水經。齊有三汶，清河爲大。青州志沂水縣下：按水經，齊實有汶水，出朱虛縣泰山〔一〕。注云：山西接岱山〔二〕，東連琅邪，汶水出焉。述征記云：泰山郡水皆名汶，蓋以其淪漣成文而名之。齊有北汶、嬴汶、柴汶、牟汶。此正閔子避地處。

【校勘記】

〔一〕泰山　底本、川本「泰山」上有「東」字，據滬本及水經汶水删。

〔二〕岱山　「山」，底本作「岳」，川本同，據滬本及水經汶水注改。

莒州　濰水，按水經云：出琅邪箕縣，東北逕箕縣故城西〔一〕，又東北過東武縣城西，又北過平昌縣東，又北過高密縣西，又北過淳于縣東，又東北逕都昌縣東，又東北入於海。所謂箕以下五邑〔二〕，即今諸城、安丘、高密、昌邑、濰五縣是也。所發之源，諸家不同。酈道元以爲濰水導源濰山，許慎、呂忱俱云出箕屋，淮南子又云出覆舟山。今考舊志，出箕屋爲是。酈道元亦謂諸山蓋廣異名也。禹貢：濰、淄其道。韓信、龍且夾濰而陣，皆指此。

【校勘記】

〔一〕箕縣故城西　「箕」，底本、川本作「其」，據滬本及水經濰水注改。

〔二〕箕以下五邑　底本「箕」下衍一「其」字，據川本、滬本、本書上文删。「五」，底本、川本作「六」，按上文箕縣以下祇五邑，滬本作「五」是，據改。

沂水　沭水，源出沂山，流經沂水縣東北，達莒州界，入沂州。按水經：出琅邪東莞縣西北山，東南過箕縣東，又東南過莒縣東〔一〕，又南過陽都縣東，入於沂。酈道元注謂山爲大弁山，與小泰山連麓而異名也。引控泉流，積以成川。經言於陽都入沂，非矣。

【校勘記】

〔一〕莒縣　底本、川本作「莒州」，據滬本及水經沭水注改。

萊州府

海中浮島甚多，其近掖縣者，有三山、蜉蝣二島；近膠州者，有石臼、青泥、桃林、陳家、李家、薛家、古鎮及黄島、唐島；其近即墨縣者，有田横、顔武、塔沙、竹槎及嶗島、陰島、福島、管島、香島。虎頭崖海口，在府城西北二十里。小石嘴海口，在府城北四十里。三山海口，在府城北六十里三山島下。海倉海口，在府城西北七十里。唐家灣海口，在膠州南門外，〔旁注〕即墨縣南九十里。東流入海。宋、元時，海船往來皆由此。

即墨董家灣海口，在縣南九十里。天井灣海口，在縣西南六十里。金家灣海口，在縣西南四十里。徐家莊海口，在縣西南七十里。栲栳島海口，顔武海口，俱在縣東北一百里。青島海口，在縣東一百里。大任海口，在縣西南四十里。陳家橋海口，在縣東六十里。鵝兒灣海口，在縣東九十里。周疃海口，在縣東七十里。松林浦海口，在縣東南七十里。

登州府

登州三面距海，去城三里許，惟西南地接萊州府。海中浮島不可殫述，其近蓬萊縣，則有沙門、鼉磯、牽牛、大竹、小竹、半洋、長山及苴島、虎島；其近福山縣，則有海洋、宫家、胡家、韓家、潘家諸島；其近寧海州，則有崆峒、栲栳、浮山、相連，東清、西清及竹島、莒島、鹿島、黄島；其近文登縣，則有海牛、海驢、劉公、鏌鋣、五里、玄真、雞鳴、蘇心及雙島、柘島〔一〕；其近黄縣者，則有岎屹島〔二〕、桑島。

【校勘記】

〔一〕蘇心　「蘇」，底本作「荔」，川本缺，據滬本及紀要卷三六改。

〔二〕岎屹島　「岎」，川本、滬本同，紀要卷三六作「岉」。

蓬萊　欽島，與鼉磯相對，相去三十里。　高山島，在沙門島北百里許。

萊蕪　長城嶺，在縣北九十里。舊志名長春嶺，誤。考齊記云：齊宣王乘山嶺之上，築長城，東至海，西至濟州，千餘里。括地志云：長城西北起濟州平陰縣，緣河，歷泰山北岡上，經濟州、淄州，即西南兗州博城縣北，東至密州琅邪臺入海。又按周顯王元年，趙侵齊，取長城。劉昭志云：濟州盧縣有長城。又據山東通志云：齊長城，在諸城縣南四十里，跨安丘境，連亘蒙、泰、萊蕪，直至平陰，乃齊宣王所築〔一〕，以禦楚寇者。今觀此嶺脊東西數百餘里，又在城北，其爲長城嶺無疑。

汶水，在縣南門外。禹貢：浮于汶，達于濟。是也。按一統志，其源有三。一發泰山之旁仙臺嶺。一發萊蕪縣寨子村，至泰安州靜封鎮合焉，名曰塹汶；西南流，與徂徠山之陽小汶河合，又西南流注洸河，入濟。按水經有五汶：北汶、嬴汶、柴汶、浯汶、牟汶，名雖有五，而其流則同。今沂州亦有汶河，水有二源：一出蒙山東澗谷；一出沂水縣南山谷，入邳州淮河。與分水之源三，並爲五汶，或者酈道元之説即此也。又按通志：汶西南流，與小汶河合流，入兗州府寧陽縣、汶上縣界；又西流，至東平州界；又北流，由白濟水故道入海。今詳考五汶：浯汶，在縣東南四十里。發寨子村海眼，合湖眼泉、蓮花池泉，至盤龍莊，合牟汶西流。牟汶，在縣東二十里。發縣東二十里朋山泉，合縣東二十里趙家泉，至盤龍莊西南，合浯汶西流。嬴汶，在縣正南三十里。發宫山之陰，自石漏河至安仙寺，合濾馬河、浯汶、牟汶、蒲曹窪、〔旁注〕縣西南十二里。郭娘泉，至方下村西南，合嘶馬河、牛王泉、縣西南二十五里。王家溝泉、縣西二十五里。五龍泉、縣西四十里。青揚行溝，縣西南四十里，合塹汶河西流。一在縣北嬴〔二〕、博之間，發小龍灣，合烏江岸泉〔三〕、縣北二十五里。龍泉，縣西北二十里。自西北合司馬河西流。〔旁注〕嘶馬河，在縣西四十里，源出縣東二十里大屋山，西南入汶河。北汶，在縣東北七十里。發原山之陽，西至普通莊，至雪野莊鎮，南至博城，合水河泉〔四〕、新興溝，至泰安州故縣鎮，合西南嬴汶西流。柴汶，在泰山之旁，發仙臺嶺。又兗州、沂州各有汶源不一〔五〕，大抵發原山之陽，餘則其分派耳。淄水。禹貢：濰、淄其道。注云：淄水在泰山郡萊蕪縣原山，東至博昌縣入濟。又據水經：淄水出泰山萊蕪縣原山，東北過臨淄縣，又東過利縣東，又東北入於海〔六〕。

夾谷，在縣南三十里，接新泰界，名夾谷峪。據春秋時，萊蕪爲夾谷地，此其故址也。一統志作淄川者誤。牟城，在縣東二十里。按春秋時有牟，附庸之國。魯桓公十五年，牟人來朝。漢泰山郡有牟縣，北魏省入於嬴。隋開皇十六年，分嬴縣置牟城。大業初，復并入。此其故城也。〔旁注〕又見安丘、壽光，皆非。嬴城，在縣北四十里，俗名城子現〔七〕。舊志名古城。今按通志，嬴城在泰安界，據此，西抵泰安不數十里〔八〕，且萊蕪舊治嬴，況此城西並無遺迹可見，其爲嬴城無疑。〔旁注〕延陵季子長子墓，在縣西北三十里。禮記：延陵季子適齊，其子死，葬於嬴、博之間。水經注：從征記曰：嬴縣西六十里有季札兒冢〔九〕。

【校勘記】

〔一〕齊宣王　底本、川本無「王」字，據滬本補。

〔二〕嬴　底本、川本作「瀛」，據滬本及乾隆泰安府志卷三改。

〔三〕烏江岸泉　底本、川本脱「泉」字，據滬本及乾隆泰安府志卷三補。

〔四〕水河泉　川本、滬本同，乾隆泰安府志卷三作「水泉」。

〔五〕各有汶源不一　「有」，底本、川本、滬本作「在」，滬本眉批：「在，有之訛。」據改。

〔六〕又東過利縣東又東北入於海　「利縣」，底本、川本作「利津縣」；「縣」下又脱「東又」二字，並據滬本及水經淄水注改補。

〔七〕城子現　川本、滬本同，滬本眉批：「現，疑峴之訛。」清統志卷一七九嬴縣故城：「俗名城子縣。」按「現」、「峴」、「縣」音同。

〔八〕西抵泰安不數十里　川本同，滬本「西」上有「城」字，當是。

〔九〕從征記曰至季札兒冢　底本、川本脱，據滬本及水經汶水注補。

濱州　州去海僅百里，斥鹵之地，五穀不生，農者樹萁稗，充饘粥。又土疏善潰，不宜樹木，木貴如桂，瓦貴如玉。居屋者築土垣四匝，束薪爲棟宇形〔一〕，覆以壤泥，一風雨來，輒纍然委地。故濱民鮮地著，輕棄其墳墓田里，稍有他故，即撤屋草炊之而去。且境之内，鹻既不耕，即耕者又甚瘠寡穫，而不耕之地咸有額賦，責民虚輸。水旱昆蟲，又常過半。民竭其力以輸虚賦，力盡而不能輸則逋，則又取足於閭里之人，又力盡而逋。故濱民逋最衆者，以地非樂土，與虛賦重困。知州王邦瑞薄賦記。

海道界州迤東，至萊州府沿海約三百餘里，凡十一鎮口島。萊至登州府約二百四十里，凡八鎮口島。至膠州約千餘里，凡二十三島口。至淮口約六百餘里，凡五島鎮口。州迤西北至天津約六百餘里，凡七河口。

【校堪記】

〔一〕東薪爲棟宇形　「東薪」，底本作「東新」，川本同，據滬本及咸豐濱州志卷一一藝文引明王邦瑞薄賦記改。

東平州　黃河，景泰間，支流決沙灣，塞而堤之。弘治六年，復決下流十五里許，故作金線閘以泄其流，由鹽河入海。及上流已塞，復循故道，不復經斯閘矣。今州西南五十里壽張集南，遺址尚存。　漕河，在州西。上流自靳家口閘，下流至戴家廟，共六十里。　銀河，在州東三里，乃汶水支流也〔二〕。　蘆泉，在州東北三十里。夏涼冬暖，發源州東北三十里蘆山之陽，至州北沙河，西入鹽河達海。國朝正德初，巨寇劉六、楊虎繼薄城下，郡守引水護城，遂至而去。且賴以浸灌稻蔬，爲利甚大。　九女泉。州志有，泉志無。　坎河泉。　鐵鈎嘴泉〔三〕。　安圈泉。張胡郎泉。吴家泉。王老溝泉。獨山泉。芭頭泉。三志同。淨泉。洌泉。源泉。大黄泉。小黄泉。州志有，泉志無。沙河，城有護堤〔三〕，方三十里餘。其外有河環繞，每汶水泛漲，自東南循堤而下，至西北乃合流，直抵鹽河，經濟南以達於海。郭城，在州東七十里。春秋莊公三十年：齊人降郭。注云：東平無鹽縣東北有郭城。今州東六十里郭城集是其地。須句城，在州西。春秋僖二十一年〔四〕：邾人滅須句。二十二年：公伐邾，取須句。今壽張縣西北須句城，即其地。舊城，在今州西十五里。宋咸平中，河決鄆州東南，注鉅野，入淮。城中積水，壞廬舍，知州姚鉉徙州於汶陽鄉之高原。安山閘，在州西十二里，成化十八年建。靳家口閘，在州南三十里，〔旁注〕集西南二十五里〔五〕。正德二年建。戴家廟閘，在州西三十五里〔六〕，嘉靖十六年建。先是，安山閘與荆門閘相去七十餘里，道遠而水不接，都御史劉天和建議立之。金線閘，在州西四十里。元分汶水至安山，入清濟，以疏水勢。積水湖減水閘，北至安山閘四里，正統三年建。此即放湖水入河以濟運者。通湖減水閘，南去安山閘一里許，正統間建。此即泄運河之水以入海者。

【校勘記】

〔一〕汶水支流也　「支」，底本作「之」，川本、滬本作「支」。按乾隆泰安府志卷三：「南沙河即汶水故道，由戴村西出至州城東，謂之銀河。」則銀河係汶水支流，從川本、滬本改。

〔二〕鐵鈎嘴泉　「嘴」，底本作「水」，據川本、滬本及乾隆泰安府志卷三改。

〔三〕城有護堤　川本、滬本同。紀要卷三三東平州：「又有沙河，在城北，有大堤環之，方三十里。」此「城」疑作「在城北」。

〔四〕春秋僖二十一年　川本、滬本同，「春秋」爲「左傳」之誤。

〔五〕集西南二十五里　川本同，滬本「集」後有「在」字。

〔六〕在州西三十五里　川本同，滬本注：「集在西四十里。」

曹州　周武王封弟振鐸爲曹國，其地在陶丘之北，雷夏、菏澤之間。　舊曹州，在今曹縣左山南濟陰廢縣旁，後周、隋皆治此。唐徙州於濟陰縣，亦在左山之南。遷徙不常，然皆北徙。金、元在乘氏地。洪武元年，以水患移治安陵鎮。在曹縣西北七十里，今置巡檢司。二年，又以水患移治盤石鎮。今曹縣治。正統十一年，復立曹州於乘氏地。今州治。　歷山，在州東北六十里。即虞舜耕田之處，上有舜祠。按一統志，歷山有三：一在蒲州南一百里，一在濟南府城南五里〔一〕，一在州東南七十里。東有再熟、成都二鄉，取「一種再熟，三年成都」之義，則指此山言也。漢鄭玄謂歷山在河東。職方：河東曰兗州，其澤藪曰大野。大野即經鉅野縣，距雷澤河濱爲近，此爲舜耕田之處無疑矣。　灉河，在州南一十五里。禹貢：灉、沮會同。王氏炎曰：灉出曹州。是也。又名裏河〔二〕，來自黄陵岡，東北流，經州東關北流三里，名雙河，□名兩□。又北流至壽張縣沙灣口〔三〕，入會通河。初，黄陵岡未塞之先，河水盛，舟楫通行。弘治既塞，□淺阻，正德間，□□□□時或開疏通舟楫，今幾涸。大瀰溝，在州西南十七里。詩：出宿于泲，飲餞于瀰。即此。今淤塞。瓠子河，在州東北六十里。決自灉河西北，□□漫於野。漢武帝時河決瓠子，即此。今涸。堯陵，在州東北五十里，舊雷澤城西。陵高四五丈，廣二十餘丈。按一統志，堯陵在東平，或云在山西。今按文獻通考云：古唐堯所居。去州東北有堯冢。漢書地理志：濟陰成陽有堯冢、靈臺。水經注：今成陽城西二里有堯陵。陵南一里有堯母慶都陵。劉向曰：堯葬濟陰。皇覽云：堯冢在濟陰成陽。吕氏春秋云：堯葬穀林。皇甫謐云：穀林即成陽。又宋歐陽文忠公集載後漢濟陰堯母及堯祠碑，皆言堯陵在曹。又按宋神宗熙寧元年七月，知濮州韓鐸言：堯陵在本州雷澤縣東穀林山，陵南有堯母慶都靈臺廟，請敕本州致祭，春秋置守陵户，免其租税，俾奉灑埽。詔給守陵五户。則堯陵在曹信矣。弘治七年，禮部尚書耿公命州學正濮琰上狀，將改正祀典。耿公轉禮部，尋卒，事遂寢。今朝廷三歲遣使致祭，及有司春秋祭，尚在東平州。慶都靈臺，在雷澤西南、灉河西岸，俗稱其地爲堯婆嘴，數十年前人猶及見其遺址，近爲河水渰没。定陶縣志：堯母慶都陵，在堯陵南三里。宋洪适隸釋古成陽靈臺碑跋云：成陽屬今雷澤，堯母慶都没，蓋葬於兹，欲人莫知，名曰靈臺。歐陽公集古録謂自史記、地志及水經諸書，皆無堯母葬處。漢章帝元和二年〔四〕，東巡狩，將至泰山，道使使者祠帝堯於成陽靈臺。述征記注云：成陽東南有堯母慶都墓，上有祠廟。堯母陵，俗亦名陵臺，今成陽城西二里有堯陵，俗亦名靈臺。兩漢史所載，似以靈臺爲堯冢，惟此碑與述征記、水經乃直指爲堯母冢爾。　雷澤城，在州東北六十里。舊曰成陽，北齊廢。隋置爲雷澤縣，唐、宋因之，金省爲鎮。　姚墟，在州東北六十里。皇甫謐云：舜生於姚墟。一統志云：在濮州東南九十里。即此。　桂陵，在州乘氏縣東北。戰國策：齊大破魏師於桂陵。即此。　吕都城，在州西南三十里。漢縣，吕太后稱制，封吕産爲梁王，都此，更名梁曰吕。文帝後省入宛句縣。　煮棗城，在州西南五十里。史記：蘇秦説魏襄王曰：大王之地，東有煮棗。徐廣云：在濟陰宛句是也。　宛句城，在州西南界内。漢置縣，唐置杞州，宋改曰宛亭，屬曹州，元省。　垂都，在州西南，古宛句縣界。史記云：垂都焚。即此。　陽晉城，在州西北，乘氏城界内。張儀説魏王曰：秦下兵取陽晉。即此。　葭密城，在州西北二十里，俗名葭密寨。史記：齊威王以田忌爲將，大破魏師於葭密〔五〕。即此。　離狐城，在州西北四十里。漢縣，唐天寶初改南華，屬曹州〔六〕。金省。今名李二莊。　句陽城，在州北二十里。漢置縣，後省〔七〕。今改爲句陽店。乘氏城，魏以後縣治也。金大定末，遷爲曹州，仍置濟陰縣爲附郭〔八〕。文臺，在宛句故縣。史記：文臺墮〔九〕。即此。　平陽坡，在州東六十里。左傳哀公十六年：衛侯飲孔悝酒於平陽。濟瀆廟碑〔旁注〕元至元中。云：禹導沇，東流爲濟，入於河，溢爲滎，東出於陶丘北。陶丘，舜河濱之地，周曹國境，濟出其北。漢爲郡，號濟陰。宋熙寧中，河決澶淵，入鉅野，濟爲河所吞，際河南壖，能獨清以自别也。金大定末，河就下而南，州將及害，太守趙安世廣屬縣乘氏爲州，遷民居其中，今城是也。書載濟自陶丘而東，至于菏，又東北會汶入海。按水經、地志諸説，乘氏之西，濟分爲二：南爲菏，菏澤居東郊；北爲濟，逾鉅野之澤，而會汶。鉅野西南不兩舍漢乘氏廢縣，在後魏太和中用漢縣名而復置者，即今之爲州者也。自大河南徙，而鉅野、菏澤涸，濟之水不可復識矣。然濟之性重而趨下，古謂伏流地中，出爲歷下諸泉者，尚未竭也。

【校勘記】

〔一〕在濟南府城南五里　「濟」，底本空缺，川本同；底本「五」下衍「百」字，川本同，滬本此條缺載，並據紀要卷三一、圖書集成職方典卷二一〇補删。

〔二〕又名裏河　「又」，底本作「人」，川本同，滬本此條缺載。圖書集成職方典卷二一二：「灉河，亦黄河支派，爲西裏河。」此「人」爲「又」之誤，據改。

〔三〕沙灣口　「沙」，底本缺，川本同，滬本此條缺載。圖書集成職方典卷二一〇曹州黄河故道：「由灉河故道流至州城東北可三里許，分爲二，謂之雙河。其一入於雷澤；其一北過新集，又北流至壽張沙灣入運。」此缺當爲「沙」字，據補。

〔四〕元和　底本脱，川本、滬本同，據後漢書孝章帝紀、山東肇域記卷二補。

〔五〕史記齊威王以田忌爲將大破魏師於葭密　川本、滬本同。史記田敬仲完世家：「齊威王使田忌南攻襄陵，「齊因起兵擊魏，大敗之桂陵。」水經濟水注引竹書紀年：幽公三年，魯季孫會晉幽公于楚邱，取葭密，遂城之。據此，實乃不同年代的不同史事，此混淆而誤。

〔六〕曹州　「州」，底本作「縣」，川本同，滬本缺。兩唐書地理志，南華縣，屬曹州，此「縣」乃「州」字之誤，據改。

〔七〕後省　「後」，底本作「復」，川本、滬本同。紀要卷三三曹縣：「句陽城，縣北三十里。漢縣，屬濟陰郡，後漢因之。晉屬濟陽郡。後省。」此「復」爲「後」字之誤，據改。

〔八〕金大定末遷爲曹州仍置濟陰縣爲附郭　「末」，底本作「宋」，川本、滬本同，滬本眉批：「宋，疑當作末。」金史地理志曹州：「大定八年，城爲河所没，遷州治於乘氏縣。」「濟陰，倚。」本書下文濟瀆廟碑云：金大定末，「廣屬縣乘氏爲州，遷民居其中，今城是也」。則此「宋」乃「末」字之誤，據改。又「陰」，底本作「陽」，據川本、滬本及金史地理志改。

〔九〕文臺墮　「墮」，底本作「隳」，川本、滬本同，據史記魏世家改。

定陶　濟水，按禹貢：導沇水，東流爲濟，入于河，溢爲滎；東出于陶丘北；又東至于菏；又東北會于汶；又東北入于海。蔡沈注曰：濟水迅疾勁下，多伏流。正德六年，知縣紀洪修城，掘出一泉。初見尚微，須臾流洊洶湧，衆懼，用大石數片塞之，乃止。故迹在城西北角堡下。　五丈渠，宋太祖建隆二年，命給事中劉載往定陶，督漕丁夫三萬浚五丈渠，以通東方漕運。定陶境内曩有濟水，匯成陂障，號水國。迨宣德間，河決金堤等處，衝流入海，陂始涸。乃因黄河灘没淤塞，遂高下不一，每夏秋雨潦，窪下皆水。加以黑湯一帶，波流浸及高阜，汪洋瀰漫，積成水患。知縣陳以見申允挑挖渠溝以泄之，有治河五議。近日故道淤塞，知縣楊克順更加疏浚，仍新開四渠，水始順流而下，永不爲患。

成陽。史記：堯作游成陽。如淳曰：在定陶縣。括地志云：雷澤縣本漢郕陽，故郕伯國也。索隱曰：郕亦作成。周武王封弟季戴於郕，其後遷於郕之陽，故名成陽。戰國策有成陽君，漢封齊悼惠王子爲城陽王，即其地也。毌丘。史記田齊世家：宣公與鄭人伐衛，取毌丘。大事記：毌丘曰貫，即古貫國，在濟陰縣南五十六里。項城故阜，在縣北三十里，楚項梁屯兵之地。秦二世元年，項梁破章邯東阿。進至濮陽，今濮州南有項城。又破之。定陶又破之。二世悉起兵益章邯，擊楚軍，大破之定陶，項梁死。即此。

歷城　歷山，在城南五里。一名舜耕山，古有舜祠，亦名千佛山。有隋開皇間所鐫佛像，隨石作形，因建寺曰千佛寺。華不注山，在城東北十五里。〔旁注〕伏琛三齊記：不，音跗，讀如詩「鄂不韡韡」之「不」，謂花蒂也。言此山孤秀，如花跗之注於水也。左傳：晉郤克及齊頃公戰于鞌，逐齊侯，三周華不注。即此。又云：從齊師至于靡笄之下，逢丑父與公易位，使公下，如華泉取飲。則此山亦名靡笄。地記：又名金輿。酈道元水經注云：單椒秀澤〔一〕，不連丘陵以自高；虎牙傑立，孤峯特拔以刺天。青崖翠發，望同點黛。信然。山前道院中有石刻太白諸賢詩。院前即華泉水，與小清合流。鵲山，在城北十五〔旁注〕二十。里，濼口鎮北五里。其山無峯，望之如翠屏，大清流於其東，名鵲山湖。俗傳每歲七八月間，烏鵲翔集於此。王繪太白詩注云：扁鵲煉丹於此。舊有鵲山亭，今廢，湖亦就涸。〔旁注〕齊乘：按扁鵲，盧人，近在今長清縣地，煉丹此山者是。杜甫有暫如臨邑過鵲山湖詩。李白有陪從祖濟南太守泛鵲山湖詩。西龍洞山〔二〕，在府南六十里。道元云：苻秦時有竺僧朗事佛圖澄，碩學淵通〔三〕，與隱士張巨和居此，因號朗公谷。今有朗公寺，歷代有碑。谷有琨瑞溪水，過玉符山，又名玉水，至祝阿入濟。今溪水東西分流山中，人云西發趵突泉，東發百脈，驗之信然。謂逕入濟者，誤也。龍洞西南有方山，長清縣界，疑即水經之玉符山。又西隔馬山。東龍洞山，在城東南三十里。山如重甗，上有東西二洞。西洞透深一里許〔四〕，秉火可入。東洞在萬仞絕壁之上，洞口釜鬵尚存，煙火之迹如墨，蓋昔人避兵，引絙以上。中必有泉，不知其深幾許。又有翠屏巖、獨秀峯。下有黑龍潭、懸珠泉，崖上有二石甕。峯側龍祠，郡邑禱雨輒應。九域志以此山禹所嘗登，一名禹登山。大佛山，在城東南十里，一名佛慧山。上有文壁峯，下有甘露泉。玉函山，〔旁注〕齊乘：函山。在城南二十里。泰山之北麓也，又名卧佛山。上有碧霞殿，路有十八盤。三十年前，香火雲集，埒於泰廟，歲餘乃已。黃山，在城西南六十里。山勢排連如城郭，延亘四十餘里，爲西南藩籬。岱陰諸谷之水奔流至此山西，匯而爲池，圍數畝，不溢而伏，山即渴馬崖也。伏流至府城之西而出，即趵突泉也。藥山，在城西北十二里。上有九峯並列，蒼翠欲滴，其下有洞，出陽起石。通志云：上有蜘蛛石，下有蝦蟆石。本草謂山無積雪，草木長青，蓋由陽氣薰蒸使然。匡山，在城西北十二里。山形如筐，李太白讀書於此。卧虎山，在城西南五十里。岱北諸谷之水至山下始合，故論形勝者以此爲三川之鎖鑰。石固寨，在城南四十里。四面皆險，惟西南一徑可入。妙真寨，在龍山。宋末，李全據濟南時，其妻楊妙真所居。黑風寨，在神通寺西北。一人守險，千夫莫近。玉皇嶺，在出山溝東南。延亘二十餘里，登岱必由之徑。長城嶺，在岱陰，即齊之鉅防。渴馬崖，在寨兒頭西。三川之水至此伏流。

濟水，古濟，今汶。濟水伏流不見。汶水自泰安州出者，由故道，自寧陽界至汶上、東阿、長清、齊河界，入歷城，北經上濼橋，北濼水、分響河入焉；又東北逕華不注山陰，又東經下濼堰；濼水舊入濟處〔五〕，堰南即小清河。又北逕濟陽、齊東、武定、青城、濱州、蒲臺、利津，入於海。此鹽賈通行之處。

濼水，源出趵突泉。水經曰：濟水又東北，濼水出焉。酈道元注曰：濼水出歷城縣故城西南，泉源上奮〔六〕，水湧若輪，俗謂之娥姜水〔七〕，以泉源有舜妃娥英廟故也。齊乘曰：源曰趵突〔八〕，流曰濼，東導曰小清。聽水，在城東北十二里。水經注曰：湖水引瀆東入城，東北徑東城西，而北出郭，又北注濼水。又北，聽水出焉。齊乘曰：即今之響河。華水。水經注曰：華不注山下有華泉，又謂之華水，北絶聽瀆二十里，流注於濟。武原水。水經注曰：武原水北逕譚城東〔九〕，又北經平陵縣故城西。是也。一名盤水，行十餘里，又名全節河，流入大清。城外隨地皆水也，西南則趵突、金線諸泉，東南則珍珠、黑虎諸泉，城内則珍珠、劉氏諸泉，匯爲大明湖〔一〇〕，圍北門出〔一一〕，合東、西兩水，環而繞之。獨南方高亢，則以一閘而蓄衆泉之水焉。巨合水。齊乘：水經注，巨合水南出雞山〔一二〕，北逕巨里故城，耿弇討費敢處。又北合武原水，入濟。按巨里在歷城東七十里，自宋爲龍山鎮，此水出鎮南五十里，曰榆科泉，逕巨里西，至鎮北五里，與武原水合，故曰巨合。武原水，出鎮南十餘里，曰江水泉，逕巨里東，俗訛爲東西巨冶河〔一三〕，俱北流，五里餘乃相合，北入小清河，巨合之得名以此。道元云：巨里三面有城，西有深坑，坑西接耿弇營。蓋二水環繞，因崖以城，爲險固也。大清河即濟水故道。見上。小清河源出濼水，環城北流，又折而東，大明湖水自内來注之，東北繞華不注山下。齊乘曰：古濼水自華不注山東北入大清河〔一四〕，僞齊劉豫乃導之東行，爲小清河，自歷城東逕章丘、鄒平、長山、新城，又會孝婦河，東經高苑、博興，合時水，東北至馬車瀆入海，曲行幾五百里。今海運久廢，河道漸淤，而其水復由華不注東北入大清河焉。王象春齊音曰：小清故道雖淤，遺址尚存，水入大清止十八里，倘更浚寬，可通舟楫，下連蒲、青、海、樂諸縣之糧，則濟南可永無饑患。當事屢議開浚，牽於築舍而止。〔眉批〕今省城東北華山下挑借其水入大清河〔一五〕，以東河斷自此〔一六〕，斷處以東至章丘，地名迴村。又挑借□河水由張家林店入大清河。惟有漯河一水由柳塘口，由舊小清河。其東山出數源，合而爲一。小清河内至陶唐口正東、青沙白正北，地名岔河，與孝婦河合流入海。大明湖。見上。按水經注云：濼北爲大明湖。一統志云：源出舜泉。今濼水繞城北流向東，不入城。舜泉亦止成一井，不流。惟北珍珠、濯纓諸泉，北流入大明湖，而自北水門出注濼水如舊，附此以證水經注、齊乘之訛。[山昔]山湖。見上。今[山昔]湖莽然白壤，無復煙波。蓋自僞齊劉豫自城北導之東行，因名小清河，不名鵲山湖矣。濯纓湖。見上。今規入德府，建濯纓亭其上。白雲湖，在城東北，章丘縣界。周六十里，俗名劉郎中泊。有魚、藕、菱、芡、蒲葦之利，洪武間，設河泊所，歲有課入。今裁。趵突泉，濼水之源也，一名瀑流。春秋桓公十八年：公會齊侯于濼。蓋岱陰之水奔流，自縣西南六十里之黄山下匯爲池，伏流至城西南，發爲此泉。平地泉源觱湧，三窟突起，雪濤數尺，聲如隱雷，冬夏如一，固寰中之絶勝也。

舜廟，在府城第二坊。按圖經，古舜祠在廟山，舜井在此；今廟在井旁，有宋碑。城外古舜坊，即廟山故道。歷下亭，府城驛邸内歷山臺上。面山背湖，實爲勝絶。少陵有陪李北海宴歷下亭詩。鵲山亭，城北鵲山湖上。少陵詩序「登歷下員外新亭，亭對鵲山湖」者是也。今廢。北渚亭。水經注：濼水北爲大明湖，西有大明寺。水成淨池，池上有亭，即北渚也。池今名五龍潭，潭上五龍廟，亭則廢矣。湖上舊有水西亭、環波亭，並見南豐、子由諸賢詩，今廢。歷山堂、濼源堂，舊在趵突泉上，北堂曰歷山，南堂曰濼源。南豐知齊州日，建此以館客，有齊二堂記。百花橋，今曰鵲華，大明湖南岸橋。南百花洲〔一七〕，洲上百花臺。環湖有七橋，今皆廢，唯百花橋與濼源石橋僅存。濼源橋在城西。

金線泉。見上。北珍珠泉，在都司西北白雲樓前。平地湧泉，錯落如珠。右有劉氏泉，左有溪亭泉夾之〔一八〕，匯爲濯纓湖，流經百花橋，入爲大明湖。灰泉，在濯纓泉北。城内諸泉，惟此最大，自北珍珠以下皆匯於此，周迴廣數畝，乃大明湖之源也。舜泉，在舜祠東，一名舜井。雙井並列，今北一井規入公廨。

唐高宗問許敬宗曰：「天下洪荒巨浸，不載祀典，濟甚細〔一九〕，而載在四瀆，何也？」對曰：「瀆之言獨也，不附衆流，獨能入海。濟雖細，獨而尊。」

東平陵城，在縣東七十五里。春秋譚國，齊桓滅之。古城在章丘縣西南，與龍山鎮相對。史記齊世家作「郯」，杜征南謂譚在濟南平陵，郯乃東海郯縣。從春秋則當作「譚」，以桓公奔莒，過郯，郯、莒相近〔二〇〕，則當作「譚」。漢爲東平陵縣，右扶風有平陵，故此加「東」。文帝封齊悼惠王子辟光爲濟南王，都此。後漢書靈帝紀：濟南賊起，攻東平陵〔二一〕。晉書石虎載記：濟南平陵城北石獸，一夜中忽移在城東南善石溝上，有狼狐千餘隨之，迹皆成路。漢書五行志：元帝初元四年，皇后曾祖父濟南東平陵王伯墓門梓柱卒生枝葉，上出屋。東晉時，此城北石虎一夕移於城南〔二二〕，有狼狐千餘隨之〔二三〕，迹皆成蹊，趙王石虎遂起南寇之計。歷代皆爲縣，宇文周始廢。隋亂，土豪李蒲據城歸唐。武德二年，置譚州平陵縣，以蒲爲總管。貞觀中，州縣相繼俱廢。都督齊王祐反，土人不從，太宗敕嘉之，縣依舊置，改名全節。其後廢入歷城。此城漢爲王都，唐爲州治，故周二十餘里，雉堞高峻。三齊記以爲殷帝乙之都，非也。〔旁注〕平陵城西北十五里有廢奉先縣城。臺城，在縣東北十三里，漢高帝封戴野爲臺侯。後漢書：安帝延光三年，濟南上言鳳皇集臺縣丞霍收舍樹上〔二四〕。注：臺縣故城，在今平陵縣北。元魏孝建二年立東魏郡，理臺。營平城，在縣東三十里。漢縣，宣帝封趙充國爲營平侯。隋、唐皆置營城縣，〔旁注〕當是管城。屬譚州，唐初省入平陵。齊乘：按述征記：歷城到營城三十里，自城以東，水瀰漫數十里間，南則迫山，實爲險固。逮金亂，土人因阻水立邑，號曰水寨。巨合城，在縣東七十五里。水經注云：巨合水南出雞山，北經巨合城。耿弇討張步〔二五〕，進兵，先脅巨里。即此。自宋爲龍山鎮。

【校勘記】

〔一〕單椒秀澤　「椒」，底本、川本作「枕」，據滬本及齊乘卷一改。

〔二〕西龍洞山　底本、川本脱「山」字，據滬本及齊乘卷一補。

〔三〕碩學淵通　「碩」，底本、川本作「石」，據滬本及齊乘卷一改。

〔四〕西洞透深一里許　底本、川本、滬本脱「西」「深」二字，據齊乘卷一補。

〔五〕濼水舊入濟處　底本、川本「入」字上衍「志」字，據滬本及齊乘卷二刪。

〔六〕泉源上奮　底本、川本脱「奮」字，據滬本及水經濟水注補。按水經注朱謀㙔本作「舊」，兹從楊守敬水經注疏本。

〔七〕娥姜水　「姜」，底本作「江」，據川本、滬本及水經濟水注改。

〔八〕源曰趵突　底本、川本脱「源曰」二字，據滬本及齊乘卷二補。

〔九〕譚城　「譚」，底本作「潭」，川本同，據滬本及水經濟水注改。

〔一〇〕大明湖　底本、川本作「明湖」，據滬本及紀要卷三一補。

〔一一〕圍北門出　「圍」，川本同，滬本作「達」，紀要卷三一、圖書集成職方典卷一九〇並作「由北水門出」。

〔一二〕巨合水南出雞山　「南出」，底本作「出南」，川本同，據滬本及齊乘卷二乙正。

〔一三〕東西巨冶河　「冶」，底本作「治」，川本、滬本同，據齊乘卷二、圖書集成職方典卷一九〇改。

〔一四〕東北入大清河　底本、川本、滬本脱「北」字，據齊乘卷二補。

〔一五〕華山下　底本、川本無「下」字，據滬本補。

〔一六〕以東河斷自此　「以東河」三字，底本、川本缺，據滬本補。

〔一七〕百花洲　「洲」，底本、川本，滬本作「州」，據滬本眉批及清統志卷一六二改。下同。

〔一八〕溪亭泉 「溪」，底本、川本作「漢」，據滬本及清統志卷一六二改。

〔一九〕濟甚細 底本、川本脱「濟」字，據滬本及新唐書許敬宗傳補。

〔二〇〕郯莒相近 「郯」，底本、川本、滬本作「之」，據齊乘卷四改。

〔二一〕濟南賊起攻東平陵 「賊」，底本、川本作「府」；「攻」，底本作「故」，川本作「攻」，並據滬本及後漢書靈帝紀改。

〔二二〕城南 底本、川本、滬本作「城内」，據齊乘卷四改。

〔二三〕狼狐千餘隨之 「千」，底本作「十」，據川本、滬本及齊乘卷四改。

〔二四〕霍收 「霍」，底本作「藿」，川本同，據滬本及後漢書安帝紀改。

〔二五〕討張步 「討」，底本、川本、滬本作「封」，據滬本眉批及後漢書耿弇傳、水經濟水注改。

樂安 濟水。水經云：東北逕樂安縣故城南，又東北入于海。按禹貢：導沇水，東流爲濟，又東北會于汶，又東北入于海。蓋從今小清河道入於海爾。按山海經云：濟水出共山南東丘，絶鉅鹿澤，注渤海，入齊琅槐東北。而注云：自滎陽東經陳留〔一〕，東北至高平，北經濟南至樂安、博昌縣入海。禹貢：沇水東流爲濟，又東北會于汶，又東北入于海。濟水蓋從今大清河道入於海爾。後伏不出，以其道假之汶水，東北而下，亦趨於海。桑欽以其所流非濟水也。今水自歷城而下，經章丘、鄒平、長山〔二〕、新城、高苑、博興諸縣界入邑境，實逕城之西北、石辛鎮北，草橋店東北新橋、高家港、塘頭寨入海〔三〕。或曰古濼水自華不注東北入爲大清河，自僞齊劉豫導之東行，始爲小清河云。歲久多淤，民被其害。嘉靖中，撫按以聞。青州府推官陳珪來蒞其事，相度地形，謂往日導浚，爲通舟楫計也，今第除害，隨地就功可矣。言之當道，章丘上水，歸於大清，而小清所受，止鄒平而下滸山泊、沙河、白條溝、鄭黄溝、孝婦河、烏河諸流而已。

淄水。水經：淄水出泰山萊蕪縣原山，至樂安縣城南二十里黄坵店南入邑境，北至曲堤，折而東北流，逕城東十里朱家道口，又東北逕古鉅淀、廣饒、琅槐地，壽光縣界，合濟水入海。而桑欽偶遺鉅淀、廣饒、琅槐三方未及〔四〕，是以酈道元補注之曰：淄水，又東逕鉅淀縣故城南，又東北逕廣饒縣故城南，又東北逕琅槐縣故城南。所謂三縣故城南，其實爲利縣之東，今城之東北爾。淄往有堤在朱家道口，嘉靖二十五年，知縣王本固所築。先是淄流至此滋潰而東，決壞良田無數，自是以來，始復其故，安流矣。二十八年秋，水竟決東岸，沿官道而東至淄河鋪，始折而北流。後復決新舊兩河間官道北岸，東北而逝，任勢所至，不填塞也。三十六年、隆慶三年，兩決曲堤，知縣楊柱、吳一龍相繼修塞。五年復決，知縣姜璧先塞決口，繼增舊堤，復俾近民特補崩頹，迄今無虞焉。

北陽水，俗名洋河，古名濁水，亦曰澠水。水經注：濁水，一名溷水，出廣縣爲山。至樂安城東南二十五里大王橋，頗東北下，逕城東彭家道口。彭家道口，縣東極也。又東北注清水泊。或以爲巨洋者非，巨洋則發源沂山之洱水耳。〔旁注〕巨洋水流逕城東南二十五里大王橋，東北逕彭家道口，北入於海。女水，俗名裙帶河。水經注：女水出東安平縣之駝頭山，逕安平縣東〔五〕，東北逕龞丘東，東北入澠。今水出臨淄縣鼎足山左，通塞不常，出則經安平城，東北入北陽水。續述征記曰：女水至安平城南，伏流一十五里，然後更流注北陽水。今安平城東北平地水泉，俗名馬臺河，逕官莊，流至邑城東南二十五里大王社南入邑境，經城東二十里淄河鋪東南淄河店，東北至灌河口，入巨淀，淀即清水泊也。土人云此即二王冢水伏流者，未知是否。清水泊，在城東北四十里。受北陽、女二水，又北爲馬車瀆，合淄水。前壽光一条移此。支脈溝，在城北六十里。起高苑城南二里，逕博興，盡邑境，泄馬家泊一帶水，入於海。今迹微存，居民皆佃作供租，非甚潦，無水也。曲堤，在城南淄河北岸。其創年無考。按陳益龍祠記，舊尹蘇肯李嘗築堤以防水，復建龍祠於其上。今堤起阜城鋪，東南至東北延袤五里，或作邑時以地當淄北流之衝，虞爲城郭患，乃障之東北行。第官以尹稱，惟元爲然，或起於元代，未可知也。堤西南二百武，有積土若丘，俗名封臺，自今觀之，或堤之起首，遭水中斷，不然則龍祠之遺址也。利農堤，在城北濟水岸。成化十七年，知縣沈清築，以防水患。

【校勘記】

〔一〕滎陽「滎」，底本作「縈」，川本、滬本同，據山海經海内東經郭璞注改。

〔二〕長山　底本作「長安」，川本同，據滬本及紀要卷三〇改。

〔三〕塘頭寨　「寨」，底本作「塞」，川本同，據滬本及紀要卷三五、清統志卷一七一改。

〔四〕桑欽　底本空缺「桑」字，川本同，據滬本及圖書集成職方典卷二六〇補。

〔五〕女水出東安平縣之駝頭山逕安平縣東　底本「東安平縣」作「東安縣」，川本同，據滬本及水經淄水注補改。又「安平縣」，川本同，滬本作「安平城」，同水經淄水注。

昌樂　孤山，在城東十里，峰巒峭拔。舊有夷齊祠，以孟子言伯夷居北海之濱，因立廟云。祠旁有首陽山。按首陽在河南蒲坂，又今永平灤州屬孤竹地，且在海濱矣。孤山祀伯夷，殆附會昌樂爲北海地云。並祀叔齊，尤爲無謂，豈以孤山爲孤竹山耶！　嶠山，在城南三十里。峯尖獨秀，高冠霄星，上有仙路，春夏草木不生。　馬駒嶺，在城南六十里。綿延而南，至於諸城〔一〕，達於宿遷。　柳山，在城西南六十里。舊傳盜跖所居，寨垣遺址存焉〔二〕。

【校勘記】

〔一〕諸城　「諸」，底本作「誅」，據川本、滬本及清統志卷一七〇改。

〔二〕寨垣　「寨」，底本字作「塞」，川本同，據滬本及圖書集成職方典卷二六一改。

臨朐　堯山，在城東五十里〔一〕，堯水出焉。〔旁注〕逕益都、壽光界而北。　東南五十里爲大峴山，山旁爲長城嶺，爲書案嶺，穆陵關實界二嶺之間。〔旁注〕金史僕散安貞傳：李全略臨朐，扼穆陵關。穆陵關，李師古不臣，作鎮於此。元和初，罷之。　南七十里爲仰天山，勢屈曲東向，有小巖洞，藏山腰，歷側徑里許，穿一穴，乃可達。洞高深不逾尋丈，壁有石，大視兩掌，其光可以鑑。寺僧云：每月明，則山巒草樹，咸在鑑中〔二〕。有羅漢洞、仰天槽、黑龍淵，每霖潦，諸巖壑水溢，咸匯於淵渚於漕〔三〕，浸潰而下，若漏天。然洞極寬廣，長七八丈許，其南壁一孔，杳不可測，雖炎蒸之候，寒氣逼人，莫能久佇，相傳有龍潛，能興雲雨。山之陰，有水簾洞，深可數丈，泉源深遠，潛通佛刹前泉井，其自洞口出者，流而爲河，經辛莊諸社入石溝水。

南百里爲沂山。周禮職方：正東曰青州，其山鎮曰沂山。是也。〔旁注〕顔師古云：沂山在蓋。水經云：巨洋水出朱虚縣泰山。注云：泰山者，東泰山也。巨洋水即今瀰水，然則蓋與朱虚爲臨朐之南境無疑矣。　山之巔爲百丈崖，有瀑布。左麓爲東鎮廟。虞夏有望秩之典，至周有埋沈之祭。秦祀加車乘騮駒。漢公王帶請於武帝封東泰山，設祀具，至山，卑小，不稱其聲，乃令禮官祠之而不封。〔旁注〕齊乘：漢志朱虚縣東泰山，汶水所出。水經注曰：大弁山與東泰山連麓，沭水出焉。以二水鎮之，即公王帶請漢武帝所封之東泰山也。然漢志謂卑小不稱其聲者，蓋沂山遠望之，則高壓羣山，緣陂麓曼衍八九十里以漸而升，逮至其巔，則失其峻極耳。又左思齊都賦云：神嶽造天，惟此山可以當之。疑亦因東泰山而得嶽名。　魏文帝瘞沈圭璋，隋制取近側巫一人主知灑掃。唐加王爵，年別一祭，牲用太牢。國朝削去封號，稱東鎮沂山之神，有司春秋致祭，有事則遣廷臣祭告。〔旁注〕沂山，有谷九十九所，河分八流〔四〕，大曰沂、曰汶。東注濰、沂，南流入清、沂。山東南有山曰太平山，頂平可八九十里，山北十餘里有五壇。劉裕伐南燕，兵過大峴，喜曰：「兵已過險，士有必死之志，餘糧棲畝，人無匱乏之憂，虜已入吾掌中矣。」遂設祭天五壇，遺址尚存。

百丈崖，沂山之脊〔五〕，東極於此。從外至其下，緣山之側徑而行，可二三里許，頗艱於陟降。崖實不足百丈，石壁峻立如斧劈然，石罅側出松檜，不知其何自生植也。崖下冬有積雪，至四五月乃消。〔旁注〕喬宇記：東鎮廟之西緣麓而上，路皆蒙翳，峻絕十五里，曰百丈崖，有泉自山巔而下，映若晴虹，灑若飛雨，爲江北瀑布之冠。

石膏山，在縣西北，入益都界。漢地理志：洋水所出。大弁山。齊乘：沂山東南曰大弁山。大弁，今人訛傳大屏，字相類而誤。唐沈亞之沂水雜記又訛作太平山，當從水經作大弁者是。大弁東南，即大峴山也。嵩山，在縣西南七十里。與黑山相連，近沂水、蒙陰二縣界。山出銀礦，其山下河水中，亦時出礦及沙金，山間又有錫、鉛、銅、鐵，亦時有石碌、丹砂之類，招引礦徒及好利者開礦，爲邑中害。此即略水洞。黑山，在縣西七十里。馮惟敏曰：山澤之利，從古有之，然而銀礦則不爲利而爲害，何也？民采之率棄本業，嘯聚山谷，分之不均，必相殺傷，捐軀覆族而後已。官采之，則中使所至，有司奔命，供張輿馬之費，騷動數百里，工役傭作之值殆又過之。且虞不逞之徒，羣起而爲亂也。兵防饋餉，用出無經，捐財蠹民，至是極矣。大抵每礦一斤，可得銀數錢，而掘煉工匠、公差侵費，十去其九，中官僅得其一，又自尅扣上貢者，乃百之一耳，而民已費其百矣。於地方一無所利，而蒙害至慘，可悲也夫！〔旁注〕朐山，在縣東南二里，近瀰水。自一面望之如朐，故名朐山；又自一面望之則如覆釜，故又名覆釜山。委粟山，在縣東北三里。水經云：孤阜秀出，形如委粟，今名粟山。石門山，在縣西三十里。山頗奇峭，石罅間側出松檜多於仰天、百丈崖，山勢屈曲西向，近晡晚乃見日。

石溝水，出逢山東北石澗中。水經名北洋，蓋因巨洋在南也。丹河、白狼河，二水皆出丹山。紀水，出紀山，入白狼河，達昌樂小王莊，西北入海。合水，出牛山，二股西流至朱虛東合爲一，出朱封口，入瀰河。野泉，在野源。齊乘云：昔歐冶子鑄劍之地。山奇水清，旁無人煙，叢筠古木，氣象幽絶。水逕玉泉寺而東匯爲大小二龍灣，又東里餘，折而北，入瀰河。〔旁注〕馮琦記：野水出冶官祠，下注於湖，疏爲河，以入瀰水。本志有山名海浮，緣山麓皆出泉，其出冶官祠下者爲泉源，居民甃石圍之，深可數尺，色清而味甘，草生其中者，入冬不死。經玉泉寺而東匯爲大小二龍潭，深可丈餘，其水皆冬温夏涼。又東里餘，則側而北，入瀰河。冶官祠，在縣南冶原。酈道元曰：薰冶水出西溪，之上有冶官祠。酈道元水經注：巨洋水出自朱虛，北入臨朐縣，薰冶泉水注之〔六〕。水出西溪飛泉側瀨於窮坎之下，泉溪之上源。麓之側有一祠，目之爲冶泉祠。廣雅云：金神謂之清明，斯地蓋古冶官所在，故水取稱焉，水色澄清特異。其水東北流入巨洋，謂之薰冶泉。瀑布水，出沂山絶頂，東行山巔五七里許，懸流瀉爲瀑布，入石澗。南行三四里許，折而東行，又三四里許亦石澗，行沙底數里，折而北行，經大關、小關，至蔣峪，側而東，經降町、趙莊、白塔諸社，入安丘界，是名汶河。俗音訛作沄，乃沂山所出水之東派也。巨洋水，出沂山西麓九山社，經界首、冶源諸社，乃斜過縣治南入益都界，是沂山所出水之北派也。乃若沂山南麓水母廟所出水，是名沭水；西南麓松仙嶺所出，是名沂水。周禮職方：其浸沂、沭。是也。是沂山所出水之南派也。二水非臨朐境内，而皆出沂山，故得附載。〔旁注〕齊乘按：鄭康成云：沂水出沂山。水經云：出蓋縣艾山。今蒙陰東北地名南河川，小阜之下有泉，此沂水也。北望沂山五十里，殊無别源〔七〕，據周禮，沂山因沂水得名，康成又齊之大儒，不應有誤，沂山水源古流今竭耳。

郱城，在縣東南。〔旁注〕地理志臨朐注：有伯氏駢邑。郡國志亦云臨朐有三亭，古郱邑。路史云：齊遷紀鄑、郚、郱，本駢邑故城。校城，漢武帝封城陽王子雲爲侯。臨原城，漢封淄川王子始昌爲侯。皆在縣東。寰宇記：今不知所在。〔旁注〕沂山寨，在縣南一百里。嵩山寨，在縣西南五十里。逢山寨，在縣西北三十里。柳山寨，在縣東五十里。

【校勘記】

〔一〕在城東五十里　川本及圖書集成職方典卷二六〇同，滬本「東」下有「北」字。

〔二〕咸在鑑中　「在」，底本作「合」，據川本、滬本及圖書集成職方典卷二六〇改。

〔三〕咸匯於淵渚於漕　「漕」，川本、滬本同。圖書集成職方典卷二六〇作「槽」，疑此「漕」爲「槽」字之誤。

〔四〕河分八流　底本無「流」字，川本同，滬本有。清統志卷一七〇沂山下引沂水雜記：「沂山有谷九十九所，河分八流，大曰沂、汶。」據補。

〔五〕沂山之脊　「沂山」，底本作「沂水」，川本同，據滬本及圖書集成職方典卷二六〇改。

〔六〕薰治泉　「薰治」，底本作「重治」，川本同，據滬本及水經巨洋水注改。

〔七〕殊無别源　「無」，底本作「爲」，據川本、滬本及齊乘卷二改。

安丘　東四十里曰蓋公山，枕濰、浯之交〔一〕，嶔崟秀麗，西漢蓋公嘗隱於此。今其上有冢祠。　礪埠，在東五十里〔二〕。上有漢司農鄭玄冢，濰水逕冢之左，北流入昌邑。　西南四十里曰劉山，高百十丈〔三〕，峯巒九出。有桃園洞，洞内有石牀。　又六十里曰峿山，一名巨平山。四面險絶，上寬平可數百畝。有古城遺址，中有池，池中水下瀑翠微間。其東北懸崖聳出，可容數人登望，土人呼曰仙女望〔四〕。爾雅：凡山崖懸出可憑而眺者曰望。上有小石泉一窩，水極清洌，滿時僅可一盂，盂了復滿，滿復不溢出。泉旁石竇，時時吐雲氣，仰瞰飛瀑，洞壁清響，暑月泠泠灑人。按春秋莊公元年：齊遷紀郱、鄑、郚。杜注：朱虚縣東南有郚城。即此。　八十里曰太平山〔五〕，上曰長城嶺〔六〕，其左右連絡者，曰金鞍山，曰摘藥山，曰望海山，鷄鳴時，東望海日，曰鳳凰山，曰鶯嘴山，山崖中有洞，谽谺相對，曰擂鼓山，擂鼓山與峿山連麓。大抵西南諸山皆絡繹不絶，直接穆陵關與小泰山。上有古砦石城〔七〕，可以避亂。　西四十里曰柴埠山，俗呼爲赤埠。按水經注：汶水自郚城東北，逕柴埠山。埠西南有管寧墓，山之東有邴原冢，各有碑志存焉。今碑志雖不可考，而汶實出赤埠之北，埠側多古冢，與水經皆合。　東北四十里曰峽山，濰水夾流。　五十里曰岞山〔八〕，濰、汶合流之處〔九〕。

汶水，在城北三里，又東北入於濰，在今昌邑。漢書云：東泰山，汶水所出，東至安丘入濰。土人云：水出沂山百丈崖，循山東麓，北折入安丘，逕南峿山。蓋汶有二源，自沂山者，流大而長，即瀑布泉是也；自峿山者，北流不出七八里，即合沂流，總謂之汶，故記述各異耳。夏秋水廣五六百步，沙深盤人脚，不利涉，起自西南，出東北流〔一〇〕，逕百餘里，壞民田無算。按齊有三汶：一入濟，一入沂，此則入濰者也。　浯水〔一一〕，在東四十里。説文云：水出琅邪靈門壺山，東北入濰。靈門，今莒州北徼，與安丘接壤之處。漢書云：靈門有高㮒山。㮒音柘，俗呼爲高望山。壺山，浯水所出，東北入濰。酈道元曰：浯出峿山，世謂巨平山。又高㮒山，西接峿山，世謂之浯汶。則是疑「壺」即「峿」也。據此水東北流逕王護，莒州、安丘之交；又東北逕朱耿，即李丈水，在店北又名清河；又東北逕景芝東，又北入於濰。水經注云，浯水東北逕姑幕故城東，在縣西南諸城、莒州之交；又東北逕平昌故城北，在縣南諸城之境，南注荆水；又東北流，注於濰水。詳其歸趣，即是水也，其謂之峿，則以高㮒山西連於峿而名之也，酈道元以「壺」爲「峿」，毋乃以音相近而遂疑其誤耶！　小浯河，在景芝。源出楊埠，在西南三十里。東流逕景芝西，又東北入於濰。　淇河，在西南六十里，⿰山其山之麓〔一二〕，東北流入於浯。　紅河，在西六十里。源出朱音臨朐縣境〔一三〕，東流逕清泉，在縣西五十里。又東入於汶。靈河，一名陵子河，在牟山西十里。源出峯山，北流逕白雲山，在灰墟，又北逕牟山西，又北入於汶。金溝河，溝一作鈞，在牟山西麓。源出南營，又東北逕故城北，又北入於汶。五里河，源出平地，自縣南繞東而北流至王封〔一四〕，在縣東北十餘里，入於汶。濰水，在東五十里。禹貢所謂「濰、淄其道」者也，俗謂之淮。桑欽云：出琅邪箕縣。酈道元云：發源濰山。許慎、呂忱云：出箕屋山。淮南子曰：覆舟山，蓋廣異名也。一統志云：出莒箕屋山，東北逕密州。即今諸城〔一五〕。宋蘇文忠公守此州，嘗著超然臺記曰：「北望濰水，思淮陰之功，而弔其不終。」蓋謂漢將韓信囊沙斬龍且之處。水經又云：濰自箕屋東北逕東武縣西〔一六〕，又北過平昌縣東，又北過高密縣西，所謂礪埠是也。埠上有鄭玄冢，又北過淳于縣東，又東逕都昌，今昌邑。入海。雹泉，在西南四十里。自石函中迸出，顆顆如聯珠，如雨雹，泉匯爲池，池中草冬夏常青。又流出成河，東南入於浯。

古城，在牟山北，安丘故城也。〔旁注〕安丘，自漢有渠丘亭，周武王封少昊之裔茲輿於莒，初都計，春秋時遷莒，至莒子朱居渠丘。成公七年〔一七〕，晉使申公巫臣如吳，假道于莒，與渠丘公立于池上。孟康曰：今蘘丘亭，莒渠丘城是也。伏琛、晏謨齊記並言，亭在安丘城東北十里，非也。城對牟山，隋開皇中開爲牟山縣，大業初復爲安丘。詳泰安州。防亭，在平昌城西。古長城，一名長城嶺，在太平山。方輿勝覽云：城西接岱，東連琅邪巨海，齊人之防塞也。昌安城，在景芝西北。酈道元云：濰水北逕昌安縣故城。後漢明帝中元中，封鄧襲爲侯國。郡國志：漢安帝延光元年立。杞城，在東北三十里，古淳于國是也。酈道元云：故夏時斟灌國，周武王以封淳于公，遂號淳于。春秋桓公五年〔一八〕：冬，州公如曹。傳曰：淳于公如曹，度其國危，遂不復。後爲杞人所有。杜元凱曰：杞舊都陳留雍丘。桓公六年，遷都於淳于。僖十四年，遷緣陵。襄二十九年，又遷淳于，晉人合諸侯城之。及考隱公四年，莒人伐杞〔一九〕，其時杞已在東方，不得言桓公六年始遷淳于也。若謂在陳留，其道必出齊、衛之交，莒小國也，安得越境伐人取邑哉？且陳留無牟婁，當是淳于之杞。由是觀之，淳于之亡，當在春秋初年，杞人遷而居之。逮桓公六年，淳于公始以寓公如曹，見經也。漢因以爲淳于縣。　郚亭，在郚城西。地里風俗記曰：朱虛縣東四十里，有郚城亭。已見上。或又以牟婁、防、兹並屬安丘，非也。按杜元凱曰：諸縣東北有婁鄉，平昌城西南有防亭。以水經考之，俱在今諸城。兹亭在姑幕東北，亦非縣境也。姑幕在今諸、莒之交。康王臺，在縣西十里。俗傳齊康王被逐，夜乘馬渡，馬化爲泥爲臺，日中不見，夜中隱隱如城臺。前一水有無不常，一名潮河，一名乾河。按齊無「康王」。史記曰：成子篡齊，遷康公於海上，尋死。或者其遺迹耶，流傳不可盡信，然水實伏流。管公都，在管公里中。昔魏邴原、華歆千里訪朱虛高士管幼安於故里，里人呼爲東家丘。即此。蓋朱虛之東境也，今屬安丘。　鄭公鄉，在濰河東宿家里中，漢大司農鄭玄之故鄉。漢書：公，高密人。唐賈公彦謂北海人。安丘古來多屬北海，高密雖境土分割，而公家實在安丘之東境，水經所謂礪埠是也。公時設教於鄉，齊、魯門人從而遊者常數千人，地隘不能容。孔融爲北海太守，表其里爲鄭公鄉，號通德門，即今鄭公店。韓信壩，在東五十里。韓信囊沙遏水，以擊楚將龍且處。

【校勘記】

〔一〕枕濰浯之交　「濰浯」，底本作「灘涪」，川本作「濰涪」，滬本作「滩涪」。圖書集成職方典卷二六〇安丘縣：「蓋公山，在縣東四十里，枕濰、浯之交。」清統志卷一七〇同，據改。

〔二〕礪埠在東五十里　「五十」，底本作「十五」，川本同，據滬本及圖書集成職方典卷二六〇、清統志卷一七〇乙正。又，滬本「埠」下有「山」字。

〔三〕高百十丈　「百」，底本作「有」，川本同，據滬本及圖書集成職方典卷二六〇、清統志卷一七〇改。

〔四〕仙女望　底本脱「望」字，川本同，據滬本及圖書集成職方典卷二六〇、清統志卷一七〇補。

〔五〕八十里曰太平山　川本同，滬本「八十」上有「西南」二字，同圖書集成職方典卷二六〇、清統志卷一七〇。

〔六〕上曰長城嶺　川本同，滬本「曰」作「有」，同圖書集成職方典卷二六〇、清統志卷一七〇。

〔七〕上有古砦石城　川本同，滬本「有」作「多」，同圖書集成職方典卷二六〇。

〔八〕五十里曰岞山　川本同，滬本「五十」上有「東北」二字，同圖書集成職方典卷二六〇、清統志卷一七〇。

〔九〕濰汶合流之處　底本「濰汶」作「濰水」，川本同，據滬本及圖書集成職方典卷二六〇、清統志卷一七〇改。

〔一〇〕出東北流　川本同，滬本「東」作「自」。

〔一一〕浯水　底本作「涪水」，川本、滬本同。圖書集成職方典卷二六〇安丘縣：「浯水，在城東四十里。」漢書地理志琅邪郡靈門縣下、水經濰水注作「浯水」，據改。

〔一二〕峡山之麓　底本脱「山」字，川本同，據滬本及圖書集成職方典卷二六〇補。

〔一三〕源出朱音臨朐縣境　川本及圖書集成職方典卷二六〇同，滬本無「朱音」二字。

〔一四〕自縣南繞東而北流至王封　底本「而」作「西」，「王封」作「五封」，川本同，據滬本及圖書集成職方典卷二六〇改。

〔一五〕即今諸城　川本同，滬本「即」上有「密州」二字，同圖書集成職方典卷二六〇。

〔一六〕逕東武縣西　「東武縣」，底本作「東武城縣」，川本、滬本同。水經濰水注：「濰水出琅邪箕縣，東北過東武縣西。」則此「城」字衍，據删。

〔一七〕成公七年　「七年」，底本作「八年」，川本、滬本同，據左傳成公七年改。

〔一八〕桓公五年　「五年」，底本作「六年」，川本同，據滬本及春秋桓公五年改。

〔一九〕莒人伐杞　川本同，滬本「杞」下有「取牟婁」三字。

諸城　烽火山，在縣東南二十五里。西自岱歷沂，磅礴而來，盤踞於此，爲縣主山。山之陽有神祠，歲旱禱則雨。山之陰有琵琶阜，東西延亘十里許，岡脊有石，似琵琶形。盧山，見上。障日山，在縣東三十里〔一〕。一名奕山，蘇子瞻謂之「小峨眉」是也。藏馬山，在縣東南一百里。山峯如火焰，起伏長亘環連，中俯平川，有一小山如馬形，故名。　琅邪山，見下。〔旁注〕雷石山，長城嶺度此山而東，至膠州大朱山。　陳家島，在海垠。上有墩臺。　紀丘山，近島遠望，與琅邪並峙，俗呼爭高山。　晉志：紀丘山有琅邪臺始皇碑。　常山，在縣南三十里。縣中望之如在城上，從古禱雨輒應，山之神祠於北麓，負北向南。宋宣和間，封神爲靈濟昭應王。祠前迤西十餘步，有二泉並出，蘇子瞻祈雨獲應，名之曰雩泉，因搆亭於上。山巔三峯並起，其東南最高者爲高峯，上有海雲樓〔二〕、廣麗亭，今皆廢。　黄坂，即黄茅岡。在常山東南十里，蘇子瞻嘗獵於此。　馬耳山，在縣西南五十〔旁注〕南七十。里。南巔二峯，秀削如馬耳形。東坡詩云：「孤雲落日在馬耳。」又云：「試掃北臺看馬耳。」山形陡峻不可登，雖山腰亦從來人迹罕到。　回頭山，在縣東南七十五里。山極高峻，上有十峯競秀，六壑爭流。　雲母山，在敖山東二里。山皆巨石，姿形萬狀，相傳中有雲母石。　九仙山，在縣西南八十里。上有昇仙橋。　按齊乘稱漢琅邪郡有太乙仙人祠九所，豈以此得名耶！東坡詩：「九仙今已壓京東。」又謂「九仙在東武，奇秀不減雁蕩」。是也。〔旁注〕金史完顔畏可傳：土賊據九仙爲巢穴。山有九峯，高秀摩空，奇秀不減雁蕩山。西北有潭水，與東海相通，久雨將晴，井中有聲如雷，旱則以石擊井，必雨。其他石峯十有一，盤石十有八，俱危而麗。　黄草關，山北。見下。　望海峯，山東南。與觀音峯對峙，登之可望東海。兩峯之間，宛然如門，俗呼爲南天門。　觀音峯，山西南。石壁削立。　桃花洞，極幽邃不可測，洞口多山桃。　天井，山西北。四面皆山，中有碧潭，與東海相通，久旱將雨，或久雨將晴，井中先有聲如雷，亢旱抛石，擊井則雨。　十八盤，石徑如盤者十八。以上並九仙山。　五埰峯，在十八盤最高處，與望海峯競秀。萬曆中改爲五蓮山，敕建藏經閣於此。〔旁注〕五埰山，在九仙山東五里，縣西南八十五里。迤東南亦有十八盤，不及九仙之盤秀整。五埰峯，在十八盤最高處，與望海峯競秀。　寨山，山西南絕頂有阜四圍，盤亘二十里。〔旁注〕苔山，一名莽山。在縣西五十里，界於諸、莒之間。　昆山〔三〕，在縣西南六十里。山形甚高不大，漢於此置昆山縣〔四〕。城址被水衝去大半，只餘西面遺址一里有半。山東三里名掛衣山，山北有梳洗河，山西有高冢，上有石名雷鼓石，城址在山西七里。　鍾羽正曰：自景公與晏子言，有轉附朝儛之名，而齊乘、通志、郡志及歷代地理志並無及之者，今按諸城有轉頭、回頭二山，意是轉附之遺。而盧山、九仙、五埰山大抵東朝，其朝儛之列乎！

濰水，出箕屋山。水經云：出琅邪箕縣，即箕屋山也。淮南子以爲覆舟山，在莒州北百里〔五〕。東北逕諸城而東，浯水入焉。又北逕龍且冢，淮陰侯囊處。又北過高密，又西北至安丘，合汶水，北至昌邑，入於海。〔旁注〕東北九十里。濰水發源此山，東北流逕箕縣故城西，又西折泉水來注之。水出故折泉縣北松山，水東南流逕故折泉縣東，又東南流逕仲固山，東北流入於濰。濰水又東北流逕今縣西四十里只溝店北，又東北流逕諸縣故城西。春秋文公十二年：季孫行父帥師城諸。即此。濰水又東北流過東武縣城西，即今縣南城是也。又東北流逕今縣城，正北流至巴山北，折東北流過高密縣西，又北流逕龍且冢，韓信囊沙處也。又北逕城陰故城西，又北至安丘東北古淳于城側，又東北過昌邑，又東北入於海。　禹貢：濰、淄其道。是也。漢志濰或作淮，故今俗名一曰淮河，在諸城、安丘境。

折泉水，出縣西南七十里，諸、莒之界，分流山西。漢有折泉侯國。水出折泉縣北松山，東南流逕縣東，又東南逕仲固山，至箕縣北流入於濰。折泉、分流山，皆在馬耳山之西。

小水河，出縣西南六十里，分流山陰。正北流二十五里，東北流六里，入白瀲河。

白瀲河，出馬耳山西南，鐵鼓山陰，東北流逕牛心冢，東繞五里〔六〕，逕許孟北入涓水。

涓水，出馬耳山陰石梁空，北流逕上莊大祝山，過許孟集〔七〕，東北逕婁鄉城東。春秋昭公五年，經書「莒牟夷以牟婁、防、兹來奔」者也。又逕高相村前，折東北流，逕王忌村、齊吉村入濰。涓水自馬耳山發源，北流逕許孟集二十五里爲許孟河，又北流逕高相村十五里爲高相河，又北流逕王忌村六里爲王忌河〔八〕，又北流逕齊吉村七里爲齊吉河，又一里入於濰。一河隨地異名，總爲涓水。

扶淇河，〔旁注〕舊志：源出常山。北過縣西，又五里入濰。在縣西一里，北流五里入濰。乃朱盤、兩河、注輔三河合流入濰，下稍雖内有常山雩泉小水，然旁入支流微細，不足爲有無。水經注：水出常山，「東北流注濰」者〔九〕，非盡然也。城中人家日用飲食悉資此水，窶人汲之以賣云。常山雩泉水甚微細，西北流三里入朱盤大河，其不爲扶淇發源甚明。朱盤河東北流十里，有兩河自東南來注之，同東北流七里至紅土崖，南有注輔河水自東南來，與朱盤、兩河合流而北，從此下流，始名扶淇河，北流五里入濰。是扶淇河實爲三河下流，非別有一河也。

朱盤河，出馬耳山東八里，吳太尉墓東北，寨山之陰〔一〇〕。有泉北流三里，有小河東南來注之，同西北流，逕常山西南，北流逕莎溝、石泉社、壽塔寺西，東折，復北流四里至朱輞，正北流七里逕朱盤村，始名朱盤河。東北流，有常山雩泉小水從東南來注之。東北流六里，有兩河從東南來注之〔一一〕，云云。　兩河，出常山東，地名未井子，西北逕馬家莊十里入朱盤河。　注輔河，出縣南五十里柳樹店泉水，北流至轉頭山北，折而西流至青山墩，逕柳林店，流爲扶淇河〔一二〕。　合河，在縣東十五里，俗名合河頭。有二源：東源出盧山之陰，西北流；西源出烽火山之陰，東北流。分流約五里，逕曹陣村合而爲一，故名。又逕合河頭村東北流，又折而西北流，入盧水。盧水河，出縣東南二十五里横縣故山，世謂之盧山也。西北逕昌縣故城〔一三〕，即今縣北昌城也。東北流。齊地記曰：東武城東南有盧水，水側有勝火木，方俗音樫子，其木經野火燒死，炭不滅，故東方朔云不灰之木者也〔一四〕。其水又東北流，逕東武縣故城東，而西北流入濰。地理志曰「久台水出東南，逕東武入濰」者也。　密水，即縣北百尺河水也。水有東西二源：西源出障日山，亦名奕山，其水東北流；東源出五弩山，即鹵山，〔旁注〕在障日山南。引萊州府志：膠水出鐵橛山，北過密之五弩，鹵水入焉。其水西北流。同瀉一壑，謂之百尺水，昔人堰以灌田數十頃。逕高密縣入於濰。　吉利河，一名紀里河。出黄巷社分水嶺南窩羅子泉，水南逕流桑園，有雷石山，小河自西來注之，又折西逕石河頭，西流至曲家東，又折南流，逕張哥莊東，東流，有小河自西北來注之〔一五〕。又南流逕戴家窪，後折而東，復南流至勝水東，南流逕井哥莊，又西南流逕河汊、馮家莊、墩上、黄家灘，皆西南流入於海。〔旁注〕舊志：紀里河，本名棘津〔一六〕，出竹山，與密水並行北二十里，會於密。二水異源而合流入於灘，故又名曰合河。紀里西涯有臺方三里，相傳爲太公釣臺。障日東北一派爲韓信溝。勝水河，即盤池河。〔旁注〕盤池河，出石屋馬嶺口。下稍東南流至三里莊，始名勝水。逕勝水寺北，東南又入吉利河，逕墩上，西南流至宋家口入海。横河，出石老公山西北，地名盤石羅。東南流折莊家村西，正南流逕北塔寺東〔一七〕、小高哥莊東，西南流逕丁家窪，正西流逕横河川前，西流至斗崖，正南流至程家集，西向南流，逕周家村、窑頭入海。潮河，出九仙山天井灣水，東流，折南流逕榆林莊，過長嶺子竈哥莊集，東逕井家溝東，東南流至日照境内安家口入海〔一八〕。浯河，出沂水縣東北高柘山。一名臺頭山，又名巨平山。地理志曰：靈門縣有高泉山與壺山〔一九〕，浯水所出。東北流入縣境，逕城陽臨浯社〔二〇〕，荆水東北流來注之，同流至高密縣梁臺店北入濰。三齊記：昔人堰浯入荆，溉稻田萬頃。按諸城闔縣田地，唯城陽臨浯一帶膏腴，且浯河内宜蒲，夏月蒲長茂，青絲盈望，土人織之爲席，貿之得厚利，一邑皆資用之。浯河下流，名渠河。荆河，出荆山。其西爲長行溝，溝水出夾岡埠，北流入於荆水，逕平昌故城臺下〔二一〕，合雹泉入於浯，同流東南入於濰。古泉，在縣東南門外古城内，大路西側。泉出東南溝崖之陰，眼巨而圓，爲瓦甃形。余向疑地中安有瓦甃，因暇日躬往，於崖上平地照泉向東南丈餘，令人掘之，深及四尺見泉流，用瓦筩接連甃之，水從筩中西北流，注於溝陰之内。其泉源自東南發來〔二二〕，遠近淺深，殆不可測，料皆甃以瓦筩，故能疏通無滯。居人云：古城枕岡地高，土堅如石，鑿井至四五丈不得泉，故古人疏甃此泉，以資居民。然泉臨深溝，溝崖常塌，瓦筩隨出已及數丈，而今猶涓涓無已時也。此城創自上古數千年前，遺迹至今尚存。其甃非瓦合，乃全瓦筩，長近尺，圍尺有半，上遍鏤花文，大抵秦、漢以前瓦甓瓴之類形製皆如此，周末文勝，於此細物，亦足一徵。

越王國，相傳在琅邪山下，即琅邪城是也，尚未可信。蓋勾踐之徙琅邪，非暫徙也，觀其欲取父允常之喪遷葬琅邪〔二三〕，可知其徙之之意，欲於此傳世無窮耳。豈以彈丸之地，不容數十室，足以稱國，而延其子孫至二百餘年之久乎？城止有東南二門，東門逼臨海水，土人謂勾踐運糧之處，以吳、越之糧航海而來，儲於此城，理或然也。又水經注：始皇二十六年，滅齊，以爲郡城，即秦王之所築也。琅邪臺，在城東南十里。余按今夏河城東南至琅邪臺正十里，而夏河地形廣平，足以建都，勾踐所築都城或在於此，及後爲楚所滅，城應圮廢，而始皇復築之歟？琅邪城，在琅邪臺下，相傳越王勾踐所徙都也。廣七十步，袤一百七十步，南北二面城址猶存，東西二面皆成巨壑。有東南二門，址亦存。隋開皇中，改爲豐泉縣。琅邪國，今縣城南是也。琅邪、東武，同地並稱，封琅邪王者爲琅邪國，封東武侯者爲東武國。漢高后七年，封營陵侯澤爲琅邪王。〔旁注〕文帝徙澤王燕，以琅邪爲郡，領縣五十有一。今縣名可考而知者僅三十，餘皆湮滅無聞。晉武帝咸寧三年〔二四〕，徙封東莞郡王伷爲琅邪王。東武國，即漢東武縣，今縣南城。〔旁注〕有東、南、西、北四城門，北門改爲雙門，以通北城。省志稱漢高帝四年〔二五〕，封郭蒙爲東武侯。水經注：高帝六年，封郭嘉爲東武侯。疑本一人，省志誤耳。又文帝封郭嬰爲侯，魏封王子鑒爲王，皆此國也。〔旁注〕鍾繇亦封東武亭侯。元魏改東武爲郡治。隋開皇十八年，以東武縣爲諸城縣。膠西國，漢文帝十六年，封齊悼惠王子卬爲膠西王。景帝時，謀反，國除，爲膠西郡。平昌郡，即漢平昌縣，屬琅邪郡。文帝封齊悼惠王子永爲平昌侯。光武改屬北海郡。魏文帝黄初三年，分城陽置平昌郡，尋省。晉惠帝十年，復置平昌郡。在今縣東北六十里，柴溝東南。〔旁注〕晉書：平昌城有龍臺山，上有井，與荆水通。城陽國，漢文帝封齊悼惠王子朱虚侯章爲城陽王，在縣北六十里城陽鄉。莒城境内亦稱城陽郡者，乃曹魏於莒縣所置，與此城陽不同。膠西縣，漢文帝分齊立悼惠王子平昌侯爲膠西王〔二六〕。宣帝更爲高密郡。光武建武十年，入北海郡。晉惠帝分膠西立城陽郡。唐武德三年，省入高密。宋開寶間，復膠西仍爲密州。元祐三年，以板橋鎮爲膠西縣。姑幕縣，漢屬琅邪郡。魏初，以姑幕隸高密。永安二年，廢高密，以姑幕隸東武。北齊省入東莞。晉書：姑幕縣，有荆苔山，東南五里有公冶長墓。姑幕，商侯國。漢、晉爲縣。寰宇記云：公冶長墓在密州西北五十里，姑幕在莒州東北百六十里。詳此當在境内。折泉縣〔二七〕，在馬耳、分流山西，折泉水出。邞縣。地名志：膠水出邞縣。音扶。横縣，盧山南，盧水所出。昌縣，今縣北昌城。平昌縣，柴溝社東南。即漢平昌郡。石泉縣，平昌縣東南四十里。昆山縣，在縣西南六十里，昆山西七里。東莞國，武帝元朔三年，封城陽共王子吉爲東莞侯〔二八〕。雲國〔二九〕，武帝元朔四年，封齊孝王子信爲雲侯。稻國，武帝元朔四年，封齊孝王子定爲稻侯〔三〇〕。豐泉縣，隋開皇間，以琅邪城改豐泉縣，隸密州。大業三年，以豐泉縣爲琅邪縣，屬高密郡〔三一〕。在琅邪山下。扶淇縣，元魏縣名，魏莊帝改立扶淇縣。今未詳其地。隋書〔三二〕：扶淇縣有常山祠、雲母山、扶淇水、盧水。梁鄉縣，元魏莊帝分膠西立。隋書：梁鄉有琅邪臺始皇碑、五弩山、紀丘山。梁鄉在縣城南一百二十里。古城，在今縣城東南門外里許高岡之上。址周約五六里，東北、東南、西南三面猶隆然，圮而不夷，獨西北角一面盡爲雨水衝滅，溝壑無復遺址，土人從來稱爲古城，莫知何城也。婁鄉城，按水經注：涓水出馬耳山之陰，北流逕婁鄉城東，入於濰。春秋昭公五年，經書「夏，莒牟夷以牟婁、防、兹來奔」者也。是婁鄉城在諸城西南方矣。及按杜元凱曰諸城東北有婁鄉，則又在縣東北，而齊乘亦云今諸城北有婁鄉，皆未知孰是，姑並志之。防亭，在縣東北，柴溝社東南。兹亭，在故姑幕縣東北。姑幕屬諸城，北境内去錫山不遠，與莒無與。杜注：城陽平昌縣有防亭，姑幕縣有兹亭。城陽城，漢城陽國。在縣北，浯水入焉。韓信北追齊王廣至城陽城，即此。内有鬭雞臺。齊乘云：又云龍臺城，城内有臺高六丈，臺下有井與荆水通，失物於井，或於荆水得之。有龍出入其井，故曰龍臺。在縣治北六十里。古諸邑城在縣西南三十里，石屋山東北一里。〔旁注〕濰河正南五里，地名曹强，西喬莊東。春秋莊公二十九年：城諸。及文公十二年：季孫行父帥師城諸。即此。〔旁注〕後漢書五行志：安帝延光三年，琅邪言黄龍見諸。今之諸城，乃隋開皇間改東武而爲之者，但借城諸之文以名其縣〔三三〕，非古魯之諸邑也。此諸邑城自魯莊公築，後歷漢、晉、魏猶存。水經注：王莽更名諸并。而漢梁丘賀父子與諸葛豐、諸葛亮，皆稱其先世爲諸人者，皆此邑也。昌城，漢元朔元年，封城陽頃王子差爲昌侯〔三四〕，築昌城，今遺址猶存。水經注：盧水西北流逕昌縣故城西，東北流。即今縣城東北二十五里昌城。芝盤城，在縣北六十里城陽鄉。國初於此置芝盤巡檢司，後革，因謂本城爲巡檢司舊城。長城，在縣南五十里。齊記：宣王乘山嶺，築長城，西起齊州，東至海，以備楚。括地志：長城西北起鄆州平陰縣，沿河歷泰山北岡，由穆陵關至密州琅邪臺入海。史記：齊有長城，足以爲塞。今按長城至膠州大朱山入海，在琅邪臺北，南距臺尚六十里，不由琅邪臺入海。

琅邪臺，即琅邪山，以山形似臺故名。所謂勾踐徙都琅邪，〔旁注〕琅邪山，在縣東南一百五十里。東南北三面皆浸於海水，惟西一面通陸。起觀臺，〔旁注〕舊志：臺在琅邪山西北麓。周七里，以望東海者此也。史記：始皇二十八年，東巡登琅邪臺，觀日出，大樂之，留三月。徙黔首三萬户於臺下，立石頌秦德。二世元年，復刻詔書於旁。地道記：海中去岸一百九十步有始皇碑，長一丈八尺，厚八尺三寸，一行十三字，潮水加上三尺，潮退更落三尺。今山巔碑猶存，字悉剥落。海中碑則不知所在矣。酈道元水經注曰：琅邪，山名也，〔旁注〕琅邪山在長城嶺南北，至嶺尚六十里。山在南，嶺在北，故謂琅邪非齊地。越王勾踐之故國也。勾踐并吳〔三五〕，欲霸中國，徙都琅邪。秦始皇二十六年，滅齊，皇樂之，因留三月，乃徙黔首三萬户於琅邪山下，復十二年所作臺，三層，層高三丈，上級平敞，方二百餘步，廣五里〔三六〕，刊石立碑，紀秦功德。臺上有神淵，淵至靈焉〔三七〕，人污之則竭，齋潔則通。神廟在齊八祠中。漢武帝亦嘗登之。漢高帝吕后七年，以爲王國。陳氏曰：余按始皇二十六年既并六國，遂罷侯置守，分天下爲三十六郡，在山東者五郡，而琅邪居其一，然未詳考郡理何所。齊乘於諸城縣下則云爲漢東武，琅邪郡治之所，是琅邪郡是在東武明矣。道元乃謂秦置琅邪郡在琅邪臺下，城即秦皇之所築。此之謂城，指琅邪城言，謂吕后七年以爲王國，而封劉澤爲琅邪王者，此道元信耳之誤也。蓋秦所置琅邪郡在東武，即今縣城，齊乘所言爲是，漢以爲王國而封劉澤者實在此，不在琅邪臺下也。道元又謂琅邪臺在城之東南十里，不知此城爲何城，而今夏河城則在西北，其城東南距臺正十里，疑夏河城或道元所謂城之故址乎？邑人陳燁曰：琅邪本作邪，其作琊者，後人附益之耳。山形不甚高大，亦無接連，孤峙海邊，高低起二三峯。其址三面皆浸於海水，獨西一面當陸。山之陽，地勢稍坡衍，形如階級然，可以陟降，俗名御路，蓋謂始皇駐蹕之所經行。其陰則孤峯甚峭，難以着足，少石多土，積爲雨水衝淋，多成澗壑，遠望赭然。〔旁注〕山海經：琅邪臺在渤海間琅邪之東。注：今琅邪海邊，有山嶕嶢特起，狀如高臺，此即琅邪臺也。

或曰海上固多山，苟登而望海，何山不可，而必以琅邪稱勝，何耶？曰：海山有遠有近，遠者無及於海，近者山勢每多重疊，登望，障閡難以及遠，惟此山近而且曠，既登則一望無際，是故觀海觀出日，必以此山爲便，其特稱勝者以此。其稱臺者，以山形南面平衍而上巔復寬平，有類乎臺，故謂之臺，非於山之上又復爲之臺也。秦碑立於山巔平處，外無臺可立，以是知山巔即爲臺巔也。水經注云於山上爲臺，及周二十里、高五里者，皆非也，以其得於傳聞耳，非親見也。越絶書謂勾踐徙都琅邪〔三八〕，起觀臺，周七里者，謬也。舊邑志以七里爲七層者，亦謬也。蓋巍然一山，三面皆在水，安能計周圍數里〔三九〕，且此亦豈人力所能起哉？始皇二十八年，東遊海上，登琅邪臺，望出日，大樂之，留三月，立石頌秦德，即此。今碑文盡剥落，石亦斷裂仆地。萬曆二十六年，邑侯顔悦道於臺上創建祠宇，以祀海神，因掘山巔地，多得古瓦、文石。瓦但闊厚增倍〔四〇〕，其文石爲江南花板，方可二尺許，皆鑿爲窗櫺瑣形，渠深可數分不透。蓋古臺故物，未詳何用耳。琅邪城，在山後稍北一里，相傳越王所築以居者。然廣不及百步，袤止百七十步，曾不及一大村落，不知越王何以居止。今南北城址尚存，其東西皆圮於深溝。門有二，正南東北，亦尚存門址。史云：秦始皇徙黔首三萬家於琅邪臺下。今城中甚隘，不能容數百家，豈止徙於山下聯爲村落已乎？隋開皇中，改此城爲豐泉縣。大業三年，又改爲琅邪縣，後皆省入東武。今爲窅然溝壑而已。

鬬鷄臺，在城陽城内東北角。高三丈，圍六百步。傳爲春秋魯季氏與郈氏鬬鷄之地。史記：蘇秦説齊王曰：臨淄甚富而實，其民無不鬬鷄走狗。則知當時君臣上下多爲此戲，故以名臺。超然臺，在縣北城上，因城爲臺，在東武縣北關廂也(四一)。至元魏永安二年，始築爲城，以置膠州。城北面無門，當城東西分中立州治，北抵城根爲馬道，僅通人行。於治東東市北城上因爲一臺，又於治西西市北城上，亦因城爲一臺，兩臺東西並列。蓋前人築城時所爲，意應有在，今不可曉矣。迨宋熙寧八年，蘇軾來守密州，因於城西臺上創立棟宇，以爲登眺遊息之所，而其弟轍時爲濟南司李，寄題爲超然臺。四時祠，古在瑯邪山上，今失其址。按史記：齊地八神祠：一曰天齊淵，祠天主。二曰泰山梁父，祠地主。三曰東平陸監鄉(四二)，祠兵主蚩尤。四曰陰主，祠三山。五曰陽主，祠之罘。六曰萊山(四三)，祠月。七曰成山，祠日。八曰瑯邪臺，祠四時。世遠禮荒，莫知起時，不可得而詳也。齋堂島，在瑯邪山東南海洋中。去岸五里，入島必以舟渡，島中平地約千餘畝，多土少石，甚肥饒，多萑萩，産紫竹、黄精、海棗。上有廢井，沙徑可容車行，海濱居民樵采賴之。乃始皇、漢武登山侍從齋戒於此，故名。舊有龍母祠，船商香火之所。嘉靖中，遼民占據數十年，盡伐樹木，耕墾其中。至今或去或來，猶爲厲階。齋堂，在瑯邪山東五里海水中島名也。島南産苦竹，北産金竹，又産黄精、海棗。堂建於上，乃秦皇、漢武祀神齋宿之所，故後改爲龍母祠。元時，海運糧船悉泊於此(四四)。

縣城南北有二，齊乘所謂密州理有中外二城，是也。南城者，西漢所築，故東武縣城也。城門東西南北有四〔四五〕。北城者，後魏永安年間所築，以置膠州，至隋開皇五年改爲密州者，〔旁注〕後魏莊帝永安二年，分東武爲膠州。隋開皇五年，更爲密州。城門止東西各一。北城無門，而東西兩面城垣緊與南城接連，遂盡撤去東武北城，並撤去城門，止於其門基上更券一門洞，倣城垣及門規制，以爲廣袤，券工極固，以通人行，謂之雙門。於是南北合爲一城，猶分雙門以北謂之北城，雙門以南謂之南城。南城視北城廣增什二，袤增什五。北城以立州治〔四六〕，南城以立附郭縣治。至隋開皇十八年，改東武爲諸城縣，以爲密州附郭。歷唐、宋、金、元，城皆仍舊。至國朝省密州入諸城縣，於是以密州治更爲縣治，而原諸城縣治之在南城者，今失其址於民間，不可考矣。南城〔四七〕，州治外城也。漢東武縣，王莽更名祥善。南枕微岡，北臨平野，周約五里，城門有四，即秦所置琅邪郡治，又以封建侯王，故以稱國。而東武縣仍爲附郭，所謂兩漢郡國並治東武也。後又以爲郡，漢桑欽水經謂濰水過東武縣故城西北，即指此也。北城，州治中城也。原爲東武縣北關廂平地，至後魏永安二年，於北關築東西北三面城垣。城門東西有二，城北面無門，居中置膠州治，而東武治在南城之内，遂撤去東武北城，南北合爲一城。至隋開皇五年，復以膠州改爲密州也。雙門，東武縣北城門址也。後魏於東武北關築城，置膠州，撤去東武北面城垣，復於門址之上，純用磚石改券此門。門内不施扉樞，無事啓閉，但穹窿門洞而已，以通南北兩城人行。自北城視之若南門，自南城視之若北門，故曰雙門也。

海，在縣東南。〔旁注〕唐書：穆宗長慶二年，青州奏海凍二百里〔四八〕。其距縣一百五十里者，南龍灣海也；一百三十里者，信陽場海也。場南十五里爲宋家海口，又南一里爲安家海口，又南十五里爲尹家海口。安、尹二口屬日照境内，惟宋家口屬諸城，爲本處及江、淮客商往來泊船裝卸貨物之所。其商船例納税銀於官，謂之椿木銀，每歲多寡不等。沐官島，在信陽場東南里許海水中。島形廣半里，袤有里半，北枕陸，潮上没陸，潮退陸出，沮洳難行。島南臨海洋，産海狗。島上多石，磽确不可耕，惟生草萊，不如齋堂島土饒。其名沐官者，疑亦取從官齋沐祀神之義。〔旁注〕舊縣志：沐官島，在海中。坦地約千餘頃，萑菽湮塞，上有廢井，沙徑可容車行，至今海濱居民樵采賴之。

信陽場巡檢司，管宋家海口、崔家海口。墩臺三座：賈鐵馬墩，西南十里。黄石瀾墩，西南五里。南宋墩。西南五里。南龍灣海口巡檢司，管龍灣海口、丁家海口、董家海口。墩臺三座：琅邪臺墩，西南五里。胡家墩，西南五里。陳家墩。西北五里。

鎮寨。信陽鎮，依山負海，設有巡檢司、鹽課司。竈户多居之，煮鹽捕魚爲生。龍灣鎮，東據海口，西枕琅邪山麓。國初漕運船泊此，設有巡檢司。蕭家寨，在常河社。〔旁注〕縣東南一百二十里。洪武間，靈山衛百户陳良因古牆包以磚石，周一里一百八十步。烽墩二：東北五里者紫良山，正南十里者徐家埠。夏河城寨，在龍灣社。〔旁注〕縣東南一百三十里。洪武間，靈山衛百户管成包以磚石，周四里一百八十五埠。烽墩二：曰陳家島，去城東南十五里；曰胡家島，去城南五里。此城東南距琅邪臺十里。龍潭寨，在大盤社。周一里一百七十步。烽墩二：南五里者以寨名，北五里者以社名。亦百户管成修砌。以上三寨城，俱係靈山衛量撥官軍備禦。崔家寨，在縣東南一百二十里信陽鄉崇吉社，乃民居，不係兵寨。

要隘。東大海口，在信陽場南一里，客商泊舟之所。南通淮安、蘇、杭，北通遼左，風順，皆二三日可到。黄草關，在縣南望仙鄉九仙社。距縣治九十里，當兀子山南，九仙山西北麓。兩山之間，有東西通行大路，東通海上信陽場，西通莒州、沂州、沂水、新泰、萊蕪。地方曠野無人之境，鹽徒經行，往年恒千百爲羣，又多係亡命無賴健兒，往往拒捕傷人，易生禍亂。其稱關者，以夾在兩山之間；稱黄草者，以山深草茂，秋來萎黄，遠近一色也。齋堂島，見上。榛莽鬱塞，人迹罕到，唯海濱樵者稍趨之。嘉靖二十三年，遼左大飢，遼民泛舟而來居於島，伐木墾田，占據數十年。遼豐輒返，凶又復來，後漸出没爲盜，爲瀕海患。萬曆二十九年，島寇杜承宗殺南商十三人，劫銀五六百兩，捕獲正法。今雖稍戢，宜設法驅逐，令還本地，勿任久占島中，以滋禍亂。〔旁注〕陳家島，在海垠。山有墩臺，近島有紀丘山。錦衣衛口，在黄草關東南二十里。距縣一百一十里，南距日照縣五十里。當日照治西有一路，自西南向東北而行，過九仙山首，有地名爲惡山，山口即錦衣衛口也。迤東有一山，與口東西相對，名爲團路山。大路逕五垛山之西，向北過高哥莊，以達諸城，爲江、淮客商往來經營貿遷孔道。有時盜賊出没，截路行劫，亦一要害處也。景芝〔四九〕，在縣北七十里。爲安丘、高密、諸城三界之地，居民四、五千家〔五〇〕，足稱雄鎮。但地分人雜，法令不一，遠近逋逃爲藪。昔年設萊州通判一員，移治於此鎮撫之，後遇例裁革。

博物志：太公寓東呂鄉，釣於棘津。後漢志：琅邪西海縣〔五一〕，太公所出。〔旁注〕後漢書：太公困於棘津，在琅邪海曲。今縣境東南有棘津河。海曲，已析其地爲日照縣。棘津河，在徐家莊東南。上源從紀里河發源，北源名棘津河，南有釣魚臺，相去約丈餘，下流五里入柳林河，俗傳太公釣魚處。又齊乘：莒州東百六十里有東莒鄉〔五二〕。棘津在琅邪海曲，太公望所出東呂鄉，析其地爲日照縣。邑城南，亦有棘津。日照，舊海曲縣也，屬琅邪，亦即西海縣。

【校勘記】

〔一〕在縣東三十里　底本、川本無「東」字，據滬本及紀要卷三五補。又，圖書集成職方典卷二六〇作「東南」。

〔二〕海雲樓　川本同，滬本作「望海樓」，同圖書集成職方典卷二六〇。

〔三〕昆山　底本作「昆山」，川本同，據滬本及圖書集成職方典卷二六〇改。

〔四〕昆山縣　底本作「昆山縣」，川本同，據滬本及漢書地理志、圖書集成職方典卷二六〇改。

〔五〕莒州　底本作「莒縣」，川本同，據滬本及圖書集成職方典卷二六〇改。

〔六〕東繞五里　「東」，底本作「更」，川本同，據滬本及圖書集成職方典卷二六〇、清統志卷一七〇改。

〔七〕許孟集 「許」，底本作「五」，據川本、滬本、本書下文及圖書集成職方典卷二六〇改。

〔八〕北流逕王忌村六里爲王忌河 川本同，滬本「六」作「穴」，眉批：「穴字，疑十八之訛。」

〔九〕東北流注濰者 「東」，底本作「西」，川本同，據滬本及水經濰水注改。

〔一〇〕寨山 「寨」，底本作「塞」，川本同，據滬本及圖書集成職方典卷二六〇改。

〔一一〕兩河從東南來注之 底本「南」上無「東」字，川本同，滬本作「東南」，清統志卷一七〇亦作「東南」，據補。

〔一二〕逕柳林店流爲扶淇河 川本同，滬本「店」下「流」上有「南四里名柳林河，又西北流五里，逕注輔店，名注輔河，又西北流七里，與朱盤河合」字句，圖書集成職方典卷二六〇諸城縣注輔河下所載同。

〔一三〕西北逕昌縣故城 川本同，滬本「西北」下有「流」字，同水經濰水注、圖書集成職方典卷二六〇。又，水經濰水注「城」下有「西」字。

〔一四〕東方朔云 底本脱「朔」字，「云」作「未」，川本同，據滬本及水經濰水注補改。

〔一五〕自西北來注之 底本無「之」字，川本同，據滬本及圖書集成職方典卷二六〇補。

〔一六〕棘津 「津」，底本作「洋」，川本、滬本同，據本書下文及圖書集成職方典卷二六〇、清統志卷一七〇改。

〔一七〕北塔寺 「北」，川本同，滬本作「白」，同圖書集成職方典卷二六〇。

〔一八〕東南流至日照境内 川本同，滬本「流」下「至」上有「逕兩城集東南流」七字，圖書集成職方典卷二六〇、清統志卷一七〇並同。

〔一九〕壺山 「壺」，底本作「峿」，川本同，據滬本及漢書地理志改。

〔二〇〕臨浯社 「社」，底本作「杜」，川本同，據滬本及圖書集成職方典卷二六〇改。

〔二一〕平昌故城　底本「平昌」作「平山」，川本同，據滬本及齊乘卷二、圖書集成職方典卷二六〇改。

〔二二〕泉源自東南發來　底本「東南」作「東北」，川本同，據滬本及圖書集成職方典卷二六〇改。

〔二三〕允常　底本作「元常」，川本同，據滬本及史記越王勾踐世家改。

〔二四〕咸寧三年　底本空缺「咸寧三」三字，川本同，滬本作「太康十年」。晉書武帝紀：「咸寧三年……八月癸亥，徙扶風王亮爲汝南王，東莞王伷爲琅邪王。」據補。

〔二五〕漢高帝四年　川本同，滬本「四年」作「八年」。

〔二六〕分齊立悼惠王子平昌侯爲膠西王　「分齊立悼惠王子」，川本及圖書集成職方典卷二六八同，滬本作「封齊悼惠王子」。

〔二七〕折泉縣　「泉」，底本作「水」，據川本、滬本及圖書集成職方典卷二六八改。

〔二八〕吉爲東莞侯　底本作「福爲海常侯」，川本同，據滬本及漢書王子侯表改。

〔二九〕雲國　底本作「雲朔」，據川本、滬本及漢書王子侯表改。

〔三〇〕元朔四年封齊孝王子定爲稻侯　底本「元朔」作「朔元」，「封齊」作「齊封」，川本同，並據滬本及漢書王子侯表乙正。

〔三一〕高密郡　「郡」，底本作「縣」，川本同，據滬本及隋書地理志、圖書集成職方典卷二六八改。

〔三二〕隋書　川本、滬本同，圖書集成職方典卷二六八諸城縣扶淇縣下亦作「隋書」。魏書地形志膠州東武郡：「扶其，永安中置。有常山祠、扶其水、沙城、雲母山、盧水。」蓋此「隋書」爲「魏書」之誤。

〔三三〕但借城諸之文以名其縣　「城諸」，底本作「諸城」，據滬本、本書上下文乙正。

〔三四〕昌侯　「侯」，底本作「縣」，據川本、滬本及漢書王子侯表改。

〔三五〕勾踐并吴　底本無「吴」字，川本同，據滬本及水經濰水注補。

〔三六〕廣五里　「廣」，底本作「高」，川本、滬本同。水經濰水注：「層高三丈，上級平敞，方二百餘步，廣五里。」據改。

〔三七〕淵至靈焉　「至」，底本作「主」，川本、滬本同，據水經濰水注改。

〔三八〕勾踐徙都琅邪　底本無「徙」字，川本同，據滬本及圖書集成職方典卷二六八補。

〔三九〕周圍數里　「數里」，川本同，滬本作「里數」，蓋是。

〔四〇〕瓦但闊厚增倍　川本同，滬本「瓦」下「但」上有「形如今瓦」四字。

〔四一〕在東武縣北闕廂也　「在」，川本同，滬本作「古」，同圖書集成職方典卷二六八。

〔四二〕東平陸　底本作「平睦」，川本、滬本及圖書集成職方典卷二六八同。史記封禪書：「三曰兵主，祠蚩尤。蚩尤在東平陸監鄉，齊之西境也。」此脱「東」字，「睦」爲「陸」字之誤，據改。

〔四三〕萊山　「萊」，底本作「乘」，據川本、滬本及史記封禪書改。

〔四四〕海運糧船悉泊於此　底本「船」作「運」，川本同，據滬本及圖書集成職方典卷二六八改。

〔四五〕城門東西南北有四　「四」，底本作「曰」，川本同，據滬本及紀要卷三五改。

〔四六〕北城以立州治　底本無「北」字，川本同，據滬本及圖書集成職方典卷二六三補。

〔四七〕南城　「城」，底本作「治」，川本同，據滬本及圖書集成職方典卷二六八改。

〔四八〕海涑二百里　底本「涑」作「東」，「二」作「三」，據川本、滬本及舊唐書穆宗紀改。

〔四九〕景芝　川本同，滬本「芝」下有「鎮」字，同紀要卷三五、清統志卷一七一。

〔五〇〕居民四五千家　「五」，底本作「年」，據川本、滬本及紀要卷三五改。

〔五一〕西海縣　底本作「海西縣」，川本、滬本同。續漢書郡國志琅邪國領西海縣，則此「海西縣」爲「西海縣」之倒誤，據以乙正。下同。

〔五二〕東百六十里　「百」，底本作「北」，川本同，據滬本及齊乘卷四改。

蒙陰　城南八里爲蒙陰山，一名仙洞山。又西南四十里爲龜山，形似龜。孔子龜山操：予欲望魯兮，龜山蔽之。即此。山下有顓臾城。又東爲蒙山，相傳有老萊子故宅，今失其址。山下有陽口村，山延袤八十餘里。禹貢：蒙、羽其藝。山頂産雲芝茶〔一〕，遠近珍之。公鼐曰：論語云：「夫顓臾，昔者先王以爲東蒙主。」邢昺曰：蒙山在東，故曰東蒙。則東蒙一山也。而杜佑通典曰：費縣有蒙山、東蒙山〔二〕。則以爲二山矣。孟子曰：「孔子登東山而小魯。」説者謂即蒙山。然道書又以東山、蒙山爲二山，何也？于欽曰：詩頌：奄有龜、蒙。傳曰：龜、蒙，二山名。龜山近魯，後人皆以爲蒙山，今按孟子及道書所謂東山者，或即此山，山頂宛如龜形；蒙山在龜山東〔三〕，二山連屬，長八十里，今按蒙山延綿幾二百里，禹貢云蒙、羽，論語之謂東蒙，此正蒙山。道書所謂蒙山，杜佑所謂東蒙山，或即此也。後人疑於東蒙之説，遂誤以龜山當蒙山，蒙山爲東蒙，而隱没龜山之本名。故今定蒙山爲龜山，東蒙爲蒙山，以復古。予生長蒙山之下，自幼以爲疑。詳考蒙山，在蒙陰、沂水、費縣三縣之境，而屬沂水者，正蒙山之東麓也，世人但稱蒙山。而新泰縣境自有龜山，今郡志及蒙陰志以蒙山當龜山，尤非也。其北有沃壤，乃春秋所謂「龜陰之田」也。若謂蒙山之峯如龜形者爲龜山，則兹峯之後山谷崎嶇，直數百里，安得腴田可稱哉〔四〕！要之以東蒙爲一山者是，而世以其山延長，因以在東者别爲東蒙耳。蒙山絶高者有數處，其西方最高一峯，形狀類龜，故至今稱龜蒙頂，不得以此爲即龜山也，琴操所稱龜山即此。春秋龜陰之田，在此山之北。　方山，在縣東八里〔五〕。　具山，在縣東北十五里。　敖山，在縣西北三十五里堂阜社。春秋傳：先君獻、武廢二山；國語：晉范獻子問具、敖。即此。　綿山，在縣東十里。　浮來山，在縣西北三十里。春秋隱公八年：公及莒人盟于浮來。即此。　五女山，此西五女山也，在保安社。　水經注謂桑泉水之源出此。齊乘作城東北五十五里中山社之五女山者，誤也。　中山，在縣東北五十五里。　黄孤山，在縣東北八十里，石門西。水經注云：小沂水之源出此。　云云山，在縣東北三十里。李奇曰：云云在梁父東。晉灼曰：云云，在蒙陰縣東北，下有云云亭也。管子封泰山，禪云云，即此。　盧崮山，在縣東北一百二十里。山下有金之盧縣城，即漢之故盧縣也。　鹿嶺山〔六〕，在盧崮山北。水經注云：盧川水之源出此〔七〕。　兩縣山，在縣北六十里，一名龍亭洞。東南隸蒙陰，西北隸新泰。山頂有銀礦，嘉靖三十九年，新泰民褚進等糾合礦徒，開打爭占，互相殺傷，官兵遂散，封閉防守。　臨樂山，在縣北一百三十里，狗泉出於下。齊乘誤以爲沂水之源者，即此。艾山，在縣西北一百二十里。水經云沂水出泰山蓋縣之艾山，即此。寰宇記云艾山一名臨樂山。在艾山東南二十餘里，狗泉山是也。齊乘亦因寰宇記而誤。春秋隱公六年：公會齊侯盟于艾。即此。大弁山。水經注：大弁山與小泰山連麓而異名。即此。魯山，在縣北一百二十里。水經注：螳螂之水源出此。

桑泉水，即城南東西横帶之大河也。水經注，源出縣西南保安社之五女山。堂阜水，在縣西北。源出堂阜、浮來諸山。水經注云：其水導源堂阜，東南注桑泉水。即此。巨圍水，在縣西北。源出巨圍山，南流。水經注云：巨圍水，源出蒙陰縣之巨圍山，東南注於桑泉水。即此。〔眉批〕巨圍山，在復安社後。水經注：巨圍水出蒙陰縣巨圍山。即此。叟崮水，在縣西南城子社。水經注云：桑泉又東南，與叟崮水合。水有二源，雙會東導一川，俗謂之汶水也，東逕蒙陰縣，注桑泉水。汶水，在縣南九仙、汶溪二社地，即水經注所謂「叟崮水東導一川，俗謂之汶水」者。蒙陰水，在縣東南九仙、綿山二社地。水經注云：桑泉水又東南〔八〕，右合蒙陰山水〔九〕。水出蒙陰山，東南流入於沂〔一〇〕。蒙山水，在縣東南桃墟社，俗名桃墟河。水經注云：沂水又南，與蒙山水合。水出蒙山之陰，東流逕陽都縣南，東注沂水〔一一〕。山東通志亦作桃曲河，從俗云耳。小沂水，在縣東北。水經注云：源出黄孤山，西南流，轉東入於沂。螳螂水，在福吉社，俗名松仙河。水經注云：源出魯山〔一二〕，東南流，右注沂水。

古城，一在縣東十里綿山社，周圍二里，世傳戰國時所築；一在沂水縣西北，云即古東莞城；一在日照縣相家莊。古刻，在書堂社。云云山西巖之石室中有唐磨崖古篆刻，約數百言，世傳古帝王之禪云云文也。字徑寸餘，文古難辨，火毀剥落者亦什七。

【校勘記】

〔一〕雲芝茶　「雲」，底本作「靈」，川本同，據滬本及紀要卷三三、圖書集成職方典卷二六一改。

〔二〕東蒙山　底本無此三字，川本同，據滬本及通典卷一八〇州郡補。

〔三〕蒙山在龜山東　底本作「蒙山龜東」，川本同，據滬本及齊乘卷一、清統志卷一七七補。

〔四〕安得腴田可稱哉　川本同，滬本「得」下「腴」上有「有」字。

〔五〕在縣東八里　川本同，滬本「東」下有「一作北」三字，圖書集成職方典卷二六一方山下作「在城北八里」。

〔六〕鹿嶺山　「鹿」，底本作「盧」，據川本、滬本及水經沂水注、圖書集成職方典卷二六一改。

〔七〕盧川水　「川」，底本作「水」，據川本、滬本及水經沂水注、圖書集成職方典卷二六一改。

〔八〕桑泉水　底本無「水」字，川本同，據滬本及水經沂水注補。

〔九〕蒙陰山水　「山」，底本作「二」，川本、滬本同。水經沂水注：「桑泉水又東南，右合蒙陰山水。」據改。

〔一〇〕東南流入於沂　「南」，底本作「北」，川本、滬本同，據水經沂水注改。

〔一一〕逕陽都縣南東注沂水　底本「南」、「東」作「東」、「南」，川本同，據滬本及水經沂水注改。

〔一二〕魯山　底本脱「山」字，川本同，據滬本及水經沂水注、圖書集成職方典卷二六一補。

莒州　城東二十里，爲屋漏山。　浮來山，在州西三十里。一名浮丘。春秋隱公八年：公及莒人盟于浮來。即此。山畔有莒子陵，山之陽有定林寺，内有古木，傳爲春秋時所植。高數仞，大若干圍，清陰竟畝，夏月無暑，爲州人游覽佳境。齊乘：浮來之北則洛山，黄華水發源於此，合浮來泉水〔一〕，瀦爲莒之西湖。湖西復有定林寺。　又南四十里爲雹山，在州東北一百里。　高柘山，在州北一百三十里。一名巨平，又名臺頭。浯水出其下，東流與濰水合，入於海。　護石崖，在州西北一百五十里。其崖虚空，每遇大水泛溢，則出羊肚石、鵝管石、上水石，玲瓏異狀，人多取之。　馬鬐山，在州南六十里，以形名。山麓登陟之境有里餘，步聲鏗訇，似行板築之上。巔有二井，隔咫而鑿，一甘一鹵。東有馬口石，西爲楊光峽，宋時楊光輔讀書址即此。　七寶山，在州北一百里。出金、銀、銅、鐵、鉛、錫、土，金銀非此土不液，故曰七寶。南十五里有古石港〔二〕，銀洞在焉，居民往年曾開之，遂致爭鬭。後奉詔開采，費浮於獲，乃罷。山與諸城界鄰。

沭河，在州東三里。發源自沂山，經沂水縣，至州南流，轉西南，入沂州境。周禮職方：青州，其浸沂、沭。即此。　濰水，在州西北百里。見上。　黄華水，在州西五里。發源檀特山，轉流東南，與沭水合。　吕清水，在州西八里。發源於州西北絡山五横橋，過西湖，會黄華水回流，東南合沭水。　袁公水，在州東北五十里。發源青山，西南入沭水。　潯水，在州東南六十里。發源馬鬐山，西南入沭水。

公鼒姑幕辨：姑幕，故商侯國。漢置姑幕縣，爲都尉治。或曰薄姑。莽曰季睦。晉志、通典、十道記、章懷太子俱以姑幕爲薄姑，而實非也。薄姑，乃古爽鳩氏之地，太公封於營丘，初得臨淄以東。成王時，薄姑與四國作亂〔三〕，成王滅之，以益太公地。六世胡公徙居之，於是薄姑爲齊郡邑。括地志：薄姑城，在博昌縣東北六十里。路史曰：在臨淄西北五十里。今博興縣北十五里〔四〕，有薄姑城是也。齊乘曰：姑幕，在莒縣東北百六十里，故城當在密州。魏收地形志、博物志皆曰姑幕有公冶長墓。寰宇記謂長墓在密州西北五十里，則姑幕爲在密州者似矣。按春秋昭公五年：莒牟夷以牟婁及防、兹來奔。杜預曰：姑幕縣東北有兹亭。夫莒子國方六七十里止耳，豈能履及臨淄以西之地，即密州亦非所宜有也。水經注引京相璠曰：琅邪，姑幕縣南四十里。員亭，故魯鄆邑。郡國志：東莞有鄆亭。而後齊嘗幷姑幕入東莞，即知姑幕即東莞之境，而密州去東莞二百餘里，安得有四十里之鄆亭乎？則以姑幕爲在密州者，亦非也。後漢書劉盆子傳載莒人逄安等起兵〔五〕，從樊崇攻莒不下，轉掠至姑幕，遂北入青州。據文自莒而姑幕，自姑幕而青州，正與今壤地道里合，故並取之以爲證。　莒，疑名凡三見：文王克莒，爲一；陰忌奔莒，爲二；城莒父及霄，爲三。莒子國也，定十四年何以稱莒父，注云：公叛晉，而城二邑〔六〕。朱子以爲魯地，陰忌奔莒，杜預以爲周邑，必有所考，不敢自定。〔旁注〕莒州志：外郭周四十餘里，内城周二十里，子城周十二里。寰宇記曰：縣理在故城，二三里〔七〕，皆崇峻，惟南開一門。無知之難，小白奔焉。樂毅攻齊，守險全國。列女傳：齊人杞梁殖襲莒戰死，其妻哭于城下，七日而城崩。

紀鄣城。杜預曰：紀鄣，莒邑也〔八〕。東海贛榆縣東北有故紀城。今考西北非東北，城址四方尚宛然。春秋杞、紀通用，然考平王二十一年，杞武公遷於莒之南。左傳莊公二十二年：杞公自莒南遷城陽之北〔九〕。再考桓公五年，經書齊侯、鄭伯如紀。城祝丘〔一〇〕。左傳：齊、鄭朝紀，欲以襲之。後齊高發伐莒〔一一〕，莒共公開西門而出〔一二〕，齊師入紀。豈既遷之後遺於莒，而更以紀鄣名之歟？但不知武公從何而遷莒。或以爲杞舊都陳留，桓公六年遷都淳于，則與平王時遷莒南者不合。況隱公四年莒代杞，取牟婁，牟婁在莒北，是未遷城陽之先，而莒即北伐之，又不可解也。余觀紀城荒濕，不堪久居，或不待桓公時而遷於北與，又未可盡憑矣。按紀鄣，漢立爲縣，王莽更名就信。曹公城，在州南二十里，魏武征陶謙所築。今曰五花營。高鄉城，在州東南七十餘里。漢侯國，宣帝封城陽惠王子休爲侯。晉永嘉後，城廢。疑即今十字路城。箕城，在州東北百里，箕屋山下，濰水出此。漢宣帝封城陽荒王子文爲侯。折泉城，漢侯國。記附密州，亦云失其所在。然水經折泉水出松山，今曰分流山，在馬耳山西，城當屬此地。祝其，實夾谷地。服虔曰：地二名。莽更曰猶亭。地理志曰：莒子始起於此，後遷莒。先都介根，又以爲起於此，何也？有鹽官。故世謂之南莒。又曰：南莒即東海厚丘縣，莽更爲祝其亭。長城嶺，見泰安、諸城。長城之入莒者，自穆陵東歷太平山四十里，接高臬之巔，遠望如長虹，轉而南，絶浯水，過卧牛城，又南傍高華嶺，漸入諸城界，至膠州大朱山，入海。城陽城，在高密縣南，世名田横城。諸城縣亦有城陽鄉，或曰在高密者爲漢城陽國，非也。天下有三城陽：濟陰、安定、莒，而莒之城陽最著。齊亦有三城陽：高密城、北海郡、莒，而莒之城陽爲始。故韓信追楚兵至城陽者，高密之城陽也。史記：漢二年，田榮自立爲齊王。項羽聞之，大怒，伐齊。平原人殺榮，榮弟横收散兵，得數萬人，反擊項羽於城陽。三年四月，横立榮子廣爲王，而相之。漢將韓信引兵東擊齊，齊王走高密，相横走博陽[一三]，守相田光走城陽。十一月，楚使龍且救齊，信決水斬龍且，追楚兵至城陽。信既斬且濰水，追北不過數十里而止，豈有追至三百里之遠乎？高帝六年，立子肥爲齊王，以膠東、膠西、淄川、濟北、博陽、城陽郡與民能齊言者皆屬焉。按莒自秦爲縣，屬琅邪郡，非郡也。劉攽曰：博陽、城陽，亦非秦郡，或自漢初立莒爲城陽郡，而國封王。則湯沐邑當在莒，不在密。而莒城陽之名，實始於戰國。勃貂對齊王曰：昔王不能守王社稷，走而之城陽山中。安平君以敝卒七千，禽敵反千里之齊。當是時，闔城陽而王天下，莫之能止，然爲棧道木閣，而迎王與后於城陽之山中，王乃復反，子臨百姓。

觀貂之言，則迎王當在莒中，時莒已稱城陽矣。故城陽王都莒，非都城陽城。彼晉郡之城陽，蓋惠帝分北海而立，莒在南自屬東莞，實風馬牛不相及也。牟婁、防、茲。春秋昭公五年〔一四〕：夏，莒牟夷以牟婁及防、茲來奔。鄆邑。左傳：平子伐莒，取鄆。壽餘。左傳：齊伐莒，莒人敗之壽餘。右皆未詳何所。

【校勘記】

〔一〕合浮來泉水　「泉」，川本、滬本同，齊乘卷一作「衆」。

〔二〕古石港　「古」，底本、川本作「湖」，滬本作「胡」。圖書集成職方典卷二六一莒州七寶山下作「古」，清統志卷一七七同，據改。

〔三〕四國　「國」，底本作「海」，據川本、滬本及紀要卷三五改。

〔四〕十五里　「十五」，底本作「五十」，川本同，滬本作「十五」，圖書集成職方典卷二六八博興縣：「博姑城，在縣北十五里。」據乙正。

〔五〕逄安　「逄」，底本作「逢」，川本、滬本同，據後漢書劉盆子傳改。

〔六〕城二邑　「城」，底本作「爲」，川本同，據滬本及春秋定公十四年杜預注改。

〔七〕二三里　川本同。按元和志卷一一莒縣：「縣理在莒國故城中，城三里。」寰宇記卷二四莒縣：「縣理在莒國故城中，三里。」則此「二」疑爲衍字，或爲「中」字之誤。滬本作「城三重」，乃據齊乘卷四、紀要卷三五而改。

〔八〕莒邑也　底本作「地二名」，川本同，據滬本及左傳昭公十九年杜預注改。

〔九〕左傳莊公二十二年杞公自莒南遷城陽之北　川本、滬本同。按此載杞公南遷事，不載於左傳莊公二十二年，疑引誤。

〔一〇〕如紀城祝丘　底本「紀」作「杞」，「祝」下無「丘」字，據川本、滬本及春秋桓公五年改補。

〔一一〕高發　底本脱「發」字，川本同，據滬本及左傳昭公十九年補。

〔一二〕西門　「西」，底本作「北」，川本同，據滬本及左傳昭公十九年改。

〔一三〕博陽　川本、滬本同。漢書田儋傳：韓信乃渡平原，「廣東走高密，横走博，守相田光走城陽」。「博陽」疑爲「博」之誤。

〔一四〕春秋昭公五年　底本「五」上衍「公」字，川本同，據滬本及春秋昭公五年删。

沂水　東北爲牛心山，小沂水出焉〔一〕。　南十里爲岜山，沂水經其下。相傳莒子陵在焉。

齊乘：西南一百里爲望仙山〔二〕。　閔公山，在縣西北八十里。峯巒孤秀，澗壑迴合，石徑嶄巖，清泚繞流。環山皆石，環石皆松，遠望如黛，沂之第一觀。相傳閔子避地其中，故名。上有閔公祠，正德中改建書院，春秋祀焉。　又北爲雕崖山，沂水出焉。　盧山，在縣西南一百二十里，蒙山少北。其山葱蒨委長，望之如黛，略與蒙山等。　齊乘：高柘山，在縣東北百里。漢志：靈門有高柘山。　浯水所出，東入濰〔三〕。　又名巨平山，俗曰臺頭山。　沂山，在縣北百里。其陰爲臨朐，其陽爲沂水，今一統志、省志、郡志皆入臨朐。　而山之奇峻，多在山之陽。　杜佑通典曰：「沂水，隋縣。有穆陵山〔四〕，齊南界。」元史地理志亦云：沂水縣有沂山，爲東鎮。則山之屬沂舊矣。周官職方氏：正東曰青州。其山鎮曰沂山，又名東泰山，一曰小泰山。漢公玊帶曰：「風后、封巨、岐伯令黄帝封東泰山。」武帝太初二年，設祠具，至東泰山，卑小，不稱其聲，乃令祠官禮之，而不封。夫山爲鎮首，又號東岱，非極崇高，何以得名，而漢志以爲卑小，何也？于欽曰：「沂山，遠望之則高壓羣山，緣坡麓，曼衍八九十里，以漸而升〔五〕，逮至其巔，則失其峻極耳。」此語得之左思齊都賦「神嶽造天」，蓋以山名東泰，故稱嶽焉。廣固以南，羣山環列，岡巒重複，而沂山一峯，出於雲表，特立數百里之外，左思之言，信不誣也。山下有東鎮，歷代俱載祀典，唐天寶十載，封爲東安公。宋政和中，封爲東安王。金史曰：明昌中始封。金、元因之，國朝去王號，只稱東鎮沂山之神。大峴山，即大弁山，其實與沂山爲一。酈道元曰大弁山與小泰山連麓而異名。是也。山在沂山東南，大弁今訛傳大屏。唐沈亞之沂水雜記又訛作大平山，因頂平廣，故名。西南即峴關也，其山峻狹，爲齊南天險。慕容超不能守，爲劉裕所乘，即此。關北有裕祭天五壇，今但名穆陵關，管仲所謂「南至于穆陵」者也。

公鼐浮來山辨：齊乘曰「浮來在莒州西三十里」，春秋「公及莒人盟于浮來」，即此。俗訛作浮丘山，山半有莒子陵，郡志亦以爲然。余謂此皆弗深考之過也。按後漢郡國志曰：東莞有鄆亭，有邳鄉。有公來山，或曰古浮來。杜預注：「浮來，紀邑。東莞縣北有邳鄉，邳鄉西有公來山，號曰邳來間。」〔六〕水經注曰：沂水東經蓋縣故城南，又東經浮來之山，浮來水注之〔七〕。春秋「公及莒人盟于浮來」者也，在邳鄉西，故曰邳來之間。又曰大峴山水東南流〔八〕，經邳鄉東，東南注於沭。詳酈氏書所記。則沂水上流之東，沭水上流之西，其間即邳鄉也。杜氏謂邳鄉在東莞之北，而浮來又在邳鄉之西，則浮來在今縣西北百里外，而莒州乃在縣東南百里，是相去已二百里矣。且邳鄉爲峴山水入沭所經，則去峴山非遠，正縣西北之境也。況沂水下流，不由莒地，若浮來果在莒西三十里，則去沂水遠甚，水經注安得謂沂水逕浮來山，浮來水注之乎？後世不識浮來所在，因春秋「及莒人盟」之文，遂以莒城西山當之，其謬甚矣。

沂河，在縣西一里。周禮：青州，其浸沂、沭。是也。鄭玄注曰：沂山，沂水所出。賈公彦曰：沂水出沂山，水取名於山也。酈道元曰：沂有二源：一出柞泉山，一出魚窮山，俱東南流，合成一川，右會洛預水〔九〕，東北流注之。東南螳螂水入焉，水出魯山〔一〇〕，東南流，右注沂水。又東逕蓋縣故城南，東會連綿之水〔一一〕，水發連綿山，南流逕蓋城東而南入沂。沂水又東經浮來之山，即公來山也，浮來水注之，其水左控三川，右會甘水，而注於沂。沂水又南經爆山西，山有二峯，雙巒齊秀，圓峙若一。南逕東莞縣故城西〔一二〕，小沂水出黄孤山〔一三〕，西南流逕其城北〔一四〕，南注於沂〔一五〕。今俗謂牛心山，小沂河所出〔一六〕，或即此也。沂水又南與閭山水合〔一七〕，水出閭山，東南流，總歸於沂。沂水又南逕東安縣故城東，今縣南三十里小城址當是。

而南合時密水，水出時密山。莒地，莒人歸共仲於魯，及密而死，是也。東流逕東安城南〔一八〕，又東南流入於沂。沂水又南〔一九〕，桑泉、堂阜諸水入之。蓋今蒙陰諸水，俗名汶河，于欽所謂沂水南至河陽村，桑泉水西來入之者也。沂水又南逕陽都縣故城東，又南與蒙山水合，水出蒙山之陰，東流逕陽都縣南，東注沂。又南入臨沂縣界。沭水，在縣北五十里。水經：沭水出東莞縣西北山。注曰：大弁山與小泰山連麓，引控衆流，積以成川，東南流逕邳鄉南。沭水又左合峴水〔二〇〕，水北出大峴山，東南流逕邳鄉東，東南流注於沭〔二一〕。齊乘曰：沭水，漢書謂之術水。元和志云：俗名漣水，出沂山東麓，經大峴山，峴水入焉。穆陵關南入沭之水。又南至老牛嶺，嶺長二十五里。折而東逕⿰山其山，⿰山其水入焉。又南至洛山，洛水西來入焉。又南入莒州境。于欽曰：沭水過羽山由吾，行山峽之間，〔旁注〕峽或作峡，山之峡址也。有山口池者，俗云禹鑿沂水，由三十穴湖貫此峽口〔二二〕，與沭相通。意沂、沭或有合流之時，第無陽都入沂之事也。汶河，在縣西南八十里，即桑泉水也。合蒙陰諸水入縣界〔二三〕，東北流，又折東南〔二四〕，至河陽村，入於沂。銅井泉，在縣西南六十里。其泉四出西嶺下，有土爲壤地而伏流滚滚聲聞於外者，匯爲一水，下流五里入於沂。泉下有平地數十頃，沂水地可以興水利者，惟有此泉。

東莞城，漢縣，屬琅邪國。晉屬東莞郡。隋屬密州〔二五〕。今縣西北古城，疑即東莞城。東安城，在縣南五十里。漢縣，屬城陽國。後漢屬琅邪郡。北齊廢，隋復置。黄草關，在縣西南一百四十里，新興店之西。山勢峻險，中通一徑，僅容方軌，相傳爲唐文皇征遼東駐兵之所，營砦遺址尚存。按貞觀十八年，使刑部尚書張亮，率江、淮、嶺、峽兵四萬，長安、洛陽諸郡募士三千，自萊州泛海趨平壤，此其必出之道也。〔旁注〕向城在沂州西南〔二六〕。春秋隱公二年：莒人入向。通志云：沂州有古向城。寰宇記云：夜頭水一名向水，經椑城南入海。向城在莒縣南，蓋今沂州之向城是也。

公鼒陽都辨：漢書地理志陽都屬城陽國。應劭曰：「齊人遷陽，故陽國是。」後漢及晉屬琅邪。自是以後，不見其名，故世遠迹滅，亦無所考證。范曄書明帝紀：十五年，徵東平王蒼會陽都。章懷注曰：陽都故城，在沂州沂水縣南。于欽作齊乘，列記古郡邑城郭之迹，獨不著陽都所在，豈以無考證故與？按水經注：沂水經東安縣故城東，又南，桑泉水及巨圍、堂阜諸水入之，此即今所謂汶河。又東南〔二七〕，盧川水注之〔二八〕，水出鹿嶺山，東南流，左則二川臻湊〔二九〕，右則諸葛泉源澌奔亂流，逕城陽之盧縣，故蓋縣之盧上里也，今盧陽社地是。沂水又南，逕陽都縣故城東〔三〇〕，縣故陽國，齊利其地而遷之者也。沂水又南與蒙山水合，水出蒙山之陰，即今蒙山社之地，在盧山正南，東流逕陽都縣南，注沂〔三一〕。今考縣里社之名，蒙山以東，葛州以北，皆縣界也。水出蒙山之陰，已在蒙山北境，而曰東逕陽都縣南，則陽都尤在蒙山之北可知也。諸葛孔明，琅邪陽都人。後世求陽都而不得，遂以沂州爲孔明故里。然沂州乃臨沂，非陽都也。以章懷注證之，則葛溝之間，其即陽都故墟乎？齊乘亦稱沂水南逕諸葛城，至沂州城尚遠。而今葛溝在兩界之間，且諸葛之名非無因而起也，故知陽都在縣境無疑。

【校勘記】

〔一〕小沂水　底本脱「沂」字，川本同，據滬本及圖書集成職方典卷二六一補。

〔二〕西南一百里爲望仙山　「西」，底本作「東」，川本同，據滬本及齊乘卷一改。

〔三〕有高柘山浯水所出東入濰　川本、滬本同。漢書地理志琅邪郡靈門：「有高杲山。壺山，浯水所出，東北入淮。」蓋此脱「壺山」二字。又，據本書下文顧氏注，漢志濰或作淮，故俗亦名淮河。按淮字從隹，即古濰字。

〔四〕穆陵山　「穆」，底本作「稷」，據川本、滬本及通典卷一八〇、圖書集成職方典卷二六一改。

〔五〕以漸而升　底本無「以」字，川本、滬本同，據齊乘卷一補。

〔六〕邳鄉西有公來山號曰邳來間　底本「邳」下脱「鄉」字，又脱「間」字，川本同，據滬本及春秋隱公八年杜預注補。

〔七〕浮來水注之　「之」，底本作「云」，川本、滬本同，據水經沂水注改。

〔八〕大峴山水東南流　川本、滬本同，水經沭水注作「峴水北出大峴山，東南流。」

〔九〕洛預水　底本作「預山」，川本同，據滬本及水經沂水注改。

〔一〇〕水出魯山　底本無「水」字，川本同，據滬本及水經沂水注、圖書集成職方典卷二六一補。

〔一一〕又東逕蓋縣故城南東會連綿之水　底本「城南」作「城東」，「東會」作「南會」，川本、滬本同，據水經沂水注、圖書集成職方典卷二六一改。

〔一二〕南逕東莞縣故城西　川本同，滬本「南」上有「東」字，同水經沂水注。

〔一三〕小沂水出黄孤山　「孤」，底本作「柘」，川本同，據滬本及水經沂水注、圖書集成職方典卷二六一改。又，滬本此句作「與小沂水合水，出黄孤山」。

〔一四〕西南流逕其城北　「西」，底本作「東」，川本同，據滬本及水經沂水注改。

〔一五〕南注於沂　川本同，滬本「南」上有「西」字，同水經沂水注。

〔一六〕小沂河　底本脱「沂」字，川本同，據滬本及水經沂水注補。

〔一七〕閭山水　底本無「水」字，川本同，據滬本及水經沂水注、清統志卷一七七補。

〔一八〕東安城　「城」，底本作「縣」，川本同，據滬本及水經沂水注改。

〔一九〕沂水又南　底本無「又」字，川本同，據滬本及水經沂水注補。

〔二〇〕峴水　底本作「峴山水」，川本同，據滬本及水經沭水注删「山」字。

〔二一〕東南流注於沭　底本作「西注於沭」，川本同，據滬本及水經沭水注改補。

〔二二〕三十六湖　「三十」，川本、滬本同，齊乘卷二作「三十六」。

〔二三〕蒙陰諸水　川本、滬本同，水經沂水注作「蒙陰山水」。

〔二四〕又折東南　「東」，底本作「西」，川本同，據滬本及水經沂水注改。圖書集成職方典卷二六一青州府山川考汶河下作「又折而南」。

〔二五〕密州　川本同，滬本作「高密郡」。

〔二六〕沂州西南　「沂州」，底本作「沂水」，川本、滬本同，據齊乘卷四改。

〔二七〕又東南　「東南」，底本倒誤爲「南東」，川本、滬本同，據水經沂水注乙正。

〔二八〕盧川水　「川」，底本作「州」，川本同，據滬本及水經沂水注改。

〔二九〕二川臻湊　「川」，底本作「州」，川本同，據滬本及水經沂水注改。

〔三〇〕逕陽都縣故城東　底本「都」下無「縣」字，「城」下無「東」字，川本同，據滬本及水經沂水注補。

〔三一〕注沂　川本、滬本同，水經沂水注作「東注沂」。

日照　南五十里爲風火山。西南爲矮歧山，竹子河發源於此。河山，在縣北二十里。頂有大泉。正德中，流賊亂，郡民避兵於此，遺址尚存。駝兒山，在縣西北八十里。有石如人負兒之狀。寨河之源在此。

絲水，在縣東五里。源出絲山，〔旁注〕西南五十里。南繞孤奎山，〔旁注〕縣東南三十里。會寨水東流〔一〕，入於海。大莊河，在縣東三里。源出黃山奈子紅溝，通固河，合兩河入海〔二〕。紅河，在縣西五十里。源出駝兒山，東流爲沈疃河，又東流爲曲河，又下爲傅疃河，合夾倉河爲兩河，東南入海。寨河，在縣南十五里劉家寨，自駝兒山發源，東流入海〔三〕。又曰傅疃河。竹子河，在縣南四十里。發源矮歧山，東流入海。

塘頭寨備禦百户所，墩十：公母堂、黃種、上泗河、舊寨〔四〕、寧墳、荆皁、課墩、官臺、甜水河、八面河。安東衛，墩一十有三〔五〕：攔頭山、雅高山、大河口、泊風、味蹄溝、張洛、黑漆石、濤洛〔六〕、小皂兒、三橋、風火山、虎山、鬭山。石舊寨守禦千户所〔七〕，墩一十有五：南石舊、耆山、温桑溝〔八〕、北石舊、青尼、董家、釣魚、湘子泊、金線石河、古城、滕家、湖水、本寨、西堡、董家堡。諸城守禦千户所，墩四：西大嶺、黄石欄、東沙鎮、黄石。南龍灣巡檢司，墩三：琅邪臺、胡家、陳家貢。夾倉鎮巡檢司，墩四：相家、焦家、蔡家、三岔口。

【校勘記】

〔一〕寨水　「寨」，底本作「塞」，川本同，據滬本、本書上文及紀要卷三五改。

〔二〕通固河合兩河入海　川本同，滬本作「合固河，東南入海」。

〔三〕東流入海　「東」，底本作「南」，川本、滬本及圖書集成職方典卷二六一作「東」，據改。

〔四〕舊寨　底本作「蒨寨」，川本同，據滬本及圖書集成職方典卷二六七改。

〔五〕墩一十有三　底本無「墩一」二字，據川本、滬本及圖書集成職方典卷二六七補。

〔六〕濤洛　「濤」，底本作「禱」，川本同，據滬本及圖書集成職方典卷二六七改。

〔七〕石舊寨　底本作「石蒨寨」，川本同，滬本及紀要卷三五、圖書集成職方典卷二六七作「石舊寨」，「蒨」字誤，據改。下同。

〔八〕温桑溝　「桑」，底本作「乘」，川本同，據滬本及圖書集成職方典卷二六七改。

臨朐　民業耕農，務蠶織，作紬絹，山居者或拾山繭作紬，禹貢所謂檿絲是也，亦可種棉花爲布〔一〕。西南鄉以果樹致饒益多，麥收者好造麴交易以爲利，亦或養蜂收蜜。懷資者或輦其土之所有走江南，回易以生殖，或販魚鹽。其西南山社無業者〔二〕，或伐木燒炭，燒石作灰，陶土作器，負販以給徭役。近社之貧者，大抵以菜爲業，又或織葦若秫爲蓆薄，或編荆爲筐莒，以供衣食。餅師、酒户，則鱗次於市，鮮不勤生者。古稱通工商之業，便魚鹽之利，至於今爲近之。

【校勘記】

〔一〕亦可種棉花爲布　「可」，川本、滬本作「頗」。

〔二〕山社　川本同，滬本無「山」字。

樂安縣　其先曰千乘，禹貢青州地也。春秋時，爲齊所有。至七國時，見千乘之名。戰國策：千乘、博昌之間。秦以入齊郡。漢置爲千乘縣，屬於千乘郡。有鐵官。東漢明帝以千乘郡封其子建，章帝以封其子伉。伉者，質帝之曾祖也。由是郡更爲國，屬於千乘國。和帝更千乘國爲樂安，屬於樂安國〔一〕。迨質帝立，國復爲郡，屬於樂安郡。晉武帝更樂安郡爲國，以封其弟鑒，而千乘縣嘗罷也。安帝平南燕，復置千乘縣，屬於樂安郡。宋、後魏俱承爲千乘縣，亦俱屬於樂安郡。隋罷廣饒縣，以其地爲千乘縣，屬於北海郡，今之縣地是已。唐并千乘、壽光、博昌地，置乘州，未幾廢州，復置千乘縣。宋亦爲千乘縣，俱屬於青州。金爲樂安縣，屬於益都府〔二〕。元更益都爲路〔三〕，屬於益都路。明興爲樂安縣，屬於青州府。按縣自金更千乘之名爲樂安，至於今。始樂安者，漢所置一縣也，而與千乘縣俱屬於千乘郡，知非今樂安者。漢書：兒寬，千乘人也。而何疑於漢之千乘，非吾縣乎？若夫漢所謂樂安縣，晉以來至宋，亦省而不見矣，其故城當在今博興城西南。水經云：濟水又東北逕樂安縣故城南，又東北過利縣西。利縣，今利城也。其千乘縣故城，當在博興城北差東。伏琛齊記：千乘縣〔四〕，在齊城西北一百五十里。伏琛又云：有南北二城，相去三十里。然則其一城爲太守治，若王國爾。後更千乘國爲樂安，於是入樂安國於臨濟，故狄縣也。漢書稱其國土卑濕，租稅鮮薄，其故城當在今新城城西，當是時與樂安縣亦相望也。至隋，始罷廣饒縣入千乘縣。廣饒者，亦漢所置縣也，屬於齊郡。東漢罷廣饒縣。亦屬於齊國〔五〕。後魏屬於齊郡。齊郡若國，皆在今臨淄，故隋爲更千乘縣，以屬於北海郡。北海郡者，今益都也。而廣饒縣歷唐、宋、元，皆省不見，其故城當在今城東北。若夫今城之西有兒寬墓者，葬無常許〔六〕，未可以此難也。按地里風俗記云，博昌城東北八十里，有琅槐鄉故縣也，其地或在今城北域内。

清水泊，本曰鉅定湖。其西北爲漢故鉅定縣。漢書武帝紀：征和四年，上行幸東萊，臨大海。三月，耕於鉅定。是也。其地當在今城東北。而金益都府所領鎮七，其新鎮、王家、高家港三鎮，俱縣所有，試東北望，漠然廣遠矣。 海，在城東北一百三十里，渤海也。按漢有北海、渤海二郡，季札稱齊而曰東海，蓋各以方名，東海可也，北海可也。山海經則以海東北陬爲渤海，何也？其於河、濟、漯、滹沲四水所注，皆謂之渤海，他直曰海而已。由此言之，今所負爲渤海可知矣。 濟水。水經：濟水又東北，濼水出焉〔七〕。趵突泉。濟水又東北華不注山，又東北過臺縣北；濟水又東北合芹溝水，又東北過菅縣南，又東過梁鄒縣北〔八〕，又東北過臨濟縣南；濟水又東北迤爲淵渚，謂之平州；濟水又東北逕樂安縣故城南，漢樂安縣。又東北過利縣西，又東北過甲下邑，入於河，又東北入於海。按經所次，即今小清河也。禹貢：道沇水，東流爲濟，又東北會于汶，又北東入于海。濟水蓋從今大清河道入於海爾，後伏不出，以其道假之汶水，東北而下，亦趨於海。桑欽以其所流非濟水也，闕大清河道不述，而以其發伏於歷縣故城西南所謂趵突泉者，迹其歸，亦東北。今觀之，其稱故臺、菅、梁鄒、平州、樂安、利，俱頗可識，爲今小清河無疑矣，惟甲下邑不可知所在。若夫濟水自利城而下，實逕城之西北者。東北故有鑑清館，在石辛鎮，以面清水名。知縣奚銘建，而學士丘文莊公濬所題扁也，今廢。 淄水。水經：淄水，又東北過利縣東〔九〕。今淄水流至於城南二十里黄坧之東，至於曲堤，折而東北流，逕城東十里朱家道口。而桑欽偶遺廣饒一方未及，是以酈道元補注之曰：淄水又東北逕廣饒縣故城南。所謂故城南，其實爲利縣之東，今城之東北爾。淄水新有堤，在朱家道口，知縣王本固所築也。先是淄流至此，滋漬東岸而壞良田無限，今夏以來，始復其故安流矣。巨洋水。水經：巨洋水，又東北過壽光縣西。故城。按漢書地理志注：洋水至廣饒入鉅定。鉅定即今清水泊也，今巨洋水流至於城東南二十五里大王橋，頗東北下，逕城東彭家道口。彭家道口者，縣東極也。女水。水經注：女水又東北入澱。今女水流逕城東二十里淄河鋪東南澱〔一〇〕，即清水泊也。清水泊，在城東北四十里。漿水河，在城西南二十里。支脈溝，在城北六十里。禹貢稱海濱廣斥，謂如今高家港以往耶，其地都無所生，婦人有白首而不識五稼，歲時盤薦惟魚飧耳。知府朱鑑詩曰：「海若生潮成碧浪，天如不雨盡黄塵。可堪二月無花柳，踏遍孤村不見春。」漢書武帝紀：太始四年，祠神人於交門宫。晉灼曰：「琅邪縣有交門宫〔一一〕，武帝所造。」風俗通：城陽景王章，齊悼惠王之子，以誅諸吕功，封城陽，今莒縣是也。自琅邪青州六郡及渤海都邑、鄉亭、聚落皆爲立祠，造飾五二千石車〔一二〕，商人次第爲之，立服帶綬，備置官屬，烹殺謳歌，紛籍連日，轉相誑耀，言有神明，其譴問禍福立應，歷載彌久，莫之匡糾。惟樂安太傅陳蕃、濟南相曹操一切禁絶〔一三〕，肅然政清。陳、曹之後，稍復如故。後漢書劉盆子傳：軍中常有齊巫鼓舞祠城陽景王〔一四〕。

劉向别録：談説之士，會於稷門下。鄭志：張逸問贊曰〔一五〕：我先師棘下生，何時人？答曰：齊田氏時，善學者所會處也。齊人號之棘下生。滄浪詩話：孔明梁父吟：步出齊東門，遥望蕩陰里。樂府解題作陰陽里。青州有陰陽里。

廣川書跋：按顧野王輿地志謂顏文妻事姑，感得靈泉生於室内，常以緝籠蓋之，姑出籠，即泉湧居宅，時號籠水。唐李亢集異記誤作顏文姜。宋熙寧中，遂封顏文姜爲順德夫人。按此水本號萌水，出甲山，東北逕萌山，西注般陽，入於隴下。與齊水合者，萌水口也。

【校勘記】

〔一〕屬於樂安國　川本、滬本「屬」上有「縣」字。

〔二〕益都府　底本無「府」字，川本同，據滬本及金史地理志、圖書集成職方典卷二五九補。

〔三〕更益都爲路　底本「路」上有「官」字，川本同，據滬本删。

〔四〕千乘縣　「縣」，川本同，滬本作「城」，同紀要卷三五、清統志卷一七一千乘城引齊記，作「城」是。

〔五〕東漢罷廣饒縣亦屬於齊國　川本同，滬本「縣」下「亦」上有「不置晉廣饒縣」六字。

〔六〕葬無常許　川本、滬本同，滬本眉批：「許，疑所字之訛。」

〔七〕濼水出焉　川本、滬本同。水經濟水注作「濼水入焉」。

〔八〕東過梁鄒縣北　川本、滬本同，水經濟水注作「東北過梁鄒縣北」。

〔九〕又東北過利縣東　川本同，滬本「東北」作「北」。水經淄水注：淄水「又東過利縣東」。則應作「東」。

〔一〇〕女水　底本無「水」字，川本同，據滬本補。

〔一一〕交門宫　底本、川本作「交閭」，滬本作「交閭宫」，據漢書武帝紀顏師古注引晉灼曰改。

〔一二〕造飾五二千石車 「二」，底本作「工」，川本、滬本同，據風俗通城陽景王祠改。

〔一三〕曹操 「操」，底本作「摻」，川本、滬本同，據風俗通城陽景王祠改。

〔一四〕軍中常有齊巫鼓舞祠城陽景王 「齊」，底本作「齋」，川本、滬本同，據後漢書劉盆子傳改。

〔一五〕張逸問贊曰 「贊」，川本、滬本同，水經淄水注作「書贊」。

萊志：自昔北海、膠東、膠西，稱爲富强，而夜邑之奉，史氏所侈，今則蕭然，六七城，不足當大藩一縣，是宜國朝分封，無一言及萊矣。州，姜氏〔一〕，公爵。春秋桓公五年：州公如曹。左傳曰：淳于公如曹。州公，都淳于也。六年，自曹來，不復。州亡，而杞遷居之。城陽淳于縣，是今高密安丘之境。萊，姓未詳。或曰姜姓，炎帝之後，子爵，蓋東方夷國也。史記稱萊侯。禹貢：萊夷作牧。太公就封時，亦嘗間周室未定，起兵爭營丘。春秋襄公二年：齊侯伐萊，萊人使正輿子賂夙沙衛以索馬牛〔二〕，皆百匹，齊師乃還。齊侯召萊子〔三〕，萊子不會。六年四月〔四〕，晏弱城東陽，遂圍萊。甲寅，堙之，環城傅於堞〔五〕。六年三月乙未，王湫帥師及正輿子、棠人軍齊師，齊師大敗之。丁未，入萊。萊共公浮柔奔棠。正輿子、王湫奔莒，莒人殺之。四月，晏弱圍棠〔六〕，十一月丙辰，滅之。遷萊於郳。萊在今登州黄縣。齊乘：棠在即墨，郳在昌邑。

萊州衛，領左、右、中、前、後五千户所。王徐寨備禦千户所，屬萊州衛。韓墩六：虎口、茲口、莊頭、王徐〔七〕、識會，在所北；高沙，在所西。寨在府東北八十里。城周二里。馬亭寨備禦百户所，屬萊州衛。轄墩五：鹽場、零當望，在所北；河口、界首、黄山，在所西。寨在府東北一百六十里。城周二里。竈河寨，府北二十里。城周二里。備禦四百户所，屬萊州衛。轄墩三：單山、三山、本寨，在所北。馬埠寨，府西二十五里。城周二里。備禦百户所，屬萊州衛。轄墩三：海廟、扒埠，在所北；馬埠在所南。

靈山衛，城周三里。在膠州東南一百里。領左、前、後三千户所。轄墩堡三十：帽子峯、將軍臺、沙嘴、黄埠、敲堯山、唐島、安嶺、李家島、百子埠、烽火山，在衛南；野人埠、黄山、長城嶺、臧家疃、捉馬山、張家莊、呼蘭嘴，在衛東；沙嘴，在衛東北；孫家港、到家溝、白塔齊〔八〕、交叉澗、青石山、崇石山、東石山，在衛北；焦家村、石喇叉、鹿角河、花山、大虎口，在衛西。夏河寨，在膠州西南九十里。城周三里有奇。備禦千户所，屬靈山衛。轄墩堡十六：夏河、沙嶺、黄埠、徐家埠、紫良山、海王莊、車壘、大盤，在所南；顯溝、趙家營、走馬嶺、封家嶺、沙嶺、小灘、王家莊、丁家莊，在所北。

鰲山衛，在即墨縣東四十里。洪武二十一年，魏國公徐輝祖開，領右、前、後三千户所。轄墩堡二十六：分水嶺、石嶺、小勞山、横擔、擘石、龍口、石老人、栲栳島、蕭旺、捉馬嘴，在衛南；狼家嘴、高山、羊山，在衛東；走馬嶺、峯山、蝟皮嶺、黄埠、石爐山、桑園石、張口、大村、明旺、營張家寨，在縣北五十里。　樓山寨，在縣南四十里。　金家嶺寨，在縣南七十里。　王家莊寨，在縣東南五十里。　走馬嶺寨，在縣東北九十里。　羊山寨，在縣東北一百里。　大港寨，在縣東北六十里。　栲栳島寨，在縣東北九十里。　田村寨，在縣東北九十里。俱屬衛。　浮山寨，在即墨縣南八十里。　備禦千户所，屬鰲山衛。　轄墩堡十八：麥島、錯皮嶺、雙山、塔山、瓮窩頭，在所東；轉頭山、狗塔埠、桃村、中村、東城、張家莊、程家莊，在所南；程羊、女姑、樓山、孤山、紅石、斬山，在所西。　膠州守禦千户所〔九〕，轄墩堡十六：鹿村、八里莊、柘溝河、塔埠、江家莊、沙埠、洋河、石河，在所南；孤埠、杜家港、沙嶺、大埠、欒村、陳村、辛莊、石河，在所東。　新增墩堡九，當作十：沽河、會灘，在所東；三里河、千户石〔一〇〕、海莊、陳家島、龍泉、劉家港，在所東南；團林、龍潭，在所南。　轄寨六：海莊寨、陳村寨、橛城寨、龍泉寨、兩河寨、龍潭〔一一〕。　雄崖守禦千户所，在即墨縣東北九十里。洪武間建。轄墩堡十一：椵村、王塞〔一二〕、王家山、公平山、望山，在所南；青山、米粟山、北漸山、陷牛山、朱皋、白馬島，在所北。

掖。　柴葫寨巡檢司，轄墩六：小皂兒、武家莊、上官、柴葫、大原，在司北；諸高，在司西。　張家寨，在即墨縣西南五十里。　土城周二里。　樓山寨，在即墨縣南四十里〔一三〕。　土城周二里。　金家嶺寨，在即墨縣南七十里〔一四〕。　城周二里。　子家莊寨，在即墨東南九十里〔一五〕，城。蕭旺莊寨，在即墨縣東南五十里，城。魏書：東萊人王道翼，隱韓信山四十餘年，通達經章符録。顯祖聞而召焉。海倉巡檢司，轄墩五：海鄭、白堂、土山、後竈、東關，俱在司東。新增墩三：花兒墩，在王徐寨〔一六〕；玉皇墩，在郎子埠；禄山墩，在禄山。俱萬曆二十五年建。

昌邑。魚兒鋪巡檢司，轄墩六：黑沙、河口、韓城、本司、煙火、立魚河，俱在司北。

膠州。逢猛巡檢司，轄墩三：户埠、彭家港、烏兒河，俱在司西。古鎮巡檢司，轄墩三：西莊，在司西；古積、北清，在司東南。

即墨。栲栳島巡檢司，轄墩三：栲栳島，在司城内；丈二山，在司西南；金錢山，在司東。

古迹。

掖。望海臺，在縣西北十里。相傳秦始皇所築。通典：漢曲城縣，在東北。齊乘：曲成城，在萊州東北六十里，海邊。漢曲成縣，三山、萬里沙，皆在此。晉改爲曲城。隋末廢。唐武德四年復，六年又廢。當利城，在西南四十里〔一七〕。漢縣。北齊廢。又有陽樂城，在當利北。陽石城，即陵石侯國，在當利南。皆漢縣。臨朐城，在北二十餘里。漢縣。顔監曰：齊郡已有臨朐，而東萊又有此縣，各以所近爲名。縣道記〔一八〕：城在海水祠北約五六里，去海二十里。然今海廟，宋初所建，去海才二三里，與古不同矣。幸臺，漢武帝嘗遊海上，訪安期生，幸此臺，故名。碑刻剥落，即今城南門也。掖西南二十里，又有幸臺社。燕臺，在城外東北里許。南燕慕容德築，即今海山亭是也。崟石，在縣北五十里，臨大海，與三山相近。〔旁注〕三山北十餘里。有盤石，方圓五步，上有汙鐏狀，世傳秦始皇鑿之，以盛酒醢，祈祭百神。

平度。皇城頂，在大澤山瑞雲峯，半巖壘石爲城，或云赤眉巖〔一九〕。東有石壁，題曰「香積廚」，前有大石，題曰「龍神祠」，下有龍池。　劈石口，在天柱山之西麓。一石龕如屋，在東，刻浮屠像；一石壁立於西，刻天柱銘於其上。

昌邑。密鄉城，在縣東南十五里〔二〇〕。春秋隱公二年：紀子帛、莒子盟于密。即此地。漢爲縣，屬北海郡。成帝建始二年，封膠東頃王子林爲密鄉侯。今密城社故址猶存。水經注云：濰水又東北，經下密縣故城西，城東有密埠。漢書：宣帝祀三户山於下密。今故城西爲濰水，東爲密埠，又東爲三户山，則密鄉似即下密城矣。　都昌古城，在縣西二里。漢高帝六年，封朱軫爲都昌侯〔二一〕。至宋建隆三年，因故城東南角建爲昌邑縣。今西北角故址猶存，土人謂之古城。　甘棠鄉，漢屬北海國。左傳襄公六年：圍棠。即此地。今縣南八十里，有甘棠社。後漢書：即墨有棠鄉。

高密。康成祠墓，在縣西北五十里劉宗山下。山産磨石〔二二〕，古礪阜也。水經謂之碑産山。　鄭公鄉，漢屬北海高密縣，後改屬昌邑縣。北海相孔融爲鄭玄名其門曰「通德」，土人因門建祀焉。今縣南一百二十里有鄭公社，即其地。祠廟猶存，高密縣令於二、八月祭。　黔陬城，在縣西六十里。兩城夾膠水而立。縣道記曰：黔陬，秦所置，在高密郡東北，古介葛盧國也。後移縣於膠水西〔二三〕，相去三十里，謂之東西二城。北齊天保間廢。

膠。長城，在州南七十里。齊記云：宣王乘山嶺，築長城，東至海，西至濟州千餘里，以備楚。

濰。麓臺，在縣西南二十里。漢公孫弘讀書於此。

即墨。聚仙臺，在縣南八十里。相傳八仙渡海，圍棋於此。臺上有白石分布，堅瑩異常，爲仙人坐次。每春至，臺草先綠，又謂之先春臺。粥熟地，在縣東南八十里。康王城，在縣西北九十里即墨故城，遺址尚存。今屬平度州。

王莽初，徐鄉侯劉快起兵於其國，攻即墨，即墨吏民拒快，快敗走至長廣死。元魏太和十三年，兖州人王伯恭聚衆勞山，自稱齊王，東萊鎮將孔伯孫討斬之。隋煬帝大業七年，敕幽州總管元弘嗣往東萊海口，造船三百艘。八年，命總管來護兒率樓船由東萊渡海，討高麗。左翊衛大將軍來護兒帥江、淮水軍舳艫數百里浮海先進，入自浿水。唐太宗貞觀十八年十月，以張亮爲平壤大總管，帥兵四萬、艦五百，自萊州泛海征高麗。是年，太宗駐驆唐島。二十一年，以左武衛大將軍牛進達爲青丘道行軍大總管，發兵萬餘人乘樓船自萊州泛海而入。二十二年，以右武衛大將軍薛萬徹爲青丘道行軍大總管，將軍三萬餘人及樓船戰艦自萊州泛海，以擊高麗。閩王審知歲自海道登、萊入貢，没溺者十四五〔二四〕。宋高宗紹興三十一年，李寶大破金人於膠西陳家島。時上命副總管李寶督海州捍禦金兵。寶至石臼島，敵舟已泊唐島〔二五〕，相距僅一山。時北風勢甚盛〔二六〕，寶禱於石臼神。俄有風自柂樓中來，如撞鍾聲，衆咸奮起，引舟握刃待戰。風駛舟疾，過山薄虜。寶命火箭環射，延燒敵船百艘，叱壯士躍登其舟，短兵擊刺，殺溺者甚衆。今有石臼泊在焉。

元世祖至元十七年，從萊人姚演言，命演自膠西陳村等處，開膠河開運〔二七〕。二十二年，詔罷膠萊新河。是年，敕樞密院計膠、萊諸處漕船，備征日本。國朝嘉靖十四年，副使王獻開膠萊新河，未竟開。隆慶四年，以尚書劉應節言，遣侍郎徐栻開膠萊河，尋罷。是年，參政潘允端行海運。萬曆三十年，詔開新河，尋罷之。

【校勘記】

〔一〕姜氏　川本同，滬本「氏」作「姓」，同圖書集成職方典卷二八二。

〔二〕春秋至萊人使正輿子賂夙沙衛以索馬牛　「春秋」，川本、滬本同，按當爲「左傳」；「夙」，底本作「風」，川本同，據滬本及左傳襄公二年改。

〔三〕齊侯召萊子　底本「齊」上有「五年」二字，川本同，據滬本及左傳襄公二年删。

〔四〕六年四月　底本無「六年」二字，川本同，據滬本及左傳襄公六年補。

〔五〕環城傅於堞　底本「城」下「傅」上衍「六年齊晏弱圍萊環城」九字，川本同，據滬本及左傳襄公六年删。

〔六〕晏弱圍棠　「圍」，底本作「爲」，據川本、滬本及左傳襄公六年改。

〔七〕王徐　底本脱「徐」字，川本同，據滬本及清統志卷一七五補。

〔八〕白塔齊　「齊」，川本同，滬本作「夼」。

〔九〕膠州守禦千户所　底本「守」下衍「備」字，川本同，據滬本及明統志卷二五删。

〔一〇〕千户石　「户」，川本同，滬本作「斤」。

〔一一〕龍潭　川本同，滬本「龍潭」下有「寨」字。

〔一二〕王塞　「塞」，川本同，滬本作「騫」。

〔一三〕即墨縣南四十里　「四」，底本作「五」，據川本、滬本及紀要卷三六、圖書集成職方典卷二八二、清統志卷一七五改。

〔一四〕即墨縣南七十里　「七」，底本作「四」，川本、滬本作「七」，紀要卷三六、圖書集成職方典卷二八二、清統志卷一七五皆作「七」，據改。

〔一五〕即墨　川本同，滬本「即墨」下有「縣」字。

〔一六〕王徐寨　「寨」，底本作「塞」，據川本、滬本及清統志卷一七五改。

〔一七〕在西南四十里　川本同，滬本「在」下有「縣」字。

〔一八〕縣道記　川本同，滬本作「寰宇記」。

〔一九〕赤眉巖　「巖」，川本同，滬本作「砦」。按本書下文平度皇城頂下作「砦」。

〔二〇〕縣東南十五里　底本「十五」作「五十」，川本同，據滬本及紀要卷三六、圖書集成職方典卷二八六乙正。

〔三一〕朱軫　「軫」，底本作「珍」，據滬本及漢書高惠高后文功臣表乙正。

〔三二〕山産磨石　「磨」，川本同，滬本作「礪」，同紀要卷三六。

〔三三〕膠水　底本脱「水」字，據川本、滬本及齊乘卷四、紀要卷三六高密縣黔陬城引縣道記補。

〔三四〕没溺者十四五　「十四五」，底本作「四十五」，川本、滬本作「十四五」。舊五代史王審知傳：「審知每歲朝貢，泛海至登、萊抵岸，漂没者十四五。」此「四十五」爲「十四五」之誤，據乙正。

〔三五〕唐島　「唐」，底本作「陳」，川本、滬本同，據宋史李寶傳改。

〔三六〕北風勢甚盛　底本無「盛」字，據川本、滬本及宋史李寶傳補。

〔三七〕開膠河開運　川本、滬本同。按元史世祖紀：至元十七年，秋七月，「用姚演言，開膠東河及收集逃民屯田漣、海。」則此下「開」字蓋衍。

掖

福山。齊乘：福禄山，在城西五里。出温石，可爲器。峯嶺高峻，北臨滄海。魏書崔挺傳作斧山。

禄山，在城西南。與福山並峙。

高望山，在城南十五里許。其峯秀特，登之可遠望，故名。稍東則筆架山。平度亦有高望山。〔旁注〕若平度之高望山，當作五十里，此別一山而同名者也。

大基山，在城東二十里。上有道士谷，流泉花竹，地占高敞，略無纖塵，郡之甲勝。巉崿蒼翠，泉流潺緩，松竹花卉，爲一郡最，世傳唐鄭文公修真於此。

寒洞山〔一〕，在城東南十五里。俗名神山。有洞七：曰虚皇，曰三清，曰五祖，曰六真，曰長生，曰披雲，曰靈官。神山石像四十九，山陰有姑姑洞，亦有石像。　白沙河，在城南三十里，西流合沙河入海。　平度、即墨，亦有白沙河。

【校勘記】

〔一〕寒洞山　「洞」，川本、滬本作「同」，紀要卷三六、圖書集成職方典卷二八一作「同」。

平度　雪山，在州東北五十里。有雪山觀，竹樹成林。　小溪山，在州北二十五里。與大溪山相連。　大溪山，在州北二十五里。有溪與小溪山相連，中通驛路，上有魯王龍女廟，歲旱禱雨輒應。　嵖岈山，在州東五十里。上有海眼石。　齊乘：明堂山，在膠水東北四十餘里。齊記云：盧鄉城東三十里有明堂山，與固山相連〔二〕，出烏頭、天雄。又云蘗石水出此，合石瀆水，北入於海。　紅山，在州東六十里。多紅石，故名。中有石碾磨樹旗幟孔五十餘處，相傳唐賽兒爲亂，以妖術惑人，哨聚於此。後平之。　大澤山，在州北七十里。四面峯巒聳秀，中峯突兀如削，望之類太華。天雖晴霽，望之常有雲氣吞吐，中有智藏寺，奇石清泉。　皇城頂，在大澤山中瑞雲峯，半巖壘石爲城，或云赤眉砦。東有大石壁立，題曰「香積廚」，前有大石，題曰「龍神祠」。祠下即龍池。　兩髻山，在州東北一十三里。兩山對峙，如綰雙髻，下有雲臺觀。六曲山，在州東五十里。上有膠東康王陵。舊志：奇石清泉，萬松雜卉，四時可觀。有樓子石，石下有虎穴洞，又有龍池及乳泉，自石壁突出渟涵石下，色味清美。絶頂有石城門梁故址，昔人避兵之處，或云赤眉巖。

白沙河，在州東二十里。蘇村河，在州北三十里。源出大溪山，西北合於沙河，北流入海。沽尤河，在州東八十里。膠州志：沽河在州東北六十里。左傳昭公二十年：姑、尤以西。注：齊東界。姑水、尤水，皆在城陽郡，東南入海。按沽水有二：大沽河，源出黃縣南蹲狗山；小沽河，源出掖縣南馬鞍山。二水皆南流經平度縣相合〔二〕，總名沽河，經膠州東北六十里，即墨西北六十里兩界入海。左傳云姑、尤以西，姑即大沽，尤即小沽耳。逕膠水縣東南朱毛城東相合，名爲沽河，至膠州東南入海。沽水起北海，至南海，行三百餘里，絶齊東界，故云「沽、尤以西」。尤即小沽河耳。新河，由膠州東北三十里，高密縣東北四十里，與膠水下流合，逕平度州西北八十里，由海倉入海〔三〕。在州南七十里，轉而西北入海，即膠水下流。海運時開此河，自膠州南海以達北海，甚捷徑，可以避海濤之險，自此以入直沽，至今有海倉故地。

【校勘記】

〔一〕固山　川本同，滬本作「巨青山」，與清統志卷一七四明堂山引齊記合。

〔二〕平度縣　「縣」，川本同，滬本作「州」。按圖書集成職方典卷二八一沽尤河下作「平度州」，則作「州」爲是。

〔三〕海倉　川本同，滬本作「海倉口」，同明史河渠志、紀要卷三六。

濰　孤山，在縣西三十五里。峯巒秀拔，崖谷幽深，遠望之巋然天際，翠若抹黛。伯夷避紂隱於此，後人爲之立廟。　峯山，在縣東南四十里。上有竇建德廟。東丹河發源於此。元志有方山，在縣西南五十里，亦謂東丹河發源處，即此山之誤。　濰水，在縣東南六十里，東北入海。縣因此水，故名。　小于河，在縣西十里鋪。發源於本境望流社、柴家埠，北流入白浪河。　寒浞河，在縣東北三十里。源出車流莊，北流三十里經寒亭，又八十里入海。

昌邑　青山，在縣東南二十五里。一名青石埠。盤亘數里，上有東鎮東安王廟，乃赤眉餘黨聚處。　峽山，在縣南九十里。狀如伏虎，俯臨濰水。上有雲眼，雲出即雨。又有仙洞數處，爲一邑之勝。　金史僕散安貞傳：安貞軍昌邑東，徐汝賢等以三州之衆十萬來拒戰。自午抵暮，轉戰三十里，殺賊數萬。賊棘七率衆四萬陣於辛河。安貞遣僕散留家由上流膠西濟，繼以大兵，殺獲甚衆。　岞山，在縣南八十里。濰水經流其下，界於峽、陸二山之間。　濰水，在縣東三里東山下。〔旁注〕在城東二里，俗呼爲東京埠，長數里。　水經云：出琅邪箕縣濰山，經諸城、安丘、高密、濰縣、昌邑，環繞三面，東北入海。漢書濰或作淮，世亦名爲淮河。韓信伐齊，夾濰水而陣，囊沙斬龍且，即此。

膠艾山，在州南三十五里。東西各五里許，兩山屹然，對立如人兩耳，故名東西石耳。西耳，人迹罕到；東耳，巉巖孤聳，轉折而上，多古砦石壁，可容百餘人，其上有神廟。小珠山，在州南九十里。山南有朝陽寺，寺東側峭石突立，下有清泉，水極甘美。齊乘云：小珠山，錯水所出也。鐵橛山，在州西南百一十里。山形矗突，峯頂一泉，水極清冽，自石罅流出，一名滴水巖。膠水發源於此，又名膠山。大珠山，在州南百二十里。濱海名山也，又名玉泉山。壁立萬仞，勢壓羣山。有石門，門下有泉自崖穴中出，洴若吐珠，名玉泉。石門轉折而東，有獅子峯，亂石嵯峨，其狀若獅，與石門相對。山之陽有麻衣庵，又名石室，晉永嘉中陳仲舉隱此。松山，在州西南一百二十里。山麓有碧雲庵、歲寒亭，萬松鬱然，一方奇麗。靈山，在州南一百三十里大海之洋。先日而曙，先雨而雲，若有靈焉，故名。即墨亦有靈山。〔旁注〕海中層巒疊障，竹木蕃盛，昔人居之，今有禁。石臼島，在州南一百里海中。金主亮將由海道襲浙江，兵圍海州。宋高宗令副總管李寶督海舟捍禦。寶至膠西石臼島〔一〕，敵舟已泊唐島，相拒僅一山。時北風盛，寶禱於石臼神。俄有風自舵樓中來，如撞鍾聲，衆咸奮，引舟握刃待戰。風駛舟移，過山薄虜。寶命火箭環射，焚溺甚衆。　封山，在州東南薛家島正東十里。東南北三面皆臨海，其巔可候日出。

唐島，在州南一百里。唐太宗征高麗，駐蹕於此。内有飲馬池。

膠河。〔旁注〕出黔陬山，北逕密州東北鹵山，古名五弩山。又北逕高密縣東北至都樂，北至平度入於海。水經：膠水出黔陬。膠山即膠州之鐵橛山也，水色如膠，故曰膠河。齊記云：膠水出五弩山，亦膠山之别名云。北過高密縣，注豬澤，與張魯河合白澤，北入新河，經平度州西北，七十八里，經昌邑縣界，北入海。元至元時海運故道，入海處尚有海倉遺址。

馬家濠，在州東南九十里。乃副使王獻議開膠東新河，鑿之以抵麻灣，避淮子口之險。有藍田馬家濠記略。齊之東青、登、萊三郡，皆海瀕也，海運之罷，百二十餘年矣。先時丘文莊公及藍侍郎公論列海運皆不果行，議者惜之。嘉靖乙未，憲使王公按部郡邑稽閲圖志〔二〕，訪膠萊新河之故迹，以及於馬家口。父老進曰：昔在有元，專仰海運，以靈山之東浮山、勞山，北至於成山，西至於九皋大洋之險，乃議開膠萊新河，南自麻灣〔三〕，北至海倉三百餘里，出北海以避之。然浮山之西有薛島、陳島，相接百數十里，石礁林立，横據大洋，若橋梁然，尤爲險阻。薛島之西十里許連海涯處，有平岡焉，曰馬濠者，南北五里，元人皆鑿之，遇石而罷。今若鑿馬濠以抵麻灣，浚新河以出北海，則舟楫可通。公又詢之鄉士大夫，皆如父老言。公南登琅邪臺觀之，見沿流海淄，宛如素練，縈轉紆迴，北至馬濠而止。父老曰：海淄者，舊運道也。爰以其議請於撫按，乃檄公成之。公慮材計徒用取諸贖金而不歛於民，募民以役而陰以寓賑，選文武將吏之有才力者，以督其成。公復相形度勢，去元人之舊迹少西七丈許開之。其始土石相半，其下則皆石也。取彼巨石，焚以烈火，沃以水潦，摧堅破頑，化爲灰燼，而石渠成矣。經始於丁酉正月二十二日，畢於四月二十二日，鑿石成渠者一千三百餘步，浚南北之灘磧二千五百餘步。潮汐日至，護以木樁，其爲闊六丈餘，其深半之〔四〕。海波流入，宛若天成地列，有神明陰相之者。自兹南北商賈舳艫絡繹，百貨駢集，遠邇獲利矣。

【校勘記】

〔一〕寶至膠西石臼島　「至」，底本作「自」，據川本、滬本及宋史李寶傳改。

〔二〕稽閱圖志　「圖」，底本作「圛」，據川本、滬本及紀要卷三六改。

〔三〕南自麻灣　「自」，底本作「至」，據川本、滬本改。

〔四〕其深半之　「深」，底本作「梁」，川本、滬本同，據明史河渠志改。

高密　張魯河，在縣東二十五里。流逕都泊〔旁注〕縣東北二十里。入海。柜城河，在縣西南三十里。源出王子山，〔旁注〕縣南五十里。北流入九穴泊。〔旁注〕縣北二十五里。亭口河，在縣東北五十里。海運故道，有閘。

即墨　三標山，在縣東南二十五里。三峯秀出。　石門山，在縣東三十里。山狀如門，天欲雨，雲自門先出，與華樓相峙。　天柱山，在縣東三十里。聳立插空，形勢如柱。　錢穀山，在縣東北五十里。其山陡險，昔人運錢穀於上以避兵。　又東北十里有米粟山。　墨水河，發源馬攔嶺。舊志：墨水發源平度州東墨山下。舊即墨，因臨墨水而名，今墨水因邑而名。　淮涉河，發源石城山，與墨水河在縣南郭外合流，至城西北，又合石頭河，轉西而南入海。土人名北流者曰近西河，南流者曰遠西河。舊志：墨水河，在縣北半里，發源馬攔嶺，合淮涉水，南流入於海。淮涉水，在縣南半里，發源石城山，經縣西二里合墨水，北流入海。　勞山，又名勞盛山。寰宇記：秦始皇登勞盛山，望蓬萊。是也。其上有迎仙峴、清風嶺、王喬峒、聚仙臺、翠屏巖、仙巖、玉皇洞、淩煙峒、玉女盆、虎嘯峯、碧落巖、南天門、松風口、夕陽澗、鳳凰峯、黄石宫、三標山、鶴山、上苑、獅子峯、仙人橋、猶龍洞、龍眠石、白龍洞、華巖洞、下清宫、張仙塔、八仙墩、明霞洞、上清宫、上宫、寶珠山、聚仙宫、巨峯、龍門、太清宫、華陽洞、白雲洞、僧帽石、金剛峒諸勝。　華樓山，在縣東南六十里。與勞山相連，山巔有石似樓。

海道經〔一〕：元至元二十年，克取江南。二十一年，起運海糧，擢用朱清、張瑄萬户之職，押運糧船三萬五千石，賜立海道萬户府〔二〕、千户所、百户所，虎符銅牌，素銀牌面，各領品職，成造船隻，大者不過一千石，小者三百石。自劉家港開船，出揚子江，盤轉黄連沙嘴，望西北沿沙行使，潮長行船，潮落抛泊，約半月或一月餘，始至淮口。經過膠州海門浮山、勞山、福島等處。沿山一路，東至延真島，望北行使，轉過成山，望西行使，到九洋[三]，收進界河，兩箇月餘纔抵直沽。委實水路艱難，深爲繁重。二十六年，增益糧米八十萬石，是歲正月裝糧在船，二月開洋，四月到於直沽交卸，五月回還，復運夏糧，至八月又回本港，一歲兩運。是時船隻鮮少，人民恐懼。二十七年，朱萬户躬請長興李福回朝，奉押運指引，自揚子江開洋，落潮往東北行使，出離長灘，至白水、緑水，經至黑水大洋，望北尋望延真島，使轉成山，正西行使，流入沙門島，開放萊州大洋，收進界河，遠不過一月之期，近不過半月之限，俱至直沽。以漕運利便，是歲加封朱萬户爲浙江省參政，張萬户爲浙江鹽運司都運之職。每歲專從此道駕使船赴北京，將及二十餘年。至大德七年，當蒙官司招雇兩浙上户，造船運糧，分撥春夏二運。延祐以來，各海運船大者八九千石，小者二千餘石。以是海道富盛，歲運三百六十萬石，供給京師，甚爲易便。迤南番海船，皆從此道貢獻，倣效其路矣。

國朝洪武十三年，海運糧七十萬石給遼東軍餉。永樂初，海運糧七十萬石。會通河開，始罷海運。弘治間，丘濬請復通元人海運故道，未果行。隆慶四年，邳州河道淤平一百八十餘里，復議海運。五年，踏看新道，自淮安入海，傍海岸間，泛洋中，與元人起自蘇州泛大洋者不同。

行歲餘，以得失相半，罷。

膠萊河考：自淮河入河，北岸隔一里爲支家河，可開通，經新溝至安東縣，有澳河、嚮水、三叉，俱臨淮，可通。東則有東漣河、朱家河、白家溝、七里河，流入淮，又東有鹽場河、平望河、界首河、牛洞河、車軸河，流入海，俱宜築塞。中有遏蠻河，在淮、海之交，可置閘以殺水勢。西則有沭陽水，瀦而爲大湖、傅湖。又有楊家溝、西漣河、崔家溝、古閘河，皆入漣河水道。自支家河至漣河海口，計三百八十里，入於海。由海州贛榆至山東界，歷安東衛〔四〕、石臼所、夏河、靈山衛、膠州瞭頭營，至麻灣海口，計二百八十里。隔馬家濠五里，可以開通，經把浪廟、新河口、店口社、陳村閘、戴大高、劉家大閘、王朱、杜家村，至平度州，又經窩鋪、亭口、大成昌渠、小閘、新河集、秦家莊、海倉口，至大海口，計三百七十五里。大海口至直沽四百里。通計一千四百三十五里。輿地志云：登、萊本海運故道，然勢險難圖。稽之往迹，平度東南新河水源出高密縣，至膠州分爲二流，北河西流入萊之海倉口入海，以其自膠抵萊，故曰膠萊。元至元十七年，萊人姚演由膠西縣陳村等處，東南趨西北，鑿陸地數百里，欲徑通漕直沽海口。二十二年，詔罷膠萊新河。嘉靖十一年，御史方遠宜始議開膠萊河。十九年〔五〕，副使王獻開未竟。萬曆三年〔六〕，用尚書劉應節言，遣侍郎徐栻發户工二部銀共六萬兩，試於把浪廟、分水嶺、北海倉等處，功未就而罷。萬曆三十年，詔開膠萊新河。尋以各州縣掌印官、通判李汝珍、知府龍文明、副使來三聘累次踏看，撫院黄克纘題請，罷之。其詳具膠萊河始末全議。

膠州志：新河，在州東三十里。元至元初，萊人姚演建言，首起膠西縣東陳村海口，自東南趨西北，鑿陸地數百里，欲通漕直沽海口，數年而罷。至今土人云，此河爲海沙所壅，又水潦積淤，終不能通，徒殘人耳，演真鄭國之罪人也。明興三百年來，且浚且罷，竟爲作舍之議，可嘆也夫！及考新河議略云：麻灣口即新河之南口，海倉口即新河之北口，中間相距三百三十五里，兩水皆有潮水深入，堪以行舟，不用挑浚者二百餘里許，其量加疏浚者百里許。惟分水嶺地多積沙，水流微細，所當深加挑浚者僅三十里許也。由前土人所論終以爲難，由後議略所云若以爲易，言易者固非也，而言難者豈確論哉！

即墨 勞山，有大勞、小勞，大勞山在縣東南四十里，小勞山在縣東南百里。形勢連亘，羣山盤薄森峙，周迴百餘里，各各不同，亦概稱爲勞山。齊記云：泰山雖云高，不如東海勞。又名勞盛山。寰宇記：秦始皇至勞盛山〔七〕，望蓬萊。是也。相傳春秋時，吴王夫差嘗登此山，得靈寶度人經。又神仙傳曰：樂正子嘗遇仙人於勞山中。〔旁注〕李太白詩：我昔東海上，勞山餐紫霞。元丘長春修道於此，謂此山三圍大海，背負平川，巨石巍峨，羣峯峭拔，真洞天福地，一方之勝境。然僻處海曲，舉世罕聞，名亦不佳，因易爲鰲山。相傳始皇驅之不動，而爲牢山者，誤也。唐書姜撫傳：請求藥牢山〔八〕，遂逃去。

二勞山絶勝者在華樓，其山俯黄石，望巨峯，左連三標諸山，直接滄海。右引石門，直達平莽，内王喬崓、聚仙臺高聳秀拔，上出雲霄。　華樓，在縣東南六十里。自麓至巔十餘里，山之巔有石似樓臺，故名華樓崓。山上環石，峯巒疊架，一名華表峯。　迎仙峴，在華樓山腰。有石如亭。　清風嶺，在華樓之前。　王喬崮，在華樓之後。　聚仙巖，在華樓之左。　翠屏巖，在華樓之右，玉皇洞之上。天生幽石如屏。　仙巖，在翠屏巖之上。　玉皇洞，在翠屏巖之下。有諸仙像於中。　淩煙崮，與王喬崮並列，峭拔壁立，上有曲徑，難攀躋。上有元劉使臣雲嵓子墓，相傳羽化於此。　玉女盆，在淩煙崮。　虎嘯峯，玉女盆南下百步許。有孤石似蹲虎。　碧落巖，在虎嘯峯之東。　金液泉，在碧落巖下。　南天門，在華樓之南。　松風口，南天門迤東三里許。萬松森列，兩山夾峙。　夕陽澗，在松風口之西。有澗三，俱清泉可汲。石門山，夕陽澗直南迤西，與華樓崮對峙。　鳳凰峯，華樓下東北數里。峯下有惠矩院，南有石柱澗。　黄石宫，在華樓迤北五里許。四圍皆山，南面王喬、淩煙諸崓，如屏嶂對開，萬松左右攢列。小徑上達，得石澗，且入且升，至巖之隈，一洞幽然阻邃，泉噴激水，流繞其下，人傳圯上老人曾宅其中。　三標山，在縣東南二十五里。山有三峯秀出。　鶴山，在三標山東北十五里。山有洞石類鶴。　上苑，在縣東南五十里。山上有太平宫，宋時敕建。山下即大海，澗流潺湲，諸峯羅列，尤稱仙境。　獅子峯，在太平峯迤東。峯狀如獅，昧爽登之，見日自海湧出。仙人橋，在獅子峯下。猶龍洞，在太平宫西南。舊名老君洞，寬敞可容數十人。龍眠石，在猶龍洞旁。一石長且欹。白龍洞，在仙人橋迤北。華巖洞，在白龍洞迤南。下清宫，在華巖洞旁。張仙塔，山庵直探海中。上有小塔危險，非人迹能到，世傳張三丰建。八仙墩，八石周圍散處，俱在海邊水内。中一大石，上有棋盤，乃鑿成者，潮水激石，浪花噴薄。上有懸巖，倒垂耐凍一株，葉拂水面。明霞洞，上苑迤南三十里。上清宫，亦宋人建。即雲巖子修真處也。上宫。寶珠山，在上宫南。南天門，離寶珠山十五里。峻嶺中缺如門。聚仙宫，南天門下二十里。巨峯，在縣東南百里。高出羣山，下臨小勞山數里。龍門，巨峯絶頂處。無路可升，惟一石隙，用木梯方可攀緣而上。太清宫。華陽洞。白雲洞。僧帽石。金剛崓。以上皆屬勞山。魏書：沙門法顯慨律藏不具，自長安遊天竺。歷三十餘國，隨有經律之處，學其書語，繹而寫之。十年，乃於南海師子國隨商人泛舟東下。晝夜昏迷將二百日，乃至青州長廣郡不其勞山，南下乃出海焉。訓虎山，在縣南十里。後漢不其令童恢訓虎處。浮山，在縣南九十里。其石壁立，俯臨南海。天柱山，在縣東三十里，聳立插空如柱。陰山。齊乘：在縣東南八十里。上有小池，深不盈尺，旱澇水無盈縮。旁有石人並馬迹。寰宇記：秦始皇登勞盛山，望蓬萊，駐馬於此。〔旁注〕女姑岸，爲海船所泊。

海島十三：田横島，相傳田横所居。舊有田横廟，今圮。管島，〔旁注〕東一百。有大管、小管。福島。〔旁注〕南五十。以上三島，常有遼人聚集爲患。嶤島。〔旁注〕東九十。顏武島。白馬島，有白馬廟。青島。竹槎島。〔旁注〕東一百。俱在縣東海中。香花島。塔沙島。穀積島。車牛島。〔旁注〕東九十。陰島。〔旁注〕西九十。俱在縣南海中。

海口十四：唐家灣，董家灣，俱在縣南九十里。三月後，土人在此行船筏捕魚，海岸葺廬舍市魚，車舟輻輳，至五月終止。天井灣，在縣南六十里。〔旁注〕府志：西南。徐家莊，在縣西南七十里。金家灣，在縣西南四十里。於此泊商船。大任，〔旁注〕府志：西南四十里。陳家夼，〔旁注〕東六十。俱在縣東五十里。鵓兒灣，在縣東九十里。栲栳島，顏武，〔旁注〕漁時筏網聚處。俱在縣東北一百里。周疃，在縣東七十里。松林浦，在縣東南七十里。青島，在縣東一百里。宋家莊，在縣南四十里。以上海口，俱臨近居民捕魚煎鹽之所。

鹽場：棘洪灘，在縣西四十里。洪港，在縣西四十里。雲霧，在縣東五十里。竈疃，在西南五十里。

金史宣宗紀：興定元年，即墨移風砦於大船中得日本國太宰府民七十二人，因糴遇風，飄至中國。詔給以糧，俾還本國。知縣許鋌地方五議：本縣東南地方濱海，島嶼羅峙，其間島之可人居者：曰青，曰福，曰管，曰白馬，曰田横，曰香花，曰顏武，而田横島方三十餘里，尤寬闊坦平，地可耕而食，山可穴而居，可樵可漁。且由岸抵島，路夾勞勝，多礁石，紆曲，不可聯舫直達〔九〕。嘉靖間，遼之逋徒覘知其利，攜妻子入島，以狀乞爲編氓。有司過聽，許其留而稅其租。久之，遼人視此中即故鄉矣。遼人故畜堅舟，乘順風，不十日可抵高麗界，盜其松杉諸美材以歸，則貨諸邊海居民，因得熟知民家虛實，往往乘其不備，搶人牛羊，擄人財物，甚至公行强劫，出没島中。有司以其狀白當道，檄該營以計誘之登岸，悉擒其人，火其居，並田横廟毁焉，於是海畔始得寧息。

本縣舊城，在沽、尤之北，墨水之濱，去今治八十里，已入平度矣，今其地猶稱古縣。今志古現，蓋字之訛。史稱齊有即墨之饒，謂此地也。後廢不其、皋虞二邑，并之即墨，乃遷治於三邑之間，而舊邑以西，割入平度。東西南三面皆負海，重岡複嶺，綿亘盤錯，而地之高者瘠薄剛疎，下者斥鹵濘淖。本縣地計畝舊規，近城五里内，土脈稍厚，則以二百四十步爲畝；五里外，地土稍薄，則以三百六步爲畝。其荒蕪之地，大率多在五里外，應以五百步爲畝，庶徵收易完。本縣淮子口、董家灣諸海口，係淮舟必由之路，而陰島、會海等社，則海口切近之鄉。嘉靖十八年，本縣城陽社民牛稼告允行海舟，自淮安覓船，兩晝夜直抵城陽之西金家口，通貿易。是歲大饑，沿海之民，賴之以不死。行之數年，牛氏以富，附舟者咸利之。厥後倭夷稱亂，其利遂止。隆慶六年，議行海運，膠之民因以造舟，達淮安，淮商之舟，亦因而入膠，膠西由此稍稱殷富。每船輸椿木銀三兩，於州以爲常。今雖有防海之禁，而船之往來固自若也。獨本縣則拘守厲禁，而無敢通商，然淮商之船，亦不能越縣之淮子口等處而徑達州也。但本縣地方不得停泊，而本州地方則任其交易，何海境之寬嚴獨異耶！　議開新河，則縣之西陳村、欒村數處，即商賈貿遷之所。議行海運，則縣之東劉王村一帶，即魚米交易之鄉。　東北地多山脊，而王疃、周疃等社，鐵其、天柱等山，則脊薄荒蕪尤甚。　西南地多水占，而大沽、小沽等河，孟沙、流浩等水，則泛漲淹没尤甚。　至若高旺山、七溝村，濱海而鹻鹵，金家口、棘洪灘，臨河而沙壓。

【校勘記】

〔一〕海道經　「道」，底本作「通」，川本、滬本同。按此下引文出自明海道經，則「通」乃「道」字之誤，據改。

〔二〕海道萬户府　底本「府」下有「所」字，川本、滬本同。元史百官志：「海道運糧萬户府，至元二十年置。」明海道經作「海道萬户府」，則此「所」乃衍字，據删。

〔三〕到九洋　川本、滬本同。明海道經：「到九皐島、劉公島、諸高山、劉家窪、登州沙門島，開放萊州大洋。」此「九」下「洋」上當有脱文。

〔四〕安東衛　「安東」，底本倒誤爲「東安」，川本同，據滬本及明史河渠志五乙正。

〔五〕十九年　底本無此三字，川本同，滬本作「十七年」，明史河渠志五、紀要卷三六作「十九年」，據補。

〔六〕萬曆三年　底本作「隆慶年」，川本同，據滬本及明史河渠志五、紀要卷三六改補。

〔七〕秦始皇至勞盛山　底本脱「皇至」二字，川本同，據滬本及寰宇記卷二〇補。

〔八〕請求藥牢山「牢」，底本作「勞」，川本同，據滬本及新唐書姜撫傳改。

〔九〕不可聯舫直達「不」，底本作「亦」，川本同，據滬本及紀要卷三六改。

濰　白浪河，即白狼水。齊乘曰：水經注出丹山，逕北海郡城東，入別畫河〔一〕，亦曰朕懷湖，東北入海。余按白狼有二源：一出丹山，隋志作白狼山，即擂鼓山。一出北海縣即今濰縣。南小王莊，平地泉湧如輪，上源合此始大，逕濰州東門外。古有石梁，金太和間所修。又東北過寒亭，合溉水入湖，由湖入海。溉水出塔山，寰宇記云：山形如塔，又名溉源。即今東虞河，以州西有西虞河，故此云東。西虞河，在縣西十里。齊乘：西虞河出黄山。又有朱流河，出方山；七里河，出蒙姑山。三水俱在州西北流入海。　濰水，在縣東南六十里。禹貢青州，濰、淄其道。左傳襄公十八年：晉侯東侵及濰。漢韓信伐齊，囊沙壅水，以破楚軍，殺龍且，即此地也。齊乘曰：水經云出琅邪箕縣濰山，許慎、吕忱云箕屋山，淮南子云覆舟山，廣異名耳，實一山也。今清風山。在莒州北百里〔二〕，漢箕侯國地。東北流逕仲固山，折泉水入焉。折泉出松山，漢有折泉縣。又東北逕密州城西，折而北，涓水合扶淇水入焉〔三〕。涓水出馬耳山〔四〕，扶淇出常山，並見水經，今名孛齊河。又北盧水入焉。盧，一名久台音怡。水，水出盧山，漢横縣之故山也。又東北至巴山，密水入焉。密，又名百尺，有二源：一出障日山，東坡所謂小峨眉者；一出五弩山。今作南山。又東北，浯水入焉。浯出高柘山，高柘山，今名臺頭；浯水，今名南清河。東北納荊水。三齊記：昔人堰浯入荊，溉稻田萬頃。荊水出荊山，逕平昌故城臺下，合雹泉，入浯。道元謂濰水過平昌臺下，有井與荊水通，有龍出入其中。土人謂其城曰城陽城，臺曰城陽臺。雹泉者，泉湧如雹。有龍祠，宋封靈霈侯，疑即古龍井。又北逕龍且冢冢在濰水東岸五里。淮陰囊沙處也。道元謂高密碑產山西，古人堰濰水以溉田，散流入夷安潭，亦此地。今高密西有古堤，南起岑冢，北亘蔡冢，長三十餘里，謂是岑彭與蔡伯喈冢，非也，正古堰遺迹，土人名曰趙貞女坊〔五〕。夷安潭，今名都濼，古奚養澤也。又北逕城陰故城西，又北至安丘東古淳于城側〔六〕，汶水入焉。又東北過昌邑，又東北入於海。漢志濰或作淮，故俗亦名淮河。按淮字從隹，即古濰字，與淮安府之淮從佳字者不同。

呂氏春秋：太公望封於營丘之渚，海阻山高，險固之地。漢書王莽傳：夙夜東萊不夜縣，莽曰夙夜。連率韓博上言：「有奇士，長丈，大十圍，來至臣府，欲奮擊胡虜。自謂巨毋霸，出於蓬萊東南，五城西北昭如海瀕。」梁武帝天監五年，輔國將軍劉思效敗魏青州刺史元繫於膠水。水經：膠水出黔陬縣膠山，北流過夷安縣東，又東北過膠東縣城北百里，注於海。宋明帝泰始三年，沈文秀攻青州刺史明僧暠，帝遣輔國將軍劉懷珍浮海救之，進至黔陬，文秀所署長廣太守劉桃根將數千人戍不其城〔七〕。懷珍軍於洋水。即巨洋水。遣王廣之將百騎襲不其城，拔之。按此洋水，即膠州之洋河，而注以爲巨洋者，誤。四年春，以崔僧祐爲輔國將軍〔八〕，將兵從海道救歷城，至不其，聞歷城已没，遂降於魏。四年秋，以沈文靜爲輔國將軍，自海道救東陽。至不其城，爲魏所斷，因保城自固。詔分青州置東青州，以文靜爲刺史。十二月，魏人拔不其城，殺沈文靜。唐太宗貞觀二十二年，烏胡鎮將古神感將兵浮海，擊高麗。注：烏胡鎮，當置於海中烏胡島。自登州東北海行，過大謝島、龜歆島、淤島，而後至烏胡島；又三百里北渡烏胡海。金史海陵紀：正隆五年，東海縣民張旺、徐元等反，遣都水監徐文、步軍指揮使張弘信、同知大興尹事李惟忠、宿直將軍蕭阿窊率舟師九百，浮海討之〔九〕，命之曰：「朕之意不在一邑，將試舟師耳。」六月，徐文等至東海，與賊戰，敗之，獲徐元、張旺。元史世祖紀：至元二十二年二月丙辰，詔罷膠、萊所鑿新河，以軍萬人隸江浙行省習水戰，萬人載江淮米泛海由利津達於京師。

魏書崔挺傳：除光州刺史。州治舊掖城，西北數里有斧山，峯嶺高峻，北臨滄海，南望岱嶽，一邦遊觀之地也。挺於頂上欲營觀宇，故老曰：「此嶺秋夏之際，常有暴雨迅風，巖石盡落，相傳云是龍道，恐此觀不可久立。」挺曰：「人神相去，何遠之有？虬龍倏忽，豈惟一路乎！」遂營之。數年間，果無風雨之異，挺既代〔一〇〕，即爲風雹所毀，於後作，復尋壞〔一一〕，遂莫能立。衆以爲善化所感。高祖紀：延興元年十二月壬辰，詔訪舜後，獲東萊郡民嬀苟之，復其家畢世，以彰盛德之不朽。元史蓋苗傳：爲山東廉訪副使。益都、淄、萊地舊稱產金，朝廷建一府六所綜其事，民歲買金以輸官，至是六十年矣。民有忤其官長意，輒謂所居地有金礦，掘地及泉而後止。猾吏爲姦利，莫敢誰何。苗建言罷之。

三國志田豫傳：督青州諸軍討公孫淵。豫度賊船垂還，歲晚風急，必畏漂浪，東隨無岸，當赴成山。成山無藏船之處，輒便循海，案行地形，及諸山島，徼截險要〔一二〕，列兵屯守。自入成山，登漢武之觀。賊還，果遇惡風，船皆觸山沈没，波蕩著岸，無所逃竄，盡虜其衆。

【校勘記】

〔一〕别畫河　「畫」，底本作「晝」，川本同，據滬本及水經巨洋水注、齊乘卷二改。

〔二〕在莒州北百里　底本「州」下「北」上有「莒縣」二字，「百」作「十」，川本同，據滬本及齊乘卷二删改。

〔三〕合扶淇水入焉　底本脱「入焉」二字，川本同，據滬本及齊乘卷二補。

〔四〕涓水出馬耳山　底本脱「涓水」二字，川本同，據滬本及齊乘卷二補。

〔五〕趙貞女坊　「坊」，川本、滬本同，齊乘卷二作「防」。

〔六〕安丘東古淳于城側　川本、滬本同，齊乘卷二「東」作「東北」。

〔七〕不其城　「不其」，底本倒作「其不」，川本同，據滬本、本書下文及通鑑卷一三三乙正。

〔八〕崔僧祐　「祐」，底本作「祜」，川本同，據滬本及魏書崔僧祐傳、通鑑卷一三三改。

〔九〕浮海討之　「討」，底本作「封」，川本同，據滬本及金史海陵紀改。

〔一〇〕挺既代　「代」，底本作「成」，川本同，據滬本及魏書崔挺傳改。

〔一一〕於後作復尋壞　底本作「於後復作尋壞」，川本、滬本同，據魏書崔挺傳乙正。

〔一二〕徼截險要　「截」，底本作「集」，川本、滬本同，據三國志魏書田豫傳改。

史記五帝本紀：分命羲仲，宅郁夷。注：孔安國曰「東表之地」。夏本紀：海濱廣潟，厥田斥鹵。注：説文云「鹵，鹹地。東方謂之斥，西方謂之鹵。」秦始皇本紀：二十八年，始皇東行郡縣，乃並勃海以東，過黄、腄，窮成山，登之罘，立石頌秦德焉而去。二十九年，登之罘，刻石。三十七年，自琅邪北至榮成山，至之罘，見巨魚，射殺一魚。遂並海西，至平原津。封禪書：八神，四曰陰主，祠三山。注：顧氏案地理志東萊曲成有參山〔一〕。五曰陽主，祠之罘。六曰月主，祠之萊山。齊世家曰：和遷康公於海上，食一城，以奉其先祀。田儋傳：田横與其徒屬五百餘人入海，居島中。漢書：元封二年，秋，遣樓船將軍楊僕從齊浮渤海，兵五萬人討朝鮮。元封元年，東巡海上。封泰山，復東巡海上。二年春，至東萊。五年，北至琅邪，並海。太初元年，冬，東臨渤海，望祠蓬萊。三年，春正月，東巡海上。太始三年，禮日成山。登之罘，浮大海。山稱萬歲。四年，幸不其。征和四年，幸東萊，臨大海。

晉書：東萊國，掖，侯相。當利，侯國。盧鄉，曲城，黄，惤。侯國。長廣郡，咸寧三年置。不其，侯國。長廣，挺。

宋書：東萊郡，曲城，掖，惤，盧鄉，牟平，當利，黄。長廣郡，本長廣縣，前漢屬琅邪，後漢屬東萊。晉太康地志云：故屬東萊。起居注：咸寧三年，以齊東部縣爲長廣郡。不其，前漢屬琅邪，後漢屬東萊，晉太康地志屬長廣。長廣，前漢屬琅邪，後漢屬東萊。晉太康地志云：屬長廣。昌陽，晉惠帝元康八年，分長廣縣立。挺。前漢屬膠東，後漢屬北海，晉太康地志屬長廣。

魏書：東萊郡，掖，西曲城，兩漢、晉曰曲城，屬，後改。有倉石山。東曲城，皇興中分曲城置。有昌丘、日山。盧鄉。長廣郡，晉武帝置。治膠東城。昌陽，兩漢屬東萊，後罷。晉惠帝復，後屬。有挺城、望石山、凡馬祠、五龍廟、浮遊水。長廣，不其，即墨，當利〔二〕。東牟郡，孝昌四年分東郡、陳留置，治雍丘。按此恐是錯簡。牟平、兩漢屬東萊，晉罷，後復。有之罘山、成山、牟城、東牟城、劉寵墓、風山。黄，兩漢、晉屬東萊。有黄城、萊山祠、龍溪。㡉，兩漢、晉屬東萊。有㡉城、羅山。觀陽。前漢屬膠東，後漢屬北海，後罷。興和中復屬。有淳于城、觀陽城、昌城、馬賓山〔三〕、牛耳山。

隋書：東萊郡，掖，膠水，盧鄉，即墨，觀陽，後漢廢〔四〕。開皇十六年復，又分置牟州。大業初，州廢。昌陽，有巨神山。黄，舊置東牟、長廣二郡，後齊廢東牟郡入長廣郡。開皇間郡廢。牟平，有牟山、龍山、金山、九目山〔五〕。文登。後齊置。有石橋。有文登山、斥山、之罘山。

唐書：登州東牟郡，中都督府。如意元年，以萊州之牟平、黄、文登置。神龍三年，徙治蓬萊。土貢：貲布、水葱席、石器、文蛤、牛黄。縣四：有平海軍〔六〕，亦曰東牟守捉。蓬萊，本黄，神龍三年更名。有銀山、龍山。牟平，中。武德四年，以牟平、黄置牟州。六年，以登州之觀陽隸萊州。麟德元年，析文登復置牟平來屬，有之罘山。文登，武德四年置登州，以東萊郡之觀陽隸之。六年，析置清陽、廓定，以文登來屬。有成山。黄。中。先天元年，析蓬萊別置。有萊山。萊州東萊郡，昌陽〔七〕。上。貞觀元年，省盧鄉縣入焉〔八〕。有銀，有鐵。東百四十里有黄銀坑〔九〕，貞觀初得之。

宋史：登州，東牟郡〔一〇〕，防禦。貢金、牛黄、石器。縣四：蓬萊，文登，黄，牟平。有乳山、閭家口二砦〔一一〕。

萊州，東萊郡，防禦。萊陽〔一二〕。

金史：萊州，上。定海軍節度。萊陽，有高麗山、七子山。鎮一，衡村。舊有海倉、西由、移風三鎮。按金史食貨志：有衡村場、西由場。招遠〔一三〕。登州，中。刺史。宋東牟郡。縣四，鎮二。蓬萊，有巨風鹽場。福山，鎮一，孫夼〔一四〕。黄，有萊山、蹲狗山。鎮一，馬停〔一五〕。棲霞。寧海州，上，刺史。本寧海軍，大定二十二年升爲州。縣二，鎮二。牟平，有東牟山、之罘山、清陽水。鎮一，湯泉。文登。劇。有文登山、成山、昌陽山。鎮一，温水。

元史：萊州，招遠，下。萊陽。登州，唐初爲牟州，復改登州。宋屬河南道。元初屬益都路，中統五年，别置淄萊路，以登州隸之。至元二十四年，改屬般陽路。領四縣：蓬萊，下。黄，下。福山，下。僞齊以登州之兩水鎮爲福山縣〔一六〕，楊疃鎮爲棲霞縣。棲霞。下。寧海州，下。僞齊劉豫以登州之文登、牟平二縣立寧海軍。金升寧海州。元初隸益都路。至元九年，直隸省部。領縣二：牟平，中。文登。下。至元九年八月己亥，諸王闊闊出請以分地寧海、登、萊三州自爲一路，與他王比，歲賦惟入寧海，無輸益都。詔從之。

【校勘記】

〔一〕參山　「參」，底本作「三」，川本同，據滬本及史記封禪書索隱改。

〔二〕長廣郡昌陽長廣不其即墨當利　底本長廣郡下無「挺縣」，川本同，滬本及魏書地形志並有挺縣，蓋底本脱。

〔三〕馬賓山　「賓」，底本作「嶺」，川本同，據滬本及魏書地形志改。

〔四〕後漢　川本、滬本作「後周」，同隋書地理志。

〔五〕九目山　「目」，底本作「日」，川本同，滬本眉批：「日，應作目。」隋書地理志作「九目山」，據改。

〔六〕平海軍　「海」，底本作「陽」，川本同，據滬本及新唐書地理志改。

〔七〕昌陽　川本同，滬本此下有掖、膠水、即墨三縣，同新唐書地理志。

〔八〕盧鄉縣　「盧」，底本作「靈」，川本、滬本同，按兩唐書地理志並作「盧鄉縣」，此「靈」字爲「盧」之誤，據改。

〔九〕有黄銀坑　底本無「坑」字，川本同，據滬本及新唐書地理志補。

〔一〇〕東牟郡　「牟」，底本作「平」，川本同，據滬本及宋史地理志改。

〔一一〕閭家口　「閭」，底本作「間」，川本同，據滬本及宋史地理志改。

〔一二〕萊陽　川本同，滬本此下有掖、膠水、即墨三縣。同宋史地理志。

〔一三〕招遠　川本同，滬本此下有掖、膠水、即墨三縣。同金史地理志。

〔一四〕孫介　川本、滬本同，金史地理志登州福山縣下作「孫大川」。

〔一五〕馬停　「停」，底本作「亭」，川本、滬本同，據金史地理志改。

〔一六〕兩水鎮　「兩」，底本作「雨」，川本、滬本同，元史地理志作「兩」，據改。

登州府

古名。書堯典：分命羲仲，宅嵎夷。禹貢：青州，嵎夷既略。困學記聞：宅嵎夷。釋文云：尚書考靈耀及史記作禺銕。今按史記堯本紀：居郁夷。正義：郁音隅。本紀：嵎夷既略。索隱云：今文尚書及帝命驗並作禺銕。薛氏曰：今登州之地〔一〕。

【校勘記】

〔一〕困學記聞至今登州之地　底本叙列於「登州府」之前，川本同，據滬本改移。

蓬萊縣　山川。丹崖山，在城北三里。東西二面，石壁巉巖。上有蓬萊閣及半仙、獅子等十三洞〔二〕，秀麗奇絶。下有珠璣巖，石壁千尺，水中有小石，狀如珠璣，或如彈丸，歲久爲海浪所磨盪，圓潔光瑩可愛，俗呼爲彈子渦。宋蘇軾嘗取數百枚，養石菖蒲。密神山，在城南十里。芝山，在城東南十五里。羽山，在城東南三十里。九目山，在城東南七十里，連黄縣界。晏謨齊記云：山有九竅，故名。朱高山，在城東八十里。其山臨海，産滑石。洪武二十七年，移沙門島巡檢司於此。沙門島，在城西北六十里海中。凡海舟渡遼者，必泊此以避風。上有龍女廟，歷代皆有封額。宋史太祖本紀：建隆三年，索内外軍不律者配沙門島。乾德七年，女直國遣使獻名馬。蠲登州沙門島民税，令專治船渡馬。元人通海運於沙門島，設監置戍，其時與城北爲二社〔二〕。明洪武初〔三〕，移二社之民附近郭，而空其島，後爲遼人據而居焉。齊乘云：島在登州海中九十里，上置巡檢司，海艘南來轉帆入渤海者，皆望此島以爲表識。其相連屬，則有鼉磯島、牽牛島、大竹島、小竹島，歷歷海中，蒼秀如畫。海市現滅，常在五島之上。島中多産美石，今人呼爲廟島。長山島，在城北三十里海中。東西長三十餘里，若馬鬣然。山多産鹿，中有屯田。又有岨島、虎島、半洋島，皆近蓬萊界。小竹島，在長山島中。大竹島，在小竹島東。牽牛島，在大竹島西北。黑山島，在沙門島西。鼉磯島，在沙門島北七十里。其石可作硯。羊駝島，在鼉磯島北七十里，海運所經處。欽島，在羊駝島西。高山島，在沙門島北百里許。漢島，在城東北五百里許海中，與遼東連界，海運所經故道。以上諸島，皆詳志者，以備海道往來之標識也。

登州營城，在城北，瀕海。本城，元係新開海口。

新開海口，在城北，丹崖山左〔四〕。宋慶曆二年，郡守郭志高奏置刀魚巡檢水兵三百戍沙門島，備禦北虜。每仲夏，仍居鼉磯島，以防不虞。秋冬還南岸。相傳此海口即舊屯刀魚戰棹之所。國朝洪武九年，知州周斌奏設登州衛，置海船，運遼東軍需。指揮使謝規復疏通海口灣泊，海船裝運登州府庫物，至遼東交卸，供備軍餉，立爲登州營，環以磚城，設備倭都指揮一員，總登、萊沿海軍士。黑水，在城西南十里。源出黑石山，逕流府城内，西北入海。密水，在城南十里。源出密神山，北與黑水會流入海。自改建府城，由南濠開鑿，會黑水，自上水門入。之罘水，在城南十五里。源出羽山，東北流，與石門山泉合〔五〕，入於海。蓬萊閣，在城北三里海濱，田横寨相對。本海神廟基，宋治平中，郡守朱處約以其地太高峻，移廟西置平地，於此建閣，實爲山海登臨勝概。海，在府城北門外。登州三面距海，惟西南地接萊州府。海中浮島，不可殫述。其近蓬萊縣，則有沙門、鼉磯、牽牛、大足、小足、半洋、長山及苴島、虎島；其近福山縣，則有海洋、宫家、潘家、胡家、韓家諸島；其近寧海州，則有崆峒、栲栳、浮山、東清、西清及竹島、莒島、鹿島、黄島；其近文登縣，則有海牛、海驢、劉公、鏌鋣、五里、玄真、鷄鳴、蘇心及雙島、柘島；其近黄縣，則有峄屺島、桑島。每春夏之交，海氣幻怪爲城郭、人物、舟楫、旌旗，飈回倏變，眩人耳目，謂之海市。宋蘇軾知登州，五日當去，值歲晚，以不見海市爲恨，禱於海神，明日乃見。齊乘云：海市之名，始見江鄰幾雜志、東坡詩序。或謂類南海蜃樓，蛟蜃吐氣所成，殆不然。欽嘗至登州海上訪之，蓋海市嘗以春夏晴和之時，旭日初升，東風微作，雲腳齊敷於海島之上，海市必見。見則山林、城闕、樓觀、旌幢、氈車、駝馬、衣冠、人物，凡世間所有，象類萬殊，或小或大，或暫或久，或變見終日，或際海皆滿，其爲靈怪赫奕，豈蜃樓可擬哉！蓋滄溟與元氣呼吸，神龍變化，浩不可測，佛經所謂龍王能興種種雷電雲雨，居於本宫，不動不摇，山海幽深，容有此理。然則史、漢所稱三神山蓬萊、方丈、瀛洲，望之如雲，未能至者，殆此類耳。

古迹。牟平城，在城東南九十里。漢縣，屬東萊郡，莽曰望利。武帝封齊孝王子爲牟平侯。北齊天保七年，移縣治馬嶺山，此城遂廢。清陽城，在舊牟平縣東三十里。唐武德六年〔六〕，析觀陽縣置。尋省。大謝戍，在城北海中三十里〔七〕。烏胡戍，在城北海中二百五十里烏胡島〔八〕。二戍皆唐太宗征高麗所置，後遂爲鎮。永徽初廢。按通鑑：太宗貞觀二十二年，烏胡鎮將古神感將兵浮海，擊高麗。胡三省注云：烏胡當置於海中烏胡島，自登州東北海行，過大謝島、龜歆島、淤島，而後至烏胡島；又三百里，北渡烏胡海。高麗館。宋史高麗傳：大中祥符八年，詔登州置館於海次，以待使者。

【校勘記】

〔一〕半仙獅子等十三洞　底本「等」作「南」，又缺「十」字，川本同，據滬本及圖書集成職方典卷二七三、清統志卷一七三改補。

〔二〕二社　「社」，底本作「杜」，川本同，據滬本及圖書集成職方典卷二七三改。

〔三〕洪武初　川本同，滬本作「永樂中」。

〔四〕丹崖山 「崖」，底本作「岩」，川本同，據滬本及紀要卷三六改。

〔五〕石門山 「山」，底本作「上」，川本同，據滬本及圖書集成職方典卷二七三、清統志卷一七三改。

〔六〕武德 底本脱「武」字，川本同，據滬本及舊唐書地理志補。

〔七〕在城北海中三十里 川本及齊乘卷四同，滬本及紀要卷三六作「在城北三十里海中」。

〔八〕在城北海中二百五十里 川本及齊乘卷四同，滬本及紀要卷三六作「在城北二百五十里海中」。

黄縣 山川。漢書：黄縣屬東萊郡，有萊山、松林萊君祠。莽曰意母。 萊山，在縣東南二十里。史記封禪書：八神，六曰月主，祀之萊山。齊乘云：山有月主真君祠。一曰萊陰山，今平度州有之萊山，而黄止名萊山。按漢書郊祀志：六曰月主，祠之萊山。又曰：祠萊山於黄。又曰：萊山祠月。前言之萊，後止言萊，自當以黄爲正。 黄山，在縣東南二十里。 絳山〔一〕，在縣東南二十里。 盧山，在縣西南二十五里。齊乘云：山下有真君宫，金縣尹陳公碑云：盧公子〔二〕，晉時人，九歲居此山，食茯苓升仙，唐封冲禧真君。 蹲犬山，在縣西南三十里。上有石如狗蹲。 峔屺島，在縣西北，二十里抵海岸，又沙路二十里至島。四面皆海水，中間惟一線可通，有淤田茅屋，相傳爲勳臣牧馬場。 桑島，在縣北，二十五里抵海岸，又水路四十里至島。其中多山桑，石田可耕。 大沽河，源出蹲狗山南，經招遠、萊陽二縣，又南入平度州與小沽河合，由即墨縣入海。 黄水，在縣東十里。源出棲霞縣蠶山，經東黄城，西北流入海。絳水，源出絳山〔三〕，流經縣東門外，合黃水入海。

古迹。古萊國城，在縣東南二十五里。地名龍門，山峽之間，鑿石通路，極爲險隘，土人謂之萊子關。徐鄉城，在縣境内。漢縣，屬東萊郡。成帝封膠東共王子炔爲徐鄉侯〔四〕。後漢省。惤城，在縣南一百二十五里。齊乘云：縣西南二十五里。漢屬東萊郡，有百支萊王祠，有鹽官。師古曰：「惤，音堅。」後漢爲侯國。北齊天保間廢。今地屬蓬萊縣，俗名古惤，即此。東黄城，在縣東二十五里。即漢之黄縣，唐廢。後漢書注：故城在今縣東南。晉書惠帝紀：光熙元年三月，東萊惤令劉伯根反，自稱惤公。士鄉城，在縣西北一十里。齊乘云：鄭康成謂越有君子軍，齊有士鄉城。圖記皆云在黄縣。按管仲制國爲二十一鄉，工商之鄉六，士鄉十五，豈一城耶！

【校勘記】

〔一〕絳山　「絳」，底本作「洚」，據川本、滬本及清統志卷一七三改。

〔二〕盧公子　「公」，川本、滬本同，齊乘卷一、圖書集成職方典卷二七三、清統志卷一七三並作「童」，蓋此「公」爲「童」字之誤。

〔三〕絳水源出絳山　底本二「絳」字並作「洚」，川本同，據滬本及清統志卷一七三改。

〔四〕膠東共王子炔　底本「共」作「康」，「炔」作「烄」，川本同，據漢書王子侯表改。滬本「炔」作「快」。

福山縣　山川。福山，在縣北五里。僞齊劉豫取以名縣〔一〕。　峆嵧山，在縣東南二十五里。連棲霞縣界，上有聖水泉。　之罘山，在縣東北三十五里。連文登縣界，三面距海。史記：秦始皇二十八年，登之罘，立石〔二〕。二十九年，登之罘，刻石紀功。三十七年，登之罘，射殺一巨魚。封禪書：八神，五曰陽主，祠之罘山。有陽主廟。漢武帝太始三年，登之罘，浮大海。山稱萬歲。司馬相如傳：子虛賦「觀乎成山，射乎之罘」。其東南海水中有壘石，相傳武帝造橋，兩石銘猶存。齊乘云：山高九里，周五十里。地道記曰：黄縣東二百三十里至海中，連岑有土道〔三〕，秦始皇登此山，刻二碑。東二百三十里，有始皇、漢武帝二碑。　海洋島，在縣北海中。　韓家島，在縣東北五里。　潘家島，在縣東北五里。　胡家島，在縣北五里。　宫家島，在縣東北一十里。　清陽河，在縣東十步。源出棲霞縣翠屏山，其上流名義井河，至縣東，而北入於海。　大沽河，在縣東二里。源出萊陽縣三螺山，北流入海。

古迹。牟城，在縣西北三十里。世傳春秋時牟子所築。

【校勘記】

〔一〕劉豫　底本作「劉裕」，川本同，據滬本及圖書集成職方典卷二七三改。

〔二〕立石　底本衍一「立」字，川本同，據滬本及史記秦始皇本紀删。

〔三〕連岑有土道 「土道」，底本作「二道」，川本、滬本同，滬本眉批：「據後漢志注，二道，當作土道。」據改。

棲霞縣 山川。翠屏山，在縣南半里。 岠嵎山，在縣東北二十里。宋史：慶曆六年，登州地震，岠嵎山摧。金史僕散安貞傳：楊安兒與汲政等乘舟入海，欲走岠嵎山。即此山也。亦名金山。齊乘云：以産金得名，即地記萊陽縣之黄銀坑也。隋書辛公義傳：爲牟州刺史，山出黄銀，獲之以獻。詔水部郎婁崱就公義禱焉，乃聞空中金石絲竹之響〔一〕。宋史食貨志：天聖中，登、萊采金，歲益數千兩，仁宗命奬勸官吏。宰相王曾曰：「采金多，則背本趨末者衆，不宜誘之。」景祐中，登、萊饑，詔弛金禁，聽民采取，俟歲豐復故。地理志：登州有金冶。又隋開皇十八年，牟州刺史辛公義於此山冶鑄，得黄銀獻之。山寺有隋碑，淘金者所祖。然隋、唐以來，皆守土官采以充貢，爲數不多，未見其害。今則編户置官，歲定金額有增無減，三時沙汰，僅得分毫，名曰淘金，實則買金。鑄納户漸逃，上官復侵剥，大約金户一家之賦，當他户三倍之多，而民不勝其苦。元史：世祖至元五年，令登州棲霞縣每户輸金，歲四錢。 艾山，在縣西北三十里。山前有温泉可浴。 鼇山，在縣西北五十里。連黄縣界。 院山，在縣東南七十里。其山盤踞數十里。 原疃河，源出鼇山，北流經招遠縣城東北，合東良、平南二河入海。 大河，在縣南半里。源出翠屏山，繞城北流，東至福山，西爲清洋河入海。

【校勘記】

〔一〕乃聞空中金石絲竹之響　「空」，底本作「室」，川本、滬本同，據隋書辛公義傳改。

招遠縣　山川。雲屯山，在縣東北二十五里。連棲霞諸山，綿亘百餘里。齊山，在縣西三十五里。宋、元時，嘗置買金場於此。

古迹。曲成城，在縣西五十里。漢縣，屬東萊郡。漢志：有參山、萬里沙祠。陽丘山，治水所出，南至沂入海。有鹽官〔二〕。高帝封蟲達爲曲成侯。武帝封中山靖王子萬歲爲曲成侯。此案通志載在此，依齊乘入掖縣。後漢書黨錮傳注：曲成縣故城，在今萊州掖縣東北。

【校勘記】

〔二〕漢志有參山至有鹽官　底本、川本錯簡於上文「齊山，在縣西三十五里。宋、元時，嘗置買金場於此」之後，據滬本及漢書地理志乙正。

萊陽縣　山川。五龍山，在縣南二十里。齊乘云：山下有四水自西北，昌水自東北，皆南流，至山前，五水相合，名曰五龍，南入於海，山因名焉。韭山，在縣南三十里。齊乘云：爾雅霍山，韭者是也。福阜山，在縣東七十里。宋、元時嘗置買金場於此。林寺山，在縣東八十里。山多林木，上有古寺，元時嘗置金場。　高麗山，在縣西南九十里。齊乘云：司馬懿征遼東，置戍於此，以高麗爲名。　大沽河，在縣西九十里。源出蹲犬山，經流於此。　五龍河，在五龍山前，五河會流百里，南入於海。　水口河，在縣東南四十里。本名昌水，源出文登縣昌山，俗名昌陽湯，西南流，經縣，東入於海。　貕養澤，在縣東。周禮職方氏：幽州之澤藪曰貕養。蓋此地。周屬幽州故也。顔師古漢書注云：在長廣。有萊山、萊王祠。奚養澤在西。有鹽官〔一〕。

古迹。　挺城，在縣南七里。漢縣，屬膠東國。後漢屬北海國。賈復傳作梃。胡注云：故城在今萊州昌陽縣西北。　觀陽城，在縣南十里。漢縣，屬膠東國。應劭曰：在觀水之陽。師古曰：觀，音工喚反。後漢北海國。賈復傳注云：在今昌陽縣東。　長廣城，在縣東五十里。漢縣，屬琅邪郡。後漢屬東萊郡。齊乘云：北齊置長廣郡於中郎城，後移郡於膠東，此城遂廢，此即中郎故城耳。郡國志：石勒遣中郎將石同築此以防海，故名中郎城。　昌陽城，在縣東七十里。漢縣，屬東萊郡。有鹽官。莽曰夙敬亭。成帝封泗水戾王子霸爲昌陽侯。晉省。齊乘云：在縣東南二十餘里。隋大業間築，唐永徽初爲水壞。　萊陽城，在縣東南二十三里。隋大業中築，初名昌陽，屬東萊郡。唐永徽初廢。

【校勘記】

〔一〕奚養澤在西有鹽官　川本同，滬本「西」下「有」上有「秦地圖曰：劇清池，幽州藪」十字，與漢書地理志琅邪郡長廣下注同。

寧海州　山川。牟山，在州北七里。山之陽地勢平廣，舊有牟平縣名本此。　大崑嵛山〔一〕，在州東南四十里。齊乘云：嵎夷，岸海名山也，秀拔爲羣山之冠。仙經云：姑餘山，麻姑於此修道上升，餘址猶存，因名姑餘。後世以姑餘、崑嵛聲相類而訛爲崑嵛。又有小崑嵛〔二〕，與之相連。宋政和六年，封仙姑虛妙真人。重和元年，賜號顯異觀。上有太白頂，中有煙霞洞。元史丘處機傳：爲全真，學於寧海之崑嵛山〔三〕，與馬鈺、譚處端、劉處玄、王處一、郝大通、孫不二同師重陽王真人。　繫馬山，在州東四十里。齊乘云：始皇於此繫馬，草生猶作繫結之狀，俗名繫馬𥐰〔四〕。　崆峒島，在州境北海中。又有栲栳、浮山、東清、西清及竹島、莒島、鹿島、黃島。　莒島海口，在州東北境。舊海運往來經此。　五丈河，在州西北十里。源出州西南錯山，合澗谷諸水，東北流入海。　金水河，一名沁水。源出州南黃堆〔五〕，會諸溪澗水，北過州城五里，又東北流入海。　黃壘河，在州東南一百里。源出姑餘山，東南流入海。　乳山巖，在州西南一百四十里。宋史地理志：牟平有乳山、閻家口二砦〔六〕。趙滋傳：登州乳山砦兵叛，殺巡檢。

古迹。育犁城，在州東南一百二十里。漢縣，屬東萊郡。後漢省入牟平。齊乘云：在州西北八十里，㵐港水側，其地良沃，故名育犁。清陽城，在州東三十里。唐武德六年，析觀陽縣置，尋省。

【校勘記】

〔一〕大崑嵛山　「嵛」，底本作「崙」，川本同，據滬本及齊乘卷一、圖書集成職方典卷二七三改。

〔二〕小崑嵛　「嵛」，底本作「崙」，川本同，據滬本及齊乘卷一、圖書集成職方典卷二七三改。

〔三〕爲全真學於寧海之崑嵛山　底本「全」字作「金」，「嵛」字作「崙」，川本同，據滬本及元史丘處機傳改。

〔四〕繫馬础　「础」，底本作「窟」，川本同，據滬本及齊乘卷一改。

〔五〕黄堆　川本同，滬本作「黄堆山」，同清統志卷一七三。

〔六〕閆家口　「閆」，底本、川本作「間」，滬本作「問」，據宋史地理志改。

文登縣　山川。文山，在縣東二里。齊乘作文登山。寰宇記：秦始皇東遊，召集文人登此山論頌功德。成山，在縣東北一百五十里，古不夜城側。史記：秦始皇過黄、腄，窮成山。封禪書：八神，七曰日主，祠成山。成山斗入海，最居齊東北隅，以迎日出云。漢志作盛山，漢武帝太始三年，禮日成山。齊乘云：今按召石與成山相近，因始皇會海神，故後世遂呼成山曰神山。山斗入海，旁多椒島，海艘經此，失風多覆，海道極險處也。吴志：嘉禾元年，遣將軍周賀、校尉裴潛乘海至遼東，魏將田豫要擊，斬賀於成山。召石山，在成山東。齊乘引三齊略云：始皇造石橋，渡海觀日出處，有神人召石於城陽，一山石岌岌相隨而行〔一〕，石去不駛，神人鞭之見血。今召石山石色皆赤。又驗成山東入海道，水中有豎石往往相望，似橋柱之狀；又有柱石二，乍出乍没。伏琛云：始皇渡海，立此石〔二〕，標之以爲記。山下有海神廟、望海臺、始皇廟。斥山，在縣東南六十里。爾雅云：東北之美者，有斥山之文皮焉。即此。五壘山，在縣南五十里。南北成行入海，宛如營壘。鐵查山，在縣南一百二十里。山有九頂，南瞰大海，下有水簾洞，洞中有石球十餘，潮至蕩激，聲響如雷。鐵官山，在縣南一百四十里。漢時於此置官鑄冶。昌山，在縣西南四十里。有巨神龍祠，昌水出此山，因氏焉。劉公島，在縣北九十里海中。島中多林木，四五月間，舟人入采之。舊有辛、汪二里居民，國初魏國公徐輝祖徙之，今遺址尚存。海牛島，在縣北海中。齊乘云：文登東北海邊有鷄鳴島，北海中有海牛島。郡國志云：海牛無角，長丈餘，紫色，足似龜，尾若鮎魚，性捷疾，見人則飛赴水，皮堪弓鞬，脂可然燈。與海驢島相近，海驢常以八九月上島産乳〔三〕，其皮水不能潤，可以禦雨。並見寰宇記。海驢皮今有獲之者，淺毛灰白作鱸魚班。又有海狸，亦上牛島産乳。見齊記。山海經注云：今海中有虎鹿及海豨，體皆如魚，而頭似虎、鹿、猪。海驢島，見上。又有鏌鎁、五里、玄真、雞鳴、蘇心〔四〕、雙柘諸島，皆近縣境。

云：南合黑水，北納昌陽湯，通名昌水。西南過萊陽，會五龍水，南入於海。昌陽湯極清温，在文登西七里，名如意湯。圖記：文登有温泉七所，此爲最。白蓬頭港，在縣南二百三十里。昌水，源出昌山。齊乘

古迹。東牟城，在縣西北十里。漢縣，屬東萊郡。有鐵官、鹽官。莽曰弘德。高后封齊悼惠王子興居爲東牟侯。不夜城，在縣東北八十里海濱。漢縣，屬東萊郡。有成山、日祠。莽曰夙夜。師古曰：「齊地記云古有日夜出，見於東萊，故萊子立此城，以不夜爲名。」王莽傳：夙夜連率韓博上言：「有奇士，長丈，大十圍，來至臣府，曰欲奮擊胡虜，自謂巨毋霸，出於蓬萊東南，五城西北昭如海瀕。」師古曰：「昭如，海名。」齊乘引漢志云：古有日夜出，見於東萊，萊子立此城。有成山、日祠、雞鳴島。解道虎云：不夜在陽庭城東南。陽庭有青城山，始皇射魚處。今按青城山即之罘山也。因腄名青陽城，之罘號青城山，陽庭即腄城是。腄城，在縣西七十里。漢縣，屬東萊郡。齊乘：在寧海州東三十里。秦、漢縣，後幷入牟平。唐初置青陽縣，後廢入文登。城對之罘山，臨清陽水，故名青陽城。清陽，漢志作聲洋，丹水所出，東北入海。漢書：秦欲伐匈奴，使天下飛芻輓粟，起於黄、腄。漢志：腄，有之罘山祠。居上山，聲洋、丹水所出，東北入海〔五〕。師古曰：「腄，音直瑞反。洋，音祥。」外戚侯表：吕后封吕通爲腄侯。

漢東萊郡屬縣，今無可考者：臨朐，有海水祠。莽曰監朐。師古曰：「齊郡已有臨朐，而東萊又有此縣，蓋各以所近爲名也。」〔六〕陽樂侯國，莽曰延樂。陽石，莽曰識命。公孫賀傳：有陽石公主。師古曰：武帝女。後漢俱省。

漢侯國今無可考者：西陽頃侯並，東平思王子〔七〕。成帝元延二年封。表云：在東萊。承父侯續相如，武帝太始三年封。表云：在東萊。丞父侯孫王〔八〕，武帝征和四年封〔九〕。表云：在東萊。

宋史高麗傳：淳化四年，遣陳靖等使高麗，登舟自芝岡島順風泛大海。天禧三年九月，登州言高麗進奉使禮賓卿崔元信至秦王水口，遭風覆舟，漂失貢物。詔遣内臣撫之。

禹貢：萊夷作牧，厥篚檿絲。萊夷，顔師古曰萊山之夷。齊有萊侯、萊人，即今萊州之地。作牧者，言可牧放，夷人以畜牧爲生也。檿，山桑也，山桑之絲，其紉中琴瑟之弦。蘇氏曰：惟東萊有此絲，以之爲繒，其堅韌異常，萊人謂之桑繭。

永樂六年十二月甲申，命都指揮王龍、指揮王雄總率山東官軍六千〔一〇〕，往沙門島等處巡捕倭寇。戊戌，命豐城侯李彬充總兵官，都督費瓛充副總兵，率官軍自淮安抵沙門島緣海地方，剿捕倭寇。七年九月辛卯，山東都指揮使司奏，登州衛沙門島乃朝鮮、遼東往來衝要之處，守備僅七百餘人，寇至難以防禦，請益兵。命以五百人益之。正統七年三月，先是山東備倭署都督僉事李福奏〔一一〕：即墨三營備倭官軍，距各衛所遠者至一二百里，其間道多溝渠，遇夏水長不可渡，恐誤策應。青、登、萊三府有漁舟，方春而漁，及夏則止，乞令所司僉漁户舟以渡，免其雜徭。事下山東三司及巡按御史覆之，以爲漁舟有税課，不可重役，其溝渠淺者，不必舟渡，惟萊陽縣南五龍河、膠州東新河，宜令有司出官物造舟，付守墩軍操渡。詔從之。

【校勘記】

〔一〕召石於城陽一山石岌岌相隨而行　底本「一山石」作「一十山」，川本同，齊乘卷一召石山：「有神人召石下，城陽一山石岌岌相隨而行。」此「一十山」爲「一山石」之誤，據改。滬本作「召石於山下，驅之岌岌相隨」。

〔二〕立此石　底本作「立砦」，川本同，據滬本及圖書集成職方典卷二七三改。

〔三〕八九月　底本無「八」字，川本同，據滬本及齊乘卷一補。

〔四〕蘇心　川本同，滬本作「蘇門」。

〔五〕東北入海　底本「東」上衍「丹水」二字，川本、滬本同，據漢書地理志删。

〔六〕以所近爲名也　「名」，底本作「近」，川本同，據滬本及漢書地理志顏師古注改。

〔七〕西陽頃侯並東平思王子　底本無「頃」、「子」字，川本、滬本同，據漢書王子侯表補。

〔八〕丞父侯　「丞」，底本作「承」，川本同，滬本眉批：「據漢書，『承父侯孫王』作『丞父侯』。」據漢書景武昭宣元成功臣表改。

〔九〕征和　底本作「延和」，川本同，據滬本及漢書景武昭宣元成功臣表改。

〔一〇〕六千 「千」，底本作「年」，據川本、滬本改。

〔一一〕山東備倭署都督僉事李福奏 「署」，底本作「置」，川本、滬本同，據明英宗實録卷九〇改。

方輿崖略〔一〕：山左士大夫恭儉而少干謁，茅茨土階，晏如也，即公卿家，或門或堂，必有草房數楹，斯其爲鄒、魯之風。

古稱封禪者七十二君，今遺迹皆不存，亭亭、云云等，存其名而已。泰岱之上，惟日觀側有秦封禪臺。碑石，則秦無字碑最古，當萬年不化，大且重，故此石非泰山物，非驅山之鐸，良不能至此。

泰山香税，乃士女所税物〔二〕，藩司於歲賦外資爲額費。夫既已入之官，則戴甲馬、呼聖號，不遠千里，十步五步一拜而來者，不知其爲何也？不惟官益此數十萬衆，當春夏間，往來如蟻，飲食香楮，賈人旅肆，咸藉以爲生。視嵩山、廬岳、雁蕩、武夷，士大夫車騎館穀，專爲邑中之累者，其損益何啻天淵。

小清河，即濟之南源。今亦爲鹽河，兼資灌漑，而淤塞流溢，久離故道，水利失而水害興，各郡邑乃自以意爲堤，而以鄰爲壑。如新城、博興、高苑之民，日尋干戈，以競通塞，非朝夕故矣。故爲山東者，必當興復河流，講求故道。使竹口不闢，則西民之水害不除；清河不修，則東民之水利不舉。恐田野荒蕪，終無殷富之日。

孔子廟前之檜，圍不四五尺，高與簷齊。而志稱圍一丈三尺，高五丈者，志所稱舊檜也。此非手植，乃手植之餘。蓋手植者，金時毁於火〔三〕，此其根株復萌蘖者。志稱晉永嘉三年枯，隋義寧元年復榮，唐乾封二年枯，宋康定元年復榮，則所指手植者。元至正三年復榮，則指今檜也。今膚理猶然生意，第不知榮於何日耳。

洙水自尼山來，入沂水同流，今之洙水橋，亦非其舊也。泗水出陪尾山下，四源共會，故稱泗。其源清澈可掬，出地激駛，滚滚有聲。至曲阜，南洙北泗，中爲孔林，下濟寧，入徐州，會汴達淮，今會通河奪之。雷澤，夏溢秋涸，涸時水入地，聲如雷者經日，故云雷澤。汶水會七十二泉而成，至南旺分流，南北濟運，南流短，北流長。

山東東、兖二郡水患不盡由本地。本地水乃汶、泗也，流漕河南北則已，惟中州黑洋山水經澶淵坡，而東奔曹、濮之間，以一堤限之，堤西人常竊決堤，兼以黑龍潭諸水澎湃汪洋，其初咸自范縣竹口出五空橋而入漕河，邇來橋口淤塞，河臣不許浚之出，恐傷漕水，遂縮回浸諸邑，而濮尤甚。癸巳，余參藩行荒，至其地，爲民講求，止開州永固鋪一路可開之以達漳河，而開民不肯讓道，築舍無成，乃奏記舒司空，謂河臣止論國計，不恤民生。司空甚銜余，竟格之。然東不開五空橋，西不開永固鋪，濮上左右，歲爲沮洳之場矣。

魚臺之在兖西，猶釜底然。黄河身漸高，單、沛堤日益以高，而魚臺水不出，淹處至今四五年〔四〕。舒司空欲開中心溝，泄之以達宿遷，良是。第溝首接吕孟湖，而湖高又不能泄魚臺之水，新溝下又多礓沙，浚不深，僅僅一線泄漕河、汶、泗之溢者濡縷爾。故費五萬金而卒無益於事，不出張憲副朝瑞之所料也。

東、兖之間，郡邑大小不等，如滕，非昔五十里之滕也，西北可五十里，南則幾百數十里而遥，東亦不下百里，而岡阜綿連，盜賊淵藪，故治之難，而滕、嶧間再置一邑爲善。若清平之旁又有博平，朝城之側又有觀城，則贅也。博平四隅鄉村，每方不出二十餘里，若觀城東、西、北皆不過數里，止東南去十里餘而已，此猶不及一大郡之城，何以爲邑？

鄒嶧山，秦皇所登立石頌功德處。一山皆無根之石，如溪澗中石卵堆疊而成，不甚奇峭，而頗怪險。禹貢「嶧陽孤桐」，乃特生之桐，非以一樹爲孤也。桐必特生者，謂受風聲專，故堪琴瑟。今則孤桐寺前果只留一桐，足稱孤矣，雖非禹時之舊，似亦不下千年物。

東平安山左右，乃盜賊淵藪，客舟屢遭劫掠。武德亦多盜之地，以北直、河南三界往來，易於竄匿。然其來也，必有富家窩引之，如近日路絅之敗，千里爲名〔五〕，有司皆折節下之，亦古者大俠郭解之流。

青州人易習亂，禦倭長槍手皆出其地。蓋是太公尊賢尚功，桓公、管仲首霸之地也。其鬭雞、走狗、蹴踘之俗，猶有存者。

長山、沙門諸島在登州外〔六〕，大者延袤十餘里，小者二、三里，皆有饒沃田以千萬計，猶閩、浙之金、堂諸山也。往者皆有禁，後鄭中丞因新兵乏餉，疏墾以助之，亦山左一益。此田皆當於農時搭廠以居，隙則毀之而歸，若架屋常住，恐窩引海盜爲患閭閻矣〔七〕。而浙拘攣甚，則當事者之見殊也。

漕河塞決不常，先司寇督漕，疏請試海運。其試海運者，非遂以海代漕，云必無漂流也，二三丈之河，風水不無損失，況大海乎！不過欲爲國家另尋一路，以爲漕河之副，如丘文莊所云者。行之二年，竟格。今自登州東南大洋至直沽，詳其路程，以備采摭。自玄真島始，玄真島者，大嵩、靜海二衛之東南洋也。海船至此，轉杵島嘴，如收洋入套〔八〕，一程；北過成山頭，西北望威海山，前投劉公島，二百餘里，用南風爲順風，一日而到，内可小灣泊十處，當迴避十處，二程；自劉公島西行，遠望之罘島，約二百里，用東風、東北風，半日而到，内可小灣泊四處，迴避四處，三程；自之罘島開船，西六十里，過龍洞直西，此備倭府外洋也，遠望長山島，西投沙門島，約一百八十里，用東南風，一日而到，内可小灣泊三處，迴避六處，四程；自沙門島開船，西南遠望三山島，約二百餘里，用東風，半日而到，内可小灣泊二處，迴避四處，五程；自三山島開船，過芙蓉島直西，投大清河口，約四百餘里，用東風與東北風，一日而到，内可小灣泊二處，迴避三處，六程；自大清河開船投大溝河，約一百六十里，用西南風，一日而到，内可小灣泊三處，迴避一處，七程；自大溝河開船投大沽河，約二百餘里，望見直沽，俱無迴避。此言灣泊者，大船避風，若小漁船，可乘風破浪而去。

膠萊河與海運相表裏，若從淮口起運至麻灣，而逕渡海倉口，則免開洋轉登、萊一千五六百里。其間田橫島、青島、黄島、玄真島、竹島、宫家島、青鷄島、劉公島、之罘島、八角島、長山島、沙門島、三山島，此皆礁石如戟，白浪滔天，其餘小島尚不可數計，於此得避，豈不爲佳？奈膠萊淺澀，開鑿之難，蓋自元至元阿合馬集議以來，傭費不資，十載而罷。及今徐司空栻、胡給事檟屢舉屢廢，或謂下有礓砂數十里〔九〕，斧鑿不入；或謂鑿時可入，鑿後旋漲；或又謂開鑿原不難〔一〇〕，第當事者築舍道傍。余觀唐、宋漕政，皆代經六七更，水陸不常，舟車相禪，若可以此例舉，則南北用舟，於中以車輛接之，其説亦似可存，以備臨渴之一策。

山東備倭府立於登州，癸巳、甲午間，倭方得志朝鮮，東人設備往往於是。余謂客曰：「此非山東之所謂備倭也。」曰：「祖宗不建府於登乎？」曰：「登州備倭之設，祖宗爲京師，非爲山東也。海上艨艟大艦乘風而來，僅可抵登州東面而止，過此而入海套，則大艦無順風直達之便，欲泊而待風，則岸淺多礁石，難繫纜。故論京師，則登州乃大門，而天津二門也，安得不於登備之。」曰：「然則山東備何地乎？」曰：「以山東籌之，則登乃山東之北一隅〔一一〕，猶人家之有後水門也，尚有前堂在。倭從釜山對馬島乘東風而來，正對淮口，然淮有督儲部府，尚宿重兵，倭不遽登岸也，其登必從安東、日照，此數百里無兵。然中國之虛實險易，倭必有鄉導預知之，而泰山香税，外國所豔聞者也，則必馳泰安州。次則濟寧商店咸在城外，倭必覬之而走濟寧。又次則臨清大賈所必覬也，而馳臨清。劫掠則飽〔一二〕，然後入省城，此山東大廳堂而倭所必由之道也，不備前門而先後門乎？」曰：「然則當何備之？」曰：「總府立青州〔一三〕，既祖法不可改，當從倭汛議，以關中防秋例處之。登州至安東，惟膠州爲中，南北救援，咸相去五六百里，今遇汛時，當調登州總戎駐膠州，以南援安東、日照、安丘、諸城一帶，而北仍不失舊援〔一四〕，隨遉隨發。而調臨清參戎於登州坐鎮之，如總督出花馬池，巡撫出固原例。汛畢，仍歸本鎮，是於備京師、山東經權兩不失也。」曰：「臨清不有糧艘當護乎？」曰：「此非倭所欲也。據臨清以絶糧道，丘文莊爲中原不逞者言。倭隔海，只利掠金耳。」曰：「何以知倭不入登、萊也？」曰：「登海淺，水行二十里皆淖途，前所云多礁，船不得泊即起岸。而登州地廣人稀，鮮富室，若清野待之，一望蕭索，四五日必回舟，而大舟必漂去，又無漁船、客船可拏用之，故倭不走登州也。」曰：「登遂可無備乎？」曰：「不在今日也。倘倭得朝鮮，則登與旅順口相對一岸，不用乘風，不須巨艦，只購艨艀艋，一夜而渡，抵岸方曉。此時難防，又特甚焉，則非今日之比。故備寇者，須知我險，須知彼情，難與刻舟求劍者道也。」後人與鄭中丞言之〔一五〕，設安東備倭。

黄縣志：海魚莫大於鰭，長或一二十丈，三五成羣，順流噴浪如雪山，脊翅浮紅水面，如百十赤幟。舟遇之速避，稍遲即可吸口吞舟，故俗名吞船鰭。人不敢取，間有自斃潮至沙灘者，土人以柱撑口入内，割其肉爲膏油然燈，不可食，利刃數割，即爲油膩沾滯。骨大可作橋梁屋材。島中有魚骨廟。

趙無聲焚餘稿：余以計偕老於道塗，水陸之程，多所親歷。陸路勞而速，水路逸而遲，其大較也。然從水若附官船、貨船誠遲，如近日浪船則遲極不過四五十日耳。回南當更疾，計自家中發棹吴門，四日可抵京口，又四日可抵清江，舟子入清江，料理出河傢伙及整備行糧，一二日決要停，出黄河，便一意趲路程矣。自清口抵宿遷，不及三百里，苟非鬭風，三宿可收新河。既入新河，自夾溝以上，雖水溜閘多，而河面甚狹，儘可着力，即閘上糧艘爲礙，月河可轉也。挨過韓莊，不復守閘矣。總之，自清口抵濟寧不滿千里，十日未有不至者。濟寧閘漕規甚嚴，即官船不得飛渡，舟人至此，亦必各有所事，大約一二日決要停。既過濟寧，去臨清僅四百里，然南旺南北水甚淺澀，此處守閘有一日行止五里、十里者〔一六〕，必過張秋，始無甚礙，此四百里内，非十日不能過也〔一七〕。臨清討閘，少有躭擱，一二日亦要停，止北閘更無他阻，河平水順，晝夜可行，二日決抵德州，又三日決抵天津，又三日決抵灣矣。雖潞河水淺沙漲，而浪船無不可渡，大約自臨清抵灣雖千里而遥，斷不出十日外。合之自家抵京不過四十日，而飯米一切俱可多帶，沿途食用，費少而物充，視陸路纔遲十許日耳〔一八〕。

兖州府龍興寺修三門記：宋太平興國八年。八字改七。今名興隆禪寺，在魯府之東。其庭中有石幢，刻陀羅尼經。唐咸通十一年。青州北門外龍興寺，有大齊武平四年歲次癸巳八分書碑。萊州海廟殿後有白石碑二，左一碑，字漫滅；右一碑，爲洪武三年七月三日己丑，侍儀司引進使臣張英，今蒙中書省點差，欽賫祝文，致祭於東海之神，云云。載於祀典。廟在縣西北一十八里海岸，正殿前亭有喬宇篆書海廟詩二首。

南征紀略：王宫空廢，有司以爲客館。茂草鼪鼯交棲敗瓦，獨王宫東畔馳道玲瓏，松楸未改。其苑内舊有望春樓最爲高迴，下繞芳塘，每晴光臨眺，則山山夕照，樹樹溪流，遠近互出。樓前有凉殿虚敞，殿後兩株繡球，昔爲苑中獨秀，於今憔悴似衰柳。江潭前有冰室，亦並荒蓁。其西則花塢依然，紫薇千樹，春蘭秋菊，棲被盈畦，有白頭宫監守之。其北有方亭，聚怪石，亭下起卧縱横，皆有意態。

天柱山，一曰魏故中書令秘書監鄭文公之碑，故吏主簿程天賜等撰〔一九〕，永平四年刊；一曰天柱山銘，使持節都督光州諸軍事、車騎大將軍、儀同三司、光州刺史滎陽鄭述祖撰〔二〇〕，齊天統元年刊〔二一〕。

【校勘記】

〔一〕方輿崖略 川本、滬本同。按方輿崖略係明王士性廣志繹卷一篇名，以下諸條皆録自廣志繹卷三江北四省。

〔二〕乃士女所稅物 「稅」，川本、滬本同，廣志繹卷三江北四省作「捨」，當是。

〔三〕金時毁於火 底本脱「金」字，川本同，據滬本及廣志繹卷三江北四省補。

〔四〕淹處至今四五年 川本、滬本同，廣志繹卷三江北四省「今」作「經」。

〔五〕千里爲名 川本、滬本同，廣志繹卷三江北四省「爲」字作「聞」。

〔六〕在登州外 川本、滬本同，廣志繹卷三江北四省「登州」作「登萊」。

〔七〕恐窩引海盜爲患閩間矣 「盜」，川本同，滬本作「寇」；「間」，底本作「開」，川本、滬本同。廣志繹卷三江北四省作「恐窩引海寇，爲患浙、閩間矣」，此「開」當爲「間」之誤，據改。

〔八〕轉杵島嘴如收洋入套 川本、滬本同，廣志繹卷三江北四省作「轉杵皃嘴如收洋八套」。

〔九〕礓砂數十里 底本無「砂」字，川本、滬本同，據廣志繹卷三江北四省補。

〔一〇〕或又謂開鑿原不難 底本無「謂」字，川本同，據滬本及廣志繹卷三江北四省補。

〔一一〕山東之北一隅 川本、滬本同，廣志繹卷三江北四省「之」字作「東」。

〔一二〕劫掠則飽 「則」，川本同，滬本作「既」，同廣志繹卷三江北四省。

〔一三〕青州 川本、滬本同，廣志鐸卷三江北四省作「登州」。

〔一四〕不失舊援 「舊」，川本、滬本同，廣志鐸卷三江北四省作「救」。

〔一五〕後人與鄭中丞言之 「人」，川本同，滬本作「入」，同廣志繹卷三江北四省。

〔一六〕一日行止五里十里者　「行止」，川本同，滬本作「止行」。
〔一七〕非十日不能過也　底本脱「能」字，據川本、滬本補。
〔一八〕視陸路纔遲十許日耳　底本脱「路」字，據川本、滬本補。
〔一九〕程天賜　「賜」，底本作「錫」，川本同，據滬本及清統志卷一七四改。
〔二〇〕光州刺史　底本無「史」字，川本同，據滬本及清統志卷一七四補。
〔二一〕天統元年　「元」，底本作「五」，川本同，據滬本及清統志卷一七四改。

泰安州碑目。

岱廟　殿墀西，宣和己亥錢伯言碑，大字行書。　東碑亭，洪武三年制書碑。　東第二碑亭，大金重修東嶽廟記碑，楊伯仁撰文，黄久約書，党懷英篆額。　正德五年遣户部左侍郎喬宇祭文篆書碑。　配天門外東碑亭，宋宣和六年重修嶽廟記碑，宇文粹中撰文，張澂篆並書。　配天門外西碑亭，宋大中祥符六年封天齊仁聖帝碑，晁迥撰文〔一〕，户熙古篆並書〔二〕。　延禧殿前歆器圖碑，背有汪廣洋草書詩一首。　投壺圖碑，摹李斯篆二十九字，在太極圖碑背。　御香亭，喬宇登泰山詩二首，篆書碑在西壁。　環詠亭，宋神明逸詩跋二片〔三〕，内有林、蘇、韓、范、歐、王、蔡、石等字，在北壁。

儒學　明倫堂，朱晦翁大字碑。　文廟前，萃美亭記碑，八分書。　關帝廟，迴道人詩碑。魯兩先生祠，金党懷英記碑。冥福寺，晉天福八年記碑。長春觀，元牒碑。嶽頂，唐玄宗摩厓碑。碧霞元君宫，秦李斯殘碑。玉女池，申𪨜八分書碑。岱嶽觀，今名老君堂。唐鴛鴦碑、宋盛勛題名碑、董元康題名碑。青帝觀，宋真宗御書碑。兩面有文。升元觀，宋牒碑。元徐世隆記碑，劉惟一篆書。后土殿，宋范致君題名碑。普照寺，金牒碑。谷山寺，金党懷英記碑。城南，宋真宗御書陰字碑。南壇，宋王旦頌碑、宋陳堯叟頌碑。

【校勘記】

〔一〕晁迥 「迥」，底本作「迴」，川本、滬本同，滬本眉批：「迴，疑迥字之訛。」據宋史晁迥傳改。

〔二〕户熙 川本、滬本同，明泰安州志卷一作「尹熙」，疑此「户」爲「尹」之誤。

〔三〕神明逸 川本漫漶，滬本同，滬本眉批：「神，疑仲字之訛。」

鄒縣 孟廟。元泰定五年劄碑，至順二年碑，殿前。元致和元年、延祐三年二大碑，甲寅年、丁酉年二小碑，寢殿前。宋元祐元年牒碑，元至元二十年趙文昌碑，金大定二十八年趙昇詩碑，景泰二年薛瑄詩碑〔一〕。並西更衣堂。

【校勘記】

〔一〕景泰 「泰」，底本作「春」，川本同，據滬本及明史薛瑄傳改。

長清縣 靈巖寺。宋大丞相文定公詩，景祐五年祖無擇詩，元豐二年鮮于侁詩，元祐庚午宛亭蔡卞詩〔一〕，元祐八年蘇軾詩，元祐壬申蔡安持詩。元符二年蔡卞書經四幅，後有建中靖國元年南軒偈，杜欽況靈巖行，嘉祐五年王逵記，元豐三年盛陶詩，元祐庚申卞育記，大觀三年住持仁欽篆書心經，大觀四年仁欽述生老病死苦頌，政和元年淨照和尚誡小師碑〔二〕，政和乙未趙子明題名，宣和乙巳方渠、王淵題名，宣和五年篆書大字碑。在般若殿前〔三〕，下有二字埋在土中，未辨名氏。金皇統七年重立陳師道面壁像記，皇統七年雲公禪師像，明昌五年王珩詩，明昌五年路伯達詩。元至正乙未傅亨詩，至正四年察罕普華書唵嘛呢巴彌吽碑。

【校勘記】

〔一〕蔡卞 底本脱「卞」字，川本漫漶，據滬本、本書下文補。

〔二〕政和元年淨照和尚誡小師碑 「政」，底本作「致」，川本同，據滬本改。「誡」，底本作「誠」，據川本、滬本改。

〔三〕般若殿 「若」，底本、川本作「舟」，據滬本改。

費　秦爲薛郡地。漢爲徐州部東海郡地，後漢爲兖州部泰山郡地。晉爲徐州部琅邪國地〔一〕。南宋亦爲兖州部泰山郡地。北魏爲北徐州部東泰山並琅邪二郡地。時武陽、南城屬泰山郡，費屬琅邪郡故也。隋爲琅邪郡地，開皇三年，遷費墟之費于祊田之上〔二〕，爲今治，亦括臨沂之西隅在其内〔三〕。唐爲河南道沂州琅邪郡地〔四〕。

聰山，在縣西北一百四十里。浚河發源於此。南成山〔五〕，在縣西南八十里。即曾子葬父處，王符所謂南成之冢是也。舊呼曾子山，今改毓秀山。由吾山，在縣西三十里〔六〕。世傳由吾道人隱居此山，因名。上有由吾洞。

祊河〔七〕，源出大崮〔八〕，東北流，經縣治東合於浚。名祊者，以地爲古祊田故也。國人皆仰汲焉。費境河利之大，此其首稱者。費城湖，在縣西北一十五里〔九〕。廣千五百餘畝，有魚鱉、菱芡、蓮藕之利。漏陂，在縣西一百三十里。雨降水集時，汪濊成湖，魚鱉生焉。至霜降後，一夕悉漏，聲聞數里，村人每伺此時具車乘，競取魚鱉，裝載而歸，後人訛爲雷澤湖。

鄅國，妘姓。子爵。夏少康封其少子曲列。春秋襄公六年：莒人城鄅。昭公四年：取鄅。今縣南一百二十里有鄅城，中有鄅城寺，有古碑記。南成城，漢侯國。因南成山而名。漢末，黄巾之亂，鄭玄避亂此山〔一〇〕。有注經石室。季桓子井，在縣西北二十五里，古費城墟中。傳爲季桓子所鑿，井甃以石，圍百尺，深數丈，今枯塞。國語：季桓子穿井得羵羊。即此。

〔旁注〕有唐天寶九載尉趙元乘銘、宋紹聖四年朝奉郎知縣事逢完記〔一一〕。姚庭槐曾子南武城考：司馬遷史記於曾參下著南武城人，於澹臺滅明下著武城人，而缺一南字，後人因歧爲二邑，遂致武城之説紛紛不明。遷著參之爲南武城人也，以漢時左馮翊有西武城，清河郡有東武城故也，加以南字，所以别此二邑也。加南於曾而不加南於澹臺者，蒙上文耳。孟子曰：曾子居武城。仁山金氏引曾子雜篇云：魯人攻費，曾子謂費君曰，請出避，姑無使狗豕入吾宅〔一二〕。又唐章懷太子注後漢書王符論曾子葬父南成山云〔一三〕：南成在今費縣西南。又戰國策甘茂之言曰曾子居費之武城。即此。則曾子費人無疑，而嘉祥之武城謬矣。

【校勘記】

〔一〕琅邪國地　「地」，底本作「部」，據川本、滬本及晉書地理志改。

〔二〕祊田　「祊」，底本作「祊」，據川本、滬本及春秋隱公八年杜預注、齊乘卷四改。

〔三〕臨沂之西隅　「隅」，底本作「隔」，據川本、滬本改。

〔四〕河南道　「道」，底本作「郡」，川本同，據滬本及舊唐書地理志改。

〔五〕南成山　「成」，底本作「城」，據川本、滬本及圖書集成職方典卷二一〇改。

〔六〕縣西　川本漫漶，滬本旁注：「一作南。」圖書集成職方典卷二一〇、清統志卷一七七作「南」。

〔七〕祊河　「祊」，底本作「祊」，據川本、滬本及紀要卷三五改。

〔八〕大崖崮 底本作「大崖崗」，川本漫漶，據滬本及紀要卷三五、圖書集成職方典卷二一〇改。

〔九〕西北 川本漫漶，滬本旁注：「一作西南。」

〔一〇〕避亂 川本同，滬本「亂」作「難」，同齊乘卷四。

〔一一〕逢完 「逢」，川本同，滬本作「逄」。

〔一二〕入吾宅 「入」，底本作「人」，川本漫漶，據滬本改。

〔一三〕章懷太子注後漢書 「章」，底本作「張」，川本同，據滬本改。又，滬本「書」下有「曰」字。

鄒　孟子廟，在南門外。其制正殿七間，孟子南面，以樂正子配。寢殿五間，祀亞聖夫人。東廡七間，以公孫丑、浩生不害、陳臻、屋廬子、陳代、公都子、高子、盆成括、子叔疑、韓愈從祀。西廡七間，以萬章、孟仲子、充虞、徐辟、彭更、咸丘蒙、桃應、季孫、孔道輔從祀。〔旁注〕宜增季子〔一〕，去季孫、子叔疑〔二〕、盆成括。浩生不害亦非門生。廟之左爲啓賢祠，後爲孟氏家廟。〔旁注〕寢宮，即孟母也。郭璞云：郲城東南有繹山〔三〕，繹山北有牙山，牙山北有唐口山，唐口山北有陽山，陽山北有孟軻塚〔四〕。今四基山是也。

尼丘山，在縣東北六十里。其峯連峙，其數有五，萬山拱之，顔氏之所禱也。東崖下有洞焉，是爲坤靈，雩河抱之。河中有臺，其高數尺，雖大水不没。東一里，即顔母山，有井焉，亦名顔母。又十里曰昌平山，綿亘二十餘里，孔子所生之鄉也。四基山，在縣東北三十里。其頂有石，其狀如基，其數四，故名。其西麓，即孟子墓也。馬鞍山，在縣北二十五里。其北麓即孟母林，有泉焉又名孟母。嶧山，在縣東北二十五里[五]。一名鄒嶧山，爲別於邳之葛嶧山也[六]。孔子登東山，即此山也。山産桐樹，無附枝，謂之孤桐，禹貢載焉。秦皇觀禮於魯，登嶧山，刻石其上，命曰書門。

故邾城，在嶧山之陽，周回二十餘里。邾文公卜遷於嶧，即此處也。唐杜佑通典云：故邾國城在縣東南，周回四十里，上冠峯巒，下屬巖壑。又鄒山記曰：山下是鄒縣，本是邾國。據此，則秦、漢鄒縣，疑亦治此。杜預春秋注曰：嶧山在鄒縣北。必晉以後始遷今治也。故南平陽城，在縣西三十里。後漢書以南平陽益東平國。章懷太子注：南平陽城，今兗州鄒縣也。今其地猶有平陽橋、平陽寺、平陽店，俗呼陶城誤也。孔子息鄹，見幽谷之中有蘭生焉，因援琴鼓之，爲猗蘭操。以蘭芳草在幽谷，不得其所，喻君子在下位，不用於世也。今縣正東十里許，有村曰蘭谷，相傳即其故地。本村中泉水一道，西南流入大沙河，冬春不涸，蓮竹特秀。鄒地大率山多，而此獨有水，亦一奇也。縣西北有東鄹村、西鄹集。蓋古鄹邑，魯地，叔梁紇爲其邑大夫，即此。不知何時屬於邾。

南宋時，司馬叔璠與彭城劉謐、劉懷玉等，自番城攻鄒山。孝建元年，兗州刺史徐遺寶與南郡王義宣結連爲逆[七]，垣護之自歷城領軍襲遺寶，道經鄒山，破其別戍。元嘉二十七年，魏主燾自率大兵至鄒山〔八〕。鄒山戍主宣威將軍、魯陽平二郡太守崔邪利敗没〔九〕，魏主登鄒山，見秦始皇刻石，使人排倒之，遂南侵至彭城。

鄒之古碑，無漢、唐者，即秦始皇嶧山碑，亦宋摹擬爲之。孟子廟亦惟金、元居多。乃西南鳧山一碑，爲宋乾德五年，視各碑反在前。又石牆村寺一石碣，爲晉年號，則又古矣，然字刻固不甚佳。宋以前墓碑〔一〇〕，除題名表墓外，多刻般若心經。其上又或標以佛像〔一一〕，而下係以孝子某人。各山中往往於荒田内耕得之，乃知前代奉佛甚矣。秦嶧山刻石辨，金石録十三卷二十葉後〔一二〕。

【校勘記】

〔一〕季子　川本同，滬本作「孟季子」。

〔二〕子叔疑　底本「叔疑」倒作「疑叔」，據川本、滬本乙正。

〔三〕郕城　「城」，底本作「成」，據川本、滬本及續漢書郡國志魯國劉昭注引劉薈騶山記改。

〔四〕孟軻塚　川本、滬本「塚」下有「在焉」二字。

〔五〕東北　「北」，川本同，滬本及齊乘卷一、明統志卷二三、康熙鄒縣志卷一俱作「南」，此「北」疑爲「南」字之誤。

〔六〕邳之葛嶧山　「邳」，底本作「鄒」，川本同，據滬本及續漢書郡國志、康熙鄒縣志卷一改。

〔七〕徐遺寶　「遺」，底本作「元」，據川本、滬本及宋書徐遺寶傳改。

〔八〕魏主　「主」，底本作「王」，川本同，據滬本及通鑑卷一二五改。下同。

〔九〕魯陽平二郡太守　川本同，滬本無「二郡」二字。

〔一〇〕墓碑　「墓」，底本作「摹」，據川本、滬本改。

〔一一〕標以佛像　底本無「以」字，據川本、滬本補。

〔一二〕二十葉　川本作「二十一葉」，滬本作「七葉」。

嶧　漢置承及蘭陵，屬東海郡。東漢因之。晉惠帝分東海郡之蘭陵、承、戚、合鄉、昌慮五縣〔一〕，置蘭陵郡，理承縣。南宋置蘭陵郡，領昌慮、承二縣。元魏因之，復置蘭陵縣。隋開皇三年，罷郡，以承屬徐州；十六年，以縣置鄫州。大業二年，省鄫州及承縣，移蘭陵置於廢鄫州城，屬徐州。後爲山賊左君衡所破〔二〕。唐武德四年，復置鄫州，又改蘭陵爲承縣。貞觀六年，廢鄫州，以縣屬沂州。宋因之。唐承縣仍理鄫州城，至宋移理今縣〔三〕。金屬邳州，明昌六年〔四〕，改承縣爲蘭陵；興定間，於縣置嶧州。元以嶧州屬益都路〔五〕，仍以蘭陵爲倚郭。至元二年省。明興，洪武初改州爲縣，屬濟寧府；十八年，改屬兖州府。

龜山，在縣北五十里。四圍峭壁陡峻，其形如龜。上有一泉，水旱不涸。元末，土人避兵處。

君山，云云〔六〕。山上有池，纔數尺，水旱不增減，平田數頃，昔有隱者王老抱一犢於上耕種，後遇異人仙去，故以名焉。

青檀山，在縣西七里。以山多産青檀，故名。一名□峯。有宋岳武穆題額巖壁〔七〕，歲久苔蘚湮滅。山巔舊有雲峯寺〔八〕，創自唐、宋。東西兩山排拱，中有一泉出寺前，流亂石中達山下，内多小蝌，逕縣南會丞水，入泇。石屋山，在縣西二十里。山麓有流泉爲小瀑布，夏月雨餘，噴吐如雷，人坐其旁，即大暑，須臾冷侵肌髮。其陽多雜樹平田。馬頭山，在石屋山西三里許。山前壁立如削，從旁一鳥道達其上。巖上有神祠，祠旁有一洞可容數人。絶頂有二池，水旱不涸。其地平廣可耕，多舂臼，蓋亦昔人避兵處也。山東有一泉名龍塘，東流會青檀寺水，流入縣南蕭橋河。鐵脚山，在縣西南二十里。巖畔有洞，可容數十人。山頂險絶，舊名陳魁寨，繚以周垣，狀如壁壘，旗竇舂臼，星布其上。蓋元末兵亂，土人糾衆自衛，至國初始招撫歸農。山下有泉流地上，土人引以溉蔬稻甚便。杜子山〔九〕，通志誤爲柱子山，在縣東南十五里。丞水環流其下，舊名葛嶧山，下有葛村。按孔穎達疏禹貢謂下邳之西自有葛嶧山，嶧陽孤桐，非鄒嶧山。及觀王氏詩傳云梟、繹二山，皆徐國地，繹與嶧同。李迂仲詩解曰「保有梟、繹」之繹，即禹貢所謂嶧陽也。嶧在禹貢爲徐地，更當下邳之西，上故多桐，當是其地。余不敢知，俟博雜者辨焉〔一〇〕。

丞水。義河，在縣東北三十里。西南流會丞水、西泇水〔一一〕。金注河，在縣南三十里。合丞水，入泇。新河，一名中心溝，縣南五十里。源出白茅山，後復受衆水，下流爲彭河，又東會丞水，入泇。土人傳爲運鐵河。考玉海，彭城北及丞，舊有鐵官，其南有鑄錢山〔一二〕，想其言不誣。異時漕渠梗咽，言事者往往議浚此渠，通下邳，可避吕梁、徐洪之險，兩遣臺諫勘議，竟寢〔一三〕。巨龍河，在縣西北六十里。源出東暨村靈泉，西流達西暨集，西南流入微山湖。祖水，按郡國志偪陽有祖水〔一四〕，祖水而南〔一五〕，亂於沂，而注於沭。水經注：偪陽縣西北有祖水溝，去偪陽八十里，東南流逕偪陽縣故城，地理志曰故偪陽國也。今偪陽城旁有河數曲，不知孰是。滄浪淵，在縣北六十里，車稍峪下。淵西舊有石刻，孔子聽孺子歌滄浪處。四圍峯巒突兀，俯臨淵壑。淵下一池，水深碧，洞昧莫測。淵北有龍祠，土人謂内有穴數畝，達祠下，蓋神龍之宅也。宋宣和間，賜額爲霖澤廟，歲旱禱雨輒應。

承縣城，嶧城西北小城〔一六〕。寰宇記曰：前承縣理今縣西一里，漢承縣古城也。晉以後蘭陵郡或理今州，或理鄫，此城自爲承縣，宋始移治承水東焉。古鄫城，在縣東八十里。路史云：夏后帝杼封其仲子曲烈於鄫〔一七〕。至周爲莒所滅，後屬楚〔一八〕。漢爲繒縣。史記：朐、繒以北，其俗齊。即此。其後省入蘭陵。隋初鄫州理承縣城，大業二年始移蘭陵郡理此，後爲山賊左君衡所據。唐武德初平賊，復置鄫州，理此城。今故墟尚在。城西有溪一曲，土人引以溉蔬稻，溪旁多美竹。舊土城，在承水西，漢承縣城南，土人相傳爲隋初鄫州舊城。城臨承流，歲久衝没，遺地亦間有存者。郳城，鄫城南。郳夷父顏有功於周，次子友父别封小郳〔一九〕，爲魯附庸，居於郳〔二〇〕。欒史云：郳城在承縣。土人曰小灰城，小郳之訛也。安陽城，在縣西北四十里。相傳爲春秋時戎州己氏之邑。秦爲縣。今曹縣東南，亦有安陽城。偪陽城，在縣南五十里。古妘姓之國〔二一〕。祝融之孫陸終第四子求言，封於偪陽，後爲晉所滅。後漢爲傅陽縣，屬彭城。路史云：晉襄公母偪妘國〔二二〕，即周之偪陽也。蘭陵城，在縣東五十里。古魯之次室邑。漢劉向列女傳載魯次室女倚柱而嘆〔二三〕，即此。漢置縣，屬東海郡。晉置蘭陵郡，理承城。此自蘭陵縣爲郡屬邑。陰平城，在縣西南三十里。漢縣，屬東海郡。漢書注〔二四〕：今沂州承縣西南。袁安爲陰平長，即此。

【校勘記】

〔一〕昌慮　「慮」，底本作「盧」，據川本、滬本及晉書地理志改。

〔二〕左君衡　「衡」，底本作「衛」，據川本、滬本及元和志卷一一改。

〔三〕移理今縣　川本同，滬本「移」作「復」。

〔四〕六年　「六」，底本作「二」，川本同，據滬本及金史地理志改。

〔五〕益都路　「都」，底本作「州」，川本同，據滬本及元史地理志改。

〔六〕君山云云　川本漫漶，滬本作「君山，在縣北六十里，古名抱犢山」，同紀要卷三二、齊乘卷四。

〔七〕宋岳武穆題額　底本「宋」作「四」、「題」作「顯」，川本漫漶，據滬本及圖書集成職方典卷二一〇改。

〔八〕山巔　底本缺「巔」字，川本漫漶，據滬本及圖書集成職方典卷二一〇補。

〔九〕柱子山　「柱」，底本作「拄」，據川本、滬本及清統志卷一六五改。
〔一〇〕博雜者　川本漫漶，滬本「雜」作「雅」，當是。
〔一一〕會氶水西迦水　川本同，滬本「西」上有「入」字。
〔一二〕其南　「其」，底本作「且」，川本漫漶，據滬本及紀要卷三二改。
〔一三〕竟寢　底本缺「寢」字，據川本、滬本補。
〔一四〕按郡國志　「按」，底本作「接」，據川本、滬本及圖書集成職方典卷二一〇改。
〔一五〕祖水而南　川本同，滬本「而」字作「東」。
〔一六〕嶧城　川本同，滬本「嶧」下有「縣」字，齊乘卷四作「嶧州城」。
〔一七〕帝杼　「杼」，底本作「抒」，據川本、滬本及史記夏本紀索隱改。
〔一八〕後屬楚　「楚」，底本作「秦」，川本漫漶，據滬本及齊乘卷四、紀要卷三二改。
〔一九〕友父別封小邾　底本「友父」作「有久」，川本作「友久」；「小邾」，底本作「小邦」，川本同，並據滬本及齊乘卷四改。
〔二〇〕郳　底本作「卿」，川本同，據滬本及齊乘卷四改。下同。
〔二一〕妘姓　「妘」，底本作「姑」，川本同，據滬本及春秋襄公十年杜預注改。
〔二二〕偪妘國　「妘」，底本作「姑」，川本同，據滬本及路史國名紀卷丙改。
〔二三〕倚柱　「柱」，底本作「桂」，據川本、滬本及齊乘卷四改。
〔二四〕漢書注　川本、滬本同。按下文所出爲後漢書袁安傳李賢注，「漢書」當爲「後漢書」之誤。

泗水 子路，卞人，其後裔居濟寧之仲家淺。萬曆二十年，六十代孫仲銓奉文，將族人一百四丁除去濟寧州民籍，附入泗水縣儒籍，比田氏例〔一〕，復其家。 縣本魯之卞邑。春秋僖公十七年：夫人姜氏會齊侯于卞。即此。漢置卞縣，屬魯國〔二〕。劉宋初廢，泰始二年復置。元魏省入鄒縣。隋開皇十六年復置，改曰泗水，以汶陽縣地益焉，屬魯郡。

龜山，在縣東北五十里。峯巒聳翠，如龜狀。按府志：與蒙山相連，故魯之北界也。詩云：奄有龜、蒙。孔子去魯，作龜山操云曰〔三〕：吾欲望魯兮，龜山蔽之。龜山之東北，汶水出焉，所謂汶陽、龜陰之田矣。其北爲蒙陰，其南爲費。山東通志：屬新泰縣。 陪尾山，在縣東五十里。泗水發源於此。上有仁濟侯廟。 商寨山，在縣東南二十二里。東西兩山相對，形勢巉巖，可以避兵。上有石臼泉，池下有鮑村〔四〕、東巖、黃陰三泉，流入泗水。府志云商山，通志云昌山。 龍門山，在縣西北三十里。兩峯相峙，有石鐫李、杜詩〔五〕。詩所稱石門也。

泗水，源出縣東陪尾山。水經云：泗水出魯卞縣北山。即此。其水四源並發，循城北八里，始合爲一。西流至曲阜縣，經滋陽縣城東五里，與沂水合，同入金口堰。又南流三十里，至濟寧州東城下與汶水合〔六〕，入會通河。

故卞城，在縣東五十里，古卞明國也。湯伐有卞。春秋地入於魯，爲卞莊子之邑。襄公二十九年，季武子取卞。是也。城爲市里，城東有卞橋，泗水逕之。 姑蔑城，在卞城南。春秋隱公元年：及邾儀父盟于蔑〔七〕。是也。泗水逕其北。故郚城，在卞城南。春秋文公七年：城郚。杜預曰：卞縣南有郚城，備邾難也。舊志云在縣西，誤。梁父城，在縣北四里。漢置縣，尋革。即今故縣村。按府志，故梁父城在寧陽東北九十里〔八〕，其遺址周圍約五六里。曲池亭，在縣北。春秋桓公十二年：公會杞侯、莒子，盟于曲池。即此。杜預曰：縣北有曲水亭〔九〕。出山東通志。按府志又屬寧陽。

泗水，在城東五十里。出陪尾山下，四源並出，故曰泗水，即所謂泉林也。陪尾山之東，爲漏澤湖，地在費縣，亦謂之雷澤。水經注曰：魯國卞縣東南桃墟有澤，方十五里〔一〇〕，淥水澂停三丈如減，澤西際阜〔一一〕，俗謂之嬀亭山〔一二〕。阜側有三石穴，廣圓三四尺，穴有通否〔一三〕，水有盈漏。居民識其將漏〔一四〕，預障穴口，魚鱉暴鱗，不可勝載。自此連岡通阜，四十許里，岡之西際，便得泗水之源，蓋謂陪尾山矣。山下有仁濟侯廟，以祀泗水之神。廟前石穴吐水，數泉俱導。其前有寺，緑林茂樹，蔽虧欑森。寺之左右，大泉十數，泓渟澄澈，互相灌輸，會而成溪，是爲泗水。西南經卞城之東，有橋曰卞橋。水經：卞縣南有姑蔑城，水出二邑之間。是也。自卞橋而西，至於邑城，復有大泉數十，南北交會，入於泗水，以達曲阜。大抵邑境數十里内，泉如星列，皆泗水也。泗水縣城東五十里，陪尾山之陽，泗水出焉。山陰有湖，謂之漏澤。山下有仁濟侯祠，乃泗水之神，宋時所封也。廟西即泉林寺。水出山下，四泉周發，故曰泗水。寺之左右，泉以數十，互相灌輸，合而成流。西南經卞城，有橋跨之曰卞橋。泗水又西，有泉數十自邑之南境北流入之，有泉數十自邑之北境南流入之，皆謂之泗水。國初，開會通河，引泗入運。命工部主事顧大奇等徧歷山川，疏浚諸泉，以通水利。正統中，參將湯節大加疏鑿，諸泉盡出〔一五〕，漕渠賴焉。泗水又西過其縣北，又西過曲阜城北五里，離而爲洙水，春秋所謂洙濆也。洙水逕聖墓前〔一六〕，泗水繞其後，過孔林之西，合而爲一，總謂之泗水。泗水又西至府城東五里金口閘東，沂水、雩水入之。沂水出曲阜尼山之麓，過其縣南，至府城東，入於泗水。雩水出曲阜縣南五里馬跑泉，西流過鄒縣，至府城東，入於泗水。泗水正流西入金口閘，在府城東五里〔一七〕，俗所謂黑風口也。隋文帝時，沂、泗南流，泛濫大野，薛胄於二水之交，積石堰之，決令西注陂澤〔一八〕，以溉良田，號爲薛公豐兗渠。李白詩中魯東門石堤，即其地也。元至元二十年，開會通河，乃修薛公舊堰，爲滚水石壩，以引泗入運。延祐四年，都水太監闊闊始疏爲三洞〔一九〕，以泄水勢，而金口閘壩所由始矣。國初堰壩以土，旋築旋廢。成化七年，侍郎喬毅始命主事張盛〔二〇〕以石爲壩，固之以鐵。夏秋水潦，則開閘泄水，使南流會沂，由港里閘入師家莊閘河。冬春水微，則閉閘遏水，西入府城，以出濟寧。其節宣之宜，與戴村同，皆運道所利賴也。然石壩之上，常蓋以土，歲壞則歲增之。嘉靖末年，河道都御史王廷，復命同知黎天啓增築閘壩，以石蓋土，而制始大備矣。金口閘河入府城而西，至於西門之外，納闕黨、蔣詡之泉水，合而成流，謂之濟河。濟河者，以其通濟寧也〔二一〕。濟河至城西十里，過土樓閘〔二二〕，又西爲杏林閘，又西幾六十里至濟寧城，屈從南門，合於洸水入漕，謂之府河。泗水出於泉林二里而過卞橋，五十里而達於縣治，又三十里而挾洙，以經曲阜，又三十里而奪沂，以會於兗之東門，又六十里而會洸河與汶，以入濟。

集古録：後漢堯母碑，建寧五年造。其文略曰：堯母慶都，感赤龍而生堯，遂以侯伯迩踐帝宮〔二三〕。慶都僊没〔二四〕，蓋葬於兹，欲人莫知，名曰靈臺。上立黄屋，堯所奉祠，三代改易，荒廢不修。漢受濡期，興滅繼絶，如堯爲之。遂遭亡新，禮祠絶矣，故廷尉仲定〔二五〕，深惟大漢，堯之苗胄，當修堯祠，追遠復舊〔二六〕。前後奏上，帝納其謀，歲以春秋，奉太牢祠。時濟陰太守魏郡審晃、成陽令博陵管遵，各遣大掾，輔助仲君〔二七〕，經之營之，不日成之。按皇覽云「堯冢在濟陰城陽」，吕氏春秋云「堯葬穀林」，皇甫謐云「穀林即城陽」〔二八〕。然自史記、地志及水經諸書無堯母葬處，惟見於此碑，蓋亦葬成陽也，而諸書俗本，多爲城陽，獨此碑爲成陽，當以碑爲正。

金石録云：按班固漢書、劉昭後漢書地理志皆曰成陽有堯冢、靈臺〔二九〕，而後漢志章帝元和二年，東巡狩，將至泰山，道使使者奉一太牢，祠帝堯於濟陰成陽靈臺，與章帝紀所載正同。帝紀章懷太子注引郭緣生述征記云：成陽縣東有堯母慶都墓〔三〇〕，上有祠廟。堯母陵俗亦名靈臺大母〔三一〕。水經注：今成陽西二里有堯陵，陵南一里有堯母慶都陵，於城爲西南，稱曰靈臺。蓋兩漢史所載，似以靈臺爲堯冢，惟此碑與述征記、水經乃直指爲堯母冢爾。然水經云在成陽西南，述征記云在東南，余爲淄州，同官李蕘雷澤人〔三二〕，云冢正在城西南，蓋述征記誤。又考成陽縣名，屬濟陰郡；城陽乃王國名〔三三〕，漢文帝二年，以封齊悼惠王子章者。漢志所載各異，未嘗差誤也。水經注引戴延之西征記曰：焦氏山北金鄉山，有漢司隸校尉魯恭冢〔三四〕，冢前有石祠，四壁皆青石隱起自書契以來忠臣孝子貞婦、孔子及七十二弟子形像，像邊皆刻石記之。今墓與石室尚存，惟此碑爲人輦置任城縣學矣。余嘗得石室所刻畫像，與延之所記合。又其他地里書，如方輿志、寰宇記之類，皆作「峻」，惟水經誤爲「恭」爾。公羊傳閔二年：桓公使高子將南陽之甲，立僖公而城魯。或曰自鹿門至于爭門者是也；或曰自爭門至于吏門者是也。何休注〔三五〕：鹿門，魯南城東門也。左傳襄二十三年〔三六〕：臧紇斬鹿門之關，出奔邾。

【校勘記】

〔一〕比田氏例　「比」，底本作「此」，據川本、滬本改。

〔二〕魯國　「魯」，底本作「晉」，川本同，據滬本及漢書地理志改。

〔三〕龜山操云曰　川本同，滬本作「龜山之操曰」。

〔四〕鮑村　「村」，底本作「材」，川本同，據滬本及明統志卷二三改。

〔五〕鑴　底本作「携」，川本同，據滬本及圖書集成職方典卷二一〇改。

〔六〕與汶水合　底本無「合」字，據川本、滬本及圖書集成職方典卷二一〇補。

〔七〕及邾儀父盟于蔑　川本同，滬本「及」上有「公」字，同春秋隱公元年。

〔八〕在寧陽　「在」，底本作「屬」，川本漫漶，據滬本及紀要卷三三改。

〔九〕縣北有曲水亭　「曲」，底本作「泗」，川本同，據滬本及春秋桓公十二年杜預注改。又，滬本「縣」上有「汶陽」二字，同春秋桓公十二年杜預注。

〔一〇〕方十五里　「十五」，底本作「五十」，據川本、滬本及水經泗水注乙正。

〔一一〕澤西際阜　「西」，底本作「即」，川本同，據滬本及水經泗水注改。

〔一二〕嫣亭山　「亭」，底本作「停」，川本同，據滬本及水經泗水注改。

〔一三〕阜側有三石穴廣圓三四尺穴有通否　「側」，底本無，川本同；「否」，底本無，川本漫漶，據滬本及水經泗水注補。

〔一四〕居民識其將漏　川本同，滬本「居」上有「左右」二字。

〔一五〕諸泉盡出　「諸」，底本作「請」，據川本、滬本改。

〔一六〕洙水逕聖墓前　「逕」，底本作「近」，川本、滬本作「逕」，紀要卷三三、圖書集成職方典卷二一〇作「過」，則此「近」字誤，據改。

〔一七〕在府城東五里　川本同，滬本「在」上有「金口閘」三字。

〔一八〕決令西注陂澤　「令」，底本作「今」，川本同，據滬本及隋書薛胄傳改。

〔一九〕閬閬　川本同，滬本、本書下文作「闍開」，紀要卷三二作「闒闒」。

〔二〇〕侍郎　「郎」，底本作「即」，據川本、滬本改。

〔二一〕以其通濟寧也　底本無「通」字，據川本、滬本補。

〔二二〕過土樓閘　「過」，底本作「遏」，據川本、滬本及圖書集成職方典卷二一〇改。

〔二三〕迹踐帝宫　「迹」，底本作「恢」；「宫」，底本空缺，川本、滬本並同，據宋洪适隸釋成陽靈臺碑改補。

〔二四〕慶都僊没　底本「僊」下衍「遷」字，川本、滬本同，據歐陽文忠公集集古録跋尾卷二删。

〔二五〕仲定　底本空缺，川本、滬本同，據宋洪适隸釋成陽靈臺碑補。

〔二六〕追遠復舊　底本作「通遠舊復」，川本、滬本「追」作「通」，據歐陽文忠公集集古録跋尾卷二改。

〔二七〕濟陰太守魏郡審晃成陽令博陵管遵各遣大掾輔助仲君　底本「審晃」作「守晃」、「令」作「今」，川本、滬本同；「仲君」，底本作「□若」，川本同，滬本作「□君」，並據宋洪适隸釋成陽靈臺碑改。

〔二八〕穀林即城陽　「城陽」，底本作「陽城」，川本同，據滬本及史記五帝本紀集解乙正。

〔二九〕成陽有堯冢靈臺　「有」，底本作「在」，川本同，據滬本及漢書地理志、續漢書郡國志改。

〔三〇〕成陽縣東　川本同，滬本「東」作「東南」。

〔三一〕靈臺大母　底本作「靈臺文母」，川本、滬本同。後漢書章帝紀李賢注引郭緣生述征記作「靈臺大母」，此「文」爲「大」字之誤，據改。

〔三二〕李堯　「李」，底本作「季」，川本同，據滬本及水經瓠子河注改。

〔三三〕王國　底本無「王」字，據川本、滬本及漢書諸侯王表補。

〔三四〕司隸校尉　「隸」，底本作「諸」，川本同，據滬本及水經濟水注改。

〔三五〕何休　「休」，底本作「林」，川本同，據滬本及春秋公羊傳注改。

〔三六〕左傳襄二十三年　底本空缺「襄二十三」四字，川本漫漶，據滬本及左傳襄公二十三年補。

濟寧　五代周廣順二年，析兗州之任城、中都、單父〔一〕、金鄉等縣立濟州。元至元六年，遷州於鉅野。八年，升州爲濟寧府，治於任城。十五年，遷濟寧府於鉅野，仍以任城爲濟州。本朝并濟州入任城縣〔二〕。

任城縣。元初移州治於鉅野〔三〕，至元二十三年，復移治任城爲倚郭縣。本朝仍爲縣，屬濟寧府。

【校勘記】

〔一〕單父　「父」，底本作「之」，據川本、滬本改。

〔二〕本朝并濟州入任城縣　川本同，滬本「入」字作「爲」。明統志卷二三、紀要卷三五皆載明洪武十八并任城縣入濟寧州，疑此文有誤。

〔三〕元初移州治於鉅野　川本、滬本同，滬本眉批：「州上應增濟字。」

曲阜　宋書江夏王義恭傳：魯郡孔子舊庭有柏樹二十四株，經歷漢、晉，其大連抱。有二株先折倒，士人崇敬〔一〕，莫之敢犯。義恭悉遣人伐取，父老莫不嘆息。

魏書地形志：魯縣有牛首亭，五父衢，尼丘山，房山，魯城，叔梁紇廟，孔子墓、廟，沂水，泗水，季武子臺，顏母祠，魯昭公臺，伯禽冢，魯文公冢，魯恭王陵，宰我冢，兒寬碑。

【校勘記】

〔一〕士人崇敬　「士」，底本作「土」，川本、滬本同，據宋書江夏文獻王義恭傳改。

壽張　梁山，在縣東南七十里。本名良山〔二〕。史記：梁孝王北獵良山。濟水，由定陶經今縣南五十里壩上。書所謂東出于陶丘北，又東至于菏，又東北會于汶，又東北入于海也。今枯竭。梁山濼，在縣東南。闞鄉，相傳即今縣東南壩上。蚩尤冢，在縣南五十里。皇覽曰：蚩尤冢在東平郡壽張縣闞城中，高七丈，民常十月祀之。有赤氣出，如匹絳帛，民名爲蚩尤旗。肩髀冢，在山陽郡鉅野縣重聚，大小與闞冢等。傳言黄帝與蚩尤戰於涿鹿之野，殺之，身體異處，故别葬之。

陳璜曰：凡天下山川，以史乘所記爲據。梁山爲壽張地，周圍可十里，水滸小説乃曰周圍八百里。即宋江寨，山岡上一小垣耳。説中張皇其言，使天下愚民不至其地者，信以爲然，長姦蒙亂，莫此爲甚。因拈出之，以告司治君子，並使天下之人知小説之不可信也如此。

府志：水路五驛，一遞運所。由沛縣泗亭水驛北，九十里至河橋水驛，沙河、魯橋二驛改并，九十里至南城水驛，九十里至開河水驛，七十里至安山水驛，七十里至荆門水驛，九十里至東昌府崇武水驛。東平州金線閘遞運所。

【校勘記】

〔一〕良山 「良」，底本作「長」，川本、滬本作「良」，據史記梁孝王世家改。下同。

東阿 夫東阿、穀城，其先本二邑也。東阿并穀城，有之自北齊始，而其邑於穀城之墟，則至國初然矣。當春秋、戰國之時，二邑皆在齊境，而穀城南與魯接，東阿西與衛鄰，列國之聘享，往來其境，史不絶書，亦四達之道矣〔一〕。東漢之末，曹氏起兵兖州，以東阿、范、鄄城三邑爲根本，至比於關中、河内。南北朝盡河爲境，邑在河、濟之交，南人北伐者先攻焉，又爭地也。至於唐、宋之際，趙、魏諸藩夾河而戰，以邑之楊劉渡爲要害，河北之兵，進而扼楊劉，則鄆人抉其門户，若是其重也，不以河爲之限哉。自河南徙，歷宋、元數百年，不聞有兵壘，邑遂無故實可紀，而城乃五遷，以至於今。故凡漢、唐以來，言東阿者皆在邑之西境，而其遷徙亦不一，事久遠難明，所可見者惟故阿城在耳。夫時平則文獻無徵，世亂則遺迹易著，豈齊、魯之遺若是！繁簡之不同，詳略異耳。聖朝統一區宇，藐兹一邑，實儼然在兩京之衢〔二〕，陶冶景化，膏沐瀸澤，聲名文物，焕若可觀矣，豈非生民之幸哉。或曰邑何以名東阿？曰阿蓋有二，在趙者曰西阿，在齊者曰東阿。阿者大陵，又曲隈也，在河之曲隈矣。

邑名辨疑。按濟南有祝阿，宋白注祝阿即東阿也，胡三省通鑑注亦云古東阿。齊爲東阿，漢爲祝阿，在今豐齊鎮東北二里〔三〕。唐改屬禹城。信如所稱，則東阿故邑乃在長清〔四〕、歷城之間，今所謂豐齊鋪者是已。宋白考地志多不真，恐未可據。又按魏書，尹卯壘在濟水之側，南去魚山四十里，水經注以爲故春秋之小穀城，如此則小穀、穀城爲兩地，而劉昭志曰穀城縣屬東郡，春秋之小穀也，未知孰是。括地志云：穀城故城，在濟州東阿縣西南。此以隋、唐時言之，所謂縣與故城者，亦不知幾遷矣。

城北八里曰舊城，所謂新橋鎮也，在大清河西岸，居人可數百家。又北三十里曰銅城驛，故宋之銅城鎮，南北郵傳之便，於此爲中頓，居人可數百家，有城池樓櫓，埒如一小邑。由銅城東北二十里曰楊劉，即古之楊劉渡，諸屯之民居之，厥田曠莽，少腴沃，去邑遼遠，而界茌平、平陰之境。由舊城而西北，厥田沙鹵，村落相望，其著者曰西城集，東昌道上頓也。又北曰王村集。城西八里曰魚山集，即古魚山，在大清河西岸，鹽舟自濼口上〔五〕，至此而泊，陸載之張秋、阿城。居民有車馬者，從賈人轉轂，其有田者，爲之頓，嚮其利矣。又西十二里曰苦山集〔六〕，地不當道，而多士族，厥田肥饒。由苦山西南八里曰闞山集，古之闞山鎮也，市不豐饒，而居道上如安平者，以此爲中頓。其西南三十里，則安平鎮城在焉。安平於元爲景德鎮，夾河而聚，枕壽張、陽穀之境，三邑之民居之，五方之商賈輻輳，並列肆河上，大略如臨清而小。張秋之東北爲柳河集，去阿城三里許，邑之西境也。城南十二里曰舊縣，即此〔七〕，所謂南穀鎮。四面阻山，旁多腴田。又南八里曰棘城，相傳故利仁鎮，其民數室在山間，而田亦腴。由舊縣而西若干里，爲班鳩店，店在大清河西岸，亦一聚落也。由班鳩店西南若干里，爲西旺集〔八〕。西旺者，故濟水入海道也，蒲草所生，緯蕭織席者在焉。

城北五里爲黄山。黄山者，穀城山也。山海經曰：縞羝之首曰平逢，東望穀城之山。注曰：山在濟北穀城縣西，張良所與圯上老人期矣。今所有者，非其故黄石〔九〕。而山巔大石方數丈，如印，色頗黄，故魏土地志以爲穀城出文石，蓋其山石，大抵多黄有文彩也。山之前二里許，黄石公祠在焉。泰山之西支，蜿蜒迤靡，至於邑境，得入清河而止。扈山，在縣南。扈泉出焉。莊公二十三年：十有二月，公及齊侯盟于扈〔一〇〕。成公十六年：十有二月〔一一〕，季孫行父及晉郤犨盟于扈。昭公二十七年：秋，晉士鞅、宋樂祁犂、衛北宮喜、曹人〔一二〕、邾人、滕人會于扈，令戍周〔一三〕，且謀納公也。　城東南三十里爲隔馬嶺，於山坳開道，石磴上下，狀如雲梯，其高蔽日，河南人祀泰山者由之。嶺上有寺。　城東南三十里爲巉山〔一四〕，水經所謂大檻山也。於羣山最高，其巔爲兩巖削成〔一五〕，四方壁立千仞，石梁屬之。兩巖之南有磴道，謂之天門觀。北巖削成之側石盆懸焉〔一六〕，泉出其中，涓涓下滴，謂之天乳泉。又北別出一岫，上平而圓，謂之王母巖。此山絶遠而險〔一七〕，緣鳥道上，人迹不及，樵采者蟻附焉。從數十里望之，巉巖奇岫〔一八〕，浮青偃翠，狀如錦屏。其絶頂有天井，雲出其中亭亭如蓋，則雨大降〔一九〕。　由巉山折而西曰雲翠山，去城三十里。其高與巉山等而鋭其上，嵐光浮黛，鬱如夫容。其南方一岫，狀如築成，謂之子靈臺，相傳嚴子陵隱此。考之漢書，但言子陵隱齊，而不言其所在，豈其常遊地歟！

管仲井。春秋：城小穀。杜預曰：小穀城中有管仲井。今湮不存。〔旁注〕莊公二十三年夏，公及齊侯遇于穀。莊公三十二年春，城小穀，爲管仲也。注曰：公感齊桓之德，爲管仲城私邑。穀梁疏曰：小穀，魯邑〔二〇〕。僖公二十六年冬，公以楚師伐齊，取穀。寘桓公子雍于穀〔二一〕，易牙奉之，以爲魯援。文公十六年，公及齊侯盟于穀。成公五年，叔孫僑如會晉荀首于穀。左傳：荀首如齊逆女，故宣伯餫諸穀。　三歸臺，在城南三里。往蓋有土丘云。說苑：管子築三歸之臺。　齊阿城，在縣西四十里，會通河西岸，陽穀界也，謂之阿城閘。夾河而居者數百家，賈人販鹽者往焉。〔旁注〕趙成侯九年，趙與齊戰阿下。樂毅伐齊，令左軍循河〔二二〕，屯阿、鄄之間，以連魏師。秦將章邯破齊，田儋之弟田榮收儋餘衆〔二三〕，走保東阿，章邯進圍之。武信君項梁聞田榮之急，乃引兵擊邯兵東阿下。　阿井，在故阿城中。水經注曰：阿城北門内西側皐上有井，其巨若輪，深六丈，歲嘗煮膠，以貢天府，本草所謂阿膠也。禹貢傳曰東阿，濟水所經。取其井水煮膠，謂之阿膠。用攪濁水則清，服之下鬲疏痰。今其水不盈數尺，色正緑而重。所謂阿膠者，歲解藩司入貢，甚爲四方所珍，而土人不蓄也。　掛劍臺者，世以爲徐君墓也。史記：季札解寶劍，繫之徐君墓樹而去。今其處在張秋之南，漕河東岸，有徐君季子祠，掛劍草生焉。

桃丘，在縣西南五十里。春秋：公會齊侯于桃丘。即此。〔旁注〕襄公十七年，齊侯伐我北鄙，圍桃。後漢龐萌反〔二四〕，自號東平王，圍桃城急，帝乃輕兵夜馳，破桃城寇。今爲桃城鋪鋪旁一丘，高可數仞，厥壤正黑。　酅下聚。春秋僖公二十六年：公追齊師，至酅，弗及。注：濟北穀城縣有地名酅下。後漢郡國志謂之巂下聚，今不可考。　阿澤。春秋襄公十四年：衛獻公出奔齊，孫氏追之，敗公徒于阿澤。注：濟北東阿縣西南有大澤，今在陽穀界。　周首亭，在穀城東北。春秋：鄋瞞伐齊〔二五〕，齊王子成父獲其弟榮如〔二六〕，埋其首于周首之北門。注：周首，齊邑，濟北穀城縣東北有周首亭。今不知所在。水經注：濟北所治盧子城，故齊周首邑也。地志，濟北郡治在長清縣界，恐非周首。　故清亭，〔旁注〕春秋隱公四年：公及宋公遇于清。注〔二七〕：清，衛邑，濟北東阿縣有清亭。水經曰：濟水自魚山北逕清亭東。京相璠曰：今濟北東阿東北四十里，有故清亭，即春秋所謂清也。今其地迷不可考。　回鑾殿二：一在縣西南十五里，尹村之南；一在銅城之東。蓋成祖往來兩京行宮也，居人謂之皇殿。其在尹村者，去碻磝山不遠，成祖嘗登眺，山有輦道焉。晉王城，在縣西南五十里。土人曰李克用屯兵處也。項羽冢，高帝以魯公禮，葬項王於穀城上。皇覽曰：穀城縣東十五里，有項羽冢。水經注云：西流泉逕穀城北，又西北入清水。〔旁注〕在城西北三里，今湮不存。城西北三里有項王之冢在焉，石碣具存，皇覽所云非也。述征記云在穀城西北三里，蓋本之水經。今城東南山中有高冢，相傳爲項王冢，至漢書注、宋白以宋州穀熟縣爲項王葬所，非是。東阿王墓，在城西八里魚山。本傳：植嘗登魚山，有終焉之志。後徙王陳薨，其子志遵治命，返葬於阿，即山爲墳。

唐書李納傳：初，棣州有蛤蜾鹽池。棣州之鹽池與蛤蜾歲出鹽數十萬斛。棣州之隸淄青也〔二八〕，其刺史李長卿以城入朱滔，獨蛤蜾爲納所據，因城而戍之，以專鹽利。後武俊以敗朱滔功，以德、棣二州隸之，蛤蜾猶爲納戍。納乃於德州南跨河而城以守之，謂之三汊，交田緒以通魏博路〔二九〕，而侵掠德州，武俊患之。及納卒，師古繼之。武俊以其年弱初立，舊將多死，心頗易之，乃率兵以取蛤蜾、三汊爲名，實欲窺納之境。師古令棣州降將趙鎬拒之〔三〇〕。武俊令其子士清將兵先濟於滴河，會營中火起，士清惡之〔三一〕，未進。德宗遣使諭旨，武俊即罷還。師古毀三汊口城，從詔旨。州志：蛤蜾鹽池在州，今不知其所。

宋史李仕衡傳〔三二〕：爲河北都轉運使。〔旁注〕大中祥符間〔三三〕。棣州洿下苦水患〔三四〕，仕衡奏徙州西北七十里，既而大水没故城丈餘。孫沖傳：河決棣州，知天雄軍寇準請徙州治河，命沖往按視。還言：「徙州動民，亦未免治堤，不若塞河爲便。」遂以沖知棣州，自秋至春〔三五〕，凡四決，沖皆塞之。曾鞏傳：知齊州，弛無名渡錢，爲橋以濟往來。徙傳舍〔三六〕，自長清抵博州，以達於魏，凡省六驛，人皆以爲利。

史記河渠書：元光中，河決瓠子，東南注鉅野。天子乃使汲仁、郭昌發卒數萬人，塞瓠子決河。天子自臨決河，沈白馬玉璧，令羣臣從官自將軍以下皆負薪填決河。於是卒塞瓠子，築宮其上，名曰宣房。而道河北行二渠，復禹舊迹，而梁、楚之地復寧，無水災。東阿志：武帝臨河作歌，本在今大明境內〔三七〕，惟魚山及瓠子故河，皆在邑境，故著之。

獻帝興平元年，曹操爲兗州刺史，南攻陶謙，留荀彧、程昱守鄄城。會陳宮、張邈叛操，迎呂布入濮陽，兗州郡縣皆應布，惟鄄城、范、東阿不動。布軍降者，言陳宮欲自將兵取東阿，吏民皆恐，彧乃令昱往撫之。昱至東阿，東阿令棗祗已率厲士民〔三八〕，拒城堅守。卒完三城，以待曹操。操還，表昱爲東平相。晉孝武太元十一年，初燕太子洗馬温詳來奔，以爲濟北太守，屯東阿。燕主垂、范陽王德、高陽王隆攻之，詳遣其弟攀守河南岸，子楷守碻磝以拒之。燕主垂觀兵河上，高陽王隆曰：「温詳之徒，皆白面書生，烏合爲羣，徒恃長河以自固。若大軍濟河，必望旗震壞，不待戰也。」垂從之，遣其將蘭漢、平幼於碻磝西四十里濟河。隆以大衆陳於北岸。攀、楷果走，趨東阿。平幼追擊，大破之。詳走彭城，其衆三萬餘户皆降於燕。垂以太原王楷爲兗州刺史，鎮東阿。注：碻磝，魏濟州治所，即漢東郡茌平故城。其西南即河津，謂之碻磝津。

穆帝升平三年，晉泰山太守司馬攸將水陸二萬擊燕〔三九〕，入自石門，屯於河渚〔四〇〕。燕上庸王評帥步騎五萬，與攸战於東阿，攸兵大敗。宋高祖永初三年，魏人分道入寇，使其將周幾〔四一〕、叔孫建南渡河，軍於碻磝。宋兖州刺史徐琰棄尹卯南走〔四二〕。於是泰山、高平、金鄉等郡皆入於魏〔四三〕。景平元年，魏攻青州，檀道濟救之，分遣王仲德向尹卯，未至而返。魏將刁雍遂留鎮尹卯，招集譙、梁、彭、沛民五千餘家〔四四〕，置二十七城以鎮之。

唐憲宗元和十三年，魏博節度使田弘正請自黎陽渡河，會義成節度使李光顔討李師道。裴度曰：「魏博軍既渡河，不可復退，立須進擊，方有成功。既至濟州〔四五〕，即仰給度支，徒有餽餉之勞，更生觀望之勢。又或與光顔互生疑阻，益致遷延。與其渡河而不進，不若養威於河北。宜且使之秣馬厲兵，俟霜降水落，自楊劉渡河，直指鄆州，得至陽穀置營，則兵勢自勝，賊衆摇心矣。」上然之。已而弘正將全師自楊劉渡河，距鄆州四十里築壘，賊中大震。元和十四年正月，田弘正敗淄青兵於東阿，殺萬餘人。劉悟自陽穀返兵趨鄆，斬李師道首，淄青十二州平。昭宗乾寧元年二月，朱全忠自將擊朱瑄，軍於魚山。瑄與朱瑾合兵攻之，兖、鄆兵大敗，死者萬餘人。

〔旁注〕舊唐書朱瑄傳：景福末，與弟瑾合兩鎮之兵，與汴人大戰於魚山下〔四六〕，瑄、瑾俱敗，兵士陷没。

三年四月，李克用攻魏博，朱全忠使其將葛從周救之。克用敗走，從周自洹水濟河，屯於楊劉渡，及兖、鄆河東之兵戰於樂亭〔四七〕，破之。兗、鄆屬城皆爲汴兵所據，朱瑾、朱瑄由是不振。

後梁太祖乾化元年二月，晉王李克用攻魏州，上以户部尚書李振爲天雄節度副使，命杜廷隱將兵千人衛之，自楊劉濟河，間道夜入魏州。 均王貞明元年，晉王入魏州，梁遣天平節度使牛存節將兵屯楊劉備晉。 三年十二月，晉王伐梁，略於朝城，視河冰已堅，引騎稍渡。梁甲士三千戍楊劉城，緣河數十里，列栅相望。晉王急攻，皆陷之，進攻楊劉城，使步兵斬其鹿角，葭葦填塹，四面進攻，即日拔之。梁主方如洛陽郊祀，聞楊劉失守，惶駭失圖，遂罷郊祀，奔還大梁。 四年二月，梁河陽節度使謝彦章將兵數萬攻楊劉城。晉王自魏州輕騎詣河上，彦章築壘自固，決河水，瀰浸數里，以限晉兵，晉兵不得進。六月，晉王自魏州勞軍於楊劉，自泛舟測河水，其深没槍。王謂諸將曰：「彦章非有戰意，但欲阻水以老我師，當涉水以攻之。」乃引親軍先涉，諸軍隨之，褰甲横槍，結陣而進。梁兵大敗，死傷不可勝紀，河水爲之赤，彦章僅以身免。晉人遂陷濱河四寨。 後唐莊宗同光二年〔四八〕，遣李嗣源將精兵五千，襲取鄆州。比至楊劉，日已暮，陰雨道黑，將士皆不欲進，高行周曰：「此天贊我也，彼必無備。」夜渡河，至城下，鄆人不知，遂克鄆州。梁主聞之大懼，以王彦章爲北面招討使。彦章浮河東下，以十萬之衆進攻楊劉，百道俱進，晝夜不息，連巨艦九艘，横至河津，以絶援兵。城垂陷者數四，鎮使李周悉力拒之。彦章不能克，退屯城南，爲連營以守之。楊劉告急於帝，請日行百里以赴之。帝引兵救之，曰：「李周在内何憂。」日行六十里，不廢田獵〔四九〕。六月至楊劉，與彦章晝夜苦戰，彦章解楊劉圍而去。帝勞李周曰：「微卿善守，吾事敗矣。」周世宗顯德初年，河決東平之楊劉。宰相李穀監治堤，自陽穀城抵張秋口以遏之，水患稍息。然決河不復故道，離而爲赤河。

筆塵：天平節度使，天平即淄青，淄青即平盧也。平盧在永平。安禄山既平，肅宗乾元元年，節度使王玄志死〔五〇〕，朝廷遣中使往撫將士，就察軍中所欲立者，授以旌節。於是裨將李懷玉殺玄志之子，推侯希逸爲使，朝廷因而授之。未幾，希逸渡海而南，據有淄、青、沂、密、海、齊六州之境〔五一〕，猶冒平盧之號。已而懷玉復逐希逸，復并登、萊、棣、德四州〔五二〕，賜名正己。及李靈曜之亂，諸道合兵攻之〔五三〕，所得之地，各爲己有，正己又得曹、濮、徐、兖、鄆五州，乃自青州徙東平居焉。傳師道、師古及納而誅〔五四〕，因賜鄆號爲天平軍〔五五〕。故淄青、平盧、天平，其地不同〔五六〕，其爲一軍之名，一也。

【校勘記】

〔一〕四達之道　「道」，底本作「通」，據川本、滬本改。

〔二〕實儼然在兩京之衢　川本同，滬本無「儼然」二字。

〔三〕豐齊鎮　「鎮」，底本作「縣」，川本同，據滬本及紀要卷三一改。

〔四〕長清　「清」，底本作「青」，據川本、滬本及紀要卷三一改。

〔五〕鹽舟自濼口上　「舟」，底本作「州」，川本同，據滬本及紀要卷三三改。

〔六〕苫山集　「苫」，底本作「苦」，據川本、滬本、本書下文改。

〔七〕即此　川本同，滬本無此二字。

〔八〕西旺集　「旺」，底本作「望」，據川本、滬本及道光東阿縣志卷二改。下同。

〔九〕非其故黄石　底本脱「故」字，據川本、滬本及道光東阿縣志卷三補。

〔一〇〕公及齊侯盟于扈　底本作「及齊侯盟齊邑成公扈」，據川本、滬本及春秋莊公二十三年改。

〔一一〕成公十六年十有二月　「六」，底本作「四」，川本、滬本同。據左傳載，事在成公十六年十二月，此「四」乃「六」字之誤，據改。

〔一二〕曹人　「曹」，底本作「雷」，川本同，據滬本及春秋昭公二十七年改。

〔一三〕令戍周　「令」，底本作「今」，川本同，據滬本及左傳昭公二十七年改。

〔一四〕艦山　「艦」，底本作「檻」，川本同，據滬本及明統志卷二三、紀要卷三三改。

〔一五〕其巔爲兩巖削成　「巔」，底本作「嶺」，據川本、滬本及道光東阿縣志卷三改。

〔一六〕北巖削成之側石盆懸焉　「之」，底本作「云」，川本同，據滬本及道光東阿縣志卷三改。

〔一七〕此山絶遠而險　川本同，滬本「遠」作「高」。

〔一八〕巉巖奇岫　川本同，滬本無此四字。

〔一九〕則雨大降　「雨」，底本作「兩」，據川本、滬本及道光東阿縣志卷三改。

〔二〇〕魯邑　「邑」，底本作「城」，據川本、滬本及春秋穀梁傳莊公三十二年范寧注改。

〔二一〕寘桓公子雍于穀　底本「寘」作「蓋」、「子」作「于」，川本同，據滬本及左傳僖公二十六年改。

〔二二〕令左軍循河　「令左」，底本作「今在」，據川本、滬本改。

〔二三〕田儋之弟田榮　「弟」，底本作「地」，川本同，據滬本及史記田儋列傳改。

〔二四〕龐萌反　底本「萌」作「明」、「反」作「友」，川本、滬本同，滬本眉批：「友，當作反。」據後漢書龐萌傳改。

〔二五〕鄋瞞　「鄋」，底本作「鄋」，川本同，滬本作「鄋」，眉批：「鄋當作鄋，據左傳改。」按左傳文公十一年作「鄋」，滬本是，據改。又「春秋」當爲「左傳」。

〔二六〕其弟榮如　「弟」，底本作「地」，川本同，據滬本及左傳文公十一年改。

〔二七〕注　底本作「故」，川本、滬本同，滬本眉批：「故，當作注。」按下文爲春秋隱公四年杜預注，滬本是，據改。

〔二八〕棣州之隸淄青　「隸」，底本作「地」，據川本、滬本及舊唐書李納傳改。

〔二九〕通魏博路　「博」，底本作「傳」，川本同，據滬本及舊唐書李師古傳改。

〔三〇〕令棣州降將趙鎬拒之　「令」，底本作「今」，據川本、滬本及舊唐書李師古傳改。

〔三一〕士清惡之　「惡」，底本作「急」，據川本、滬本及舊唐書李師古傳改。

〔三二〕李仕衡　「仕」，底本作「士」，川本、滬本同，據宋史李仕衡傳改。下同。

〔三三〕大中祥符　「祥符」，底本作「棣府」，據川本、滬本改。

〔三四〕棣州洿下苦水患　「洿」，底本作「跨」，川本同，據滬本及宋史李仕衡傳改。

〔三五〕自秋至春　底本作「自春至秋」，據川本、滬本及宋史孫沖傳改。

〔三六〕徙傳舍　「徙」，底本作「從」，川本、滬本同，據宋史曾鞏傳改。

〔三七〕大明　川本、滬本同。紀要卷一六大名府開州宣防宮：「志云：在城西南十七里瓠子堤上，漢武帝元封初，塞決河，築宣防宮於其上。」此「大明」疑爲「大名」之誤。

〔三八〕率厲士民　「厲」，底本作「屬」，川本同，據滬本及三國志魏書程昱傳改。

〔三九〕司馬攸　川本、滬本同，晉書慕容儁載記、通鑑卷一〇〇並作「諸葛攸」，此蓋誤。

〔四〇〕屯於河渚　底本「河渚」作「濟河」，川本同，滬本作「河濟」。據晉書慕容儁載記、通鑑卷一〇〇改。

〔四一〕周幾　「幾」，底本作「畿」，川本、滬本同，據魏書周幾傳、通鑑卷一一九改。

〔四二〕尹卯　「卯」，底本作「外」，據川本、滬本、本書下文及通鑑卷一一九改。

〔四三〕入於魏　「於」，底本作「魏」，據川本、滬本及通鑑卷一一九改。

〔四四〕招集譙梁彭沛民五千餘家　「譙」，底本作「燕」，川本、滬本同，據魏書刁雍傳、通鑑卷一一九改。「千」，底本作「十」，川本同，據滬本及魏書、通鑑改。

〔四五〕既至濟州　川本、滬本同。按舊唐書裴度傳作「滑州」，通鑑卷二四〇亦作「滑州」，胡三省注云：「義成節度使治滑州。魏博與滑州以河爲界。」本書當誤。

〔四六〕與汴人大戰於魚山下　「汴」，底本作「卞」，川本同，據滬本及舊唐書朱瑄傳改。

〔四七〕樂亭　「樂」，底本作「濼」，川本、滬本作「樂」，通鑑卷二六〇作「故樂亭」，此「濼」爲「樂」字之誤，據改。

〔四八〕同光二年　川本、滬本同。據通鑑卷二七二、舊五代史唐書莊宗紀，事在同光元年，此「二」爲「元」字之誤。

〔四九〕不廢田獵　「獵」，底本作「臘」，據川本、滬本及通鑑卷二七二改。
〔五〇〕王玄志　底本脱「志」字，據川本、滬本、本書下文及舊唐書李正己傳補。
〔五一〕淄青沂密海齊六州之境　底本空缺「海」字，川本同，據滬本及舊唐書李正己傳補。
〔五二〕登萊棣德四州　底本脱「德」字，川本同，據滬本及舊唐書李正己傳補。
〔五三〕諸道合兵攻之　「諸」，底本作「請」，據川本、滬本及舊唐書李正己傳改。
〔五四〕傳師道師古及納而誅　川本同，滬本作「傳納師古及師道而誅」，與舊唐書李正己傳合，滬本是。
〔五五〕天平軍　「平」，底本作「下」，據川本、滬本改。
〔五六〕其地不同　底本無「地」字，據川本、滬本補。

泉河史：都水，古司空之職。周禮，遂人屬於大司徒。秦、漢以後，改置不常。唐、宋爲水部，掌川瀆、溝洫、津梁、舟楫之政令。元創會通河，令都水監掌之，始出署於外矣。國初，都水清吏司亦曰水部，設郎中、員外郎、主事，分理之，凡四方閘、堰、陵、池、泉、濼、洪、淺、橋、梁之務，得以贊尚書，而詔於人主。遷都之後，尤重漕政，始差主事一員，疏導山以東泉源〔一〕，及分汶水以利漕渠。其後或以通政，或以郎中，無常職。尋罷，不遣。宣德中，設濟寧管閘主事。按弘治以前，因閘河軍民强横，號爲難治，本部劄付並精微批内，雖設郎中提督，而濟寧主事仍令兼管河務。正統以後，復設管泉主事，以濟寧分司領之，未幾復遣如故。先是議者以南旺當分水要津，啓閉宜嚴，因命泉司蒞其事。管泉主事原住寧陽，今題定每年三月以後、八月以前糧運盛行時，月前來南旺南北二閘，嚴督官夫，以時啓閉。至嘉靖中，爲特設主事一員管理。亡何復罷，仍隸於泉司〔二〕。隆慶初，科臣鄭大經建議濟寧閘務宜并於管泉主事。上是其言，遂改稱南旺分司，其官屬在閘河，則府衛州邑文武佐吏各有司存。泉司别有兖州管泉同知及州縣督浚佐吏，後改管泉同知爲黄河同知，而事隸於南旺管河通判。已又另設新河同知，通判遂罷，而泉閘諸務亦合於一。初，三司並建，止奉工部劄付以往。萬曆十六年，科臣常居敬勘河事竣，附奏夏鎮、南旺各宜給關防，以重事權。報可。其後黄河南徙，仰藉汶、泗之流，於是議復管泉主事，不果，爲設東平湖泉判官一員受節制云。

新泰。其川一，曰汶。邑志曰：本縣四面環山，地勢陡峻，水流迅急，泄而不蓄，如南師、西周、北流、萬歲諸泉，冬春水涸，不足以潤枯荄，廢之可也。小汶河，源出縣東四十里。西南流受南師諸泉，又西至泰安，入於汶。入漕其泉舊十三，新十二，凡二十五：曰太公，距縣東北三十里，地名太公峪，出沙土中，東南五里，入小汶。曰北陳，距縣東南十三〔旁注〕二十。里，地名北陳村，出平地土中，東南一里，入小汶河。曰南陳〔三〕，距前三〔旁注〕東南十五。里，地名南陳莊，出沙土中，南流二里，入小汶。曰北鮑，距前三里，地名北鮑莊，出沙中，東流一里，入小汶。曰路踏，距縣東北四十里，地名路家村，出平地石縫中，南流三里，入南師河。曰南師，距縣東北十五里，地名南師店，出山坡石縫中，東流一里，入南師河。曰魏家，距前五〔旁注〕東北三十〔四〕。里，並同。曰名公，距縣東南三里，地名名公村，出沙土中，西南流一里，入南師河。曰張家溝，距前五〔旁注〕南十。里〔五〕，出土中，南流一百五十步〔六〕，入南師河，西入小汶。曰柳溝，距前五〔旁注〕南二十〔七〕。里，地名沈村莊，出土中，北流七十五步，入小汶。曰西都，志作西杜。距前三〔旁注〕南二十。里，地名西都村，出平地石縫中，北流一里，入小汶。曰孫村，距前二〔旁注〕西南十里〔八〕。里，出平地石縫中，陰泉三，西南流入小汶。曰西周，距縣西北十里，〔旁注〕西八里。地名西周莊，出沙土中，東南流三里，入小汶。曰西周新，距前三〔旁注〕西北十五。里，並同。曰公家莊，志作龔家。距前五〔旁注〕西南八。里，地名公家莊，出石縫中，西南流十里，入小汶。曰劉都，距前二十里，地名劉官莊，出土中，南入小汶。曰北流，距前五里，出石縫中，西流二里，入小汶。曰古河，距前五〔旁注〕西南二十。里，地名泉里村，出土中，北流三里，入小汶。上有亭，曰蒙泉。曰萬歲，當爲萬松，距縣西南三十里，地名劉杜集，出石縫中，西南十里，會劉杜。曰劉杜，距前十〔旁注〕西南四十。里，地名泉頭村，出高坡石縫中，西北流三里，入小汶。曰周家，距縣西北三十里，地名周家村，出土中，南流十里，入小汶。曰崖頭，距縣西北三十里，地名崖頭莊，出土中，南流三十七里，入小汶。曰和莊，距縣西北五十里，地名和莊村，出沙土中，西南流二里，會羊流東河，入小汶。曰名灣，距縣西南四十里，地名裹頭城，出土中，西南流二里，入小汶。曰靈查，距縣西八十〔旁注〕西南七十。里，地名靈查村，出沙土中，西北流二里，入小汶。

渠十四：曰嶅山，距縣東八里。曰羊村莊，距縣西北二十里。曰上王莊，距縣西北一十五里。曰宮山嶺〔九〕，距縣西北二十五里。曰張家溝。見前。曰和莊。見前。曰羊流莊，距縣西六十里。曰碗窑頭莊，距縣西北五十里，接古河。曰末莊村，距縣西南五十里，接名灣。曰釣魚臺，距縣西南六十里。曰劉杜，見前。流五十里，入廣明河。曰嶅陽，距縣東南三十五里。曰西都，地名老鼠，俱入汶〔一〇〕。

萊蕪。其川一，曰汶。一發寨子村，納海眼、鵬山、郭娘、牛王諸泉；一發原山之陰，納水河、新興、魚池諸泉，皆至泰安靜封鎮合流，是爲大汶〔一一〕。邑志：牟汶、浯汶、嬴汶、北汶並泰安柴汶爲五汶〔一二〕，總之皆出於原山也。入漕其泉舊十一，新十，凡二十一。曰海眼，距縣東南五十里，地名黄山保，出土中，即汶河上源。曰坡里，一名青泥溝，距前十里，西北入大汶。曰湖眼，一名狐眼，謂泉眼如狐，距前二十〔旁注〕本志：東南三十〔一三〕。里，地名顔莊保，出土中，廕泉二，西南流一里，入大汶。曰朱家灣，距前五里，出土中，北流一里，入大汶。曰張家灣，距前三里，並同。曰蓮華，距前二里，地名基山保，出山坡下土中，西南流二里，入大汶。曰鵬山，距縣東北一十五〔旁注〕東二十。里，出鵬山麓石縫中，廕泉二，西南流五里，會趙家。曰趙家灣。曰趙家〔一四〕，距前五里，出牟城南土中，南流三里，入盤龍河，又五里入大汶。曰坡草灣，距縣西南五里，地名汶南保，出土中，北流一里，入大汶。曰郭娘，距前二〔旁注〕西南十二。里，出石嶺下，其流清瑩，世傳郭娘洗錦於此，廕泉十九，西北流三里，入大汶。曰韓家溝，距前二里，出土中，西北流半里，入大汶。曰牛王，距前十五〔旁注〕西南二十五。里，地名南宫保，出土中，廕泉三，西北流一里，入大汶。曰王家溝，距前八〔旁注〕西二十五。里，地名新莊保，出土中，西南流三里，入大汶。曰半壁店，距縣西四十里，地名毛埠保，出土中，西南流十五里，入大汶。曰小龍灣，距縣東北四十里，地名蒼山保，出小嶺下土中，泉流四折如龍，西南流三十里，會烏江岸。曰烏江岸〔一五〕，距縣北二十五里，地名垂楊保，出沙中，廕泉二，西南流三里，會鎮里。曰鎮里，距前五里，地名鎮里保，出平地石縫中〔一六〕，西南流十五里，入司馬河轉入大汶。曰雪家莊，距縣北六十里，地名雪野保，西南流會水河。曰水河，距前三十里，地名垂楊保，下流會魚池。曰魚池，距縣西北五十里，地名舊寨保，下流會新興。曰新興，距縣西北三十里，地名新興保，會魚池等泉，西流二十五里〔一七〕，至泰安入大汶。渠四。曰清楊港，距半壁五里，北流一里，入大汶。曰賀家灣，距前五里，並同。曰小龍灣。見前。曰淥馬河，志作濾馬河。距縣南八里，地名故事保，西北流入大汶，皆入汶。橋一，曰盤龍，距縣東十五里。

泰安。其川一，曰汶水，出泰山仙臺嶺，至靜封鎮合萊蕪之汶，曰大汶。西南流受泮水，又西與新泰之小汶合〔一八〕，是爲入濟之汶。東泉志曰：泰安唯陷灣、狗跑、報恩三泉水勢最旺，但入濁河每多淤塞，南旺水涸之際，宜起地方軍民人夫以浚之，則水利自然得濟也。入漕其浸四。曰溹，源出泰山，由白龍池經山西一里，流入泮。曰泮，源出泰山西桃花峪，轉州東南二十里〔一九〕，入大汶。曰梳洗，出泰山黃峴嶺，由州東南會泮水，入大汶。曰漕，距州南五十里，源發淳于野，西南會濟河，入汶，是爲濁河。

其泉舊三十五，新十三，凡四十八。曰張家，距州南八里，地名南村保，出沙土中，北流一里，入泮。曰木頭溝，距前十里，地名下村保[二〇]，出土中，陰泉二，東流一里，入泮。曰龍灣，距前八里，出土中。又小泉一，曰龍，北流三里，入泮。曰梁子溝，距前六里，出土中，陰泉二，南流二十里，會謝過。曰謝過，一名明堂，距州東十五里明堂山下，南流十里，入泮。曰馬兒溝，距前十里，地名舊縣保，出土中，陰泉四，南流五里，入泮，又東南三里，入大汶。曰風雨，距前五里，地名顏張保，出土中，南流八里，入大汶。曰周家灣，距州東南二十五里，地名栗林莊，出土中，陰泉一，南流三里，會鐵佛寺[二一]，又南五里會清水。曰鐵佛寺，距前八里，地名侯家店，出土中，南流六里會前泉。曰清，距前十里，地名王莊，出沙中，陰泉一，南流十里，入大汶。曰鳳凰，距前八里，地名郭家莊[二二]，出土中，南流半里，入大汶。曰皂泥溝，距前十二里，地名橋家莊，出土中，西南流七里，入大汶。曰雲潭，距前五里，地名黃家莊，出土中，西南流六里，入大汶。曰鯉魚溝，距前十里，地名新店保，出土中，西流十里，會范家灣，又西南三里，入大汶。曰范家灣，距前數步，東會前泉。曰板橋灣，距州東六十里，地名板橋灣，出土中，西南流三里，入大汶。曰北滾，距前八里，地名崳峪莊，出沙中，陰泉二，北流四里，會順河。曰順河，距前三里，出石縫中。小泉一，曰會，北流六里，入大汶。曰井，距前數步，出井中，北會前泉。曰滄浪溝，距州東南三十里，地名潦泊店，出山根下，南流十二里，入大汶。曰吳山溝，距前三里，地名崔家莊，出山溝中，西流十里，入大汶。曰梁家莊，距州東南二十五里，地名梁家莊，出高坡土中，東南流十里，入大汶。曰顔謝，距前三十里(二三)，地名顔謝集，出沙中，南流八里，入大汶。曰濁河，距州東南一百里，地名泉河集，出平地石縫中，陰泉二，西北流十五里，入小汶，又西南七十里，入大汶。曰斜溝，距前六里，地名汶西村，出土中，西南流三里，入小汶。曰羊舍，距前四里，地名羊舍村，出石縫中，西南流十二里，入小汶。曰力溝，距前十里，地名力里村，出土中，西南流十里，入小汶。曰龍堂，距州南九十里，地名香城保，出沙中，南流五里，入小汶。曰東西二柳，距州東一百里，地名樓底集，俱出石縫中，西北合流，會小柳，又十二里，入小汶。曰小柳，即神泉，距前三步，南會黑虎。同上。曰海旺，距前五里，出土中，西北流十里，入小汶。曰新莊，石縫(二四)，距前八里，流入小汶。曰水波，距前三里，出土中，西北流十二里，入小汶。曰韓家莊，距前十二里，地名山陰保，出土中，北流五里，入小汶。曰上，距州西南十里(二五)，地名石牆村，出石縫中，陰泉一，又小泉一，曰靈應，西南流二里，入漕河，會馬蹄等泉入濁河。共四十八里，入汶。曰臭，距前一里，地名撒家莊，出土中，西南流一里，會前泉。曰馬蹄，距前一里，並同。曰朔港溝，距前二里，地名侯村，出土中，陰泉一，西南流一里，會上泉。曰水磨，距前八里，地名西界保，出土中，陰泉一，北流十八里，入濁河。曰狗跑，距前三十里，地名下張保，出石縫中，小泉一，曰噴金，西南流四十餘步，會報恩。曰報恩，距前半里，出報恩寺井中，西南流二十餘步，會陷灣〔二六〕。曰陷灣，距前一里，地名石寨里村，出土中，廕泉一，西南流半里，會狗跑，同入濁河。曰胡家港，距前二十五里，地名南仇保，出土中，東南流二十二里，入濁河。曰馬黄溝，距前三十里，地名雙村，出土中，廕泉二，南流五里，入濁河。曰龍王，距前二十里，地名石溝村，出山坡沙中，南流十里，會坤温。曰坤温，距前二十里，地名精禮寺，迤東出土中，西南流入汶。皆入汶。　橋一，曰汶河，在州南六十里，南岸爲寧陽。

肥城。　其泉舊五，新四，凡九。曰黄家，一曰王家，距縣西南六十里，地名胡屯村，出沙土中，廕泉七，西南流八十餘步，會吴家。曰吴家，距前四里，出沙中，廕泉七，西南流二里，會臧家。曰臧家，距前二里，出沙土中，廕泉三，西南流一百餘步，會董家。曰董家，同上。廕泉三，西南流百餘步，會鹽河。同上。廕泉六，西南流三里，會吴家等泉，又十七里，入衡魚河，至東平州官橋入汶。曰開河，距縣西南四十五里，地名大劉村，出土中，廕泉四，西南流一千零五步，會鹽河等泉，流七里，會拖車。曰拖車，距縣西南五十里，地名劉家莊，出土中，廕泉四，西南流一千九百八十步，會鹽河，復流七里，會馬房。曰馬房，距縣西南五十里，地名馬房村，出沙溝中，廕泉一，西南流五千一百二十五步，至衡魚橋，會拖車等泉入衡魚河。曰清，距縣東南四十里，地名安寧村，出沙土中，廕泉五，東流一里，會泰安龍王泉，入汶。　渠一，曰灰包溝，南流十二里，會清泉，皆入汶。　橋一，曰焦老，在衡魚社。

平陰。　其泉舊一，新一，凡二。曰新柳溝，距縣東南三十五里柳溝村，出高坡沙土中，東南流三十里，入衡魚河，會肥城縣泉，又南流一百四十里，入汶。東泉志曰：平陰水入衡魚河，今肥城諸泉，至官橋又會東平諸泉，由坎河入汶〔二七〕，交秋水盛，往往渰没民田，南旺水少之時，宜調戴村壩夫以協助之，可無患矣。曰泊頭〔二八〕，距縣南五十里，地名孝直鋪，迤北出小溝石中，東北流十里餘，入衡魚河，皆入汶。

東平。　其川一，曰汶，舊由寧陽流至州東五十里，合汶河諸泉，入大清河。國朝既於戴村築壩，遏之南流，過官橋、蓆橋，又南逕汶上城北，西流注於南旺。其逸而西出者，猶從州南折而北流入海。郡志曰：按汶水西流，其勢甚大，而元人於濟寧分水，遏汶於堽城，非其地矣。每遇水發，而奔坎河，洸流益微，運道或塞壅，故元時會通歲漕不過數十萬石，不若海運之爲多也。　入漕壩二。曰戴村，距州六十里，一名周李村。永樂九年，尚書宋禮開會通河，用汶上老人白英計，始作此壩。長五里十三步，横遏汶水南流。其壩屢修屢圮，勞費不貲。天順五年，知州潘洪、汶上主簿魏端增築高厚，上植以柳，至今不壞。主事張純守壩論。曰坎河口，在戴村東。萬曆元年，侍郎萬恭因汶水決於鹽河，於其上壘石爲灘，以防其溢。有記。主事宗毅中築壩議，主事張文奇論。十六年，築滚水石壩。禮部尚書于慎行記。二十一年，雨水大發，尚書舒應龍又於河口之下開渠泄水，因於兩旁各築石堰，以防衝刷。　其泉舊九，新十六，凡二十五。曰獨山，距州東北七十里，地名套禮村，出山坡石縫中，瀊泉二，東南會芭頭。曰洌，距前數步，並同。曰芭頭，距前三里，出山坡石縫中，廕泉五，會前泉，入蓎河。曰源，距前數步，並同。曰郝家，距前三里，出山溝土中，東流七里，入蓎河。曰淨，距前一里，出石縫中，流入蓎河。曰新，距前五里，並同。曰大黃，距前八里，出土中，會二黃，入蓎河。曰二黃，距前數步，並同。曰鐵鈎嘴，距前七里，地名西莊村，出土中，廕泉一，東北流入蓎河，又南十四里，入汶。曰半畝，距州東北七十里，地名髓城，出土中，南流會餑饎。曰餑饎，距前七里，出土中，西流會安宅，由布橋入蓎河。曰安宅，距前二百步，並同。曰浮汶，距前十里，出土中，南流會大成，由張胡郎橋入蓎河。曰大成，距前一里，並同。曰張胡郎，距前四里，地名夏靈村，出土中，廕泉二，南流入蓎河。曰王老溝，距前一里，地名小雪村，出土中，廕泉四，東流入蓎河。曰吳家，距前一里，地名倉丘村，出土中，廕泉四，西南流入蓎河。曰安圈，距前十里，地名蓎橋村，出土中，廕泉五，南流入蓎河。曰高家莊，距前四里，出土中，南流入蓎河。曰坎河，距鎮十四里〔二九〕，地名劉家所，出沙土中，廕泉二，南流十二里，入汶。曰灰。曰蘆。曰徐家莊〔三〇〕。三泉俱在州北，流入鹽河。渠二：曰獨山河。見前。曰劉家所河，石竅出水，會坎河，皆入汶。　橋二：曰蓎州，東五十里。曰官，在蓎橋上流二十里。

汶上。　其川一，曰汶。由戴村南流至城東北二十五里，受濼澢諸泉爲魯溝，又西南流城北二里，受蒲灣泊爲草橋河，東泉志曰：汶上唯龍鬪泉水勢汹湧，延迤四十餘里而始至蒲灣泊地，至水漲，往往渰没民田。漕河水竭之時，宜先調本縣壩夫以浚龍鬬，又其次築塞蒲灣泊，縷水堤以防走泄，不惟民田不受其害，而南旺之水亦大得其利也。又十里爲白馬河，又三十里爲鵝河〔三一〕。鵝河本宋故運道〔三二〕，涸而爲渠。又十五里爲黑馬溝，至南旺分流。嘉靖中，主事段承恩、顧翀自分水至胡城口，兩岸各築堤，長七十里，以防潰溢。入漕壩二：曰何家口，距縣十二里，泄入魚營坡。萬曆二十四年，作滚水石壩。曰王堂口，距前五里，土壩屢築屢潰，即欲爲石壩，是障之也，卑則不能蓄水，稍高則水激而漂石，主事胡瓚議建三墩兩空。以上俱河北岸。又有王巖、徐儉、王土宜諸口泄入馬踏湖，南岸有馮家、邢家、田家諸口泄入蜀山湖。閘一，李泰口小閘，在分水口上流二十五里。原額閘夫二名，今革。其泉舊二，新四，凡六。曰龍鬬，距縣東北五十里，地名雲尾村，出土中，䃍泉一，南流五里，會寧陽魯姑坡、濼澢泉〔三三〕，匯蒲灣泊，又西南五十里，入周家河，轉白馬河，入汶。萬曆二十四年，築堤七百餘丈，由草橋入。上有亭。成化十八年，主事喬縉建。學正陳侃記。主事張純論疏龍鬬泉。曰薛家溝，在龍鬬東。曰趙家橋，在龍鬬南。小泉二：曰鷄爪，距龍鬬東一里。曰濼澢，距龍鬬五十里，地名羅山村。以上四泉，俱出土中，會龍鬬。曰馬莊，距縣東南十八里，地名馬莊坡，出土中，流十五里至城南，伏地不見。泊一，曰蒲灣，一名仲勾坡，距城東北十里，周回二十餘里，西南流七里，至金龍口入汶，皆入汶。橋二：曰草，距城西八里，跨汶。曰柏浪〔三四〕，在縣北十八里，跨蒲灣泊。

寧陽。其川二：曰汶，由泰山西南經縣北流，受龍魚諸泉，歷汶上，注南旺。汶水先經堽城閘，而後至南旺，往年閘不設，故聽其通流入洸而泄，直達濟寧運河，而堤遂苦潰溢。近已砌石閘門，上留水口數尺，水大聽其漫入，分泄自不多也。曰洸，汶水至縣北堽城別爲洸，又循縣南流三十里，會蛇眼諸泉，經嵫陽界，又西南流至濟寧，會於泗、沂。入漕壩一，曰堽城，元至正間築，以遏汶入洸。國朝永樂十三年，尚書宋禮移置青州驛。成化九年，員外郎張盛改築以石，當汶河中，長一百二十丈，闊一丈七尺，爲水門七，又於新堰鑿河十餘里，南入於洸。大學士商輅記。弘治十七年，巡撫徐源、主事張文淵奏毀石壩，上命工部侍郎李燧勘議〔三五〕，尋已之。正德十二年，主事朱寅增置二空，今大半淪於水。主事張純棄堽城壩議。其南岸石梁口土堤，萬曆二十五年大水衝改決〔三六〕，主事胡瓚重修。閘二：曰堽城，在堽城西北隅百步，元至元初建。彭城改作東大閘記。曰堽城新，距前八里，在新石堰上流。成化十一年，員外郎張盛建，原設閘官一員，夫二十名。正德十一年，革。其泉舊十二，新一，凡十三。曰龍港溝，距縣東北五十里，地名韓家村，出土中，𣸣泉二十七，又小河等泉二十七，西北流三里，會龍魚，又三里入汶。曰龍魚，距前東十里，地名黃家村，出土中，𣸣泉二十九，又黃家等泉三十二，西北流十里，會前泉。曰魯姑，距縣西北二十五里，在鶴山之陽，地名常家村，出土中，𣸣泉五，西南流三十里，會汶上龍鬭，入汶。曰濼澢山，距前十里，地名羅山村，出土中，𣸣泉六，西南流二里，會汶上濼澢，又西二里，入龍鬭，皆入汶。曰蛇眼，在縣北門外，泉孔如蛇眼，故名。出土中，𤅻泉四，東南流半里，會三里等泉爲灉河，又南流十五里，會金馬莊泉，流二十三里，入漕河，會曲阜變巧泉，又西會古城泉，又西南十三里，入洸。上有亭，成化十八年，主事喬縉建。學士吴寬記。曰古，在縣西北隅，出土中，𤅻泉一，東南流一里，會蛇眼。曰李家，距縣西北半里，流入古泉。曰三里溝，距縣東北里許，出土中，𤅻泉七，南流三里，會蛇眼等泉。曰井，在縣東北門外四十步，出土中，西流三十步，會蛇眼。曰張家，距縣東十五里，地名滿莊，出土中，𤅻泉七，西南流一里，會蛇眼。曰金馬莊，距縣東南八里，地名劉家村，出土中，𤅻泉二，西南流十三里，會蛇眼等泉。曰古城，距縣南十五里，地名馬家村，出土中，西南流十二里，入漕河。曰柳，距縣西十里，地名路家村，出土中，𤅻泉七，南流十五里，入洸。爲積沙所滲，嘉靖六年，主事吴鵬改東流八里，經城南，合蛇眼等泉。員外王大化記。皆入洸。閘二：曰洸河東西，在縣西四里許，洸河兩涯之間。嘉靖六年，主事吴鵬因洸水久涸，柳泉南入洸〔三七〕，悉滲於沙，乃東引横過洸河，東西立閘，水漲則閉閘以防其淤，水涸則啓閘以達其流。橋四：曰洸河，在洸河閘南。萬曆二十六年，主事胡瓚因柳泉中淤，募士民建爲石橋，下設閘板啓閉，令泉夫守之。曰灉河，在南郭門外，弘治七年建。曰舊柳泉，在城西南八里。曰新柳泉，在縣西里許，嘉靖八年吴鵬建。

泗水。其川一，曰泗，出城東五十里，過卞橋。水經：卞縣南有姑篾城，水流二邑之間。

是也。邑志曰：按水經泰山中脈由徂徠、梁父西南而東爲陪尾山，泗水出焉。其山以泉名者二十餘，而會於卞橋。卞橋之西北有泉十三，而南流入泗。其西南有泉二十一，而北流入泗。總之棋布星列，而最勝者響水、豹、黑虎、潘陂等泉，稱海、岱名川云。

入漕其泉舊三十，新二十九，凡五十九。曰珍珠。曰黑虎。曰淘米。西爲趵突、珍珠，東爲黑虎、淘米，俱在泉林寺左，出石縫中，西北流合爲一，是爲泗源。曰雪花，在淘米北。曰繁星。曰蓮花。曰白石。曰濤靡。曰双睛。曰甘露。曰甘露新。曰卞莊。曰奎聚。曰新開，一。曰響水。曰紅石。曰涓涓。曰湧珠。曰三台。曰天井。曰琵琶。以上俱在泉林南，或出沙土，或出石縫中，西流會趵突等泉。參將湯節疏泉林記。曰驪珠，即潘波，距泉林一里，地名潘陂村，出土中，廕泉一，東北流會石壑〔三八〕。曰石壑，即潘波新，出石縫中，西北流二里，入泗。曰石竇，在石壑南。曰石液，在石竇南。曰双石縫，在石液北。曰石露，在石液南。俱出石縫中，西北流二里，入泗。曰黃陰，距潘波三里，出石縫中，廕泉一，西南流十里〔三九〕，入泗。曰杜家，距縣東二十里，地名漢北社，出土中，西流半里，入泗。曰石井，距前二里，地名蔣家村，出土中，西北流半里，入泗。曰里澇溝，同上。西北流半里，入泗。曰蔣家，距前半里，出平坡石縫中，北流半里，入泗。曰曹家，距前二里，出平坡石縫中，北流二里，入泗。曰趙家，距前二里，出平坡石縫中，會合德，西北流一里，會東巖。曰合德，距前數步。曰東巖，出石縫，距前一里，出高坡石縫中〔四〇〕，東北流會趙家。曰龜陰，距前一里，出石縫中，北會前泉，又西北流一里，入泗。

曰龜眼。曰龜尾。距前數步。並同。曰鮑村，距前三里，地名尚舒村，出平坡石縫中，𣶏泉一，北流三里，入泗。曰珍珠，距前七里，出高坡沙中，東北流十里，入泗。曰醴。曰醴前，距前一里，出石縫中，北會前泉。曰七里，距縣西七里，出土中，西北流十里，入泗。曰大玉溝，距縣西南十二里，地名玉溝村，出平坡石縫中，西北流會小玉溝〔四二〕。曰小玉溝，距前數步，𣶏泉一，西北流十五里，入泗。曰蘆城，距前十里，地名蘆城村，出沙土中，西北流三里，會西巖，又六里，入泗。曰西巖，石縫，距前二里，地名西巖村，出平地石縫中，北流四里，入泗。曰三角灣，距前十五里，地名仁里村，出沙中，西北流二里，入泗。曰吴家，距縣東四十里，地名黄溝村，出土中，南流一里，入泗。曰黄溝，距前二里，出沙土中，西南流四里，入泗。曰嶽陵，距縣東北二十里，地名嶽陵村，出土中，西南流七里，入泗。曰石河，距縣西北八里，地名曲北村，出平地石縫中，南流一里，入泗。曰壁溝，距前十里，地名册杜，出沙中，西流五里，入泗。曰馬莊，距縣西北二十五里，地名馬莊村，出土中，西流十五里，入泗。曰馬跑，距前四里，地名柘溝村，出土中，西流十五里，入泗。曰魏莊，距前四里，地名魏莊村，出土中，西流十五里，入泗。皆入泗。　橋一，曰卞，跨泗水，在卞城。金大定十五年建。

曲阜。　其川一，曰泗，逕孔林北，又西流至府城，東會於沂，入漕。　其浸二：曰沂，西北流逕城南二里，又西至府城，東入泗。曰洙，即泗水分流，經孔林，復西南流入沂。　其泉舊十八，新四，凡二十二(四二)。曰横溝，距縣東北十八里，地名陶樂村，出土中，西南流三里，入泗。曰埠下，距前五里，地名胡家村，出土中，西南流二里，入泗。曰新安，距縣北二十五里，地名張莊村，出土中，西南流十二里，入泗。曰城北新開，距前四里，地名柳莊村，出土中，流十里，入泗。曰蜈蚣，距縣西南十八里，出土中，西南流二里，會鄒縣鱔眼，皆入泗。曰青泥，距縣東南十五里，地名萬柳莊，出土中，西北流九里，入沂。曰温，距縣東南十五里，地名鄒村，出土中，小泉五，西流半里，會近温(四三)。同上。曰連珠，距前三里，出土中，西北流五里，入沂。曰逵，距縣東南五里，地名馬跑村，水中石如伏黿怒鼉(四四)，活潑可玩，即僖叔卒處。西南會車輞等泉，流一里，入沂，上有亭。曰車輞。曰雙。曰柳青。曰茶。以上四泉，各相距數步，俱會前泉。又舊有兩觀下泉，久失其處，今掘得之，在車輞南。曰曲溝，距前數步，東會茶泉。曰新，距縣東南三里，地名竹園，出土中，會曲水，西南流數十步，入沂。曰曲水、詠歸，西會前泉。曰濯纓，東會前泉。曰文獻，在縣東南，魯泮宫遺址(四五)，西流三里，會新開，入沂。曰城南新開。同上。曰潺聲，距縣西南八里，出土中，北流入沂。皆入沂。曰變巧，距縣西北三十五里，地名桃村，出沙中，西南流十八里，入漕河，會寧陽諸泉，又七里，入洸。　橋十二：洙水(四六)，在聖墓前。洙源久湮，嘉靖六年，侍郎章拯浚得之。橋逼墓道，十二年，巡按方遠宜改建稍南。曰苗孔，在縣西南二里。皆跨洙。曰沂水。曰廣濟，在縣南。皆跨沂。曰張陽。曰通濟。曰白石。曰乾石。

曰閻老。曰草，在縣北。皆跨泗。

滋陽。其川二：曰濟，在城東五里，即泗、沂下流。由曲阜分流入境，始合，爲壩所遏，導之西流，一支抵府東門，折而南流，復繞而西，過城南門，復折而北；一支穿城而過，至城西杏林閘，受闕黨諸泉，謂之濟河，西南至天井閘。水經：泗水過瑕丘縣。是也。以其穿府而出，又名府河。嘉靖三十八年重修。中丞王廷記。紀略曰：沂水發爲二流，其一由金口壩以會泗者，僅什一；其一由港里以濟師家莊閘者，則什之八九，均之利也。而天井急，何者？天井高而師家莊平也，萬一泗水竭，而濟河淺，天井澀，則遏沂益泗，當不可已也。曰洸。在城西北三十里，由寧陽西北流入於境(四七)，過高吳橋(四八)，下受官莊、漕河二水，至濟寧入漕。壩二：曰金口，在府城東五里。隋文帝時，薛胄於沂、泗之交積石堰之，決令西注陂澤，以溉良田，又通轉運，號爲薛公豐兖渠。元至元中，開會通河，舊堰爲滚水石壩，以引泗入運。延祐四年，都水太監闊開始疏爲三洞，以泄水勢。國初，堰壩以土，旋築旋廢。成化七年，主事張盛始易爲石堰。學士劉翊記。其後歲久土淤，舊堰獨低，水消，泗不能入洸，每春，築土壩高一尺七寸，以障之。水漲土潰，勞費無益。嘉靖三十七年，主事陳南金以石易土，壩高如之，仍爲金口三添閘板，以時啓閉(四九)。歲省前廢，水亦賴以節宣。主事張純守壩論。萬曆二十五年，大水，衝決無遺，主事胡瓚重修。有記。曰沂河土壩，在石壩南，長四十八丈，闊一丈五尺，高一丈。閘四：曰金口，即黑風口。在壩西北，引泗、沂入洸。元至元中建。曰沂河減水閘，引沂入泗。曰土婁，距府治西十里。曰杏林，距前二十里。二閘俱元至元中建。淺十五：曰洸河淺十，距城西北三十里，地名范家潭。曰濟河淺五，距城西南四十里杏林閘。其泉舊四，新四，凡八。曰東北新，距城東北二里，地名東隅社，出土中，下俱同，西流半里，會闕黨諸泉，九里入濟。曰闕黨，距前五十步，古闕黨地，西流會東北諸泉。曰古溝，距城北四里，西南流半里，會負瑕。曰負瑕，距前一里，𢉺泉一，西流會闕黨。曰上蔣詡，距前一里，西流會下蔣詡。曰下蔣詡〔五〇〕，距前一里，地名紙房，南流轉西，會西北新泉。曰西北新，距前一里，東流轉南，會驛後新泉。曰驛後新，距城西二里，南流至平政橋，入濟。　橋七：曰九仙，在城東門。曰泗水，在城西門。曰平政，在城西關。皆跨泗水。曰石，在城北門，諸泉所會。曰高吳，在城西北三十里。曰永濟，距前東二里。皆跨洸水。曰漕河。

濟寧。　其川二：曰濟，即泗、沂自兗州別流。曰洸，即汶自堽城別流。皆自州城東南會入天井閘。有亭曰觀瀾亭，下有池，蓄荷數畝，環太白樓下，每菡萏盛開，登樓俯瞰，恍然天臺桃源一佳勝云。世傳爲古南池，唐杜甫有同許主簿遊南池詩。　入漕閘三：曰吳泰，距州東北四十里。曰宮村，距前十里。俱濟河。元至元中建，夫各四名。元史曰：據新開會通，並濟州汶、泗相通，非自然長流河道，於兗州立牐堰約泗西流，堽城立牐堰分汶入河，南會於濟州，以六閘撙節水勢，啓閉通放，南通淮、泗。曰洸河減水閘，在馬驛北，洸河水大，由此以分殺之。以上三閘，俱屬在城閘。　其泉舊三，新一，凡四。曰浣筆，在州東門外，出土中，新開泉一，南流一里，入於漕。相傳爲唐李太白浣筆處，外史載賀知章令任城時，供俸主於此，上有亭。凡泉不言所入者，逕入漕也。曰蘆溝，距州東南七十里，地名兩城店，出土中，南流十八里，入南陽閘河。曰托基，距前五里，地名魯橋鎮〔五一〕，出土中，西流三里，入棗林閘河。曰馬陵，距前五里，發源馬陵山，西流六里，入魯橋閘河。上有亭。　閘二：曰片玉，在蘆溝中源。曰碎玉，在托基中源。　橋十：曰會通，在大南門外。洪武四年建，今失所在，疑即草橋西橋，跨洸水之別入漕者。曰馬驛城，東跨府河。曰濟民，馬驛南。曰觀瀾，城東隅，汶、泗會處。曰通濟，跨浣泉處。曰麻石，師莊閘下。曰龍石，魯橋閘下。曰硯瓦溝。同上。　其水黑色，有碑云：宣聖墨池。曰毛連溝，片玉閘下。曰站馬，碎玉閘下。

鄒縣。　其川一，曰泗，經縣東北，復繞而西，至魯橋入漕。　入漕其浸三：曰白馬，出漢湖下，自城北西流，又南合諸泉入泗。曰蓼，出九龍東南，距縣三十里，經縣南折而西，折會白馬湖。曰雩，距縣東北六十里，經尼山南入沂，轉入泗。　入泗閘一，曰堪里，在縣東北，泗、沂故道。正統間建。　其泉舊九，新四，凡十三。曰鱔眼，距縣北三十里，地名白貢村〔五二〕，出土中，廥泉二，西南流會曲阜蜈蚣泉，十五里入白馬河。曰孟母，距縣北二十五里，地名宣村，出土中，廥泉五，西南流會陳家、白馬二泉，入白馬河。曰陳家溝，距前三里，地名原簡店，出土中，廥泉一，南流三里，會白馬泉。曰白馬，距前二里，出土中，䕃泉一，西南流會孟母等泉。曰馬山，距縣北二十里，地名傅村，出土中，西南流二里，會孟母泉。曰罔山，距白馬六里，地名白馬廠，出土中，䕃泉八，西南流五里，入白馬河。曰程家莊，距縣西北二十五里，出土中，䕃泉三，西流十八里，入白馬河。曰白莊，距縣西南三十里，地名卧牛坡，出土中，西北流二十里，入白馬河。曰黄港溝，距縣西二十里，地名羊廠村，出土中，西流八里，入白馬河。曰淵源，距縣西南六十里，地名鐵脚山，出土中，闊數丈，西南流四里，入白馬河。曰柳青，距前五里，地名老君橋，出土中，䕃泉一，西南流入白馬河。曰勝水，距縣西南八十里，地名朝陽村，出石縫中，西南流十五里，會柳青，皆入泗。曰三角灣，距縣西南八十里，地名倉山坡，出土中，䕃泉七，西南流八里，入魯橋閘河。橋五：曰魯橋，跨港里泗水。元至正中重修。潘士文記。今爲五空橋，正統四年重建。曰白馬。曰破石，城西北二十里。曰平陽，城西三十里。曰永濟，在港里北。俱跨白馬。

主事胡瓚重浚記。

魚臺。其泉舊五，新十，凡十五。曰東龍，距縣東北九十里，地名池頭集，出沙中，西南會平山。曰平山，距前五里，出平山下土中，南流會前泉。曰古，在平山西，出土中，西南流三里，會東龍。曰何家園，在平山西南，東流半里，會平山。曰廉家潭，距古泉八里，地名郁郎村，出土中。五泉俱由房上村合流，匯獨山湖。曰西龍，距縣東北七十里，地名塞里集，出沙中，南會聖母池，入獨山湖。曰聖母，距前五十步，並同。皆入湖。南陽湖，詳見河渠。以上各泉，原入湖陵閘〔五三〕。曰黃良，距縣東北四十五里，出黃山下土中，西北流入硯瓦溝閘河。曰廟前，在黃良南，出土中，北流入黃良。曰河頭，在黃良東，出土中，西流入黃良。曰滕家，在河頭西南，出土中，西流會高家東西。曰高家東，在河頭西北，出土中，南流五丈，會河頭。曰高家西，在高家東西，出土中，會陳家、中溢二泉。曰陳家，距前數十步，出土中，西會中溢。距前數十步〔五四〕。

以上諸泉，共合爲一，西流三灣九里，入硯瓦溝。

滕縣。其浸五：曰白水，即界河，距縣北三十五里，出龍山西麓，西會鄒之白水，故名。西流五里，又折而南，越染山前，西南瀦爲郁郎淵，一名温水湖。又西受聖母池，至橋頭入漕。曰北沙〔五五〕，距城北十五里，出鄒之嶧山，南流經龍山後，繞出其左，又南受七里泉〔五六〕，至洪疃，分爲二：一出休城，南入漕；一趨休城，北受大烏，又西受北石橋泉，又西會白水入漕〔五七〕。曰南梁，距縣東北十五里，左趵突，右荆溝，合而爲一，又西南受絞溝，又西會瀄水入漕。曰薛，距城南四十里，出寶峯山，西受玉花、三山泉，又西入微山湖。曰百中，一名伯塚，距縣南八十里，源出百中社，南流十里，受三里灣，折而流入漕。　湖二：曰昭陽，即山陽，亦曰刁陽。距縣七十里，故爲運河東岸，納縣諸泉匯爲巨浸，周回八十餘里，溢上沽頭閘入運〔五八〕，今在新河西岸。曰呂孟，距縣南百二十里，新河東岸。　薛河諸水〔五九〕，由王家口支河南流曰赤山，又東南流曰微山，又東南流曰呂孟，又東南流曰張莊，其實一湖也，互相灌輸，汪洋可十餘里，至地濱溝入於漕。

其泉舊十五，新四，凡十九。曰北石橋，距縣北二十五里，地名政興莊，出土中，滕泉一，西南流入小白河，又流四里，會大烏，又流四十里，入獨山湖。曰大烏，志作大吳，距縣西北四十里，地名大烏集，出土中，滕泉一。曰三里橋，距縣東北三里，地名蕭家莊，出土中，西會七里。曰七里，距縣北七里，地名張家莊，西流五里，會三里泉，至三山坌，又流二十里，入王家口。曰趵突，距縣東十五里，地名梁山村，出沙中，滕泉一，西南流二里，會荊溝。曰荊溝，距縣東十五里，地名荊溝村，出沙中，滕泉一，西南流五十里，至南河坌，會絞溝。曰絞溝，距縣西南三十里，地名迎仙鄉，出沙中，滕泉一，西南流八里，會趵突、荊溝、趙溝三泉，又五里會三里。曰趙溝，距縣西南十五里，地名赤續社，出沙中，西南流，會荊溝等泉。曰劉溝，同上。出土中，流二里，會趙溝。以上諸泉唯七里係新浚，餘舊入昭陽湖，同南石、玉花、魏莊泉，入上沽頭閘漕河。曰南石橋，距縣南三十里，地名仁全莊，出土中，滕泉一，西南流入三河口。曰玉花，距縣東南四十里，地名鄭家莊，出土中，滕泉三，助水渠七，西流一里，會魏莊。曰魏莊，距縣東南三十八里，地名魏莊村，出土中，滕泉四，流六十里，會黃溝。曰黃溝，距縣南七十里，地名恩固社，出土中，流四里合玉花〔六〇〕、魏莊，又八里會白山。曰白山，距縣南八十里〔六一〕，地名洛房村，出土中，流三里，會玉花等泉。曰三山，距縣東南四十五里，出三山下土中，流四里，入薛河。曰溫水，距縣東南七十里，地名仁興莊，出土中，西流入百中河。曰黄家，距縣東南七十里，地名臨城社，出土中，𣸣泉一，舊入百中河，會黄溝、龍灣、温水三泉及嶧縣許由、温水二泉，又西會三界灣，至留城入漕。曰龍灣，同上。曰三界灣，距縣西南九十里。同上。皆入湖。新河既成，諸泉在薛河以南者，或由王家口豸裡溝一帶支河匯吕孟湖，或由東邵壩一帶支河出佃户屯減水閘。在沙河北者，俱匯南陽湖，入漕。橋八：曰小白，在縣西北四十里，跨白水。曰三里，曰七里，俱在城北。曰北石，城北二十五里。曰南石，城南三十里。俱跨泉河。曰公孫，在縣東南四十里，跨玉花。曰官城，南四十里。曰霸。俱跨薛河。

嶧縣。其泉舊三，新二，凡五。曰許由，距縣西北四十里，地名陳郝集，出沙中，𣸣泉一，西南會温水，又西南入滕縣百中河，至留城，今入吕孟湖。志曰：按吕氏春秋堯朝許由於沛澤，而諸書謂由隱沛澤之黄城。沛澤比滚泉〔六二〕，西南流入沛境，此爲許由無疑，謂「許有」者誤也。〔旁注〕縣西五十里有二泉，西南流至留城板閘，入漕河。曰温水，距前二十里，地名石溝營，出土中，西會前泉〔六三〕。曰搬井，距縣西北六十里，地名東級村，出土中，流二十五里，會滕縣西倉橋河，四十里入微山湖。皆入湖。曰許池，距縣西北十里，嶺阜下，突出五泉，曰珍珠，曰鍋，曰篩〔六四〕，曰金花，曰灰。灰泉稍沉濁，餘俱清澈，可鑑須眉。東南流入滄浪河，〔旁注〕南流納會水橋河，又南會滄浪水，逕縣西北，流入下邳界。轉入沂，共一百八十里，入邳州漕河，上有亭。曰龍，距縣南十里〔六五〕，出黃丘山東南，繞而北流二十五里，會前泉，皆入沂。　橋一，曰會水，在城西。

蒙陰。　其川一，曰沂，沂水出縣西北一百二十里艾山。小沂水在縣東北。水經注：出黃孤山，西南流入於沂〔六六〕。經沂水城西一里，又南過縣東會汶水〔六七〕，南注邳州。按邳州，古下邳國，沂、泗諸水俱經此入淮。今黃河自徐入泗，盡爲濁流矣。　入漕其浸一，曰汶，是爲小汶。有二源，一在縣西南，一在縣南，合流至沂水界，東北流，又折而南，入沂。水經：齊有三汶，入濟者爲大。　入沂其泉舊四，新一，凡五。曰官橋，距縣西七十里，地名立山社，出沙中，南流十五里，入新泰南師河。曰卞家莊，距前十里，出土中，西流至寨子村口入汶〔六八〕。皆入汶，是爲入濟之汶。曰伏牛峪，距前西北二十五里，地名方山社，山如伏牛，泉出其下，西流百餘步，入小汶，又六十里入沂，又百三十里入邳州漕河。曰泉河，距縣西北二十里，地名泉河社，舊名合泉，從地湧出十餘泓，北流入小汶，又五十里入沂。曰順德，距縣東北七十里，地名安平鄉。宋熙寧間，顏氏事姑至孝，每爨汲，去河八里，忽舍旁有泉湧出，以爲孝感，後封順德夫人，至今流不絕，南流入小沂。皆入沂。

沂水。　其川一，曰沂，入漕。　其浸一，曰汶。皆見前。按邑志：西北有閔公山，相傳爲閔子避召處。愚謂閔子實未去齊，顧地界乎齊、魯，則論語所稱汶上，非今汶上也。　其泉十：曰銅井，距縣西南六十里，地名樂城鄉，出石縫中，東南流五里，入沂〔六九〕。曰芙蓉，距縣西南七十里，南流入沂。曰雪王臺，一名薛臺，距縣西八十里，上有寺泉出臺前，溪壑幽勝，會小汶，流九十里，入沂。曰上，距縣西四十里，地名順通鄉，出沙中，東南流四十里，入沂。曰盆，在上泉西南六十里。曰大水，距縣西北一百三十里，地名沂源鄉。曰小水，在大水旁，南流二里，入沂。曰龍王堂，距縣西北九十里，東流一里，入沂。曰灰，距縣北一百里，東南流七十里，入沂。曰單家。以上芙蓉、盆、大水、灰、單家五泉，泉源志原不鐫書單家泉，諸志尤不載，邑志有張莊，距縣西北十七里，東南流二里，入沂，或即此也，並存之以俟考，皆入沂。主事張純廢泉論。

【校勘記】

〔一〕疏導山以東泉源　「山以東」，川本、滬本作「山東」。

〔二〕亡何復罷仍隸於泉司　「亡」，底本作「已」，川本同，據滬本改。「隸」，底本作「棣」，據川本、滬本改。

〔三〕南陳　「陳」，底本作「城」，據川本、滬本及圖書集成職方典卷一九二改。

〔四〕三十　川本同，滬本作「二十」。

〔五〕五里　川本、滬本作「八里」。

〔六〕出土中南流一百五十步　「出土中南流」，底本作「地名沈村莊」，與下文重出，據川本、滬本改。

〔七〕二十　川本同，滬本作「十五」。

〔八〕十里　川本同，滬本作「十五里」。

〔九〕宫山嶺　「宫」，底本作「官」，川本同，據滬本及紀要卷三一改。

〔一〇〕渠十四至曰西都地名老鼠俱入汶　川本、滬本同。所云「渠十四」，其列名數實爲十三，當有脱誤。

〔一一〕大汶　「大」，底本作「六」，川本同，據滬本及紀要卷三一、圖書集成職方典卷二二八改。

〔一二〕柴汶　「柴」，底本作「紫」，川本同，據滬本及水經汶水注改。

〔一三〕東南三十　川本同，滬本「三十」作「十里」。

〔一四〕曰趙家　川本同，滬本無。按上文已記「曰趙家灣」，此三字蓋衍。

〔一五〕烏江岸　底本脱「岸」字，據川本、滬本及圖書集成職方典卷一九二補。

〔一六〕石縫中　「中」，底本作「之」，據川本、滬本改。

〔一七〕二十五里　川本同，滬本作「一十五里」。

〔一八〕與新泰之小汶合　「合」，底本作「河」，據川本、滬本及紀要卷三一改。

〔一九〕二十里　川本、明泰安州志卷一同，滬本作「一十里」。

〔二〇〕下村保　川本同，滬本作「下條村」。

〔二一〕會鐵佛寺　「會」，底本作「今」，據川本、滬本改。

〔二二〕地名郭家莊　底本無「地」字，據川本、滬本補。

〔二三〕三十里　川本同，滬本作「二十里」。

〔二四〕石縫　川本同，滬本作「出石縫中」，按本書上下文例，滬本是。

〔二五〕十里　川本同，滬本作「十六里」。

〔二六〕會陷灣　底本無「會」字，據川本、滬本補。

〔二七〕坎河　「坎」，底本作「次」，川本同，據滬本及紀要卷三三改。

〔二八〕曰泊頭　「曰」，底本作「田」，據川本、滬本改。

〔二九〕距鎮十四里　川本、滬本「鎮」作「壩」。

〔三〇〕其泉舊九新十六凡二十五至曰徐家莊　川本、滬本同。所云「二十五」，其列名數實爲二十四，當有脱誤。

〔三一〕爲鵝河　底本無「爲」字，據川本、滬本補。

〔三二〕鵝河　「河」，底本作「湖」，據川本、滬本及紀要卷三三改。

〔三三〕濼澢泉　底本脱「濼」字，川本同，據滬本及紀要卷三三、清統志卷一六五補。

〔三四〕柏浪　「浪」，底本作「汶」，據川本、滬本及圖書集成職方典卷二一二改。

〔三五〕工部侍郎　「侍」，底本作「事」，川本同，據滬本改。

〔三六〕大水衝改決　川本同，滬本作「大水衝決」。

〔三七〕柳泉　底本脱「泉」字，據川本、滬本及紀要卷三三補。

〔三八〕石壑　「壑」，底本作「壘」，據川本、滬本改。

〔三九〕西南流十里　「南」，川本同，滬本作「北」。

〔四〇〕石縫中　「石」，底本作「中」，據川本、滬本改。

〔四一〕小玉溝　「小」，底本作「大」，據川本、滬本、本書上下文改。

〔四二〕凡二十二　底本「二十二」作「二十五」，據川本、滬本及紀要卷三三改。

〔四二〕西流半里會近温　川本同，滬本「温」下有「又二里，會連珠，曰近温」九字。

〔四四〕石如伏黿怒鼉　「伏」，底本作「狀」，據川本、滬本及清統志卷一六五改。

〔四五〕泮宫　「宫」，底本作「公」，川本同，據滬本及詩魯頌泮水改。

〔四六〕橋十二洙水　川本同，滬本「十二」作「十」，當是。又，滬本「洙」上有「曰」字。

〔四七〕由寧陽西北流入於境　底本「寧陽」上衍「濟」字，據川本、滬本及紀要卷三三删。又，滬本「西北」作「西」。

〔四八〕過高吴橋　底本脱「過高」二字，據川本、滬本及紀要卷三三、圖書集成職方典卷二一〇補。

〔四九〕以時啓閉　「閉」，底本作「開」，據川本、滬本及紀要卷三三改。

〔五〇〕下蔣詡　底本脱「詡」字，據川本、滬本及圖書集成職方典卷二一一補。

〔五一〕魯橋鎮　「魯」，底本作「曹」，據川本、滬本及紀要卷三三改。

〔五二〕白貢村　川本同，滬本「白」作「北」。

〔五三〕原入湖陵閘　川本同，滬本「原」作「皆」。

〔五四〕距前數十步　川本同，滬本「距」上有「曰中溢」三字，蓋是。

〔五五〕北沙　「北」，底本作「白」，據川本、滬本及紀要卷三三改。

〔五六〕又南受七里泉　川本同，滬本「南」作「西」。

〔五七〕白水　「白」，底本作「北」，據川本、滬本及紀要卷三三改。

〔五八〕上沽頭閘　「沽」，底本作「枯」，川本同，據滬本及紀要卷三三改。下同。

〔五九〕薛河諸水　「水」，底本作「泉」，據川本、滬本及圖書集成職方典卷二三八改。

〔六〇〕玉花 「玉」，底本作「五」，川本、滬本同，滬本眉批：「『五花』當作玉花。」據此及上下文改。

〔六一〕曰白山距縣南八十里 底本脱「曰白山」三字，又「南」下「八」上衍「八十里」三字，據川本、滬本補删。

〔六二〕沛澤比滚泉 川本同，滬本「比」作「在」，「滚」作「壤」。

〔六三〕西會前泉 川本、滬本「西」作「西北」。

〔六四〕曰篩 「篩」，底本作「節」，據川本、滬本及圖書集成職方典卷二二二、清統志卷一六五改。

〔六五〕十里 川本同，滬本作「十八里」。

〔六六〕西南流入於沂 底本「流」下「入」上衍「轉東」二字，據川本、滬本及水經沂水注删。

〔六七〕又南過縣東會汶水 川本同，滬本「南」作「西南」，無「過縣東」三字。

〔六八〕寨子村 「寨」，底本作「塞」，據川本、滬本及紀要卷三〇改。

〔六九〕入沂 「沂」，底本作「汶」，川本同，據滬本及紀要卷三五改。

禹貢：青州，浮于汶，達于濟。徐州，浮于淮、泗，達于河。因水入水曰達。泗合南濟故瀆以入淮，汶合北濟故瀆以入海，此故道也。元憲宗七年，濟倅畢輔國始於汶陰堽城之左，作斗門一，遏汶南流，至任城入泗，以餉宿、蘄戍邊之衆〔一〕，謂之引汶入濟，而汶始南通於泗。世祖至元間，以江、淮水運不通，自任城開渠，達於安山。爲一牐於奉符，即堽城，今屬寧陽。以導汶入洸；爲一牐於兖州，即金口。以遏泗、沂，會洸，合而至會源牐，南北分流。二十六年，又用壽張尹韓仲暉言，復自安山西開河〔二〕，由壽張西北至臨清〔三〕，直屬御、漳，謂之引汶絶濟，而汶始北通於漳，此會通河所由始也。元學士楊文郁開會通河記、趙元進重浚會通河記。國朝洪武元年，河決曹州雙河口，流入魚臺。上命徐大將軍達開塌場口，入於泗，以通漕，即牛頭河永通閘故道。尋淤，復由師莊、石佛諸閘北沂、汶、濟，以達燕、冀。又開濟寧耐牢坡堤，西接曹、鄆黄河，以通梁、晉之漕。二年，因水勢散泄，於坡口北一里建閘，以司啓閉。二十四年，河決原武，會通河淤，乃自濟寧以北，逾於河。舍舟從陸曰逾〔四〕。永樂初，定鼎北京，命宋尚書禮等浚元故道，遏汶全流南出汶上之西〔五〕，入於南旺，南北分流，而所謂金口閘，猶仍其舊。語在泉志。其時金侍郎純，亦自汴城金龍口下達塌場築堤，導河南入淮，而會通河復通。嘉靖中，黄河屢決。六年，決梁靖等口，衝入雞鳴臺，都御史盛應期議於昭陽湖東岸鑿開新河，未成而罷。尚書胡世寧疏。九年，河決塌場口，衝穀亭，歷三年不去，總河右副都御史劉天和役夫十四萬餘浚之，四月而成。詳具郎中楊旦、主事邵元吉治河始末。

其浚河之法，淤深泥陷不能着足之工，則雜施土草，截河築壩，縱横填路，下施新製兜杓、方杓、杏葉杓，魚貫以浚之。泥最稀、陷最深者，則用木筲柳斗下取，猿臂傳遞登岸。瓦礫之工，則用兜杓〔六〕。沙礓石之工，則製鋸齒、鐵釵足寸鑿之。泥陷者，施福子法。兜杓者，以鐵爲方口，繫布爲兜，以取泥，幾至斗許，泥稀及溜沙用之。方杓者，以鐵爲平底，而周遭各高寸許，泥稍堅者用之。一杓俱前，如鋸齒及鐵釵，皆創製也。杏葉杓者，舊有之，而加廣厚。泥最陷者，用斗子法，塗泥爲坎，自下倒戽於上，出水堤外。浚深泉湧之土，則先擇泉稍淺者，分番役夫，車戽，并力急浚，而後將泉深者，倒水施工浚淤，甫數尺，泉即湧出，盡日車戽，一夕復滿，莫能措手。乃并力番休，先將下壩徹夜取水，歷數坎而始達堤外，水盡則急浚之，淤盡河成，方將上壩倒水急浚，如前法。工已垂就，而河廣淤深。所有隨浚隨墮者，則倍給夫值，增雇夫役，以重浚之。魯橋以下運河諸閘，悉前元及我朝永樂至弘治間先後所建，高低不一。如下閘過堤，則上閘易涸，乃逐閘測其閘，而至水面之高下，一以棗林閘爲準，低者倍而平之，自閘板水面至閘石面，各以二尺爲準，用平準以測浚之深淺。其法用錫匣貯水，浮木其上，而兩端各安小横板，置於數尺方卓之上，前立木表，長竿懸紅色横板，而低昂之，又於匣上横板平準以測高下，凡上下閘底高低及所浚河底深淺，悉以此度之。復施植柳六法，以護堤岸，曰卧柳，曰低柳、編柳、深柳、漫柳、高柳，浚月河以備霖潦，建減水閘以司蓄泄，築縷水堤以防衝決，置順水壩以束漫流。迨其末年，決華山，出飛雲橋，至湖陵漫入昭陽湖，運河湮塞。乃命朱尚書衡治之，始開新河，自南陽至新莊橋是也。總之，起臨清至濟寧，方七百里，唯是沂、泗、汶、洸諸水，挾二百四十泉之流，互相灌輸，而其要者，在天井、南旺。

由沛縣而北，入魚臺。其漕渠濟、泗，舊爲沙河，即黄河支流，久淤。今爲新河。大學士徐階記。

爲閘二：曰利建，即宋家口閘，北距南陽十八里，嘉靖四十五年建，月河長七十五丈。曰南陽，北距棗林十二里，元至順二年建，月河長三十五丈，宣德七年重修。　減水閘十四，俱隆慶二年建，泄新河水入南陽湖。主事張純記。　壩一，曰南陽壩，隆慶元年建。淺二十一，自一起數，由北而南，至二十一止。　湖一，曰獨山，在滕縣境，即南陽湖，沙河諸水由辛章支河西南流入之。隆慶元年，北岸築石堤三十餘里。

舊運河，在昭陽湖西岸，過沛縣城東，至孟陽泊，亦巨匯也〔七〕。縈迴十餘里，渠流其中，北至穀亭，又北至南陽。　閘三：曰孟陽泊〔八〕，在縣治東北，距八里灣八里。元大德八年建，月河長二十二丈。趙文昌記。　曰八里灣，北距穀亭八里。宣德八年建，月河長二十七丈。曰穀亭，北距南陽十八里。元至順二年建，月河長五十八丈。周汝霖記。以上今並廢。　積水閘二：陽城閘，在沙河北半里。泥河閘，在閘下泥河口。俱正統間建，今並廢。　壩一，蘇家土壩，在沙河北十里，竭大烏河水入咸陽，今廢。　淺二十一：曰張家林，曰徐家林，曰孟陽上，曰壩子頭，曰三柳樹，曰八里灣，曰穀亭店下，曰穀亭店上，曰小龍灣，曰馬溝，曰擺渡口，曰小塌場口，曰大塌場口，曰南陽下，曰南陽上，曰北林，曰界牌〔九〕。　湖二：曰孟陽，距縣治東二十里，由洸河入漕。曰陽城，去沙河驛北十五里，自塞、兗二山南流，會滕縣大烏泉匯爲河，入漕。　橋二：曰普濟，在穀亭；曰雙龍，在沙河。

由魚臺而北，達於濟寧，東岸鄒境也。　其漕渠爲泗。　小閘一，南自魯橋，北至師家莊，長三里，二閘之間有堌里小閘，橫遏泗水入漕。成化十二年建，天順五年重修。老人一名，夫十名，師家莊管帶，今革。　淺一，曰堌里，老人一名，夫十名，今革。

由鄒而北，入濟寧境，自州以西，則濟寧衞分地也。　其漕渠濟、泗、洸、汶。　爲閘十四：曰棗林，北距魯橋六里，元祐五年建，月河長八十丈，正德二年重修。曰魯橋，北距師家莊五里，永樂十三年建，正德二年重修，月河長一千一百六十五丈，在河西岸，隆慶四年改爲正河。曰師家莊，北距仲家淺十五里，元大德二年建，月河長四十丈，弘治九年重修，萬曆十二年增修。曰新，北距新店八里，元至正元年建，名黄棟林新閘，月河長五十一丈。楚惟善記。弘治十年重修。曰新店，北距石佛十八里，元大德元年建，月河長五十一丈，嘉靖十四年重修。曰石佛，北距趙村八里，元祐六年建，月河長七十九丈，弘治六年重修。曰趙村，西北距在城三里，元至正七年建，月河長九十八丈，弘治十二年重修。曰在城，在州城南，西距天井一里，元大德七年建，名下閘，弘治十二年重修，改今名。曰天井，北至通濟三十五里，元至治元年建，名中閘，一名會源。　南雁翅底有古井一甃。揭傒斯記。　景泰元年重修，改今名。曰分水，在城西南，元大德五年建，原名上閘〔一〇〕，距中閘三里。　閘夫四名，今廢。　月河閘三：上下二閘，俱天順三年改建。廷尉廖莊記。　嘉靖九年重修。曰下新，即在城月河。　曰中新，距上新一里，成化十一年建。學士劉翊記。曰上新即天井月河。按三新閘，元人分水所必需者。減水閘六：新店、新閘、仲家淺各一，屬州。五里營、十里鋪、安居鎮各一。萬曆十七年建，屬衛。壩一，趙村月河石壩，弘治初建。張元禎記。淺十七：曰硯瓦溝，曰棗林，曰魯橋，曰師家莊上〔一一〕，曰仲家淺，曰新閘，曰新店，曰花家，曰石佛，曰楊灣，曰趙村，以上屬州。曰五里，曰十里，曰安居，曰永通，曰曹井橋，以上屬衛。湖一，曰馬場，一名任湖，在五里營東，周迴四十里，上受蜀山湖之水，北岸爲五里營等減水閘，三水漲則泄入運河，堤長一千六百餘丈。橋五：曰南門，一名飛虹，在州城南畔。曰西草。俱跨漕河。曰小南門，跨中新河。曰濟安，在城南，跨上新閘口。曰陂石，跨馬場湖口。

起魚臺，至濟寧九十里，有舊運道焉。大學士商輅記。漕渠，爲牛頭河，由濟寧西二十里，首受永通閘泄水，注耐牢坡，至魚臺塌場口，開廣運閘而出，入於舊渠，蓋黄河故道也〔一二〕。國初用兵梁、晉，開通此渠，以資運道，故建永通閘於此。正統以後，防塌場口之潰，故建廣運閘於南，今廢。閘四：曰廣運上，地名吉家淺，屬魚臺，距廣運八里，弘治四年建。原設閘官一員，吏一名，夫十二名。弘治二年，巡撫錢鉞奏言濟寧天井迤南河道，地形高峻，水勢湍急，自天井至塌場口不滿百里，建閘一十，永通地形低下，水勢平夷，每年六七月，汶水盛發，南由廣運，北由永通，不過二日，可越一帶閘座之險，合於廣運閘上十里增建一閘，凍開即可行船。郎中曹元奏新河窄狹，每遇夏秋水漲，暫通舟楫，其餘月日，水自枯涸，不宜更改。事下所司，議兩河各有其便。定例水大開永通行，水小由濟寧行，仍增建廣運上閘。曰廣運，地名鈎鈎嘴，東距南陽閘一里，屬濟寧州，閘夫十二名。曰永通下，一名明鏡，北距永通三里，成化十一年建。曰永通，即耐牢坡，距州西二十里[一三]，洪武四年建。濟寧府同知劉大昕記。成化間，改今名。閘官一員，夫二十名。以上俱廢。河道都御史翁大立開廢渠，泄積水，疏淺二十：曰廣運，曰馬家，曰梅家，曰吉家，曰張家，以上屬魚臺；曰夾灣，曰大流，曰張家，曰夾河，曰永通，曰禮義，曰大河，曰談家，曰王貴，曰王家，曰馮翟，曰邢家下，曰邢家上，曰牛頭河，曰河場口。橋一，曰河場口，在州西南二十八里。

由濟寧而北，其左爲鉅野境。漕渠爲汶。成化間，築石堤十二里。爲閘一，曰通濟，北距寺前三十五里，萬曆十六年建，月河長七十二丈。壩一，蓬子山，一名彭祖土壩，去濟寧州西四十里，在漕河之西。成化四年，僉事陳善因南旺湖水漲入大薛泊，漫流晉陽，水退，漕涸，故築此壩。守壩夫十五名，今廢。淺五：曰火頭灣，曰梁家口，曰白嘴兒，曰小長溝，曰黄沙。

由鉅野而北，其左嘉祥境。漕渠爲汶，石堤十里。減水閘六：曰小河口，嘉靖二十九年建。主事聶槃記。原閘二，涸，今爲滾水壩。曰寺前，在河西岸，萬曆間建。曰孫村，正德四年建，夏月蓄湖水，俟冬春淺竭，於此啓板放水，接濟天井。原額老人一名，夫十名。曰金綫。曰十字河。以上三閘，俱在河東岸，今並廢。曰忙生，在縣西北二十里，泄西湖水，入牛頭河。　壩一，曰馮家滚水壩，在大長溝，萬曆十七年建，長十餘丈，泄蜀山湖入馬場。石壩之上，另有土壩一道，二十四年，主事陸化淳撤出。　淺四：曰大長溝，上有坊曰獲麟古渡。曰十字河。曰寺前。曰孫村。

由嘉祥而北，爲汶上境。　其漕渠則汶水所爲分也。　爲閘五：曰寺前，舊名棠林，西距南旺上閘十五里，正德元年建。曰南旺上，在分水口南，距下閘九里。曰南旺下，在分水口北〔一四〕，距開河十五里。俱成化六年郎中楊恭建。主事王寵論。主事笪東光創建上源閘壩以省大挑議。曰開河，北距袁家口十二里，元至正間建；洪武間，修月河長一百二十六丈。曰袁家口，北距靳家口十八里，正德元年建；月河長九十九丈。　月河閘二，在南旺上下，成化間建。　有湖口二閘。　積水閘二〔一五〕，北曰界首，南曰石口。　萬曆四年，開挑月河，長二十里，各建大閘一座。　遇大挑之日，汶河及上下二閘各築土壩，由此通舟。主事余毅中補建月河南閘議。　減水閘九：曰焦欒，曰盛進，曰張全，曰劉元，曰孫强，曰彭室，曰常名〔一六〕，曰關家大，曰兼濟，俱在漕河西岸。　壩一，曰五里鋪滚水石壩，在河西岸，萬曆十七年建。　水大，泄水西湖。　淺十四：曰南界首，曰石口，曰柳堤，曰南旺，曰鵝河口，曰田家口，曰闞城，曰開河，曰劉家口，曰袁家口，曰闞家口，曰張八老口，曰步家口，曰北界首。　湖一，曰南旺湖，在漕河兩涯，周圍百八十里，中爲二長堤，漕渠貫其中。嘉靖二十三年，重修。祭酒王道記。尚書樊繼祖南旺湖圖説。其後廷臣請將南旺一帶水櫃餘田給人佃種，河道都御史王廷奏止之，略曰：宋禮、陳瑄經營漕河，既成已績，乃建議請設水櫃，以濟漕渠，在汶上曰南旺，在東平曰安山，在濟寧曰馬場，在沛縣曰昭陽，名爲四水櫃，即湖也，漕河水漲，則減水入湖，水涸則放水入河〔一七〕，各建閘壩，以時啓閉，凡故決盜決者有禁，云云。南旺湖跨漕東西，其東湖跨汶南北，南曰蜀山，北曰馬踏，縈迴百五十里。原係水櫃，嘉靖二十年，定立界石，除豁税糧，以杜侵占，周圍種柳，以防盜種。東自大晏橋起，由小河口至秦家舊閘，計長三十里；南自秦家舊閘出自家營，至孤柳樹西界，計長四十六里；西自孤柳樹起，由弘仁橋至北界，計長三十四里；北自弘仁橋起，跨里馬溝，由苑村至大晏橋東界石止，計長四十里。萬曆十七年，工科都給事中常居敬奏請南旺等湖，各查頃畝於高下相承之地，築一東湖小堤，堤以内永爲水櫃，堤以外作爲湖田，内外有辨〔一八〕，小民難於侵占，官司易於稽查。詔從之。中畫爲三，在漕渠之西者，曰西湖，縈迴九十三里，在汶河南堤上爲斗門，以便蓄泄。成化四年，僉事陳善始砌石堤。湖多菱芡魚鼈、茭荻蔬蒲，居人食其利。嘉靖二十二年，主事李夢祥重修；三十八年，主事陳南金復築。缺口設立鋪舍十，鋪撥淺夫二名，南旺十二名，長溝二名防守。四十一年，主事張橋復增築，添設巡堤老人三名。萬曆十七年，加築舊堤一萬二千餘丈，添築東面子堤一千二百餘丈。其東曰蜀山，即南旺東湖，周迴六十五里。嘉靖二十年，主事李夢祥創築東堤，蓄水濟運，水大出長溝減水二閘入馬場湖。有山一區，在湖中央。爾雅曰：蜀者，獨也。以其旁無岡阜，一支獨峙，故名。曰馬踏，在汶河堤北，周迴三十四里。其上爲釣臺泊，夏秋水漲，匯入北湖，出開河閘迤北弘仁橋入運。萬曆十七年，創築土堤三千二百餘丈。橋，曰弘仁，跨馬踏湖口。曰蘇魯，跨蜀山湖口。

由汶上而北，入東平境。其漕渠則汶水北流會漳者也。爲閘一，曰靳家口，北距安山三十里，正德十二年建，月河長一百八十四丈。

東泉志曰：山東凡發地皆泉，其爲漕河之利者，不過三府、十八州縣，二百四十四泉也。大派有五。三汶爭趨，勢如飛瀉，出新泰、萊蕪、泰安、肥城、東平、平陰、汶上、蒙陰之西，寧陽之北，經南旺以南北其流者，曰分水派，故首志之。泗、沂西下夾魯而南，出泗水、曲阜、寧陽、滋陽，會汶與洸，以入元人所謂會源閘者，曰天井派，故次之。鄒縣、濟寧、魚臺、嶧縣之西，曲阜之北，諸泉通乎堪里、黄良而下，各入漕渠，其濟魯橋一也，則曰魯橋派，故又次之。鄒縣、滕、嶧之流及昭陽湖，分於沙河八泉，入上沽頭，統與沙河相近者也，則曰沙河派，故又在其次。沂水、蒙陰及嶧縣許池泉，會沂、汶二河而下，逕入古邳與黄河入淮，曰邳州派，故以是終焉。關係雖有輕重，其實皆能利澤萬世者也，故各疏其所出，及其派所由來，以備參考云。若夫因時之變遷，酌勢之緩急，而施疏浚之功，則在司泉務者加之意焉。

水衡吏曰：自分水而入者，皆汶也，當爲汶河派。自會源而入者，泗、沂交流合爲濟，會於洸，當爲濟河派。自魯橋而入者，泗故道也，而濟、魚之泉注之，當爲泗河派。滕、魚嶧之泉入於留城者，今爲新河，當爲新河派〔一九〕。其流於下邳者，自沂而入，當爲沂河派。故更定於左。

兗州志論曰：泰山之陽，其脈疏爲三支〔二〇〕。爲龜、蒙二山相連，百有餘里，古齊、魯之疆也。自龜、蒙而南負琅邪諸山，至於馬陵，沂水經之，會沏水、祊水、武水，流入於淮。馬陵之下，是爲羽淵，帝鯀之所化也。沭水出其東，流入於海，是爲東紀。其郡邑，爲沂，爲費，爲郯城，爲嶧。其中一支，由徂徠、梁父而南，折而東行爲陪尾山，泗水出焉。陪尾之西，爲尼丘，尼丘之麓，是出西沂之水。其右則闕里也，泗水經其北，沂水經其南，會洙水、蓼水、雩水，流入於漕。又南爲鄒嶧山，秦帝之所立石也。嶧山之西南爲鳧山，太皞之祠在焉。鳧山之南，漷水、梁水流入於漕，是爲中紀。其郡邑，爲曲阜，爲滋陽，爲泗水，爲鄒、滕。其右一支，由金牛而西，是爲陶山，又西至於大檻。大檻之西，爲天柱，其南爲無鹽危山，又西至於梁山，汶水經之。汶水者，泰山下泉也，南至於岡城，離而爲洸，西至於坎河，泄而爲大清。大清，濟之故瀆也。汶、洸入於漕，大清入於海，是爲西紀。其郡邑，爲寧陽，爲平陰，爲東平，爲東阿。黄河自西南入境，東流入於徐，堤長數百里，其郡邑爲曹，爲城武，爲單。自城武以北有故道焉，河瀆已枯，瀦水其中，以爲民病，瀰漫數百里，東流入於漕。其郡邑爲曹州，爲鄆城，爲金鄉，爲定陶。漕渠自東南入境，北入於衛，泗、汶之水會之。其旁爲南旺、山陽諸湖，古所謂鉅澤也，周迴數百里，以蓄泄水。其郡邑爲魚臺，爲濟寧，爲鉅野，爲嘉祥，爲汶上，爲壽張，爲陽穀。河、漕之所經，皆澤國也，有山而不名，自岱宗之支視之，直若丘垤矣。

北史：隋薛胄爲兗州刺史。先是，兗州城東沂泗二水合而南流，泛濫大澤中。胄遂積石堰之，決令西注，陂澤盡爲良田。又通轉運，利盡淮海，百姓賴之，號爲薛公之豐兗渠〔二二〕。

【校勘記】

〔一〕戍邊之衆 「衆」，底本作「泉」，據川本、滬本及紀要卷三〇改。

〔二〕復自安山西開河 「自」，底本作「至」，川本同，據滬本及紀要卷三〇改。

〔三〕臨清 「臨」，底本作「寧」，川本同，據滬本及齊乘卷二、紀要卷三〇改。

〔四〕舍舟從陸曰逾 「舟」，底本作「州」，川本、滬本同，滬本眉批：「州，當作舟。」據改。

〔五〕過汶全流 「汶全」，底本作「温泉」，川本同，據滬本及紀要卷三三改。

〔六〕瓦礫之工則用兜杓 川本同，滬本「工」下「則」上有「則用鍬钁溜沙之工」八字。

〔七〕亦巨匯也 「匯」，底本作「淮」，據川本、滬本及圖書集成職方典卷二二八改。

〔八〕孟陽泊 「泊」，底本作「閘」，據川本、滬本及行水金鑑卷一〇五改。

〔九〕淺二十一至曰界牌 川本、滬本同。所云「二十一」，其列名數實爲十七，當有脱誤。

〔一〇〕爲閘十四至原名上閘　「十四」，川本同，滬本作「十三」，所云「十四」，其列名數實爲十，當有脱誤。

〔一一〕曰師家莊上　川本同，滬本「上」下有「曰師家莊下」五字，同行水金鑑卷一〇五，此脱。

〔一二〕黄河故道　底本無「河」字，據川本、滬本及圖書集成職方典卷二二八補。

〔一三〕州西二十里　川本同，滬本「二十」作「一十」。

〔一四〕分水口　底本無「口」字，據川本、滬本及清統志卷一六六補。

〔一五〕積水閘二　底本「積水」二字錯簡於下文「南曰石口」下，「閘二」二字脱，川本、滬本同。圖書集成職方典卷二二八：「積水閘二，曰界首閘，曰白石閘。」據以改補。

〔一六〕常名　川本、滬本同，行水金鑑卷一〇五「名」作「家」。

〔一七〕水涸則放水入河　底本無「水涸」二字，據川本、滬本補。

〔一八〕堤以外作爲湖田内外有辨　川本同，滬本「田」下「内」上有「庶限界分明」五字。

〔一九〕新河派　底本脱「河」字，據川本、滬本及紀要卷一二九補。

〔二〇〕其脈疏爲三支　川本、滬本同，滬本眉批：「支下疑奪『其左一支』四字。」

〔二一〕北史隋薛冑爲兖州刺史至號爲薛公之豐兖渠　川本同，滬本無。

曹縣　曹南山。魯僖公十九年：宋、曹、邾三國盟于曹南。注：曹國都之南也。又曹風：南山朝隮。則曹有山而在其南，抑又明矣。叔鐸建國。漢地理志：濟陰定陶縣。鄭氏曰：陶丘之北。孔穎達曰：魯在其東南，衛在其西北。又曰：曹都雖在濟陰，其地則逾濟北。考其國都，實今曹州境内，與漢乘氏相距不遠，雖屢經河患，境變而山未泯。今俗名春岡者，在縣治西北十八里，北距州治九十里，阜巒起伏，高八九丈，横亘數里，雖不見石，而土皆岡沙，鍬斧不受。今夫掘井二丈，始見國初舊址，則河填可知，岡猶巍然若是，其爲大山奚疑，其爲曹之南山又奚疑？舊志未及細考，而以縣南有土山鎮，取名湯陵以當之，審若是，則宋地而非曹地，且失經傳旨矣。

青山，在縣東二十五里。經河填，其高尚三丈餘。　景山，在縣東四十里。故楚丘北云云〔一〕。

左山。水經云左岡，在縣西北六十里，與州接境，相傳爲春秋時太史左丘明父墓，而左氏族衆所居也。山南爲唐、宋時舊州治〔二〕，其下有隋興化禪院，其旁漢恭皇陵。

黄水，即黄河之支流也。水經注云：河水又東北，右會黄水支渠，渠上承黄溝〔三〕，東北合河而北注濟瀆〔四〕。即是水矣。　氾水，唐十道志謂曹南山有氾水，鄒志云在縣北四十里。氾音范。漢高祖即位於氾水之陽，即此。　賈魯河，繞縣西四十里許，自黄陵岡至楊青村，元賈魯所開。嘉靖前猶爲運道，自塞黄陵岡，而此河遂填〔五〕，今爲大河洪流矣。

莘仲城，在縣北十八里。本夏有莘國，伊尹耕此，與陳留莘城爲兄弟之國，今名莘塚集，以有莘仲國君墓也。乃湯受命，遂爲亳都畿内地。而郃陽名莘。按東昌莘縣起於隋，緣莘亭而言，實非古莘國也。舊志在城東南三十里，據左山城治言耳，今正之。其山形起伏，西自春岡迤邐而東，至鎮左大阜突出，爲郝真人升仙處，有商阿衡伊陟祠，今並祀尹矣。　亳城〔六〕，在湯陵東南三里。虞、夏時本爲商丘之地，自契至湯云云〔七〕。 南燕國，在城北四十里。古姞姓之國。縣東爲陽清湖陂，亦曰燕城湖。今有大阜如墳，前有廟類王者，土人爲燕城廟云〔八〕。南燕，姞姓，伯爵。黄帝子蒼林之後，其始封之祖曰伯修。春秋隱公五年：衛人以燕師伐鄭。十九年：與衛伐周，立王子頹〔九〕。皆南燕也。水經：濮渠又東北逕燕城内〔一〇〕，故南燕姞姓之國也。有北燕，故以南氏。縣東爲陽清湖陂，南北五里，東西三十里，亦曰燕城湖。而地理志以爲衛輝府共城縣爲南燕，誤矣〔一一〕，彼蓋以慕容氏之南燕蒙之也。據十六國春秋，慕容德自鄴南徙滑臺〔一二〕，而後稱制，遂爲南燕，非濮渠之所經也，事在下流矣。今縣北二十里燕城尚存，父老猶能言之。左傳莊公二十年〔一三〕：鄭伯和王室，不克，執燕仲父。即其國君，而他世次莫考矣。

己氏城，在縣東南境。春秋屬戎州，隱公七年〔一四〕：戎伐凡伯於楚丘以歸。是也。秦名安陽，漢置己氏縣〔一五〕。國初省入。 楚丘城，在縣東南四十里。本春秋時舊邑，與戎州己氏邑近，考春秋傳與竹書紀年甚明。後漢書謂在成武縣西南〔一六〕。得之于慎行。府志謂己氏即楚丘，似之而失詳矣。隋置楚丘縣於此，而漢屬梁國〔一七〕，唐、宋屬宋州，元改屬曹州，洪武二年省入。公穀及舊志謂衛邑，此蓋因戴公廬曹，而誤以文公所營之楚丘當之也。曹，詩作漕，衛下邑，與曹無涉，蓋彼爲衛邑，而此爲曹境，固邈絶矣。按春秋有兩楚丘：一爲齊桓公城衛處，即衛文公所營之邑，在河東，北楚丘也。一在本境，魯隱公七年：戎伐凡伯于楚丘以歸。又襄公十年春：公同晉侯會吳子于柤〔一八〕。夏五月，晉侯滅偪陽，予宋公。宋公享晉侯于楚丘，請以桑林〔一九〕。此南楚丘也。是爲縣境，歷三代爲名邑，至國朝始有歸於曹云。濟陰城，魏遷濟陰於左山之陽。爾雅云：水南曰陰。在濟水之南，故名，州志誤。漢景帝中元六年，置濟陰國，後置縣爲附郭。隋改遷不離其地。歷唐、五代、宋、金，濟陰郡、曹州之名，更易非一。金末，黄河衝決，改城於乘氏，實漢濟陽縣區之旁，在原濟陰縣北。禹貢蔡注云：濟陰南三里。指大定後之濟陰言也，名仍其前，實非濟陰地。金史康元弼傳：大定二十七年，河決曹、濮間，瀕水者多墊溺。朝廷遣元弼往視，相其地如盎，而城在盎中，水易爲害，請命於朝以徙之。卒改築於北原，曹人賴焉〔二〇〕。

蒙澤，宋萬弑閔公于蒙澤，即縣境内，是爲北亳。冬十月，宋五公子之族，以曹師伐之〔二一〕。殺南宫牛于師。至唐武德四年，置蒙澤縣，後廢。蒙城，在縣南境。曹州舊城，在左山南，濟陰廢縣旁〔二二〕，隋孟海公曾據此。北周置曹州。唐徙州於濟陰縣，亦在左山之南。至金大定中，與濟陰治始同徙於乘氏云。按縣境有曹州之治四，兩置左山之陽，一治安陵。洪武二年，又置於縣也。安陵城，在縣西北七十里。安陵集，在縣西北六十里。國初州治也，正統間遷今縣治，乃以其地置巡檢司。通志謂爲桂陵，誤。一統名勝志謂即魏冉墓，世謂之安平陵，今設有巡檢司。冉，秦宣太后弟也，爲秦相，封於穰，益封於陶，號曰穰侯，富於王室。范雎説昭王，因免相，就封出關，輜車千乘，卒於陶，而因葬焉，世謂之安平陵。按水經：濟水東過寃句縣〔二三〕，又東過定陶縣南，南濟也。濟水又東〔二四〕，菏水東出焉。濟水又東，逕秦相魏冉冢〔二五〕。寃句故址，在今曹州西北五里許，與漢乘氏相距不遠。定陶，在今左山東，故濟陽之左山之陽，故曰定陶，而南爲濟陽縣，其東南即城武，黄水所經，而定陶又東，始爲魏冉冢。今安陵城，在定陶正西，相距三四十里，不應反指相謂也。舊謂冉堌爲冉冢，疑近之，而安陵別自有説，不得輒取附矣。今冉堌集有墓，傳爲仲弓葬處，恐是魏冉冢。冉堌，在縣東北六十里。

盤石鎮，宋、元間爲濟陰、楚丘縣之界，置巡檢、税課等司，又爲驛路。洪武二年，遷州治於此。四年，改爲縣，即今縣治。其東南有兩閘，今尚存，故老云運道也。平利鄉。皇覽曰：伊尹墓在濟陰己氏縣平利鄉。商村，〔旁注〕西北三十五里。在青壇集北，元濟陰地。南盤石，在城東南三里，即今都社也。又云縣東七里；是爲南鎮，今縣治乃北鎮。濟堤，在縣北三十五里，即古濟水堤。王隱曰：河決爲滎，濟水受焉，故有濟堤。水經以爲南濟東北右合河水〔二六〕，水上承濟水於濟陽縣東，世謂之五丈溝，又東經陶丘北〔二七〕。地理志：陶丘在定陶西南，寰宇記以爲即左城也。然則濟堤固在縣北，今蒲連集北猶有其形，其餘踏平爲東西孔道矣。濟陽城。通考：在寃句西南。一統名勝志云：境内有濟陰、濟陽二城，濟陽即光武生處也。光武以建平元年生於濟陽縣，光炤一室，是歲堤内有嘉禾生一莖九穗，年大熟，因名秀。其邑在縣西南五十里，指宛句言也。昌邑王賀自定陶至濟陽，求長鳴雞、筇竹杖於此。秺城，在縣東北。今疑非縣境。

乘氏城，即金大定末遷爲曹州而仍置濟陰爲附郭者，詳見廢濟陰下。舊稱在縣境，爲洪武四年改縣後言也。乘丘，在乘氏境，即今曹州。葭密。離狐，即唐之南華縣也。在濮水上南華〔二八〕。雷澤，在乘氏東北。成陽，今在成武縣境。宛句。句陽，即句瀆之丘。後漢書桓帝紀：濟陰言黄龍見句陽。注：句陽，縣名，屬濟陰郡。垂亭，在句陽。即春秋隱公八年：遇于垂。是也。舊謂在縣境内，今考俱在州境，或濮上。蓋洪武、正統間改州爲縣，故皆曰縣境也。黄節，宜城，卬城，毌丘，皆北濟陰境，諸志謂在本境，誤。蓋濟過滎水分爲二派，其北派之南北，亦曰濟陰、濟陽也。按春秋傳魯哀公七年：曹伯陽悦公孫彊言政，乃背晉而奸宋。是年秋，宋人伐之，晉人不救，宋乃築五邑於其郊。明年正月，以曹伯陽歸，而曹滅其五邑，曰黍丘、揖丘、大城、鍾、邘〔二九〕。杜以爲梁國下邑西南有黍丘亭。按下邑，今商丘是也，其西南爲黍丘，自此而北列五城，以至其郊，如漢亭障然。林堯叟曰：宋取曹五邑，而城築之於其近郊是也。然則曹之爲都，孔穎達以爲魯在其東南，衛在其西北，其言爲近實矣。今之曹邑，據故迹及水經注，其爲南燕，固猶近於其爲曹也。但南燕國縣北，止有墳阜與祠廟存，其興廢之詳，不可得考。而蘇氏列國圖說一百二十四國中，僅列其名，經直書燕至於召公，乃書北燕以别之。蓋當時之爲國，亦與曹爲相埒矣。惟爲上古遠封，而曹亦周封，其境上有以囊括其外〔三〇〕，故曹之名著，而後世以爲切鄰者，曹、宋也，不聞其有燕也。

莘仲君冢〔三一〕，在城北莘冢集。古莘仲國君墓，湯妃母家也，或以伊尹耕莘，指爲伊尹之墓，誤。皇覽：湯冢，在濟陽薄縣北郭〔三二〕，冢四方八十步，高七尺，上平。湯王陵，在縣南二十里。舊志以爲即墨城，有祠廟祀。伊尹墓。後漢郡國志引皇覽曰：己氏縣有平利鄉，鄉有伊尹冢。即此。在楚丘，而距縣二十餘里，而望湯陵，前有祠，宣德間，知縣范希正徙置墓上。在商爲亳都。史記曰：帝沃丁葬伊尹於亳。是也。今歸德亦稱有伊尹墓，恐非。萊朱墓，在城南十里。俗名宋天墹。舊有萊朱廟，前志在城南七十里，據左山城治言也，今正之。安陵君墓，在安陵東南五里許，高數丈。漢恭陵，在縣西北五十里，左山之陽。恭王崩，子立爲哀帝，置陵廟陶丘，而城以爲陵邑。水經：濟水又東北逕定陶恭王陵南也。金以前，曹州治在其地。丁太后陵，在恭皇陵側。漢哀帝即位，尊爲帝太后。建平二年崩，起山陵於恭皇之園，送葬定陶。王莽秉政，貶號丁姬，掘平其冢〔三三〕，公卿遣子弟及諸生四夷十餘萬人，操持作具，助將作掘平。共王母傅太后及丁姬冢，二旬皆平。時有羣鷰數千，啣土投下於丁姬竁中。今其墳冢巍然，外郭數周，面開重門，夾道二碑，世謂之長隧陵。

沿革。　唐、虞、夏，皆屬豫州域，爲亳邑莘國地，定陶北即屬兖州域，以濟水分界。　商爲亳都，王畿之地，其北境爲南燕國。　周武王十三年，以陶丘地封叔振鐸爲曹國。　其地北跨濟水，南至閼伯之墟，此爲曹之南境，中括南燕，傳世十二。　春秋魯哀公八年：宋人滅之〔三四〕，地入宋。　戰國周赧王二十五年，齊、楚、魏滅宋，三分其地。　齊得宋之濟陰。　東南爲楚丘，戎州己氏邑。　戎一作宋，誤。　魯隱公六年，伐凡伯于楚丘以歸〔三五〕。　公、穀及注謂衛，誤。　襄公十年，宋公享晉侯於楚丘，即此，時楚丘已爲宋屬邑矣。　今縣有楚丘地，而又分濟陰定陶南境以附之，故以後並書。　秦西北爲定陶之南境，東南己氏仍舊，或作安陽，並屬碭郡。　漢西北爲定陶縣西南境，景帝中元六年，分定陶境置濟陰郡，又於定陶西北置濟陽縣，即光武生處也。　竹書紀年：　梁惠成王城濟陽。　在濟水之陽，實乘氏西北地，與漢名是而境非，故論者多誤〔三六〕。東南己氏縣，屬梁國。　杜預曰：陳留濟陽縣東南有戎城，即濟瀆所經也。　路史：戎州己氏邑，今宋之楚丘。　故于慎行府志謂乘氏即楚丘也。　東漢因西漢，魏因東漢。　晉己氏縣亦屬濟陽郡。　後魏以濟陰郡置，而兖州又置沛郡，己氏仍舊。　周改西兖州爲曹州〔三七〕，己氏仍舊。　後漢書桓帝紀：濟陰言有五色大鳥，見於己氏縣。　屬濟陰郡，今宋州。　隋改置濟陰縣於左山之陽，爲曹州濟陰郡之附郭；己氏縣改爲楚丘縣。　唐濟陰縣仍爲曹州附郭。　武德四年，分爲蒙澤縣，州郡亦數更名不恒。　酉陽雜俎載曹州南華縣端相寺，尉李蘊至寺巡檢云。　楚丘縣屬宋州。　顔魯公八關齊〔三八〕，宋州楚丘縣令田説、張希玉云。昭宗光化二年，楚丘屬輝州。輝州治先在碭，後移單父，是爲碭郡。後梁濟陰縣，仍爲曹州附郭，楚丘縣屬宣武軍。後唐濟陰縣仍爲曹州附郭，楚丘縣改屬歸德軍。後周濟陰縣仍爲曹州附郭，馬端臨謂升曹州爲威信軍。今以郡集考之，乃置軍於曹州，非改州爲之也。楚丘縣仍舊。宋濟陰縣仍爲曹州附郭，或升爲興仁府，亦稱輔州，而濟陰縣仍舊。楚丘縣改屬不一，而終屬應天。高宗建炎三年，皆没於金。金濟陰縣仍爲曹州附郭。世宗大定末，河衝決，徙城於北七十里乘氏地，仍置縣附郭，名仍濟陰，實周末濟陽縣區也，舊以爲漢濟陽，誤。楚丘縣屬歸德府。元自金州縣北徙〔三九〕，元因之。而盤石鎮北皆屬曹州濟陰縣境，其楚丘縣亦改屬曹州矣。漢以前，東南己氏縣，西北乘氏縣。唐以後，東南楚丘縣，西北濟陰縣。宋都汴，始建曹州，縣隸之。然楚丘終屬宋州，未合也。元都北平，始於兩縣間建盤石鎮，立關爲驛路。又黄河支流南經其地，因成運道，由淮而汴入衛，以達天津，此會通河未開之先，鎮所由肇也，一統志暨舊志所謂黄水分流出此者是也〔四〇〕，於是寖成一馬頭重鎮矣。逮國朝，既省二縣入曹州，洪武二年後，自安陵移州治於此〔四一〕。皇明洪武元年，省濟陰入曹州，以水患，移曹州治於安陵。二年，又以水患，移州治於盤石鎮，而以楚丘縣省入。蓋自春秋至我朝，而邑始合爲一矣〔四二〕。四年，改州爲曹縣，屬濟寧府。十八年，以濟寧府爲州，縣隨州屬兖州府。正統十一年，巡撫山東、大理少卿張驥奏河北之民差徭不便。時河行左山下。乃於古曹故城舊乘氏地，復置曹州，而以曹縣屬焉。

黃帝封建千有餘國，世迹莫考，唐、虞以降，詩、書爲有徵矣。當堯之時，舜納大麓，舉禹治水，分地爲九州。夫濟、河兖州，實牧野、朝歌而殷之墟，周武王所以封康叔也，地跨九河，南至於濟，故有雷夏之澤焉。至於徐州，言海、岱及淮，不言濟。説者謂岱之陽，濟東爲徐州；岱之陰，濟東爲青州，是以濟爲界，而明其北流也。濟自滎陽東下，經故陶丘，折而北，趨安民亭，東北流，其瀦而大者爲大野、菏澤、雷夏，皆與燕城之陽清湖相距不遠。又魯地諸泉東來會之，其水渟蓄澹涵，南北數百里，諸國夾水列封，差池如繡，故先王用以封疆界也。虞肇十二州，惟改冀、幽，其南如故。周至再列九州，始以唐、虞之兖州分屬冀、幽，而徐州截彭城南爲揚州，北爲兖州，於是古之州城，不可復考，而分封改建，錯出疊見，如弈棋矣。曹之始封，跨濟南北，其建都，則通濟而枕其陰。今之爲曹，合州縣而言，北接唐、虞之兖州，而東又鄰姬氏之兖州也。離州而轉言縣，抑豫州之北境，所謂曹南也，故自商亳以來，詳其事如前。

經昭公二十年：夏，公孫會自鄸出奔宋。注曰：鄸，曹邑。孔穎達曰：鄸是大都，得以名通。范寧曰：鄸音蒙。詳繹經文，必在曹之南，與宋鄰，故會因而逾境耳。至於今曹之舊路〔四三〕，唯南山尚有其形，其他都邑莫能盡考，其相沿甚久，如左城、安陵，然亦不知始自何代〔四四〕，後世因建城郭，遂以城郭爲其肇始，非也，有以爲因之者也。吁！其湮没可勝道哉。又襄二十五年，諸侯同盟于重丘。重丘，曹地，今似屬州境，然亦不可復考。柳河集，在縣東南二十五里。爲徐、沛孔道，南枕太行堤。崇禎四年，河決荆陸口堤南，水深二丈，凡八月。次年更甚，堤潰，而集成巨潭矣。今移北五里許。正統十年，十二月丁未，設山東兖州府曹州。先是巡撫、大理寺寺丞張驥言，曹縣地廣民稠，難於撫治，請割本縣黄河北岸土民十七里、附籍逃民二十三里爲曹州，置於黄河北舊土城内；其餘土著及附籍三十八里，仍屬曹縣，與附近定陶縣俱改隸曹州。從之。古黄河，由曹州雙河一曰灘河。東流，經嘉、鉅、魚臺至塌場口入漕。塌場口者，南陽下流也，在穀亭店北十里〔四五〕。其旁曰釣魚磯，謂之小塌場口。嘉祥亦有搭章口〔四六〕。塌章與塌場聲相近，恐即一也。

【校勘記】

〔一〕故楚丘北云云　「丘」，底本作「江」，據川本、滬本改。又，滬本作「故楚丘北三十八里」。

〔二〕舊州治　「治」，底本作「志」，川本同，據滬本及清統志卷一八一改。

〔三〕渠上承黄溝　「渠」，底本作「之」，川本同，據滬本及水經濟水注改。

〔四〕東北合河而北注濟瀆　「而」，底本作「西」，川本、滬本同，據水經濟水注改。

〔五〕而此河遂填　「此」，底本作「北」，川本、滬本同，據紀要卷三三改。

〔六〕亳城　「亳」，底本作「毫」，川本同，據滬本及紀要卷三三改。

〔七〕自契至湯云云　「湯」，底本作「陽」，川本同，據滬本及史記殷本紀改。又，滬本作「自契至湯八遷而居於此」。

〔八〕土人爲燕城廟云　川本、滬本同，滬本眉批：「人下疑奪謂字。」

〔九〕春秋隱公五年衛人以燕師伐鄭十九年與衛伐周立王子頽　「春秋」，川本、滬本同，按當爲「左傳」。又「伐」，底本作「代」，川本同，據滬本及左傳隱公五年改。又，左傳莊公十九年：「蘇子奉子頽以奔衛。衛師、燕師伐周。冬，立子頽。」則底本、川本、滬本「十九年」上皆脱「莊公」二字。

〔一〇〕濮渠又東北逕燕城内　底本「渠」作「梁」、「又」作「大」、「北」作「以」，川本同，據滬本及水經濟水注改。

〔一一〕共城縣　「共」，底本作「非」，川本、滬本同，滬本眉批：「非，疑共字之訛。」據改。

〔一二〕自鄴南徙滑臺　「鄴」、「滑」，底本作「鄭」、「沿」，川本、滬本同，據十六國春秋南燕慕容德、晉書慕容德載記、通鑑卷一一〇改。

〔一三〕左傳莊公二十年　底本作「春秋桓公二十年」，川本、滬本同，據左傳莊公二十年改。

〔一四〕隱公七年　「七」，底本作「六」，川本同，據滬本及春秋隱公七年改。

〔一五〕漢置己氏縣　川本同，滬本「縣」下有「隋置楚丘縣」五字。

〔一六〕成武縣　「成」，底本作「城」，川本同，據滬本及續漢書郡國志劉昭注改。

〔一七〕漢屬梁國　底本「屬」下「梁」上衍「陳留」二字，川本同，據滬本及漢書地理志删。

〔一八〕會吳子于柤　「柤」，底本作「祖」，川本同，據滬本及春秋襄公十年改。

〔一九〕請以桑林　「請」，底本作「觀」，川本、滬本同，據左傳襄公十年改。

〔二〇〕曹人賴焉　「人」，底本作「久」，據川本、滬本及金史康元弼傳改。

〔二一〕以曹師伐之　「伐」，底本作「代」，川本同，據滬本及左傳莊公十二年改。

〔二二〕在左山南濟陰廢縣旁　川本同，滬本無「左山南」三字。

〔二三〕東過寃句縣　川本同，滬本「縣」下有「南」字，同水經濟水注。

〔二四〕濟水又東　川本同，滬本「東」下有「北」字，同水經濟水注。

〔二五〕逕秦相魏冉冢　川本同，滬本「冢」下有「南」字，同水經濟水注。

〔二六〕南濟東北右合河水　底本「南」作「濟」、「合」作「今」，川本同，據滬本及水經濟水注改。

〔二七〕又東經陶丘北　底本無「北」字，川本同，據滬本及水經濟水注補。

〔二八〕在濮水上南華　「南華」，川本同，滬本無，蓋衍。

〔二九〕邗　底本作「邘」，川本、滬本同，據左傳哀公七年改。

〔三〇〕其境上有以囊括其外　川本、滬本同，滬本眉批：「以，疑似字之訛。」

〔三一〕莘仲君　「仲」，底本作「伸」，據川本、滬本及清統志卷一八一改。

〔三二〕在濟陽薄縣北郭　「薄」，底本作「簿」，據川本、滬本改。又，滬本無「北郭」二字，史記殷本紀引皇覽作「在濟陰亳縣北東郭」。

〔三三〕掘平其冢　川本同，滬本作「掘開其槨」。

〔三四〕宋人滅之　「滅」，底本作「臧」，川本同，據滬本及春秋哀公八年改。

〔三五〕伐凡伯　「伐」，底本作「凡」，川本同，據滬本及春秋隱公七年改。

〔三六〕故論者多誤　底本無「者」字，據川本、滬本補。

〔三七〕周改西兖州爲曹州　底本「改」下「西」上衍「爲」字，據川本、滬本及紀要卷三三删。

〔三八〕顔魯公八關齊　滬本無「顔」字，川本、滬本「關」作「闗」，滬本「齊」作「齋」。按此文當有誤。

〔三九〕元自金州縣北徙　川本同，滬本無「元」字，當是。

〔四〇〕一統志　「統」，底本作「通」，川本同，據滬本改。

〔四一〕安陵　「陵」，底本作「陽」，據川本、滬本及清統志卷一八一改。

〔四二〕而邑始合爲一矣　川本、滬本同，滬本眉批：「而邑，疑當作兩邑。」

〔四三〕今曹之舊路　「曹」，底本作「之」，據川本、滬本改。

〔四四〕然亦不知始自何代　「代」，底本作「伐」，據川本、滬本改。

〔四五〕穀亭店北十里　川本同，滬本「里」下有「許」字。

〔四六〕搭章口　「搭」，川本同，滬本作「塔」。下文「塌章」，川本同，滬本作「塔章」。

鉅野　金山，在縣南五十里。望之鬱然深秀，自東南入行半里許爲神農祠，祠之東有洞，曰秦王避暑宫。峭壁巉巖如削，其道如底，行四十餘步爲洞門，若堂宇。始入，攝衣捫石，少頃開朗，跫然之聲作金石響。中有古石佛像，最工。其上聚潤若鍾乳，時時沾衣，夏欲裝綿，冬如夾纊，出洞數武而寒暑異候矣。由洞之東而西北上又里許，有山最高，視洞腹背者若在宇下〔一〕，而其巔最平，疑所謂高平者即此也。東不數百武，有泉曰聖水池，四時不涸。

大野澤，在城正北五里，濟水故瀆所入也，亦曰巨澤。南北三百里，東西一百餘里。禹貢大野既豬，周禮藪曰大野。皆此。縣故城正在澤中，則古縣城矣。五代以後，河水南徙，匯於鉅澤，連南旺、蜀山諸湖，方數百里。齊乘曰：巨野，今梁山泊也，北出爲清河。至元末，爲黄河所決，遂涸。濟水。水經注：濟水東至乘氏縣西分爲二，此南濟也。其一水南流，是爲菏水；其一東北流入巨野澤，是爲濟瀆。菏水，菏水又東與巨野、黄水合，即濟水别名也。書云：導菏澤，被孟諸。菏亦作荷。春秋作柯澤。今山東巨野縣有大澤。水經注：菏水又東逕故邑城北。瓠子河，漢孝武元光三年春，河決瓠子，東南注鉅野，通於淮、泗。其後二十餘年，上使汲仁、郭昌發卒塞瓠子。天子自臨決河，湛白馬玉璧，令羣臣自將軍以下，皆負薪填決。是時東郡燒草，以故薪少，而下淇園之竹以爲揵。上既臨決河，悼功之不成，乃作瓠子之歌。桓温河，晉帝奕太和三年夏四月，大司馬温帥師伐燕，秦人救之。六月，温至金鄉，大旱，水絶，使將軍毛虎生鑿巨野，引汝會於濟，引舟自濟入運，舳艫四百里。今堙塞。曾孝廣河，宋元祐中，河決内黄，詔水部員外郎曾孝廣行視。遂疏蘇村，鑿巨野，導河北流，舒澶、滑、深、瀛之害。遷都使者。古黄河北道，即安興墓河。西南通水，東北接張秋，入運。今塞。古黄河南道，即城東八里河。由定陶入西南境，匯天鵝、禾稻、田家橋、雙碑泊，曲由縣北門外蘇草石碑流爲蓮花池，又折而東，至城東八里入於新河，由嘉祥入運。

【校勘記】

〔一〕若在宇下　底本無「在」字，據川本、滬本補。

鄆城　濟河，爲宋、金運道。自曹州安興墓入縣境，至縣西南二十里，原流築壩，斷絶下流，仍經縣南八里河，環城東北，至安民山入運河，東注於海。其一派新開者〔一〕，經縣之東南，入嘉祥之新挑河，以達於運河。考之禹貢，濟河在兖州，東出於陶丘北，又東北會於汶。水經注及山海經云：濟水東北入鉅野澤，過壽張，西與汶水合，北經齊郡而入於海。唐李賢又謂濟自鄭以東，貫曹、鄆，以入於海。禹貢注又云：兖州當河下流之衝，水激而湍阻，地平而土疎，則挽流而南，固以避其害也。灉河，亦黄河支派。爲西裏河，以濟河爲外故也。由曹州之夾河灉入縣境，歷縣西北，抵荊門驛口〔二〕，入運河。禹貢云：灉、沮會同。注云：自河出爲灉，濟出爲沮。冷莊河，在縣西南三十里。上流自白家河東北入縣境，行十餘里，至今龍王廟後〔三〕，北抵縣西北，轉而東北，入於兩河之滸。五坌口，去縣西北四十里，即裏河東岸衝口。蓋曹州雷澤之水，經城南火頭窪，入冷莊河，下注廩丘，由此口以達於裏河云。廩丘，在縣西南。漢以來廩丘治也。家語：孔子在齊，景公欲以廩丘之邑爲孔子養。即此。高魚城，在廩丘東北。左傳：襲我高魚。是也。羊角城。春秋傳曰：取晉羊角。水經注：東郡廩丘縣東南有羊角城。疑即舊縣城。陽晉城。史記：蘇秦説齊，過衛陽晉之道，經於亢父之險者也〔四〕。水經注曰：在廩丘城南十餘里。單父城，在鄆。今城南有單父寺，疑即此。舊縣城，在縣東十六里。隋置縣，屬東平。金以黄水徙置盤溝。今舊縣寺南半里許，尚有遺址。

【校勘記】

〔一〕其一派新開者　「開」，底本作「間」，據川本、滬本及圖書集成職方典卷二二二改。

〔二〕荆門驛　底本脱「荆」字，據川本、滬本及圖書集成職方典卷二二二補。

〔三〕至今龍王廟後　川本、滬本「今」字作「金」。

〔四〕經於亢父之險者也　「亢」，底本作「元」，據川本、滬本及史記蘇秦列傳改。

嶧　古承縣城，嶧州城西北小城〔一〕。寰宇記曰：前承縣，理今縣西一里，漢承縣古城也。晉以後蘭陵郡或理今州城，或理鄫。此城自爲承縣，宋始移焉。古鄫城，在州東八十里。漢、晉並爲繒縣〔二〕，其後省入蘭陵。隋初，鄫州理承縣城；大業二年，始移蘭陵郡理此。後爲山賊左君衡所據。唐武德初，平賊，復置鄫州，理此城。郳城，在鄫城南。邾夷父顔有功於周，次子友别封小邾〔三〕，爲魯附庸，居於郳。樂史云：郳城，在承縣。土人曰小灰城，小邾之訛也。

【校勘記】

〔一〕嶧州城　川本同，滬本「州」作「縣」。

〔二〕漢晉並爲繒縣　底本無「並」字，據川本、滬本及齊乘卷四補。

〔三〕次子友別封小邾　底本「友」下衍「父」字，川本同，據滬本及左傳莊公五年孔穎達疏删。

泗水　志曰：說者皆謂歷山在濮州，今縣東南七十里亦有歷山，有舜廟、舜井、娥皇女英臺，宋、金、元俱有遺碑，稱曰帝里。費縣有諸馮村，離泗十里〔一〕。水經負夏即瑕丘，今兖州府城，則負夏固濮、泗共之矣。泗河之濱，有上澗柘溝，稱爲名陶。歷山東北十五里，霜降水涸，聲震若雷，名曰雷澤。水經注：魯國卞縣東南桃墟〔二〕，有澤方十五里，即雷澤也。援神契：舜生姚墟〔三〕。應劭曰：姚墟與雷澤相近。以此推之，濮州姚城，可爲姚墟，則卞縣桃墟，亦可爲姚墟矣。聞之故老，此廟十里之内，蝗蝻不入，冰雹不災，儻所謂聖迹，非耶。泗水，源泗水縣陪尾山，四泉並發〔四〕，故名。西過卞城，始合爲一，又西流挾洙水，經曲阜，至兖州，南經横河，與沂水合〔五〕。元人於府東門外，作壩建閘，遏其南趨〔六〕，以入會源。國朝因之，每夏秋水長，則啓閘，放使南流會沂水，由堌里出師家莊閘〔七〕。冬春水微，則閉閘，令由黑風口東經府城入濟，又南流會洸，以入於漕。沂水，其源有二，一出曲阜尼山之麓，在縣東南六十里，西流至兖城，東與泗合，注濟寧，即酈道元所謂水出尼丘山西北〔八〕，經魯雩門者是也。一出沂水艾山，

〔旁注〕艾山，一名臨樂，在新泰縣東北〔九〕。會沂、蒙諸泉，與沂州之汶合流至邳州〔一〇〕，入淮。水經注：沂水至下邳分爲二水，一於城北西南入泗，一逕城東南注，謂之小沂水。見滕。即地志所謂水出泰山郡蓋縣艾山者是也。泉河志曰：按職方氏青州，其浸沂、沭〔一一〕。禹貢徐州亦曰淮、沂其乂〔一二〕。蓋青州之沂，乃其源，而徐州之沂，則其流云。

瓠子河，在濮州東南七十里。按水經：瓠子河出東郡濮陽縣北河，又北過東郡范縣東北爲濟渠〔一三〕，與將渠合〔一四〕，又東北過茌平縣東爲鄧里渠。漢元光中，河決瓠子，上自臨決河，沉白馬玉璧，羣臣從官自將軍以下皆負薪填決河。卒塞瓠子，築宫其上〔一五〕，名曰宣房。屯氏河。按水經：大河故瀆北出爲屯氏河，逕館陶縣東，別河又東北逕東武城縣故城南〔一六〕，別河又東北逕清河故城西〔一七〕，東逕靈縣北〔一八〕，又東北逕鄃縣〔一九〕，與鳴犢河合。漢永光五年，河決清河靈鳴犢口，而屯氏河絶。成帝初，清河都尉馮逡奏請復浚屯氏，以助大河泄暴水。博士許商行視，以爲屯氏河盈溢所爲，方用度不足，可且勿浚。後三歲，河果決於館陶及東郡金堤。今冠縣、館陶、丘縣、茌平、高唐，俱有屯氏河故道。通志云：高唐州熙河，即屯氏河〔二〇〕。鳴犢河，在高唐州南二十里。按水經注：大河故瀆別出爲鳴犢河，東北逕舊靈縣東北入鄃縣〔二一〕，與屯氏河合流入海。史記：孔子將西見趙簡子，聞竇鳴犢之死，臨河而嘆曰：「美哉水，洋洋乎！丘之不濟此，命也夫！」乃還。索隱曰：鳴犢，犨字也。今按高唐與趙接境，河名本此。水保河，在濮、范境。即黄河支流，由張秋鹽河入海。正統十三年，河決滎澤東黑陽山，由蒲經澶四十餘里，合古黄河故道〔二二〕，北入會通河，決沙灣，奪運道。詔發東昌、兗州夫築堤障之。自堰黄陵岡，河絶，積水可通舟〔二三〕，名清河，又名紅船口河〔二四〕。又東南二十里自開州來爲魏河〔二五〕，又南至董家口〔二六〕，爲洪河，又自曹州來爲小流河，俱逕濮舊城，出楊兒莊入范縣竹口〔二七〕。今廢湮塞。筆麈：至正六年，盗扼李開務閘河，劫掠商船。即今東昌南李開務也。

【校勘記】

〔一〕十里　「里」，底本作「五」，據川本、滬本改。

〔二〕桃墟　「桃」，底本作「姚」，滬本同，川本作「桃」，滬本眉批：「據水經注，姚，當作桃。」水經泗水注作「桃」，據改。

〔三〕舜生姚墟　「生」，底本作「主」，據川本、滬本及史記五帝本紀正義引括地志改。

〔四〕四泉並發　「發」，底本作「廢」，川本同，據滬本及紀要卷三三改。

〔五〕與沂水合　底本脱「沂」字，據川本、滬本及紀要卷三三補。

〔六〕過其南趨　「過其」，底本作「其過」，據川本、滬本改。

〔七〕⿰土巷里　「⿰土巷」，底本作「埢」，川本同，據滬本及紀要卷三三改。

〔八〕出尼丘山西北　底本無「丘」字，「山」下「西」上有「尼山」二字，川本同，據滬本及水經泗水注補删。

〔九〕新泰縣東北　底本「泰」作「春」，「東北」作「北」，川本同，據滬本及寰宇記卷二三改。

〔一〇〕沂州　「州」,底本作「山」,川本同,據滬本及紀要卷三五改。

〔一一〕其浸沂沭　「沭」,底本作「沐」,川本同,據滬本及周禮夏官職方氏改。

〔一二〕淮沂其乂　「乂」,底本作「义」,川本同,據滬本及尚書禹貢改。

〔一三〕北過東郡　「過」,底本作「河」,據川本、滬本及水經瓠子河注改。

〔一四〕將渠　「將」,底本作「蔣」,川本、滬本及水經瓠子河注並作「將」,據改。

〔一五〕卒塞瓠子築宫其上　底本「塞」作「墓」,「宫」作「官」,川本同,據滬本及漢書溝洫志改。

〔一六〕别河又東北逕東武城縣故城南　底本「别」作「列」,「武」上脱「東」字,川本同,據滬本及水經河水注改補。

〔一七〕别河　川本同,滬本「河」作「瀆」。

〔一八〕東逕靈縣北　「東」,底本作「北」,川本同,據滬本及水經河水注改。

〔一九〕鄃縣　「鄃」,底本作「鄃」,川本同,據滬本及水經河水注改。

〔二〇〕即屯氏河　「即」,底本作「及」,川本同,據滬本及紀要卷三四、圖書集成職方典卷二四九改。

〔二一〕東北逕舊靈縣東北入鄃縣　底本無「東北逕」三字,又「靈縣」作「靈城縣」,「鄃」作「蓨」,川本同,據滬本及水經河水注補改。

〔二二〕古黄河故道　「古」,底本作「左」,川本同,據滬本及紀要卷三四、圖書集成職方典卷二四九改。

〔二三〕積水可通舟　「水」,底本作「河」,據川本、滬本及圖書集成職方典卷二四九改。

〔二四〕紅船口河　底本作「紅船河口」,川本同,據滬本及紀要卷三四、圖書集成職方典卷二四九乙正。

〔二五〕自開州來爲魏河　底本脱「爲魏」二字,據川本、滬本及圖書集成職方典卷二四九補。

〔二六〕董家口　底本「董家口」下衍「口」字，據川本、滬本及圖書集成職方典卷二四九删。

〔二七〕范縣　底本「范」作「縣」，據川本、滬本及圖書集成職方典卷二四九改。

恩　津期河，在縣南二十里。舊志云：因地名曰津期，涸溢無常，不通舟楫，或曰即隋鑿永濟渠。今按禹貢九河之一，有曰馬頰。通志云：馬頰河在高唐州西二十里。自大名府頓丘北過朝城，又北經莘縣、堂邑、觀城、清平諸縣界，入州境。又東北過津期，東達於樂陵入海。按元和志，在德州安德、平原之境，則津期爲馬頰所過，而與平原接境者也。又通志衛河注云：在德州城，而漢名屯氏河，隋疏爲永濟渠，又名御河。清河志有永濟渠，注云：舊名孤女渠，引清漳水入界。隋煬帝征遼時，改名永濟，即御河也。則津期爲馬頰無疑，或謂永濟渠者，誤矣。

漳南鎮，在縣西北七十里。舊志云：四望坦平，中心高阜，有環水相傳爲唐劉黑闥起兵之地。按文獻通考云：漳南，漢東陽縣。隋改在漳水之南。至和元年，廢入歷亭。則鎮與阜，或古縣治遺址，俗謂劉黑闥起兵地臺者，疑因綱目起兵漳南之文附會之耳。減水閘，在四女樹衛河岸，嘉靖十五年置，遇河漲以便泄水。被沙淤塞，例與景州吳橋故城協修。古堤口，在衛河東岸，西鄰武城地，舊築之以障河決者。

莘　按漢書陽平有莘亭，即今莘縣所由名。舊志以爲即古莘國，伊尹所耕之地。詩曰：「纘女維莘，長子維行，在洽之陽，在渭之涘〔一〕。」則是古莘國在渭水旁，今郃陽縣是也，而莘亭非其地矣。路史曰：莘，姒姓，文王妃母家，今同之夏陽，漢郃陽有太姒冢〔二〕。昔散宜生求有莘氏女獻紂，周代有神降之。本虢地，陝石鎮西十五里莘原也。然大名之莘縣有莘亭〔三〕，亦國也。隋爲莘州，而齊、蔡、濟陽、陳留俱有莘。今曹縣乃古之濟陽，元和志以爲古莘仲國，伊摯耕處，故今曹縣東南三十里有莘仲城。莘仲蓋有莘氏子姓分封者，莘亭豈其支邑歟？

【校勘記】

〔一〕纘女維莘至在渭之涘　底本「渭」作「謂」，「涘」作「埃」，川本同，據滬本及詩大雅大明改。又，詩大雅大明「在洽之陽，在渭之涘」句在「纘女維莘，長子維行」之前，此引差別。

〔二〕太姒冢　「冢」，底本作「家」，川本、滬本同，據路史國名記丁改。

〔三〕大名　「大」，底本作「夫」，據川本、滬本及路史國名記丁改。

濮　堯陵，在州東南九十里〔一〕，舊雷澤城西。陵高四丈五尺，廣二十餘丈。陵上有廟，俗謂堯王寺是也。皇覽云：堯冢在濟陰城陽〔二〕。呂氏春秋云：堯葬穀林。皇甫謐云：穀林即城陽也。今在濮境。水經注曰：成陽城西二里有堯陵，陵南一里有堯母慶都陵，皆立廟。四周列水，潭而不流，水澤通泉，泉不耗竭，至豐魚筍，不敢采捕。前列數碑，栝柏數株〔三〕，檀馬成林〔四〕。二陵南北列，馳道徑通，皆以磚砌之。堯陵東城西五十餘步，有中山夫人祠，堯妃也。石壁階墀仍舊，長櫟聯蔭，扶疏里餘。自漢迄晉，二千石及丞尉多刊石叙述云。宋歐陽修集載濟陰堯祠碑云：聖漢龍興，纂堯之緒〔五〕，祠以上犧。至於王莽，絶漢之業，而壇場夷替，屏攝無位。大抵磨滅，不復成文。其後有云：李樹連理，生於堯祠〔六〕。太守河南張寵到官初，出錢二千，敬致禮祠。其餘不能讀。碑後有年月，蓋熹平四年建也。神宗熙寧元年七月，知濮州韓鐸言，堯陵在本州雷澤縣東穀林山，陵南有堯母慶都靈臺廟，請敕本州春秋置祭，置守陵人户，免租稅，俾奉灑掃。詔給守陵五户。郭緣生述征記云：成陽城東南九里有堯陵，陵東有中山夫人祠，在城南二里，舊堯妃也。東南六里有慶都冢，上有祠廟。水經注言成陽城西二里有堯陵，陵南一里有慶都陵。於城爲西南，稱曰靈臺。路史云：堯之冢在濟陰成陽，漢宣帝元和二年，使奉太牢，祠堯於成陽靈臺，是其處也。今在濮之雷澤東南〔七〕。王充乃云葬崇山，墨子則謂北敬八狄，道死南巳之市，而葬蛩山之陰〔八〕，蓋儀墓爾。國初洪武四年，建祠東平州。弘治七年，禮部移文改正，不果。

古堯城，在州東南三十五里。括地志云：故堯城，在濮州鄄城縣東北十五里〔九〕。竹書云：昔堯末德衰，爲舜所囚也。又有偃朱故城，在縣西北十五里。竹書云：舜囚堯，復偃丹朱，使不得與父相見也。

穀林，在州東南七十里。

靈臺，在州西南。漢建寧五年，立靈

臺碑。釣臺，在州東南九十里。莊周釣於濮水之上〔一〇〕，即此。今地名蒲汀，上有南華觀。

【校勘記】

〔一〕在州東南九十里 「南」，底本作「州」，川本同，據滬本及圖書集成職方典卷二五五改。

〔二〕城陽 「城」，底本作「成」，川本、滬本同，據史記五帝本紀集解引皇覽曰改。下皇甫謐曰「城陽」改同。

〔三〕栝柏數株 「栝」，底本作「枯」，川本同，據滬本及水經瓠子河注改。

〔四〕檀馬成林 「馬」，底本作「焉」，滬本作「檟」，據川本及水經瓠子河注改。

〔五〕纂堯之緒 「纂」，底本作「纘」，川本、滬本同，據歐陽文忠公集集古録跋尾卷二改。

〔六〕生於堯祠 「祠」，底本作「冢」，川本、滬本同，據歐陽文忠公集集古録跋尾卷二改。

〔七〕濮之雷澤 底本作「雷之濮澤」，據川本、滬本及圖書集成職方典卷二五五改。

〔八〕北敬八狄道死南巳之市而葬蛩山之陰 川本同，滬本作「北教八狄，道死，葬蛩山之陰」，同墨子節葬下。

〔九〕東北十五里 底本「十」上衍「二」字，據川本、滬本及括地志卷三删。

〔一〇〕釣於濮水之上 「於」，底本作「漁」，據川本、滬本改。

風俗。聊城，爲府治，居雜武校，服室器用，競崇鮮華。公議嚴於三尺，士夫逡巡自愛，百姓訟稀少〔二〕，然多呰窳〔三〕，寡積聚。由東關遡河而上，李海務、周家店，居人陳椽其中，逐時營殖。

臨清州，綰汶、衛之交而城，齊、趙間一都會也。五方商賈，鳴權轉轂〔三〕，聚貨物，坐列販賣其中，號爲冠帶衣履天下〔四〕，人仰機利而食。暇則置酒徵歌，連日夜不休。其子弟亦多椎埋剽掠〔五〕，不耻作姦，故兵道彈壓之。士人文藻翩翩，猶愈他郡。

高唐州，因郵傳賦役煩重〔六〕，物力凋耗。百姓攻苦力穡，無聲伎狗馬之好。舊志云：其俗崇巫信鬼，尚俠使氣。

濮州，古顓頊之墟，一名都也。風土深厚，其人皆博大魁梧，工藻翰，經學多師傳〔七〕，里中諸儁，間遇勝日，分曹賦詩，極文墨之樂。俗以門族相矜，田園宫室之奉，甲於山東。豪右往嘗挾氣力，漁食閭里，下户之猾，亦懻忮喜訟。

物産。郡土平原曠莽，鮮奇卉異木、蹄角羽毛之珍。唯臨清爲南北都會，萃四方貨物，墆鬻其中，率非其地所自出。歲貢諸方物，往往購覓旁郡。余按次境内，地宜五穀六畜，大較千畝之家，千樹梨棗，牛數具，騾馬百蹄，園畦蔬果稱是。聊城、茌平，多瀉鹵，百姓煮鹽糊口，有司厲禁，不得出境，故其直賤售而民貧。莘之三門，善陶罌缶。濮州，自河南徙，沈斥之區，化爲膏腴，樹藝豐膴，歲收畝七八斛。士人喜植花木〔八〕，牡丹、芍藥，以數十種。高唐、夏津、恩縣、范縣，宜木綿，江、淮賈客，列肆齎收，居人以此致富。臨清，工組帕幔，備極綺麗，轉鬻他方。灦河村聚，織薄緯蕭爲生。馬頰之陂，盛有鱗介，居民以間采捕，非其業。總之，地寒土疏淺，獨宜畜牧，氈毧之利，什居六七。閤境桑麻，男女紡績，以給朝夕。三家之市，人挾一布一縑〔九〕，易擔石之粟。紬纊唯濮州及冠縣之清水稱良〔一〇〕。

建文元年三月，北平按察使僉事湯宗上變，勅都督徐凱將兵，屯臨清。正德六年，霸州盜起，寇掠博平、夏津等處，陷高唐、武城。詔遣兵部侍郎陸完提督軍務駐兵臨清，討之。萬曆二十七年三月，太監馬堂榷税臨清市，人以萬數乞哀，堂闔門射殺數人〔一一〕，衆怒，焚官舍，盡捶殺其從者〔一二〕。事聞，詔逮守備王煬，餘行撫按捕治〔一三〕。是年，兩中官奉遣抽税境内，一税臨清商賈，一税臨、濮各保〔一四〕。二會兩地僅小聚落，往事三四月間，居民轉鬻牛馬耕具旁郡，賈客往往湊集，三日而罷。先期聞中使至，各鳥獸散，有司多方號召，税不及三百金，分徵各州縣市租，代輸以實原奏之額。各處市井亡賴賄投中官，竄名使籍，輕車怒馬〔一五〕，胸盤錦繡，自號委官，日相屬於道，執黄旗前驅，遮所過舟車，横索財物，恣意鞭笞，有司莫敢問。臨清張益甚，諸惡少以百數，假辦國課，提銀鐺道上〔一六〕，戮辱商賈，所輸不厭意，輒蹂躪諸貨物。城中負薪賣菜，非納錢不得闌出入。旬日間，闤闠市肆皆閉，市民嗷嗷無所得食。羣控中官，須臾變激，積尸枕藉。檢視之，大半脱逸羣偷，臂上刺墨猶新。是時州官報各衙門，撫按會疏，上聞已，九卿科道合請罷榷使。不報。

【校勘記】

〔一〕百姓訟稀少　「訟」，底本作「宋」，據川本、滬本及圖書集成職方典卷二五四改。

〔二〕然多呰窳　「多呰」，底本作「少皆」，川本同；「窳」，底本作「窳」，川本同，並據滬本及圖書集成職方典卷二五四改。又「呰」，川本同，滬本作「惰」。

〔三〕鳴櫂轉轂　川本同，滬本「櫂」作「榔」，圖書集成職方典卷二五四作「櫂」。

〔四〕冠帶　「冠」，底本作「魁」，據川本、滬本及圖書集成職方典卷二五四改。

〔五〕子弟　底本脱「弟」字，據川本、滬本及圖書集成職方典卷二五四補。

〔六〕賦役煩重　「賦」，底本作「賊」，據川本、滬本及圖書集成職方典卷二五四改。

〔七〕師傳　「傳」，底本作「傅」，川本同，據滬本及圖書集成職方典卷二五四改。

〔八〕士人　「人」，川本同，滬本作「夫」，同圖書集成職方典卷二五五。

〔九〕人挾一布一縑　「布」，底本作「步」，川本、滬本同，據圖書集成職方典卷二五五改。

〔一〇〕紬纊唯濮州及冠縣之清水稱良　「紬」，底本作「納」，據川本、滬本及圖書集成職方典卷二五五改。又，滬本無「之清水」三字。

〔一一〕堂闔門射殺數人　「闔」，底本作「閤」，據川本、滬本及圖書集成職方典卷二五八改。

〔一二〕盡捶殺其從者　「殺」，底本無，川本同，據滬本及圖書集成職方典卷二五八補。

〔一三〕餘行撫按捕治　「撫」，底本作「無」，據川本、滬本及圖書集成職方典卷二五八改。

〔一四〕臨濮各保　川本同，滬本「各」作「水」，圖書集成職方典卷二五八同。

〔一五〕怒馬　「馬」，底本作「焉」，據川本、滬本及圖書集成職方典卷二五八改。

〔一六〕提銀鐺道上　川本同，滬本「銀」作「鋃」。

館陶　御河。宋史云：御河源出衛州共城縣百門泉，自通利、乾寧入界河，達於海。煬帝更爲永濟渠，其征高麗也，因御樓船過此，故名。　屯氏河，漢武帝既塞宣房後，河復決於館陶，分爲屯氏河，東北入海，廣深與大河等。後河決清河靈鳴犢口〔一〕，而屯氏河絶。　漳河。宋史云：漳河出於西山〔二〕，由磁、洺州南入冀州新河鎮，與胡盧河合流，其後變徙於大河。今漳水至南館陶西南〔三〕，匯衛水，入大河，達於海。　御河堤〔四〕，在縣西二里許。南至大名府，北抵臨清界，約七十里。　薛家圈新堤，在縣西南八里許。

毛州故城，即舊南館陶，在今城西南四十里。後周置，隋因之，大業初廢。屬武陽郡。周圍八里，遺趾尚存。　青陽城，在縣西十里。漢馮異追銅馬賊於此。　南館陶鎮、淺口鎮，並在縣西南四十里。　尖冢鎮，在縣北二十五里。

【校勘記】

〔一〕鳴犢口　底本脱「犢」字，據川本、滬本及漢書溝洫志補。

〔二〕漳河出於西山　「西山」，底本作「西南山」，川本、滬本同。宋史河渠志五漳河：「源於西山，由磁、洺州南入冀州。」則此「西南山」爲「西山」之誤，據改。

〔三〕南館陶　底本「館」上衍「館」字，川本同，據滬本及紀要卷三四删。

〔四〕御河堤　底本倒作「御堤河」，據川本、滬本乙正。

夏津　馬頰河，在縣東高唐州界三十里。李巡曰：禹疏九河，河勢上廣下狹，狀如馬頰，故名。禹貢九河之一，亦名舊黃河。源出大名府開州頓丘，北過朝城西五十里田真廟分而爲三〔一〕，轉而西北，復合爲一。又北經莘縣、堂邑、觀城、清平諸縣界入境。北流十五里至陶家橋，十里抵下官橋〔二〕。又北流十五里至董姑橋，迤邐三里許，出境至津期橋，則爲恩縣界矣，其委入海。今兩岸相去數步，高平者俱乾旱，窪下者間有積水，不通舟楫，世傳爲馬頰河。按馬頰河自北瀆入貝丘，至大陸，北播爲九河。元和志：在德州安德、平原之境。寰宇記：在棣州商河北。輿地記云：即通馬河。通志略載：馬頰河水，須城漁山之東古河濟河流出故盧城北，有濼水自北東入焉〔三〕。濼水，即今濟南西門水是也。疑此别河之名非馬頰河，抑九河支流散漫，所歷非一處云，存之以俟知者〔四〕。衛河，在縣西四十里。源出河南衛輝府輝縣蘇門山百門泉，東北引滏洹淇三水〔五〕，流千里爲館陶，會漳水，又北九十里爲臨清，與會通河合。北流至半璧店入境，八里至裴家圈，三十里至渡口驛，又五里許爲武成界，其委入海。漢名屯氏河，隋名永濟渠，又名御河，即此。沙河，在縣西十五里。自臨清八里灣東北，至師家堤口入境，歷馬家寺箭口，至南北雙廟，又入晁官營十八户，至魏官屯出境，爲武城界。東北至陶家店，又西北至大王坡爲恩縣界，今涸。嘉靖八年均地時，已爲徵糧地矣。知縣易時中曰〔六〕：古者地有遺利，故其利卒歸之民，而民日富。後世地無遺利，故其害恒及於民，而民日貧。若沙河者，水雖已涸，而田可耕，然終爲受水之處，遺以與民，不亦可也。概以徵糧，則雨澤過盛，即爲巨浸，賦何以供。且地瀕衛河，就使吾治之堤永固，而臨清之八里灣、武城之東岸一有坍缺，沙河一帶七十餘里，皆爲鄰國之壑，其將奈之何哉！噫，往年戊戌之害，有足慨矣。古堤，自西南來，盤曲低昂，至臨清爲會通河所斷〔七〕，逾河而北，城之東南復枕其半，俗呼爲東堤。轉而東北，柴二莊爲夏津境，歷趙家、韓家、侯家諸莊，繞治南、東二門之外，又轉而東北至桑家店〔八〕，爲恩縣界，其委瀕海，蓋古之堤防也。

【校勘記】

〔一〕田真廟　「田」，底本作「由」，川本、滬本同，據圖書集成職方典卷二四九改。

〔二〕卞官橋　「官」，底本作「家」，據川本、滬本及乾隆夏津縣志卷一改。

〔三〕須城漁山之東古河濟河流出故盧城北有濼水自北東入焉　川本同，滬本作「濟水北過須城漁山之東，左合馬頰水，又東北過故盧城北，又東北濼水入焉」。按圖書集成職方典卷二四九同底本，唯「古」作「右」，「北東」作「東北」，蓋是。

〔四〕以俟知者　「俟」，底本作「似」，據川本、滬本及圖書集成職方典卷二四九改。

〔五〕滏洹淇三水　「滏」，底本作「淦」，川本同，據滬本及乾隆夏津縣志卷一改。

〔六〕知縣易時中　底本作「易知縣時中」，據川本、滬本及乾隆夏津縣志卷二乙正。

〔七〕至臨清爲會通河所斷　底本無「至」字，又「斷」作「繼」，據川本、滬本及乾隆夏津縣志卷一補改。

〔八〕又轉而東北至桑家店　底本無「又」、「至」二字，據川本、滬本及乾隆夏津縣志卷一補。

聊城　周家店閘，在東南三十二里。元大德四年建〔一〕，南接陽穀之七級下閘十二里。李海務閘，在東南二十里。元元貞二年建，南至周家店閘十二里。通濟橋閘，在城東門外，會通河上。永樂九年建，南至李海務閘二十里。永通閘，在正北二十里。萬曆十七年建，南至通濟閘二十里〔二〕。順治七年九月二十八日，黄河決金隆口，潰金堤，衝漕河〔三〕，水入東昌府城内。至十二年冬始消。

【校勘記】

〔一〕大德　「德」，底本作「年」，據川本、滬本及圖書集成職方典卷二四九改。

〔二〕通濟閘　「通」，底本作「道」，據川本、滬本及圖書集成職方典卷二四九改。

〔三〕衝漕河　「衝」，底本作「衛」，據川本、滬本改。

清平　漕河，在縣西南三十里。從博平縣土橋閘流入縣界，下接臨清州界，亘四十餘里。魏家灣有巡檢司，臨河有清陽驛。下十餘里有戴家灣，有戴家閘。　漯河，在縣西十二里。乃河之支流也。漢元光三年，河徙東郡，又決魏之館陶，遂分爲屯氏河。大河在西，屯河在東〔一〕，二河相並而行。元帝永光中，又決清河，則河分流入於博州，而下流與漯爲一。王莽時，河遂行漯川。今漯河上自堂邑界流入清平，繞城而西，去縣六七里許，上源爲漕所絕，下流達高唐、恩縣，抵海而止，其來遠矣。　其水時涸時盈，民雖苦於涉，而亦時賴其魚鼈之利。

清平舊城，在縣西四十里水城屯。　後唐明宗陵，在城内十字街心。至今窿然高起，四面有井通氣，井内有門，民有落井者，稍入其内，其中寬廣朗然，但不敢深入。

【校勘記】

〔一〕大河在西屯河在東　川本同，滬本作「大河在東，屯河在西」。

益都　雲門山，在府南五里。水經注云：山窟洞開，望若門焉。〔旁注〕南征紀略：溪南有劈山〔一〕，孤峯峙起〔二〕，中裂若鑿，西接駝山，兩岫重疊，望如駝背。其東又有一山，嶺上石壁橫生，中間一竇，如鑿牖窺燈，常有煙霧徘徊從中而出，故號雲門山。齊乘云：山上方號大雲頂，有通穴如門，可容百餘人，遠望如懸鏡。泉極甘洌，崖壁上銜蚌殼結石，相傳海田所變。如沈存中筆談所載太行山崖，螺蚌石子，橫亘如帶之類，齊地尤多。又有碎石子或間瓦礫凝結作石，殆不可曉。東南爲劈山，西爲駝山，三山聯翠，障城如畫。西爲冶嶺山，在舊廣縣側。〔旁注〕一名爲山，今瀑水澗西，是廣縣遺址。山麓有五龍口。西北八里爲堯山，其麓有堯廟。齊乘：三齊略云在廣固城西十里。堯巡狩所登，遂以爲名。山頂有祠，祠邊有柏樹，枯而復生，不知年代。此山正臨廣固廢城才二三里，至今府城乃十里耳。按齊記謂堯巡狩登此山，事不經見。府東角崩山，與方山相連。伏琛齊記亦名堯山，水名堯水，地名堯溝，以堯名者不一。鄭康成云：堯遊城陽，而死葬焉。大紀云：堯葬城陽，丘壠小，葬具微。前志謂濟陰城陽有堯冢，然齊有丹山朱虛，丹朱所封，而齊之城陽比濟陰尤顯〔三〕，豈堯老而遊者。齊莒之城陽與丘壠，微小不存，而山川猶表其稱歟。西北三十五里爲二王山，上有田齊王冢。西北七十里爲鐵山，在金嶺鎮西。山南有齊景公冢。又南十里爲孟丘山，山多礦，居民竊取爲患。又南爲金山，金嶺名鎮取此。城西二十里爲大龍山、小龍山，二山對峙。西二十里爲九迴山，一名九扈山，北陽水出焉〔四〕。西四十里爲紅嶺，土色如赭。西七十里爲公泉峪，有白龍洞。西一百里爲水泉峪，峪涸，多產青石，類鍾乳。西九十里爲馬鞍山，又西爲魯山，又十里爲黑山。西南十里爲方山，在駝山之陽，盤鬱秀麗。西南二十五里爲石膏山，石色潤澤如膏，南陽水出焉〔五〕。西南四十里爲朗公山，舊傳有僧名朗公，以占候法。隋慕容德來青州居此。上有洞名朗公，洞側刻石佛像尚存。西南一百八十里爲神頸山〔六〕，上有顏文姜廟，故名。聯絡神頸者爲博山，爲高閣，爲三泉，爲秋口。秋口者，范仲淹幼時，適齊讀書處，今土人猶呼爲范氏書堂。甕口嶺，在顏神山之西，山形絶險。城南十里爲青山〔七〕，山産石深青細潤。又五里爲黄山，石色黄。城東四十五里爲香山，齊乘曰峓山〔八〕，在府城東五十里。水經云：康浪水出峓山，堯水逕峓山東。山在劇縣西南，無復樹木，圓峭孤特。左思賦：峓鎮其左。是也。按齊城山勢，俱帶西南〔九〕，東郊平原百餘里有香山者，童然孤特。康浪發其南，堯水逕其東，即古之峓山也。元和志作箕山。紀侯冢在山陰。山西南十里，有龍女泉。

齊乘：淄水。書傳曰：出泰山郡萊蕪縣原山之陰，東至博昌入海。按地志，水黑爲淄。出今益都縣顔神鎮東南二十五里岳陽山東麓，地名泉河，古萊蕪地，岳陽即原山也。東北流逕萊蕪谷，又北逕馬陵，按此即晉郤克追齊至馬陵。賈逵曰：一作馬陘。俗名長峪道。出峪東流，聖水入焉。聖水出家桑谷，又曰神泉，列仙傳鹿皮公所飲者。又東北逕牛山，折而北，天齊淵水入焉。又北漸臨淄東城〔一〇〕，又東北逕安平故城北，又東北逕樂安縣東〔一一〕，古廣饒地。又北入巨淀。今清水泊。又北出注馬車瀆，今高家港。合時水，入於海。淄多伏流〔一二〕，俗謂上下有十八漏〔一三〕。

按通志略曰：杜預謂淄入汶，班固謂淄入濟，桑欽謂淄入海。考其形勢，當以杜爲正。豈其然乎？諸説惟桑氏爲有據〔一四〕，不特此耳，宜其以水名家也。臨淄志：廣崖平沙，石顆如碌，而潦則瀰漫〔一五〕，乾則濡軌，俗謂九乾十八溜者也。水經云：淄水出泰山萊蕪縣原山，又東過利縣東，又東北入海。此以其源委言之。今細流清淺，粼粼見石者，蓋淄之本派〔一六〕，而夏秋之交，黄濁瀰漫，則西南諸山雨水流注，非其源矣。

南陽水，即北門外水。水經注：長沙水出逢山北阜，世謂之陽水。齊乘云：出城西南石膏山〔一七〕，即逢山之西麓也。東北流逕廣縣故城西，又東北石井水注之。石井水出劈頭山，北流注井，積石高深，瀑布而下，故曰石井，亦謂之石子澗，即今瀑水澗也，時有通塞。南陽水又北而東，貫益都南北兩城間，逕表海亭南〔一八〕，東逕故城陽王廟基，古人自廟東堨斷使北注〔一九〕。今復東流十五里，合建德水，入巨洋。

北陽水，即馬驛門外水。漢志云：爲山，濁水所出，東北至廣饒，入巨淀。水經謂之北陽，亦謂之澠水。出府城西南三十里九迴山，俗名九扈。古廣縣爲山也。東北逕五龍口，又北逕廣固廢城，行於絶澗之底，水激而岸峻，古諺謂瘦馬不渡澠，指此也。又北逕堯山，東至東陽城北，又東北逕石槽城，又東北逕臧臺〔二〇〕，又北至樂安東北獾河口〔二一〕，合女水，又東北入巨淀。按曾肇南陽橋記云：俗呼洋水有二。曰南洋河，今橋所在是也；曰北洋河，距城北二里者是也。道元則曰，羣書盛言洋水出臨朐，陽水導源廣縣〔二二〕，兩縣雖鄰〔二三〕，川土不同，於事疑焉。然則洋分南北〔二四〕，當後魏時已不能知，況後世哉！今考羣書皆言出臨朐者，此巨洋也，漢志失其源委耳。南陽自爲長沙水，北陽自爲濁水，曾氏乃因漢志石膏山之洋水〔二五〕，而以陽爲洋〔二六〕，誤矣。蓋石膏山與逢山連麓，長沙水出其西，即南陽水；石溝水出其東，即北陽水。洋水自出沂山，漢志讀如詳，與蜀之洋州同音，故水經稱洋水，則有巨洋〔二七〕、北洋，稱陽水則有南陽、北陽，稱南洋者無之，俗所誤耳。

孝婦河，齊稱籠水。水經注作龍水，南出長城中。寰宇記曰：古名孝水。齊有孝婦顏文姜，事姑孝養，遠道取水，不間寒暑，感得靈泉，生於室内，文姜常以緝籠蓋之。姑怪其取水即得，值姜不在，姑入室，發籠觀之，水即潰湧，壞其居宅，故俗呼爲籠水，今孝婦河也。出顏神鎮孝婦祠下，西逕萊蕪山陰北注般陽城西，般水入焉。般水亦名左阜水，出淄川縣東南籠山龍灣洞，俗名頭河。西北流至般陽城東，分爲二，一支逕城南〔二八〕，一支環城西北，并入籠，故水經云般陽縣在般水之陽也。籠水又北逕鄒平縣東，蒙河水入焉。蒙水俗名沙河，出長白葫蘆峪，水經謂之魚子溝。又北逕長山縣西，北逕新城縣西，又北入於小清河，抵高宛、博興入焉〔二九〕。又東北高家港，入於海。七里河，在府南七里。源出甹山陰崖間，北流逕響水崖，在城南于家河西，響水注焉〔三〇〕。又北入于家河，東北逕赤澗，合澗各東北〔三一〕，逕穆家莊，與龍淵水合流。龍淵，在東七里。平地出，旱潦不加盈縮。又東北流入巨瀰，一云此即建德水。按水經

注：建德水出逢山。逢山在臨朐北。建德水俗名七里河〔三二〕，逕府南折而東北，入南陽水。

石子澗，一曰瀑水，在城西南。宋知青州富弼禱雨處。

瀰水。另録在後。水經云：巨洋水，出朱虛縣東泰山。國語謂之具水，袁宏謂之巨昧〔三三〕。後漢書耿弇傳：追至鉅昧水上〔三四〕。王韶以爲巨蔑〔三五〕，或曰朐瀰，或曰巨沫，實一水也。後魏太初十六年，青州洰液戍獲白雉一頭。今謂之瀰河，東北流至臨朐，逕覆釜、委粟山，又北過府城〔三六〕，又東北逕古益縣城右，別出一支爲一溝〔三七〕，道元謂入巨淀者此溝也，今廢。又北逕壽光縣東北，由黑冢泊入海〔三八〕。元史王磐傳：磐樂青州風土，乃買田渳河之上，題其居曰鹿庵。漢志：石膏山，洋水所出，東北至廣饒入巨淀。即此水也。但因北洋而誤其源臨朐。建德水出逢山，俗名七里河，逕府南折東北〔三九〕，合南陽水入巨洋〔四〇〕。因支津別出而誤云入巨淀。曾肇南陽橋記乃以洋爲南陽，非也。洋爲齊之大川，故以巨名。康浪水。酈道元曰：出劇縣西南㟢山，西流入巨洋。即今之香山南狗王河〔四一〕。三齊略云：在齊城西南十五里康衢側，甯戚扣牛角歌於此。今臨淄西南泥河、澅水皆微細，且歌曰中有鯉魚長尺半，此水豈足當之。寰宇記又謂康浪水在淄州，皆不可信，當從水經云。

徐關，在郡西境。齊之隘也，頃公與晉人戰敗，入自徐關，即此。青石關，在顔神鎮西南。俗名楊家關，兩山壁立險峻，連亘數里，石磴上有椎鑿痕。

齊乘曰：府城門周二十五里，俗稱南陽城，北城爲東陽城，東西長而南北狹，兩城相對抱洋，形如偃月，因洋以爲隍，因崖以爲壁。蓋古者合爲一城，或皆羊穆之所築，或後人增葺，未可知也。輿地記曰：北齊移益都縣入青州，以城北門，分爲治所〔四二〕。唐通典曰：今之青州，理在益都縣。歐陽公表海亭詩注曰：〔旁注〕表海亭，在府北南洋橋者，惟古臺存焉，在車院門內。南洋北洋河，一在州中，一在城外。曾鞏南陽橋記曰：東陽城，府治之北城也。由此推之，明是一城，古昔全盛之時，初無棄地，靖康兵燼之餘，金人止據北城立府，後徙南城，遂爲瓦礫之區耳。齊記補曰：天會中，北城頽廢，移州治南陽城，爲益都府。愚按南陽，酈道元通爲水名，北齊嘗爲龍興寺名，其爲城名，不知所據。今城外有馬驛門、車院門，磚甃高敞，太山門、小東門，皆隳其甃，蓋古城北之遺乎〔四三〕。〔旁注〕龍興寺，在北門外。齊乘云：宋劉善明宅。今寺內有飯客鼓架，寺東淘米澗。南史：劉善明仕宋，爲北海太守。元嘉末〔四四〕，青州饑，人相食。善明家有積粟，自作饘粥，開倉賑救，鄉里皆獲全濟，百姓呼其家爲續命田。寺有北齊八分碑，刻制精妙。碑陰大刻四字「龍興之寺」。蓋唐人續刻者。南征紀略：城北隔水有彌陀禪院，工麗莊嚴，故新樂郡王造。寺西有古城垣，漫衍如堤〔四五〕。尚有兩門，東曰東院門，西曰馬驛門，磚甃精好，高廣莫京，亦莫考世代。宋史王居卿傳：爲京東轉運使，青州河貫城中，苦泛溢爲病，居卿即城爲飛梁，上設樓櫓，下建門，以時啓閉，人誦其智。元史察罕帖木耳傳：移兵圍益都〔四六〕，環城列營，克數十，大治攻具，百道並進，賊悉力拒守。復掘重塹，築長圍，遏南洋河〔四七〕，以灌城中。

【校勘記】

〔一〕劈山　「劈」，底本作「勢」，川本同，據滬本及明統志卷二四、紀要卷三五改。

〔二〕孤峯峙起　「峙」，底本作「時」，川本同，據滬本及紀要卷三五改。

〔三〕齊之城陽比濟陰尤顯　底本作「濟之城陽北濟陰猶顯」，川本同，滬本作「濟在城北濟陰尤顯」。齊乘卷一堯山：「前志謂濟陰城陽有堯冢，然齊有丹山朱虛，丹朱所封，而齊之城陽比濟陰尤顯，昔堯老而遊者。」據改。

〔四〕一名九扈山北陽水出焉　川本同，滬本「山」下「北」上有「即冶嶺山，一名爲山」八字，清統志卷一七〇九迴山下載同。

〔五〕南陽水　「陽」，底本作「侵」，川本同，滬本作「津」，齊乘卷二、紀要卷三五作「陽」，據改。

〔六〕神頸山　川本同，滬本「頸」作「頭」，同圖書集成職方典卷二六〇。下同。

〔七〕城南十里爲青山　底本無「南」字，據川本、滬本及圖書集成職方典卷二六〇補。

〔八〕嵎山　「嵎」，底本作「淇」，川本同，據滬本及齊乘卷一改。下同。

〔九〕俱帶西南　「帶」，底本作「在」，據川本、滬本及齊乘卷一改。

〔一〇〕北漸臨淄東城　「漸」，底本作「濟」，據川本、滬本及齊乘卷二、紀要卷三五改。

〔一一〕又東北逕樂安縣東　下「東」字，川本同，滬本作「東南」，同齊乘卷二、紀要卷三五。

〔一二〕淄多伏流　「淄」，底本作「溜」，川本同，據滬本及齊乘卷二、紀要卷三五改。

〔一三〕十八漏　底本「十八」作「八十」，川本同，據滬本及齊乘卷二、紀要卷三五乙正。

〔一四〕諸説惟桑氏爲有據　底本無「諸」字，川本同，據滬本及齊乘卷二補。

〔一五〕而潦則瀰漫　底本「潦」上衍「乾」字，川本同，據滬本及紀要卷三五刪。

〔一六〕淄之本派　「淄」，底本作「溜」，據川本、滬本改。

〔一七〕出城西南石膏山　底本脱「南」字，川本同，據滬本及齊乘卷二補。

〔一八〕逕表海亭南　川本同，滬本「逕」上有「西」字，齊乘卷二載同。又，齊乘「亭」下無「南」字。

〔一九〕自廟東堨斷使北注　「堨」，底本作「埸」，川本同，據滬本及水經淄水注、齊乘卷二改。又，滬本及齊乘「注」下有「濁水」二字。

〔二〇〕臧臺　「臧」，底本作「藏」，川本同，據齊乘卷五改。滬本作「臧氏臺」，同水經淄水注。

〔二一〕樂安東北獾河口　川本及齊乘卷二同，滬本無「獾河口」三字。

〔二二〕陽水導源廣縣　「陽」，底本作「洋」，據川本、滬本及水經淄水注改。

〔二三〕兩縣雖鄰　底本「雖鄰」作「鄰川」，據川本、滬本及水經淄水注改。

〔二四〕然則洋分南北　底本脱「然」字，據川本、滬本及齊乘卷二補。

〔二五〕石膏山　「山」，底本作「上」，據川本、滬本及漢書地理志改。

〔二六〕以陽爲洋　底本缺「洋」字，川本同，據滬本及齊乘卷二補。

〔二七〕巨洋　「洋」，底本作「陽」，據川本、滬本及齊乘卷二改。

〔二八〕分爲二一支逕城南　「一」，底本脱，川本、滬本同，據齊乘卷二補。

〔二九〕抵高宛博興入焉　川本同，滬本無此七字。

〔三〇〕響水注焉　「注」，底本作「出」，據川本、滬本及圖書集成職方典卷二六〇改。

〔三一〕合澗各東北　川本、滬本同。圖書集成職方典卷二六〇山川考七里河下作「合澗水東北」，當是。

〔三二〕建德水　底本脱「水」字，川本同，據滬本及齊乘卷二補。

〔三三〕巨昧　川本、滬本同，水經巨洋水注作「巨眛」。

〔三四〕鉅昧水　「鉅」，底本作「館」，據川本、滬本及後漢書耿弇傳改。

〔三五〕王韶　川本同，滬本作「王韶之」，同水經巨洋水注、齊乘卷二考證。

〔三六〕逕覆釜委粟山又北過府城　川本同，滬本「山」下「又」上有「又東北逕益都縣城東北，建德水合南陽水入焉，建德水即七里河也」二十七字，齊乘卷二巨洋水下所載略同。

〔三七〕一溝　川本、滬本同，齊乘卷二作「百尺溝」。

〔三八〕黑冢泊　「冢」，底本作「家」，川本同，據滬本及齊乘卷二、紀要卷三五改。

〔三九〕逕府南折東北　「東」，底本作「西」，川本同，據滬本及齊乘卷二、紀要卷三五改。

〔四〇〕合南陽水入巨洋　「合」，底本作「今」，川本同，據滬本及齊乘卷二改。又，滬本「洋」下有「即石溝水」四字。

〔四一〕狗王河　「狗」，底本作「猪」，川本同，據滬本及齊乘卷二改。

〔四二〕分爲治所　「分」，川本、滬本同，齊乘卷三作「外」。

〔四三〕古城北之遺乎　底本、川本無「遺」字，據滬本補。

〔四四〕元嘉末　「末」，底本作「中」，川本、滬本及齊乘卷四同，據南史劉善明傳改。

〔四五〕漫衍如堤　「如」，底本作「各」，川本同，據滬本及清統志卷一七一改。

〔四六〕移兵圍益都　「圍」，底本作「爲」，川本同，據滬本及元史察罕帖木耳傳改。

〔四七〕遏南洋河 「洋」，底本作「陽」，據川本、滬本及元史察罕帖木耳傳改。

臨淄 西南十五里，爲稷山。〔旁注〕齊乘作十三里。隋志：臨淄有稷山。齊記補遺云：上有后稷祠，故名。齊城有稷門，蓋取諸此。〔旁注〕宣王時，立孔子廟於此，又名孔父山。又西南二十里，爲杜山。水經注云：時水屈而逕杜山〔一〕。高士傳：齊桓公獵於杜山，閭丘先生長老十三人相與勞公。即此。上有白龍灣神祠。西北九十里爲商山，〔旁注〕齊乘：臨淄西三十里。今隸高苑。齊記補云：南燕建平三年，立冶，逮今鼓鑄不絶。晉書：慕容德載記：立冶於商山，置鹽官於烏常澤〔二〕，以廣軍國之用。一曰鐵山。崔琰述征賦曰：涉淄水，過相都，登鐵山，望齊密〔三〕。即此山也。元史合剌普華傳：嘗以事至益都〔四〕，於四脚山下置廣興、商山二冶。

時水。〔旁注〕出矮槐樹北。崔光傳：祖曠，從慕容德南渡河，居青州之時水。齊乘云：通志略曰一名耏。襄三年：齊、晉盟于耏外〔五〕。是也。其源岐淺〔六〕，多涸竭，又名乾時。莊九年：公與齊侯戰于乾時。是也。道元曰：時水出齊城西南二十五里，平地出泉，即如水也，亦謂之源水。水黑色，又名黑水。今按時水之源，南近淄水，詳其地形水脈，蓋伏淄所發，土人名曰烏河。西北逕黃山，又北逕愚山，又屈而逕杜山，澅水入焉。〔旁注〕澅出臨淄十八里，所謂澅〔七〕，孟子去齊，三宿出晝，故又名宿留水〔八〕，俗謂之泥河。又北逕臨淄城北，系水入焉。〔旁注〕出臨淄城西申門，即申池水也。門側小阜曰包山，俗又名包河，並城北流。系分爲二，俱入時。一支逕梧臺前，西入者曰系水；一支遠至博興東南李監橋入者，曰澠水。時水又北至般陽、新城縣東南索鎮口〔旁注〕新城縣東三十里。下，可通舟楫。又北至博興南，地名灣頭，濼水會焉。〔旁注〕濼即小清河。又東逕利縣故城，〔旁注〕在樂安西。又東逕樂安縣北，又東北由馬車瀆入海〔九〕。水經謂時水自西安城南石洋堰，分爲二支，其一北入湖，一合黄山之德會水、黄阜之南五里泉，至梁鄒入濟。旱則涸竭，此乾時也，今不通矣。欽嘗自濟南，由小清泛舟東下〔一〇〕，至博興，泝時水〔一一〕，南上至索鎮而登陸去益都，僅九十里耳。益都衆水，惟此通舟，未嘗淺涸。臨淄志云：杜預注時水在樂安縣界，蓋不究其源矣。舊志信陽有時水，亦别派也。〔旁注〕水經注：淄水又東逕四豪冢北。水南山下有四冢，方基圓墳，咸高七尺，東西直列，是田氏四王冢也。桓公冢，在淄水南。

澅水。水經注及齊乘云：澅水出時水，東去臨淄城十八里，所謂澅中也。俗以爲宿留水，以孟子三宿出晝云，今俗謂泥河〔一二〕。按孟子作晝。又史記兵圍畫邑，即此。當作畫水爲是。劉熙曰：音獲，齊西南近邑，因澅水爲名。今金嶺鎮東有此水，鎮即畫邑近地也。

系水，在城西，古齊城外〔一三〕。齊乘云：系水出臨淄城西申門〔一四〕，即申池。發源門側小阜，曰包山，俗又名包河。並城北流，曲折二十五里，入時水。左傳文公十八年：齊懿公遊于申池。是也。傍城北流，逕陽門西，水次有故封處，即齊之稷下也。

澠水，在城西北，古齊城外。即系水之支流，一支西流曰系水，一支北流曰澠水。又西北二十五里，入樂安縣界，北流入時水。齊乘曰：水經注澠水出營城〔旁注〕臨淄縣北〔一五〕。東〔一六〕，世謂之漢溱水〔一七〕，逕博興縣南貝丘，齊侯田見公子彭生處，又西北入時水。晉侯與齊侯宴，曰有酒如澠，指此水也。即今臨淄西門外申池水，北流者勢極屈曲，俗稱九里十八灣，過梧臺北，小泥河入焉。泥河出梧臺下，又北至博興李監橋入時水，此正澠水也。魯仲連謂田單黃金橫帶，騁乎淄、澠之間。此水與淄東西並流，臨淄介其間，故齊侯有酒之喻。田單馳騁之地，淮南子謂淄、澠水合，易牙嘗而別之者，皆指此水也。古諺謂瘦馬不渡澠，南燕李宣謂澠水不冰〔一八〕，良由逼帶京城者，乃濁水耳。

女水。〔旁注〕一名汝水。漢書注：臨淄，師尚父所封。汝水西北至梁鄒，入泲。有服官、鐵官是也。上有齊桓公與其女之冢，水流經女冢側，故呼爲女水。北流達安平城南，伏流十五里，至東北平地出泉，俗名裙帶河，又東北合北陽河，流入於海。黃石公記云：海神女隱於此，石室尚存，將還作此，甚有神焉。化隆則水生，政苛則浸竭。南燕時，汝水竭，慕容超惡之，即此水也。括地志：齊桓公墓在臨淄縣南二十一里，半山上，亦名鼎足山，一名牛首崗，一所三墳。齊乘云：水經注：出東安平縣之蛇頭山，又名鼎足山。今臨淄東南十五里，俗呼二王冢者，因山兩墳，謂是桓公與其女之冢，水出冢側，因以名焉。然此水通塞不常，出則逕石槽城東北入北陽水。水經注：女水至安平縣故城南，伏流十五里，然後更注北陽水。今石槽城〔旁注〕石槽，古安平。東北平地出泉，俗名馬臺河，至樂安東北獾河口，合北陽水，入巨淀。土人云此即二王冢水伏流者，未知是否。

南燕建平六年〔一九〕，水忽暴竭，玄明惡之〔二〇〕，寢病而亡。太上四年又竭，慕容超惡之，尋爲劉裕所滅。康浪水，在城西十里。平地水出，北流十里，合系水。〔旁注〕舊志：與澠水合。通典云：臨淄有康浪水，甯戚所歌也。詳藝文。此別一康浪，在臨淄者。

天齊淵。在縣東八里，今俗呼龍池。齊乘云：漢志曰齊所以爲齊，以天齊也。秦祠八神〔二一〕，一曰天主，祠天齊。天齊淵，居臨淄南郊山下，五泉並出。南郊山即牛山也。按此淵在臨淄東南八里，淄水之東，女水之西，平地出泉，廣可半畝，土人名曰龍池。西南流入淄水，牛山在淄水南，遥以爲志耳。蘇林注曰：當天中央齊也。顔監曰：謂其衆神異〔二二〕，如天之腹齊。齊記補引晏子曰：吾聞江深五里，海深十里，此淵與天齊。淵中浮出瓦，有「天齊」字。魏永平中，水潰，出木五。北齊天保中，又出木四，皆五彩，類松柏而香。搆亭水上，臨淄俗，上巳祓禊於此。按六書考，齊本作[illegible]，[illegible]亦作亝，像禾穀之秀齊也，引之爲整齊、齊一，又爲國名，借爲人之腹齊。莊子達生篇曰：與齊俱入，與汩偕出。司馬彪注：齊，回水如磨齊也〔二三〕。齊者，水之旋紋，今人謂之旋窠，狀類腹齊〔二四〕，豈淵泉並出，旋流如齊，以其祠天，稱曰天齊邪？抑天然淵水，猶曰齊之天淵云耳。且臨淄非天地之中，何謂天之腹齊，深與天齊，尤覺誕妄。

齊古城，今邑城之北。周圍約四十里，邑城之半，故子城舊址居中俱存。〔旁注〕遺址尚存。史記：太公都營丘，其後獻公徙都臨淄。即此。齊乘云：齊古城，臨淄縣北，雉堞猶存。齊記補謂齊古城周五十里，高四丈，十三門。其西雍門，韓娥鬻歌之地。〔旁注〕揚門，齊西門。東閭門，齊東門。俱左傳襄十八年〔二五〕。鹿門，齊城門〔二六〕。左傳昭十年。高誘注淮南子：雍門，齊西門也。漢五行志：齊雍門外，有狗生角〔二七〕。又有稷門，〔旁注〕稷下，在古城西。下立學舍，所謂稷下學。齊宣王聚文學游説之士騶衍、淳于髡、田駢、騶奭、接予〔二八〕、慎到、環淵之徒，皆賜列第〔二九〕，爲上大夫，縣北有大夫店，由此取名。不治而議，號稷下學士。荀卿嘗爲稷下祭酒。又鄭康成云：齊田氏時，學舍所會，號棘下。棘、稷音相近，即稷下也，亦城内地名。左傳：陽貨劫公，伐孟氏，入自東門，戰於棘下。〔旁注〕恐自魯地。西南有申門，門外申池。左太沖賦謂之照華池，郡國志謂之左右池，即系水源也。北曰章華門，史記蘇代自燕入齊，見於章華門者，是也。城東北五里餘，有雪宫遺址。〔旁注〕雪宫，在陽水北，城隍廟西。一云在今察院星落石側，是昔齊宣王見孟子處。入益都。又西北系水之側，有梧臺。〔旁注〕梧臺，在縣古城外。臺西有碑，漢熹平間立，今廢。水經注：楚使聘齊，齊王饗之梧宫臺。臺甚層秀〔三〇〕，東西一百步，南北加減，即古梧宫之臺。臺東即闞子所謂宋愚人得燕石處。臺西有石社碑〔三一〕。有漢熹平五年碑，立題云梧臺里。又南歇馬臺，土人以爲晏子作歌之臺，〔旁注〕遄臺，在縣西。左傳：晏子對景公，問于遄臺。即此。今俗呼歇馬臺。或又以爲簡公之檀臺，〔旁注〕檀臺，在縣東北一里。史記：齊簡公與婦人飲於檀臺。即此。皆不可考。齊地惟此城獨大，蘇秦所謂臨淄之中七萬户者也。

安平城，在縣東十里。春秋莊公三年：秋，紀季以酅入于齊。杜預曰：在齊國東安平縣。

齊欲滅紀，季故入齊爲附庸。田單封安平君，即此。漢爲東安平縣，屬淄川國。内有石槽，又名石槽城。徐廣曰：臨淄縣東十九里，古紀國之酅邑，齊改爲安平。秦攻齊，改爲東安平縣，屬齊郡。以定州有安平，故加東字。　索頭城，在縣東南二十里，女水之南。後魏慕容白曜圍沈文秀於青州，築此城。因有索頭城。　營丘城，在縣西北二里，塔寺後。即太公望所封。爾雅云：水出其左曰營丘。淄水縈其東南，故以名也。〔旁注〕舊志：在營丘縣西二里。爾雅云：水出其左曰營丘。淄縈其東南，故以名也。晏子曰：先君太公築營之丘。謂太公築邑此也。唐長慶間，立太公、桓公廟。宋景祐三年碑，今圮。　晉書慕容德載記：德如齊城，發營丘。注：今齊之營丘〔三二〕，淄水過其南及東。　或云在濰州昌樂。今按在昌樂者，乃營陵城，元魏誤以爲營丘而縣焉。葛原曰：按水經注，萊州濰縣南三十里，昌樂縣東南五十里〔三三〕，有營丘城，蓋隋創營丘縣，非太公受封之營丘也。　晝邑，在城西南二十里。〔旁注〕在金嶺鎮東北。水經云：澅水出時水，東去臨淄城十八里，所謂澅中也。俗以澅水爲宿留水，以孟子三宿出晝。　史記云：樂毅伐齊，聞晝邑王蠋賢，兵不入境。即西南近邑也，代遠無考。劉熙曰：晝音獲。索隱曰：晝，胡卦反。括地志曰：戟里城，在臨淄西北三十里。春秋棘邑也，又名晝邑，王蠋所居。齊乘云：西安城東有晝邑城，王蠋鄉也。耿弇進軍晝中，居兩城之間。　西安城，〔旁注〕金索鎮〔三四〕。在城西三十里，北距時水。漢置縣，屬齊郡。後漢建武五年，耿弇討張步於臨淄，言西安城小而堅。是也。路史云：齊渠丘，乃雍廩邑。今臨淄西北西安故城是也。　葵丘，在縣西三十里。左傳莊公八年：齊侯使連稱、管至父戍葵丘。杜注：在臨淄。即此地。葛臣曰〔三五〕：按後漢志有蘧丘里，古渠丘，在西安縣，今屬臨淄，非兩漢琅邪之渠丘也。左傳以爲葵丘，蓋音之訛耳。三歸臺，在縣西北十八里。管夷吾所築，今呼爲吾臺社。莊嶽里，即孟子引而置之莊嶽之間。遄臺，在縣西。左傳昭公二十年：齊侯至自田，晏子侍于遄臺。即此。今俗呼歇馬臺。釣魚臺，在縣東北五里，淄河東岸。其西岸曰晒魚臺，二臺對峙，疑昔高賢棲隱處。矮槐亭，在縣西北二十里郵亭處。有古槐十株，高五尺許，相傳宋藝祖微時，嘗掛袍其上云。

【校勘記】

〔一〕時水屈而逕杜山　底本作「時水屈而西南有杜山」，川本同，據滬本及水經淄水注改。

〔二〕烏常澤　「烏」，底本作「鳥」，據川本、滬本及晉書慕容德載記改。

〔三〕過相都登鐵山望齊密　川本同，滬本「相」作「桓」、「密」作「岱」。

〔四〕以事至益都　底本無「至」字，川本同，據滬本及元史合剌普華傳補。

〔五〕盟于耏外　底本無「外」字，川本同，據滬本及左傳襄公三年補。

〔六〕其源岐淺　「岐」，底本、川本作「其」，據滬本及齊乘卷二改。

〔七〕澅出臨淄十八里所謂澅　川本同，滬本作「澅水出時水，東去臨淄十八里，所謂澅中也」，水經淄水注略同。

〔八〕三宿出畫故又名宿留水　「晝」，底本作「畫」，川本同，據滬本及孟子公孫丑下改。下同。底本無「又」字，據川本、滬本及齊乘卷二補。

〔九〕又東北由馬車瀆入海　底本無「又」字，據川本、滬本及齊乘卷二補。

〔一〇〕自濟南由小清泛舟東下　「自」，底本作「至」，川本、滬本同，據齊乘卷二改。「清」，底本作「青」，川本同，據滬本及齊乘卷二改。

〔一一〕浉時水　「浉」，底本作「沂」，川本、滬本同，據齊乘卷二改。

〔一二〕泥河　「河」，底本作「水」，據川本、滬本及齊乘卷二、水經淄水注改。

〔一三〕古齊城　底本作「齊古城」，川本同，據滬本及水經淄水注乙正。下同。

〔一四〕申門　底本脱「申」字，川本同，據滬本及齊乘卷二補。

〔一五〕臨淄縣　「臨」，底本作「澠」，據川本、滬本及水經淄水注改。

〔一六〕營城　底本作「營陵城」，川本同，據滬本及水經淄水注改。

〔一七〕漢溱水　「溱」，底本作「湊」，川本同，據滬本及水經淄水注改。

〔一八〕澠水不冰　「冰」，底本作「水」，據川本、滬本及齊乘卷二改。

〔一九〕建平六年　「六」，底本作「二」，川本同，據滬本及通鑑卷一一四改。

〔二〇〕玄明　「玄」，底本作「立」，川本同，據滬本及水經淄水注改。

〔二一〕秦　底本作「泰」，川本同，據滬本及齊乘卷二改。

〔二二〕謂其衆神異　「衆」，底本作「中」，川本、滬本同，據漢書郊祀志顔師古注改。

〔二三〕回水如磨齊也　底本「回」作「四」，「如」作「之」，川本同，據滬本及紀要卷三五改。

〔二四〕狀類腹齊　「腹」，底本作「伏」，據川本、滬本及齊乘卷二改。

〔二五〕襄十八年　「十八」，底本作「十」，川本同，據滬本及左傳襄公十八年改。

〔二六〕齊城門　川本同，滬本「齊」下有「東南」二字，左傳昭公十年載同。

〔二七〕漢五行志齊雍門外有狗生角　川本同，滬本無此句。「雍門」，漢書五行志作「雍城門」。

〔二八〕接予　「予」，底本作「于」，川本、滬本同，據史記田敬仲完世家改。

〔二九〕皆賜列第　「賜」，底本作「次」，據川本、滬本及史記田敬仲完世家改。

〔三〇〕臺甚層秀　「層」，底本作「清」，據川本、滬本及水經淄水注改。

〔三一〕闞子所謂宋愚人得燕石處臺西有石社碑　底本「闞」作「闕」，「臺西有石社碑」錯簡於「宋愚人得燕石處」之前，川本同，並據滬本及水經淄水注改。

〔三二〕今齊之營丘　底本「今」下「齊」上有「之」字，據川本、滬本刪。

〔三三〕昌樂縣東南五十里　「東南」，底本作「南東」，據川本、滬本及明統志卷二三乙正。

〔三四〕金　川本、滬本作「今」。

〔三五〕葛臣　「臣」，川本同，滬本作「原」。按本書上文作「原」，滬本是。

博興　小清河，詳見高苑。舊河經城北，東流入海，古迹尚存。金皇統九年，高苑令高通改流〔一〕，南逕本縣八里灣頭通濟橋西，合烏河，東流入樂安界。烏河，即時水。經縣通濟橋西，合小清河東流。詳臨淄。　系水，在縣西。詳臨淄。　澠水，即漢溱水〔二〕。北經本縣入小清河。詳臨淄。

【校勘記】

〔一〕高苑令　「令」，底本作「今」，據川本、滬本改。

〔二〕漢溱水　「溱」，底本作「湊」，川本同，據滬本及水經淄水注改。

高苑　大清河，古濟水也。舊經臨濟縣南〔一〕，今在境外西北十五里。濟水勁疾，穴地伏流，隱見無常，發地皆泉，不特歷下諸邑爲然，故一見爲濟源，再見爲滎水〔二〕，又見爲山東諸泉水，而溢爲大小清河，其實皆濟水也。按水經：河水至東阿、茌平等縣，東北流至四瀆津〔三〕。河水東分，濟水受河。蓋滎口水斷不通，始自是出，與清水合。又東分一支，以過臨濟〔四〕，而爲狄水。故孔子臨河而歌者，即此東分之河，復出之濟也。　小清河，在縣西七里。濟水之支流也。發源於濟南之趵突泉，流而北，謂之濼水。春秋桓公十八年：會齊侯于濼。是也。流經華不注山，華泉水及歷下名泉七十二皆入焉，東北流入大清河。僞齊劉豫導之東行，至韓家店，西分一支，爲小清河，會清、漯、沙三河〔五〕，經鄒平、長山、新城，至本縣西南程兒頭入境，流至縣南岔河會孝婦河，東流逕博興，又東北至樂安馬車瀆入海。〔旁注〕過鄒平滸山泊，又東逕長山，孝婦河水入焉。又東北合烏河，逕高苑、博興、樂平，又東北入於海。齊乘：小清爲鹽運河，初行高苑縣北，金皇統間，縣令高通改由縣南長沙溝。然此水迂曲，上流岐淺，鹽舟多梗，議者欲引孝婦河水西注上流，非計也。蓋小清舟不過欲達大清耳，若自博興引渠，至蒲臺立堰，平原僅五十里，逕達大清矣。孝婦河，在縣西七里，與小清河合流。詳益都。支脈溝，在縣南二里。泄馬家泊一帶水，逕博興，達樂安張家鎮，入小清河。今湮塞。麻大泊，在高苑、博興、新城三縣之間，俗名官湖，又名錦狄浦，即魚龍灣〔六〕。周圍五六十里，蒲葦叢生，芙蓉如錦，亦一大觀也。馬家泊，在縣西南五里。聚水之處。

古狄城，在縣北二里。括地志云：淄州高苑縣西北狄故城。

商山，一名鐵山。前有盤龍川，後有鐵牛峯，金山祠居其左，蓮花洞居其右。絶頂有爐神祠，原治服鐵牛者也〔七〕。祠旁有聖水泉。齊乘：商山，在臨淄西三十里。今隸高苑。齊記補云：南燕建平三年，立鐵冶局。崔琰述征賦：涉淄水，過相都，登鐵山，望齊密。即此。寰宇記以爲密州之鐵山，非。後魏青州彭城王劭遣司馬鹿悆討清河反賊房須，戰於商山，亦此山也。一統志：在高苑、東平九十里。今山之前後，土地納稅雖在高苑，而山實寄於益都矣。

【校勘記】

〔一〕臨濟縣　底本作「臨淄縣」，川本、滬本同。水經濟水注：「濟水自菅縣東，過梁鄒縣北，又東過臨濟縣南。」齊乘卷二同。此「臨淄」爲「臨濟」之誤，據改。

〔二〕滎水　「滎」，底本作「榮」，川本同，據滬本及紀要卷三〇改。

〔三〕四瀆津　「四瀆」，底本作「曰讀」，川本同，據滬本及水經濟水注、齊乘卷二改。

〔四〕臨濟　「濟」，底本作「淄」，川本、滬本同。齊乘卷二大清河：「按臨濟，故狄也，是濟所經。……河又東分一支與之合流，以過臨濟，而爲狄水。」此「淄」爲「濟」之誤，據改。

〔五〕爲小清河會清濼沙三河　川本同，滬本作「即小清河，會龍山河，經章丘，會濼河三河」。

〔六〕魚龍灣　底本脱「龍」字，據川本、滬本及紀要卷三一補。

〔七〕原治服鐵牛者也　「服」，底本作「腹」，據川本、滬本及圖書集成職方典卷二六〇改。

壽光　瀰河，在縣東十里。古稱巨洋，國語爲具水〔一〕，袁弘爲巨昧，王韶爲巨蔑〔二〕，或曰昧，即今洱河。水經載：出朱虛東泰山，即沂山東小泰山云〔三〕。東北流至臨朐，熏冶泉入焉〔四〕。又東經覆釜山，又北經委粟山，又東北合逢山石溝水〔五〕。石溝水名北洋，蓋以巨洋在南也。又北過青州府城東，又東北康浪水入焉。又北逕邑迤東十里張建橋下，流東北入黑冢泊，達於海。按洱水上流自邑西南，迤東北，羣水入焉，秋時泛漲，頗爲邑患〔六〕。堯河，在縣東二十五里。源出臨朐堯山下，流逕府城東香山，又東逕縣治，東北入於海。丹河，即昌樂東丹河也。源發方山西麓，自昌樂界，東北流經縣東三十里丹河社，下達於濰，又東入於海。按丹水有西丹河，原出紀山。齊乘：竹書云，堯放丹朱于丹水。朱虛縣有丹山，一名凡山，黄帝所禪。又名堯山。下帶長坂，曰破車峴，東西二丹水出焉。按水經丹水有二，東丹原出昌樂方山，西丹源出臨朐丹山，皆北流至昌樂廢城西，合流至壽光入於海。〔旁注〕今按西丹出丹山，在臨朐縣東北三十里；東丹出方山，在丹山東北。寰宇記：丹山角崩，方山遠望正方。二水皆北流至昌樂廢城西北乃相合，通名爲丹河，北入於海。寰宇記：丹水入昌樂縣界，引以溉田。今按齊地衆水，可引溉者極多〔七〕，古人陂築遺趾猶有存者。自金人入中原，民俗偷惰，爲政者何慮及此。然則史令所載，豈特西門豹也哉！

黑冢泊，在縣東北五十里黑冢社。通洱河下流，東北入於海。清水泊，在縣北五十里南河社，接樂安縣界〔八〕，臨淄女水、益都北洋河，並匯於此〔九〕，達於海。按府志：洋河，即府城北陽水〔一〇〕，流經縣西四十里，北流入樂安。本志同。樂安志：壽北洋、女二河，又北爲馬車瀆，合淄水，本曰鉅定湖，其西北爲漢鉅定縣。漢書：武帝征和四年，上行幸東萊，臨大海，耕於鉅定。是也。水經注巨澱、巨淀，皆即此。按清水泊幅員綿亘幾二百里，內生蒹葭約千頃，不耕而植，比腴田利十倍，魚蟹鴨鴇雀鹿無論焉。然野汙荒澤，未入國税，是以勢豪竊據，睥睨生心，吞幷囂爭，搆訟無寧歲。萬曆十九年，知縣王國楨據縣民郝宗賢訐告欺隱〔一一〕，擬依地入糧，可減邑賦十之二三。不期王侯以憂去，岔利不歸己者，潛誘德府駕言敕賜，賄賂要津，竟盡奪去，迄今萬民撫膺飲恨。今德府舐糠及米，又那移岳少卿立石界，東西侵奪，其勢不至將霜城下河門盡入王府，不止也。毒哉！

馬陵臺，在縣西南四十里。亦曰臧臺。舊有宋碑，是臧武仲居，蓋武仲奔齊，居於此。俗謂縣周圍有十城九臺。官臺，在縣北七十里。古有灌亭，豈灌轉爲官、亭廢爲臺耶？紀臺，在縣東南三十里西青龍鄉紀臺社。〔旁注〕春秋：紀侯大去其國。注：紀在壽光城南三十里。齊乘：倉頡臺，在縣西門外〔一二〕，洱水所經。即倉頡墓，舊有廟，今廢。按一統志：倉頡墓，在陝西白水古衙地。而頡，衙人也。述異記：倉頡在北海，俗呼爲藏書臺，有碑文云云。水經注謂孔子問經石室也。通志云：倉頡石室記二十八字，在北海倉頡墓中〔一三〕。土人呼爲藏書室，周時無人識，至秦李斯始識八字〔一四〕，曰「上天作命，皇辟迭王」〔一五〕。漢叔孫通識十三字〔一六〕。豈孔子至齊亦嘗訪焉，故有問經之名耶？

斟鄩城，即今縣城。〔旁注〕漢書：斟鄩在北海。路史謂斟鄩在平壽。北海即今壽光，平壽半在壽光東境。乃夏斟鄩氏所居，寒浞使澆伐斟鄩氏〔一七〕。是也。斟灌城，在縣東北四十里。〔旁注〕寰宇記：一名東壽光。自金爲斟灌店。即夏仲康子相所依。寒浞使澆用師伐斟灌氏，以滅夏后相。今灌亭是也。漢北海郡有斟縣。〔旁注〕後漢書：北海王睦子斟鄉侯威。牟城，在縣東北二十里。春秋牟子國。周封牟子於此，齊人忌其與臨淄相近，遂逼牟子遷牟平。今寧海州是也。赤烏城，在縣東北八十里。漢置縣，屬北海郡。〔旁注〕漢志無赤烏縣。南宋永初二年二月，赤烏六見北海。其時劇隸北海，赤烏城將無由此也耶。東漢屬樂安國。寰宇記以爲魏益都城，非也。南皮臺，在縣東北四十里。有天齊廟、八角井在焉。每歲三月三日，商賈輻輳，百貨俱積。益城，在縣南七里益城社。三國魏於壽光縣南置益都縣，至宋初遷於石子澗。今城遺址微存。〔旁注〕寰宇記以爲古益都城，魏始於此立縣。齊乘以爲漢益縣城，非益都城也。漢志有利縣、益縣。今利縣遺址，在益都南四十里益縣泊，魏改名。郡志亦云是漢益都城，後乃徙而附郭耳。疑寰宇記爲是。漢志有益縣，無益都，是以益都侯得名。豐城，在縣西北二十里新望社。司馬懿伐公孫淵，徙豐人於此，故名。鹽城，在縣東二十里堯河社。漢封樂望孝侯於此。

【校勘記】

〔一〕具水　「具」，底本作「巨」，川本同，據滬本及水經巨洋水注改。

〔二〕王韶　川本同，滬本及水經巨洋水注、齊乘卷二作「王韶之」。

〔三〕東小泰山　「小」，底本作「山」，川本同，據滬本及水經巨洋水注改。

〔四〕熏冶泉　底本脱「熏」字，川本同，據滬本及紀要卷三五補。

〔五〕逢山　「逢」，底本作「逄」，滬本同，據川本及水經巨洋水注、齊乘卷二改。

〔六〕頗爲邑患　「患」，底本作「志」，據川本、滬本改。

〔七〕齊地衆水可引溉者極多　底本「地」作「記」，「溉」作「慨」，據川本、滬本及齊乘卷二改。

〔八〕接樂安縣界　底本無「接」字，川本同，據滬本及清統志卷一七〇補。

〔九〕並匯於此　「匯」，底本作「淮」，據川本、滬本及紀要卷三五改。

〔一〇〕陽水　「陽」，底本作「洋」，川本同，據滬本及清統志卷一七〇改。

〔一一〕訐告欺隱　「訐」，底本作「許」，據川本、滬本改。

〔一二〕在縣西門外　「西門外」，川本同，滬本作「東北」。齊乘卷五倉頡臺：「在壽光西北，洱水所經。」圖書集成職方典卷二六八同。

〔一三〕北海　底本作「北齊」，川本同，據滬本及圖書集成職方典卷二六八改。

〔一四〕李斯　「斯」，底本作「師」，據川本、滬本及圖書集成職方典卷二六八改。

〔一五〕皇辟迭王　「皇」，底本作「王」，川本同，據滬本及圖書集成職方典卷二六八改。

〔一六〕十三字　川本、滬本同，圖書集成職方典卷二六八作「十二字」。

〔一七〕澆伐斟鄩氏　「伐」，底本作「代」，川本同，據滬本及左傳襄公四年改。

長城。見泰安。今按歷山爲齊、魯分地，而長城綿亘，郡邑共之。今歷城縣所隸，所云泰山北岡是也。遺址尚存。濼口鎮，在縣西北二十里，商人貿易之處，膠萊分司駐焉。峼山高峙，大清東流，樓船往來，爲一巨鎮。堰鎮，在縣東北十八里。爲北州縣必由之路，有巡檢司。龍山鎮，在縣東七十里，設龍山馬驛，以通東三府。

宋史曾鞏傳：鞏知齊州，弛無名渡錢，爲橋以濟往來。徙傳舍〔一〕，自長清抵博州〔二〕，以達於魏，凡省六驛，人皆以爲利。元史史樞傳：李璮叛據濟南〔三〕，從天澤往討之。城西南有大澗亘歷山，樞一軍獨當其險，夾澗而城。順帝紀：至正二十三年六月庚戌，星隕於濟南龍山，入地五尺。

【校勘記】

〔一〕徙傳舍 「徙」，底本作「從」，川本、滬本同，據宋史曾鞏傳改。

〔二〕自長清抵博州 「自」，底本、川本漫漶，據滬本及宋史曾鞏傳補。

〔三〕李璮 「璮」，底本作「壇」，川本、滬本同，據元史史樞傳改。

章丘 長白山，在縣東三十里。高峻秀拔，遠望蒼翠參差如筆架之狀，故又呼爲筆架峯。根盤甚大，山連鄒平縣，今入鄒平。昔范文正公隱處長白，即此山。太平御覽云：長白山者，因此山雲雨長白，故名。魏丹陽王蕭贊變形爲沙門，逃入長白山。魏書辛子馥傳：長白山連接三齊瑕丘數州之界，多有盜賊。子馥受使檢覆，因辨山谷要害，宜立鎮戍之所。又諸州豪右在山鼓鑄，姦黨多依之，又得密造兵仗〔一〕，亦請破罷諸冶〔二〕，朝廷善而從之。西南又有大湖山，二山並有石室、敗漆船，上有記，皆謂堯時物。元和志云：於陵城西長白山，高二千九百丈，周六十里。昔陳仲子夫妻隱此。山阿有醴泉寺，相傳誌公卓錫之地。宋范文公讀書寺中，日惟一粥；偶見窖銀，覆之而不取。後爲西帥，僧人求爲修寺。公使發之，取窖中銀，適周于用〔三〕。上下二書堂，在黌堂嶺會仙峯下，皆宋代所建，遺迹尚存。今寺内有范公祠。雞山，在縣西南四十里。巨合水出此山下，俗名雙女泉。冶山，在縣西南六十里。唐時，冶鐵於此，故名。平頂山，亦名四峪山，在縣南七十里。出鐵礦。長城嶺，在縣南九十里，萊蕪縣界。嶺間有古長城。見泰安。黑牛嶺，在縣南百餘里。高峻深邃，多産良木，遠望蒼然，凡遠近所需材木，悉采諸此。

清河，在縣東一里許。一名繡江。會百脈、淨明、麻灣諸水，西北至濟陽城東北入大清河。漯河，在縣東七里。一名獺河，一名楊緒水。源自長白山之王村峪，西北流於柳塘口，經小清河故道，流入鄒平、長山、新城界，會孝婦河，東流入海。禹貢云：浮于濟、漯。孟子云：瀹濟、漯。穆天子傳云：丁卯，天子自五鹿東征，釣於漯水，以祭椒人，是曰祭丘。己巳，天子東征，食馬於漯水之上。水經云：河水東北入東武陽縣，又東漯水出焉，又東北過高唐縣界，又東北逕清河縣故城北，又東北逕文鄉城東南，又東北逕博平縣〔四〕，右與黄溝同注。又東逕文鄉城，又東南逕王城北。黄溝又東北流〔五〕，左與漯水隱覆，勢鎮河陸，東出於高唐縣，大河右迆〔六〕，東注漯水矣。又東北逕援縣故城西，又逕高唐縣故城東，又東北逕漯陰縣故城北，又東北逕著縣故城南，又東北逕崔氏城北，又東南逕東朝陽縣故城南，又東逕漢徵君伏生墓南，又東逕鄒平縣故城北。又按酈道元注云：漯水出東郡武陽縣。又云武水亦名漯水，又云濟至吉平安爲淵渚，謂之平州沉。又東北至瑯槐鄉，有古黄河通濟枯渠，謂之漯河。地理志云：漯水出高唐。今東昌、高唐、武陽俱不見漯水，但其經道止崔城，東朝陽係本縣故名，餘皆去縣尚數百里。齊乘云：出逢陵故城西南，經章丘城北入濟水，與長白山之漯河又不合，豈古有兩漯水，一出西高唐，一出東高唐？而禹貢所云「浮」，孟子所云「瀹」，穆天子所「垂釣而食馬」者，皆在武陽之漯，而今已廢塞，不復存乎？抑地名沿革不一，河水轉徙無常，長白山之漯即武陽之漯耶？蔡沈注乃云：漯，黄河之支流也。宋南渡以後，人未嘗親歷其地，無足深異。道元，北魏人；于欽，又齊人，皆精博古圖經。余欲起九原而問之，乃其人骨朽久矣，姑書之以俟博雅君子。小清河，在縣北三十里。源出濟南。即濼水。東至柳塘口，又東入大清河。劉豫所鑿濼水，今從華不注東入大清河，故道淤塞。抵柳塘口以東，爲漯河所經之道。瓜漏河，在縣西南七里許。每夏秋暴雨則溢。過城南五里許，與淯河合。盈涸不常，時或爲患。徐璧論云：按河源出縣西南羣峪中，水清而駛。東北流至明杜莊之石厓，泊然而止，土人名其處爲滲水灣。夏秋積雨，羣峪之水來滙，溢至城南，會於淯河，雨既霽，灣以下復爾枯竭，故以「漏河」目之。然曰滲曰漏，土人知爲河之滲漏，而不知爲濟之伏也。先儒謂濟水性下勁疾，能入河穴地，流注顯伏。以今考之，是河自滲水灣以北三十里至於月宫，於枯河涯側弘顯一泉，又東北四十里至於明水，則湧百脈、麻灣諸泉，驗之色味皆同，水勢相敵，蓋泉自滲水灣伏流地中，經月宮見而仍伏，至百脈、麻灣而後湧出也。所謂若斷若續，而實有源流，或見或伏，而脈絡可考者是已。南豐曾氏記：濼水自渴馬崖流潛地中，至歷城西有泉湧出，高或至數尺。其旁之人，名之曰趵突泉。正與此同。禹貢：導沇水，東流爲濟。齊州正濟所經。若濼水，若是河，蓋皆濟之旁出者。若其暴溢則潢潦耳，非河之本水也。白雲湖〔七〕，一名劉郎中陂。舊志云：在縣西北七里許，周圍六十里，産有魚、藕、菱芡、蒲葦之利。洪武十四年，設河泊所，十七年，因課少裁革。按湖今枯竭，已爲德府討作子粒地矣。百脈泉，在縣南三十里明水鎮，方員半畝許。其源直上湧出，百脈沸騰，狀若聯珠，清瑩寒冽，故名。即繡江源也。按水經：濟水自臺縣東北合芹溝水，又東北過菅縣南〔八〕。而道元注云：右納百脈水，出土鼓縣故城西。水源方百步，百泉俱出，故曰百脈〔九〕。西北流經陽丘縣故城中，又西北出城，北逕黄巾固，又東北流注於濟。濟水東，又有楊渚溝水逕於陵故城西南〔一〇〕，西北逕土鼓城東，又西北逕章丘城東，又北逕寧城西，而北流注於濟水。元和志云：出亭山縣東北。郡國志云：十二芹溝，俗名麻灣楊渚水，或即楊緒漯河也。曾南豐齊州二堂記云：泰山之北，與齊東南諸谷之水，西北匯於黑水之灣，又西北匯於柏崖之灣，而至渴馬之崖，泊然而止，至歷城西，湧出趵突之泉。嘗有棄糠於黑水灣者，見之於此。其注而北謂之濼水。齊多甘泉，顯名者十數，而色味皆同，皆濼水之旁出者。齊乘云：按龍洞山中，朗公谷諸水東西伏流。土人云：西發趵泉，東發百脈，驗之信然。蓋濟南衆泉，皆岱陰伏流所發，西則趵突爲魁，東則百脈爲冠耳。巨合水。水經云：巨合水南出鷄山〔一一〕，北逕巨里故城，耿弇討費敢處〔一二〕。又北合武原水，俱北流數十里乃相合，北入小清河〔一三〕，巨合之得名以此。道元云：巨里三面有城，西有深坑，坑西即耿弇營。蓋二水環繞，因崖與城，以爲險固也。聖水，在縣東十里餘，去聖泉寺南半里。發自小荆山，入漯河。東麻灣，在百脈泉左百餘步。泉源湧沸上出，狀類百脈而微，西流匯於百脈泉。西麻灣，在百脈泉右三里許。泉自石甃中湧出，東北流匯於百脈泉。按郡國志：即芹溝水。明淨泉〔一四〕，去百脈泉三里許。〔旁注〕楊志：右數步。其泉至潔，纖塵不留，土人取以洗目〔一五〕。側出，入西麻灣。徐璧論云：濟水分支伏流地中，至縣西南出，爲瓜漏河，至滲水灣仍伏入地中，至是始出而爲四泉，合而北流爲清河〔一六〕，又北溢而至城東爲繡江；西北至水寨，會爲白雲湖，又東北入小清河，始與濼水會；又東入大清河，乃復其濟之本源云。長白山，今隸鄒平。黌堂嶺，今隸淄川。龍洞、巨合，今隸歷城。

陽丘城，在縣東南三十里。〔旁注〕乘：十。漢書：孝文四年，封齊悼惠王子安爲陽丘侯。後漢省。志〔一七〕：北齊乃以黄巾城立章丘縣。天保七年，以廢禹城縣西有古高唐城，移置高唐縣於此，即古黄巾城也。隋開皇十八年，以博州亦有高唐，改此爲章丘。甯戚城，在縣東北三十里。水經注：楊渚水經甯戚城，亦漢孝武封魯恭王子恬爲寧陽侯之邑。朝陽城，在縣北五〔旁注〕乘：二十五。里。漢書：高帝七年，封華寄爲朝陽侯。又孝宣本始元年，封廣陵厲王子聖爲朝陽侯。北齊廢入章丘。隋復置，改曰臨濟。唐屬齊州。宋咸平四年，復省入章丘，以其地爲臨濟鎮。古城，在鎮東。杜預云：西北有崔氏城、唐書：崔氏出自姜姓。齊丁公伋嫡子季子讓國叔乙〔一八〕，食采於崔，遂爲崔氏。濟南東朝陽縣西北有崔氏城。是也。丁公邑。亭山城，在縣西南四十里。通典：漢平陵縣也。宋元嘉中，於此置濟南縣，屬頓丘。隋開皇初，改曰亭山。唐元和中，省入章丘。臨濟城，在縣西北六十里。隋開皇十八年，改朝陽爲臨濟。宋咸平四年，廢爲鎮。樂安城，在臨濟鎮東北八十里。漢千乘郡地。志以爲後更爲樂安國，乃在高苑，此蓋漢元帝封匡衡侯國耳。水經注：東平陵城東門外，有樂安任照先碑，濟南郡治也。漢文帝十六年，置爲王國。景帝二年爲郡。王莽更名樂安郡。菅城，在臨濟鎮北〔一九〕。漢菅縣。古城，即崔城，在縣西北二十五里，不知始於何年，遺墟見存。考後漢郡國志東朝陽注引杜預曰：縣西有崔城。左傳襄公二十七年：崔成請老〔二〇〕。或即此城。漢志〔二一〕：濟南郡又有著、猇二縣。灌嬰傳〔二二〕：收著、漯陰、平原、鬲、盧。王子侯表：趙敬肅王子猇節侯起。晉灼曰：猇音由，又音鴞〔二三〕。莊子：盜跖死，刑於東陵之上。注：今名東平陵，屬濟南郡。

【校勘記】

〔一〕又得密造兵仗　「仗」，底本、川本、滬本作「伏」，據魏書辛子馥傳改。

〔二〕亦請破罷諸冶　「冶」，底本、川本、滬本作「治」，據魏書辛子馥傳改。

〔三〕適周于用　「于」，川本同，滬本作「其」。按圖書集成職方典卷二〇〇亦作「于」，同底本、川本。

〔四〕又東北逕博平縣　川本、滬本同。按水經河水注：漯水，「又東北逕博平縣故城南」。此當脱「南」字。

〔五〕黄溝又東北流　「黄」、「流」，底本作「王」、「逕」，川本、滬本同，據水經河水注改。

〔六〕大河右迆　「迆」，底本作「遞」，川本、滬本同，據水經河水注改。

〔七〕白雲湖　「湖」，底本作「潮」，川本同，據滬本及紀要卷三一改。

〔八〕菅縣　「菅」，底本作「管」，川本同，據滬本及續漢書郡國志、水經濟水注改。

〔九〕故曰百脈　川本同，滬本「曰」作「謂之」，同水經濟水注。

〔一〇〕濟水東又有楊渚溝水逕於陵故城西南　川本同，滬本「東又」作「又東」，同朱謀㙔水經注箋濟水。

〔一一〕巨合水　「合」，底本作「河」，川本、滬本同，據本書上文及水經濟水注改。

〔一二〕費敢　川本、滬本及圖書集成職方典卷一九〇引水經同，水經濟水注作「張步」。按後漢書耿弇傳：耿弇進討張步，步使其將費邑拒之。弇於巨里「大破之，臨陳斬邑」。邑弟費敢「悉衆亡歸張步」。則「費敢」應爲「費邑」。

〔一三〕北入小清河　底本、川本脱「入」字，據滬本補。按水經濟水注：巨合水，「北入於濟」。疑此有誤。

〔一四〕明淨泉　川本及圖書集成職方典卷一九〇同，滬本作「淨明泉」，同紀要卷三一、清統志卷一六二。

〔一五〕土人取以洗目　底本「土」上衍「而」字，據川本、滬本及圖書集成職方典卷一九〇刪。

〔一六〕清河　「清」，川本同；滬本作「淯」，圖書集成職方典卷一九〇、道光章丘縣志卷三同；清統志卷一六二作「濟」，疑此有誤。

〔一七〕志　川本同，滬本作「至」。

〔一八〕丁公伋　「伋」，底本作「及」，川本、滬本同，據新唐書宰相世系表二下改。

〔一九〕在臨濟鎮北　底本、川本「鎮」下衍「漢」字，據滬本及紀要卷三一、圖書集成職方典卷二〇三刪。

〔二〇〕崔成　「成」，底本作「城」，川本、滬本同，據左傳襄公二十七年改。

〔二一〕漢志　底本、川本「漢」下有「治」字，據滬本刪。

〔二二〕灌嬰傳　川本、滬本同。按所載下文見於漢書曹參傳，非「灌嬰傳」。

〔二三〕王子侯表趙敬肅王子猇節侯起晉灼曰猇音由又音鴞　川本、滬本同。按漢書王子侯表「猇節侯起」下顏師古注引晉灼曰：「猇音内言鴞。」王先謙補注：「内言音深，宜重讀；外言音淺，宜輕讀也。」漢書地理志：「猇侯國。」顏注引蘇林曰：「今東朝陽有猇亭。蔡謨音由，音鴞。」此處不當統言「晉灼曰」。

齊乘：濼水，源曰趵突，流曰濼，東導曰小清。曾南豐齊州二堂記曰〔二〕：泰山北與齊東南諸谷之水，西北匯於黑水之灣，又西北匯於柏崖之灣，而至於渴馬之崖，則泊然而止。今黃山下。自崖以北，至於歷城之西，蓋五十里，有泉湧出，高至數尺，名曰趵突之泉。齊人謂嘗有棄糠於黑水灣者，見之於此。其注而北，則謂之濼水。春秋桓公十八年：公會齊侯于濼。是也。今府城西平地，泉源觱湧，雪濤數尺，聲如隱雷，旁合馬跑〔二〕、金線諸泉，周可數畝。北出又合蜜脂〔三〕、五龍泉。泉並城北流，屈而東至城北水門，大明湖水出而注之。東北至華不注山，合華泉，即齊頃公下如華泉取飲者。三齊記云：歷山下有無底井，與此泉通。山之西南，引水溉田，水經謂之歷水陂。餘波西注大清曰聽水〔四〕，即今之響河。古濼水，自華不注山東北入大清河。僞齊劉豫乃導之東行〔五〕，爲小清河。自歷城東逕章丘、鄒平，又東逕般陽之長山、新城，又東逕高苑，至博興合時水，東北至馬車瀆入海，曲行幾五百里，故自濟南東傳博興南源衆水〔六〕，古入濟者，今並入小清焉。

新城志：小清河來自縣西南，濟水之支流也。發源於濟南之趵突泉，□爲濼水，經華不注山，華泉水及歷下七十二泉皆入焉，東北入大清河。僞齊劉豫導之東行，至韓家店西，分一支爲小清河，會龍山河，經章丘〔七〕，會淯、漯、沙三河，經鄒平、長山，流至縣西北二十五里岔河〔八〕，會孝婦河，東流經博興，又東北至樂安高家港入海。河初行高苑縣北，金皇統間，縣令高通改由縣南長沙溝而東，每年秋水泛漲〔九〕，潰決爲害。小清爲運鹽河，初行高苑縣北。金皇統間，縣令高通改由縣南長沙溝。然此水迂曲，上流岐淺，鹽舟多梗，議者欲引孝婦水西注上流，非計也。蓋小清舟不過欲達大清耳，若自博興引渠，至蒲臺立堰，平原僅五十里，徑達大清矣。

大明湖。水經注：濼水北爲大明湖。西有大明寺。水成淨池，池上有亭，湖水引瀆，東入西郭，而側城北注，又上承東城歷下〔一〇〕，泉源競發，北流出郭注濼水。詳此，則大明湖亦源於濼。城西五龍潭側，古有北渚亭，豈池亭遺迹耶？湖今在府城内，周十餘里，即歷下泉源競發，北流出郭者也。歷下名泉，有曰金線，趵突東。曰皇華，曰柳絮，曰卧牛，金線東。曰東高，曰漱玉，金線南。曰無憂，曰石灣，趵突南。曰酒泉，曰湛露，無憂西。曰滿井，曰北煮糠，趵突北。曰北珍珠，白雲樓前。曰散水，曰溪亭，北珍珠東〔一一〕。曰濯纓，北珍珠西。曰灰泉，濯纓西北。曰知魚，灰泉東南。曰朱砂，灰泉西。府城内灰泉最大，自北珍珠以下，皆匯於此。周回廣數畝，當是大明湖之源也。曰劉氏，北珍珠西北。曰雲樓，劉氏南。曰登州，曰望水，萬竹園内。曰洗鉢，登州東北。曰淺井，曰馬跑，洗鉢西南。曰舜泉，舜祠下。曰香泉，舜泉西。曰鑑泉，舜泉南。曰杜康，南舜廟。曰金虎，曰黑虎，李承務巷。曰東蜜脂，金虎西南。曰西蜜脂，東蜜脂西。曰孝感，孝感坊内。曰玉環，同知巷前，今憲衙街。曰羅姑，塌行街東。曰混沙〔一二〕，曰灰池，城西南角塲下。曰南珍珠，鐵佛巷東。曰芙蓉，姜家亭前。曰滴水，又名清泉。西務北。曰灰灣，曰懸清，城西五龍堂東。曰雙桃，城西丁字街北。曰温泉，城西石橋北城下。曰汝泉，神童寺内。曰龍門，一名龍泉。神童寺東。曰染池，龍門東。曰懸泉，中宫東。曰都泉，中宫東南。曰柳泉，曰車泉，中宫東遠東莊。曰煮糟，四里山南。曰爐泉，南山下。曰白虎，曰甘露，大佛山。曰林汲，佛峪内。曰白泉，王舍店北。曰金沙，曰白龍，龍洞山中。曰花泉，張馬泊。曰獨孤，靈巖寺。曰醴泉，黌堂嶺北。曰漿水，盤水鎮東南。曰南煮糠，蠍山窩北。曰苦苣，柳鋪東。曰熨斗，黎峪門家莊。曰鹿泉，石固寨。曰龍居，長城嶺西。合趵突、百脈[一三]，總七十二。見名泉碑。然遠至中宫、靈巖諸泉具載，而華不注之華泉，明水鎮之淨明泉，皆失不取，况其名亦未甚雅稱，蓋殘金俗筆。欽嘗擬會波樓記略云：濟南山水甲齊、魯，泉甲天下。蓋他郡有泉一二數，此獨以百計。濤噴珠躍，金霏碧渟，韻琴筑而味肪醴，不殫品狀。在邑者瀦市之半，在郭者環城之三。棋布星流，走城北陬，匯於水門，東流爲濼，並於汶，過於時，入於海，可概見矣。

百脈水。水經：出土鼓縣故城西。元和志：出亭山縣東北。亭山，在府城東南九十里。源方百步，百泉俱發，故曰百脈。即繡江源也。郡國志云：十二芹溝俗名麻灣，出章丘縣南明水驛。明水，一名淨明泉，出百脈西北石橋邊，其泉至潔，纖塵不留。土人以洗目，退昏翳。與西麻灣水合流三里餘，入繡江。乃東北流逕東陵山，漸章丘東城，又北入小清河。縣東七里有楊緒水，一名獺河。水經云：出逄陵故城西南，經章丘城北入濟水。今按獺河出長白山之王村峪，經章丘東北，入小清河。曾南豐齊州二堂記：齊多甘泉，顯名者以十數，而色味皆同，皆濼水之旁出者。蔡氏援此以證濟水之伏，破程氏之論，當矣。又取沈存中筆談，謂歷下發地皆泉[一四]，濟水經過其下，自相矛盾何邪？且古濟行清河，如在井底，南仰泉源，遥在山麓，豈能相及。今黄山渴馬崖水伏而可證。又龍洞山中朗公峪諸水，東西伏流。土人云：西發趵突，東發百脈，驗之信然。蓋歷下衆泉，皆岱陰伏流所發，西則趵突爲魁，東則百脈爲冠，地勢使然，何關於濟？存中得之傳聞，九峯按圖索駿，各有疑誤。近官濟南者，遂定以濼爲濟，建濟瀆廟於泉上，謬矣。

大清河。古濟，今汶。水經注：濟枯渠注巨野澤，澤北則清水。巨野，今梁山泊也。北出爲清河，古自壽張縣安民亭，亭北對安民山，今曰安山。合汶水。汶出泰安萊蕪縣原山之陽，水經謂之北汶，西南逕徂徠山陰〔一五〕，又西逕泰山之陽。漢武明堂遺迹臨水，謂之石汶。又西逕汶上縣北，又西逕東平城南。其西即安山閘〔一六〕，閘下泥河口，有亭子店，古安民亭遺址，清、濟與汶合處。今聞清水南導任城，則清、濟不入汶，汶自行古清河矣。汶水又北逕魚山東，即瓠子歌之吾山，在安山東，有漢堤遺迹。自西而東，屬之麓。山西有曹子建冢，山東漢黄河故渠。又北逕陽谷縣西流，水合狼水入焉。又東北逕東阿縣。道元云：縣東北有清亭。春秋隱四年：遇于清。以河得名也〔一七〕。又東北逕平陰縣廣里保，古齊長城防門，河道所由。春秋：齊侯塹防門而守之〔一八〕。是也。廣里，見水經，又名光里。又北逕巫山，齊侯登以望晉師者。山上有石室，水經謂之孝子堂。今曰郭巨廟。清水過此，古爲湄湖。又東北逕齊河縣，縣南門外有梁跨水，古朝陽橋遺迹，耿弇渡處。齊河縣，在宋爲耿濟鎮。

沙溝水，出山茌縣南來入焉〔一九〕。今肥城縣東南有沙溝鎮，以水得名。又北逕上濼橋北，濼水分響河入焉。古名聽水。又東北逕華不注山陰，又東逕下濼堰，濼水舊入濟處。堰南即小清河。又北逕臨邑縣，又東北逕濟陽縣，又北逕齊東縣。古東鄒。又東北逕蒲臺縣，又東北逕高苑縣北，又北逕利津縣城東，又東北入於海。水經云：濟至古平安爲淵渚，謂之平州沉。又東北至琅槐鄉，有古黄河通濟枯渠，謂之漯河。又東北入海。元和志謂海浦。浦旁有一沙阜，高丈餘，俗呼鬬口淀。濟水入海，與海潮相鬬，故名。淀上有井，極甘，海潮不能没。朱子韓文考異曰：按水經河水至東阿、茌平等縣東北流，四瀆津灌注之。河水東分，濟水受河，蓋滎口水斷不通，始自是出，與清水合。昔趙殺鳴犢〔二〇〕，孔子臨河而嘆，作歌曰：「狄之水兮風揚波，舟楫傾倒更相加，歸來歸來胡爲期。」按臨濟而故狄也，是濟所經，得其通稱。詳此，則是濟水自滎澤之下潛流至此四瀆津口而復出。河又東分一支，與之合流，以過臨濟而爲狄水。然此皆齊地，在今濟、鄆之間。史記以爲孔子自衛將西見趙簡子，則其道不當出此。此又不可曉者，今姑闕之，以俟深於地理者考焉。欽按漢陳留郡平丘縣有臨濟亭，故狄也。蓋濟水出陶丘北，南瀆被孟豬，北瀆注巨野，亭臨此瀆，故曰臨濟。春秋時，狄人據此，因以名焉。此水夫子所歌，至王莽時枯竭。水經所謂「濟枯，注巨野」者也。其自巨野北出至四瀆津與河合流者，乃齊之清河，水經所謂「得其通稱者」，是也。漢千乘别有狄縣，安帝更名臨濟。唐又别以漢東朝陽爲臨濟，今章丘之臨濟鎮也，文公蓋疑於此云。

古河。朱文公九歌注曰：禹治河，至兖州，分爲九道，以殺其溢。其間相去二百餘里，徒駭最北，鬲津最南。徒駭是河之本道，東出分爲八枝也。胡氏大記曰：大陸澤北九河之地平延，漫流易淤，故禹多與之地，使下流通曠。齊桓擅一時之利，適河行徒駭，因以八河之地，充樹藝，立城邑，下流始迫隘爲患〔一一〕。欽按河過大陸趨海，勢大土平，遷徙不常，自播爲九，禹因而疏之，非河獨行經流，禹於旁近支鑿，以殺其溢也。禹後歷三代，至齊桓時，千五百餘年矣，支流漸絶，經流獨行，亦理勢如此，非齊桓冒曲防之禁，故塞九河，實九河自爲平陸，可樹藝耳。至定王五年，河遂南徙砱礫。漢世漸決而南，元帝永光中，決於清河，分流入博州，後又決於平原，乃東入青、齊二州之境，遂由漯川與濟並行入海。宋紹熙以後，乃南連大野，幷泗入淮。金初，又改由渦。近歲復由泗入淮。河濁，淮、泗俱清。清淮勢大，可以吞伏，故下流無淤塞之患。惟汴、宋之郊，盤屈平壤，潰決如故。自定王以來，又千五百餘年，河自北而南徙千餘里。今按桑田之地，講求变遷之陵谷，欲盡合古書，難矣。漢世去古未遠〔一二〕，河堤都尉許商言：九河故道，爲徒駭，在成平；金獻州樂壽縣景城鎮〔一三〕，古有成平城。胡蘇〔一四〕，在東光；今景州東光縣東連滄州，古有胡蘇亭。鬲津〔一五〕，在鬲縣；德州有鬲縣城。曰太史，曰馬頰，曰覆釜，在東光之北，成平之南；曰簡，曰潔，曰鉤盤，在東光之南，鬲縣之北。斯言簡而近實，後世圖志雖詳，反見淆亂。欽嘗往來燕、齊，西道河間，東履清、滄，熟訪九河故道，蓋昔北流，衡、漳注之。今之御河，漢初猶入河。漢、魏時，名漳水。隋、唐以來，名御河。河既東徙，漳自入海，安知北流之漳，非古徒駭河歟？宋會要：神宗熙寧三年，議開御河。臣寮奏云：可於恩州武城縣開約二十餘里，入黄河北流故道，下五股河。據此〔一六〕，則御河入黄河北流故道無疑也。逾漳而南，清、滄二州之間，有古河堤岸數重，地皆沮洳沙鹵，太史等河當在其地。滄州之南，有大連澱。今日大梁，五龍堂宋碑作大連，疑即隋末羣盜所據之豆子䴚也。西逾東光，東至海，此非胡蘇河歟？澱南至西無棣縣百餘里間，有曰大河，曰沙河，皆瀕古堤，縣北地名八會口。土人云：因河會得名。縣城南枕無棣溝，玆非簡、潔等河歟？無棣溝通海，隋末廢塞。唐薛元鼎開之，百姓歌曰：「新河得通舟楫利，直達滄海魚鹽至。昔日徒行今騁駟，美哉薛公德滂被。」凡此溝澱，今皆爲鹽司堰塞。平時潞水不通，纔遇淫雨，水即潰溢，故河間、清、滄之地，常被水害，無有寧歲。吾友伯答爾都水嘗言：撥丁河數場鹺課與山東運司，帶辦廢堰泄水，則河間永無患矣。執政無識，竟沮之。良可嘆矣。東無棣縣北有陷河，闊數里，西通德、棣，東至海，玆非所謂鉤盤河歟？德州有盤河鎮。濱州北有士傷河，西逾德、棣〔二七〕，東至海，玆非鬲津河歟？士傷河最南，比他河差狹，是爲鬲津無疑矣。所謂士傷者，土人云：昔日戰場，因傷賢人，故云。按水經：漢安帝時，劇縣賊畢豪等乘船寇平原，縣令劉雄門下小吏所輔浮舟，追至厭次津，戰敗，爲賊所擒。輔求代雄，豪縱雄，殺輔於此津，蓋此河也。蔡氏書傳乃曰：自漢以來，講求九河，皆無依據，祖王横之言，引碣石爲證，謂九河已淪於海。欽按禹貢文：北過洚水，至于大陸；又北播爲九河，同爲逆河，入于海。大陸在邢、趙、深三州之地，爾雅之廣阿澤也，去海岸以數百里。大陸，又曰鉅鹿。吕氏春秋曰：鉅鹿之北，遂分爲九河。路史云：九河始元城，大名縣西三里有故瀆。鄭夾漈謂：大陸非趙地之廣阿澤，乃汲郡之吳澤也。如此則又遠之矣。又東至海。中始叙九河，則大陸與九河相離千里，如是之遠，而絶無表志，不合禹貢之文，其不可信，一也。王横謂海溢出〔二八〕，浸數百里，而青、兖、營、平郡邑，不聞有漂没之處，而獨浸九河，其不可信，二也。今平原迤北清、滄之間，雖有樹藝，城邑相望，而地形河勢，高隱曲折，往往可尋。但禹初爲九，厥後或二或五，遷變多寡不同，必欲按名而索，故致後儒紛紛之論，不得不辨。

海，「海、岱惟青州。」謂東北跨海，西南距岱。跨小海也，本名渤海，亦謂之渤澥，海別枝名也。蓋太行、恒嶽北徼之山，循塞東入朝鮮。今高麗。海限塞山，有此一曲。北自平州碣石，南至登州沙門島，自謂渤海之口〔二九〕，闊五百里，西入直沽幾千里焉。漢王横乃謂：九河之地，淪爲小海。然則唐、虞之時，青州跨海者，跨何海耶？且海溢出，浸數百里，何自秦、漢以來，青、兖、營、平郡縣，不聞有漂没之者？足證横失。近世蔡氏書傳、金履祥通鑑前編皆祖横説。又謂小海所淪青、兖北境，悉非全壤，豈二州北境有荒漠棄地，爲海所漸，而歷代信史不之書耶？無是理也。蓋因委九河於海中，指碣石在海外，遂有此論。今青境無缺，玆不必辨。古兖之地，自今濟南以西，北包濱、棣、滄、瀛，帶雄、鄭，西襟深、冀，南繞曹、濮，東括魯、鄆，四至亦不狹矣。在春秋、戰國，其地瓜分，後世從而小之，未詳考也。金氏又云：碣石有二，在高麗者，曰「左碣石」，在平州者，正禹貢之「右碣石」也。乃今沙門島對岸之鐵山，正當渤海之口〔三〇〕，果爲右碣石，則唐、虞之時，青、兖東北直岸大海，而無渤海矣。此又可信邪！今齊境東南則日照、即墨、膠州；正東則寧海、登州，皆岸大海；東北則萊、濰、昌邑；正北則博興、壽光；西北則濱、棣二州，皆岸渤海云。

巨洋水。水經云：出朱虚縣東泰山。國語謂之具水，袁宏謂之巨昧，王韶以爲巨蔑，或曰朐瀰，或曰沫，實一水也。今謂之洱河。出沂山西麓，即東泰山也。東北流至臨朐縣東南，薰冶泉入焉〔三一〕。薰冶出縣南西溪。又北，沙河出東阜下，北來入焉。又北至臨朐城東，逕覆釜山，又北逕委粟山，水經云：孤阜秀立〔三二〕，形如委粟。今名粟山。又東北，石溝水入焉。石溝出逢山東北石澗中〔三三〕，山即石膏山，麓三成。水經名北洋，蓋因巨洋在南也。又東北，龍岡水出臨朐東北窑山，東來入焉。又北過益都府城東北，建德水合南陽水入焉。建德水出府南七里澗，俗名七里河，水東猶有建德村。道元云：建德出逢山，邳泉出平地。今按平地之邳泉，在建德水源之東北，入建德，非入巨洋也。南陽水見後條。又東北，康浪水入焉。道元云：康浪出劇縣西南峓山，北流入巨洋〔三四〕，即今香山南狗王河。三齊略曰：康浪水在齊城西南十五里康衢側〔三五〕，甯戚扣牛角歌於此。今臨淄西南泥河、潼水皆微細〔三六〕，且歌云：中有鯉魚長尺半。此水豈足當之。寰宇記又謂康浪水在淄州。皆不可信，當從水經云。又北逕巨昧店，耿弇追張步處；又東北逕辟閭渾墓〔三七〕，俗名釣魚臺；又東北逕故益縣城〔三八〕，古別出一支爲百尺溝。道元謂：西北入巨淀者，此溝也。今廢。又北逕壽光縣東北。水經云：舊有孔子問經石室，即倉頡墓也。堯水入焉。堯，一名蕘，又曰青，出府東南七十里角崩山，又東北由黑冢泊入海〔三九〕。黑冢泊，述征記謂之烏常泛。齊人名湖爲泛，冢即秦始皇望海臺也。余按漢志：石膏山，洋水所出，東北至廣饒入巨淀，即此水也。但因北洋而誤其源，因支津別出而誤云入巨淀。曾肇南洋橋記乃以洋爲南陽，非也。洋爲齊之大川，故以「巨」名。道元所謂「羣書盛言，孟堅不應捨大而志小。」〔四〇〕

汶水。水經：出朱虛縣泰山。今沂山絶頂穆妃陵側有瀑布泉，懸百丈崖而下，即汶水也。東流循鳳凰嶺折而北，經大峴山陰，峴水入焉。穆陵關北之水。又北逕蔣峪口，有水出峪中，西來入焉。水經有峿山水，以爲汶源，疑即此水。又北逕龜山陰，山形如龜臨水。乃折而東逕柴阜，水經注：阜南管寧冢，阜北邴原冢。又東北逕安丘南阜山，水經注：山西孫嵩冢〔四一〕。又東北逕安丘城西，又東北入於濰。水經注：古淳于縣，濰、汶交會處。是也。顔監曰：前言汶水出萊蕪入濟，今此又言出朱虛入濰，將桑欽所説有異，或者有二汶乎？余按入濟之汶，見禹貢、論語之汶上，書傳謂之北汶，即今大清河；入濰之汶，見漢書；入沂之汶，見水經。有三汶，清河爲大。述征記：泰安郡水皆名汶〔四二〕，有北汶、嬴汶〔四三〕、柴汶、牟汶，皆源分流同〔四四〕，又在三汶之外。

巨淀，馬車瀆。漢志曰：爲山，濁水所出，東北至廣饒入鉅定，東北至琅槐入海。定作淀，水澤名，縣因氏焉，即今樂安東北清水泊也。北出爲馬車瀆，今高家港也。淄水、濁水入巨淀，時水入馬車瀆，同歸於海。南洋橋記乃以鉅定爲巨洱河，今巨洱自壽光東北入黑冢泊，巨淀、馬車在壽光西北，相去六十餘里，不合漢書「首受鉅定」之文，濁水亦無入巨洱之理，曾子開誤矣。

溝洫志：東海引鉅定溉田。鉅定，澤名，東海無此澤。寰宇記：膠水、南定渚渠，即漢武所耕處，非東海地〔四五〕。

膠水。水經云：出黔陬膠山，今膠州膠西縣西南鐵橛山也。北逕密州東北鹵山，古名五弩山，鹵水入焉。寰宇記：膠水出密州諸城縣東峚山〔四六〕。或亦曰膠水出鹵山，皆非是。又北逕高密縣東北，入都濼。都濼者，水經謂之夷安潭。秦地圖謂之劇清池，即古貕養澤也。張奴水出高密東阜下〔四七〕，亦注此澤，自澤北出注新河，張奴水，一名墨水〔四八〕，水側有張奴店。由河北入於海。其東北入海者，膠水之故道差淺，而新河爲經流〔四九〕。新河者，至元初，萊人姚演建言〔五〇〕，首起膠西縣東陳村海口，自東南趨西北，鑿陸地數百里，欲通漕直固海口〔五一〕，〔旁注〕今直固。數年而罷。余嘗乘傳過之，詢土人，云：此河爲海沙所壅，又水潦積淤，終不能通，徒殘人耳。演真鄭國之罪人也！

沂水。鄭康成云：沂水出沂山。水經云：出蓋縣艾山。寰宇記：艾山，一名臨樂山。在新泰縣東北三十里。道元則曰：沂有二源，一出祚泉山〔五二〕，一出魚窮山。余按今蒙陰縣東北，地名南河川小阜之下，有曰狗泉，泉旁神祠塑黑狗，不知何據，疑此則臨樂山也。此沂源也。東南逕馬頭固山，有泉東流與之合，北望沂山五十里，殊無別源。據周禮，沂山因沂水得名。康成又齊之大儒，不應有誤。疑沂山水源，古流今竭耳。沂水過馬頭固南流，逕蓋縣故城，又南至沂水縣城西，又南至河陽村，桑泉水西來入焉。道元云：桑泉出五女山，南流納堂阜水，即今蒙陰東北憚阜大、小二河也。又南合蒙陰水，通名爲汶水，東注沂水。水經桑泉亦稱汶，故今云沂〔五三〕。又南逕諸葛城，又南逕王祥墓，孝感水入焉。其水出墓西戚溝湖，剖冰躍魚之地。又南至沂州城東，小沂水西來入焉。小沂出蒙山西〔五四〕，東過費縣神山，納祊水。祊出縣南關陽川，至沂州西又分爲涑水。涑自州城西，小沂自城北，俱入沂。宋慶曆間沂州修城碑云：大小二沂，環流外轉，而小沂尤湍於西北，平日波如簟紋，清淺可愛，及山雨水至，如百萬陣馬摩壘而來。謂此水也。沂水又南，分流入三十六穴湖，東通沭水。詳見沭水條。又南逕古郯城，又南至下邳入泗。下邳古城，在今邳州南。道元云：沂水至下邳分爲二：一自城北趨西南入泗，一自城東南入泗。東沂水上有橋，郡國志謂之長利也。徐、泗間，以爲圯〔五五〕，音怡。子房遇黄石公進履處。今入泗者，西沂耳。

沭水。水經注：大弁山與小泰山連麓，沭水出焉。大弁今誤作大屏。漢志謂之術水。元和志云：俗名漣水。出沂山東麓，經大峴山，峴水入焉〔五六〕。穆陵關南入沭之水。又南至老牛嶺，嶺長二十五里。折而東，逕𡷎山，𡷎水入焉〔五七〕。𡷎水出𡷎山，水經謂之箕水。又南至洛山，洛水西來入焉。洛水出壇頭山。又南經莒州城東，又南，沙河水西南入焉。沙河首受西湖水，湖受黄華諸水，皆莒城西北羣山泉瀦爲湖。又南，温泉西來入焉〔五八〕。泉出沂州東北陽山，古名温水阪，鼎足三穴，沸如湯〔五九〕。道元謂西入沂，非也。又東逕倉山、道元云：山上有鹽官城，即漢封劉釘之利城。武陽溝水出此〔六〇〕，東入沭〔六一〕，今屬贛榆縣。馬嶺、羽山、殛鯀山也。元和志：在臨沂縣東南一百一十里。是也。由吾，寰宇記：巨平山南有由吾廟。隋文帝徵道士由吾，拜諫議大夫，卒，葬此山。水經又云：沭水逕司吾山東，疑即巨平山也。漢有司吾縣。羣山聯絡，沭東沂西，夾山而行，山峽之間有山口池者。俗云：禹鑿沂水，由三十六穴湖，貫此峽口，與沭相通。道元謂辟陽水首受葛陂水入沭者〔六二〕，蓋此水也。今沂州東北有葛溝〔六三〕。又南至沭陽縣入桑墟湖。墟，烏侯切。道元謂桑墟水出襄賁東入沭〔六四〕，湖因此名。元和志云：碩濩湖在沭陽縣東八十里〔六五〕，與朐山〔六六〕、漣水縣，三分湖爲界。今訛作桑口湖。由湖東出，入於海。沭水至此，正名漣水，故縣氏焉。道元謂：沭水下流，古分爲二。今名南漣、北漣。魏正元中，齊王鎮徐州，立大堰，遏水西流，兩瀆之會，置城防之，名曰曲沭戍。其流西入淮陽，由下邳入泗。余按宋、金相拒，宋人亦堰此水，以防北敵，遺迹在今海寧、沭陽界中。

迦水，音加。有二：東迦出沂州西北其山，城内普照寺有金僧居山頌碑，作其山。南流至卞莊站，國初立站，今廢。東分一支入芙蓉湖，溉田數十頃。湖在沂州東南芙蓉山下，香粳鍾畝，古稱琅邪之稻，即此。西迦出嶧州東北抱犢山，東南流，至三合村與東迦合。又有魚溝水出浮丘山，合於此，故名三合。南貫四湖，溉田倍芙蓉。又南合武河，入於泗，謂之迦口，淮、泗舟楫通焉。元和志云：承縣界有陂十三所，皆貞觀以來修立，以溉田者。今沂、嶧二州仰迦、承二水溉田，青、徐水利莫與爲匹，皆十三陂之遺迹也。〔旁注〕嶧志：故址間存，多堙塞。武河者，疑即漢志冠石山之武水。水經亦謂之小沂。上流有故渠，俗名文河。土人云：浚此渠六十里，使武河通沛，可避吕梁、徐洪之險〔六七〕，而徑達新濟者矣。徐、邳人恐徙河無業，每沮之。

承水。音澄。當入嶧縣。元和志云：承縣以西北承水得名。寰宇記云：承治水出西北方山。王莽改承縣爲承治，故水有此名。今又訛爲承治。本出嶧州北六十里花盤山之車梢峪，源曰滄浪淵，淵旁有龍祠。宋政和間，賜額霖澤廟〔六八〕。其水南流，合許池泉。今滄浪淵水微細不及，獨許池爲正源矣。承水又南逕州城西門，又南納金注河，又東會武河，南入於泗。承水溉田千餘頃，旁多美竹，人賴其利。

南梁水。後漢志：魯郡蕃音皮。縣有南梁水〔六九〕。道元曰：蕃縣東北平澤，泉若輪焉〔七〇〕。南梁鄰於漷，亦謂之西漷水，首受蕃縣，西注山陽、湖陸二水，皆由沛入泗。今按南梁水出滕縣荆溝村，西南流至滕州東門外，折而過城北，又西入山陽湖。山陽俗曰刁陽。由湖南出，注於泗。南有薛水，即古漷水，出州東高山。春秋：魯取邾田，自漷水。杜注：水出東海合鄉縣西南，經魯國，至高平湖陸縣入泗。蓋此水也。又有沙河水，出鄒嶧山，皆西南流，至山陽湖與南梁相合，同入於泗。名三河口〔七一〕。

【校勘記】

〔一〕齊州二堂記　底本脱「州」字，川本同，據滬本及曾鞏齊州二堂記補。下補同。

〔二〕今府城西平地至馬跑 「平」，底本作「西」，川本、滬本同，據齊乘卷二改。「跑」，底本作「跪」，川本同，據滬本及齊乘卷二改。下同。

〔三〕蜜脂 底本作「密水」，川本同，據滬本及齊乘卷二改。

〔四〕餘波西注大清曰聽水 「西注」，底本缺，川本、滬本同，據齊乘卷二補。

〔五〕僞齊 「僞」，底本缺，川本、滬本同，據齊乘卷二補。下文新城志下「僞齊」之「僞」字，據圖書集成職方典卷一九〇補。

〔六〕故自濟南東傳博興南源衆水 「自濟」，底本缺，川本、滬本同，據齊乘卷二補。

〔七〕章丘 底本、川本「章」下衍「會」字，據滬本及清統志卷一六二删。

〔八〕至縣西北二十五里岔河 底本「北」下衍「五」字，據川本、滬本删。

〔九〕秋水泛漲 底本「泛」下衍「長」字，據川本、滬本删。

〔一〇〕又上承東城歷下 川本、滬本同。按水經濟水注作「水上承東城，歷祠下泉」，蓋此「歷下」有脱誤。

〔一一〕白雲樓前曰散水曰溪亭北珍珠東 「白雲樓前」，底本誤爲「北煮糠東」；「曰散水，曰溪亭，北珍珠東」，底本脱，川本、滬本同，並據齊乘卷二改補。

〔一二〕混沙 「沙」，底本、川本作「河」，據滬本及齊乘卷二改。

〔一三〕合趵突百脈 「合」，底本脱，川本同，據滬本及齊乘卷二補。

〔一四〕歷下 底本、川本「歷」下衍「地」字，據滬本及齊乘卷二删。

〔一五〕西南逕徂徠山陰 底本「西」下衍「北」字，據川本、滬本及水經汶水注删。

〔一六〕其西即安山閘　底本脱「西」字，川本同，據滬本及齊乘卷二補。

〔一七〕以河得名也　「河」，底本作「亭」，川本、滬本同，據本書上文及齊乘卷二改。

〔一八〕春秋齊侯塹防門而守之　川本、滬本同。按事見左傳襄公十八年，「春秋」當爲「左傳」之誤。

〔一九〕出山荏縣　底本作「出山荏平縣」，川本同，滬本作「由荏平縣」，齊乘卷二作「出山荏縣」。按水經濟水注：「濟水又東北，與中川水合。水東南出山荏縣之分水嶺。」「俗謂之沙溝水。」齊乘是，據改。

〔二〇〕昔趙殺鳴犢　「趙殺」，底本倒誤作「殺趙」，川本、滬本同，據水經河水注、齊乘卷二乙正。

〔二一〕下流始迫隘爲患　「隘」，川本、滬本同，齊乘卷二作「溢」。

〔二二〕漢世去古未遠　「去」，底本作「求」，據川本、滬本及齊乘卷二改。

〔二三〕金獻州　「金」，底本作「今」，川本、滬本同，據齊乘卷二改。「獻」，底本、川本作「縣」，據滬本及齊乘卷二改。

〔二四〕胡蘇　「蘇」，底本、川本缺，據滬本及齊乘卷二補。下「胡蘇亭」、「胡蘇河」皆缺「蘇」字，並據滬本及齊乘補。

〔二五〕鬲津　「津」，底本、川本、滬本作「景」，據齊乘卷二改。

〔二六〕據此　「據」，底本作「則」，據川本、滬本改。齊乘卷二作「詳」。

〔二七〕西逾德棣　「西」，底本作「面」，川本同，據滬本及齊乘卷二改。

〔二八〕王横謂海溢出　「謂」，底本作「爲」，川本同，據滬本及齊乘卷二改。

〔二九〕自謂渤海之口　「自」，川本、滬本同，齊乘卷二作「是」，此「自」爲「是」字之誤。

〔三〇〕正當渤海之口　「海」，底本脱，川本同，據滬本及齊乘卷二補。

〔三一〕薰冶泉　「薰」，底本作「重」，川本、滬本同，據水經巨洋水注改。下同。

〔三二〕孤阜秀立　「立」，底本、川本作「出」，據滬本及水經巨洋水注改。

〔三三〕逢山　「逢」，底本、川本作「達」，據滬本及水經巨洋水注改。

〔三四〕北流入巨洋　「北」，底本、川本作「西」，據滬本及水經巨洋水注改。又，底本「流」下衍「西流」二字，據川本、滬本及水經巨洋水注删。

〔三五〕在齊城西南十五里　底本「齊城」上衍「東」字，川本同，據滬本及齊乘卷二删。

〔三六〕潼水　川本、滬本同。齊乘卷二作「澅水」。按水經淄水注：「澅水出時水東，去臨淄城十八里。」此「潼」蓋爲「澅」字之誤。

〔三七〕辟閭渾墓　底本脱「辟」，川本同，據滬本及水經巨洋水注、齊乘卷二補。

〔三八〕益縣城　「益」，底本作「邑」，川本同，據滬本及水經巨洋水注改。

〔三九〕黑冢泊　「黑」，底本作「墨」，川本同，據滬本、本書下文及齊乘卷二改。

〔四〇〕不應捨大而志小　底本「捨」下衍「而」字，川本同，據滬本及齊乘卷二删。

〔四一〕孫嵩　底本作「縣嵩」，川本作「縣嵩」，滬本無此句，據水經汶水注、齊乘卷二改。

〔四二〕泰安郡　「安」，川本同，滬本及齊乘卷二作「山」。

〔四三〕嬴汶　底本脱「汶」字，據川本、滬本及齊乘卷二引述征記補。

〔四四〕皆源分流同　「分」，川本同，滬本及齊乘卷二作「别」，此「分」疑爲「别」字之誤。

〔四五〕非東海地　「地」，底本作「也」，川本、滬本同，據齊乘卷二改。

〔四六〕膠水出密州諸城縣東峰山　「東」，底本作「在」，川本同，據滬本及齊乘卷二改。

〔四七〕張奴水　「張」，底本作「引」，川本同，據滬本及齊乘卷二改。

〔四八〕墨水　「墨」，底本作「黑」，川本同，據滬本及齊乘卷二改。

〔四九〕而新河爲經流　底本「經」下衍「河」字，據川本、滬本及齊乘卷二刪。

〔五〇〕姚演　「演」，底本作「寅」，川本同，據滬本及元史世祖紀、齊乘卷二改。

〔五一〕鑿陸地數百里欲通漕直固海口　「陸」，底本脱，川本、滬本同，據齊乘卷二補。又「直固」，元史仁宗紀：延祐二年，「改直沽爲海津鎮。」元史河渠志：延祐六年，「漕運糧儲及南來諸物商賈舟楫，皆直沽達通惠河。」皆作「直沽」。

〔五二〕祚泉山　「祚」，川本及齊乘卷二同，滬本及水經沂水注作「柞」。

〔五三〕水經桑泉亦稱汶故今云沂　底本錯簡於下文「又南逕諸葛城」之後，據川本、滬本及齊乘卷二乙正。又，底本「桑」下衍「根」字，據川本、滬本及齊乘卷二刪。

〔五四〕小沂出蒙山西　底本脱「出」字，川本同，據滬本及齊乘卷二補。

〔五五〕以爲圯　「以」，底本作「分」，川本同，據滬本及水經沂水注改。齊乘卷二作「呼」。

〔五六〕峴水入焉　「峴水」，底本脱，川本同，據滬本及齊乘卷二補。

〔五七〕𡹨水入焉　「𡹨水」，底本脱，川本同，據滬本及齊乘卷二補。

〔五八〕又南温泉西來入焉　底本「南温」倒誤爲「温南」，川本同，據滬本及齊乘卷二乙正。

〔五九〕沸如湯　「沸」，底本作「滑」，川本、滬本同，據齊乘卷二改。

〔六〇〕武陽溝水　「陽」，底本作「湯」，川本、滬本同，據水經沭水注、齊乘卷二改。

〔六一〕東入沭　「東」，川本及齊乘卷二同，滬本作「西」，同水經沭水注。

〔六二〕辟陽水　「辟」，底本作「解」，川本同，據滬本及水經沭水注、齊乘卷二改。

〔六三〕沂州　「沂」，底本作「沭」，川本、滬本同，據齊乘卷二改。

〔六四〕襄賁　「襄」，底本作「桑」，川本同，據滬本及水經沭水注、齊乘卷二改。

〔六五〕碩濩湖　「濩」，底本作「護」，川本、滬本同，據元和志卷一一、齊乘卷二改。

〔六六〕朐山　底本脱「山」字，川本、滬本同，據元和志卷一一、齊乘卷二補。

〔六七〕可避吕梁徐洪之險　「徐」，底本作「餘」，川本同，據滬本及齊乘卷二改。

〔六八〕淵旁有龍祠宋政和間賜額霖澤廟　「淵」、「祠」、「澤」，底本作「之」、「洞」、「渾」，川本同，據滬本及齊乘卷二改。

〔六九〕南梁水　底本脱「南」字，川本同，據滬本及續漢書郡國志、齊乘卷二補。

〔七〇〕蕃縣東北平澤泉若輪焉　「輪」，底本作「輸」，川本同，據滬本及水經泗水注、齊乘卷二改，又，水經注「澤」下有「出」字。

〔七一〕三河口　「三」，底本作「山」，川本、滬本同，據齊乘卷二、清統志卷一六五改。

唐貞觀十七年，於樂陵置棣州。後徙治厭次。故城在州東北四十餘里，土人名曰北舊城。宋大中祥符四年，清河水溢，壞州城，以厭次與陽信互易其地，徙州治厭次。漢高祖封爰類爲厭次侯〔一〕。明帝永平五年，更富平爲厭次縣。元魏時，徙縣治馬嶺城。今陽信縣東馬嶺城是。北齊省。隋復置於樂陵〔二〕。漢高祖封吕青爲陽信侯。文帝復以封劉揭。

唐時，德州治安德縣。五代晉徙長河。宋嘉祐中，復治安德。　東到商河縣一百八十里，西到陵州七十里，南到高唐州一百四十里，北到吳橋縣七十里，東北到寧津縣百里，東南到禹城縣一百一十里，西南到恩州一百一十里，西北到景州二百里。

平原縣，在州西南五十里。

【校勘記】

〔一〕爰類　底本「爰」下衍「數」字，據川本、滬本及漢書高惠高后文功臣表删。

〔二〕隋復置於樂陵　底本脱「置」字，據川本、滬本及紀要卷三一補。

禹城縣　古祝國，黃帝之後。杜征南釋地曰：濟南祝柯縣西北有援城，有高唐城。春秋時齊邑。漢祝柯縣。唐天寶元年，改曰禹城，取縣南禹息古城爲名。安史之亂，義營防遏將軍李銑決河水以限賊，縣爲水壞，乃北徙八十里，移縣置遷善村〔一〕，爲今治。故禹城在豐齊之北〔二〕。

有阿陽城，漢縣也。在廢禹城西北五十里。今俗訛爲羊落城〔三〕，在縣南五里許〔四〕。　龍頟城，亦漢縣。在廢禹城東南二十五里。古高唐城，在南五十里。春秋齊邑。　瑗城，在南一百里。春秋哀公十年：晉趙鞅伐齊，取犂及轅。杜云：犂一名隰。轅爲瑗也〔五〕。　原陽城，唐縣。亦在南百里。廢禹城，在南八十里。

魏志：濟南郡歷城，二漢、晉屬。有黄臺、華不注山、華泉、匡山、舜山祠、娥姜祠。著，二漢、晉屬。治著城。平陵，二漢、晉屬東平陵。後改。有章丘城、洛盤城、平陵城、女郎山祠。土鼓，二漢屬。晉罷。後復。有龍盤山。逢陵，有於陵城。朝陽，二漢屬。後漢曰東朝陽，後改。晉屬樂安，後屬。有朝陽城。

【校勘記】

〔一〕遷善村 「善」，底本作「美」，據川本、滬本及齊乘卷四改。

〔二〕在豐齊之北 底本脱「齊」字，川本漫漶，據滬本及清統志卷一六三補。

〔三〕羊落城 「羊」，底本作「陽」，川本同，據滬本及圖書集成職方典卷二〇三改。

〔四〕在縣南五里許 底本、川本「五」下衍「十」字，據滬本及圖書集成職方典卷二〇三删。

〔五〕轅爲瑗也 「爲」，川本同，滬本作「即」字。

長清 嵋山，在縣東南三十里。按史顔魯公攜家於青崖嵋〔一〕，疑即此山也。南黄山，在縣東南一百里，高出羣峯。此蓋泰山餘脈，與梁父、徂徠並峙者。方山，在縣東南九十里。四面方正，故名。齊乘曰：疑即水經玉符山也。上有六泉：曰黄龍、甘露、獨狐、雙鶴、卓錫、石龜。下有靈巖寺。朗公山，在縣東南九十里。一名朗公谷。秦苻堅時，有竺僧朗事佛圖澄，與隱士張巨和居此，故名。

大清河，自寧陽界西南流，至汶上北泗汶村，東北經長清、齊河等入海。南沙河，在縣南二十里。源發三尖頭七仙嶺下，經青崖山南，滚粟山北，西流至沙河門頭，〔旁注〕縣西南二十五里。入大清河。北沙河，在縣北三里許，至張村入大清河。豐濟河，在縣東北三十里。自泰山北下柳塢、都泉諸溪水會而爲流，經中宫、渴馬崖，至郭家界入大清河。

陰靈關，在縣東八十里。即石都寨巡檢司所守者。金堤，在縣治五十里〔二〕。按郡國志〔三〕：金堤至博平縣西南滓家渡〔四〕，經茌平城北，其形高阜，斷而復續，東北延入長清、禹城境内。婁敬洞，在縣東南六十里。山勢綿亘委曲，而洞亦穿互無碍。中有婁敬、范蠡、張良石像。黄巢寺，在縣東四十里黄山店東南，與歷城分界。土人發其地，嘗得金盔甲，或巢物也。

【校勘記】

〔一〕顔魯公　「顔」，底本作「嚴」，川本同，據滬本改。

〔二〕在縣治五十里　川本、滬本同。「治」下當脱方位之字。

〔三〕郡國志　底本「國」下衍「治」字，據川本、滬本删。

〔四〕金堤至博平縣　川本同，滬本「至」作「自」，蓋是。

淄川　東山，在縣東十二里。有鵓鴿、狼虎諸崖，兔、槐諸峪，黄、緑諸嶺，擦石坡、荳腐臺。每秋雨後，兔峪輒出一泉，水勢湍急，西至馬家莊，南入般水。其山南北盡縣之境，正東轉折二十餘里，至諸葛崖始屬益都縣。浮山，在縣北二十里。豐水薄其下，遠望之，如浮在水上。甲山〔一〕，在縣西南四十里。舊名祝山。又名夾谷山〔二〕。明水發源於此。舊志曰：即齊、魯會盟之地。按嶧縣亦有夾山，未知孰是。左傳：會于祝其，實夾谷。據此，一名祝山，似爲近之。其山勢環繞，一谷如門可入，内可容數十萬旅。又一井，不知始於何時，握繘下人探之，雖百丈亦不其底〔三〕。

淄水，出原山之陰〔四〕。書所謂「濰、淄其道」者也。俗傳大禹治水底績，乃水數里，其波如漆，因以爲名。般水，一名魚頭河。源出縣東南十五里，經路村、馬家莊，至城東分爲二：一支逕達城南門外，一支環城西北〔五〕，並達南門外，西入孝婦河。豐水，在縣東北三十五里。北流入小清河。明水，一名萌水。在縣西北二十五里。源出夾谷山東北。瀧水，在縣西二十五里〔六〕。源出冲山東北。〔旁注〕縣西三十五里。去城北三十里岔河莊會明水，爲范陽河。孝婦河，在縣西門外。會般水、明水、瀧水，入小清河，源出顔神鎮顔文姜祠下。

土鼓城，在縣西五十里。疑即漢土鼓縣，今遺址尚存。宋明帝泰始二年，清河、廣川二郡太守王玄邈據盤陽城〔七〕。三年，綏邊將軍房法壽襲盤陽〔八〕，據之，降於魏。戰國策：齊聞此，必效鼓。注：莒鼓里是也。濟南又有土鼓。

【校勘記】

〔一〕甲山　底本、川本、滬本「甲」下有「谷」字，據圖書集成職方典卷一九一删。

〔二〕夾谷山　「谷」，底本、川本作「石」，據滬本及紀要卷三一改。

〔三〕雖百丈亦不其底　川本、滬本「不」下有「得」字，蓋是。

〔四〕原山　底本、川本脱「山」字，據滬本及紀要卷三一、清統志卷一六二補。

〔五〕環城西北　「城」，底本、川本作「成」，據滬本及清統志卷一六二改。

〔六〕二十五里　川本同，滬本作「二十里」，同清統志卷一六二。

〔七〕王玄邈　「玄」，底本、川本、滬本作「立」，據宋書沈文秀傳、通鑑卷一三一改。

〔八〕房法壽　「法」，底本、川本作「注」，據滬本及通鑑卷一三二改。

新城　會城，在縣東北四十里。舊傳爲桓公會盟處。齊乘云：城南有八會津水〔一〕，水陸所湊，其會有八，故名。水經：又名平州。春秋宣元年：公會齊侯于平州。是也。久没水中，寒潦既除，犹見遺址。　繫馬臺，今縣治。舊傳爲桓、景時築。元時爲驛，名古臺驛。　清涼臺，一名青塚。上有清涼寺，又爲齊高士顏斶故居〔二〕。今皆廢。周圍數百步，即大水亦不没。

傳載齊景公田於青丘，與晏子游於少海。按齊乘：青丘在青水泊，會城泊亦稱少海。

【校勘記】

〔一〕八會津水　川本、滬本同，圖書集成職方典卷二〇六作「八會津」，此「水」字蓋衍。

〔二〕顔斶　「斶」，底本、川本作「牘」，滬本作「蠋」，據戰國策齊策四、圖書集成職方典卷二〇三改。

臨邑　濟水。禹貢：濟、河惟兗州。又：浮于汶，達于濟。又：導沇水，東流爲濟。周官職方氏：其川曰河、濟。風俗通：濟水出常山房子贊皇山〔一〕，東入沮。浮沇達濟。水經：濟水又北過臨邑東。　漯水，又東北逕漯陰縣故城。注云：縣故黎邑。　河水，又北逕茌平縣東，臨邑縣故城西北。　瓠河，又東北過臨邑西。　鉤盤，自德州經臨邑、德平，至陽信入海。縣西北二十里盤河店鋪。　馬頰，北過臨邑、盧城、蒲臺、鄒平、樂安諸縣界，入海。九河支流散漫，非一處云。　徒駭，由齊河縣經下口，至城東南二十五里，俗呼土河。　刀環水，見魏書。疑即鵲山湖。　小清河，一名青陽河。城南四十里。自禹城漸入於海。　舊黃河，自濟河南接於梁山，北過臨邑縣西南四里，曰大土河。　小洪河，在城南四十五里。　沙溝河，在城南三十里。　小河，一名八頭，又名八道。在城南三十里。相傳滹沱河堤岸陡峻，支分八道，俗遂呼云。　上口、下口，俱在城南四十里。趙游河，宋運道。即下口。

黎縣故城，王莽更黎治。水經注：孟康曰：今黎陽也。薛瓚言：黎陽在魏郡，非此黎陽也。世謂黎陽城。昔黎侯失國而寓於衛，詩所謂「胡爲乎泥中」，邑名疑此城也。按邑故屬東郡，黎城在東郡東北百里，今禹城境，似爲臨邑舊治，廢而稱黎城，復建臨邑云。

【校勘記】

〔一〕濟水出常山房子贊皇山　底本「房子」下有「張」字，川本同，據滬本及風俗通山澤删。

陵　看花臺，在西門隍塹外。舊志：相傳南有花圃，北爲臺，延袤二畝，外環以水，雜植芙蕖、菱芡於内。門前有橋，四隅有井，井有檻。西北有釣魚磯，東南有挽舟臺。按魯公傳：禄山將反，公佯會文士泛舟外池，飲酒賦詩。疑即此地。臺今廢爲僧寺，花圃廢爲牧廠，橋井堙塞，唯西南隅一井猶存。

左傳襄四年〔二〕：靡奔有鬲。國名。今平原鬲縣。

魯公東方先生畫贊碑陰記云：厭次今移屬安樂郡，東去祠廟二百里。故厭次城，在今平原郡安德縣東北二十二里，廟西南一里。

【校勘記】

〔一〕襄四年　底本「襄」上衍「相」字，據川本、滬本及左傳襄公四年删。

新泰　新甫山，高峯插天，盤結百餘里，嵐光逼人，蒼翠若畫屏。西北有千人洞，深遠不可測。高峯前，有孤雲寺。秦始皇封禪泰山，東巡駐蹕。漢武封禪於此，見仙人迹，建離宫於上以避暑，遂改名宫山。　起仙臺，立石鞦韆柱，遺迹猶存。　具山，在縣東鄙，四峯特起，色若潑靛，西連敖山。　敖山，在縣東南十里。左傳：先君獻、武廢二山〔一〕。　梁父山，在縣西四十里。　龜山，在縣西南五十里。孔子作龜山之操曰：「予欲望魯兮，龜山蔽之，手無斧柯，奈龜山何。」即此。　關山，在縣南四十里，蒙山之西麓也。　寨山，在縣東三十五里。宋、元兵火之際，民避兵於此，猶有城迹〔二〕。　龍堂山，在縣東北四十里。下有大小二龍池。　孤山，在縣東北三十里。

小汶河，源出龍堂山，會平陽河，入大汶河。　平陽河，源出孤山，左經城東始盛〔三〕，南入汶河。

古城。春秋魯宣公八年：冬十月，城平陽。哀公二十七年：公及越后庸盟于此〔四〕，三子皆從。漢改東平縣，即今外郭。

【校勘記】

〔一〕獻武廢二山　底本、川本「廢」下衍「武」字，據滬本及左傳桓公六年刪。

〔二〕猶有城迹　底本、川本脱「有」字，據滬本及圖書集成職方典卷一九二補。

〔三〕左經城東始盛　底本「左」上衍「在」字，據川本、滬本删。

〔四〕后庸　川本、滬本同。按楊伯峻春秋左傳注，當作「舌庸」。

武定州　秦爲齊郡地。始皇東巡，厭氣次於此，故名厭次。漢爲平原、千乘、勃海三郡地。後漢和帝改千乘爲樂安，時又爲樂安國及平原、勃海郡也。建安中，始置爲樂陵郡，領縣三：樂陵、陽信、厭次。晉爲樂陵國，領縣五：厭次、陽信、新樂、樂陵、溼沃。晉末，地歸北魏，仍稱樂陵郡，屬青州部，領縣如晉。熙平二年，分瀛、冀二州爲滄州，又改郡屬滄州，領縣四。齊、周俱爲樂陵郡。隋廢樂陵郡，徙勃海郡治陽信。開皇六年，又廢渤海郡，置棣州。大業二年，改棣爲滄州。三年，復廢州，置渤海郡，領縣十：陽信、樂陵、濕沃〔一〕、厭次、蒲臺、饒安、無棣、鹽山、南皮、清池。唐興，改郡爲州。武德四年，分置棣州，治樂陵。八年，州廢。貞觀中，分天下爲十道〔二〕，復置棣州於厭次縣，隸河南道，領厭次、滴河、陽信、蒲臺，並置渤海爲屬。天寶初，改棣州爲樂安郡。乾元初，復爲棣州。五代梁華温琪爲棣州刺史〔三〕，徙新州，以避河患，民賴之。周顯德三年，割棣州之蒲臺、渤海二縣，置濱州。自是棣州隸縣三：厭次、滴河、陽信。宋祖分天下爲路，棣州隸河北東路，上，樂安郡，防禦〔四〕。建隆二年，升爲團練，俄爲防禦。領縣如周。大中祥符八年，詔徙棣州陽信界。先是河決棣州，知天雄軍寇準請徙州。至是，河北都轉運使李士衡又奏徙州，遂徙州西北七十里。〔旁注〕陽信界喬氏、莊氏之八方寺。既而大水没故城丈餘。崇寧元年，始詔工部尚書牛保葺城事。建炎三年，没於金。金初畀劉豫，國號齊，凡八年，僞齊亡，金始據其地，分屬山東東路，因宋，上，防禦。樂安郡領縣如宋。後爲元將木華黎所陷，〔旁注〕興定五年。地屬元。元初，濱、棣自爲一道。中統三年，改置濱棣路安撫司。至元二年，仍分棣州隸濟南路，領縣如故。至正二十八年正月，大明兵取棣州。洪武元年，〔旁注〕即至正二十八年。省厭次入棣州，割滄州之樂陵、無棣屬之，陽信、商河如故。六年，以「棣」字犯諱，改棣州爲樂安州。宣德元年，平漢王高煦，改爲武定州。

土河，在州南五十里。即徒駭河，即舊黄河故道。自東昌減水閘來，至禹城西南李家莊之將軍廟〔五〕，北流，東經臨邑南田家口、濟陽北高橋，過州南五十里，即宋史之聶索鎮〔六〕，經古城西北，陷棣州南，再經濱州西、霑化東，入海。濟河〔七〕，在州南八十里。今名大清河。其水自張秋分流，北經長清、齊河，至歷城而東，經濟陽、齊東入州境，又東過青城北，濱州南，蒲臺北，利津東，入於海。沙河，在州南一十里。輿地記指爲馬頰河。按馬頰河在商河北三十里，而故道從臨邑西南來，東北經商河，過沙河鎮，至州南東去，由桑落墅〔旁注〕即州東五十里永利鎮。過陽信縣界，東北至霑化岔河，會土河入海。今積沙無水。雨甚則桑落墅西南皆窪潦。陽信城北二十五里，蓋有頰河店云。鉤盤河，在州北一十里，陽信境内。故道從陵縣東南、臨邑西南，分而爲二：其一由德平、商河之間北行，東北至陽信城南二十里而斷，有截河鋪，又東復續經霑化東南劉家道口，亦會土河入海；其一由德平西行〔八〕，經樂陵、海豐南，過霑化北，而東至久山鎮入海〔九〕。今陵縣東、臨邑西，有盤河店云。覆鬴河，在州北八十五里，海豐境内。故道從陵縣西南來，北行，東過樂陵南、海豐北二十五里，過馬谷山南潤國場，東北入海。或疑此爲鉤盤一支云。鬲津河，在州西北百二十里，樂陵境内。故道從平原縣西來，北行，東由德州吳橋、寧津、南皮境〔一〇〕，至樂陵北三十里舊縣鎮南，又東過慶雲，南經海豐馬谷、騮山之間，東北至海潤場大沽河口入海。樂陵北十里，有鬲津鄉。大灣，在州西南四十五里。廣十餘頃，北有堤横亘，水深多魚，甚旱不涸。民嘗禱雨，輒應。或曰「海眼」。其水東南通臨邑八道河，西通商河，河東通聶索河。按鄉大夫邢先生瑄志云：成化間，章丘山北突出一泉，人謂濟水之支，伏流至此而一出也。夫濟水至章丘九十里而遥，至大灣四十里而近。用是以觀大灣，其亦濟水伏流而出也。

厭次縣凡六徙。劉繼先曰：按一統志云厭次在陵縣東北二十里。僉事王璣志云：蓋今神頭鎮，此秦暨西漢之厭次也。明帝更富平縣爲厭次縣。通志云：富平在陽信東南三十里，此東漢之厭次也。晉屬厭次〔一一〕，治馬嶺城，元魏因之。通志云：馬嶺城在陽信東十里，此晉暨元魏之厭次也。北齊廢厭次，隋開皇復置。唐貞觀置棣州於厭次，而厭次遂爲州附郭縣，乃在今陷棣州，此隋、唐之厭次也。後梁華温琪徙棣州於今之古城，厭次既爲附郭，即隨州以徙〔一二〕，此五代之厭次也。宋大中祥符再徙州於陽信界，而厭次又隨州徙，今州之東察院本厭次縣治也，中有史良臣縣廳題名記。明興，凡州不設附郭縣。洪武元年，省厭次入州。其東察院乃宋、元以來之厭次也。

富平城，在州東四十里〔一三〕。漢張安世封邑。〔旁注〕水經注以辯其非。晉樂陵太守邵續〔一四〕、段匹磾之弟文鴦合兵攻石勒，曾此屯兵。亦名邵城。僉事璣志云〔一五〕：疑即今之州東之桑落墅。舊樂陵鎮在州西北六十里。漢末，分厭次爲樂陵郡，治樂陵。唐武德四年，置棣州，治樂陵。俱於此。城子務，陽信舊城，在州西北三十里。隋置棣州，治陽信。即此。陷棣州，在州東南四十里。唐貞觀中，置棣州於厭次縣，即此。今猶有城址二重，其外周圍九里，内惟一里。土人謂内址爲府紫城。蓋唐歷封其子爲棣王者四，故云。東南隅有丘隆然，相傳爲鬭雞臺。西南一丘，爲通天臺。州南暨東，距土河各十二里。河自聶索來，至州南稍東，折而北。又地形低窪，故多水患。又西南十里爲魚珠口，東南十二里爲馬博口，皆易決，決即州爲壑。古城，在州南漫東六十里。梁華温琪徙新州，即此。南距大清河〔一六〕，西暨北皆土河，各僅一里。又西漫南，距聶索河二十里。宋大中祥符間，河屢決。都轉運使李士衡議徙州於陽信界，今人指此爲古城云。城址周圍九里。大喬莊、小喬莊。舊志云：宋大中祥符八年，徙州於陽信界喬氏莊。其莊居民千家，樹木茂密，土地突起，即今城中之喬子頭。

【校勘記】

〔一〕濕沃　「濕」，底本作「溼」，川本同，滬本作「溼」。隋書地理志：渤海郡滴河，「後魏濕沃縣，後齊廢」。此「溼」乃「濕」字之誤，據改。按隋書地理志渤海郡統縣十，無濕沃縣，有滴河縣。

〔二〕分天下爲十道　「分」，底本作「八」，據川本、滬本及新唐書地理志改。

〔三〕華温琪　「琪」，底本作「其」，川本同，據滬本、本書下文及新舊五代史華温琪傳改。

〔四〕防禦　底本「防」上衍「三路置」三字，據川本、滬本及宋史地理志删。

〔五〕至禹城西南李家莊之將軍廟　底本「禹城」下衍「土河在州南五十里」八字，據川本、滬本删。

〔六〕聶索鎮　底本「聶索鎮」上有「聶歸」二字，川本、滬本同。清統志卷一七六古黄河下引舊志：「舊黄河，今曰土河，亦曰徒駭，在武定州南五十里。自濟陽高橋東北流入州界，經聶索鎮。」又載：「聶索鎮，在惠民縣南五十里。即宋時河決聶家口之地。」則此「聶歸」乃衍誤，據删。

〔七〕濟河　「河」，底本作「陽」，川本同，據滬本及紀要卷三一改。

〔八〕其一由德平西行　底本「一」下衍「曲」字，據滬本及清統志卷一七六删。

〔九〕久山鎮　「久」，底本作「九」，據川本、滬本及清統志卷一七六改。

〔一〇〕南皮　「皮」，底本作「渡」，川本同，滬本作「度」，據清統志卷一七六改。

〔一一〕晉屬厭次　川本、滬本同。圖書集成職方典卷二〇六載厭次城遷徙同本文，無「屬」字，疑衍。

〔一二〕即隨州以徙　「隨」，底本作「隋」，川本同，據滬本及圖書集成職方典卷二〇三改。

〔一三〕在州東四十里　底本「州東」作「東州」，川本同，據滬本及圖書集成職方典卷二〇三乙正。

〔一四〕樂陵　「樂」，底本作「縣」，川本同，據滬本及晉書邵續傳改。

〔一五〕璣志　川本同，滬本「璣」上有「王」字。

〔一六〕南距大清河　「距」，底本作「渠」，川本同，據滬本改。以下「距聶索河二十里」句改同。

商河　三岔口巡檢司，在縣東南六十里。洪武九年設，十四年省〔一〕。歸化鎮巡檢司，在縣東北五十里。洪武九年設，十四年省。高橋驛，在縣東南三十里；商河驛，在縣東北六十里，並永樂三年設，宣德元年省。

永樂間，成祖遷都北平。時漕渠未疏，商河爲兩京通衢，添設二驛。後會通河成，自是陸路由平原，水路由會通二驛〔二〕，至宣德間亦省。

隋書張須陁傳：須陁爲齊郡丞〔三〕。賊帥王薄聚結亡命數萬人，寇掠郡境。須陁發兵拒之，薄遂引西南〔四〕，掠魯郡。須陁躡之，及於岱山之下。薄恃驟勝，不設備。須陁選精鋭，出其不意擊之〔五〕，薄衆大潰，乘勝斬首數千級。薄收合亡散，得萬餘人，將北渡河。須陁追至臨邑，復破之，斬首五千餘級，獲六畜萬計。薄復北戰〔六〕，連豆子䴚賊孫宣雅、石秪闍、郝孝德等衆十餘萬攻章丘。須陁遣舟師斷其津濟，親率馬步二萬襲擊，大破之。賊徒散走，既至津梁，復爲舟師所拒，前後狼狽，獲其家累、輜重不可勝計。舊唐書庶人祐傳：或勸祐虜城中子女走入豆子䴚爲盜。

晉太元十二年，張願自帥萬餘人，屯祝阿之瓮口。燕高陽王隆等擊願〔七〕，軍至斗城，去瓮口二十餘里，進戰，大破之。劉昫曰：齊州禹城縣，漢祝阿城〔八〕。天寶元年更名。宋白曰：古祝國，黄帝之後。齊南東阿，漢爲祝阿。故城在今豐齊縣東北二里。

晉義熙三年，秦王興還與燕主超母妻，超帥六宮迎於馬耳關。水經：濟南臺縣有馬耳山關，盧水出焉。魏書地形志：泰山郡臺縣有馬耳山。

隋大業七年，平原東有豆子䴚，負海帶河，地形深阻。宋元嘉九年，詔分青州置冀，治歷城。自高齊以來，羣盜多匿其中〔九〕。有劉霸道者，家於其旁，累世仕宦，貲産富厚。霸道喜游俠，食客常數百人，及羣盜起，遠近多往依之，有衆十餘萬，號「阿舅賊」。

唐太和二年，王智興奏：兵馬使李君謀將兵濟河，破無棣。注：無棣，古齊國之北境。周封太公望賜履所至也。漢爲陽信縣，界有無棣溝，通海。唐爲無棣縣，屬滄州。九域志：在州東南一百七里〔一〇〕。

元史崔敬傳：拜中書參知政事。盜據齊、魯。敬與平章政事答蘭、參知政事俺普，分省陵州。陵州乃南北要衝，無城郭，而居民散處。敬兼領兵、刑、户、工四部事，供給諸軍，事無不集。凡永樂以前，言德州者，乃今陵縣；言陵州者，乃今德州耳。

宛委餘編歷山有三處：一統志云濟南城南五里有歷山，即舜耕處。鄭康成謂歷山在河東，而曾子固辨其非，似未讀水經也。按酈道元之注云：河東郡南有歷山，謂之「歷觀」，而舜所耕處有舜井，嬀汭二水出焉，南曰嬀水，北曰汭水，逕歷山下，上有舜廟。又周處風土記曰：舊説舜葬上虞。又記云耕於歷山，而始寧、剡二縣界上，舜所耕田於山下多柞樹。吴、越之間，名柞爲櫪，故曰歷山。道元謂：處所志爲不近情，傳疑則可，證實非矣。安可假木異名，附山殊稱。然則寧、剡尚在傳疑〔一一〕，濟南尤似無據。

唐書高宗問許敬宗曰：天下洪流巨谷〔一二〕，不載祀典。濟甚細而在四瀆，何哉？對曰：瀆之言獨也，不因餘水獨能赴海者也。濟雖細，獨而尊。

升庵集考郭緣生述征記：緣生於河上遇一書生，問之曰：何知濟與河上源之異？物之不同，猶鉛、錫也。比濟既入於河，性與河别，不能混合，滲漉入地，洑行而溢爲滎爾。今之歷下，發地悉是流水，濟所過也。東阿之井，正濟所溢。故今阿膠止濁住吐，下膈疏痰，正以性趨下，清而且重，故治淤濁逆上之疴。大清河之源，出河南懷慶府濟源縣王屋山。山在縣西百里，上有黑龍洞。洞前有太乙泉，是爲沇水，潛行地下，至共山南，復出於東岳。濟源縣有故原城，東北有東丘城也。水有二源：東源出原城東北，西源出原城西，所謂皆平地〔一三〕，周圍各七百餘步，逕原城東北，合流爲濟水；東至温城西，分爲二：其一爲南濟，歷鞏縣，逕成皋，過滎陽，絶黄河而南矣。其北濟故瀆，自温城西北，東過陽武縣故城，北逕延津縣界，東過封丘縣北及故宋地濟陽縣北，或伏或見，東出於山東定陶縣之陶丘北，東逕曹縣北入鉅野澤，東北逕壽張縣西界安民亭南，東合汶水，水東臨東平州故無鹽縣界，至是大清之名始見，亦謂之鹽河，以其爲濟南鹽運南北河道也。北逕魚山東，即吾山，漢武帝瓠子歌所云「吾山平」者，在東阿縣西八里。東北逕清亭東，北逕平陰縣城西，又北過防門，逕什城北，祝阿人孫什將居之以避時難者。又東北逕盧縣故城北〔一四〕，與中川水合，長清縣南沙河也。北至齊河縣南界張村集，又合長清北沙河東北流，凡河東南岸皆長清地，西北岸皆齊河地。至齊河城南〔一五〕，逕城東，過大清河橋北百餘步，右合玉符水，又東北，濼水注之，濟河諸泉於府北合流，北注於濟，謂之濼口也。東逕華不注山北，東北至濟陽縣，逕城南、城東，東北逕齊東縣城北，東北逕利津縣城東，東北至淀河，又東北至淀台，入海。齊河志。

【校勘記】

〔一〕十四年省　底本「十四」作「四十」，按洪武僅三十一年，底本倒誤，據川本、滬本乙正。

〔二〕水路由會通二驛　底本脱「通」字，川本同，據滬本補。

〔三〕須陁爲齊郡丞　底本「須」上有「而」字，據川本、滬本及隋書張須陁傳删。

〔四〕薄遂引西南　川本、滬本同。按隋書張須陁傳「西」作「軍」，疑此「西」爲「軍」字之誤。

〔五〕出其不意擊之　底本「意」下衍「高橋驛在縣東南」七字，據川本、滬本及隋書張須陁傳删。

〔六〕薄復北戰　底本脱「戰」字，川本、滬本同，據隋書張須陁傳補。

〔七〕燕高陽王隆等擊願　底本「等」下有「轉」字，川本、滬本無。通鑑卷一〇七：太元十二年二月，遣范陽王德等「帥步騎二萬，會隆擊願。」底本「轉」字蓋衍，據删。

〔八〕漢祝阿城　「城」，川本同，滬本作「縣」，同舊唐書地理志。

〔九〕羣盜多匿其中　底本「羣」上衍「而」字，據川本、滬本及通鑑卷一八一删。

〔一〇〕在州東南一百七里　底本「一」下衍「里」字，據川本、滬本及元豐九域志卷二删。

〔一一〕寧剡　川本、滬本同。按本書上文記載，「寧」，應作「始寧」。

〔一二〕天下洪流巨谷　「流」，底本作「荒」，川本、滬本同，據新唐書許敬宗傳改。

〔一三〕所謂皆平地　川本、滬本無「所謂」二字。

〔一四〕盧縣　「盧」，底本作「靈」，據川本、滬本及水經濟水注改。

〔一五〕至齊河城南　底本「城南」作「南城」，川本同，民國齊河縣志卷五：「又北入齊河縣南界。」底本「南城」誤，據滬本乙正。

大較濟南省會之地，民物繁聚。兖、東二郡，瀕河招商，舟車輳集，民習奢華，其俗也，文若勝乎質。青、登、萊三郡，憑負山海，民殖魚鹽以自利，道里僻阻，商旅不通，其俗也，質若勝乎文。乃若六郡所同者，士大夫率多懷義質直，侃侃明達，如班固所謂「好經術而矜功名」、杜牧所謂「多才力，重許可〔一〕，能辛苦」者，其風至今不衰。其小民力於耕桑，不賤商賈，喪葬有序，不泥風水。鄉黨歲時舉社會，貧富相資，有藍田鄉約之遺風。此則山東風俗之近古者，文之以禮樂，豈不足以復齊、魯之舊哉？

禹貢：道沇水，東流爲濟，又東至于菏。水經：濟水過方與縣東，菏水西注之〔二〕。方與，今魚臺。又東北會於汶。水經：過壽張西界安民亭，汶水東北注之。安民亭，今安山。導淮自桐柏，東會於泗、沂。水經：泗水，逕魯城西南，合於沂。今泗水、曲阜、滋陽之境。職方：正東曰青州，其川淮、泗，其浸沂、沭。今泗水從濟寧入漕，而沂水挾洳、武、祊、浚諸水，至邳州入淮，即泗水南流故道。

【校勘記】

〔一〕重許可　底本「許」下衍「河」字，據川本、滬本及圖書集成職方典卷一八八删。

〔二〕菏水　「菏」，底本、川本、滬本作「河」，據水經濟水注改。

嘉祥　魯之南武城也，曾子之生〔一〕，子游之宰，皆在於是。然則通志曷爲繫之費？曰費在春秋爲季氏私邑，但聞爲費，不聞爲武城也。漢始分費爲南城、武陽二縣，並屬東海。晉始改南城爲武城，與武陽並屬琅邪，是費之爲武城始於晉，非始於春秋之魯也。

漕河，在縣西北二十里〔二〕。北至汶上之界首，南至鉅野之大長溝，則計長一十八里。堤岸用石修砌一十里，置淺鋪四：孫村淺、寺前淺、十字河淺、大長溝淺〔三〕。四鋪老人四人，夫四十人，守口夫一百八十人。　舊黄河，在縣北十里。西接鄆城，東南逕濟寧界，入塔章口。後因河水改遷，遂淤塞。水大尚通舟楫。河北有大堤一道。按方輿勝覽曰：馬頰河經於鄆城，疑即此河也。

【校勘記】

〔一〕曾子之生　底本「之」下衍「有」字，據川本、滬本删。

〔二〕二十里　川本、滬本「十」下有「五」字。

〔三〕大長溝淺　底本「長」上衍「而」字，據川本、滬本及圖書集成職方典卷一八六删。

濟寧　汶水，出萊蕪縣原山之陽，會泰山、徂徠諸泉，由泰安西南流，於堽城壩會坎河諸泉，至於南旺分水龍王廟，六分北流，出南旺下閘；四分南流，出南旺上閘，東流於濟寧報功祠前，至天井閘入運〔二〕。　洸水，汶之支也。元時，於汶水之陰，堽城之左，作斗門一所，遏汶南流入泗，謂之洸水。至國朝成化間，於新堰鑿河十餘里，南入於洸，從高吴橋西南入州境，會沂泗二水，繞城，入於天井閘濟運。〔旁注〕崇禎十七年，濟寧衛指揮張世臣築楊家壩，改由城北而西，自夏家橋入湖。

泗水，出泗水縣陪尾山下。四源並出，故曰泗水。西南會諸泉水，以達於曲阜，會洙沂二水，從金口壩入兖州府城，出西門，納闕黨、蔣詡七泉水，合而成流，通於濟寧城東合洸水，至天井閘入運河。　運河，在城南門外。南自魚臺之界牌淺，西至本州之五里淺，屬州，長六十八里。東自本州之五里淺，西至鉅野之火頭灣，屬濟寧衛，長二十五里。　月河，在城南。自濟民橋入口，由上新閘、中新閘，至下新閘出口，入於運河。天順元年，主事孫仁建閘。　牛頭河，在州西南三十里，漕河南岸。即耐牢坡，上自永通閘淺，出漕渠之北，至魚臺縣塌場口入運，蓋黄河故道也。　馬場湖，在州西十里，漕渠北岸。北接蜀山湖。萬曆十七年，尚書潘季馴於湖之北岸，爲減水閘三座；東爲堤一道，長一千六百餘丈；湖之西口爲馮家壩，長十餘丈，以備蓄泄。湖凡周迴四十里。

天井閘，在南門東，即會源牐。　東城閘，在天井閘東南。　趙村閘，在州南五里。　石佛閘，在趙村閘南。　新店閘，在石佛閘南。　新閘，在新店閘南。　仲家淺閘，在新閘南。〔旁注〕在縣南四十里。有子路祠，其後人居於此。　師家莊閘，在仲家淺閘南。　魯橋故閘，離城六十里。

今廢。棗林閘，在魯橋南。下新閘，在城南。中新閘，在城南。上新閘，在城南。通濟閘，在城西。片玉閘，在蘆溝泉。碎玉閘，在托基泉。

浣筆泉，在城東一里。平地出水，流於通濟橋〔二〕，出口入運。托基泉，在州南六十里魯橋鎮迤東。平地出水，入棗林閘。馬林泉〔三〕，在州南六十里馬陵山下。平地出水，入魯橋閘。蘆溝泉，在州東南六十五里牛來山兩城迤北。平地出水，入南陽閘。

故樊城，在州北。漢縣，屬東平國。故亢父城。水經注曰：黄水又東南逕亢父故城西〔四〕。夏后氏之任國也。在州南〔五〕。杜預注曰：亢父有邿亭。王國楨兵巡道題名記：永樂初，嘗命大司馬統兵十萬，鎮守濟寧。正統五年，以山東參政理河事。天順二年，設御史一員、副使一員，整理南北河漕。正德七年，設主事一員管理，而方面之臣始罷。隆慶時，以兵部侍郎總督河道，設管河兵巡一人以佐之。元揭傒斯會源牐記可采。

【校勘記】

〔一〕至天井閘入運　底本、川本「至天」作「天至」，據滬本及圖書集成職方典卷一八六乙正。

〔二〕流於通濟橋　底本「流」上衍「濟」字，據川本、滬本删。

〔三〕馬林泉　「林」，川本同，滬本作「陵」，同圖書集成職方典卷一八六。按本書下文云，在「馬陵山下」，則作「陵」是。

〔四〕又東南逕亢父故城西　底本、川本、滬本同。按水經濟水注無「南」字。

〔五〕在州南　底本「在」上衍「而」字，據川本、滬本刪。

曲阜　壽丘。路史：在曲阜東北六里。黄帝生處。　少昊陵，在縣東北八里。陵前有石壇、石像，有石碑，其上無字。又有八卦石。　先聖學堂，在廟北五里。泗水帶其北，洙水經其南。皇覽云：諸弟子房舍並井瓮猶存。周敬王三十六年，夫子自衛反魯，删詩、書，定禮、樂，繫周易。三十九年，因魯人西狩獲麟，而春秋絶筆，因曾子問孝而作孝經。魯記所載孔子講堂者，即此堂也。漢光武東巡過魯，坐孔子講堂。　窮桑，在魯城北。史記：少昊氏自窮桑登帝位，後徙於曲阜。　大庭氏庫，在縣治東。春秋昭公十八年：梓慎登大庭氏之庫，以望火。　兩觀臺，在縣東南里許。孔子誅少正卯於兩觀之下。　舞雩臺，在縣南三里。曾點「風乎舞雩」，即此。　郊臺，在縣東南一里。魯國郊祀之所。　鬭鷄臺，在縣東南七里。左傳：昭公二十五年〔二〕，季氏與郈氏鬭鷄。即此。　孔子手植檜，在聖廟大成門内。高三丈五尺二寸，徑五尺六寸。文左旋。

伯魚墓，在至聖墓東。　子思子墓，在至聖墓南。　顔子墓，在縣東三十里防山之陽。　石刻曰：「先師兖國公之墓。」前一石，鐫兩甲士，皆負而坐，一執斧，一執金吾。　周魯諸公墓，在縣東十五里防山下。〔旁注〕舊縣東八里。舊志：孔子墓，在今孔子廟東北三里許。周圍闊十里。樹木繁茂，無鳥巢。其中楷木縱横有文，爲世所貴。前夾路石柱二、石獸四、翁仲二。孔子墓高丈餘。墓前有壇石，厚三尺許，方亦如之。其數四十有九。後漢永嘉元年，魯相韓叔節造神門一間，齋廳二間，在先聖墓東南，春秋爲族衆餕神惠之所。有輦路、駐驛亭。

漢魯諸王墓，在縣東南七里許。大冢二十餘。漢魯恭王子孫葬處。其南一里許，葬共王，餘多不知名。

周公廟，在城東北三里。故魯太廟之墟。先師廟，即闕里故宅。顔子廟，在聖廟東北。即顔子故居。廟前爲陋巷。孔子廟，在曲阜舊城西八里。即今新城内。相傳即當時講道杏壇之地〔二〕。自漢以來，屢經修造。

魯公墓，在舊縣東八里。修壠蔓延不絶，皆魯諸公所葬。其西葬伯禽，其南葬文公。

【校勘記】

〔一〕二十五年　「二」，底本、川本作「三」，據滬本及左傳昭公二十五年改。

〔二〕即當時講道杏壇之地　底本「道」下衍「查」字，據川本、滬本删。

寧陽　伏山，在縣北二十里。寧山，在伏山南。衆山皆大，此山獨小，爲縣主山。邑在山南，故曰寧陽。牟山，在縣西北四十里。北枕汶流，山多楷木。山陰石井，其深數丈。九頂山，在縣東百里。山有九峯，故名。上有寧家寨，西有鳳凰嶺。靈山，在縣東北九十里。山麓里許有井，古時已鐵索設機，汲水上〔一〕，又名鐵索靈山。

汶水，出萊蕪原山之陽，經縣北界，至堽城壩分而爲二：其一南流，更曰洸水；其一西流，歷汶上，至南旺入會通河。洸水，汶水至縣北堽城，别爲洸，又循縣南流三十里，經滋陽界，又西南流，至濟寧入會通河。洸水，即汶支流。汶水經寧陽之北，元人始爲水門於堽城之左，遏之益泗。至元間，開會通河，復爲牐於奉符，以導汶水，盡出於洸，於是汶之全流至會源牐而分矣。灉河，即今縣河。匯蛇眼諸泉水，南流至府城北三十里，入於洸。

蛇眼泉，在北門外。古泉，出城西北隅。三里溝泉，在縣東北里許。井泉，在東門外。張家泉，在縣東十五里。西入縣川。柳泉，在縣西十里。舊南流十五里入洸，爲積沙所滲。嘉靖六年，工部主事吳鵬導之，東流八里，經城南，合蛇眼等泉，至濟寧天井閘入運河。金馬莊泉，在縣東南八里劉家村。古城泉，在縣南十五里馬家村。龍港溝泉，在城東北五十里。西北流七里，入汶。龍魚泉，在城東北六十里。西北流十二里，入汶。魯姑泉，在鶴山之陽。西南流二十五里，會灤當山泉。灤當山泉，在縣西北三十五里羅山村，西南流入蒲灣泊。親井泉，出堽城南里許。

蛇丘城，在縣境内。即鑄鄉故城。水經：蛇水經鑄城西。左傳所謂蛇淵囿也。剛城[二]，在縣東北三十五里，逼近汶水，即今堽城也。相傳梁武帝築，或云梁王朱全忠築。按朱梁立國於汴，此云有城，豈其擊兗州時所築耶？中有釣魚臺、梳妝樓故址。下讙城，在蛇丘西南。春秋：齊侯送姜氏于讙。即此。龔丘城。路史：龔丘東南二十里，有故龔丘城。隋置縣。宋避先聖諱，改龔縣。郕城，在縣東北九十里。魯孟氏邑。左傳：仲由爲季氏宰，將墮成。公斂處父謂孟孫：墮成，齊人必至于北門。且成，孟氏之保障也。無成，是無孟氏也。子僞不知，我將不墮。鉅平城，見上。汶陽城，在鉅平西南。水經注曰：縣北有曲水池亭。春秋：公會杞侯、莒子，盟于曲池。是也。漢章帝東巡泰山，立行宫於汶陽，世謂之闕陵城。梁父城，在縣東北九十里。遺址周圍五六里。相傳爲梁父城。今謂之故城。菟裘城。郡國志：梁父有菟裘聚。遂城。春秋：齊人滅遂。地理志：蛇丘隧鄉，古遂國也。春城，在縣西北三十里[三]，汶水之陰。即古春城郡，爲汶水所衝射者。古城，在縣南十五里。春秋時，魯大夫采邑。今爲泗莊社。土城，在縣東北十八里。今名石碣社。半城，在縣東南十里。今爲泗莊社。梁王臺，在縣東北十里。相傳梁王點軍臺。又謂禹治水時，以萬斤鐵牛鎮海眼，止水患。又名海眼堌堆。或云：即柳子溝上源故道。經縣東五里，南流入於漕。俗云：開得柳子溝，仰面下揚州。二臺相距約二里，今以東西名焉。邑中十六水，汶稱巨焉。七、八月間，徂徠、梁父大雨旁沱，諸水並發，自東北而射者，石梁口其要衝也。歲加修築，所費不貲。

【校勘記】

〔一〕汲水上　川本同，滬本「水」下有「山」字，圖書集成職方典卷二一〇作「汲水而上」。此蓋脱「而」字。

〔二〕剛城　「剛」，底本、川本作「岡」，據滬本及紀要卷三三、清統志卷一六六改。

〔三〕在縣西北三十里　底本、川本「西」下衍「南」字，據滬本及清統志卷一六六删。

曲阜　先聖林，在縣城北二里許。前枕舊魯城武林門，與縣北門相直。夾路檜柏森然，圍經數十里，繚以周垣。先聖墓，在林中央。墓前有碑。史記：孔子葬魯城北泗上。弟子心喪三年，相訣而去。子貢廬於冢上，凡六年。弟子及魯人從而家者百餘室〔二〕。孔叢子曰：夫子墓塋方一里，在城北六里泗水上。諸孔氏封五十餘所，人名昭穆，不可復識。有銘碑二所，獸碣俱存。皇覽曰：孔子冢去魯城一里，冢塋百畝。塋中不生荆棘、刺人草，樹以百數，皆遠方弟子各持鄉土異種所植，魯人世世無能名者。墓高丈餘，前爲石壇，其厚三尺，方亦如之。壇石縱横各七，其數四十有九。墓前一室東向，相傳子貢廬墓處也。外有壖垣環之。闕里。舊志：先聖廟在魯城西南隅，去城二百步，東至舊曲阜縣八里，即夫子舊居之宅，實魯哀公所立。歷代東封幸廟，皆駐蹕於此。左爲伯魚，右爲子思。墓側爲子貢廬墓處。先聖没，公西赤爲之識，及掌其殯葬焉。冢塋百畝，南北廣十步，東西三十步，高一丈二尺。今增周圍五十餘步，高一丈五尺。塋中不生荆棘勾棘之草云云。唯楷木最多。其餘則皇覽所載柞、枌、雒離、女貞、五味、欃檀之木也。羣弟子及魯人從冢而家者百有餘室，因名其居曰孔里。世世相傳，歲時奉祀不絕。宋真宗東封〔二〕，王欽若言：祭文宣王，詣坟致奠，得芝五本。詔遣楊懷玉祭謝，復得芝五本。祠壇，昔先聖没，弟子於冢前，以瓴甓爲壇，方六尺。至後漢永嘉元年，魯相韓叔節始易之以石。至唐，以封禪石壇易之。今四面皆歷代題名，歲久漫滅，字不可讀。啓聖林，在縣北二十里。叔梁大夫與顔氏合葬墓，〔旁注〕叔梁大夫墓，孔子墓東二十八里〔三〕。南負防山，北臨泗水，禮所謂合葬於防者。是也。

孔、顔、曾、孟四氏學，宋祥符二年，殿中丞勗知縣事，建孔氏學。元延祐間，益以顔、孟二氏。國朝洪武二年，改爲三氏子孫教授。成化元年，衍聖公弘緒奏准給「三氏學印」。萬曆十五年，又益以曾氏，改鑄「四氏學印」。今名「四氏學」云。

洙河，在縣北二里。即泗水分流也。水經：出泰山蓋縣西南，至卞縣受盜泉，盜泉出卞城東北卞山之陰，又西南流，於卞城西合於泗水。至魯縣東北分爲二水，北爲洙瀆。春秋莊公九年〔四〕：冬，浚洙。是也。按今洙水與泗水不通，上源在聖林之東，止一溝瀆，似古魯城之隍也。穿聖林而横流，過先聖墓前，出林復西南流，入於沂，其故道不可考矣。

駐蹕亭，在先聖墓東，伯魚、子思兩墓之間。宋真宗東封回駕，幸闕里〔五〕，故問先聖墳何在〔六〕？子孫引導鑾輿至林。奠謁畢，坐於亭上，宣兩府及兩制賜茶。亭有古碑，字多殘闕。帝命詞臣拂蘇辨認，盤桓久之。　輦路，宋真宗幸孔林。以林木撫擁，導降輿乘馬，至先聖墳，釋奠再拜。今自林前石橋，直趨至駐蹕亭，有輦路，皆甃以石。　杏壇，在先聖殿前，即先聖教授堂之遺址也。漢鍾離意爲魯相，出私錢萬三千，付户曹孔訢〔七〕，修夫子車，身入廟，拭几席劍履。明帝東巡，幸先聖宅，亦嘗親御於此，命皇太子、諸王説經於此堂。後世因以爲殿。

水側有故城，兩水之分會也。注：泗水至魯縣分爲二，北爲洙瀆，南則泗水，夫子教於洙、泗之間。今洙水在聖墓前，泗水經孔林後，與水經不合。

泗河，在縣北八里，先聖林之後。國語：宣公夏濫於泗淵，里革斷罟棄之。韋昭云：在魯城北。是也。由泗水縣陪尾山發源，來入境，逕齊國公墓後，又繞先聖林之後，西南流至兖州府城東，沂水來入之，達於濟寧天井閘，入漕。　沂河，在縣南門外。曾點「浴乎沂，風乎舞雩」〔八〕。即此。發源尼山之麓，西北流經縣南，又西流至兖州府城東，入於泗水。水經所謂魯雩門也。河南岸有舞雩壇。

闕里。〔旁注〕在聖廟東。相傳在兩觀闕右，故名。　漢晉春秋曰：闕里者，夫子之故宅也，在魯城中。又云：魯縣有二石闕，曰闕里，蓋里門也。〔旁注〕後漢時，闕里荆棘自除，從講堂，至里門。　魯壁，即聖廟金絲堂。初，秦議焚書〔九〕，孔鮒以論語、尚書、孝經藏之壁中。至漢魯恭王欲壞孔子故宅以廣其宮，聞壁中有金石絲竹之聲，遂不敢壞。已而孔安國發壁，得古文經書。　杏壇，在先聖前殿前，即先聖與弟子教授之遺址也。有金党懷英諸碑〔一〇〕。兩觀，在古魯城雉門之外。周圍各四十步，爲二丈〔一一〕。東西相去一百步。杜預注：雉門，公宫之南門。兩觀，闕也。春秋定公二年〔一二〕：先聖爲魯司寇，攝行相事，誅少正卯於兩觀之下。是也。矍相圃，在廟西南一百二十步。周圍二里。孔子射於矍相之圃，觀者如堵。晉太康志曰：矍相圃在魯城内，縣西南，近孔子宅。是也。今改爲儒學。廟東南三里，魯城有門，曰臯門。昔齊人選女子、文馬，遺魯君，陳於臯門外者。是也。魯公城雉門之外，曰兩觀。周圍各四十步，高一丈一尺，東西相去一百步。春秋定公二年杜預注：雉門，公宫之南門。兩觀，闕也。昔先聖爲魯司寇，攝行相事，誅少正卯於兩觀之下。是也。廟西南二百步，魯城有門，曰歸德。世傳四方諸侯慕先聖之德而至者，多入此門，故魯人因以廟之。南十里，魯縣有二石闕，曰闕里，蓋里門也。五父衢，在廟東南五里。孔子之母殯於五父之衢，即此。夫子手植檜，三株。兩株在贊德殿前，高六丈餘，圍一丈四尺，其文左者左紐，右者右紐。一株在杏壇〔旁注〕宋乾興間，四十五代孫道輔監修祖廟，因增廣殿庭，移大殿於後講堂，舊基不欲毁折，因甃爲壇，環植以杏。魯人因名曰杏壇。東南隅，高五丈餘，圍一丈三尺，其枝蟠屈如龍形，世謂之「再生檜」。晉永嘉三年枯死，隋義寧元年復生，唐乾封二年又枯死，宋康定元年復生。金貞祐甲戌，蒙古兵犯孔廟，焚及三檜。後八十年，至元甲午復生。導江張顉爲銘。〔旁注〕至元間，復生東廡甓隙。張顉乃取復植之，高丈餘。弘治十五年，復毁於火。尚有遺榦，在大成門内。文理俱左旋，盤結爲石〔一三〕。魯靈光殿。水經注：孔子廟東南五百步，有雙石闕，即靈光之南闕，北百餘步即殿基。國朝弘治己未，聖廟災，復毁。季武子臺，在縣城北二里。水經注：曲阜阜上有季氏宅，宅有武子臺。季桓子井，在周公廟正北魯故宫〔一四〕。孔林古楷，高四丈五尺，圍一丈，枯而不朽。蓋子貢植也。顔林石楠述異記：顔子墓前石楠二株〔一五〕，可三四十圍。土人云：顔子植也。魯故城，在今縣城外。周回十餘里。城門十二。稷門，魯南門，在沂水上。又名之高門。雩門，門南隔水，有雩壇。廟東三里有廢井，圍五丈三尺，深八十丈〔一六〕，石爲之。相傳季桓子穿井得缶，中若羊，問夫子者也。手植檜、七十二賢贊，在大成門内，南一層亭内。東有漢光熹碑，今稱蔡中郎碑，上有一大孔。西有鍾太尉書碑、魏陳思王文、梁鵠書碑，尖頭有孔。有唐人碑。大成門外有殘碑，稱齊乾明元年。字半殘剥。孔林中爲孔氏墓，左爲伯魚墓，稍東爲駐蹕亭，右爲子貢廬，其前爲子思墓。林闍之内，爲洙水橋。周公廟前東、西二坊，曰經天緯地，制禮作樂。宋書江夏王義恭傳：魯郡孔子舊庭有柏樹二十四株，經歷漢、晉，其大連抱。有二株先折倒，士人崇敬〔一七〕，莫之敢犯。義恭悉遣人伐取，父老莫不嘆息。禮稽命徵：夫子墳，方一里。弟子各以四方奇木來植之。述異記：曲阜縣之南十里，有孔子春秋臺。曲阜古城有顔回墓。墓上石楠樹二株，可三四十圍。土人云：顔回手植。

【校勘記】

〔一〕弟子及魯人從而家者百餘室　「家」，底本、川本作「冢」，據滬本及史記孔子世家改。

〔二〕宋真宗　底本「真」下衍「宋」字，據川本、滬本删。

〔三〕孔子墓　川本同，滬本「孔」上有「在」字。

〔四〕春秋　底本、川本脱「秋」字，據滬本及春秋左傳集解莊公九年補。

〔五〕幸闕里　「幸」，底本、川本作「章」，據滬本及清統志卷一六六改。

〔六〕故問先聖墳何在　「故」，川本、滬本作「顧」，蓋是。

〔七〕付户曹孔訢　「付户」，底本作「户付」，據川本、滬本乙正。

〔八〕浴乎沂風乎舞雩　「浴」，底本模糊不清，川本作「俗」；「風」，底本作「鳳」，川本同，並據滬本及論語先進補改。

〔九〕秦議焚書　底本、川本「秦」作「泰」，「焚」作「楚」，據滬本及圖書集成職方典卷二四三改。

〔一〇〕有金党懷英諸碑　「諸」，川本同，滬本作「書」。

〔一一〕爲二丈　川本同，滬本作「高一丈一尺」。

〔一二〕定公二年　川本、滬本同。按春秋定公二年無誅少正卯事，史記孔子世家作定公十四年。

〔一三〕盤結爲石　川本同，滬本作「堅結如石」。

〔一四〕周公廟　底本脱「公」字，川本同，據滬本及清統志卷一六五補。

〔一五〕顔子墓前石楠二株　底本「前」上有「在」字，川本同，據滬本删。

〔一六〕深八十丈　「丈」，川本同，滬本作「尺」。

〔一七〕士人崇敬　「士」，底本作「土」，川本、滬本同，據宋書江夏文獻王義恭傳改。

曾子墓。成化元年，山東守臣上言：嘉祥南武山西南玄寨山之東麓〔一〕，有漁者陷入一穴中，得懸棺。其前有石碣，鐫：曾參之墓。奉詔封樹丘陵。墓在嘉祥始此。魏王肅曰：武城，魯邑。有兩武城，故稱南以別之。索隱曰：當時更有北武城，故言南。兖州志曰：今費縣西南八十里有南成山，其阿有武城城、武城寺，斷碑尚存。春秋時，曾子居武城，即此。又說苑云：魯人攻費，曾子辭於費君曰：請出，姑無使狗豕入吾舍。又戰國策甘茂之言曰：曾子居費之武城。又後漢王符論曾子葬父南城山〔二〕。唐章懷太子注云：南城在費縣西南。合此觀之，則曾子費人也。兖州志又曰：今嘉祥縣南四十五里，有南武山。山南有曾子墓。山東南三里許有南武城，即子游爲宰處。後改爲阿城，遺址尚存。又嘉祥縣志曰：南武城，即今本縣遂山社地也。合此觀之，則曾子又爲嘉祥人，未知孰是？正德間，山東僉事錢宏訪得曾子之後一人於嘉祥深山中，未及請於朝，後竟湮没。嘉靖十二年，吏部侍郎顧鼎臣奏求曾氏嫡派，得質粹於江西永豐縣，遷居嘉祥。至十八年，授以翰林院五經博士，世襲，以奉曾子祀。

【校勘記】

〔一〕嘉祥　底本、川本、滬本脱「祥」字，據紀要卷三三、清統志卷一八三補。

〔二〕南城山　「城」，底本作「成」，川本、滬本同，據後漢書王符傳改。下文「南城」據王符傳李賢注改。

沂州　春秋齊、魯二國之境。秦、漢琅邪、東海郡地。初，吕后封劉澤爲琅邪王。文帝徙澤王燕，以琅邪爲郡，領縣五十一。後漢復爲國，封皇子京爲琅邪王，自諸城徙都開陽故城。是也。晉武帝咸寧三年，改封東莞王伷王琅邪，薨，子覲嗣，薨，子睿嗣，是爲東晉元帝，即位於江東。於琅邪郡城東北置發於戍，以南軍鎮之。後爲石勒所陷，乃於丹陽江乘縣別立南琅邪郡。元魏莊帝置北徐州，即今州治。

鄒　古邾國。通志云：顓帝玄孫陸終氏第五子晏安，賜姓曹，封於邾，子孫以邾爲姓。周武王封晏安之後邾挾爲附庸，自挾至儀父十二世，始見春秋。儀父附從齊桓定霸有功，進爵稱子。十四世邾文公遷居於繹，改稱鄒。〔旁注〕繹本鄒山，故亦稱鄒。趙臺卿曰〔一〕：至孟子時，改曰鄒。此説非也。按六書故：邾、鄒同聲之轉也。春秋時，邾、莒用夷，故邾謂之邾婁。婁有二音，合閭音爲邾，合樓音爲鄒〔二〕。後爲楚宣王所滅，遷之江夏。故黄州黄岡縣有邾城。古鄒國，則別見濟南。

魯之水，其内爲沂、爲洙、爲泗，其外爲漕、爲洸，又其外爲汶、爲濟。大抵皆西南流，會於今之濟河，乃折而東，經徐以入於淮。然沂水出於尼山，經闕里之南，流匯於逵泉，溢於雩水，行七十里入於泗，非東出於岱麓之沂山，至於下邳，行六百里之沂也。洙水出臨樂山，西北流，浮孔林，入於泗，非出於兖城北之洙也。泗水出陪尾山，西流經闕里之北百里，强折而南，會於沂，入於濟，非東出乘氏南，東流至睢陵，行千餘里入淮之泗也。

邵氏聞見後録：曲阜城，魯國也。孔子廟宅在焉。庭中二檜，各數十圍，東紋左旋，西者紋右旋，世傳孔子手植也〔三〕。殿前有壇，魯恭王所壞堂基也〔四〕。城北即孔林。其中有亭，真廟駐蹕之地。西北隅孔子墓，東北隅伯魚墓，正北子思墓。孔氏云：商人尚左。故孔子墓在西也。

【校勘記】

〔一〕趙臺卿　底本脱「趙」字，據川本、滬本及清統志卷一六六補。又，底本、川本「卿」作「鄉」，據滬本及清統志卷一六六改。

〔二〕合樓音爲鄒　底本「爲」下衍「邾」字，據川本、滬本及清統志卷一六六删。

〔三〕孔子　底本、川本脱「子」字，據滬本及邵氏聞見後録卷二六補。

〔四〕所壞堂基也　「壞」，底本作「壤」，川本同，據滬本及邵氏聞見後録卷二六改。

遼東都指揮使司

蓋州衛　都司城南二百四十里，西至海十里〔一〕。　蓋州兵備兼苑馬寺事一員。

熊岳堡。　五十寨堡。　伏兵堡。　永寧監城，本衛南一百五十里〔二〕。〔旁注〕有監六，苑二十四。

蓋州驛。　熊岳驛，城南六十里〔三〕。　五十寨驛，城南一百二十里。

蓋套，距都司二百七十里。　白狼山，在西十里。　分水嶺，在東一百四十里，綿亘數百里。清河出焉，西南流經城南，又西流合泥河，入於海。　泥河，在東七十里。一名淯水。

石門關，在東七十里。　連雲島關，在西十五里〔四〕。　梁房口關，在西北九十里。　旅順海運舟於此入遼河。

王宗彝奏鳳凰城〔五〕。　文升奏遼河〔六〕。

滑石山，在東三十里。　南北通江，在城西一百八十里。源出滑石山，自東而西，橫渡遼河，折而西流，又折於東，復入於遼。　大片嶺關，在東一百十里〔七〕。

【校勘記】

〔一〕西至海十里　「里」，底本作「至」，據川本、滬本改。

〔二〕本衛南一百五十里　川本、滬本同，康熙蓋平縣志卷上作「城南一百二十里」。

〔三〕城南六十里　底本脱「南」字，川本同，據滬本及遼東志卷二、紀要卷三七補。

〔四〕在西十五里　「十五里」，底本作「五十里」，川本、滬本同。明統志卷二五：「在蓋州衛西一十五里。」清統志卷五九：「在蓋平縣西十五里。」據改。

〔五〕王宗彝奏鳳凰城　「宗」，底本作「奈」，川本、滬本同，據紀要卷三七改。又，紀要云：「王宗彝奏言：鳳凰山前後實爲出没要途，距遼東三百餘里，其間土地廣漠，舊無烽堠，請自山之東北至靉陽間，築墩臺二十二座；距山之西北一十五里，舊有古城遺址，於此築立一堡，名爲鳳凰城。」本書有脱漏。

〔六〕文升奏遼河　川本、滬本同。紀要卷三七遼水下載：「天順十一年，邊臣馬文升請復浮橋，以聯聲援。從之。自是常加修治。」遼志：「遼河出東北山口爲大河，西南流爲大口入海。」此有脱誤。又，鳳凰城、遼河二條，底本叙列於貴州布政司後，川本、滬本同。據紀要卷三七，應列叙於遼東都司定遼中、左、右、前、後五衛後，本書不列定遼五衛，姑改列於此。

〔七〕滑石山至在東一百十里　川本、滬本同。據紀要卷三七，滑石山、南北通江、大片嶺關並屬海州衛，本書既不列海州衛，又叙於鳳凰城、遼河之後，誤甚。

復州衛

都司城南四百二十里，東至海二百四十里，西至海四十五里。

欒古驛堡。羊官堡。復州驛。欒古驛，在城南六十里。長山島，城西南八十里。有塔。長生島，在西南四十里。本州糧一萬二千，而長生輸其七。畢里河，出蓋州衛東南山谷間，南流經本衛入海。得利嬴城，在東八十里。沙河出其山下，西流經本衛城南，又西合麻河入海。麻河，在南三十里。欒古關，在南六十五里。漢安市縣，在東北七十里。〔眉批〕先是登州海道歲運花布，給遼卒，遼人、登人兩利之。後以遼左亡命逃入島中爲害，巡撫張學顔、鎮守李成梁招降，散之金、復間，焚燒屋廬，鑿舟塞井，沉其器具於海，海患平而禁海不得通，登、遼遂絶。每歲九月，金州守備稍發舟師，搜島燒荒以爲常。萬曆十九年，倭據朝鮮，乃徵浙、直水兵，以統大將，由登州渡旅駐防。天啓元年，遼東陷，遊擊毛文龍自廣鹿、長生進克鎮江，而海上之議始開。雖非正兵，而犄角之謀，固亦兵家所不廢矣。

金州衛　都司城南六百里，東至海一百里，西至海三里。

木場驛堡。望海堝堡。紅嘴堡。歸服堡。黄骨島堡。石河驛堡。鹽場堡。金州衛驛。石河驛，在城北四十里。木場，在城西南六十里。旅順驛，旅順口南、北二城，本衛西南一百二十里，中左千户所治。

旅順口與登州相對，其東則平島、三山、廣鹿諸島在焉。其島口寬闊，可住船屯兵者，惟廣鹿、長山懸在海東，距老岸六、七十里。若欲進窺遼陽，差覺遠矣。旅順以西，其近峙者，有半須凹[一]，山連老岸，不可泊舟。更西則雙島，環島皆山，不虞風颶，而薪水取給老岸則艱。轉而西北，有麻陽島。更北則林本、汳悶島，狹而淺水，不任屯駐。更北則中島、南汎、北汎口也，三島皆四周環海，其去老岸遠者六、七里，近則三、四里，陸抵復州一舍耳。蓋州二百里而近，水抵蓋州可半日程，三岔、覺華乘東南風，一夕而達。由蓋套入州十里，由三岔入海州四十里，白海入遼陽一百二十里[二]。若於登州進兵，三島其門户也。洪武中，都指揮馬雲、葉興旺自登州渡海，屯金州，招降。元參政葉廷秀敗走，平章高家奴遂克遼東。後馬雲再破納哈，出梓河、連雲島，亦何嘗不由海道。第沿海一帶，猛礁帶沙，往往爲害，一沙船受卒百人，百船之卒，輜重稱是。風迅則逝，風止則尼，此韓世忠之所以敗於黄天蕩也。中流相持，風濤莫必，此張世傑之所以溺於厓山也[三]。藉之登岸，敵衆我寡，而濟師無人，縱克，二孤城難守，此毛文龍所以入鎮而不能有也。此數者，海之大要，不可不知也。

自旅順關口，南至登州新河水關，徑五百五十里。其適中海島，名曰羊堝。自旅順口起，抵羊堝、黄城二島，約三百里；又南抵欽島、鼉磯島，約三十里；又南抵井島，約七十里；又南抵沙門島，約一百三十里；沙門島抵新河水關二十里，各島相接如驛遞，而島之住户，俱納水利銀兩於金州。

大黑山，在東一十五里。絶頂有城，四面懸絶，惟西向一路可通。

哈思關，在南十八里。蕭家島關，在東北十五〔旁注〕一百五十〔四〕。里。

漢遼隧縣，在西六十里。

【校勘記】

〔一〕半須凹　川本、滬本同。紀要卷三七雙島：「自雙島至羊頭凹四十里，自羊頭凹至八隻船四十里。」遼東志卷一、全遼志卷一並載金州衛羊頭島，全遼志卷二金州旅順口有羊頭凹臺，無「半須凹」之地名，疑「半須」爲「羊頭」之誤。

〔二〕白海入遼陽　川本同，滬本「白」作「自」，疑是。

〔三〕張世傑之所以溺於厓山也　「傑」，底本脱，川本同，滬本有。宋史張世傑傳：「弘範等攻厓山，世傑溺死。」宋史紀事本末卷一〇八：「世傑墮水溺死。」此脱「傑」字，據補。

〔四〕一百五十　底本「一」作「二」，川本同，據滬本及遼東志卷一改。

廣寧衛

中衛

左衛

右衛　都司城西四百二十里。漢無慮縣。遼奉先縣。户部糧儲郎中一員。廣寧兵備一員。廣寧左、右遊擊各一員。正安遊擊一員。正武遊擊一員。

鎮夷堡。鎮邊堡。鎮靜堡。鎮安堡。鎮遠堡。鎮寧堡。鎮武堡。西興堡。西平堡。西寧堡。有廣寧驛遞運所。

醫巫閭山，在西五里〔一〕。幽州之鎮山。鞍山，在北一百里。板橋河，在醫巫閭山。源有二：其一流經城北，其一流經城南，俱至城東南，合蘆溝及雙峯河入海。白土廠關，在北七十里。夷人於此互市。分水嶺關，在北八里。魏家嶺關，在西北六十里。漢望平縣，在東北一百五十里。山陵考：遼景宗乾陵，在醫巫閭山上。舊有凝神殿。

遼史：顯州奉先軍。本勃海顯德府地。世宗置，以奉顯陵。顯陵者，東丹人皇王墓也。人皇王性好讀書，不喜射獵，購書數萬卷，置醫巫閭山絶頂，築堂曰望海。山南去海一百三十里。大同元年，世宗親護人皇王靈駕歸自汴京〔二〕。以人皇王愛醫巫閭山水奇秀，因葬焉。山形掩抱六重〔三〕，於其中作影殿，制度宏麗。州在山東南〔四〕，遷東京三百餘户以實之。應曆元年，穆宗葬世宗於顯陵西山。義宗傳：市書至萬卷，藏於醫巫閭山絶頂之望海堂〔五〕。金史斡魯古孛堇傳：乾州後爲閭陽縣，遼諸陵多在此，禁無所犯。

自本衛東二十里，至海州東昌堡，凡一百七十里。緣路浚河，謂之路河。先年海運，由此直達廣寧，外禦虜馬，內泄潴水，而達於海。其後海運罷，而河日湮，虜得乘隙入，而水無所泄，輒瀦爲河，地不可耕矣。

【校勘記】

〔一〕毉巫閭山在西五里　「毉」，川本、滬本同，遼史地理志作「醫」。下同。「西」，底本、川本脱，滬本缺，據遼東志卷一、全遼志卷一、康熙錦州府志卷一補。

〔二〕汴京　「汴」，底本、川本作「自」，滬本作「沐」，據遼史地理志改。

〔三〕山形掩抱六重　「重」，底本作「里」，川本、滬本同，據遼史地理志改。

〔四〕州在山東南　底本、川本脱「在」字，據滬本及遼史地理志補。又，滬本脱「州」字。

〔五〕毉巫閭山　「毉」，川本、滬本同，遼史義宗倍傳作「醫」。

義州衛

廣寧後屯衛　都司城西北五百四十里。漢絫縣。大定堡、大安堡、大康堡、太平堡、太寧堡、太靖堡、大清堡，已上七堡，錦義參將轄。義州驛。牽馬嶺驛，城東五十里。高城驛，城東九十里。盤山驛，城東四十五里。錦義參將一員。大淩河，源出大寧，自衛西六十里入境〔一〕，南流經廣寧左右屯衛界入海。

廣寧中屯衛

左屯衛

錦州城。　都司西北六百里。　漢徒河縣。　錦州遊擊一員。　大興堡、大福堡、大鎮堡、大勝堡、大茂堡，以上五堡，錦義參將轄。

松山城，本衛南二十里，中屯中左千户所治。　大凌河城，本衛東四十里，左屯中千户所治。

小凌河驛，城南三十里。

木葉山，在東三十里。契丹始於此。　弘螺山，在西七十里。大小二山，綿亘東西百餘里。今因其勢築長城。　松山，在南二十五里。　杏山，在西南四十里。　小凌河，源出大寧，自衛西入境，合女兒河、哈剌河，南流入海。

廣寧右屯衛　都司西五百四十里。　右屯遊擊一員。　十三山驛，城西北二十五里。　十三山，在北三十里。遼史：燕王淳討武朝彦，至乾州十三山。　大凌河，在西二十五里。

廣寧前屯衛　都司西九百六十里。　中後遊擊一員。

沙河驛，東北四十里。　高嶺驛，在西南三十五里。　急水河城，本衛西五十里，中前千户所治。　杏林堡城〔二〕，本衛東五十里〔三〕，中後千户所治。　錢場堡、永安堡、背陰障堡、三山營堡、平川營堡、瑞昌堡、高臺堡、三道溝堡、新興營堡、錦川營堡，已上九堡，寧前參將轄。

萬松山，在西北十五里。東西四百餘里，連山海、永平界。　三山，在西北三十里。　歡喜嶺，在西七十里。急水河，在萬松山，經城西五十里入海。慢水河，在歡喜嶺，南流經城西七十里入海〔四〕。六州河，合大寧、建州等六州之水，自城東北七十里入境，南流至蛇山務入海。

寧遠衛　都司西七百七十里。中左遊擊一員。〔旁注〕寧前兵備一員。中右遊擊一員，〔旁注〕參將一員。黑莊窠堡、仙靈寺堡、小團山堡、興木縣堡、白塔峪堡、塞兒山堡、灰山堡、松山寺堡、沙河兒堡、長嶺山堡、椴木衝堡，已上十一堡〔一〕，寧前參將轄。塔山城，在本衛東五十里，中左千户所治。小沙河城，本衛西四十里，中右千户所治。連山驛，在東北三十二里。曹莊驛，在西南一十三里。東關驛，在西六十里。三首山，在東二里。八塔山，在西南二十五里。大團山，在西北三十里。桃花島，在

【校勘記】

〔一〕自衛西六十里入境　「里」，底本脱，據川本、滬本及紀要卷三七補。

〔二〕杏林堡城　「堡」，底本作「墅」，川本、滬本同，據紀要卷三七、康熙錦州府志卷三改。

〔三〕本衛東五十里　「東」，底本、川本、滬本脱，據紀要卷三七、康熙錦州府志卷三補。

〔四〕經城西七十里入海　「城」，底本、川本作「成」，據滬本及遼東志卷一改。

東一十五里，濱海。登、萊運舟，皆泊於此〔二〕。覺華島，在東南二十里海中。寧遠河，出本衛西北山谷間，南流至城西，分爲二派，環抱城郭，復合爲一，南流入海。女兒河，在城西一里。源出塞外，東入海。沙河，在東三里。南沙河，在西四十里。北沙河，在西二十里。

瀋陽中衛　都司北百二十里。遊擊一員。靖遠堡。平虜堡。上榆林堡。撫順千户所，在本衛東北八十里。會安堡。蒲河千户所，在本衛東四十里。十方寺堡。東牟山，在東二十里。唐高宗平高麗，渤海大氏以衆保挹婁之東牟山，即此。渾河，一名小遼水。源出塞外，西南流，至本衛合沙河，又西南至都司界。沙河，源出東南，入渾河。夾河，在撫順城南四十里。源出境外分水嶺，至城南，入渾河。小瀋水，在城西南四十里。撫順關，在撫順城東二十里〔三〕。建州夷人於此朝貢買賣。漢險瀆縣，在今奉集堡。

【校勘記】

〔一〕已上　底本作「已以」，川本同，據滬本改。

〔二〕皆泊於此　「此」，底本作「至」，川本同，據滬本改。

〔三〕二十里　「二」，川本同，滬本作「一」，遼東志卷二、全遼志卷一作「三十里」，當是。

鐵嶺衛　都司北二百四十里。平定堡。曾遲堡。撫安堡。鎮西堡。彭家灣堡。游擊一員。洪武二十六年四月，徙遼鐵嶺衛治於瀋陽、開元兩界，古嚚州之地〔一〕。汎河城，本衛南三十里，中左千户所治。宋家泊堡。白家衝堡。懿路城，本衛南六十五里，左、右千户所、中千户所同治。丁字泊堡。三岔兒堡。嚚州驛。松山，在東三十里。柴河，在北二里。源出松山之西，諸水合流。由北城入遼河。汎河，出松山東諸山，西流，由城南至黄山塔，北流入遼河。小清河，在南六十里。出歸德州南山，西流懿路城，南流入遼河〔二〕。泥溝河，在南八十里。出瀋陽東山，西流，由十方寺入遼河。

【校勘記】

〔一〕徙遼鐵嶺衛治於瀋陽開元兩界古嚚州之地　川本、滬本同。遼東志卷一、全遼志卷一並載：洪武二十五年，置鐵嶺衛於今衛治東南五百里故鐵嶺城，「二十六年，徙今治，即遼、金時嚚州故城」。則此「遼」字當置於「嚚州」之前，或爲衍字。

〔二〕遼河　「河」，底本作「海」，據川本、滬本及紀要卷三七改。

三萬衛

遼海衛〔一〕安樂州。開原城〔二〕。都司北三百三十里。金天眷初，以此爲上京。後止稱會寧府。開原兵備一員，參將一員。

中固城堡〔三〕。定遠堡。柴河堡。慶雲堡。古城堡。永寧堡。鎮夷堡。清陽堡。鎮北堡。威遠堡。靖安堡。松山堡。開原驛。中固撫順驛，在城南四十五里。

金山，在西北三百五十里，遼河北岸，綿亘三百餘里。牛心山，在東北二百五十里，艾河北。東河。馬鞍山，在東北四百里，建州衛東。長白山，在東北千餘里，横亘千里。其巔有潭，周八十里，淵深莫測，南流爲鴨緑江，北流爲混同江。大清河，出本衛東北分水嶺，南流經城東南十五里，合小清河，入遼河。塗河，在本衛二百五十里〔四〕。出昌王營東北響山〔五〕，東流至金山黑林嘴，南流入遼河。金線河，出本衛東北隅，西流出西水關，南流入清河。艾河、土河，在本衛北二百五十里。出那丹府西山〔六〕，流至黑嘴，合而入遼河，西流入梁房海口。金水河，在東北一千餘里。出黄龍府東山，北流入松花江，即金人按出虎水。混同江，出長白山，北流經五國城，又北合松花江，東注於海。鴨緑江，出長白山，而南流入海。松花江，出長白山湖中，北流經南京城，與灰扒江合，至海西，與混同江合，東流入於海。已上俱境外。

鎮北關，在東北七十里。夷人於此朝貢入市。山頭關，在南六十里。清河關，在西南六十里。廣順關〔七〕，在東六十里靖安堡。新安關，在西六十里慶雲堡。女直馬市，在南門外西。每歲海西夷人於此買賣。達達馬市，成化間設於古城堡南。嘉靖三年，改於慶雲堡北。每歲海西、黑龍江等夷人於此買賣。平壤城，在鴨緑江東。一名王險城。漢樂浪郡治〔八〕。有薩水。五國城，在本衛北一千里。

遼撫閻鳴泰疏：遼地自關以東〔九〕，平川相望，惟寧遠首山突起海上，形勢最高。首山而下，爲窟籠山，兩峯横亘，二關中開，此咽喉之地也。對山而南，爲覺華島，蹲治大洋〔一〇〕，通□北北此復心之所也〔一一〕。兩險水陸相去止二十六里。

【校勘記】

〔一〕遼海衛　「海」，底本作「河」，據川本、滬本及遼東志卷一改。

〔二〕開原城　「原」，底本作「源」，川本、滬本同，滬本眉批：「源，當作原。」遼東志卷一：「開原，在遼陽城北三百三十里。」又載：「遼海衛，洪武二十六年，徙治開原城。」據改「源」爲「原」。

〔三〕中固城堡　「固」，底本、川本、滬本作「國」，據紀要卷三七、盛京通志卷二九改。

〔四〕在本衛二百五十里　川本、滬本同。遼東志卷一開原：「塗河，城西二百五十里。」「本衛」下蓋脱「西」字。

〔五〕響山　「山」，底本脱，川本、滬本同，據遼東志卷一、全遼志卷一補。

〔六〕那丹府　「丹」，底本、川本、滬本作「州」，據遼東志卷一、全遼志卷一改。

〔七〕廣順關　「順」，底本、川本脱，滬本作「夷」，據遼東志卷二、紀要卷三七補。

〔八〕樂浪郡　「浪」，底本、川本、滬本脱，據漢書地理志、紀要卷三八補。

〔九〕遼地自關以東　「東」，底本、川本作「來」，據滬本改。

〔一〇〕蹲治大洋　川本同，滬本作「峙大洋」，無「蹲」字。

〔一一〕通□北北此復心之所也　川本同，滬本作「通□□北此腹心之所也」。

遼史：東京遼陽府，本朝鮮之地。周武王釋箕子囚，去之朝鮮，因以封之。作八條之教，尚禮義，富農商〔一〕，外户不閉，人不爲盜。傳四十餘世。燕屬真番、朝鮮，始置吏、作障。秦屬遼東外徼。漢初，燕人滿王故空地。武帝元封三年〔二〕，定朝鮮爲真番、臨屯、樂浪、玄菟四郡〔三〕。後漢出入青、幽二州。遼東、玄菟二郡，沿革不常。漢末爲公孫度所據，傳子康；孫淵，自稱燕王，建元紹漢，魏滅之。晉陷高麗，後歸慕容垂；子寶，以勾麗王安爲平州牧居之。元魏太武遣使至其所居平壤城。遼東京本此。唐高宗平高麗，於此置安東都護府；後爲渤海大氏所有。大氏始保挹婁之東牟山。武后萬歲通天中，爲契丹盡忠所逼，有乞乞仲象者，度遼水自固。武后封爲震國公。傳子祚榮〔四〕，建都邑〔五〕，自稱震王，幷吞海北，地方五千里，兵數十萬。中宗賜所都曰忽汗州，封渤海郡王。十有二世至彝震，僭號改元，擬建宫闕，有五京、十五府、六十二州，爲遼東盛國。忽汗州即故平壤城也，號中京顯德府。太祖建國，攻渤海，拔忽汗城，俘其王大諲譔，以爲東丹王國〔六〕，立太子圖欲爲人皇王以主之。神册四年，葺遼陽故城，以渤海、漢户建東平郡，爲防禦州。天顯三年，遷東丹國民居之，升爲南京。

城名天福，高三丈，有樓櫓，幅圓三十里。八門：東曰寧陽〔七〕，東南曰韶陽，南曰龍原，西南曰顯德，西曰大順，西北曰大遼，北曰懷遠，東北曰安遠。宫城在東北隅，高三丈，具敵樓，南爲三門，壯以樓觀，四隅有角樓，相去各二里。宫牆北有讓國皇帝御容殿〔八〕。大内建二殿，不置宫嬪，唯以内省使副、判官守之。大東丹國新建南京碑銘在宫門之南。外城謂之漢城，分南北市，中爲看樓；晨集南市，夕集北市。街西有金德寺；大悲寺；駙馬寺，鐵旛竿在焉；趙頭陀寺；留守衙；户部司；軍巡院，歸化營軍千餘人，河、朔亡命，皆籍於此。東至北烏魯虎克四百里，南至海邊鐵山八百六十里，西至望平縣海口三百六十里，北至挹婁縣、范河二百七十里。東、西、南三面抱海。

遼河出東北山口爲范河，西南流爲大口，入於東海。東梁河，自東山西流，與渾河合爲小口，會遼河入於海。又名太子河，亦曰大梁水。渾河，在東梁、范河之間。沙河，出東南山西北流，經蓋州入於海。有蒲河；清河；浿水，亦曰泥河，又曰蓒芋濼，水多蓒芋之草。駐蹕山，唐太宗征高麗，駐蹕其巔數日，勒石紀功焉，俗稱手山。山巔平石之上，有掌指之狀，泉出其中，取之不竭。又有明王山、白石山，亦曰横山。天顯十三年，改南京爲東京，府曰遼陽。

實録：洪武十五年二月，故元鯨海千户速哥帖木兒木答哈、千户完者帖木兒牙蘭、千户皂化自女真來歸〔九〕，言：遼陽至佛出渾之地三千四百里，自佛出渾至斡朵憐一千里〔一〇〕，斡朵憐至託温萬户府一百八十里〔一一〕，託温至佛思木隘口一百八十里，佛思木至胡里改一百九十里，胡里改至樂浪古隘口一百七十里，樂浪古隘口至乞列憐一百九十里。自佛出渾至乞列憐，皆舊所部之地。願往諭其民，使之來歸。詔許之。賜以織金文綺。

永樂七年九月甲午，敕遼東都司都指揮巫凱等，以廣寧右屯衛幷入瑞州，廣寧前屯衛撫順千户所幷入瀋陽中衛，在左千户所幷入鐵嶺衛〔一二〕，各令固守城池，如法操練。其驛傳鋪舍，但存車馬遞送，其人畜悉入城，毋爲胡寇之利。

【校勘記】

〔一〕富農商　「商」，川本、滬本同，遼史地理志作「桑」，按「桑」是。

〔二〕元封　「封」，底本作「豐」，川本、滬本同，據遼史地理志改。

〔三〕玄菟　「菟」，底本作「莬」，川本同，據滬本及遼史地理志改。下同。

〔四〕傳子祚榮　「子」，底本脱，川本、滬本同，據遼史地理志補。

〔五〕建都邑　「都」，底本作「郡」，川本、滬本同，據遼史地理志改。

〔六〕東丹王國　「東」，底本、川本作「中」，據滬本及遼史地理志改。

〔七〕東曰寧陽　「寧」，川本、滬本同，遼史地理志作「迎」，蓋本書誤。

〔八〕宫牆北有讓國皇帝御容殿　「北」，底本脱，川本、滬本同，據遼史地理志補。「容」，底本作「客」，川本同，據滬本及遼史地理志改。

〔九〕完者帖木兒牙蘭千户皂化自女真來歸　「蘭」，底本作「闌」，川本、滬本同；「女」，底本脱，川本、滬本同，並據明太祖實録卷一四二改補。

〔一〇〕自佛出渾至斡朵憐一千里　「自」，底本脱，川本、滬本同，據明太祖實録卷一四二補。

〔一一〕斡朵憐　底本「斡」上衍「餘」字，據川本、滬本及明太祖實録卷一四二删。

〔一二〕在左千户所　「在左」，川本同，滬本作「左」。遼東志卷一、全遼志卷一鐵嶺衛下並載：「永樂八年，復調中千户所兼守。」疑「在左」或「左」爲「中」字之誤。

長安客話：遼鎮孤懸一線，東西千里，山海關綰其口，未有販粟而出者。軍民之所衣食，達虜之所剽掠，不過取之地耳。顧北爲戰場，有可耕之地而無其人；南爲海壖，有欲耕之人而無其地。惟鴨緑江以西，九聯城以東，地稱「腹裏」，田多膏腴〔一〕，開種頗易，收穫爲多。屯田之策，所宜亟舉。遼東之隷山東〔二〕，先朝有深意。遼山多苦無布，山東登、萊宜木綿，少五穀，又海道至遼一日耳，故今登、萊諸處田賦止從海道運布遼東，無水陸舟車之勞。遼兵喜得布，回舟又得販遼貨，兩便之〔三〕。後以夾帶私貨，故禁止，海船遂廢。今布運者須經山海關入遼，其勞苦視登、萊海道何啻百倍〔四〕？此以人事言也。若論地利，遼東須直隸京師爲東輔。

洪武四年，以都指揮使馬雲、葉旺率兵渡海，自金州而至遼陽，設定遼都衛，既而分設定遼左等五衛，並東寧衛、金復蓋海四衛於沿邊〔五〕。已而改設都指揮使司而統屬之。招降納附，開拓疆宇。復於遼北分設瀋陽、鐵嶺、三萬、遼海四衛於開原等處，西抵山海，分設廣寧及左右中衛、義州、寧遠、廣寧左右中前後五屯衛於沿邊。星分旗布，塞衝據險〔六〕，且守且耕，東逾鴨緑而控朝鮮，西接山海而拱京畿，南跨溟、渤而連青、冀，北越遼河而亘沙漠。又東北至奴兒干涉海，有吉列迷諸種部落〔七〕，東鄰建州、海西、野人女直並兀良哈三衛。

女直，即古肅慎，西接兀良哈。其地在混同江東。永樂初歸附，設奴兒干都司，置衛所三百八十二，賜敕印，於開原、鎮北、慶雲〔八〕、新安等處交易馬市。夷種三：一居海西，一居建州，一居極樂。野人兀者，去中國益遠。獨海西南關、北關〔九〕，與建州毛憐等夷歲爲邊患〔一〇〕。自仰、逞二奴被戮，貢市撫賞如故。

國初，於鎮城外分中東西三路〔一一〕，設大邊、二邊扞虜。自東勝、豐州不守，雲川、玉林内遷，重邊盡爲虜窟。嗣後增築鎮邊，殺胡、丫角一帶，增置雲岡、雲陽諸堡，東西相望，聲援相連，三雲形勢大非昔比矣。東起天城抵宣府、鎮西、陽河界，至井坪抵山西北樓口界〔一二〕，邊長六百四十餘里。境外順義王並把漢、那吉扯力、艮兀填、擺腰五路台吉等部落住牧。國家建都幽、燕，控扼大漠，東西延亘二千餘里。夷族所隔者一牆耳。腥羶野性，或乘虛而零竊，或糾衆而跳梁，或執詞而要挾，如薊三衛等夷，遼建州等酋，肆毒於河流、義院等口，大舉於長勝、長營等處，叵測之患稍形。然終不至於大患者，有市款爲之羈縻耳。

國初恃三衛爲藩籬，一切守禦之具間有缺略，西自石塘，東抵山海，舊設燕河、太平、馬蘭、密雲四路而已。三衛乞賞者八萬三千餘人，敵之盛，我之憂也。爲頭目者，凡二百七十枝，敵之分，我之利也。既繁畜産，事射獵，且藝五穀，伐山刊木，蔽灤水而下，虜日用饒，敵之富，我之貧也。五酋拓而六堡築矣〔一三〕。六堡以内之地，中國地也，不可棄也。六堡以外之地，非中國地也，不爲棄也〔一四〕。

【校勘記】

〔一〕田多膏腴　「多」，底本脱，川本、滬本同，據長安客話卷七補。

〔二〕遼東之隸山東　川本、滬本同，長安客話卷七「之」作「不」。

〔三〕兩便之　底本、川本「兩」下衍「貨」字，據滬本及長安客話卷七删。

〔四〕其勞苦視登萊海道何啻百倍　底本脱「登萊」、「何啻」四字，川本、滬本同，據長安客話卷七補。

〔五〕蓋海　底本作「海蓋」，川本、滬本同，據長安客話卷七乙正。

〔六〕塞衝據險　「塞」，底本作「寨」，川本同，據滬本及長安客話卷七改。

〔七〕古列迷　「列」，底本、川本作「利」，據滬本及長安客話卷七改。
〔八〕慶雲　底本「慶」下衍「原」字，據川本、滬本及長安客話卷八删。
〔九〕海西　底本、川本作「西海」，據滬本及長安客話卷八乙正。
〔一〇〕與建州毛憐等夷歲爲邊患　底本「與」上衍「與建關」三字，據川本、滬本及長安客話卷八删。
〔一一〕鎮城外　「外」，底本脱，川本、滬本同，據長安客話卷八補。
〔一二〕北樓口　「樓」，底本作「流」，川本、滬本同，據長安客話卷八改。
〔一三〕五酋　「酋」，底本作「奠」，川本同，據滬本及長安客話卷八改。
〔一四〕三衛乞賞者至不爲棄也　川本同，滬本無此段文字。

洪武三十年五月，築遼王府於廣寧。先是，王之國未築城府，但樹木栅於廣寧西大凌河北，草創宫室以居之。尋命武定侯郭英督遼東各衛及護衛軍士，營建王宫城於廣寧故城西。後上聞英督工嚴急，軍士勞斃，命罷其役。至是，中軍都督僉事陳信、宣信運糧於遼東，因命信等以舟師協助都督楊文等，率遼東諸衛軍士，復築城浚濠，建立宫室。令高壯其城門〔一〕，以備不虞，或有勍敵，難以守禦〔二〕，則王徙居山海衛，而以馬步軍守其城，王領兵時復往來。

永樂四年三月甲午，設遼東開原、廣寧馬市二所。初外夷以馬鬻於邊，命有司善價易之。至是來者衆，故設二市，命千户答納失里等主之〔三〕。

十年四月癸亥，從廣寧衛鐵山馬市於團山，以水草便故也。四月庚午〔四〕，命築遼東開原西門土城，以處韃靼之歸附者。

宣德二年八月丙子，遼東總兵官、都督僉事巫凱奏，廣寧舊城中設四衛，洪熙元年以其窄狹，奏准於城東南二面增築土城，以居官軍〔五〕。今欲拆舊城一面，使與新城相通，以其磚石包砌新城。從之。

三年二月戊辰，遼東總兵官、都督僉事巫凱奏：各處馬驛皆與遞運所相鄰〔六〕，人力相等，獨黑林莊遞運所置在高平、盤山二驛之間，地遠勢孤，遞送艱難。往時義州衛帶管大寧驛路，嘗置馬驛於牛心山〔七〕，今大寧之路不通，馬驛虛設，若移於盤山驛，添作遞運所，而以黑林莊遞運所移置高平驛，庶幾得宜。從之。

五年正月庚午，置遼東寧遠衛於湯池，凡五千户所，以定遼中衛右所、定遼前衛中所、定遼後衛後所、廣寧中衛右後二所實之。其湯池上下六站各增置一千户所，山海東關至高嶺驛設廣寧前屯衛中前所，沙河驛至東關驛設廣寧前屯衛中後所，杏山驛至小凌河驛設廣寧中屯衛中左所，凌河驛至十三山驛設廣寧左屯衛中左所，東關驛至曹莊驛設寧遠衛中右所，連山驛至杏山驛設寧遠衛中左所，以遼諸衛多餘軍士實之〔八〕，不足則於内地附近諸衛撥補，官缺於諸衛剩員及廣寧操備官内調補。從巡按御史包德懷所奏也。

五月乙巳，調山海衛左、中二所，並原調

常山中護衛官軍之在永平諸衛者〔九〕，於遼東廣寧前後屯衛寄住，仍命俟春暖築城屯種。從總兵官、都督巫凱奏也。

正統二年三月，遼東都司定遼前衛指揮僉事畢恭言五事〔一〇〕：一自海州衛至瀋陽中衛，宜於其間分作四處，量地遠近，築置堡墩，調發官軍，往來巡哨。於要路布撒釘板、鐵蒺藜，絶賊歸路，會合追擊，庶得以防護屯種。一瀋陽蒲河鋪、鐵嶺汎河鋪二處中空，宜設二千户所，將逐年發去新軍，編立旗甲管領，暫於都司内衛分帶管屯，操候數足，於所築二千户所修築城堡屯守。上命兵部及總兵等官議行。八月壬申，命瀋陽中衛界内置蒲河千户所〔一一〕，鐵嶺衛界内置汎河千户所，海州衛等處置四堡九墩，分定遼左等衛官軍實之。從遼總兵官巫凱等覆奏也。

五年五月丁未，改鐵嶺衛懿路驛隸懿路城左千户所，石河驛隸金州衛前千户所。以懿路驛舊在城左所，石河驛隸復州衛，以道里遼遠故也〔一二〕。

八年三月甲戌，遼東總兵官、都督僉事曹義奏：永樂間，開原城設立安樂、自在二州。每州額除官吏四員名，專令安撫三萬、遼海二衛歸降達官人等。其東寧衛歸降達官人等，原無衙門官員管屬，乞并自在州達官人等於安樂州管屬。其自在州官吏徙於遼東都司，在城設立衙門，安撫東寧衛並附近海州瀋陽中等衛歸降達官人等〔一三〕，庶爲兩便。章下吏部，移文左副都御史李濬復審。乞如義言。從之。

【校勘記】

〔一〕令高壯其城門　「令」，底本作「今」，據川本、滬本及明太祖實録卷二五三改。

〔二〕難以守禦　底本「守禦」作「禦守」，川本同，據滬本及明太祖實録卷二五三乙正。

〔三〕答納失里　「里」，底本脱，據滬本及明太祖實録卷五二補。

〔四〕四月　「四」，底本作「五」，川本、滬本同，據明太祖實録卷一二七改。

〔五〕以居官軍　底本「官」上衍一「居」字，據川本、滬本及明宣宗實録卷三〇删。

〔六〕皆與遞運所相鄰　「鄰」，底本、川本、滬本作「連」，據明宣宗實録卷三六改。

〔七〕牛心山　底本、川本、滬本脱「心」字，據明宣宗實録卷三六補。

〔八〕以遼諸衛多餘軍士實之　底本、川本、滬本脱「餘」字，據明宣宗實録卷六二補。

〔九〕在永平諸衛者　底本、川本、滬本脱「在」字，據明宣宗實録卷六六補。

〔一〇〕定遼前衛指揮僉事　「衛」，底本作「後」，川本、滬本同，據明英宗實録卷二八改。「僉」，底本作「簽」，川本同，據滬本及明英宗實録卷二八改。

〔一一〕瀋陽中衛　「中」，底本、川本、滬本作「東」，據明英宗實録卷三三改。

〔一二〕以道里遼遠故也　川本、滬本同，明英宗實録卷六七無「以」字。

〔一三〕安撫東寧衛　底本、川本、滬本「安撫」作「撫安」，據明英宗實録卷一〇二乙正。

大寧都指揮使司

北平行都指揮使司

昭代典則：興、營等二十餘衞，會、興、大寧左右中前後五衞，營州左右中前後五衞，會州衞，興州中護衞，營州左右中護衞。四鎮三關志有興州左右前後四屯衞，開平中屯衞。衍義補：興、營、義、會等衞。〔旁注〕蔡鼎策。古會州地。太祖設北平行都指揮司，而封皇第十七子寧王鎮焉。永樂初，更名曰大寧。而兀良哈者，故奚、契丹種也，洪武中，爲蒙古所抄，乞降。詔於潢水之北置三衞，曰朵顔、泰寧、福餘以處之。朵顔最强，久之仍叛附蒙古。文皇帝自燕王起靖難，遣使以賂召之，而兀良哈以騎來從戰有功，於是徙封寧王南昌，徙都司、各衞於保定等內地，而以南地畀兀良哈等，仍爲三衞。其官都督至指揮、千、百户有差。約以爲外藩，歲給牛具、種、布帛、酒食良厚。亡何復叛，附烏魯台。二十年，上親征阿魯台，還討之，大敗其衆於屈烈河，斬馘無算。宣德三年，上出獵巡邊，駐蹕遵化，適其衆萬餘入寇，上以鐵騎三千逆擊，大破之，獲首數千級。正統九年，發兵二十萬〔一〕，分四道：成國公朱勇出喜峯口，左都督馬諒出界嶺口〔二〕，興安伯徐亨出劉家口，左都督陳懷出古北口，逾灤江〔三〕，渡柳河，經大小興州，過神樹，破福餘於全寧。又破泰寧、朵顏於虎頭山，鹵男婦以千計，馬牛羊以萬計。還，加公勇太保，伯亨進爵侯，都督諒、懷賜爵伯。自是三衛雖衰，而怨中國益深，因通也先，爲嚮導入寇。後復謝罪入貢，國家亦撫納，而小小爲鈔不絕。正德間，闌入薊邊，射殺參將陳乾。嘉靖中，薊鎮撫臣貪功，尋郤而掩之，獲首百餘。復走誘俺答，大舉入塞。及崇禎中，三衛並折而入於奴，而大寧遂至於今不復云。三衛舊在潢水北，自懷山至東，金山其地界也。後朵顏自廣寧前屯，歷喜峯西近宣府；泰寧由錦義渡潢河，至白雲山；福餘自潢泥窪東至開原，此永樂以後界也。或曰：成祖未嘗割大寧也，自土木後，始竊據焉。大寧失而宣、遼之路中絕，以天壽山一垣爲華、夷界，於是天下脊脊多事矣。郭建卿大寧辨及職方圖考載農丈人語，皆謂成祖未嘗割大寧，然二十餘衛並徙內地，則已爲甌脱矣。

大寧城，番云可苛河套，在薊鎮之北，離邊約四百五六十里，正南與燕河青山口相對。大寧東南有敖母林河，流入遼東大淩河；北有捨喇母林，華言黃河也，離薊邊約一千二、三百里；又有老花母林，華言大河也，自青山西北流來，繞過大寧城南，往東北，與捨喇母林合，共入遼東三岔河。

大寧城稍偏向東南行二日，可至大鹻場。番云以克馬喇，在大毛山並義院口外正北約二百里。其南有横山，長六、七十里。番云兀攔打八山。上有人伏哨，可見鹻場虜營真形。大鹻場向東南行，過一小嶺，名毛挨兔，犯遼東前屯衛中前所，西犯薊鎮、山海、一片石等處，一日餘路。若由大鹻場南山西頭，過兀攔打八，南犯義院、界嶺、青山，或自中途龍王廟，往東南小路，犯大毛山、城子谷，亦一日餘路。兀攔大川、西河，通桃林、冷口，二日路。大寧城稍偏向西南，至青城七十里。番云哈喇河套。青城稍偏西南，至會州一百二十里，番云種汗河套。會州西南至喜峯口二百二十里。若虜至會州，必犯喜峯、潘家二口，並榆水關、董家口一帶地方。

灤河，番云商都，源頭遠出西北虜地。夷人通夜，惟見自插汗根兒向東南流來，兩岸產柳條，夷人取爲箭幹。其河寬不滿丈，餘流至近邊，與流河、白河、暴河、清河合，正兒河之水交會，其勢始大，由團亭寨、遷安、永平入於海，此裏外界也。

洪武二十五年五月辛卯，置泰寧、朵顔、福餘三衛於兀良哈地，在烏龍江南，盧龍寨北，以處降胡。東自全寧抵喜峯，外近宣府，曰朵顔。自錦、義歷廣寧，至遼山，曰泰寧。自黄泥窪逾瀋陽、鐵嶺，曰福餘。在潢水北大寧外邊，由冷口入貢，置驛於遷安縣，接達京。永樂元年三月，改北平行都指揮使司隸後府，徙於直隸保定府，遷各衛於内地：營州左右於薊州，中於平谷縣，前於香河縣，後於三河縣；興州前於豐潤縣，後於三河縣，中於良鄉縣，左於玉田縣，右於遷安縣；大寧前中及會州於京師，左右於萬全都司。因兀良哈三衛來朝，益求内附，以大寧故衛地使爲外藩，自古北口至山海關爲朵顔；自遼東廣寧前屯衛至廣寧白雲山爲泰寧；自白雲山至開原爲福餘。歲許百人於聖節及正旦兩貢駝馬，並由喜峯口置把總提督之，即松亭關也，達於三屯灤陽驛，出遷安東北境朝京。而遷安驛徙於山海關，以隆平侯張信爲總兵，備禦桃林口。是年，東勝左衛自山西行都司調至，領五千户所，其右徙遵化，開平中屯衛原設大寧沙嶺，洪武中調真定府，移置灤州義豐里石城廢縣，領五千户所。郭建初永平府志。

【校勘記】

〔一〕發兵二十萬　「十」，底本作「千」，據川本、滬本及明史紀事本末卷二改。

〔二〕馬諒　「諒」，川本、滬本及紀要卷一八、康熙永平府志卷一同，明史英宗紀作「亮」。

〔三〕灤江　川本、滬本同，康熙永平府志卷一、清統志卷一八作「灤河」，是。

洪武二十二年正月壬午，會寧侯張温及周興奏修拓大寧等城成〔一〕，並上其規制：大寧城門五，城周三千六十丈，濠長三千一百六十丈，深一丈九尺；會州城門四，城周一千一百二十八丈，濠長一千一百八十九丈二尺，深一丈八尺；富峪城門四，城周九百丈，濠長九百八丈二尺，深一丈三尺；寬河城門四，城周八百一十二丈，濠長八百五十九丈，深一丈五尺。二十七年六月乙酉，命兵部遣官至北平布政司，議置驛傳。自大寧至廣寧東路，四百八十五里置十驛；

中路北平至開平，七百六十五里置十四驛；西路至開平，六百三十里置十三驛；土木至宣府，一百里置二驛。二十年正月，置馬驛八：東曰涼亭、沈阿、賽峯、黄崖四驛，接大寧、古北口；西曰桓州、威虜、明安、隰寧四驛，接獨石。二十六年二月壬辰，置營州前屯衛於興州，右屯衛於建州，中屯衛於龍山縣，左屯衛於塔山北。

遼史：中京大定府，虞爲營州，夏屬冀州，周在幽州之分。秦郡天下，是爲遼西。漢爲新安平縣。漢末，步奚居之，幅員千里，多大山深谷，阻險足以自固。魏武北征，縱兵大戰，降者二十餘萬，去之松漠〔二〕。其後拓跋氏乘遼建牙於此，當饒樂河水之南，温渝河水之北。唐太宗伐高麗，駐蹕於此。部帥蘇支從征有功，奚長可度率衆内附，爲置饒樂都督府。咸通以後〔三〕，契丹始大，奚族不敢復抗。太祖建國，舉族臣屬。聖宗常過七金山土河之濱，南望雲氣，有郛郭樓闕之狀，因議建都。擇良工於燕、薊，董役二歲，郛郭、宫掖、樓閣、府庫、市肆、廊廡，擬神都之制。統和二十四年，五帳院進故奚王牙帳地〔四〕。二十五年，城之，實以漢户，號曰中京〔五〕，府曰大定。

皇城中有祖廟，景宗、承天皇后御容殿。城池湫隰，多鑿井泄之，人以爲便。大同驛以待宋使，朝天館待新羅使，來賓館待夏使。有七金山、馬盂山、雙山、松山、土河。

宋王曾上契丹事曰：出燕京北門，至望京館。五十里至順州。七十里至檀州，漸入山。

五十里至金溝館。將至館，川原平曠，謂之金溝淀。自此入山，詰曲登陟，無復里堠，但以馬行計日，約其里數〔六〕。九十里至古北口，兩旁峻崖，僅容車軌。又渡德勝嶺，盤道數層，俗名思鄉嶺，八十里至新館。過雕窠嶺、偏槍嶺，四十里至卧如來館〔七〕。過烏灤河，東有灤州，又過摸斗嶺〔八〕，一名渡雲嶺〔九〕、芹菜嶺，七十里至柳河館。松亭嶺甚險峻，七十里至打造部落〔一〇〕，東南行五十里至牛山館。八十里鹿兒峽館。過蝦蟆嶺，九十里至鐵漿館。過石子嶺，自此漸出山，七十里至富谷館。八十里至通天館。二十里至中京大定府。城垣卑小，方圓纔四里許。門但重屋，無築闍之制。南門曰朱夏，内通步廊，多坊門。又有市樓四：曰天方、大衢、通闠〔一一〕、望闕。次至大同館。其門正北曰陽德、閶闔。城内西南隅岡上有寺〔一二〕，城南有園圃、宴射之所。自過古北口〔一三〕，居人草庵板屋，耕種，但無桑柘；所種皆從壟上〔一四〕，虞吹沙所壅。山中長松鬱然，深谷中時見番牧牛馬橐駝，多青羊〔一五〕、黄豕。

元史兵志：宗仁衛屯田。英宗至治二年八月，發五衛漢軍二千人〔一六〕，於大寧等處創立屯田，分置兩翼屯田千户所，爲田二千頃〔一七〕。

後漢書烏桓傳〔一八〕：置校尉於上谷寧城〔一九〕。安帝永初中，賜鮮卑燕荔陽王印綬。令止烏桓校尉所居寧城下〔二〇〕。

北魏書：紇那三年，爲石勒攻於句注陘北〔二一〕，不利，遷大寧以避之。在廣寧大北者，注爲大寧也。五年，奔於宇文部。後二年，石虎納翳槐於大寧，紇那出居慕容部。建國三十九年，拓跋國爲秦破，大亂。世子珪依舅賀訥。訥時攝東部，爲大人，遷居大寧，行其恩信，衆多歸之。太宗永興五年七月，破越勤、倍泥部落，徙二萬餘家於大寧川。神瑞二年五月丁亥，上次於參合東，如大寧。泰常元年閏十二月壬申，幸大寧。世祖始光元年四月甲辰，東巡，如大寧。書稱「甯」者三：曰大甯，曰廣甯，曰甯川。廣甯，漢上谷屬縣也。上谷郡諸縣，後多稱「甯」爲「寧」。故廣甯即隆慶州之永寧縣。古迹有小甯城，在州城西。則大甯在東北可知。未暇詳考，姑存之。

【校勘記】

〔一〕奏修拓大寧等城成　「成」，底本脱，川本、滬本同，據明太祖實録卷一九五改。

〔二〕降者二十餘萬去之松漠　底本「二」作「一」，「去」作「立」，「漠」作「模」，川本、滬本同，據遼史地理志改。

〔三〕咸通以後　底本「後」上衍「來」字，川本、滬本同，據遼史地理志删。

〔四〕五帳院進故奚王牙帳地　「故」，底本作「放」，川本同，據滬本及遼史地理志改。

〔五〕號曰中京　底本、川本脱「曰」字，據滬本及遼史地理志補。

〔六〕約其里數　底本「里數」作「數里」，川本同，據滬本及遼史地理志乙正。

〔七〕卧如來館　「卧」，底本脱，川本同，據滬本及王曾行程録補。

〔八〕摸斗嶺　「摸」，底本作「黑」，川本、滬本同，據沈括使虜圖抄改。

〔九〕一名渡雲嶺　「一名」，底本脱，川本、滬本同；「渡」，底本作「度」，川本、滬本同，並據王曾行程録補改。

〔一〇〕至打造部落　「至」，底本脱，川本、滬本同，據王曾行程録補。

〔一一〕通闤　「闤」，底本作「闕」，據川本、滬本及王曾行程録改。

〔一二〕城内西南隅岡上有寺　底本「城」下衍「西」字，川本、滬本同，據王曾行程録删。

〔一三〕古北口　「古」，底本脱，川本、滬本同，據王曾行程録補。

〔一四〕所種皆從壠上　「壠」，底本脱，川本、滬本同，據王曾行程録補。

〔一五〕青羊　「羊」，底本作「鹽」，川本、滬本同，據王曾行程録改。

〔一六〕發五衛漢軍二千人　底本「五」下衍「所」字，據川本、滬本及元史兵志删。

〔一七〕爲田二千頃　「爲」，底本作「以」，川本、滬本同，據元史兵志改。

〔一八〕烏桓傳　底本「烏」下衍「城」字，川本同，據滬本及後漢書烏桓鮮卑傳删。

〔一九〕上谷　「谷」，底本作「國」，川本同，據滬本及後漢書烏桓鮮卑傳改。

〔二〇〕令止烏桓校尉所居寧城下　「令」，底本作「全」，川本同；「校尉」，底本脱，川本同，並據滬本及後漢書烏桓鮮卑傳改補。

〔二一〕句注陘　底本脱「句注」，川本、滬本同，據魏書序紀補。

遼統和二十五年正月，建中京。二十六年五月乙巳，高麗以中京成，來賀。進龍鬚草地席〔一〕。二十七年四月丙戌朔，駐蹕中京，營建宮室。開泰七年十月，名中京新建二殿曰延慶，曰永安。八年正月壬戌，建景宗廟於中京。九年十二月戊子，詔中京建太祖廟〔二〕。

金天輔七年，改平州爲南京。自京師至，置十五驛。大定三年秋，土河泛濫，水入北京城。同知北京路都轉運使高德基，遽命開長樂門，疏分使入御溝，以殺其勢，水不能爲害，遷刑部侍郎。修建所開宮殿，監護十六位工役，命吏部尚書石琚共典其事。元至元八年二月丁酉〔三〕，發平灤民築中都宮城。九年十一月壬戌，發北京民夫六千，伐木乾山，並蠲其家徭賦。

建文元年七月五日，靖難兵起。十八日，永平指揮趙彝等以城降。二十二日，大寧兵出松亭關，攻遵化。二十四日，燕府來援，兵退守關。二十八日，燕府回北平。九月十日，都督楊文等，以遼東兵回永平，郭亮、谷祥守之。十四日，大寧兵圍遵化。二十一日，燕府來援。二十四日，營遵化城西五里。大寧兵渡灤去。二十六日，燕府營永平城東，進東兵至盧峯口驛，文等退保山海關。十月三日，燕府出劉家口。六日，襲破大寧，下富峪、會州、寬河等城。九日，松亭關兵來援，自潰。十四日，燕府在窑場。十七日，盡拔大寧，歸北平。

永平志：洪武録有新城、木橋等衛，此非定名也。其云灤陽口外富民、寬河、柏山、會州、新城、大寧等處，宜置七驛。今考灤陽驛五十里爲富民，而寬河，而柏山，而會州，而季莊，而富谷，皆六十里，而七十里乃大寧都司。今灤陽驛移於三屯，則多四十里矣，古城在喜峯，或自口外移入也。憲章諸録皆列開平東西八驛名。今考元大都六十里至順義，七十里至密雲，六十里至石匣，六十里至古北口而出，五十六里爲青松，東北六十里爲興州中屯，西五十里爲古城，六十里爲灰嶺，五十里爲灤河，又五十里爲黄厓，又六十里爲哈八，又五十里爲沈河，又四十里爲東涼，五十里爲開平。大都至此七百五十里，地高、井深、星大。北去慶州，多古松，號曰千里松林。宣德五年，徙衛於獨石，棄地三百里，失龍岡、灤河險。而獨石非通塗，原無驛也。

遼史王鼎傳：涿州人。幼好學，居大寧山數年。

元史世祖紀：歲丙辰春三月，命僧子聰卜地於桓州東、灤水北〔四〕，城開平府，經營宫室。中統元年春三月戊辰朔，車駕至開平。辛卯，即皇帝位。三年閏月庚寅，敕京師順州至開平置六驛。四年夏四月，宣德至開平置驛。五月戊子，升開平府爲上都。丙申，立上都馬步驛。至元三十年三月，雨壞都城。詔發四衛軍三萬人完之。

草木子：元世祖定大興府爲上都，每年四月，迤北草青，則駕幸上都以避暑，頒賜於其宗戚馬亦就水草。八月，草將枯，則駕回大都。自後歲以爲常。

【校勘記】

〔一〕進龍鬚草地席　底本「龍」上衍「文化武功兩殿」六字，川本、滬本同，據遼史聖宗紀删。

〔二〕太祖　「太」，底本作「大」，川本、滬本同，據遼史聖宗紀改。

〔三〕八年二月丁酉　底本脱「二月」二字，川本同，據滬本及元史世祖紀補。

〔四〕子聰　「子」，底本作「于」，川本、滬本同，據元史世祖紀改。

元史上都地名。上都城。世祖紀：至元二十五年五月乙巳，營上都城。英宗紀：至治元年七月庚子，修上都城。劉秉忠傳：初，帝命秉忠相地於桓州東、灤水北，建城郭於龍岡，三年而畢，名曰開平。繼升爲上都，而以燕爲中都。四年，又命秉忠築中都城，始建宗廟宫室。八年，奏建國號曰大元，而以中都爲大都。

大安閣。世祖紀：至元三年十二月，建大安閣於上都。成宗紀：至元三十一年四月甲午，即皇帝位，受諸王、宗親、文武百官朝於大安閣。武宗紀：大德十一年五月甲申，即位於上都，受王、文武百官朝於大安閣。英宗紀：至治元年五月丁亥，修佛事於大安閣。三年五月，帝御大安閣，見太祖、世祖遺衣皆以縑素木綿爲之，重加補綴，嗟嘆良久，謂侍臣曰：祖宗創業艱難，服用節儉乃如此，朕焉敢一日忘之。文宗紀：天曆二年八月己亥，帝復即位於上都大安閣。兵志：武宗至大四年六月，帝御大安閣。伯顔傳：伯顔以宋主至上都，世祖御大安閣受朝。耶律希亮傳：入覲世祖於上都之大安閣。崔敬傳：上疏諫天子巡幸上都，宜御内殿〔一〕。其略曰：世祖以上都爲清暑之地，車駕行幸，歲以爲常。閣有大安〔二〕，殿有鴻禧、睿思，所以保養聖躬，適起居之宜，存畏敬也。今失剌斡耳朵思，乃先皇所以備宴遊，非常時臨御之所。願大駕還大内，居深宫，嚴宿衛。許扆傳：有竊大安閣禮神之幣者。　萬安閣。世祖紀：至元八年十一月丙戌，上都萬安閣成。　壽寧宫。世祖紀：至元十八年八月壬辰，設醮於上都壽寧宫。　温石浴室，更衣殿。世祖紀：至元二十二年七月壬申，造温石浴室及更衣殿。　鹿頂殿。英宗紀：延祐七年十月丁卯，爲皇后作鹿頂殿於上都。至治元年八月戊申，上都鹿頂殿成。　歇山殿。英宗紀：至治二年二月，罷上都歇山殿及帝師寺役。　幄殿。釋老傳：張與材，大德五年，召見於上都幄殿。　大幄殿。泰定帝紀：泰定元年六月丁卯，大幄殿成。　水晶殿。泰定帝紀：泰定元年六月辛未，修黑牙蠻答哥佛事於水晶殿。　香殿。泰定帝紀：泰定二年八月戊子，修上都香殿。　大安殿。楊賽因不花傳：生五歲，母田氏攜至上京，見世祖於大安殿。　清寧殿。泰定帝紀：泰定三年十二月己巳，徙上都清寧殿於伯亦兒行宫。　欽明殿。泰定帝紀：致和元年七月癸未，修佛事於欽明殿。　歇山鹿頂樓。泰定帝紀：泰定元年十一月甲辰，作歇山鹿頂樓於上都。　復仁門〔三〕。泰定帝紀：泰定三年五月，修上都復仁門。　北涼亭。趙世延傳：帝獵北涼亭。

司天監。泰定帝紀：泰定元年七月丁未，禜星於上都司天監〔四〕。二年七月，禜星於上都司天監。司天臺。順帝紀：至正八年六月丙戌，立司天臺於上都。孔子廟，世祖至元四年五月，敕上都重建孔子廟。城隍廟。世祖紀：至元五年正月庚子，上都建城隍廟。

大乾元寺。萬安寺。南寺。成宗紀：大德五年二月戊戌，賜上都乾元寺地九十頃，萬安寺地六百頃，南寺地百二十頃〔五〕。英宗紀：延祐七年二月己巳，罷上都乾元寺規運總管府。順帝紀：至正七年三月壬申，遣使修上都大乾元寺。開元寺。仁宗紀：延祐三年正月壬戌，賜上都開元寺江、浙田二百頃，華嚴寺百頃。華嚴寺。仁宗紀，見上。英宗紀：至治元年二月辛亥，調軍三千五百人，修上都華嚴寺。三年二月癸亥朔，作上都華嚴寺、八思巴帝師寺。八思巴帝師寺，見上。回回寺。英宗紀：至治元年五月丙子，毀上都回回寺，以其地營帝師殿〔六〕。禮拜寺。泰定帝紀：泰定元年六月癸亥，作禮拜寺於上都。鎮雷坐靜佛寺。泰定帝紀：泰定元年六月丁卯，作鎮雷坐靜佛寺。「寺」疑當作「事」。金浮屠。英宗紀：至治元年六月，作金浮屠於上都，藏佛舍利。

太乙宮。釋老傳：至元十一年，建太乙宮於兩京。

南屏山。文宗紀：天曆二年八月，遣道士毛穎達祭遁甲神於上都南屏山〔七〕。劉秉忠傳：扈從至上都，其地有南屏山，嘗築精舍居之。

灤河。河渠志：灤河源出金蓮川中，由松亭北，經遷安東、平州西，瀕灤州入海。王曾北行録云：自偏槍嶺四十里，過烏灤河，東有灤州，因河爲名。至元二十八年，敕疏浚灤河，漕運上都，量撥水手，先以五十艘行之。延祐四年，上都留守司言：正月一日，城南御河西北岸爲水衝齧，漸至頹圮，請預敕修治。又開平縣言：四月二十六日霖雨，至二十八日夜，東關灤河水漲，衝損北岸。命樞密院發軍治之。泰定三年五月，上都留守司及本路總管府言〔八〕：巡視大西關南馬市口，灤河侵齧，北堤漸崩，請預修治。工部移文上都，分部施行。七月，右丞相塔失帖木兒等奏：斡耳朵思住冬營盤〔九〕，爲灤河走淩河水衝壞，將築護水堤，宜令樞密院發軍千二百人以供役。從之。世祖紀：至元二十一年戊子，命北京宣慰司修灤河道。成宗紀：大德七年五月甲寅，浚上都灤河。

【校勘記】

〔一〕宜御内殿　「宜」，底本作「宣」，川本、滬本同，據元史崔敬傳改。

〔二〕閣有大安　底本「大」下衍「殿」字，據川本、滬本及元史崔敬傳删。

〔三〕復仁門　「仁」，底本作「山」，據川本、滬本及元史泰定帝紀改。

〔四〕縈星　「縈」，底本、川本、滬本作「營」，據元史泰定帝紀改。下同。

〔五〕南寺地百二十頃　「百二十頃」，底本作「百二百二十頃」，滬本作「一百二頃」，據川本及元史成宗紀删。

〔六〕以其地營帝師殿　「地」，底本、川本作「帝」，據滬本及元史英宗紀改。

〔七〕毛穎達　「達」，底本作「遠」，川本、滬本同，據元史文宗紀改。

〔八〕總管府　「管」，底本作「官」，川本同，據滬本及元史河渠志改。

〔九〕斡耳朵思住冬營盤　「住」，底本作「往」，川本、滬本同，據元史河渠志改。

洪武二十九年五月壬戌，後軍都督府言：開平宜立五屯衛，命先置中屯衛，調官軍屯守。八月庚寅，置開平左右前後四屯衛指揮使司。初，詔立開平中屯衛。至是，北平都指揮使司奏：已立中屯衛於沙峪，今議立左屯衛於七合營，右屯衛於軍臺，前屯衛於偏嶺，後屯衛於石塔。俱從之。三十年正月辛未，城開平衛。永樂四年二月壬申，復設開平衛。命兵部以有罪當戍邊者實之。按云復設，則先嘗廢之矣。八年七月丁卯，車駕次開平，改開平李陵驛爲威虜驛。庚寅，築開平衛城及煙墩七座。九年十一月乙亥，改開平之鎮寧遞運所爲威虜遞運所。十一年六月壬戌，開平備禦成安侯郭亮奏：開平地臨極邊，無鄰近衛所可以應援。其内外城垣俱用官軍守瞭。至於差調巡邏及下屯架炮，皆不可闕，而城中軍少，往往差調不足，宜增撥一千，庶幾足用。又失八都之地，其西北當衝要之路，東北離開平二百餘里，南抵獨石，都有軍士屯種牧養，而無城堡堤防。故前被虜人劫其驛馬，宜築城堡，設官軍三百或五百備禦。又開平至長安嶺各處大站，舊有城堡，年久頹圮未修，及一路架炮官軍，俱無障蔽，倘有警急，無所提備，宜築煙墩瞭望。皆從之。八月壬戌，命開平備禦都指揮章安，於威虜、閔安、環州、隰寧諸驛，建立城堡，各以軍二百守禦。十三年五月，築開平城西舊莊、環州東北山、柳林小站、沙堆西南小山、曲河小站、舊莊小站、回回墓西南山、偏嶺東山八煙墩。辛酉，開平備禦成安侯郭亮言〔一〕：開平軍少，不足調用。洪武中，嘗分開平衛五所軍隸山海衛，宜令復舊。從之。洪熙元年七月庚寅，陽武侯薛禄奏：鵰鶚、赤城、雲州、獨石諸站皆在邊野，開平老幼餘丁，亦於此種田，猝有虜寇，無城可守。況開平與獨石相距五站〔二〕，城垣不堅，且使命往來，道路荒遠。若移開平衛於獨石，令鎮守宣府都督譚廣所領官軍〔三〕，築城守備，實爲便益。上曰：開平極邊，廢置非易，事當徐議。宣德元年六月庚午，陽武侯薛禄還自開平，奏備邊五事：其一，興和、保安右衛及開平一路閔安諸堡，常被虜寇侵掠。今北京宜選將練兵，以備不虞，倘有緩急，即得應援。其二，環州、威虜諸堡，正當衝要，而地遠勢孤，若仍修築，工費浩繁。開平官軍家屬衆多，月給爲難。宜於獨石築城，氈帽山塞關，移置開平衛於此，俾其人自種自食，精選本衛及原調守備官軍二千人〔四〕，分爲兩番，每番千人，自帶糧料，往開平戍守，既免餽送之勞，亦得備禦之固。其三，大同武安侯鄭亨所總軍士，守城之外，尚有二萬餘人，宣府都督譚廣所總軍士，守城之外，亦有萬餘人，而兩地相去四百餘里，倘有緩急，猝難應援〔五〕。宜各增都督一人，分領精兵，往來巡邏，遇賊猝入，并力成功。其四，天壽山後，別無城池圍護，雖有永寧衛在東北山下，且無城堡〔六〕，而隆慶州正在山後，舊城尚存，修葺頗易。請移永寧衛於隆慶州城中守護。其五，西陽河〔七〕、洗馬林二隘口，雖有煙墩，相去遥遠，遇夜有寇，難以傳報。宜各增置三煙墩〔八〕，給與銃炮，遣人守瞭，消息易通。又緣邊舊有煙墩，牆垣濠塹多已傾頹，宜令鄭亨、譚廣各按分地督兵修築〔九〕。上命公侯大臣議之〔一〇〕。二年六月丁卯，開平備禦都指揮唐銘等奏〔一一〕：孤城荒遠，薪蒭並難，猝遇寇至，别無應援，請添撥官軍、神銃守備。下其事太師英國公張輔及文武大臣議，皆以爲欲添官軍，愈難餽給，宜准陽武侯薛禄初奏，於獨石築城，立開平衛，以開平備禦官軍家屬移於新城，且耕且守，而以開平衛及所調他衛備禦官軍，選其精壯，分作二班，每班一千餘人更代，於開平舊城哨備，新城守禦官軍不足者，暫於宣府及附近衛分酌量添撥。候發罪囚充軍，代還原伍，仍敕陽武侯薛禄防護糧餉之餘，就彼相宜區畫築城安恤〔一二〕，畢事而歸。奏上。命俟秋成後爲之。己卯，敕總兵官陽武侯薛禄等，自開平旋師，駐宣府。甲申，敕總兵官陽武侯薛禄等曰：比開平屢報有寇，宜仍整兵巡邏，遇寇相機剪除，尤宜慎重。七月丁未，總兵官陽武侯薛禄、副總兵清平伯吴成率師至開平，虜寇先已逼城下，無所得而退。禄至獲寇三人，詢之，云虜衆在朶兒班你兒兀之地，去東南三百餘里。禄等遂率精兵往襲之，晝伏夜行，逾三夕至其地，望見虜營，縱輕騎，徑薄之。虜倉皇上馬迎敵。官軍殺虜數十人，生擒賊首鎮撫晃合帖木兒、百户忙哥撒兒等十二人。虜敗走，獲其男婦六十四人，馬八百一十七匹，牛羊四千餘頭。既還，虜衆躡其後〔一三〕，禄復縱兵奮擊，又大敗之，虜遂遠遁〔一四〕。五年，城獨石，移開平衛於其中。見宣府下。八年十一月乙未，開平哨備都指揮僉事汪貴奏請如舊設隰寧、閔安、威虜、環州四堡〔一五〕，撥軍瞭守。上語行在兵部臣曰：開平官軍已移入獨石、赤城屯戍，留守開平者，不過千人，若設四堡，又當增兵，兵多地遠，供給良難，其令陳濬熟計，何者爲便〔一六〕，具實以聞。十二月丁卯，參將都督僉事陳濬奏：獨石城臨極邊，而城中官軍，乃調開平哨備，乞留三百人守城，別於蔚州等衛調三百人代往開平。從之。九年正月庚寅，宣府總兵官都督譚廣奏：昨獨石守備參將都督僉事陳濬奏請留開平官軍三百人守獨石，而選蔚州衛軍以補開平之數〔一七〕。今獨石軍士已足守備，開平乃孤懸要地，軍士久居，熟知寇路，他處調來守邏之軍，賴爲嚮導。若易以蔚州衛軍，恐致疏失。乞調蔚州衛軍於獨石守備，其原守開平者如舊。從之。

【校勘記】

〔一〕成安侯郭亮　底本「侯」下衍「國」字，據川本、滬本及明太宗實録卷一六四删。

〔二〕況開平與獨石相距五站　「距」，底本作「去」，川本、滬本同，據明宣宗實録卷四改。

〔三〕令鎮守宣府都督譚廣所領官軍　「令」，底本作「今」，川本同，據滬本及明宣宗實録卷四改。

〔四〕守備官軍　「守」，底本作「官」，川本同，據滬本及明宣宗實録卷一八改。

〔五〕猝難應援　「援」，底本脱，川本同，滬本作「敵」，據明宣宗實録卷一八補。

〔六〕且無城堡　「堡」，底本作「池」，川本、滬本同，據明宣宗實録卷一八改。

〔七〕西陽河　「陽」，底本脱，川本、滬本同，據明宣宗實録卷一八補。

〔八〕宜各增置三煙墩　底本「各」下衍「置」字，據川本、滬本及明宣宗實録卷一八删。「三」，川本及明宣宗實録同，滬本作「二」。

〔九〕各按分地督兵修築　「按」，底本作「將」，川本、滬本同，據明宣宗實録卷一八改。

〔一〇〕上命公侯大臣議之　底本「議」下衍「論行」二字，川本同，滬本「議」下衍「行」字，據明宣宗實録卷一八删。

〔一一〕唐銘等奏　底本「等」下衍「處」字，據川本、滬本及明宣宗實録卷二八删。

〔一二〕就彼相宜區畫築城安恤　「畫」，底本作「晝」，據川本、滬本及明宣宗實録卷二八改。

〔一三〕虜衆躡其後　「衆」，底本脱，川本同，據明宣宗實録卷二九補。

〔一四〕甲申敕總兵官陽武侯薛禄等曰至虜遂遠遁　川本同，滬本無此段文字。

〔一五〕開平哨備都指揮僉事汪貴　底本脱「事汪」二字，川本同，滬本缺「汪」字，據明宣宗實録卷一〇七補。

〔一六〕何者爲便　「爲」，底本脱，川本、滬本同，據明宣宗實録卷一〇七補。

〔一七〕而選蔚州衛軍以補開平之數　「選」，底本作「遷」，川本、滬本同，據明宣宗實録卷一〇八改。

王惲中堂事記：中統二年三月五日，發自燕京。是夕，宿通玄北郭〔一〕。六日午，憩海店，距京城一十里。是晚，宿南口新店，距海店七十里。七日，入居庸關。世傳始皇北築時〔二〕，居庸徙於此，故名。兩山巉絶，中若鐵峽，控扼南北，爲古今巨防。午憩姚家店。是夜，宿北口軍營。距南口姚店三十里而遠〔三〕。八日，度八達嶺，於山俯望燕城，殆井底然。出北口〔四〕，午憩棒棰店，飯榆林驛。其地大山北環，莽蒼沙磧，蓋古媯川地也。是夜，宿懷來縣，南距北口五十三里。縣東南里許，有釀泉，井水作淡鵝黄色，其曰玉液，即此出也。官爲置務，歲供御醪焉。九日，泊統墓店〔五〕。土人云：店北舊有統軍墓，故名。夜宿雷氏驛亭。地形轉高，西望鷄鳴山，南眺桑乾，上流自奉聖東諸山下注，白波洶湧，若驅山而東。鷄鳴山者，昔唐太宗東征，至其下，聞鷄鳴，故名。東南距懷來七十里而遠。十日午刻，入宣德州。是夜，宿考工官劉氏第。十一日，候禡相，爲一日留。距雷氏驛九十里。十二日，行六十里。值雪〔六〕，宿青麓。十三日，至定邊城憩馬，蓋金所築故城也。是夜，宿黑崖子，距青麓九十里。十四日，抵碓場峪，蓋金初南北互市之所也。是夜，露宿雙城北十里小河之東南，距黑崖甸北一百有五里。十五日停午，至察罕腦兒，時行宫在此。申刻，大風作，玄雲自西北突起，少頃四合，雪華掌如〔七〕，平地尺許。亂灤河而北，次東北土塿下，羣山糾紛，川形平易，因其勢而廣狹焉。泉流縈紆，揭衣可涉，地氣甚温。大寒掃雪，寢以單韋，煦如也。沙草氄茂，極利畜牧。按地志：灤野蓋金人駐夏金蓮、涼陘一帶，遼人曰王國崖者是也。時御道不啓，拜覲者皆俟，故留八日而發。距雙城七十里。二十三日，次鞍子山，南距灤河四十里。二十四日，次桓州故城，西南四十里有李陵故臺，道陵敕建祠宇，故趾尚在。未刻，雨霰交作。二十六日，晨霜蔽野，如大雪。日極高，陰凝始釋。距鞍子山二十有五里〔八〕。二十七日，次新桓州西南十里外，南北界濠尚宛然，距舊桓州三十里。二十八日，扈從鑾駕入開平府。蓋聖上龍飛之地。歲丙辰，始建都城。龍崗蟠其陰，灤江經其陽，四山拱衛，佳氣鬱葱。都東北不十里，有大松林，異鳥羣集，曰察必鶻者，蓋産於此。山有木，水有魚，鹽貨狼藉，畜牧蕃息。然水泉淺，大冰負土，夏冷而冬冽，東北方極高寒處也。按方志，蓋東漢烏桓地也，距新桓州四十有五里。四月八日，上祀天於舊桓州西北郊。

【校勘記】

〔一〕通玄　「玄」，底本作「立」，川本同，據滬本及秋澗先生大全集卷八〇中堂事記改。

〔二〕世傳始皇北築時　「築」，底本作「渠」，川本、滬本同，據秋澗先生大全集卷八〇中堂事記改。

〔三〕姚店　「店」，底本作「家」，川本、滬本同，據秋澗先生大全集卷八〇中堂事記改。

〔四〕出北口　底本「出」上衍「出」字，據川本、滬本及秋澗先生大全集卷八〇中堂事記删。

〔五〕泊統墓店　「泊」，底本作「至」，川本、滬本同，據秋澗先生大全集卷八〇中堂事記改。

〔六〕值雪　「雪」，底本作「雲」，川本同，據滬本及秋澗先生大全集卷八〇中堂事記改。

〔七〕雪華掌如　「雪」，底本、川本作「靈」，據滬本及秋澗先生大全集卷八〇中堂事記改。

〔八〕距鞍子山二十有五里　底本、川本「距」下衍「鞎」字，據滬本及秋澗先生大全集卷八〇中堂事記删。又，底本、川本皆脱「山」字，據滬本及秋澗先生大全集卷八〇中堂事記補。

山西

總督宣大都御史一員。署二：一在陽和，今常駐；一在朔州，巡歷間至。

巡撫都御史一員。署二：一在省城，今常駐；一在代州，防秋駐。

巡撫大同都御史一員。署在大同府城內，永樂六年始置，天順元年罷，二年復置。

總理大同糧儲户部郎中一員。署在大同，天順五年建。

總理山西糧儲户部主事一員。署二：一在代州；一在寧武關。嘉靖十六年，用撫臣議，添設主事一員，管理三關糧餉，雁門兵備始不干與其事。十九年，議取回部。二十一年復置，三年一更代。

山西行太僕寺卿一員，寺丞一員，主簿一員。署在代州。

山西等處承宣布政使司〔一〕。左布政使一員，右布政使一員。左參政一員，分守冀南，署在汾州。右參政二員：一總理糧儲；一分守冀寧。左參議一員，分守河東，署在蒲州。右參議二員：一分守冀北，署在大同；一分守口北，署在宣府。

山西等處提刑按察司。按察使一員。副使七員：一協總司事，兼理清軍、驛傳；一提督學校，或用僉事；一兵備雁、平，署在代州；一兵備潞安，兼分巡，署在潞安；一兵備岢嵐，署在岢嵐州；一兵備紫荊，署在直隸易州；一兵備井陘，署在直隸獲鹿縣〔二〕。　僉事六員：一兵備分巡河東，署在平陽；一兵備偏、寧，署在寧武關；一屯田；一分巡冀寧；一分巡冀北，署在大同府；一分巡口北〔三〕，署在宣府。　山西都指揮使司。

河東陝西都轉鹽運使司，署在安邑縣西二十里。

山右凡八郡，惟平陽稱巨，而省治乃在太原，何哉？蓋太原北控代、朔，可以坐制夷虜；東離輦轂僅十舍〔四〕，日月之光，雨露之潤，實所先被。且山川雄邃，原野沃衍，風氣既厚，道理適均〔五〕，故省會設焉。隋志稱太原山川重複，實一都之會。蓋取此也。然文武諸司、藩封、邊費之需，役亦孔棘，倉廩無蓄，歲歉坐困矣。平陽沃野富饒，邇以藩國徵輸，亦寖異曩日；然地廣力衆，兼以鹺利，視諸郡爲雄。大同境涉邊徼，師旅劻勷，儻值時艱，呼吸待變，此未可以鞭撻治之。潞安更置府，地狹人煩〔六〕，逐末繅織之役，徵繁而稅重，杼軸大東之刺興焉〔七〕。遼居山藪，僅足自供。沁當路衝，頗敝。汾號爲繁裕，而豪宗多梗，細民顧益困。惟澤最阜殷，無偏産之累。夫地無盛衰，治有損益，齊其政，不易其宜，斯良有司之責也。　本朝混一六合，控制四夷，建邊衛以百數〔八〕，而北境爲要。北境東起遼海，西盡玉門關，宿重兵者以十數，而山勢以大同、三關爲要。蓋其地東連上谷，與紫荊、居庸接壤，實京師之屏蔽。　統論山西疆理大勢，蓋以大同爲藩籬，以三關爲門户，以岢嵐一帶爲庭除，以藩省諸郡縣爲堂室。是故大同以戰爲守，擇要而屯兵，所以壯藩籬也；諸關以守待戰，畫地而聯戍，所以固門户也；又於岢嵐一帶，振旅坐籌，隨宜慎固，以全内障，則庭除亦有備，而堂室可以無虞矣。

嘉靖二十年，北虜大舉入寇，駐帳於太原古城，大掠十日而去。二十一年七月，北虜數萬騎自廣武入寇，駐帳於平遥洪善村，南至平陽，東至沁、潞，屠掠數日而去〔九〕。

王世貞適晉紀曰：太原城壯麗，其二十五睥睨輒作一樓，神京所不如也。莽蒼有氣概，若趙襄子、爾朱榮、高歡、李克用俱於此創霸；唐高祖、莊宗、後漢高祖用以基大業；劉繼元最後平，張孝純最後下；即周世宗、宋藝祖之神武，粘罕之雄强，而不能遽得志者，亦地利然耳。然偏陿而瘠，其口無所不綰轂，非帝王都會也。〔眉批〕會典：山西在諸鎮稍稱内地。國初，屯戍要害，虜住牧尚遠，外藉大同爲藩籬，内恃三關爲屏蔽，素少邊患。嘉靖中，虜寇太原，始改副總兵爲總兵鎮守，治偏關，尋移治寧武。隆慶初，虜陷石州，屠掠尤慘。近年虜方款貢，寧、雁、偏、老之間始休息焉〔一〇〕。居天下之脊，當河朔之喉。唐文粹。

【校勘記】

〔一〕承宣布政使司　「司」，底本作「一員」，川本同，據滬本及明史職官志四改。

〔二〕獲鹿縣　「縣」，底本脱，川本、滬本同，據萬曆山西通志卷一二補。

〔三〕口北　底本作「北口」，川本、滬本同，萬曆山西通志卷一二作「口北」。按明史職官志四：「其北直隸之道……寄銜於山西者，則爲易州道、口北道……」本書上文布政使司下亦云：「右參議二員……一分守口北，署在宣府。」是此處亦當作「口北」，據乙正。

〔四〕輦轂　「轂」，底本作「縠」，川本同，據滬本改。

〔五〕道理適均　川本、滬本同，「理」疑爲「里」字之誤。

〔六〕人煩　「煩」，川本原作「頗」，改爲「煩」，滬本作「頗」。

〔七〕杼軸　川本、滬本同。詩小雅大東：「小東大東，杼柚其空。」「杼軸」、「杼柚」，同。

〔八〕建邊衛以百數　「百數」，底本、川本作「數百」，滬本作「百數」。按明史職官志五：「計天下内外衛凡五百四十有七。」續通典卷一四〇至卷一四二所載，萬全、北平、遼東、山西、陝西各指揮使司領衛共九十七。此處專指邊衛，當以「百數」爲是，據改。

〔九〕屠掠數日而去　川本同，滬本「而」作「北」。

〔一〇〕寧雁偏老　「老」，川本同，滬本作「朔」。

太原府

古名大夏、大鹵、晉陽、并州。元爲太原路，置山西宣慰司。本朝爲太原府，立山西行省。洪武九年，改行省爲山西布政司。

禹貢冀州。河東爲冀，常山以外爲冀東境，懷、衛以内爲冀南境。然則山西非古冀、并全地，得冀、并之分耳。今山西地，大都太行以北爲并州，太原、雁門、雲中之境皆屬之。其西南爲冀州，河東、上黨之境皆屬之。而常山、河北諸郡，則分隸於畿輔、河南。蓋太行東南横亘數百里，恒、霍、中條互爲長雄，而黄河繞焉。河自龍門而下，洶湧奔放，北轉而南，又轉而東。故朱子爲北紀之山，自雲中起脊；公羊子謂河千里而一曲；是天地之奥區〔一〕，河北之上游也。以雲中、上谷爲之屏，河東、上黨爲之蔽，臨谷爲塹，因山爲障，帶二水之雙流，據百嶺之重阻。府志。左恒山，右大河，南孟門，北雲中，四塞之國。故唐高祖用之以取關中，有天下。而其他一方之雄，若爾朱榮以之覆魏，李克用以之滅梁，劉旻據之而爲周、宋患者垂三十年，非獨其人材健，固亦地險爲憑藉也。若乃立國於山東者，尤以此爲重地。趙失晉陽，而秦入邯鄲矣；燕失晉陽，而秦入薊矣；齊失晉陽，而周入鄴矣；李自成陷太原，不五十日而傾神京，有以也。西淪河套，則保德無藩籬之固；北棄東勝，則偏頭有犬羊之鄰〔二〕。王公設險，可不重戒之哉？〔旁注〕人物阜殷，不甚機巧。俗與上黨同，然人頗勁悍，習於戎馬。前代以來，亦多文雅之士。隋志。其人儉質，善治生，多藏書。

〔旁注〕藩封：晉王府、寧化王府、廣昌王府、方山王府〔三〕、臨泉王府、雲丘王府、寧河王府、徐溝王府、河東王府、義寧王府、河中王府、襄陰王府、新化王府、靖安王府、旌德王府、滎澤王府並晉府〔四〕；昌化王府、博野王府、和川王府、寧津王府、棗强王府、饒陽王府、樂昌王府、吉陽王府、溧陽王府〔五〕、進賢王府並代府。

黄河，自府西北大同府界，流經保德、岢嵐州、興縣，西南入縣界。黄河，自河曲縣東北古東勝州境，轉而西流八十里至平泉村，復轉而西流九十里至天橋子，南流，經保德、興、臨、石〔六〕、寧鄉、石樓、永和、大寧、吉、鄉寧、河津、榮河、蒲諸州縣，東折，經芮城、平陸、垣曲諸縣，入河南澠池〔七〕、濟源縣界，入孟津而下。其在蒲州城西爲瀆。汾河，在府西二里。源出靜樂縣管涔山，流經太原、清源、交城、文水、祁縣，至汾州府平遥縣界。洛陰水，在府北三十里，源出新興郡，南流，經洛陰城北，合直谷水，流至盂縣東北故城南，入汾。其近盂縣界西南，又有石橋河水，俱西流，經陽曲灣，流入於汾。澗河水，有二源：一出府城東北五十里，西南流，入汾；一出榆次縣東北二十里赤坑村，又名赤坑水，西南流，經陽盤、聶店二村，引爲二渠溉田，又引入太原縣界，注於汾〔八〕。曲川，在府城東北七十里木井城，又名陽曲灣。真谷水〔九〕，源出府城北七十餘里。南流，過狼孟城西，合洛陰水。

古晉陽，即今之太原縣，距府四十里。今太原府舊爲唐明鎮。宋徙其民，始成省會。老學庵筆記：太宗太平興國四年，平太原，降爲并州，廢舊城，徙州於榆次。今太原則又非榆次，乃三交城也。城在舊城西北三百里，亦形勝之地。本名故軍，嘗爲唐明鎮，有晉文公廟，甚盛。平太原後三年，帥潘美奏，乞以爲并州，從之。於是徙晉文公廟，以廟之故址爲州治。又徙陽曲縣於三交，而榆次復爲縣。宋史梁迥傳：受詔與潘美城并州於三交。

屬冀寧道。二同，二判。領州五，縣二十。

【校勘記】

〔一〕是天地之奥區　川本同，滬本作「是天下之要區」。

〔二〕西淪河套至則偏頭有犬羊之鄰　底本錯簡於上文「不五十日而傾」之後，川本同，滬本繫於下文「隋志」之後，今按文義乙正。

〔三〕方山王府　「方」，底本作「萬」，川本同，據滬本及明統志卷一九改。

〔四〕晉府　「晉」，底本作「普」，川本漫漶，據滬本及明史諸王世表一改。

〔五〕溧陽王府　「溧」，底本作「漂」，據川本、滬本及明史諸王世表二改。

〔六〕石　川本、滬本同。紀要卷一二五川瀆：大河南經葭州東，「河之東岸，爲山西河曲縣及保德州暨興縣之境」，又南「經綏德州東，河之東岸，爲山西臨縣及永寧州、寧鄉縣之境」。不及「石縣」或「石州」。明史地理志：永寧州，元石州，「洪武初，以州治離石縣省入。隆慶元年更名」。則元爲石州，明隆慶元年改爲永寧州，此應作「永寧」爲是。

〔七〕澠池　底本、川本作「汚池」，據滬本、本書河南布政使司澠池縣改。

〔八〕注於汾　底本「汾」下有「陽」字，川本、滬本同。萬曆山西通志卷四：澗河水，「一出榆次縣東北三十里赤坑村，又名赤坑水，西南流，經陽盤、聶店二村，引爲二渠溉田，又引入太原縣界，注於汾」。圖書集成職方典卷二九三：「澗河水，在榆次縣北十五里。源出壽陽縣李家山，西南會蒜谷、赤坑、白龍諸水，流經太原縣界，注於汾。」此「陽」字衍，據删。

〔九〕真谷水　「真」，川本及萬曆山西通志卷四同，滬本及寰宇通志卷七八作「直」，與本書上文合。

陽曲縣　治。　編户六十八里〔一〕。全設。　晉府並郡王十三同城。　太原左衛、右衛、前衛，左、右、中、前、後、中左、中右千户所。　臨汾、〔旁注〕治南。　成晉、〔旁注〕東北七十里。　凌井〔旁注〕西北九十里。　三驛。　臨汾遞運所。　石嶺關、〔旁注〕縣北一百二十里。　天門關〔旁注〕縣西北五十里。二巡檢司。　巡撫、參將分守巡駐劄。　省會煩，劇，近邊衝，疲。　府城，宋太平興國七年築，偏於西南。　國朝洪武九年，永平侯謝成因舊城展築東、南、北三面，周二十四里，包以磚。　南關小城，周五里七十二步。　北關小土城，周二里許。　新堡，嘉靖四十四年，巡撫萬恭築，居太原營士卒。　罕山，在東北五十里榆次縣北界。　其山自太行連絡而下，層巒起伏，視諸山獨爲壯麗。　方山，在東北六十里。　漢栅山〔二〕，在北六十里。　接盂縣鵶鳴谷。　掃谷水，源出府城西一百二十里掃谷。　南流，經天門谷，入汾。　天門關，在縣西北六十里。　路通舊嵐管州。〔眉批〕宋史高繼宣傳：知并州。元昊寇麟府，繼宣帥兵營陵井〔三〕，抵天門關。〔旁注〕宋設戍兵，金置酒官，今廢。　其東北崖，隋煬帝爲晉王時所開，名楊廣道。　石嶺關，在府東北一百里〔四〕。　路通忻州。〔旁注〕忻州南四十里。〔眉批〕唐書竇靜傳：檢校并州大總管。以突厥頻來入寇，請斷石嶺以爲障塞。元史順帝紀：至正二十年八月戊子，命孛羅帖木兒守石嶺關以北，察罕帖木兒守石嶺關以南。　漢汾陽縣，在北七十里。〔旁注〕通志：在西七十里，隋改陽直，唐又改今名。與木井城一條自相矛盾。　狼孟縣，在北七十里。　俗名黃頭寨。　阪泉山，在城東北八十里。　有白龍黑龍二池。　晉地志云：晉文公卜遇黃帝戰於阪泉之兆〔五〕，因立廟於此。　繫舟山，在城北九十里，忻州南二十三里。禹治水，繫舟其上，故名。柳溪，在城西一里汾堤之東。宋天禧中，陳堯佐知并州，因汾水屢漲，乃爲築堤，周圍五里，引汾水注之。四旁柳萬株，中有秋華堂〔六〕，堂後通芙蓉洲，堤上有彤霞閣〔七〕。每歲上巳，張水戲，太守泛舟，郡人游觀焉。久圮於水，有斷碑尚存。三交城，在府城北五里。世傳晉大夫竇鳴犢城也。大盂城，在府城東北八十里。春秋時晉太子邑。後分爲七，盂其一也。漢爲縣。後魏曰大祁城。洛陰城，在府城東北六十里。隋洛陰府之地。又名洛陰縣。唐初於此置羅陰縣，後省。今名羅陰村。狼孟城，在府城北六十里狼孟澗。一名狼調〔八〕，王莽所改。舊斷澗爲城，有南北門，門闉〔九〕，故壁尚存。今俗謂黃頭寨。木井城，又名故縣城。在府城東北七十里鄭村南社，即故汾陽縣也。隋改陽直，唐初徙縣，今廢。陽曲故縣，在府城東四十五里石城都〔一〇〕。又云：漢陽曲縣在今縣東北八十里定襄縣境〔一一〕。

【校勘記】

〔一〕編户六十八里　「六十八」，川本、滬本作「八十六」，明統志卷一九、萬曆山西通志卷二作「九十五」，紀要卷四〇作「八十三」。此疑倒誤。

〔二〕漢栅山　「漢」，底本作「漠」，川本同，據滬本及明統志卷一九改。

〔三〕繼宣　底本脱「繼」字，川本同，據滬本及宋史高繼宣傳補。

〔四〕在府東北一百里　川本、滬本同。萬曆山西通志卷二四作「陽曲縣東北一百里」。按本書上文石嶺關旁注云：「縣北一百二十里。」縣即府治。明統志卷一九、紀要卷四〇均作在府東北一百二十里。

〔五〕晉文公卜遇黄帝戰於阪泉之兆　「遇」，底本脱，川本、滬本同，據萬曆山西通志卷四、紀要卷四〇補。

〔六〕秋華堂　「秋」，川本、滬本同。萬曆山西通志卷四作「伏」，圖書集成職方典卷二九三作「杕」，未知孰是。

〔七〕肜霞閣　「肜」，底本作「丹」，川本、滬本同，據萬曆山西通志卷四、圖書集成職方典卷二九三改。

〔八〕狼調　底本脱「狼」字，川本、滬本同。按漢書地理志太原郡狼孟云：「莽曰狼調。」據補。

〔九〕有南北門門闉　底本作「南門闉」，川本同，滬本連上文作「舊斷澗爲南城門闉」，據水經汾水注改補。

〔一〇〕在府城東四十五里石城都　「石」，底本作「入」，川本、滬本同。萬曆山西通志卷一四作「石」。按紀要卷四〇陽曲故城下引近志云：「今府東四十五里有石城，亦曰石城都，後魏嘗移縣治此。誤也。」此「入」爲「石」字之誤，據改。

〔一一〕陽曲縣　「曲」，底本作「回」，川本同，滬本作「曲」，下注云：「曲，亦作回。」按漢書地理志作「陽曲」。明統志卷一九定襄縣亦云：「本漢陽曲縣地。」據改。

太原縣　府西南四十里。編户五十五里〔一〕。全設。僻，煩，民頑。城周七里。〔眉批〕山環水繞，原隰寬平。山海經云：懸甕之山，晉水所出。蒙山，在縣西五里。通典曰：晉陽有蒙山。即此。〔旁注〕劉聰伐劉琨不克，掠晉陽之民，逾蒙山西歸〔二〕。上有周將楊忠碑。龍山，在縣西八里。北齊取以名縣。唐裴休退隱之所〔三〕。漢地志：晉陽有龍山。東漢郡國志云：龍山，晉水所出。風俗山，在縣西十里。石壁有穴，下有廟。相傳神至，則穴内有聲。西接交城、樓煩，爲唐北都西門之驛道。懸甕山，在縣西十里。山海經曰：懸甕之山，晉水所出。因山腹有巨石如甕，故名。宋仁宗時，地震山裂，其石摧壞，無復有甕形矣。嬰山，在縣西北三里。舊爲并州主山。葦谷，在縣西南二十五里。上有青龍白龍二池。唐叔虞墓，在縣西南嶺上。晉水，出西南一十里懸甕山。流分三派：其北一派即智伯渠；次一派東流，經晉澤南；南派東流〔四〕；並入汾。沙河，出縣西一十五里風谷中。經晉陽故城南隍中，東流入汾。〔旁注〕雨則漲，旱則涸。又一源出崞縣唐林都，流至忻口，入滹沱。臺駘澤，在縣南十里，即晉澤也。源出晉水，產蒲魚。今涸。唐晉陽縣，治汾水東。本朝移治汾水西。晉陽宫，在太原縣故城内。本志：魏靜帝所置。北齊於此置大明宫，内建宣光、建始、嘉福〔五〕、仁壽、宣德、崇德、大明七殿，及德陽、萬壽二堂，玄武樓。今俱廢。遺址微存。宫東有起義堂，唐建，亦廢。號令堂，在汾水東舊晉陽縣，唐高祖誓義師於此。今廢。清華堂、環翠亭，俱在晉祠池島上。均福堂、仁智軒、湧雪亭、流杯亭，在晉祠大池西岸。寶墨堂，在晉祠。以上俱北齊天保年建，今俱廢。

【校勘記】

〔一〕編户五十五里 後「五」，底本作「四」，川本、滬本同，據萬曆山西通志卷二、紀要卷四〇、圖書集成職方典卷二九三改。

〔二〕劉聰伐劉琨不克掠晉陽之民逾蒙山西歸　川本、滬本同。晉書劉聰載記：聰遣劉粲、劉曜攻劉琨於晉陽，曜入於晉陽，琨乞師於猗盧，猗盧遣子率衆攻晉陽，曜「夜與劉粲等掠百姓，逾蒙山遁歸」。通鑑卷八八記其事於西晉永嘉六年，曜與粲等「掠晉陽之民，逾蒙山而歸」。此記事誤，「西」蓋爲「而」字之誤。

〔三〕裴休　底本脱「休」字，川本、滬本同，據嘉靖太原縣志、萬曆山西通志卷四補。

〔四〕南派東流　「南」，底本作「二」，川本同，據滬本及明統志卷一九改。

〔五〕嘉福　川本、滬本同。永樂大典卷五二〇四引太原志：齊晉陽宮南門，東景明門，次北曰景福門，「門内景福殿。殿後門曰昭德門，次北寢殿曰萬福殿」。萬曆山西通志卷二六：晉陽宮，「北齊於此置大明宮，内建宣德、崇德、大明、景福四殿」。此「嘉」蓋爲「景」字之誤。

榆次縣　府東南六十里。　編户一百七里〔一〕。　全設。〔旁注〕春秋晉涂水邑。　〔眉批〕左枕太行之麓，右跨汾水之濱，重以深溝巨澗，極其險阻，而曲寨懸窑，又足爲避兵之所。　鳴謙驛，縣北二十里。　地沃，事煩，俗刁。　城周五里三十步。〔旁注〕南關城，六百五十三丈六尺。　漢舊縣城，在今縣西北隅。　遺址微存。　源渦水，在縣東八里源渦村。　其泉湧出，隆冬不凍。　泉旁草甲，經冬常榮。　上有龍祠。唐貞觀時，〔旁注〕三年。　縣令孫湛令民引渠溉田，南流半里許，會洞渦水入汾。　牛坑水，源出縣東南三十里牛坑村懸泉谷，西流入洞渦。　居民引渠至修文村溉田。　木瓜水，源出縣東南六十里木瓜嶺下，西流二十里，經八縛嶺下，故又名八縛水，西流入洞渦。〔旁注〕罕山，在縣北五十里。見陽曲。大涂水，出縣東南一百二十里八縛嶺下，西北流。小涂水，出縣東南八十里鷹山下，西流入大涂水，合洞渦水，流經太原、清源縣界，注於汾。潤河水，一名赤坑水。出縣北二十里罕山，西南流。縣東北五十里有芹谷水，西流合此水。〔旁注〕芹谷水，源出縣東北五十里芹谷，西北入潤河。鑿臺，在縣南四十里。韓、魏、趙殺智伯於其下〔二〕。今臺爲洞渦水所侵，無遺址。本志：縣南五里郭村。史記：智氏信韓、魏，從而伐趙，韓、魏叛之，殺智伯瑤於鑿臺之下。中都城，在縣東十五里。左傳昭公二年：執陳無宇于中都。漢爲縣，屬太原郡。

【校勘記】

〔一〕編戸一百七里　底本「七」下有「十」字，據川本、滬本及明統志卷一九刪。萬曆山西通志卷二：「編戸一百七里，今裁爲七十里。」紀要卷四〇作「編戸七十里」。

〔二〕韓魏趙殺智伯於其下　川本、滬本同。史記春申君列傳：「智氏之信韓、魏也，從而伐趙，攻晉陽城，勝有日矣，韓、魏叛之，殺智伯瑤於鑿臺之下。」此「趙」字當衍。

太谷縣　府東南一百二十里。編戸八十三里。無簿。僻，煩，刁，疲。城周一十二里。春秋晉大夫陽處父邑。〔眉批〕左據太行之險，右接汾水之流。奄谷，在縣東南十五里。崖壁有佛像，世謂之千佛崖。谷中出水，流合象谷水。咸陽谷，在縣南一十五里。城塚記曰：秦伐趙，築城近谷口，以咸陽兵戍之〔一〕，故名。回馬谷，在縣東南三十里。路通古邢州。谷有水，源出榆社縣黄花嶺下，名回馬水，流至縣境，合咸陽谷水，經清源、祁縣，注於汾。象谷，在縣東北五十二里。谷中有水，源出榆社縣恤張嶺下，流經縣東北二十五里，名象谷水，合流徐溝金水河，經清源、祁縣界，注於汾。金水河，源出縣東北大塔山下，至石母祠，衆泉合流，經榆次縣東陽鎮、徐溝縣三道村〔二〕，西北合象谷水，經清源縣羅白村，入汾。馬嶺，在東南八十里。〔旁注〕通志作樂平縣東南一百里。路通順德府，上有馬陵關。五代梁伐太原〔三〕，刺史張歸厚自馬陵關入。長城，在馬嶺上。自平城至魯口，沿山屈曲，延長三百里。唐初所築，遺迹猶存。〔旁注〕武德三年築，貞觀元年廢。今屬榆社縣。箕城，在縣東三十五里。〔旁注〕春秋僖三十有三年：晉人敗狄于箕。注：太原陽邑縣南有箕城〔四〕。陽邑城，在縣東十五里。晉大夫陽處父食邑。今爲王班堡。内有九級浮圖。後周建德四年遷今縣，其城遂廢。

【校勘記】

〔一〕以咸陽兵戍之　底本「咸陽」下無「兵」字，川本同，滬本「兵」作「民」，據本書後文太谷縣及元和志卷一三、萬曆山西通志卷四補。

〔二〕三道村　「三」，川本、滬本同，萬曆山西通志卷四作「山」，疑此「三」爲「山」字之誤。

〔三〕五代梁伐太原　「伐」，底本作「代」，川本同，滬本「梁」下徑接「太原」，據明統志卷一九改。

〔四〕僖三十有三年至太原陽邑縣南有箕城　底本「僖」下空格，無「三十有三」四字，「陽邑」下無「縣南」二字，川本同，據滬本及春秋僖公三十三年補。

祁縣　府西南一百四十里〔一〕。　編户四十五里。全設。　春秋晉大夫祁奚邑。賈辛爲祁大夫，即此。〔眉批〕羣山遥障東南〔二〕，汾水旋繞西北。原壤寬平。　盤陀馬驛。〔旁注〕縣東五十里。　賈令驛。〔旁注〕西關。　盤陀遞運所。〔旁注〕縣東五十里子洪鎮。　龍舟巡檢司。　衝，刁，多盜。　城周四里三十步。　西關城周一十里。　麓臺山，在縣東南六十里。又名頂山。下有龍洞。其南跨平遥縣界，亦名蒙山，又名竭方山，迤邐接連武鄉、沁源、靈石縣界。有宋張商英所撰麓臺山路銘焉。　通光水，出縣東南四十里胡城谷中，北流溉田。又名胡城水。　迴馬谷水，源出太谷縣東南迴馬谷，流經祁縣北，西合昌源河，入汾。　幘山，〔旁注〕通志作⿰山責。縣志同作⿰山責。　在縣東南六十里。〔旁注〕府志：上⿰山責山、下⿰山責山，俱在東南六十里。　東接太谷，南接武鄉。〔旁注〕金置磧州，以東南有磧山，因名。　隆舟水，出縣東南一百六十里胡甲山，北出隆舟谷，西至汾州平遥界，注於汾。　昭餘祁藪，在縣東七里。舊已涸。　元鑿，〔旁注〕至元十一年浚。　得細水溉田。今亦涸。　胡谷水，自太谷縣西南，西北流入縣境。　隆州谷北關，在縣東南九十里胡甲水旁，路通沁州界，置巡司。　鄐城，在縣西南七里。春秋傳：晉侯使呂相絶秦，曰：焚我箕、郜。謂此〔三〕。今爲高城村，其地名東冀里。相傳爲解狐居，其地多解姓。〔眉批〕宋史姚古傳：扼南北關，與金人戰，互有勝負。金人進兵迎古〔四〕，遇於盤陀。

【校勘記】

〔一〕府西南一百四十里　川本同，滬本作「府南一云西南一百五一作四十里」。按明統志卷一九、萬曆山西通志卷二、紀要卷四〇均作「府南一百五十里」。

〔二〕羣山遥障東南　「羣山遥障」四字，底本脱，川本、滬本同，據萬曆山西通志卷二四、圖書集成職方典卷二九三補。

〔三〕謂此　底本「謂」下衍「爲」字，川本同，據滬本及明統志卷一九删。

〔四〕金人進兵迎古　底本「迎」下無「古」字，川本同，滬本「進」誤作「淮」，「古」作「敵」，據宋史姚古傳補。

徐溝縣　府南八十里。編户十九里。無簿。本清源縣之徐溝鎮，金大定中置。〔眉批〕東倚太行，西臨汾水。

城周五里一十步。縣志同。〔旁注〕府志：六里十三步。同戈驛。〔旁注〕北門外。舊有同戈遞運所，萬曆六年革。僻，煩，刁，疲。

王驥言：太原府徐溝縣鹽池，歲辦鹽六萬六千九百九十八斤，硝十一萬四百九十七斤。永樂九年閏十二月，撫安山西給事中河水泛溢，沙土湮没，每歲辦納甚艱，乞罷之。命户部遣官覆實，罷之。比因象峪河，在縣南十里。

源出榆社縣恤張嶺下，過縣西南，流入清源縣界。

清源縣　府西南八十里。　編户二十八里。無簿。〔旁注〕隋開皇中，即梗陽故城置。　〔眉批〕左挹清汾，右枕白石。地勢平夷，土性瀉鹵。　僻，煩，多盜。　城周六里二百步。　南關周四百四十九丈三尺〔一〕，西關周三百四十丈，北關周一百八十丈。　白石山，在縣西五里。有白石谷，出水，合平泉入汾。　清源水，在縣西北五里。源出趙簡子祠前平地，引以溉田，故又名平泉，一名不老池。溢則東南注於汾。　陶唐城，在縣東南四十里。陶唐氏自涿鹿徙居於此。俗又名姚城。　梗陽城，在縣南一百二十步。周六里。左傳襄十八年：晉中行獻子見梗陽之巫臯〔二〕。即此。隋初於此置清源縣〔三〕。注：梗陽，晉邑，在太原府晉陽縣南。昭二十八年：魏戊爲梗陽大夫。注同〔四〕。　涂陽水城〔五〕，在縣南二十里。晉祁氏邑。魏獻子以知徐吾爲涂水大夫，〔旁注〕昭二十八年。即此。今名屠賈村。

【校勘記】

〔一〕南關周　「周」，底本作「長」，川本同，據滬本改。

〔二〕中行獻子　「獻」，底本作「穆」，川本同，據滬本及左傳襄公十八年改。

〔三〕隋初於此置清源縣　川本、滬本同。按本書上文旁注云：清源縣，「隋開皇中，即梗陽故城置」。隋書地理志、元和志卷一三皆載隋開皇十六年置，則上文是，此誤。

〔四〕注梗陽晉邑至注同　川本同，滬本列於上文「即此」下。又，其中「魏戊爲梗陽大夫」句，底本脱「梗」字，川本同，據滬本及左傳昭公二十八年補。

〔五〕涂陽水城　川本同，滬本作「涂水城」，本書另條作「涂陽城」。按寰宇通志卷七八、明統志卷一九、萬曆山西通志卷一四均作「涂陽城」，清統志卷一三六作「涂水城」。

交城縣　府西南一百二十里。編户四十三里。全設。〔旁注〕隋開皇中，析晉陽縣置。其地西北當汾、孔二水交流之際〔一〕，有古交城，故名。唐天授初，移置山南却波村，即今治。　地饒，頗煩。　城周五里九十步。　少陽山，在縣西北七十里。山海經云：少陽之山，酸水出焉。其味微酸，流合文谷水，古產銀精石。　文山，在縣西北九十里文水旁。　龍王嶂山，在縣西北一百五十里。上有水泉。其西南麓去石州東北八十里。劉淵都離石時嘗居此，因名劉王嶂山〔二〕。　孝文山，在縣西北一百六十里，石州東北一百三十里，靜樂縣西北五十里。上有元魏孝文帝廟。　萬掛山〔三〕，在縣北五里。六峯峙立。　石晉高祖陵，在縣西北六十里。　羊腸山，在縣東北一百二十里。郡國志云：萬根谷，石磴縈委若羊腸。後魏於此立羊腸倉。　狐突山，〔旁注〕一名馬鞍山。在縣西北五十里。縣之鎮山。上有晉大夫狐突及其子毛及偃廟。　交城山，在縣北一百二十五里。

舊治在此。今名故交村〔四〕，在縣北九十里。開元初移今治〔五〕。

【校勘記】

〔一〕汾孔二水交流之際 「汾」，底本作「文」，川本、滬本同，據萬曆山西通志卷二、紀要卷四〇、圖書集成職方典卷二九三改。

〔二〕劉王崼山 「崼」，川本、滬本及紀要卷四〇同，萬曆山西通志卷五作「暈」。

〔三〕萬掛山 「掛」，萬曆山西通志卷四同，川本、滬本及寰宇志卷七八、明統志卷一九、圖書集成職方典卷二九三作「卦」。

〔四〕今名故交村 「名」，底本缺，川本、滬本同。清統志卷一三六引縣志：「隋交城縣，今名古交村。」此缺「名」字，據補。

〔五〕開元初移今治 川本、滬本同。舊唐書地理志：交城縣，「天授元年，移治卻波村」。本書上文旁注云：「唐天授初，移置山南却波村，即今治。」記載相合。此云「開元初移今治」，「開元」爲「天授」之誤。

文水縣 府西南一百六十里。晉平陵大夫邑。後屬趙，名大陵。〔眉批〕東通省會，西接汾、石。本志。編户七十九里。全設。僻，饒，煩，悍。城周九里一十八步。南關土城，在縣城南。周三里七分。汾河，在縣東二十里。泌水，在縣北八里山下。東南注汾水。大陵城，在縣東北二十五里。史記：趙肅侯遊大陵。其後武靈王亦遊之，夢處女鼓琴而歌。即此地。〔眉批〕史記：衛綰者〔一〕，代大陵人也。正義引括地志曰：大陵縣城在并州文水縣北十三里。趙世家：肅侯遊大陵。注同。武靈王遊大陵，夢見處女鼓琴而歌。〔旁注〕而今武陵村大陵屯是〔二〕。漢爲縣，晉時南單于居之。後魏廢。今爲官田。平陶城，在縣西南二十五里。漢爲縣，屬太原郡。後魏改爲平遥縣。後以西羌内侵，遷居京陵。在汾州界北。今廢，名平陶都。雲州城，在縣東三十里。後魏築此，寄治并州。今名雲州村。大干城〔三〕，在縣南十里。舊經云：劉淵所築，令其兄延年居之。時人謂兄爲阿干，因名。今廢。古文水城，在縣東十里。後魏建於此。子城二里二百步。隋、唐俱修，宋時圮於水。文水，出永寧州方山界，流入交城縣界，歷榆城，流至縣南，入於汾。大陵城，在東北二十里。漢平陶縣，在西南二十五里。栅城，在縣北二十五里。舊經曰：魏武帝築以備北人，當文谷口。今以名焉，今開栅村是也〔四〕。

【校勘記】

〔一〕衛綰　「綰」，底本作「維」，川本、滬本同。史記萬石張叔列傳：「建陵侯衛綰者，代大陵人也。」此「維」爲「綰」字之誤，據改。

〔二〕而今武陵村大陵屯是　川本同，滬本「而」作「即」，列於上文「在并州文水縣北十三里」下。

〔三〕大干城　「干」，底本作「千」，川本同，據滬本及萬曆山西通志卷一四改。下同。按晉書吐谷渾傳：「鮮卑謂兄爲阿干。」元和志卷一三作「大于城」。

〔四〕今以名焉今開栅村是也　川本、滬本同。前「今」字，萬曆山西通志卷一四作「因」，疑「今」爲「因」字之誤。「栅」，萬曆山西通志、紀要卷四〇、圖書集成職方典卷三〇三作「山」，「栅」爲「山」字之誤。

壽陽縣　府東一百六十里。編户三十里。全設。〔旁注〕晉馬首邑。太安驛。〔旁注〕縣西五十里。　舊有壽陽遞運所。萬曆六年革。　衝，煩，地瘠，俗嗇。　城周四里。　渦山，在縣南八十里。渦水經其下。　鵶兒谷，在縣東南三十里，盂縣西一百二十里。　壽水河，在縣南二里。其源有二：一出要羅村南三里山谷中，一出頡紇村北十里山谷中，合流，經縣西南十里，入洞渦水。　童子河，源出縣北二十五里曹村。又名曾河〔一〕。流經縣西南二里，合壽水。　黑水河，源出縣西四十里黑水村之西山，三源合一，東流至縣西，合壽水〔二〕，曲折南流五十里，至冷泉，入洞渦水。　龍門河，在縣西北二十五里〔三〕。其源有二：一出西可村山谷中，一出西張村山谷中，合流入壽水。　馬首城，在縣東南十五里東寧村。春秋時，分祁氏田爲七邑，韓固爲馬首大夫。即此。今名馬首村。

【校勘記】

〔一〕曾河　「曾」，川本、滬本及萬曆山西通志卷四同。光緒山西通志卷四二山川考一二引壽陽縣志：「曹河，一名童子河也。出縣北十里曹家河村，西流屈至城西南二里許，入於壽水。」曹河因源出曹家河村而名，與本書記載合，此「曾」疑爲「曹」字之誤。

〔二〕合壽水　底本脱「合」字，川本同，據滬本及紀要卷四一補。紀要卷四一壽水下云：「至縣西南十里，合於黑水。」

〔三〕二十五里　川本同，滬本作「三十」，夾注：「一云二十五。」萬曆山西通志卷四、紀要卷四一作「三十」。

盂縣　府東北二百四十里。編户二十三里。無丞。〔旁注〕春秋時仇猶國，晉大夫盂丙邑，名田盂〔一〕。元盂州。洪武二年改爲縣。芹泉驛。〔旁注〕縣南五十里，壽陽東二十里。驛在壽陽地界。地僻，民貧，利於山鐵。城周三里三十七步。東關城，周五里一百三十五步。嘉靖二十一年築。重門山，在縣西六里。金大定二年，敕建慈氏、清涼二院。又名慈氏山〔二〕。仇猶山，在縣北七里。春秋智伯伐仇猶國，君既滅，後人立廟此山。藏山，在縣北五十里。相傳程嬰、公孫杵臼藏趙氏孤兒於此。其藏處巖壘環堵，石溜灌鎔，旁有聖水出焉。旱禱雨輒應。細水河，源出縣西南，流入縣境，通平山，入滹沱。龍花水，源出縣北四十里興道村東崖下，瀦水爲潭，一名興隆泉。北流至榆棗口，入滹沱。趙霄山〔三〕，在縣東六十里。伏馬關，在東北七十里。舊名白馬。通真定府平山縣界。唐以來設關，今廢。榆棗關，在縣北一百里。通平山縣界，滹沱所經。〔旁注〕唐以來設關，今廢。古仇猶國，在治東。智伯所滅。牧馬水，有二：一源出盂縣白馬山下，一源出忻州西南五十里白馬山，至三交村牛尾莊，水合流，經城南七里，東北入定襄境，亦合滹沱，灌田。大嶺關，在縣東北六十里。通平山縣界。

【校勘記】

〔一〕晉大夫盂丙邑名田盂　川本、滬本及萬曆山西通志卷二同。左傳昭公二十八年：「孟丙爲盂大夫。」此上「盂」字爲「孟」字之誤，「田」爲衍字。

〔二〕慈氏山　川本、滬本及萬曆山西通志卷四、紀要卷四〇同，明統志卷一九作「滋氏山」。

〔三〕趙霄山　「趙」，川本及萬曆山西通志卷四同，滬本及圖書集成職方典卷二九四、清統志卷一四九作「越」，疑此「趙」爲「越」字之誤。

靜樂縣　府西北二百二十里。唐管州。〔旁注〕元管州。洪武二年，改靜樂縣。〔眉批〕涔、柱對峙，汾水中流。編户二十八里〔一〕。無簿。〔旁注〕城周四里一百二十步。寧化守禦千户所。〔旁注〕在縣北八十里。康家會馬驛。〔旁注〕治西。樓煩、〔旁注〕樓煩鎮，在縣南七十里。故鎮二巡檢司。煩，疲，多盜。天柱山，在縣南一里。上有大紙泉〔二〕。府志：南一里許。上有金龍泉及爾朱將軍廟，每歲四月十五日，有司奉敕祭焉〔三〕。城周二里一百九十步。孝文山，在縣西南一百八十里。魏孝文巡狩至此，上有祠。管涔山，在縣北一百四十里。汾水所出。〔旁注〕其山中高，兩邊低，如山字。唐置管州於此。一名燕梁山〔四〕，又名林溪山。下有龍眼泉，乃汾河源也。山海經曰：管涔之山，汾水出焉。〔眉批〕舊唐書李德裕傳有管涔隱者〔五〕。

石門山，在縣西南一百里，樓煩鎮西北二十五里。其狀若門。兩嶺關，在南六十里，路通陽曲縣。〔旁注〕府志：兩嶺山，在縣東七十里，置巡檢司守之。又縣東八十里有沙婆嶺隘。二隘今俱設巡司。馬驛，國初有二：一設於縣西閙泥村，弘治十年，改陽武峪口北，仍名閙泥驛，屬崞縣；一設於縣東五十里康家會。知縣王毓陽以閙泥驛既徙，則康家會距凌井驛七十里，距永寧驛百七十里，距寧化百四十里，爲不均，乃議改縣治西。

【校勘記】

〔一〕編户二十八里　「二十八」，川本、滬本同。萬曆山西通志卷二作「三十」，圖書集成職方典卷二九三：靜樂縣，「編户舊三十里，今十里。」則作「三十」是。

〔二〕人紙泉　「紙」，川本、滬本同，萬曆山西通志卷四作「砥」，疑此「紙」爲「砥」字之誤。

〔三〕府志至有司奉敕祭焉　此三十字底本叙列於下文「城周二里一百九十步」之下，川本、滬本同。萬曆山西通志卷四：「天柱山，在靜樂縣南三里。後魏天柱將軍爾朱榮嘗過此，因名。上有大砥泉及爾朱將軍廟。」圖書集成職方典卷二九四：天柱山，在靜樂縣前碾河外，「元魏都督爾朱榮自爲天柱將軍，即此山半一泉，久而不涸，泉旁有廟，肖榮像，稱明惠王，每歲四月十五日，有司祀之」。則此文爲錯簡，據以乙正。

〔四〕燕梁山　川本、滬本及萬曆山西通志卷四同。水經汾水注：「十三州志曰：出武州之燕京山，亦管涔之異名也。」紀要卷四〇：管涔山，一名燕京山。光緒山西通志卷三六山川考六引寧武府志：「管涔山，一名燕京山。」似作「燕京山」爲是。

〔五〕管涔隱者　「涔」，底本、川本作「城」，據滬本及舊唐書李德裕傳改。

河曲縣　府西北四百八十里。編户七里。裁減。〔旁注〕宋火山軍。金隩州。〔眉批〕西北有黄河之險，以阻隔羣胡；東北有偏關之塞，以保障全晉。諺曰：河曲保德州，十里九條溝。北枕高岡，南臨大澗。本志。偏頭關近榆林，寧武關居中，雁門關在東。近邊，衝，疲。設參將駐劄。城周六里。金完顏陳和尚敗元速不臺於倒回谷。至正二十四年，河南有右丞魏賽因不花統兵鎮偏頭關〔一〕，討孛羅帖木兒，逐之於漠北，遂定隩州。火山，在縣西五里。〔旁注〕地名段家溝。其山頂常有煙焰不絶，俗呼爲萬年火。古稱火山軍。山上有孔，以草投孔中，煙焰上發，可熟食。不生草。上有磠砂窟，下有氣砂窟。山高四、五丈，黄河過此，如遇覆釜，而河爲之曲。山後大石，有禹廟，皆不能侵。關河，在縣北一百一十里。源出朔州界，流經偏頭關，西流入黄河。唐家會渡，在縣西北六十里。本專以濟渡官軍。其路北通宣府、大同，西通陝西榆林、寧夏。舊隩州，在縣東北八十里。本雄勇鎮〔二〕。宋太平興國中，以北山時有煙焰，置火山軍。金隩州。元省入保德。本志云：未詳其地。俗傳在今吴峪村，基地尚存，未知是否？〔旁注〕元省。本朝復立爲縣。縣西距黄河十里，曲峪水口、石梯隘口，正陝西焦家坪等處〔三〕。偏頭關，在縣東北一百二十里。舊名寨底關。元爲偏頭關。

成化十一年，置千户所。城周九里八步。正德十三年九月二十二日，武宗皇帝西巡駐蹕於此；十月四日，駕幸樓子營。古武州地，東連了角山，西逼黄河，與套虜僅隔一水。其地東仰西伏，故名偏頭。

【校勘記】

〔一〕河南有右丞魏賽因不花　川本、滬本同，滬本眉批：「有，疑當作省。」

〔二〕雄勇鎮　「勇」，底本作「湧」，據川本、滬本及明統志卷一九改。

〔三〕正陝西焦家坪等處　川本、滬本同。按紀要卷四〇河曲城下云：北面石梯口；又有曲峪等處，正對陝西焦家坪等處。此處「正」下疑脱「對」字。

平定州　府東二百六十里。漢上艾縣。編户三十三里。全設。〔眉批〕左倚故關之險，右擁冠山之雄〔一〕，巍然并州之上游。守禦千户所。舊有平定遞運所〔二〕，萬曆六年革。平潭驛。〔旁注〕下城西關。故關巡檢司。衝，煩，地瘠，俗嗇。鵲山，在州西北五里。上有扁鵲廟。嘉山，在州西八里。上有晉公子祠〔三〕，祠下有龍井，井旁有黑水泉，流經州城，東合洮水〔四〕。浮化山，有二：州東五十里曰東浮化山，州西八十里曰西浮化山。二山皆有女媧廟。故關山，在州東八十五里。兩山險隘，關居其中。冠山，在州西南八里。綿山，在州東九十里。一名紫金山。〔旁注〕蓋三晉之咽喉，即古井陘口。澤水出其下，一名澤發水。府志：在州東九十里娘子關。一名阜漿，一名綿蔓水，東至蒲吾，入滹沱。水平地突起，下赴絶澗，懸流千尺，即井陘冶河之源〔五〕。洮水，在州西九十里。出壽陽東太平谷，東流經州境，至亂柳村，與南川水合，至承天軍，與澤發水合，出井陘縣界。〔眉批〕左傳：金天氏有子曰昧，生允格、臺駘。臺駘能業其官，宣汾、洮，障大澤。故關水，在州東五十里。東流出井陘、故關，入冶水。浮化水，在州西南八十里。流入洞渦水，出州西浮化山。井陘關，在東九十里。有巡司。葦澤關，在東北八十里。自漢韓信駐兵，因高阜爲寨，以榆塞門，因名榆關。今謂上城，周三里。宋太平興國四年，增築東北隅，今謂下城，周九里二十六步。上城有南、北門，下城東、西門。上城僅三里，内設官府，頗據高阜。下城九里餘，軍民處焉。

【校勘記】

〔一〕冠山　底本作「關山」，據川本、滬本及明統志卷一九、圖書集成職方典卷二九三改。按萬曆山西通志卷二四：「井陘關，一名故關，平定州東九十里。」同書卷四：「故關山，在平定州東八十五里，兩山險隘，關居其中。」「冠山，在平定州西南八里。」故關、故關山同在一地，處平定州之左，而冠山處州之右，與故關形成左右之勢。

〔二〕平定遞運所　「運」，底本脱，川本、滬本同，滬本眉批：「遞下疑奪運字。」明會典卷一四七：「太原府舊有徐溝縣同戈，「平定州平定各遞運所，俱萬曆六年革。」據補。

〔三〕晉公子祠　底本脱「子」字，據川本、滬本及萬曆山西通志卷四補。

〔四〕洮水　底本作「桃水」，川本、滬本同，據本書下文及明統志卷一九、紀要卷四〇改。

〔五〕冶河　底本作「治河」，川本、滬本同，據明統志卷一九、紀要卷四〇改。

樂平縣　州東南六十里。〔旁注〕府東三百二十里。　編户十里。裁減。〔眉批〕羣山起伏，若斷若連。有浮波之形，實太行之中境。　有柏井馬驛。〔旁注〕縣西七十里。地屬平定州。　簡，瘠，民貧。　城周六里一百四十步。　石馬山，在縣西南三十里。其谷出泉，曰石馬水。　松子嶺，在縣南四十里，接和順縣界。嶺北有小松水，流至縣東入沾水。又有松溪水，西流經平定州境晉盤山下，北流入真定府井陘縣冶河〔一〕。　水谷山，在縣東南六十里。其谷出水，流經壽陽縣，合沾水。　白巖山，在縣東南八十里。下有楊趙水，北流合沾水。其麓據馬嶺隘口，接直隸順德府邢臺縣界。五代末河東守險之地，故址尚存。　大黽谷，在少山下，清漳水出焉。　少山，在縣西南二十里。一名何逢山〔二〕，又名謁戾山，又名沾嶺。　皋落山，在縣東七十里，即春秋東山皋落氏之地。皋落水出其下，南流入鳴水。　洞渦水，出縣西四十里陡泉嶺〔三〕，至平定州，合浮化水，西流至壽陽縣界，合黑水，經榆次，合涂水，又西至徐溝縣入汾。　宋李繼勳等與北漢戰於洞渦河，大破之。　沾水，出少山之沾嶺，北流十八里，復折而南，名爲遡流水，又南入和順縣，合梁榆水，經遼州東七十里，又南經黎城縣北九十里，入黃河〔四〕。清漳水，出沾嶺，北流十八里，折而西南，入和順縣之梁榆水〔五〕。鳴水，出陡泉嶺。〔旁注〕縣西三十里陡泉山。亦名陡泉，流經縣南三十里，合牧馬水，入沾水。與縣南二十里石馬水合，東北流。昔陽城，在縣東五十里。〔旁注〕左傳：晉荀吳入昔陽。七國時，趙戍於此。〔眉批〕左傳昭十二年：晉荀吳假道於鮮虞，遂入昔陽。注：昔陽，肥國都。樂平沾縣東有昔陽城。史記趙世家：惠文王十六年，廉頗將，攻齊昔陽，取之。正義曰：括地志云：昔陽故城在并州樂平縣東。疑齊境不得至此。漢沾縣，在縣西南三十里，屬上黨郡。隋置遼州於此。遺址微存。

【校勘記】

〔一〕冶河　底本作「治河」，川本、滬本同，據明統志卷一九、紀要卷四〇改。

〔二〕何逢山　川本、滬本及萬曆山西通志卷四同，元和志卷一三、紀要卷四〇「何」作「河」。

〔三〕陡泉嶺　「陡」，底本作「陡」，川本、滬本同，據明統志卷一九、清統志卷一四九改。下同。

〔四〕沾水出少山之沾嶺至入黃河　川本、滬本及萬曆山西通志卷四、圖書集成職方典卷二九四同。按紀要卷一〇：清漳水出山西樂平縣之少山，「入遼州和順縣，經縣西，至州東南，又歷潞安府黎城縣東北，入彰德府涉縣南境，過磁州南，至臨漳縣西，而合於濁漳。」同書卷四〇：清漳水出樂平縣沾嶺，「北流十八里，復折而西南流，名爲遡流水，又南入遼州和順界，梁榆水流入焉。」則此「沾水」爲「清漳水」之誤，「黃河」爲「濁漳」之誤。

〔五〕清漳水出沾嶺至入和順縣之梁榆水　川本、滬本同。明史地理志：樂平縣沾嶺，「爲沾水、清漳二水之發源。沾水東流入澤發水，漳北流，折而西南，入和順縣之梁榆水。」紀要卷四〇：沾水出樂平縣沾嶺，「東流合鳴水及小松水，過昔陽城，東北流，入澤發水。」此「清漳水」爲「沾水」之誤，且與上文沾水之源流重複而衍誤，脱載沾水之逕流。

忻州　府北一百四十里。　城周九里一十二步。〔眉批〕外控雲谷，内蔽全晉〔一〕，最稱要害。余繼登重修州城記。　西跨九原，東南臨牧馬河。　城跨九原岡，謂之九原城。　其三面俱臨平地。〔眉批〕禀氣剛勁，健訟輕生，刁野難治。府志。　編户五十三里。　全設。　一同。　九原驛。〔旁注〕南門内。　舊有九原遞運所，萬曆六年革。　牛尾莊巡檢司。〔旁注〕州北十里。　藩封：定安王府，代府。　近邊，地瘠，民頑，糧重。　舊有沙溝、忻州寨西二巡檢司，革。　滹沱水，源出平刑關山，經崞之東南流，合沙河入州境。　過定襄，入真定府，〔旁注〕在州北五十里。自崞縣界來，注忻口，東入州境白村都，過定襄縣界，出河間，入真定府平山縣界。　沙河〔旁注〕亦名忻水。　源出崞，經忻口，東入滹沱河。　雲中山，在州西北五〔旁注〕七、八。十里。　下有谷，〔旁注〕與雙尖山連，北界崞縣。　雲中水所出。　後魏秀容縣，在西北五十里。　肆州治。〔旁注〕秀容縣附郭，本朝省入州。　肆州故城，亦名秀容。　通考曰：即積粟所在，謂之羊腸倉。　漢新興郡城，在南二十里。　漢末，曹操立此郡，亦名建安城。　址存。

【校勘記】

〔一〕内蔽全晉　川本同，滬本「蔽」作「臨」。

定襄縣　州東五十里。〔旁注〕府東北百八十里。　編户二十五里。無丞。　僻，簡，近邊。　古城周二十五里二百步。後廢。北齊武成帝河清三年，周將楊忠因内城重築，周三里二百三十四步。今周四里七十三步。　府志：胡峪巡檢司。今裁。　聖阜山，在縣東北二十里，五臺縣西南三十八里。其山孤峙，石上有仙人手迹〔一〕，西復有一足迹。旁有温泉，名聖阜水。東流入滹沱。　叢蒙山，在縣南二十五里。山甚高聳，春夏雲氣相接，即雨。下有泉三穴，流合爲一，謂之三會水，北流入牧馬河。　居士山，在縣東南二十五里。下有流泉，泉側石室有碑。其略曰：魏武定四年十月，任城王居士室。　古定襄城，在縣城外。舊傳夏后氏所築。漢爲縣，後廢。今縣乃其内城耳。又大同府城西北三十八里亦有古定襄城，乃漢定襄郡、唐定襄縣治。〔眉批〕後漢書光武紀：建武十年，省定襄郡，徙其民於西河。注：定襄故城在今勝州界。　漢陽曲縣，在今縣界。

【校勘記】

〔一〕石上有仙人手迹　川本、滬本同，萬曆山西通志卷四「手」上有「二」字，疑脱。

代州　府東北三百五十里。本志：三百二十里。〔旁注〕洪武二年，改爲代縣。八年，復爲州。　漢廣武縣。〔旁注〕秦爲雁門郡。後漢治陰館〔二〕，即此地。曹魏徙雁門郡南度句注，治廣武城，即今州西故城。後魏移治廣武上館城，即今治，在州西北三十五里。　州名代，自隋始。　〔眉批〕雁門障其西北，滹沱經於東南，外繞羣山，中開平壤，誠險固之地，戰守之區。　質直野樸，陋嗇勇悍，地無平原，多武少文。府志。　編户四十一里。全設。　二同。　雁門守禦千户所。城周二里五十六步。　振武衛。左、右、前、後、中左、中後六千户所。　雁門驛。〔旁注〕西關。　舊有定邊遞運所，革。　雁門遞運所，萬曆六年革。　兵備、行太僕寺、管糧户部及參將駐劄。　舊有太和嶺、水勤口二巡檢司，革。　磚城，周八里一百八十五步。　西關土城，周三里百九十六步。　東關土城，周三里。　北關土城，周二里。　南無關。　西阻句注，北控雲中，自古匈奴入寇之路。　隋煬帝爲突厥所圍於此。　句注山，在州西北二十五里。　一名西陘。　上爲太和嶺，後爲白草溝，即廣武舊站，通雲中。　雁門山，在州北三十五里。　上有關。〔旁注〕一名雁門塞〔二〕，雙闕斗絶〔三〕，雁度其間。　通大同，爲全晉屏蔽。　夏屋山，在州東北三十里。　一名夏臺〔四〕，又名賈屋。　趙襄子北登夏屋，誘代王，使廚人操銅斗擊殺之〔五〕，即此。　牛斗山〔六〕，在州西北三十五里。〔旁注〕雁門廢縣北。　俗呼牛頭山，又名纍頭山〔七〕。　山有七峯，如斗形，亦名北斗山。　下有白龍池。　其東有句注陘，山形勾轉，水勢注流，又名句注山。　其北名曰句注塞。　跨朔州南境。　趙襄子以其姊爲代王夫人，欲并代〔八〕，約代王遇於句注，即此。　上又有太和巖，一名西陘。　本志：山之神能興雲雨，宋、金俱有封號。　漢志云，中陵有纍頭〔九〕；魏志云，雁門有龍淵神、亞澤祠〔一〇〕。　豈是與？　覆宿山，在州東北三十五里。　自夏屋山入州界，爲州主山。滹沱河，在州南二里。源出繁峙泰戲山〔一〕，沿代城南，如帶，歷崞邑、忻口，迤邐而入真定。由晉陽擊匈奴，從此越代谷。東關河，在州東半里許。源出雁門山，沿城東南，入於滹沱。鉼陘，穆天子至此作黄竹詩。水經注曰：陘山南北有長嶺，嶺上東西有通道，即鉼陘也。句注陘，句注山。漢高帝伐匈奴，逾句注，即此〔二〕。漢廣武縣，在西十五里。圖經曰：在句注陘南口之南。〔旁注〕史記韓王信傳：匈奴使左、右賢王將萬餘騎，與王黄等屯廣武以南。句注亦作句望。淮南子：太行石澗，飛狐、句望之險。南三十里有東陘關。

【校勘記】

〔一〕後漢治陰館　底本「漢」上無「後」字，川本及明統志卷一九同，滬本作「後漢」。按漢書地理志，雁門郡領縣十四，五曰陰館。續漢書郡國志，雁門郡十四城，首曰陰館。紀要卷四〇陰館城下云：「後漢爲雁門郡治。」清統志卷一五一代州下云：「漢亦爲雁門郡，治善無縣，後漢移治陰館縣。」是後漢始移治陰館。據補「後」字。

〔二〕雁門塞　底本作「雁塞」，無「門」字，川本、滬本同，據寰宇志卷七八、明統志卷一九、紀要卷四〇補。

〔三〕雙闕斗絶　「闕」，底本作「闕」，川本同，滬本作「闕」。按清統志卷七八雁門山下引州志云：「雙闕斗絶，雁度其間。」與此相合，據改。

〔四〕夏臺　川本、滬本及圖書集成職方典卷二九四同，明統志卷一九、明史地理志作「下壺」，萬曆山西通志卷四作「夏壺」。

〔五〕使廚人操銅斗擊殺之　「擊」，底本作「繫」，據川本、滬本及明統志卷一九改。

〔六〕牛斗山　底本作「斗牛山」，據川本、滬本及萬曆山西通志卷四乙正。

〔七〕纍頭山　「纍」，底本作「壘」，川本、滬本同，據萬曆山西通志卷四、圖書集成職方典卷二九四改。

〔八〕趙襄子以其姊爲代王夫人欲并代　「姊」，底本作「妹」，川本、滬本同；「欲」，底本缺，川本同，滬本作「欲」。史記趙世家：「襄子姊前爲代王夫人。」戰國策燕策一張儀爲秦破從横謂燕王：「昔趙王以其姊爲代王妻，欲并代。」據以改補。

〔九〕中陵有纍頭　川本、滬本同。按漢書地理志鴈門郡十四縣，有中陵，有陰館，陰館下云：「累頭山，治水所出，東至泉州入海。」此處「中陵」疑當作「陰館」。

〔一〇〕亞澤祠　川本、滬本同。按魏書地形志作「亞澤神」。

〔一一〕源出繁峙泰戲山　底本「出」下空缺「繁」字，「峙」作「時」，「泰」作「秦」，川本同，據滬本及山海經北山經、萬曆山西通志卷四改。下同。

〔一二〕漢高帝伐匈奴逾句注即此　底本「漢高帝」下空缺「伐匈奴」等八字，川本同，據滬本及元和志卷一四補。

五臺縣　州南〔旁注〕府志：東南。一百四十五里。〔旁注〕本志：州東南一百四十里。府東北二百七十。編户十五里。裁減。〔眉批〕面蹷峪而背楊林〔一〕，左五臺而右滹沱，溪溝巖塹，川谷重複。山高風烈，俗尚儉約，務耕讀而少貿易。府志。有高洪口巡檢司。〔旁注〕縣東十里。近邊，煩，疲。舊有飯仙山、大峪口二巡檢司，革。城周五百四十步。〔旁注〕本志：三里一百七步。東南臨慮虒河。隋書盧太翼傳：逃於五臺山。地多藥物，與弟子數人廬於巖下，蕭然絶世，以爲神仙可致。五臺山，綿亘千餘里。爲晉山之冠，天下稱洞天焉。州志。　本志：滹沱河，發源繁峙三泉村，經代州崞縣、忻州定襄，至五臺縣河門口，與清水河合。　通鑑二百四十八卷注。　元臺州。洪武二年，改爲五臺縣，屬太原府。八年來屬〔二〕。　遼史聖宗紀：統和十年九月癸卯，幸五臺山金河寺飯僧。　元史世祖紀：至元十六年，以五臺僧多匿逃奴及逋賦之民〔三〕，敕西京宣慰司、按察司搜索之。　成宗紀：元貞元年閏四月丙午，爲皇太后建佛寺於五臺。　武宗紀：大德十一年八月丙午，建佛閣於五臺寺。十一月癸亥，建佛寺於五臺山。至大元年二月，發軍千五百人，修五臺山佛寺。十一月癸未，皇太后造寺五臺山。二年二月癸亥，皇太子幸五臺山。三月己丑，令高麗王隨太后之五臺山。〔眉批〕英宗紀：延祐七年九月，禁五臺山采樵。至治二年五月甲申，車駕幸五臺山。庚寅，禜星於五臺山。六月丁卯朔，車駕至五臺山。　泰定帝紀：泰定三年二月甲戌，建殊祥寺於五臺山〔四〕，賜田三百頃。　舊唐書王縉傳：五臺山有金閣寺，鑄銅爲瓦，塗金於上，照耀山谷，計錢巨億萬。　五臺山，在東北一百四十里。環五百餘里。山有五峯，高出雲表。〔旁注〕頂皆積土〔五〕，故謂之臺。佛經云：北方有文殊師利，所居之地曰清涼山。即此也。　慮虒水，在縣北。南流入滹沱河。　漢慮虒縣，在五臺山。

【校勘記】

〔一〕蹷峪　「蹷」，底本作「鳳」，川本、滬本同，據萬曆山西通志卷四、圖書集成職方典卷二九三改。

〔二〕八年來屬　底本脱「年來屬」三字，川本、滬本同。按明會要卷七三：「五臺縣，元臺州，洪武二年，改爲五臺縣，屬太原府。八年來屬。」明統志卷一九所記略同。據補。

〔三〕以五臺僧多匿逃奴及逋賦之民　「逋賦」，底本作「通賦」，川本同，據滬本及元史世祖紀七改。

〔四〕殊祥寺　「殊」，底本作「株」，川本同，據滬本及元史泰定帝紀改。

〔五〕頂皆積土　底本作「頂背接土」，川本作「頂背積土」，據滬本及明統志卷一九改。

繁峙縣　州東七十五里。府北三百八十里。編户十九里。無簿。〔旁注〕元堅州。洪武二年改爲繁峙縣。　有砂澗驛。〔旁注〕本志：東六十。〔眉批〕堡六：曰槐陰，曰豆村，曰東冶，曰河邊，曰建安，曰楊白。〔旁注〕寨一，曰蛇神。　近邊，地僻，民疲。　其城三面枕澗，東接峻阪，極爲險固。　新磚城，周四里有奇。〔旁注〕府志：三里九步。本志同。　萬曆十二年，新設平刑軍站，去砂澗、太白驛各七十里。　三泉夫廠，去繁峙、靈丘縣各百里。　舊有北樓口、平刑嶺、茹越口三巡檢司，革。　隋時舊治在滹沱河北大堡村之後，聖水村之北，有址存焉。今謂之古城。　唐聖曆二年，徙滹沱河之北，因聚寶寨爲城。　本朝萬曆十三年，復徙河北石龍岡之前，〔旁注〕在舊城西北三里。　即今治。　靜明山，在縣南一十里。　主峯山，在縣西南三十里。　巖頭山，在縣西南六十里。　延袤八百里。南與太行山相連。　五臺山，在縣東南一百四十里。　泰戲山〔一〕，在縣東北一百三十里〔二〕。山海經曰：泰戲之山無草木，山陽，滹沱之水出焉。　鐵橛山，在縣北三十里。　有蕭太后梳妝樓遺址。　滹沱河，在縣東一百三十里。　發源泰戲山，名青龍泉，又曰玉斗泉〔三〕。　西流合三泉水，又西至下匯村，潛行地中，又西出於西河村，又西合華嚴水〔四〕，又西納峨河水，〔旁注〕至代州，溉稻田甚多。經真定、河間，至直沽入海。 泰戲山，在東北三十里。 滹沱水出其下，歷代州、崞縣、忻州、定襄、五臺、盂縣，入真定府平山縣界。 狼嶺關，在東一百里。 通應州界。 平刑關，在東一百四十里。 通靈丘縣。 設巡司。 鹵城，在縣東一百里故稻都〔五〕。 周圍三里一百一十步，正東、西南、西北三門。 其地多鹵土，故名。 俗傳：朝霽，雲霧中呈現樓堞，門内似有人馬現。漢書所載鹵城即其地。 天將雨，其城先見，雲中隱隱有樓臺殿閣之狀，則多雨豐年之兆。人在西則見，在東不見，遠則分明，在近則隱没。 其東五里有齊城，其隱見亦同。 今不復見，蓋見則凶也。 又應州城内有鹵城縣。

【校勘記】

〔一〕泰戲山 「泰」，底本、川本作「秦」，據滬本及山海經北山經、萬曆山西通志卷四改。下同。

〔二〕一百三十里 川本、滬本同，本書下文及明統志卷一九均作「三十里」，萬曆山西通志卷四、紀要卷四〇作「百二十里」。

〔三〕玉斗泉 「玉」，底本作「至」，川本同，據滬本及紀要卷四〇、清統志卷一五一改。

〔四〕華嚴水 川本、滬本同，紀要卷四〇、清統志卷一五一作「華巖嶺水」。

〔五〕故稻都 「稻」，川本、滬本同，萬曆山西通志卷四作「福」，此「稻」疑爲「福」字之誤。

崞縣　州南〔旁注〕州志：西。六十里。〔旁注〕府北二百六十里。　城周六里。〔旁注〕府志：四里十三步。　洪武二年隸府，八年屬代。　編户三十八里。全設。〔眉批〕務農業，少經營，尚儉嗇，土瘠民貧。府志。　隋煬帝大業十一年〔一〕，帝巡北邊。突厥始畢可汗率騎數十萬，謀襲乘輿。車駕入雁門，齊王暕以後軍保崞縣。　唐代宗大曆十三年，代州都督張光晟擊敗回紇於陽武峪〔二〕。　有原平驛。〔旁注〕縣南四十里。　蘆板寨巡檢司。　糧儲户部駐劄。　近邊，煩，疲，民頑。　本志：城周四里十三步〔三〕。　南關城，周三里有奇。　元崞州。洪武二年，改爲縣，屬太原府。八年，復改屬代州。　舊有胡峪北口、弔橋嶺〔四〕、〔旁注〕今改石嶺關，隸陽曲縣，縣西七十里。　陽武峪三巡檢司，革。　鬧泥驛，〔旁注〕縣西七十五里。　舊屬靜樂縣。　五峯山，在縣東二十五里。五峯高聳，横亘二十餘里。根巨末鋭，有類犀角。　天涯山，在縣東南四十里。形類芙蕖〔五〕，俗呼蓮花峯。上有石鼓神祠。　崞山，在縣西南二十里。〔旁注〕本志：二十五。　上有崞山神廟。廟左有甘露池。　蘆板寨城，在縣西南七十里永興都。　按隋志云：雲中故城在崞縣西南。今名蘆板寨。　唐林城，在縣南五十里。唐析五臺、崞二縣置武延縣，後改曰唐林。五代梁改白鹿，晉改廣武。宋幷入崞縣。　樓煩城，在縣東十五里大陽都。

【校勘記】

〔一〕大業十一年　「一」，底本作「三」，川本、滬本同，據隋書煬帝紀改。

〔二〕陽武峪　川本、滬本同，舊唐書代宗紀、迴紇傳及通鑑卷二二五作「羊武谷」，新唐書代宗紀、回鶻傳上作「羊虎谷」。應作「羊」，不作「陽」。

〔三〕城周四里十三步　「里」，底本無，原注「有脱字」，川本、滬本同。按本縣上文旁注云：「府志：四里十三步。」萬曆山西通志卷一四、圖書集成職方典卷二九六作「四里十三步」，此脱「里」字，據補。

〔四〕弔橋嶺　「弔」，底本作「平」，川本、滬本同，據萬曆山西通志卷一二、明史地理志、紀要卷四〇改。

〔五〕形類芙蕖　「芙蕖」，川本、滬本及明統志卷一九同，萬曆山西通志卷四作「芙蓉」。

岢嵐州　府西二〔旁注〕西北三。百八〔旁注〕二。十里。　磚城，周六里二百七十八步。　編户十一里。無同。　有鎮西衛。〔旁注〕五千户所。　永寧驛。〔旁注〕治西。　兵備駐劄。　衝，邊，僻，簡，民疲。　舊有岢嵐鎮巡檢司，革。　金爲岢嵐州。　元幷其地入嵐州，置岢嵐巡檢司。本朝洪武七年，立鎮西衛。八年正月，又置縣。九年正月，改縣爲州，屬太原府。　西連偏頭、老營，南通省會。〔眉批〕四面皆山，屹然高聳，西則河水蕩然浩流，形勢雄固。　岢嵐、河曲，迫近胡寇，習尚健勇。　敦樸無華，務稼穡，尚騎射。府志。　長城山，在州東三里。山下有白龍泉，流合嵐漪河〔一〕。其味甘美，夏涼冬温。　乏馬嶺，在州東五十里，嵐縣西北七十里。　巨麓嶺，在州西南五十里，興縣東北六十里。又名萬松嶺。　雪山，在州東北七十里。有東西二山，與岢嵐山相接。　嵐漪河，源出州東黄道川北分水嶺，與乏馬嶺西舟道溝二水合流，經州城西南，合河水，西流經興縣界，入黄河。　名源水，在州北五十里。東南入黄河。　蘆芽山，在州東七十里。疊峯翠秀，前有小山，尖如筍笏，多出蘆芽，蟠踞四十里。上有金龍池、五龍洞、秀峯嶺、紫峯巖、説法臺、舍身崖、大天澗、小天澗、東火場、西火場，俱稱勝概。　府志：漪水發源州東南直道村，與東黄道川河、北三角城河合而爲一，經流城南。　岢嵐山，在州北一百里。蔚汾水出其下，流至興縣，又西流入黄河。　天澗保隘，在州北五里。路通大同府界。州西北八十里有于坑保隘。東又有洪谷保隘。其路俱通保德州。

【校勘記】

〔一〕嵐漪河　「嵐」，底本作「岢」，川本、滬本同。按清統志卷一三六：岢嵐河，「一名嵐漪河」。則無「岢漪河」之名，據本書下文及紀要卷四〇、明史地理志改。

嵐縣　州東南一百四十里。〔旁注〕府西北一百四十里。　編户三十二里。　裁減。〔旁注〕元爲嵐州。本朝改爲縣，至洪武九年，立岢嵐州，以本縣屬焉。　〔眉批〕其性悍，其俗陋，山多地少，民貧。府志。　有鹿徑嶺巡檢司。〔旁注〕縣北六十里。本志：東北七十。府志：裁。　近邊，僻，簡，民貧。　城周一千七百六十四步。本志：周六里四步。　銅鼓山，在縣南五十里〔一〕。　大萬山，在縣西南六十里。山下有白龍池。　蔚汾水，源出縣之尖山。流經興縣南十二里，西六十里入黄河。　大賢河，源出縣南四十里柳峪村。流至劉莊，合昭濟聖母廟前泉，經樓煩鎮入汾。　秀蓉城，即漢汾陽〔二〕。在縣南三十里。　雙松樹山，在縣北四十里。　銅洞，在縣北十里。古時，此洞取石煎銅。　東界靜樂，西接興縣，全倚岢嵐捍蔽。

【校勘記】

〔一〕五十里　川本及清統志卷一三同，滬本作「三十里」，萬曆山西通志卷四、紀要卷四〇作「四十里」。

〔二〕漢汾陽　「陽」，底本作「陰」，川本、滬本同。通典卷一七九宜芳縣：「有古秀容城，即漢汾陽縣，屬太原郡。」此「陰」爲「陽」字之誤，據改。

興縣　州西南〔旁注〕本志：西。一百五十里〔一〕。〔旁注〕府西四百五十里。　後魏蔚汾。唐合河〔二〕。宋徙治蔚汾水北。　編户十二里。　裁減。　有孟家峪〔三〕、〔旁注〕縣西五十里。界河口〔旁注〕縣東六十里。二巡檢司。　磚城，周一里一百六十步。府志：二里二百二十步。本志：二里三百二十步。　近邊，地僻，民貧。　元爲興州。本朝洪武二年，改爲縣，隸太原府。九年，立岢嵐州，以本縣屬焉。紫金山，在縣西南一百五十里〔四〕。南麓有聖母泉。北麓石壁間，有穴出風，能偃苗，常封不啓。旱禱有雨。〔旁注〕黄河，在縣西五十里。湫水，源出縣東八十里合查山，流經臨縣東半里，又名臨川河，至大通，入黄河。南川河，源出興縣東南八十里合查山，流經縣南五十里，合蔚汾。合河津，在縣西北七十里。唐置合河關。乃昔西夏與中國往復驛路，經涉渡口。嵐漪水，自岢嵐界經流縣川西北五十里，入黄河。石樓山，在縣東北五十里。一峯峭立百丈餘，不可攀緣，惟向北一小徑，盤迴可達峯頂。合河關，在北。蔚汾關，在東。〔旁注〕蔚汾水，自縣東一百里，從嵐縣黄尖山發源，經縣南，西入黄河。縣西距黄河五十里〔五〕。西五十里即黑峪口〔六〕，通陝西神木、柏林等處〔七〕，套虜常踏冰入寇。

【校勘記】

〔一〕州西南本志西一百五十里　「南」，底本作「北」，川本、滬本同，據萬曆山西通志卷二、明史地理志改。本志之「西」，底本作「北」，川本、滬本同，明統志卷一九、紀要卷四〇作「西」，此「北」爲「西」字之誤，據改。

〔二〕後魏蔚汾唐合河　川本同，滬本「蔚汾」、「合河」下各有一「縣」字。隋書地理志：臨泉縣，「後齊置，曰蔚汾，大業四年改焉」。通典卷一七九：合河縣，「北齊置蔚汾縣。」此「魏」爲「齊」字之誤。

〔三〕盂家峪　「峪」，底本作「谷」，川本、滬本同，據萬曆山西通志卷一二、明史地理志、紀要卷四〇改。

〔四〕在縣西南一百五十里　「五十」，川本、滬本同，萬曆山西通志卷四、圖書集成職方典卷二九四、清統志卷一三六作「二十」，此「五十」蓋爲「二十」之誤。

〔五〕縣西距黃河五十里　「西」，底本作「南」，川本、滬本同。紀要卷四〇興縣：「黃河在縣西五十里。」清統志卷一三六同。此「南」爲「西」字之誤，據改。

〔六〕黑峪口　「黑」，底本作「墨」，川本、滬本同，據紀要卷四〇、清統志卷一三六、方輿考證卷二二改。

〔七〕柏林　川本、滬本及紀要卷四〇同，清統志卷一三六作「榆林」，方輿考證卷二二作「柏森」。

保德州　府西北五百里。　編户五里。無判。〔旁注〕元屬太原路。國初因之，隸山西省。洪武七年，改爲縣，隸太原府。九年，復爲州。　保德州守禦千户所。〔旁注〕治東南。宣德七年二月甲寅設。　衝，疲，近邊。〔眉批〕城中軍民雜處，或習爲機詐，服飾尚華，喜作玩具。性質剛勁，有小忿，輒投崖跳河。遇凶荒，則負擔之外境，謂之赴熟。　舊有得馬水巡檢司，革。　城周七里二百五十二步。北臨黃河。東至河曲六十里，西至興縣一百八十里，南至岢嵐州一百八十里，北至黃河一里〔一〕。〔旁注〕趙武靈王所謂西有林胡〔二〕，即此。宋析嵐州地，置定羌軍。景德初，改保德軍，尋立爲州，與河西麟、府、豐三州相爲表裏〔三〕，以控制夏人。　翠峯山，〔旁注〕本志無。在州東八十里，形如覆斗〔四〕，巍然特秀，邑之鎮山。　赤山，在州東南八十里〔五〕。山多楓，霜後其山盡赤。　黃河，來自大同，入州界。在州北一里許。河至天橋子，南流，經保德、興、臨，至蒲州，東流。

【校勘記】

〔一〕北至黄河一里　「一里」，底本作「一百里」，川本、滬本同，據本書下文及清統志卷一五二删「百」字。

〔二〕趙武靈王　底本「靈」上衍「林」字，川本同，據滬本及戰國策趙策删。

〔三〕麟府豐三州　「麟」，底本作「靈」，川本同，滬本作「麟」；「豐」，底本作「封」，川本、滬本作「豐」，據滬本及宋史地理志改。

〔四〕形如覆斗　底本脱「斗」字，川本同，據滬本及明統志卷一九、萬曆山西通志卷四補。

〔五〕在州東南八十里　川本、滬本及清統志卷一五二同，萬曆山西通志卷四、紀要卷四〇、圖書集成職方典卷二九四作「在州東十里」，未知孰是。

平陽府

古名河東、晉州。文公立國，在今太平縣南，去平陽一百餘里。而平陽在春秋時，實晉大夫韓康子邑也。晉之故封，太行𮮹之〔一〕，首陽起之，黄河迤之，大陸靡之。晉問。禹貢冀州。

〔旁注〕元爲平陽路，屬河東山西道，領州九。本朝改爲府。洪武二年，以澤、潞、遼、沁四州直隸山西行省。

府志：城周十二里一百一十二步。磚城，周一十一里二百八十八步。〔旁注〕通志：一十一里一百一十二步。東關土城，周一千二百六十四丈。〔旁注〕藩封：交城王府、陽曲王府、西河王府。〔眉批〕河東土地少沃多瘠，是以傷於儉嗇。其俗剛强，亦風氣使然。隋志。平陽，堯之所理。其人至今温恭克讓，好謀而深，和而不怒，此堯之遺風也。柳宗元晉問。君子憂深思遠，小人儉嗇。甘辛苦，薄滋味。勤於耕織，服勢商賈。本志。

東距太行，西界黄河，南接三川，北臨大鹵，表裏山、河，實爲用武之國。是前驅宋、鄭〔二〕，而楚人不敢争衡；右撫梁山，而秦人斂手；肆兵太原，而狄人屏息。三强服而天下賓從，自非分而爲三，則秦不帝。故秦得河南〔三〕，而後圍大梁；韓信幷西魏，而後舉趙、代；劉淵據平陽，而後復京、洛。然則晉，中國之樞也，豈曰維陶唐有此冀方而已？

陶唐氏陵，在城東七十里。俗謂之神林陵。高一百五十尺，廣二百餘步。旁皆山石，唯此地爲平土，深丈餘。其廟正殿三間，廡十間。山後有河一道，有金泰和二年碑記。相傳唐太宗征遼，曾駐蹕此山，因謁堯陵，遂塑己像。國朝嘉靖間，知縣趙統重修。陵東原祀丹朱，西祀唐太宗。統徹唐太宗像，每祭，遷丹朱附饗，升堯諸臣之主亦配食。修齋室十二間，神廚四間，立守冢道士五，爲建屋二十間以居之。村落中置守冢户十，取墓旁免徵置田千六百頃〔四〕，爲守者常産，以仲秋上旬致祭。竊考舜巡狩於湘，其陵在九疑；禹會諸侯於塗山，其陵在會稽；惟堯之巡狩，不見經傳。此陵爲堯陵，相傳自古，無疑也。然國初下詔訪歷代帝王陵墓，山東東平州以堯陵上，遂載祀典，而此國都之地反遺，何也？豈搜訪之未至邪？抑詔下之日，而臨汾尚屬元邪？丹朱墓，在城西北二十里王曲村。有前後二冢，上舊有祠。洪武二年重建。又長子縣西二十里及陽城縣、翼城縣俱有丹朱墓〔五〕。

黄河，自汾州府寧鄉縣，流經石樓、永和、大寧縣、吉州、河津、滎河縣，至蒲州西門外，東歷芮城、平陸、垣曲，入河南府境。 汾河，自汾州府靈石縣，流經霍州、趙城、洪洞、臨汾，南歷襄陵、太平，至絳州東，環繞南門，西流過稷山、河津、滎河，入於河。 嘉靖甲寅，副使趙祖元購浙江善水車者爲水車，汲水灌田。 臨汾知縣楊君璽造水車二十一具，疏渠十四道，灌田一十八頃。後汾河淤徙不常，盡廢。

屬河東道。 一判。 建雄馬驛。 舊有建雄遞運所，萬曆六年革。

【校勘記】

〔一〕人行掎之 「掎」，底本作「接」，川本同，紀要卷四一引作「倚」，據滬本及唐柳先生集晉問改。

〔二〕是前驅宋鄭 川本同，滬本「是」下有「以」字。

〔三〕河南 川本同，滬本作「河東」。

〔四〕取墓旁免徵置田千六百頃 底本「徵」下空格缺字，川本同，據滬本補「置田」二字。

〔五〕長子縣 底本「長」下空格缺字，川本、滬本同。按光緒山西通志卷五六丹朱墓下引舊通志云：「又長子縣南二十五里丹朱嶺。」據補「子」字。

臨汾縣　治。編户一百五十一里。全設。〔旁注〕漢平陽縣。隋改今名。〔眉批〕太行峙其左，汾水繞其右。

交城、陽曲、西河三郡王同城。有平陽衛〔旁注〕五千户所。遞運所。分巡河東道駐劄。衝，煩，濱汾。唐書：賈氏出自姬姓，唐叔虞少子公明，康王封之於賈，爲賈伯。河東臨汾縣有賈鄉，即其地也。分水嶺，在縣西北姑射山。西接蒲縣境。舊有關，今革。姑射山，在縣西五十里。〔旁注〕三十五里。山之間有分水嶺。〔旁注〕山有姑射、蓮花二洞，即莊子所謂「藐姑射之山有神人居」者也。山前有九孔相通，深不可測，一名石孔山。其西北有分水嶺，西接蒲縣境，舊有關，今革。〔眉批〕阮籍詠懷詩：東南有射山，汾水出其陽。山海經：列姑射在海河州中。注云：莊子所謂藐姑射之山也。平山，在縣西南二十五里，即姑射山之連阜也。平水出其下，東入汾水。晉水，〔旁注〕據縣志，平水即晉水，而通志重出。浮山，在縣東南三十里。〔旁注〕山海經：平山，平水出於其上，潛於其下，是多美玉。出平山，流至襄陵縣北門外，東入汾。汾河，在縣西二里。平水，在縣西南平山下，東流，至城西五里，名平湖，爲居人上巳遊觀之所。注於汾河。又名晉水。澇水，出浮山縣烏嶺下〔一〕。一名黑水，其旁有小澗溝，合流至府城北高河，西入汾。澐泉，在縣東南二十里東亢村，出於平地。上有神祠，禱雨輒應。高粱城，在縣東三十七里高粱都。左傳僖公二十四年：殺懷公于高粱〔二〕。即此。又名粱墟。劉淵城，在縣西南二十里。淵僭號，初據蒲子，後築此城都之。今金店里，遺址尚存。白馬城，在縣東北二十里。後魏及唐，晉州皆治此。

【校勘記】

〔一〕浮山縣 「縣」，底本脱，川本、滬本同。萬曆山西通志卷四：「澇水，源出浮山縣北四十里烏嶺下。」明史地理志：浮山縣，「北有澇水，東南有潏水，下流俱入汾」。紀要卷四一：澇水，「源出浮山縣北烏嶺山」。則是浮山縣，非「浮山」，此脱「縣」字，據補。

〔二〕殺懷公于高梁 「于」，底本作「子」，川本同，據滬本及左傳僖公二十四年改。

襄陵縣 府西南三十里。編户七十二里。全設。地饒，頗煩。城周五里一百六十步。〔旁注〕本志：六里。

本晉大夫郤犨食邑，以晉襄公、趙襄子俱陵於此，故名。〔眉批〕東依重山〔一〕，西據姑射，汾流經其中。

三磴山，在縣西南三十五里。山長九十餘里，其形三磴，故名。山北有龍鬭峪。

焦石嶺，在縣西十七里。

龜山，在縣東三十五里。

三交水，源出縣東二十里卧龍山。合諸溪水，西入汾。

灰泉，在縣北二里。泉底皆灰，雖淘之不能盡，溉田，入於汾。

郤犨城，在縣東南二十里。晉大夫郤犨食邑。南、北、西三面尚存遺址，東面圮於水〔二〕。

宿水店，在縣西南十里。舊縣治在此。宋天聖初，徙治晉橋店，即今治。

太平關，在南三十五里故關鎮。〔旁注〕府志有太平關巡檢司。

卧龍山，在縣東南四十里。一名崇山。其巔有塔，俗又呼爲大尖山。西嶠有卧龍神祠。東南接翼城、曲沃，北接臨汾、浮山，俱名分水嶺〔三〕，延亘長二十里。

晉襄公陵，在縣南一十五里東柴村南原上。縣名以此。

【校勘記】

〔一〕東依重山　川本、滬本同。萬曆山西通志卷二四：襄陵縣，「東依蒙山」。按「蒙山」，諸地志不載。圖書集成職方典卷三〇七作「南依崇山」，明統志卷二〇：「崇山，在襄陵縣東南四十五里，一名卧龍山。」本書下文略同。蓋此「東」爲「南」、「重」爲「崇」字之誤。

〔二〕東面圮於水　「面」，底本作「北」，川本、滬本同，據萬曆山西通志卷一四改。

〔三〕分水嶺　「分」，底本作「汾」，川本、滬本同，據萬曆山西通志卷四、康熙平陽府志卷五改。

洪洞縣　府北六十里。　編户八十九里。全設。〔旁注〕漢楊縣〔一〕。隋義寧元年徙此，改今名。〔眉批〕後霍前澗，左箕右汾。本志。　有普潤驛。〔旁注〕北關。　饒，簡，賦完，濱汾。　城周五里二百五十步。九箕山，在縣東一十五里〔二〕。〔旁注〕十三里。狀如箕，南向者九。相傳許由隱居之所。　楊城，在縣東南十五里范村。又名危城村〔三〕。春秋時楊侯國，〔旁注〕晉滅之，爲大夫羊舌肹邑。晉叔向所築。漢楊縣。擒昌廢縣，在縣東南二十里。後魏太武擒赫連昌，因置此縣。北齊省〔四〕。　皋陶墓，在縣南十三里皋陶村。〔旁注〕有廟，廟有元元統乙亥碑。〔眉批〕帝王世紀曰：皋陶生於曲阜偃地，故帝因之而賜姓曰偃。括地志云：皋陶墓，在壽州安豐縣南一百三十里故六城東，東都陂内大冢也〔五〕。則皋陶非洪洞人，亦非葬於洪洞也。　玉峯山，在城北玉峯門外。其山自九箕來，回龍朝拱，西望汾水，龍虎並峙，形勝之地。　霍山，在縣東北四十里〔六〕。屬霍州。　九箕山，東北接霍山之麓。今平陸、遼州、開封、真定俱有此山。　師曠墓，在縣東南二十里師村。　婁山，在縣西三十里。北接趙城縣羅雲山。　漢楊縣，東南十八里。

【校勘記】

〔一〕漢楊縣　「楊」，底本作「陽」，據川本、滬本、本書下文及漢書地理志八、寰宇記卷四三改。下同。

〔二〕在縣東一十五里　「一十五」，底本作「一百五十」，川本、滬本同。萬曆山西通志卷四作「東一十三里」。明統志卷二〇：「九箕山，在洪洞縣東一十五里。」紀要卷四一同。此「一百五十」爲「一十五」之誤，據改。

〔三〕危城村　「城村」，底本倒誤爲「村城」，川本、滬本同，據萬曆山西通志卷一四、康熙平陽府志卷三一乙正。

〔四〕北齊省　川本、滬本同。隋書地理志：襄陵縣，後魏置禽昌縣，北齊并襄陵入禽昌縣，大業初改爲襄陵。此誤。

〔五〕故六城東東都陂内大冢也　底本「故六城東」下脱「東」字，據川本、滬本及括地志輯校卷四補。

〔六〕四十里　川本同，滬本作「四十五里」，寰宇記卷四三作「三十里」。

浮山縣　府東八十里。　編户十八里。全設。〔旁注〕本丹朱食邑，後魏置郭城縣〔一〕。後周改今名〔二〕。五代唐徙今治。　地薄，民貧，頗煩。　城周四里一百五十步。　堯山，在縣有二：東八里曰南堯山，其南三里有石壇三級，名天壇山，東有龍井；北二十里曰北堯山。俱有堯祠。　鳴山，在縣東南三十里。每天欲雨，此山颯然有聲。　龍角山，在縣南三十五里。兩峯對峙，如龍角然。其南麓跨翼城縣境。山有珍珠洞。東峯頂上有華池。潏水，源出龍角山，北流，至臨汾縣東，合高粱水，入澇水，注於汾。唐時，引此水及高粱水入百金泊溉田〔三〕。故郭城，在縣西南十里。其城南、北、西三面險絶，惟東面平夷。按舊志載，神山縣故郭城，是也。後魏書〔四〕，襄陵入擒昌，有故郭城〔五〕。又曰丹朱邑。天聖宫，在縣南三十五里。龍角山，在東南三十五里。兩峯對峙。潏水出其下，西北流，合高粱水，入汾。黑山，在縣北四十里。黑水出其下，西北流，入汾。浮山，在縣西（旁注）府志：東〔六〕。六十里。相傳洪水時，此山隨水消長，故名。澇水出其下，經府城北，入汾。秦王嶺，在東北四十里。唐太宗破宋老生，從霍山潛行至此〔七〕，以扼前鋒〔八〕，故名。鬼門關，在縣東。澇水，源出縣北四十里烏嶺下，一名黑水。其旁有小澗溝，合流經府城北，又名高河，西入汾。

【校勘記】

〔一〕後魏置郭城縣　川本、滬本同。按魏書地形志：禽昌縣「有郭城」，非「郭城縣」，此誤。

〔二〕後周改今名　川本、滬本同。舊唐書地理志：神山縣，「武德二年，分襄陵置浮山縣。四年，改爲神山」。元和志卷一二略同。此誤。

〔三〕百金泊　「泊」，底本作「洎」，據川本、滬本及新唐書地理志改。

〔四〕後魏書　「魏」，底本作「漢」，據川本、滬本及魏書地形志改。

〔五〕襄陵入擒昌有故郭城　川本、滬本同。魏書地形志：禽昌縣「有郭城」，此「襄陵入」三字衍。

〔六〕東　川本、滬本同。明統志卷二〇、萬曆山西通志卷四載：浮山，「在浮山縣西六十里」。此引府志作「東」，誤。

〔七〕從霍山潛行至此　「從」，底本作「湴」，川本同，據滬本及康熙平陽府志卷五、紀要卷四一改。

〔八〕以扼前鋒　「鋒」，底本作「峯」，川本、滬本同，據紀要卷四一改。

趙城縣　府北九十里。編户三十七里。全設。〔旁注〕漢彘縣地。隋始分置趙城縣。元屬霍州。洪武三年改屬。

地衢，民苦，濱汾。　城周五里一百二十四步。　霍泉，源出縣東南四十里霍山南麓，縣北五里夏庫村西泉山麓。泉湧清潔如玉，夏涼冬温。　趙簡子城，在縣東北三里。周封造父於此始築。至春秋時，簡子居之。唐麟德初，徙縣置於西南汾水之左。其故城遺址尚存。　媧皇陵，在縣東八里。高二丈。上有松柏。〔旁注〕濟寧州東南三十里亦有女媧陵〔一〕。閿鄉縣河側亦有女媧陵〔二〕。陵前有廟，廟有宋開寶元年裴麗澤撰、張仁愿書碑。　趙簡子墓，在縣東北三里。　羅雲山，在縣西四十里。舊有七佛峽寺。北接汾西〔三〕，南連洪洞，西抵蒲縣。

【校勘記】

〔一〕濟寧州　「寧」，底本作「南」，川本同，據滬本及明統志卷二三改。

〔二〕閿鄉縣　「閿」，底本作「閬」，川本同，據滬本及明統志卷二九改。

〔三〕北接汾西 「接」，底本作「移」，川本同，滬本作「迤」，據康熙平陽府志卷五、圖書集成職方典卷三〇八改。

太平縣 府西南九十里。編户五十四里。全設。〔旁注〕後魏置。元屬絳州。洪武二年改屬。 僻，簡。汾河所經。 城周三里二百四十步。 汾河，在縣東二十五里。自北而南，西入絳州境。汾陽山，在縣南十五里。 雷鳴水，其源有二：一出縣西北二十五里西侯村，一出縣西北十五里蔚村。俱引灌田，東流入汾。 龍谷水，源出縣柴村，流經絳州東北十八里龍香村〔一〕，溉田，入汾。

【校勘記】

〔一〕龍香村 「香」，底本作「沓」，川本、滬本同，萬曆山西通志卷四作「香」，光緒山西通志卷四〇引絳州志同。此「沓」爲「香」字之誤，據改。

岳陽縣 府東北一百十〔旁注〕本二十五〔一〕。里。府志：九十〔二〕。 編户十八里。裁減。〔旁注〕後魏安澤縣〔三〕。隋改今名。本漢上黨郡穀遠縣地。〔眉批〕邑在萬山中，平地無幾，爲澗、沁、蘭三河所經。王協夢縣志序。 地僻，民貧。 城周三里一十二步。 霍山，在縣西北九十里。 刁黄嶺，在縣東一百五十里，長子縣西五十里。 唐城，在縣東北九十里。禹貢：堯都岳陽〔四〕。故城遺址存焉。和川廢縣，在縣東九十里。本後魏義寧縣。隋改曰和川，後廢。唐復，屬沁州。宋屬晉州。元省。今名和川里。冀氏廢縣，在縣東南一百里。〔旁注〕即冀缺故里。後魏置冀氏縣及郡。北齊郡廢。隋縣屬晉州〔五〕。元省入岳陽。今名冀氏里。沁河，源出沁州沁源縣，南流至縣界，經澤州界，至河南懷慶府入河。大澗水，有二源：一出縣北安吉嶺，一出縣西北金堆里，俱西南流〔六〕，經洪洞界，入於汾。赤壁水〔七〕，出霍州霍山，西南流，至縣西漏崖入地，過南三十里復出，合澗水。藺河水，在縣北八十里保豐村，東南流，入沁水。八十里川，在縣東南一百六十里。源出潞州長子縣發鳩山，流經縣東謨盛村，合沁水。川長八十里，故名。有千畝原。

【校勘記】

〔一〕本二十五　川本同，滬本「本」下有「志」字。疑脱「志」字。明統志卷二〇、萬曆山西通志卷二、康熙平陽府志卷四皆作「一百十里」，此誤。

〔二〕九十　川本、滬本同。按校勘記〔一〕引明統志、萬曆山西通志、康熙平陽府志、圖書集成職方典卷三〇七皆作「一百十里」，此引府志作「九十」，誤。

〔三〕後魏安澤縣　「魏」，底本作「漢」，川本、滬本同。魏書地形志：「安澤，建義元年置。」元和志卷一二：岳陽縣，「後魏孝莊帝置安澤縣。」明統志卷二〇：岳陽縣，「後魏置安澤縣。」此「漢」爲「魏」字之誤，據改。

〔四〕堯都岳陽　川本同，滬本此句下有「世傳堯於此築城」七字，同康熙平陽府志卷三一。

〔五〕晉州　「晉」，底本作「潞」，川本、滬本同。萬曆山西通志卷一四作「晉」。隋書地理志：臨汾郡，「後魏置唐州，改曰晉州。」郡領有冀氏縣。寰宇記卷四二：晉州，隋初爲平河郡，開皇三年「廢郡，又爲晉州，至煬帝初廢，又立爲臨汾郡。」則隋開皇三年爲晉州，此作「潞」，誤，據改。

〔六〕俱西南流　底本「俱」下衍「至」字，據川本、滬本及萬曆山西通志卷四删。

〔七〕赤壁水　「壁」，底本作「璧」，據川本、滬本及明統志卷二〇、萬曆山西通志卷四改。

曲沃縣　府南一百二十里。編户六十八里。全設。〔旁注〕元屬絳州，洪武二年改屬。〔眉批〕勤農織，重遷徙，近亦喜訟而信巫。　有蒙城馬驛。〔旁注〕縣北四十里。　侯馬驛〔一〕。　侯馬遞運所。〔旁注〕並縣西南三十里。　煩，衝，糧完。　城周三里五十步。　紫金山，在縣南一十三里。產銅。　山半有泉，下注石崖。冬則凝而成冰，故名冰巖〔二〕。下有龍底泉。　合水，在縣北二十五里。兩崖水出，合而成流，故名。西入於汾。　陘庭城，在縣北。〔旁注〕東北十里庭城村。　左傳桓公三年：曲沃武公伐翼，次于陘庭〔三〕。即此。　桐鄉城，一名桐宫。在縣西南四十五里，接聞喜縣界。世傳伊尹放太甲處。　王官城，在縣西南二里。　左傳：晉人謀去故絳，徙居新田。即此。　樂昌城，在縣南七里。後周明帝移縣治於樂昌堡，即此。　春秋晉新田地，漢絳縣地。　喬山，在縣西北四十里。跨襄陵界。〔旁注〕上葬軒轅黄帝衣冠。其高五里。一曰橋山。以下有空洞，山如橋形，故名。　虒祁宫，在縣西南四十九里。左傳：晉作虒祁宫而諸侯叛。謂此。廣韻：虒祁在絳，西臨汾水〔四〕。

【校勘記】

〔一〕侯馬驛　底本、川本脱，據滬本及萬曆山西通志卷一一補。

〔二〕冰巖　「巖」，川本、滬本同，萬曆山西通志卷四作「崖」，與上文所記泉下注之「石崖」相合。

〔三〕曲沃武公伐翼次于陘庭　「翼」，底本作「晉」，川本、滬本同，左傳桓公三年作「翼」，此「晉」爲「翼」字之誤，據改。

〔四〕廣韻虒祁在絳西臨汾水　川本、滬本同。廣韻平支：「傂祁，地名。在絳，西臨汾水。本亦作虒。」本書文有脱異。

翼城縣　府東南一百三十里。編户六十八里〔一〕。全設。〔旁注〕春秋晉絳邑。漢絳縣〔二〕。隋改翼城縣。元屬絳州。洪武二年改屬。〔眉批〕原隰相半，近頗奢靡。　糧完，事簡。　城周八里。〔旁注〕本志：六里有奇。

澮高山，在縣南一十五里。其形如鳥張翼，又名翱翔山。山産銅、鐵。前有欒將軍祠，北有千佛洞，建寺曰千佛窟。其近有觀音洞，又名菩薩崖，與千佛洞南北通。羊角山，在縣東北三十里。烏嶺山，在縣東三十五里，沁水縣西北四十里〔三〕。穆天子傳云鈃隥〔四〕，即此。二巔相對，曰東烏、西烏，上有東西通道。覆釜山，在縣西北十五里。以形似名。有介子推廟。俗呼爲小綿山。唐城，在縣南十五里。成王滅唐，而封太叔虞於其地，即晉之舊都。又一在岳陽縣。熒庭城〔五〕，在縣東南七十五里。春秋襄公二十三年〔六〕：齊侯伐晉，取朝歌，爲二隊，入孟門，登太行，張武軍于熒庭。即此。澮河，其源有二：一出縣東烏嶺，旁引溉田，西經縣南；一出絳縣東北四十五里大交鎮東，流至鎮西，與諸水合，至曲沃境，五里，西入於汾。晉厲公墓，在縣東南六十五里。

【校勘記】

〔一〕編户六十八里　「六十八」，川本、滬本同。明統志卷二〇、萬曆山西通志卷二作「八十四」，康熙平陽府志卷三：翼城縣編户，「舊八十四里，今二十里。」圖書集成職方典卷三〇七同。所謂「舊」，即指明代，則此「六十八」爲「八十四」之誤。

〔二〕漢絳縣　「縣」，底本作「邑」，川本同，據滬本及漢書地理志、明統志卷二〇、萬曆山西通志卷二改。

〔三〕沁水縣西北四十里　底本脱「西北」二字，川本同，滬本作「西」。明統志卷二一、紀要卷四三沁水縣下均云：烏嶺在縣西北四十里。據補。

〔四〕鈃隥　底本作「鈃鏗」，川本作「鈃鏗」，滬本作「鈃鐙」，據本書下文及穆天子傳卷六改。

〔五〕熒庭城　「熒」，底本作「榮」，據川本、滬本及寰宇記卷四七、萬曆山西通志卷一四改。下同。

〔六〕春秋襄公二十三年　川本、滬本同。按以下記事載於左傳襄公二十三年，此「春秋」應作「左傳」。

汾西縣　府西北一百八十里。編户十五里。裁減。〔旁注〕漢彘縣。後漢永安縣。後魏置汾西郡。隋爲汾西縣。〔眉批〕四圍皆山，巍然峙立，澗深壁峭，路徑崎嶇。民刁，地貧。城周四里。濟川橋，在縣東三十里南關村，即汾河。通濟橋，在縣南六十里乾河鎮東南二里許，即汾河。聖水山，在縣西五十里。泉水時出不竭。汾西山，在縣西六十里。亦名青山，産鐵。乃姑射山之連阜。商山，在縣東南六十里。小潺澗，在縣東北五里。東入汾。其聲潺潺，故名。冬寒，其水若湯。嘗有白蛇出没，又名白龍池。轟轟澗，在縣東一十五里。澗東南有轟轟神廟，又名淵逸真人祠。下有潭，深不可測。廟後有石洞，澗中有穴，望前嘘而出聲，望後吸而入聲，其聲如雷，故名。

蒲縣　府西一百四十里。編户九里。裁減。〔旁注〕元屬隰州，洪武二年改屬。〔眉批〕南北皆山，東西川澗，徑路險通。

有張村岔巡檢司。〔旁注〕縣東六十五里〔一〕。有土城一座，即黑龍關。刁，疲，事簡。

城周三里一百一十二丈。本志：一里七分。〔旁注〕府志：三步。漢蒲子縣地。春秋晉之蒲城。

翠屏山，在縣西南一里。山勢圓聳，松柏鬱然。山半巖下湧出泉水〔二〕，人有疾，禱之，飲其水，汗出即愈。龍興洞，在縣北四十里。居羣山中，産五色花乳石。故仵城，在縣西北六十三里，吉州北六十里。後魏於此置仵城郡及縣〔三〕。隋廢郡，以縣屬汾州。唐屬慈州〔四〕。蒲縣故城，在縣西南二〔旁注〕五。里。隋大業二年，置新城，改爲蒲縣。唐武德元年，移縣置於城東，其城遂廢，基址不存。今名無意村。石城廢縣，在縣西六十三里。後魏孝文於此置石城縣。周大象三年〔五〕，改爲蒲子縣。隋大業三年，移置縣治，其城遂廢。今遺址微存。第一河，在縣西。源出趙城縣七佛峽，流經縣城西，至大寧縣界入黄河。

【校勘記】

〔一〕縣東六十五里　川本同，滬本無「五」字。

〔二〕山半巖下湧出泉水　「半」，底本作「平」，川本、滬本同，據萬曆山西通志卷四、圖書集成職方典卷三〇八改。又萬曆山西通志、圖書集成無「巖」字。

〔三〕件城郡　川本、滬本及元和志卷一二、明統志卷二〇同，滬本眉批：「按後魏名五城郡，唐始改件城縣，此件似當作五。」按魏書地形志作「五城郡」，隋書地理志作「伍城」，寰宇記卷四八校勘云：「俗或書伍爲件，遂相沿耳。」

〔四〕慈州　「慈」，底本作「磁」，川本、滬本同，據舊唐書地理志、新唐書地理志改。

〔五〕周大象三年　川本、滬本同。寰宇記卷四八：蒲縣，「後周大象元年，於石城故縣置蒲子縣。」此「三」爲「元」字之誤。

蒲州　府西南四百五十里。　古名蒲坂、河中。〔旁注〕後魏初爲河東郡。唐開元中改河中府。元河中府，屬平陽路。洪武二年，改爲蒲州，省河東縣入本州。　編户八十七里。全設。〔眉批〕北負關、陜，南阻大河。金史完顔訛可傳〔一〕。西阻大河，東倚太行，潼關在其南，龍門在其北。州志。民淳而事簡，有虞氏之遺風存焉。趙松雪送河中尹序〔二〕。蒲、解鄰秦，其人有秦風。山陰王、襄垣王同城。有守禦千户所。舊有河東遞運所，萬曆六年革。風陵渡、永樂鎮二巡檢司。城周八里三百四十九步。西阻黄河。〔旁注〕藩封：山陰王府、襄垣王府並代府。河東驛。南門外。分守河東道駐劄。衝，煩。南阻大河，北接汾、晉，西連同、華。黄河，在州西門外。禹導河積石，至於龍門，經河津、榮河、臨晉而來，南流至華陰，東折至底柱，過孟津等處，爲逆河，入於海。雷首山，在州東南三十里。夷、齊居其陽，故曰首陽。〔旁注〕與陝西華山相對，黄河經其中。歷山，在南一百里。嬀汭水出其下〔三〕，流入河。〔旁注〕嬀水、汭水俱出歷山。蒲津渡，在西門外黄河東岸。路通陝西朝邑縣。秦孟明濟河焚舟之處。風陵堆，在州南六十里黄河北岸。與潼關相對，上有關。〔旁注〕洪武八年，置巡檢司，屬潼關衛。〔眉批〕邵氏聞見録：永樂鎮，唐永樂縣也。宋熙寧初，廢爲鎮。面大河〔四〕，背雷首、中條山，形勢雄深。〔旁注〕永樂渡，在州東南一百二十里黄河北岸。路通河南閿鄉縣〔五〕。洪武四年，置巡檢司，屬潼關衛，即舊永樂縣。後魏大統四年，於蒲津造浮橋。九年，築城爲防。唐開元十二年，河兩岸開東、西門，各造鐵牛四，夾岸以維浮橋。今西岸缺其一。〔旁注〕鐵牛，在黄河岸上。唐開元中，鑄八牛，置東、西岸，各四牛，一人策之。牛下有山，入地丈餘，皆鐵也。並鐵柱十六，夾岸以維浮橋。今西岸缺其一，相傳沉於河。陶邑鄉，在州北三十里黄河東岸，即舜陶於河濱處。唐馬燧敗李懷光於陶城，分兵會渾瑊，逼河中，即此。風后冢，在州南六十里風陵渡趙村。有軒轅廟。鸛鵲樓，在州西南城上。

【校勘記】

〔一〕完顔訛可傳　「完」，底本作「王」，川本同，據滬本及金史完顔訛可傳、紀要卷四一改。

〔二〕趙松雪送河中尹序　「松雪」，底本倒誤爲「雪松」，川本、滬本同，據松雪齋文集卷六乙正。

〔三〕嬀汭水　「汭」，底本作「妠」，川本同，據滬本及元和志卷一二、明統志卷二〇改。下同。

〔四〕面大河　「面」，底本作「西」，川本、滬本同，據邵氏聞見録卷一七改。

〔五〕閿鄉縣　底本作「闕都縣」，川本同，據滬本及萬曆山西通志卷四改。

臨晉縣　州東北九十里。〔旁注〕本志：七十。州志：八十。編户六十三里。全設。有樊橋驛。〔旁注〕縣東南十五里樊橋鎮。吳王寨巡檢司。〔旁注〕縣西三十里。糧欠，民刁，衝，煩，雜軍屯，掣肘。城周三里二百三步。王官谷，在縣界中條山中。以王官廢壘爲名。巖洞深邃，泉石幽奇。有天柱、掛鶴諸峯〔一〕，瀑布、貽溪諸水〔二〕。山水之勝，甲於河東。唐司空圖嘗隱居於此，建休休亭，自爲記。五姓灘，在縣南三十五里五姓村。即涑水、姚暹渠經流所鍾之地。一名五姓湖。西流至蒲州，入黄河。五老山，在西南五里。接中條山。峨嵋坡，在北五里。東連猗氏、聞喜，西抵黄河〔三〕。吳王渡，在縣西三十里，〔旁注〕黄河東岸。昔有吳、王二姓居此，故名。上有吴王寨。與陝西郃陽渡對〔四〕。韓信渡河襲魏王豹處。桑泉城，在東北三十里，隋置縣。〔眉批〕僖二十四年：入桑泉，取臼衰。注：桑泉在河東解縣西。解縣東南有臼城。春秋解梁城，在縣西三十里，即漢之解縣〔五〕。西魏置南解縣，後周改綏化縣，後廢。虞鄉廢縣，在縣南六十五里。即古虞田。西魏置縣，隋屬蒲州，唐因之。元省入臨晉。今有虞鄉鎮城。五老山，在縣西南七十里，接中條山。亦名靈峯。其山有雷公洞，上洞在歸雲巖，下洞在北斗峯。有東西錦屏峯。峯之陰有張果老洞，洞東、西有所乘白驢行迹。其韓君隱處，號韓峯。峯東南有韓君洞。羅通微隱處，號真人洞。又有青城、太乙、玉峯、蒼龍、太白、王母、白沙、玄武、保德諸洞。洞之陽有棄瓢巖，即嵩山羽士李皮囊棄酒瓢以奠山神處，又號皮囊洞。旁有龍井，旱禱雨輒應。唐玄宗敕玉真公主投金龍其中，號玉真洞。又有飲鹿、金龜、金沙、玉女諸泉，俱出其麓。大巖、小巖，在縣東北二十五里。二巖並列。

【校勘記】

〔一〕掛鶴　川本、滬本及萬曆山西通志卷四、康熙平陽府志卷五同，紀要卷四一作「跨鶴」。

〔二〕瀑布貽溪諸水　「布」，底本作「有」，川本、滬本同，據萬曆山西通志卷四、康熙平陽府志卷五改。

〔三〕西抵黄河　「西」，底本作「而」，川本同，據滬本及明統志卷二〇、紀要卷四一改。

〔四〕郃陽渡　「渡」，底本作「縣」，川本同，據滬本及明統志卷二〇、紀要卷四一改。

〔五〕即漢之解縣　「解縣」，底本作「解梁縣」，川本、滬本同。按漢書地理志河東郡有解縣，無解梁縣。元和志卷一二云：「故解城，本春秋時解梁城，又爲漢解縣城也。」明統志卷二〇解城下亦云：「即漢之解縣也。」是漢時當爲「解縣」。據删「梁」字。

榮河縣〔一〕　州北一百二十里。　古綸地。夏后少康邑。漢汾陰縣。唐寶鼎縣〔二〕。〔旁注〕宋真宗祀汾陰，有榮光溢河之瑞，改今名。　編户三十八里。全設。〔眉批〕務農少商，然有亡身健訟、枵腹事神者。僻，貧，糧欠，有盜。　城周九里八步。　汾陰渡，在縣北九里后土廟前。文獻通考：金南陽郡王代祀汾陰所設〔三〕，以通秦、雍之路。今廢。　汾陰城，在縣北九里。周顯王四十年〔四〕，秦伐魏，取汾陰，即此。秦、漢以來爲汾陰縣。俗名殷湯城〔五〕。　穆清殿，在縣太寧宫前，宋真宗大中祥符中建。　太寧宫，宋大中祥符四年建。真宗祀汾陰，駐蹕於此。前有鐵人四，各高六尺。内再建延慶亭，爲致齋之所。　左傳文六年：改蒐于董。注：河東汾陰縣有董亭。汾水至此入河。　峨眉坡，在城東，北連聞喜，南貫臨晉。　黄河，在縣西五里。　汾河，在縣北后土祠旁，西流於黄河，今移河津葫蘆灘南入黄河。

【校勘記】

〔一〕榮河縣　「榮」，滬本及明統志卷二〇、嘉靖榮河縣志、萬曆山西通志卷二、康熙平陽府志卷四、紀要卷四一、清統志卷一四〇同，川本及明史地理志、明會典卷一六作「滎」。

〔二〕唐寶鼎縣　「縣」，底本脫，川本同，據滬本及舊唐書地理志、新唐書地理志補。

〔三〕文獻通考金南陽郡王代祀汾陰所設　「文獻通考」，川本、滬本同。按文獻通考卷三一六輿地考二滎河縣不載本書以下引文，此四字誤入。「金」、「王」，底本作「今」、「五」，川本、滬本同，據嘉靖滎河縣志卷一、萬曆山西通志卷四、康熙平陽府志卷六改。

〔四〕周顯王四十年　「四十」，底本作「十四」，川本、滬本同。按史記秦本紀，秦取汾陰，在秦惠文王九年，即周顯王四十年。據本書下文蒲州另條及史記秦本紀、六國年表，嘉靖滎河縣志卷一改。

〔五〕殷湯城　「殷」，底本作「陰」。按紀要卷四一：「志云：故汾陰城俗名殷湯城，以城北四十三里有湯陵云。」據川本、滬本及史記秦本紀、萬曆山西通志卷一四改。

猗氏縣　州東一百二〔旁注〕本志：一。十五里。古郇國。編户五十一里。全設。衝，煩，民勤，軍屯雜處。

城周七里七十步。〔旁注〕本志：九里十三步。郇城，在縣南二十里王遼村。文王第十五子所封之國。傳：畢、原、酆、郇〔二〕，文之昭也。詩：四國有王，郇伯勞之。〔旁注〕僖二十四年，晉師退軍于郇，狐偃及秦、晉之大夫盟于郇。注：解縣西北有郇城。隋大業九年，徙今治，城始廢。神羌堡，在縣東北十五里峨眉坡。鄧禹圍安邑，定河東，屯兵於此。左傳成六年：必居郇、瑕氏之地。注同。令狐城，在縣西十五里。今名令狐村。左傳僖公二十四年：晉公子濟河，圍令狐。文公七年，晉人及秦人戰于令狐。文公七年傳：晉敗秦師于令狐，至于刳首。注：令狐在河東，當與刳首相接。後漢衛敬侯碑陰文：城惟解梁，地接刳首，山對靈足，谷當猗口。刳，又作郀，廣韻十一模部有此字。

【校勘記】

〔一〕畢原酆郇　「酆」，底本作「豐」，川本、滬本同，據左傳僖公二十四年改。

萬泉縣　州東北一百九〔旁注〕州志：七。十里。　編户四十里。全設。〔眉批〕連山帶谷，地勢傾欹。　僻，煩，地薄，民貧。　城周五里三十步。　孤山，在縣西南十里。〔旁注〕本志：南二里。周圍八十餘里，高十五里。以不接他山名。又號綿山。其西半隅有檻泉，東南麓有雙泉，又有桃花洞；其東谷有暖泉，又名東谷澗。　秦王寨，在縣東三里。唐太宗取薛萬徹，於此下寨。

河津縣　州東北二百十里。　古耿國。〔旁注〕殷王祖乙所都。春秋晉大夫趙夙采邑。　秦皮氏。後魏龍門。〔旁注〕舊城圮於汾水，元皇慶初，監院哈喇哈孫移築今地。周三里二百七十四步。　編户三十六里。全設。〔眉批〕河流旋帶，山勢環抱。　禹門渡巡檢司。〔旁注〕縣西北三十里。　唐置龍門關，路通陝西韓城縣。　僻，民勤，糧完。　黄河渡，在縣西一十里黄河東岸。　耿鄉城，在縣東一里。一名舊縣城。自秦移至楊村，改曰皮氏縣。後魏又改曰龍門，復修築之。元皇慶初，被汾水浸泊，三面俱圮，僅存北面。　皮氏城，在縣西五里楊村。秦時築。今堙没。　龍門故城，在縣治東。遺址猶存。　書傳：祖乙圮于耿。杜預曰：在皮氏縣東南耿鄉。　龍門山，在縣西北三十〔旁注〕二十五。里。即禹所鑿通黄河處，名禹門渡。山下有湧泉，其東麓有瓜谷〔一〕，其西麓有遮馬谷，皆有水，引爲渠溉田，入黄河。山頂有石洞，相傳文中子避亂隱居讀書之處。　書：導河積石，至于龍門。水經曰：河水南出龍門口。

【校勘記】

〔一〕瓜谷　「瓜」，底本作「爪」，川本同，據滬本及舊唐書地理志、萬曆山西通志卷四改。

解州　府東南三百四十里。　編户三十二里。　全設。〔旁注〕晉解梁城。元解縣，倚郭。本朝省入州〔二〕。　長樂、鹽池北姚家莊。〔旁注〕州東一十里。　鹽池二巡檢司。〔旁注〕州東南四十里。　僻，疲，頗煩。　城周九里一十三步。〔旁注〕運司周九里一十三步。　面石門之嶺，背鳴條之岡，外則底柱之險，内則鹽池之饒。　雷首山，在州南五里。　中條山，在州東南。跨平陸、芮城、安邑、夏縣、蒲州之境。檀道山，在州南五里。與中條山連接。中有盎漿泉，不流而止，俗呼止渴泉。路通芮城。白徑嶺，在州東南一十五里中條山上。有石壁，左右參天，間不容軌，名曰石門。路通平陸縣。留莊隘，在中條山。路通垣曲縣。石門，在白徑嶺。逾中條山，通陝州道〔二〕，山嶺參天，左右壁立，中不容軌，謂之石門。鹽池，在中條山北麓。西距解州東門，東距安邑南門黑龍堰，延六十里，南北袤七里，周百有二十里。近安邑者爲東鹽池，近路村者爲中池，近解州者爲西鹽池。中池北百步許〔三〕，有淡泉一區，味甚甘冽，俗謂鹽得此水方成。四外澗谷泉流皆歸之，水溢則鹽不生。歷代多築堤堰及禁牆以防之。唐、宋時墾畦，歲二月一日，畦户入池蓋庵，治畦淘溝。畦成，俟風日引水灌種，水深一二寸乃已。經數時，花浮水面，謂之塌花。（眉批）馬理重修鹽池神廟記：本草、地志所載，曰倉鹽，曰大鹽，曰顆鹽，曰印鹽，曰㪷鹽，曰乳鹽，曰鹽花，曰盬鹽，曰種鹽。種鹽者，梁人所謂畦地而沃以池水，南風急，則成鹽滿畦是也。唐、宋皆然。宋人以三月墾畦，四月沃種，至八月而止，是謂種鹽，亦曰盬鹽。池鹽則擁取而已。且種且擁，所獲滋多。元人惟池擁，不復畦種。今三場因之。

【校勘記】

〔一〕本朝省入州　底本脱「省」字，川本同，據滬本及明統志卷二〇、萬曆山西通志卷二補。

〔二〕通陝州道　川本及紀要卷四一同，滬本「通」上有「路」字。

〔三〕中池北百步許　「北」，底本作「者」，川本、滬本同，據利病書卷四八、方輿考證卷二七改。

安邑縣　州東〔旁注〕州志：東北。五十里。府志：六十。編户九十五里。全設。縣城始自禹都時築，謂之龜背城。周六里一十〔旁注〕十三。步。有河東運司。〔旁注〕州東四十里安邑之路村。泓芝驛。〔旁注〕縣北四十五里。運司遞運所。在運城内。〔旁注〕本志：清河遞運所。聖惠鎮巡檢司。縣南五里。鹽院駐劄。衝，煩，疲，貧。玉鈎山，在縣東北二十里。山下有玉鈎泉。風洞〔一〕，在縣南二十里中條山麓。洞口若盆，每仲夏，應候風出，其聲隆隆，俗謂之鹽南風，鹽花因之以結。蚩尤城，在縣南二十里。黄帝殺蚩尤，身首異處，故别葬之，其迹已泯。婁室城，在縣東南一十八里。金將婁室所築。魏豹城，有二：一在安邑縣西二里。本魏文侯所築，後魏豹居之，故名。南有韓信溝。一在蒲州城北，西臨黄河。乃豹築以藏兵，即韓信擊豹處。魏都此，惠王徙大梁。鳴條岡，在縣北三十里。即湯與桀戰處。迤邐東接夏縣、聞喜、絳縣界。虞坂，在縣南二十里中條山。晉荀息請以垂棘之璧與屈産之乘，假道於虞以伐虢，即此。俗名青石槽。

【校勘記】

〔一〕風洞　川本、滬本及萬曆山西通志卷四同，康熙平陽府志卷五、圖書集成職方典卷三〇九、清統志卷一五四作「鹽風洞」。

夏縣　州東一百里。　編户六十六里。全設。〔旁注〕周封畢公高於此。　〔眉批〕東據中條，西據鳴條，南環黄河，中土平衍。本志。　僻，簡，民疲。　城周五里一百三十步。　後魏神䴥初，分安邑東地爲夏縣〔一〕。　巫咸頂，在縣南五里。殷巫咸嘗隱此。隋書名巫咸山，一名瑶臺頂。下有谷，亦名巫咸。〔旁注〕有巫咸祠，在山麓。　磓山，在縣西北七十里石磓里。即峨眉坡高阜也。　青龍河，在縣北三十里。　横洛渠，在縣北十里。源出中條山谷口，流經夏縣故城，入安邑苦池灘。　巫咸墓，在縣東五里瑶臺頂上。　夏都安邑夏城，在縣北十五里。夏時所築，今謂之禹王城。　城内有青臺，高百尺，相傳禹娶塗山氏女，以禹在外，女思之，故築此臺。後人立禹廟其上。〔旁注〕夏城，在西北十五里。夏禹建都所築，今名禹王城。　本志：據鳴條岡，大禹所都。　土城周圍三十里，西南面遺址尚存。　巫咸谷，在縣南五里〔二〕。　姚暹水出其下，經安邑，至解州西，入臨晉縣界。　温峪，爲礦所出，防盜。

【校勘記】

〔一〕後魏神䴥初分安邑東地爲夏縣　川本、滬本同。元和志卷六夏縣：「後魏孝文太和十一年，別置安邑縣，十八年改爲夏縣。」寰宇記卷六夏縣：「魏孝文太和元年，析安邑縣置夏縣。」紀要卷四一夏縣：「後魏太和十一年，別置南安邑縣，後周改爲夏縣。」則夏縣爲後魏太和時改安邑縣或南安邑縣置，或後周改置，此誤。

〔二〕在縣南五里　底本脱「縣」字，川本同，據滬本及明統志卷二〇、紀要卷四一補。

聞喜縣　州東北一百四〔旁注〕府志：三。十里。編户六十六里。全設。〔眉批〕漢書武帝紀：行幸至左邑桐鄉，聞南越破，以爲聞喜縣〔一〕。師古曰：左邑，河東之縣也。桐鄉，其鄉名也。〔旁注〕後周移治柏壁，在絳州西南二十里。今其地屬絳。隋復徙治於桐鄉故城。隋移治甘谷，未詳〔二〕。涑川驛。〔旁注〕西關。　衝，疲。　城周五里三十二步。　湯寨山，在縣東南七〔旁注〕府志：四。十里。上有湯王廟。山產銅。　避暑城，在縣北三十五里晉原鄉。乃晉獻公所築避暑城也。其城當暑〔三〕，比它地差涼。其近有梨園故址，乃唐太平樂府教坊也。　龍頭堡，在縣東北四十里。　姜嫄墓〔四〕，在縣北三十五里平池村。〔旁注〕冰池村東〔五〕。　一云在絳縣西南三十里煙村存雲嶺。　中條山，在縣南六十里。西起蒲州雷首，東接太行，蓋太行支脈也。以其中狹而延袤不絕，故名。又以南北狹薄，亦名薄山。　紫金山，在縣東七十里，與曲沃接界。　董池陂，在東北四十里。左傳宣十二年：董澤之蒲。〔旁注〕注：河東聞喜縣東北有董池陂。　董澤，在縣北三十五里。一名董氏陂，又名豢龍池。即舜封董氏豢龍之所。其地出泉，名董泉。民引溉田，流入涑水池。　涑水，在南門外。自絳縣來，西南入夏縣界。〔旁注〕東界夏縣，西界垣曲，在邑境者，廣袤皆四十餘里。　高侯原，在縣北，劉曜破石虎處〔六〕。

【校勘記】

〔一〕聞喜縣　「聞」，底本作「闇」，川本漫漶，據本書上文、滬本及漢書武帝紀改。

〔二〕隋移治甘谷未詳　川本同，滬本「隋」上有「一云」二字。「甘谷」，萬曆山西通志卷二、康熙平陽府志卷三同，清統志卷一五五絳州直隸州表桐鄉下云：「開皇十年移治甘泉谷，屬絳郡，大業末改名。」此「甘谷」疑即「甘泉谷」。

〔三〕其城當暑　川本、滬本同，萬曆山西通志卷一四作「其城夏暑之時」，疑此「當」爲「夏」字之誤。

〔四〕姜嫄墓　「嫄」，底本作「源」，據川本、滬本及明統志卷二〇、萬曆山西通志卷一四改。

〔五〕冰池村　「冰」，底本作「水」，據川本、滬本及康熙平陽府志卷三二改。

〔六〕石虎　「石」，底本作「不」，川本同，據滬本及晉書石勒載記改。

平陸縣　州東南九十里。　東漢河北縣。〔旁注〕本虞國。後漢置河北縣。唐天寶初改今名〔一〕。

〔眉批〕唐太宗貞觀十二年，幸河北，觀砥柱。注：河北縣，漢、晉屬河東郡。後魏置河北郡。隋廢郡，復爲縣，屬蒲州。縣南河中有砥柱山〔二〕。貞觀元年，改屬陝州。括地志曰：陝州河北縣，本漢大陽縣。

編户五十五里。　全設。〔眉批〕負山面水，地勢崎嶇。

白浪渡。縣東南一百一十八里黄河北。〔旁注〕本志：一百八十里。　沙澗、茅津渡〔旁注〕縣東二十里黄河岸北。二巡檢司。　山僻，民貧。　城周二里五十步。　吳山，在縣城西五十里〔三〕。山麓有吳泰伯廟，故名。　三門集津，在縣東五十里。禹鑿砥柱，決三川。有上、中、下三門，上曰鬼門，中曰夜叉門，下曰人門。　唐書李齊物傳：天寶初，開砥柱之險，以通漕運，於石中得古鐵犁鏵，有「平陸」字，因改河北縣爲平陸縣。　箕山，在縣東北九十里。其狀類箕。相傳堯時許由隱居此，有冢在焉。　史記云：余登箕山，其上有許由冢。即此。下有水，曰清澗，即由洗耳處。傳巖，在縣東三十五里。〔旁注〕殷相傳説隱處。砥柱峯，在縣東南五十里黄河中流。其形如柱，禹鑿砥柱以通河。三川既決，謂之三門。〔旁注〕其西有砥柱神廟，廟側有老君爐，世傳老子常煉丹於此。上流列石如「川」字，老子於此渡河。茅津渡，在縣東南二十五里黄河北傳巖前，路通陜州。唐太宗造浮梁於此。今有巡檢司〔四〕。古魏國，在北五里。〔旁注〕左傳桓三年注：魏國在河東河北縣。虞國，在東北六十里。新唐書宗室李齊物傳：爲陜州刺史，開砥柱，通漕路，發重石，下得古鐵戟〔五〕，若鏵然，銘曰「平陸」。上之，詔因以名縣。

【校勘記】

〔一〕改今名　底本無「今」字，川本同，據滬本及紀要卷四一補。

〔二〕縣南河中有砥柱山　「有」，底本脱，川本同，據滬本及通鑑卷一九五胡三省注補。

〔三〕在縣城西五十里　「里」，川本、滬本同，萬曆山西通志卷四作「步」，此「里」疑爲「步」字之誤。又康熙平陽府志卷五：「吴山，平陸縣北五里。」圖書集成職方典卷三〇九同，與此異。

〔四〕今有巡檢司　川本同，滬本此句下有「洪武三年置」五字，同萬曆山西通志卷四。

〔五〕下得古鐵戟　底本無「下」字，川本同，據滬本及新唐書李齊物傳補。

芮城縣　州西南八十里。古芮國。〔旁注〕後周武成二年置縣〔一〕。編户四十四里。全設。山僻，民貧。城周三〔旁注〕本志：二〔二〕。里二百六十四步。陌底渡巡檢司。〔旁注〕縣東四十里。石鍾洞，在縣東北三十五里。石鍾真人修煉處。頂懸一石如鍾，水注其下。禱雨有應。甘棗山，在縣北二十里。中條山之枝也。太安池，在縣南一十五里黄河之北。民引以溉田，流入河。蒲萄澗，在縣西二十里鄭節村。南入黄河。恭水，源出縣北三十五里中條山之甘棗山。流入黄河。洹泉，一名洹澤，源出縣東北三十五里中條山南。其水流入黄河，又名洹津渡。陌底渡，一名竇津渡，在縣東南四十里王村。洪武四年，置巡檢司。九年，徙南七里。國初置批驗所，今革。地名桃花溝，有礦，防盜。黄河，由縣境入河南界。古芮國，在西二十五里。今名鄭村。

【校勘記】

〔一〕後周武成二年置縣　川本、滬本同。元和志卷六：芮城縣，本河北縣地，「周明帝二年，改名芮城」。寰宇記卷六：芮城縣，「後周明帝二年，自縣東十里，移安戎縣於此置，尋改爲芮城縣」。則芮城縣置於周明帝二年，即公元五五八年。周明帝即位於公元五五七年，兩年後，即五五九年，始建年號曰武成。又寰宇記卷四六：永樂縣，「後周武成二年，改河北縣爲永樂縣」。此以永樂縣之改名年誤爲芮城縣之改名年。

〔二〕二　川本、滬本同，萬曆山西通志卷二四、康熙平陽府志卷七、圖書集成職方典卷三一二作「三里二百六十四步」，此「二」爲「三」字之誤。

絳州　府西南一百五十里。編户五十二里。全設。靈丘王府。〔眉批〕晉霸之餘，民多勇敢。僻，煩。即晉之新田。城周九里一十三步。隋開皇三年，自玉壁徙此。城西北依山，高十餘丈，餘高三丈五尺。峨嵋山，在州南三十里〔一〕。迤邐連聞喜、夏、猗氏、臨晉、榮河諸縣界，西抵黄河，東抵曲沃西境。絳山，在州西北二十五里。俗名紫金山。産鐵。鼓堆泉，在州北二十五里。源出九原山，泉上有堆，形如覆釜。履之，聲如鼓。分爲二道，一曰清泉，一曰灰泉。其一灌田，其一引入州城灌汲。有汾澮二水。〔旁注〕藩封：靈丘王府，代府。元正平縣，倚郭。本朝并入州。

漢臨汾縣，在州北二十五里。〔旁注〕臨汾志：故城在州東北二里。春秋時爲晉城，至漢爲臨汾縣，遺址微存。武平關，在州西三十里。北齊屯兵於此以防周。九原山，在州北二十里。春秋晉諸大夫葬地。禮檀弓：趙文子與叔譽觀乎九原。即此。其上産芫花〔二〕。

【校勘記】

〔一〕峨嵋山在州南三十里　「山」，底本脱，川本、滬本同，據萬曆山西通志卷四、康熙平陽府志卷五、圖書集成職方典卷三一〇補。「三十」，萬曆山西通志作「十」，康熙平陽府志、圖書集成作「二十」，此疑誤。

〔二〕春秋晉諸大夫葬地至其上産芫花　川本、滬本同。按此係承上「九原山」而言，萬曆山西通志卷四、康熙平陽府志卷五即繫於上文「九原山，在州北二十里」下，本書錯簡。

稷山縣　州西五十五〔旁注〕西南五十。里。　編户七十三里。全設。　僻，稍頑。　城周五里一十三步。〔旁注〕距汾河北岸二里。　左傳宣十五年：晉侯治兵于稷。〔旁注〕注：河東聞喜縣西有稷山。　玉壁渡〔一〕，在縣西南十二里汾水之陰。元魏嘗置關，後以爲渡。　后稷墓，在縣南五十里。　清源城，在縣西北二十里〔二〕。〔旁注〕本志：八里〔三〕。今廢。　晉文公蒐作三軍之所。　稷神山，在縣南五十里。后稷陵廟在焉。其麓跨萬泉、安邑、夏縣、聞喜界。汾水由此注滎河。　高梁城，在縣東三十里。後魏孝文帝置郡於此。　後周勳州故城，在西南十二里。即王思政所築玉壁城，爲周氏重鎮。齊神武再攻圍，皆不克。

【校勘記】

〔一〕玉壁渡　「壁」，底本作「璧」，川本同，據滬本及明統志卷二〇、萬曆山西通志卷四改。下文「玉壁城」改同。

〔二〕在縣西北二十里　底本脱「西北」二字，川本同，滬本作「東南」。按寰宇記卷四七、明統志卷二〇均作「西北二十里」，據補。

〔三〕八里　川本、滬本同，萬曆山西通志卷一四作「稷山縣西北二十里」，同上所引寰宇記、明統志，此誤。

絳縣　州東南一百里。　編户四十里。　無簿。〔旁注〕晉新田地。　漢絳縣。　唐武德元年，自車廂城徙今治。　山僻，好訟。　城周五里一十三步。　太陰山，在縣東南一十里。　橫山，在縣南四十里。東南跨垣曲縣界，名大横嶺山。在聞喜東南九十里，名小横嶺山。下有三泉，出白石，名白石河〔一〕。　絳水，源出縣西南二十五里，流入聞喜縣界。智伯言絳水可灌安邑，即此。蓋涑水上流也。水經注曰：絳水北注，懸流奔壑，青崖若點黛，素湍如委練，望之極爲奇觀。　涑水河，源出縣横嶺山乾洞，伏流盤束地中而復出。西流經聞喜縣東，合甘泉，引爲四渠，曰東外、喬寺、觀底、蔡薛，溉田百二十八頃。西流經夏縣、安邑。又西入猗氏縣，南入臨晉，合姚暹渠，入五姓湖。過蒲州孟盟橋，入黄河。　晉武公自曲沃居此，後遷於新田，以此爲故絳〔二〕。　太行山，在縣東二十里。　涑水，出縣界，經聞喜、夏縣、安邑、臨晉、猗氏縣界，至蒲州東南，入黄河。其上流亦名絳水，智伯言絳水可灌安邑。〔旁注〕左傳成十三年：伐我涑川。注：涑水出河東聞喜縣西南，至蒲坂縣入河。　晉文公墓，在縣東北二十里。　沸泉，源出縣北一十五里絳山東尾溝，流經曲沃縣東南二十五里，奔流十餘丈，青崖點黛，素湍委練，極爲美觀，入於澮。

【校勘記】

〔一〕白石河　「白」，底本作「曰」，川本、滬本同，據萬曆山西通志卷四、圖書集成職方典卷三〇九改。

〔二〕晉武公自曲沃居此後遷於新田以此爲故絳　川本、滬本同。水經澮水注：「按詩譜言，晉穆侯遷都於絳，暨孫孝侯，改絳爲翼，翼爲晉之舊都也。後獻公北廣其城，方二里，又命之爲絳。」左傳成公六年，晉人謀去故絳，「晉遷于新田。」春秋左傳隱公五年楊伯峻注：成侯遷曲沃，今山西聞喜縣東，五世至穆侯，遷於絳，絳即翼，今翼城縣東南。魯成公六年，晉景公遷都新田，「此後命新田爲絳，新田即今山西侯馬市，而以舊都爲故絳。」此誤記於絳縣下，且與史實不合。

垣曲縣　州東南二百三〔旁注〕本志：二。十里。〔旁注〕府志：一百八十里。漢垣縣。〔旁注〕即周、召分陝之處。編户二十七里。全設。〔眉批〕四山圍列，黄河南繞，故曰垣曲。本志：東濟源〔一〕，阻王屋；西聞喜，阻中條；南澠池〔二〕，距大河；北沁水，負太行。同上。　横嶺背巡檢司。〔旁注〕縣西北九十里。　山僻，民貧。　城周二里一百八十步。正德八年，知縣任旒復展二里。〔旁注〕府志：四里。　濟源山，在縣東十里。濟水源出此山之陽。　諸馮山，在縣北四十里。孟子曰：舜生諸馮。即此。　瞽塚山，在縣北五十里。上有瞽瞍遺塚。俗名鼓鍾山〔三〕。　折腰山，在縣西北七十里。形勢中低兩高。相傳古有銅鑛，鑿久摧脊，故名。　黄河，在縣東南里許。　五虎關，有礦，防盜。〔旁注〕五虎澗，在縣西南五十里。嘉靖四十三年，置官軍，防礦徒。　有古臯落城。　西魏於此置邵郡，以備東魏〔四〕。

【校勘記】

〔一〕濟源　底本、川本作「齊源」，據滬本及紀要卷四一、光緒山西通志卷二七改。

〔二〕澠池　底本、川本作「沔池」，據滬本及紀要卷四六、清統志卷一五五、光緒山西通志卷二七改。

〔三〕鼓鍾山　底本倒爲「鍾鼓山」，川本、滬本同，據山海經中山經、康熙平陽府志卷五乙正。清統志卷一五五鼓鍾山下云：「縣志訛爲瞽冢山，以爲瞽瞍葬此，誤。」

〔四〕西魏於此置邵郡以備東魏　川本、滬本同。魏書地形志：「邵郡，皇興四年置邵上郡，太和中并河内，孝昌中改復。」同書裴延儁傳：裴慶孫，正光末，汾州吐京羣胡聚黨作逆，慶孫從軹關入討，「朝廷以此地被山帶河，衿要之所，肅宗末，遂立邵郡，因以慶孫爲太守、假節、輔國將軍、當郡都督」。肅宗末，即孝昌時，則非置於西魏，此置郡時代和原委皆誤。

霍州　府北一百四十五里。〔眉批〕古霍國。左傳閔元年：晉滅霍。注：永安縣東北有霍太山。　漢彘縣。〔旁注〕周厲王奔彘，即此。彘城在州西三里。　元霍邑縣倚郭，本朝并入州。　編户三十里。全設。〔眉批〕霍與平陽頗類，近鹽之地，趨於侈靡。　懷仁王同城。　有霍山驛。〔旁注〕東關。　舊有霍山遞運所，萬曆六年革。　地衝，民頑。　城周九里一十三步。　霍山鎮其東，汾水經其西。〔旁注〕藩封：懷仁王府，代府。　金鞍嶺，在州西北十里。　蛤蟆嶺，在州東北五十里。即古賈胡堡。唐義兵取霍邑，嘗駐於此。　韓信嶺，在州北八十里。今爲高壁鋪。　聖佛崖，在州西南一十五里汾東岸。上有大小石佛千餘。　赤壁水，源出州南霍山下赤馬交。西南流二十里，至漏崖，潛入地中。南行三十里，復出，流經洪洞，合澗水，入於汾。　彘水，源出州南霍山之下，西流，經城南入汾。　吕州城，在州西三里汾河西。後魏置永安郡。隋改吕州，後廢。　十里徑，在州東三十里。即霍山神指引唐兵取霍邑之徑也。　避暑宫，在州南三十里霍州山圓峯之頂，夏王赫連勃勃建。其地有古蹟寨，即其宮墓所在。周厲王陵，在州東北，王流於彘〔一〕，卒，因葬焉。〔旁注〕府志：州内西南隅。霍山，在州東南三十里。南接趙城，北跨靈石，東抵沁源。古爲冀州之鎮，今爲中鎮。其東有峯，上圓，名觀塠峯。一名太岳。〔眉批〕霍山蓋中鎮，以表九州之冀，又謂霍太嶽。在州南三十里。即古彘縣地。南接趙城，北跨靈石，東抵剛順原，與太行山接〔二〕，汾水所經。夏書曰：既修太原，至于岳陽。壺口、雷首，至于太岳。周禮：冀州，其山鎮曰霍山。國朝洪武中，敕建中嶽廟，祀中岳霍山之神。自漢武帝徙衡山之神於霍山。正義乃謂衡與霍一山而二名。郭璞沿之，遂指霍山在廬江灊縣。夫衡爲南岳，霍爲中鎮，璞合而爲一，不已左乎？

【校勘記】

〔一〕王流於彘　「王」，底本作「至」，據川本、滬本及明統志卷二〇改。「流於」，川本、滬本同，明統志、萬曆山西通志卷一四作「出奔」。

〔二〕與太行山接　川本同，滬本作「西與太行接」。

吉州　府西二百七十里。〔旁注〕晉屈邑，獻公子夷吾所居。漢北屈。後魏定陽。唐慈州。〔旁注〕文成郡。編户二十四里。無同。〔眉批〕吉、隰皆崎嶇之地，於晉爲邊鄙巖邑，故二五説獻公城之而置二公子。僻，簡，疲。平渡關巡檢司。〔旁注〕州西北一百二十里。烏仁關巡檢司。〔旁注〕州西七十里。城周一里二百九十步。明珠山，在州東北九十里。東接鄉寧縣界。清水河，有二：一源出吉州，北流入黃河〔一〕；一源出垣曲縣南横嶺，流入黃河。南澗，在州南。西流入黃河。耿城，在州南。殷祖乙遷耿。隋置耿州。城名取此。牛心寨，在州西六十里，臨黃河。乃楊貞所築。今存遺址。左傳莊二十八年：蒲與二屈。注：屈，今平陽北屈縣。或云：二當爲北。晉之屈邑，公子夷吾所居。壺口山，在州西七十里。禹貢：既載壺口。即此。孟門山，在州西七十里。與龍門相對。吕氏春秋：龍門未開，吕梁未發〔二〕，河出孟門之上。即此。烏仁關，在西七十里；平渡關，在西北一百二十里。皆臨黃河。倚梯城，在州西南十里龍門上口，〔旁注〕通志：在鄉寧縣西南八十里。累石爲之。東北高據峻嶺，西南俯臨黃河，懸崖絶壁，百有餘丈。〔旁注〕後魏文帝西巡至此，立碑。今剥落。姚萇城〔三〕，在州西五十二里。後秦所築。西臨黃河，控帶龍門、孟門〔旁注〕壺口。之險〔四〕，乃周、齊交爭之地。武平初，斛律明月嘗破周兵於此。洪武二十七年正月丁未，復置山西平陽府吉州豐國、富國二鐵冶。先是，上以採鐵勞民，罷二鐵冶。至是，工部臣言〔五〕，營造益廣，用鐵頗多，請復置冶煎煉，以供國用。從之。

【校勘記】

〔一〕北流入黃河　「北」，川本、滬本同，萬曆山西通志卷四作「西」，此「北」蓋爲「西」字之誤。

〔二〕龍門未開吕梁未發　「開」、「發」，底本作「闢」、「鑿」，川本、滬本同，據吕氏春秋愛類改。

〔三〕姚萇城　「萇」，川本、滬本及萬曆山西通志卷一四、康熙平陽府志卷三一同。元和志卷一二、寰宇記卷四八作「姚襄城」，紀要卷四一同，此「萇」爲「襄」字之誤。

〔四〕孟門　底本作「孟子」，川本同，據本書上文、滬本及元和志卷一二、寰宇記卷四八改。

〔五〕工部臣言　「言」，底本作「吉」，川本同，據滬本及明史食貨志五改。

鄉寧縣　州東南六十里。　後魏昌寧。〔旁注〕本漢河東郡臨汾縣地。後魏析置太平縣，又分太平置昌寧縣，屬定陽郡。五代唐改今名。　編户十六里。　裁減。　龍尾磧巡檢司。〔旁注〕縣西北一百里。本志。萬曆十七年革。　山僻，民頑。　城周三里。〔旁注〕本志。　豁都谷，在縣東一百三十五里。每大雨，西山諸水會於此，下連襄陵、太平縣境，溉田甚廣。　鄂水，源出縣東北五十里宋家溝。〔旁注〕本志：源出鄂山。　至郭下里，引爲四渠溉田。　流經城南，入黃河。　泊城，在縣西三里。　即古鄉寧縣。因附河患水，廢址不存。　長寧廢縣，在縣西四十里。今改名西寧村。　呂香廢縣〔一〕，在縣南八十里〔二〕。　後魏置平昌縣，後廢。　隋末復置。　唐貞觀初，更名曰呂香。　五代周廢。　龍尾磧，在西一百里。　路通陝西韓城縣。

【校勘記】

〔一〕呂香廢縣　「香」，底本作「鄉」，據本書下文、川本、滬本及元和志卷一二、明統志卷二〇改。

〔二〕在縣南八十里　川本同，滬本「南」上有「東」字。明統志卷二〇：「在吉州東南一百五十里。」清統志卷一三八呂香廢縣下云：「縣志：西南八十里有城里村，城址宛然，蓋即呂香廢縣。舊志訛爲東南。」

隰州　府西北二百七十里。編户三十一里。全設。〔旁注〕晉蒲城。漢蒲子地。晉大昌郡。後魏長壽縣〔一〕。後周龍泉郡。隋改隰州。元隰川縣，倚郭。本朝省入州。〔眉批〕四圍皆山，勢若圓龜之象。隰、吉居山，多質樸信實。

僻，簡，民頑，糧欠。城周七里一十三步。妙樓山，在州北七十里。石崖高廣，前後有龍泉水池，冬夏不竭，禱雨有應。五鹿山，在州東南七十里。有五鹿大夫廟。紫川，在州西南。合流城川，至大寧縣馬鬭關，入黃河。龍子湫，亦名瀑布泉。在州南十里。水出山谷間，西入大昕川。晉蒲邑，公子重耳所居。晉劉淵據此。蒲子山，在州東北五十里。世傳堯之師蒲依子隱處。漢取以名縣。

【校勘記】

〔一〕後魏長壽縣　川本、滬本同。按魏書地形志無「長壽縣」。隋書地理志：隰川縣，「後周置縣，初曰長壽，又置龍泉郡。開皇初郡廢，縣改曰隰川」。元和志卷一二：隰川縣，「周宣帝改置長壽縣」。此云「後魏長壽縣」，恐誤。後文石樓縣載長壽廢縣同。

大寧縣　州西南九十五里。〔旁注〕漢北屈。後魏仵城。後周改今名〔一〕。　編户十里。裁減。　馬鬬關巡檢司。　僻，貧。　城周二里四十二步。北連山寨。　捕狐山，在縣北三十五里。〔旁注〕接永和界。上建捕狐神祠。　孔山，在縣西北三十里。山有孔相通。其東巖石上有聖水泉，禱雨有應。　鎮關山，在縣西七十五里。西臨馬鬬關。　南北寨：南寨，在縣南一里，元末，右丞時公權守；北寨，在縣北山上半里，元末，院使李子厚守。　浮圖結，在縣北。齊河清四年築。隋移縣治於此，大業初廢。　翠微山，在縣城澗河南。　昕川，在縣東南。其水來自隰州者曰紫川，來自蒲縣者曰蒲川，合流過此，則爲昕川。又合來自吉州者曰義亭川，來自本縣支流者曰小道溝〔二〕，來自永和者曰麻束溝，俱合入黄河。　馬鬬關渡，在縣西七十里。〔旁注〕黄河東岸。通陝西延安府。　唐置關。國初置巡檢司。

【校勘記】

〔一〕後周改今名　川本、滬本同。元和志卷一二大寧縣：「後魏於此置仵城縣，尋廢。周武帝又於廢縣西三里置大寧縣。」寰宇記卷四八大寧縣：「後魏太武帝於今縣東南六十里置仵城縣，尋廢。周武保定元年於廢仵城縣西三里置大寧縣。」則後周於廢仵城縣西三里置大寧縣，非仵城縣之改名，此誤。

〔二〕來自本縣支流者曰小道溝　「支」，底本作「麦」，川本、滬本同。紀要卷四一：大寧縣昕川，「自縣東支流來會者曰小道溝」。清統志卷一五七：「又有小道溝，在大寧縣東，亦入昕川。」此「麦」爲「支」字之誤，據改。

石樓縣　州北九十五里。編户十三里。全設〔一〕。上平關巡檢司。山僻，貧苦。城周一里九十六步。今土城三里三十步。〔旁注〕古屈産地。漢土軍縣。後魏嶺西縣。隋改今名。漢土軍縣地。〔眉批〕四面皆山。黄雲山，在縣東六十里。東南與牛心山接。翠金山，在縣南三里。有臺駘神廟。長壽廢縣，在縣東五里。後魏孝文置。隋廢。唐初復置，尋省。臨河廢縣，在縣東六十里。後周置臨河郡及縣。隋廢。唐初復置，後省。本志：萬曆四十年間，改屬汾州府，與靈石相易。石樓山，在縣東南六十里。〔旁注〕水經注：蒲水出石樓山下〔二〕，因以名縣。上平關，在西北九十里黄河岸。窟龍關，在東北六十里。永和關，在西北九十里黄河岸。

【校勘記】

〔一〕全設　川本、滬本作「裁減」。

〔二〕蒲水　川本、滬本同，水經河水注作「蒲川水」，此引文不確。

永和縣　州西一百五里〔一〕。〔旁注〕一作五十。府志：州西北九十。編户十一里。裁減。永和關巡檢司。〔旁注〕縣西北七十里。山僻，民貧。城周三里三十四步。〔旁注〕本志：四百一十三步。

漢狐讘縣地。〔旁注〕漢狐讘縣地，魏析置〔二〕。〔眉批〕地多高岡，民皆穴處。　烏龍山，在縣西南四十五里。北齊時，黑龍見於此，故名。　石羊城，在縣西南五十里。後魏太武築，置石羊軍。孝文移於狐讘，城遂廢。　樓山廢縣，在縣南十五里。後周置歸化縣。隋改曰樓山。唐貞觀初廢。　北樓山，在縣東南三十五里。〔旁注〕兩山相對，其形如樓，唐取以名縣。　南樓山，在縣南四十八里。　索陀川，在縣東北三十五里。西流合仙芝谷水，入黃河。〔旁注〕仙芝谷，在縣東北五里。　永寧關，在西十五里黃河岸。路通陝西綏德州。　興德關渡，在縣西六十五里黃河岸。路通陝西延安府〔三〕。　鐵羅關渡，在縣西南七十里。路通陝西宜川。

【校勘記】

〔一〕州西一百五里　川本、滬本同，萬曆山西通志卷二作「州西一百五十里」，與本書注文合。

〔二〕魏析置　川本、滬本同。萬曆山西通志卷二：永和縣，「魏始析置永和縣」。康熙平陽府志卷三同。此「析置」下當脱「永和縣」三字。又元和志卷一二：永和縣，魏初復置狐讘縣，魏廢。高齊後主於其城置永和鎮，周宣帝廢鎮，置臨河郡及臨河縣，「隋開皇十八年改臨河爲永和縣，以縣西永和關爲名也」。寰宇記卷四八略同。此叙沿革誤。

〔三〕延安府　「府」，底本脱，川本、滬本同，據康熙平陽府志卷六、圖書集成職方典卷三一三、清統志卷一五七補。